近代日本の武道論

〈武道のスポーツ化〉問題の誕生

中嶋哲也

国書刊行会

はじめに　〈武道のスポーツ化〉とはなにか

今日、武道はスポーツと伝統の二つの表情を合わせ持つ日本発の身体文化である。スポーツとしての武道は日本発祥であることを主張しつつも、様々な国と地域に普及し国際試合が開かれ、世界中の人びとに親しまれている。一方、伝統としての武道は日本歴史に基礎付けられ、日本及び日本人の固有な論理と心理に基づいて行われるべきだと考えられている。武道はこの二つの表情を状況に応じて使い分けながら、今日まで続いているのである。

普段、武道の稽古をしていても、あるいは武道の試合を眺めていても、この二つの表情を意識することはそれほどないだろう。こうした二つの表情が浮かび上がるのは、武道がスポーツ化していると認識されたとき、すなわち、伝統からスポーツへと変化しつつあると感じられたときである。

例えば、戦後の講道館柔道について柔道史研究者の永木耕介は、「ますます「スポーツ柔道」一辺倒となって今日に至っている」と主張している。(1) 永木によれば柔道の創始者・嘉納治五郎は「全面的な競技化・スポーツ化を容認しなかった」(2) という。なぜ全面的なスポーツ化がなされなかったかといえば、嘉納は「民族文化としての柔道」を追求していたのであり、「スポーツとイコールの柔道ではなく、スポーツとの文化的差異が明らかで、かつスポーツを凌駕する柔道の創造を求めた」ためだという。(3) 嘉納は柔道の全面的なスポーツ化を志向しなかったが、彼の考える柔道においてスポーツが部分的な要素としてあることも確かであり、結果的にその「スポーツ柔道」の部分が肥大化していったと、永木は指摘するのである。

この永木の主張をうけて、スポーツ社会学者の菊幸一は次のように述べている。

彼（＝嘉納治五郎：筆者注）の柔道における真のねらいは彼の実用主義に由来するその格闘技としての実用性、すなわち武術性にあると考えるからである。これは、日本における「民族文化（ethnic culture）としての柔道」が追求されたことを意味するという。

これに対して、競技運動化＝スポーツ化していく柔道の勝負はインターナショナルな受容と相まって、その真剣な武術性の追究とリアルな暴力の制御から離れていく。結果として、スポーツ化した柔道はゲームにおける勝負の結果のみを求め、彼が考える体育としての身体の強化や調和的発達を阻害し、修身としての智・徳・社会生活への応用力の養成につながらない堕落したものに変質していく結果を招いた(4)。

菊は、武術性を「民族文化としての柔道」の特徴とみる一方で、「スポーツ化」は柔道から武術性を削ぎ落とし「堕落」させていく過程であると主張している。このように、武道の研究者の間でもスポーツ化は武道の本質を損なう契機として捉えられる傾向がある。もちろん、スポーツ化によってその内実が変化したにせよ、それによって武道のグローバル化は上手くいったのだと肯定的に評価する立場もあるだろう。いずれにせよ、武道のスポーツ化を論ずることは、スポーツ化する以前の本来の武道とは何であったかを問う本質論へと我々を誘うのである。

スポーツ化されていない本来の武道の在り様《よう》を問うことは、永木や菊のような研究者のみならず、現場の体育・スポーツ関係者にとっても重要な課題である。それは、平成二四（二〇一二）年より中学校保健体育科目の必修教材として武道が採用されたこともあり、武道がもつ他のスポーツ教材と異なる特質は何なのか、武道の伝統的な行動のしかたや考え方とは何であるか、それはいかに指導すべきなのかなど、現在進行形で追究されるアクチュアルな課題なのである。

他方で、柔道や剣道のスポーツ化をめぐる言論は日本のスポーツ評論を彩る話題の一つにもなる。海外の選手の技はレスリング的であり、「正しい柔道」ではないだとか、剣道は純粋なスポーツではないだとか、そのような記事を日本に住んでいたら一度は新聞、雑誌、インターネット等でみかけたことがあるだろう。武道のスポーツ化は様々な場面で我々の武道の語りを構成しているのである。

ところで、改めて問おう。武道のスポーツ化とは一体どういった事態なのだろうか。そもそも武道といっても多種多様な種目を含んでいる。そして剣道家であれ、柔道家であれ、弓道家であれ、自身の取り組む種目が武道であることは疑わないだろう。したがって、武道とはあらゆる種目に通底する何かである、とひとまずいえそうだ。さらにそれがスポーツ化するとは一体、いかなる事態なのか。

この疑問に向き合うため、ここで文化人類学者の関本照夫の議論を参照しておこう。関本は、近代とは「「われわれの文化」を語る習慣が、世界大に拡大した」時代であり、「近代人とは〈文化〉という語を習慣的にもちいる人のことだ」と主張する。[5] このような、「われわれの文化」を語る近代人の自意識は今や文化人類学がフィールドにしてきた、いわゆる「未開社会」と呼ばれてきた地域にも浸透しているという。

関本のいう語られる文化とは言説のことである。すなわち、「文化として言及される個々の事物には、必ずすでにそれ自身の名称がある」もので、「すでに他の名称をもって存在している事物を取り上げ結びつけ、それを文化であると語ったり、その背後に文化があると語ったりという語りの流儀・言説の制度こそが、われわれの前に経験的対象として存在している」のである。[6]

こうした関本が論じる「文化」を、日本の武道やスポーツに置き換えても同様の事態が見出せる。すなわち、武道とは柔道や剣道といった諸種目を結びつけ、それらの種目に共通する何かが通底していると主張する言説である。一方のスポーツもまた野球やサッカーといった競技種目を結びつけ、それら諸種目に通底する何かがあるとする言説である。そのため、武道のスポーツ化と向き合うためには、柔道や剣道といった各種目の具体的な文化変容を追跡することはもちろん重要なのだが、それとともに武道とは何か、そして武道のスポーツ化とは何かといった武道の本質を問う態度に、すなわち〝武道論〟に着目することが必要なのである。そのため本書では、これ以降、武道のスポーツ化、あるいは単にスポーツ化と表記する場合には、それが武道の実体的な変化を指し示すというよりもむしろ言説であることを強調するために山カッコ〈　〉をつけて表記する。

また、本書では〈スポーツ化〉を言説とみなす以上、スポーツの歴史及び語りについても必要がある限りにおいて検討する。先にも述べたように〈武道のスポーツ化〉を論じることは、武道の本質を問う態度の一つである。しかし、その時々の〈スポーツ化〉がどのような意味を含み、どのような目的で主張されるのかによって、武道の本質を問うあり方も変わってくるはずである。〈武道のスポーツ化〉とセットで語られる武道の本質は、〈スポーツ化〉の含意に左右されることにも着目しなければならない。

本書は〈武道のスポーツ化〉という問題意識から本来の武道のあり方を追究するものではない。本書は〈武道のスポーツ化〉という言説の歴史を考察することを目的としている。それによって、これまでの武道論がどのように〈スポーツ化〉に関連付けられ、そして規定されてきたのかを明らかにし、今後の武道論が〈武道のスポーツ化〉に留まらない、より豊かな語りの流儀を生み出すための足場を提供したい。

目次◉近代日本の武道論――〈武道のスポーツ化〉問題の誕生

結章

近代日本の武道論——〈武道のスポーツ化〉問題の誕生

凡例

一、本文では基本的に元号を用いて表記し、（ ）で西暦を補った。ただし、注であげた資料・参考文献の刊行年等については西暦のみの表記とした。

二、資料引用に際しては原則として原文のままとしたが、（1）旧字体は通行の字体に改め、（2）カタカナ及び変体仮名は平仮名に直し、（3）傍点、圏点、傍線等は省略した。資料中のルビについては基本的に省略したが、筆者の判断によって残した箇所もある。また、現代の我々からみて読みづらいと判断した箇所には筆者の方でルビを補った。また、人名など一部の固有名詞では、旧字体をそのまま用いた場合もある。

三、引用文中の筆者の注記は（〜：筆者注）と記した。また、省略部分については（中略）で示した。

四、引用した資料中には、現在からみて差別的と思われる表現も含まれることがあるが、資料の歴史性を尊重してそのままとした。

序章

第一節　問題の所在

〈武道のスポーツ化〉はいつから問われているのだろうか。〈武道のスポーツ化〉はどのような局面で、どのような主張が込められて論じられてきたのだろうか。本書は近代日本における〈武道のスポーツ化〉という問題の成立と展開について明らかにするものである。具体的には①〈武道のスポーツ化〉という問題はどのように成立したのか、②武道に関わる人々は〈武道のスポーツ化〉という問題へいかに対応したのかという二つの課題に取り組む。本書では、「武道はスポーツである（ではない）」、「武道はスポーツ化している（していない）」、「武道はスポーツ化すべきだ（すべきではない）」といった主張を〈武道のスポーツ化〉をめぐる言説として捉える。また スポーツの一つに各種武道を数え上げる営みも〈武道のスポーツ化〉として捉える。本書は〈武道のスポーツ化〉問題の系譜をスポーツが欧米諸国から本格的に輸入される明治維新以後に絞って検討していく。

〈武道のスポーツ化〉という問題意識は、戦後の武道の近代化論とともに語られてきた。志々田文明によれば、武道の近代化論は昭和四〇（一九六五）年前後に台頭したという[1]。その背景には昭和三四（一九五九）年以降の体育教材としての武道（当時は「格技」と呼ばれた）の採用や、日本武道館の設立などの武道振興が政策的に進められたことが挙げられる。(2) このような武道振興はさらに敗戦直後のGHQの武道政策を背景にしたものであった。GHQは武道が戦争協力したことをうけ、その活動が軍国主義やナショナリズムを煽るとして、これを禁止した。その後、各種武道は民主的に、すなわちスポーツとして活動することを条件に次第にGHQから復興を認められるようになる。(3) そうして戦後の武道はスポーツ活動の一環として発展することとなる。

こうした戦後武道の基本路線をなぞるように、武道の近代化論は敗戦以前の武道を相対化するところから始まる。(4) 武道の近代化は昭和四〇（一九六五）年頃に体育原理、体育史、日本武道学会の研究者らの間で集中的に議論された。その際、研究者らは戦前の武道を武士道という「封建的心性」と密接に結び付けて、単なるスポーツではないと考えた。その一方で、戦前からの武道の競技化(5)については、戦後のスポーツとしての武道のあり方に通底する出来事として評価されることになる。かくして武道の近代化論は競技化の過程を資料的に検証するかたちで展開されることとなった。

例えば剣道史研究者の中村民雄は「現代剣道」の原点として、千葉周作によって体系づけられた『剣術六十八手』(6) 以降の防具と竹刀を使用し「一本」を求める「剣道」を指すとし、それ以前の「剣術」と区別されるとしている。(7) 千葉周作とは剣術における試合形式の稽古体系を整備し、北辰一刀流を創始したことで知られる幕末の剣士である。

また、中村は平成元（一九八九）年に改訂された学習指導要領に触れ、次のように論じている。学習指導要領中の「格技」という運動領域名称が「武道」にかわり「伝統的な行動の仕方」を重視した教材になることについて、何が伝統的なのかを十分検討しなければならない、と。そして中村は「一本」という「技の完結性」に伝統的価値を見出し、これを武道の伝統と位置づける。一方で中村は剣道が「ポイント主義を助長し単なる競技スポーツに堕する危険性があるとともに、他方には、礼義作法を強調した躾教育の手段とされる畏れもある」(8) と「現代剣道」の「競技スポーツ」化の傾向や「躾教育」といった諸性格に批判を投げかけている。

剣道史研究者である榎本鐘司は、昭和五三（一九七八）年に発表した論文のなかで、「スポーツ」の観点から剣道の「現代化」を次のように論じている。

過去において剣道は武士道とは不可分の関係にあり、「礼」を重んじ「信義」を尊ぶというように、ことさらその精神性を誇張してきたという点はいなめないと思う。そしてそういう点もふくめて、剣道はその精神性に固執するがゆえにスポーツになりきれないという批判を、往々にしてうけると思う。がしかし、それはそれとして甘受するにしても、競技スポーツが逆に人間を疎外しはじめるという矛盾をも露呈している今日、単に剣道の現代化、スポーツ的成立をさけぶことなく、剣道の伝統的な性格を整理し、何が価値あるものであるかを問い正し、一方の剣道のもつスポーツ的性格との調和をはかっていくことこそが、現在、我々にとって最も重要なことである。[9]

榎本は「競技」に対置される伝統的な稽古法として「形」稽古を挙げ、その再評価をすべきと述べている。[10]さらに榎本は昭和六三（一九八八）年に発表した論文のなかで、江戸期に発生した「仕合」に注目し、次のように述べている。「剣道」あるいは「少し広く武道」には「競技的性格」と「伝統的性格」の「二重性」がある。[11]そして武道には競技化できない「伝統的性格」として「求道性」及び「修養性」といった「精神性」がある。[12]そして、「伝統的性格」である「精神性」は「競技的性格」と相容れない近世的価値観であると榎本は主張する。[13]ここで榎本の述べる「競技的性格」は先の氏の主張を考慮すれば、「スポーツ的性格」とほぼ同義であると考えられる。榎本は剣道の「競技的性格」あるいは「スポーツ的性格」と「伝統的性格」は相容れないにせよ、調和をはかる姿勢が必要だと考えているのである。

剣道史研究者の中村や榎本らにとって試合は「現代剣道」の前提となっている。彼らにとっての「現代」は武術の競技化を始点にしているため、幕末から昭和二〇（一九四五）年以前までをも含めているとみてよい。その一方で、剣道の「競技スポーツ」化や「スポーツ的成立」が「現代剣道」として、あるいは「剣道の現代化」と把握されているのは、戦後の剣道が〈スポーツ化〉して復興したとの認識が背景にあるためだと考えられる。すなわち、彼らは試合を母体にしていても剣道にはスポーツとは異なる「何か」があると考えているのである。にもかかわらず剣道にはそもそも「スポーツ的性格」が備わっていると榎本が主張するように〈スポーツ化〉をめぐる剣道の語りは、スポーツと剣道の差異をめぐって矛盾と混乱に満ちている。

次に〈柔道のスポーツ化〉である。体育史の木下秀明は柔道の創始においてその原動力になったものは、嘉納が「大学生活を通して身につけた欧米的教養、なかでもイギリス的なスポーツ観以外には考えられない」[14]と主張する。そして柔道は嘉納によって「近代スポーツ化」を果たした「在来武術」と評価している。[15]スポーツ人類学の寒川恒夫は柔術と柔道の質的な相違として柔道の体育法を挙げ、「柔道体育法の発想こそは、柔術との質的へだたりをもたらしたばかりか、体育法乱捕が孕む競技性（近代スポーツ的競技性）の故に、その後の講道館柔道の日本国内における盛行と国際化とを可能にした要因の重要なものであった」[16]と評価している。社会学者の井上俊も柔道の近代化について嘉納の柔道は柔術を体育に適うようにした点で近代的であると述べ、その特徴は「形」よりも乱取、すなわち試合形式の稽古の重視にあったと述べる。[17]また井上俊は「試合のルールと審判規程を確立したこと」[18]と「紅白試合、学校や地域の対抗試合などを促進することによって、柔道を「見るスポーツ」としても発展させたこと」[19]などを近代化された柔術、すなわち柔道の特徴として挙げている。

これら武道の近代化論は主に剣道・柔道の歴史研究を豊かに蓄積した。また、武道の近代化論は二一世紀に入っても武道研究の主要テーマとして存続しているが、一貫して競技化は武道の近代化を示す一指標と捉えられている。各研究者がスポーツを具体的にはどのように理解しているのかは不明瞭ではあるが、競技化に注目している点では概ね共通している。そのため、戦後の武道研究者にとって競技化とは〈スポーツ化〉とほぼ同義であったと考えられる。

一方、スポーツ社会学者の高津勝は武道の近代化論が未成熟であることを指摘している。高津によれば、「戦前および戦後における武道の近代化とその到達点、メルクマールなどについて、なお定説が存在しない」のであり、「実戦から競技への転換とそれにともなうルール・わざ・精神の変容、国粋主義や軍国主義的な潮流を背景にしながら発展した過去の歴史とその支配的な組織形態をどのように把握し、どう評価するかが重要な課題となる」と主張している。[20]しかし高津もまた、「実戦から競技への転換」という契機を近代化の課題としてみており、この点では他の研究者と共通しているのである。

各研究者が主張する〈武道のスポーツ化〉問題が武道の競技化という意味を含意していることは、ここまでの議論でも明らかであるが、これは単に試合熱が高まるといった意味に留まらない。すなわち、〈武道のスポーツ化〉という問題には試合それ自体の発生という意味合いも含意されているのである。つまり、武道の稽古が実戦的な技法をあらかじめ定められた手順に従って行う形《かた》稽古から安全性に配慮した試合稽古へと移行していく過程に〈スポーツ化〉という事態を読み込んでいるのである。

しかし、こうした武道の近代化を考察するための〈スポーツ化〉という視点は、あくまでも事後的な分析視点であるということには注意が必要である。既に江戸期において武術の競技化が進行していた以上、明治期を生きた人々が試合を戦後の研究者が指摘するような近代的現象として、すなわち〈スポーツ化〉の所産として理解していたとは考えられない。むしろ西洋文明が本格的に輸入される明治期以降の人々にとり、剣術や柔術などの試合を行う武術も在来の文化と感じられていたはずである。つまり、野球やテニスなどは確かに西洋由来の活動として新奇に捉えられていたかもしれないが、試合をするところに武術家たちが近代的なるものを感じとっていたとは言い切れないであろう。また、日本に輸入されたスポーツも、輸入当初の形式や価値を固持していたわけではなく、各時代の社会状況に合わせて変化を被ってきたのである。[21]であるならば、いかにして武術における試合の成立過程が近代化の過程として、すなわち〈スポーツ化〉の過程として認識されるようになったのであろうか。

このような問題提起をするのは、戦後の武道の近代化論が近代日本における〈武道のスポーツ化〉問題の成立とその歴史的意味を掘り下げてこなかったためである。本論を先取りしていえば、〈武道のスポーツ化〉問題が出現するのは、一九二〇年代のことであった。そこで、〈武道のスポーツ化〉問題はどのように出現したのか、また〈武道のスポーツ化〉問題が展開されていくなかで、その議論に向き合った人々は具体的にどのように応じたのか、そして当事者らの対応や決断がどのような帰結をもたらしたのかといったことはこれまで真正面から問われてこなかったのである。

〈武道のスポーツ化〉問題が戦後になって顕在化したのではなく、戦前に既に現れていたのならば、戦後の〈武道のスポーツ化〉問題は戦前のそれとどのような関係にあるのだろうか。ＧＨＱという日本外部からの要請として捉えられてきた戦後の〈武道のスポーツ化〉問題が、他方で戦前にその前史を有していたのであれば、〈武道のスポーツ化〉問題を創り上げてきた日本人自身の主張にも注目しなければならないだろう。そうでなければ、戦後の〈武道のスポーツ化〉問題の一面を捉え損ねてしまうのではないだろうか。

例えば、永木はＧＨＱの武道禁止策に対して何とか柔道を復活させたいという日本柔道界の願いから、「嘉納柔道」は「競技スポーツ」として創り上げられたものであるという「便法」が前景化し、その結果、〈柔道のスポーツ化〉を競技化として論じる視点が成立したと述べている。[22] 永木は戦後にスポーツとして復活した柔道に対し、「植民地柔道」と批判した西文雄を紹介し、〈柔道のスポーツ化〉はＧＨＱの武道禁止方策とそれに対する日本側の対策の結果生みだされた言説であったと指摘する。すなわち、〈柔道のスポーツ化〉は戦後の柔道復興の過程において形成された言説であり、本来の「嘉納柔道」はスポーツと一線を劃していたと主張するのである。

しかし、こうした〈武道のスポーツ化〉問題への批判は、嘉納を含め近代日本に武道を論じた人々が〈スポーツ化〉をどのようにとらえてきたかということを精査せずになされている。こうした研究状況を鑑みるに、〈武道のスポーツ化〉問題の歴史に向き合うことは、武道の近代化論を再考するきっかけになるだろう。

第二節　本書の視点

先に述べた通り、〈武道のスポーツ化〉という問題が浮上したのは一九二〇年代であるが、それがどのような社会的・思想的状況において成立し、展開したのかを問うことは、この言説の前提条件を明るみに出すことにつながる。そのため本節では、〈武道のスポーツ化〉問題が埋め込まれた社会的・思想的状況に焦点を当てるための視点について検討したい。

それではまず、武道概念についての近年の研究成果から検討したい。日本の武道概念の歴史を真正面から取り扱ったのは寒川の『日本武道と東洋思想』（平凡社、二〇一四年）である。従来、武道概念の歴史については、明治期以前の武道は武士道と互換的な概念であり、今日の実技種目を総称する武道の用法は明治期以降に成立したというのが通説的な理解であった(23)。そのため、武道概念の歴史を武士道概念から独立させて取り扱う研究者はいなかった。これに対して寒川の研究は、一二世紀末から現代にかけて日本の資料上に現れた「武道」の表現に的を絞って丹念に渉猟し、その意味内容を通時的に検討した点に意義がある。

寒川の研究の結果明らかになったのは、一二―一六世紀の間、武道は武士道のように倫理規範を示す言葉ではなく、専ら武事・武術を指し示すために使われていたということである。それが一六世紀末になると、武事・武術以外に倫理規範的な意義をも含める用例がみられるようになる。明治期以降の武道は武事・武術の意味を継承しつつも、天皇制国家を下支えする建国尚武の精神と身体を養成する、「心身教育文化」としての意義が付与され、今日に至っているという(24)。

このような武道概念の史的検討を経て、寒川は学術研究の場における「〝術から道へ〟という問題の立て方そのものの有効性と限界を論じる時期かも知れない」[25]と述べている。寒川の研究によって、これまで〝術から道へ〟という問題設定によって武道概念の変遷を跡付けてきた研究状況は変更を迫られる段階に入ろうとしている。なぜなら、古代末期から現代に至るまで、武道概念は武事・武術の意味を内包し続けているためである。

しかし、明治期の人々が〝術から道へ〟という主張をしていたこともまた事実である。従来の研究者もそうした過去の人々が唱えた〝術から道へ〟という主張をうけて、問題を立てていたものと考えられる。したがって、寒川の問題提起する〝術から道へ〟の学術理論としての限界を明らかにするためには、明治期以降の人々が〝術から道へ〟という主張をどのような社会状況のなかで、どのような目的をもって発したのかを歴史的に相対化することから始めなければならないだろう。元来、武道と武事・武術とが互換的に用いられたのならば、なぜ、明治期以降の人々はあらためて武道と武術の違いを問題にしたのか。また、一九二〇年代に〈武道のスポーツ化〉が意識される直前において、武道にはどのような意味が込められて使われていたのか。これらの課題を各論者の主張がなされた状況や彼らの社会的地位に即して分析しなければ、〈武道のスポーツ化〉問題の出発点は把握できない。こうした〝術から道へ〟という主張が孕む問題性を鑑み、本書ではこれ以後、〝術から道へ〟にも山カッコ〈 〉を付し当該時代の人々の問題意識とその改善方針を示す言説として捉える。具体的には〝〜術ではなく〜道にするべき〟、といった用語の変更を主張する言論に焦点を当てて考察する。

次に、近代史の視点から武道の研究をしてきた、木下[26]、坂上康博[27]らの研究を検討する。彼らは戦前最大の規模を誇る武道団体であった大日本武徳会の研究を通して、近代日本における武道の位置づけを考察してきた。木下や坂上の武徳会研究は概していえば、近代日本において武道が軍人勅諭と教育勅語を基調としたナショナリズムと結びついて存続したことを明らかにするものである。

木下は日清戦争以後、武徳会において「〝術〟でなく〝徳〟に重点を置く態度が、「武徳」にいたる手段すなわち道として武術を位置づけ、「武道」という表現がうまれる」[28]のであり、「武徳という精神的価値を国粋主義の観点から絶対視し、それにいたる手段として在来武術を位置づけたのが、武道国粋論である[29]」と主張する。木下は、明治期以前の武道概念を検討しておらず、概念史としては不十分であるものの、明治期以降の武道概念の成立に「国粋主義」、すなわちナショナリズムが大きく関与しているという指摘は寒川の主張にも通じる重要な指摘である。

また、武術から武道への改称を論じた人物として永井道明を取り上げた功績も大きい[30]。木下は永井が明治四四（一九一一）年一一月の文部省「撃剣及柔術」講習会で撃剣・剣術に代わり剣道を名称として用いることを明らかにし、武道という名称についても積極的に使用したと論じている。しかし、永井による名称の変更は、学校体育に限ったものであり、それ以外の場面では永井は依然として武術という用語を使用していたという。

本書の問題関心からいえば、各種目における〈術から道へ〉の変容も重要だが、主とするところは武道概念の形成過程である。そこで本書では永井ではなく、西久保弘道と武徳会の武道概念の形成過程に着目した。その理由は、武徳会副会長であった西久保は意図的に武術との差異を強調するかたちで武道概念の確立を目指していたことと、武道概念を学校体育のみならず、広く日本社会に定着させようと試みていたためである。

次に坂上の研究は近代日本において武道が持つ社会的機能に着目し、そのイデオロギー的性格を明らかにしている。坂上は、武徳会がめざした「武徳の涵養」とは大局的にみて武道国粋論であることを認めつつも、「その歴史的意味は、政治社会状況の変化によって不断に変動する[31]」ことを主張した。坂上によれば武徳会がめざした「武徳の涵養」は大正期の政治社会状況の変化に応じて「軍国主義的性格」から「思想善導」へ力点を移したという。

坂上は大正期における武徳会の「軍国主義的性格」から「思想善導」への力点移行過程を次のように分析している。元来、武徳会は全国各地の警察を基盤としながらも皇族軍人伏見宮総裁の下、「軍国主義的性格」を基調として活動を始めた組織である。しかし、第一次世界大戦をきっかけとしたデモクラシーの思想潮流に対抗した結果、「武徳会が担おうとした国家的課題は（中略）国民の思想対策の方に重点が移行していく[32]」ことになった。具体的にいえば、武徳会は学校武道の拡充を求める要請を文部省に行い、大正一五（一九二六）年には撃剣・柔術という教材名を剣道・柔道へと改称することに成功している。

しかし、「第一次大戦後、文部省と内務省によって展開されたスポーツ政策は、国民大衆のトータルな健康水準の低下と天皇制イデオロギーからの離反に対処しようとするものであったとされるが、そうした政策においても、武道は「体育運動」「競技」のひとつとしてとり扱われるにとどまり、独自な地位を獲得するには至らなかった[33]」というのが坂上の主張である。また武徳会の支持基盤である警察では「支所・分会」における武道講習によって一般住民への思想善導も実施されていたが、住民の「参加状況からみて、こうした意図も充分には達せられなかった[34]」という。

ただし、昭和期に入ると武道を取り巻く状況は変わる。武道は政府のマルクス主義対策に利用され、マルクス主義が退潮する昭和八（一九三三）年以降も政府において「国体観念の徹底的な注入や戦争への動員が支配層の焦眉の課題となり始め（中略）国家主義的精神の涵養と体位・体力の向上をめざしていくことになり、こうした中で、武道と体操がより重視されていくようになる[35]」という。

坂上の研究は資料の渉猟に基づいた実証的な研究であり、近代日本の武道史を知る上で極めて重要な研究成果である。本書も武徳会についての多くを坂上の研究から学んだ。しかし政府の「学校外で展開されたスポーツにも道徳の枠をはめ、特定のスポーツ観を人びとの心のなかに内面化していこうとする企てについては、「実践的修身」という観念が強烈な武道をのぞいて、ほとんど具体的な効果をあげられなかった[36]」とする坂上の主張は、事態の一面の真理を突きながらもなお戦間期の武道史を検討する余地を残している。歴史学では、第一次世界大戦直後（大正七（一九一八）年）から日中戦争開始（昭和一二（一九三七）年）までのおよそ二〇年間を戦間期と呼ぶが、坂上の研究では戦間期に芽生えた大衆社会において武道がどのように受容されていたのかについては検討が不十分なのである。

大衆社会とは、産業化と都市化が進展した近代社会の一形態である。まず産業化についていえば、一九二〇年代には第二次産業（工業）と第三次産業（サービス業）の従事者が急増する一方で、昭和五（一九三〇）年には有業人口中の第一次産業（農業）従事者の比率が五〇パーセントを下回るようになる。[37]これに伴う都市化は、大正九（一九二〇）年から昭和一〇（一九三五）年の間に、人口一〇万人以上の市が一六から三四に増え、国民の八人に一人が住む都市から四人に一人が住む都市へと変容したのである。[38]この時期、東京は「職人と商人の街からサラリーマンの街へと変わり（中略）新しい都市文化[39]」が台頭するようになるのである。

そして武道も戦間期に芽生えた大衆社会の影響を被る。その影響が端的に現れたのが〈武道のスポーツ化〉問題の成立だったのではないか。例えば、先に検討した坂上の指摘にもあるように第一次世界大戦後には政府のスポーツ政策のなかで、武道は「競技」として取り扱われるようになったという。また、井上は戦間期にあたる大正一四（一九二五）年に開始された明治神宮競技大会では柔道や剣道などの各種武道もスポーツの一種目として行われていたことを指摘している。[40]これも〝武道はスポーツである〟とする〈武道のスポーツ化〉問題の現れの一つであろう。しかし、坂上も井上も戦間期の〈武道のスポーツ化〉問題の登場が武道の歴史にとって、どのような意味があったのか、正面から扱ってこなかったのである。

さらに、坂上、井上の両者とも一九三〇年代以降になると武道はナショナリズムを強めたと指摘している。しかし一九三〇年代以降は様々な領域でナショナリズムが煽られる時代に入るのであり、武道だけがナショナリズムの発揚を担ったのではない。したがって、一九三〇年代以降、ナショナリズムの水面下で具体的にどのような議論がなされていたのかを把握しなければ、その当時が武道にとってどのような時代だったのか、その実態は分からないのである。

そこで一九三〇年代以降の武道を捉える上で考慮しなければならないのは、当該時期を扱う文化史研究の動向である。今日の文化史研究は一九三〇年代から敗戦にかけての諸文化は政府に戦争協力を強要された「「暗い谷間」にもかかわらず、さまざまな領域で文化創造の営みがあった」[41]ことを明らかにしている。また戦時下から戦後にかけての文化史を研究する赤澤史朗によれば、戦時下の文化状況が戦後の文化史の重要な前提を成している場合が多いのだという[42]。そして、戦時下と戦後に共通する文化史の特徴の一つとして赤澤は「日本の近代化過程への問い直し[43]」を挙げている。

本書では一九三〇年代以降の「日本の近代化過程への問い直し」がなされる状況に〈武道のスポーツ化〉問題に対する当事者たちの対応が位置づけられるのではないかと考えている。当該時期における近代化の問い直しは「反近代主義的、アジア志向の方向[44]」で起こったのであり、〈武道のスポーツ化〉問題は武道の近代化過程への問い直しとして解釈された一面があったと考えられる。また当該時期における近代化過程の問い直しの方向は先行研究が指摘するような一九三〇年代の武道のナショナリズムの高揚と矛盾する動きではない。したがって、日本の近代化過程の問い直しが行われる状況で〈武道のスポーツ化〉問題はどのように解釈され、その解釈がどのような出来事を生み出していったのかを解明することは、昭和戦前期の武道の歴史的実態を把握することに留まらず、戦後の武道の近代化論の歴史的前提を検討することにもつながるだろう。

第三節　本書の構成

本書は明治維新より昭和二〇（一九四五）年までを四期に時代区分する。第一期は主に明治維新から嘉納が文部省で柔道の価値について論じる明治二二（一八八九）年までを扱う。第二期は武徳会の成立する明治二八（一八九五）年から武道概念が確立されて、学校の体操科教材として必修化される昭和六（一九三一）年までとする。第三期は〈武道のスポーツ化〉問題が出現する大正一四（一九二五）年頃から昭和一二（一九三七）年までである。第四期は昭和一〇―二〇（一九三五―一九四五）年を主な対象とする。

第一期では、〈術から道へ〉という言説がどのように形成されたのかを課題とする。江戸期において武術は武士の専有物であった、とする見方は一九六〇年代以降次第に修正され、農民や商人の間でも武術は盛んだったことが明らかにされてきた。明治期に入ると、そうした武士ではない人々の武術の営み及び武士を廃業した失業剣士らをいかに処すべきかが明治政府の課題となったのである。

明治政府の処置は武術の存続にとって追い風になるものばかりではなく、むしろ障壁になるものも多かった。武術を明治期にも残そうとした人々にとって、明治政府にいかに対応するかは大きな課題であった。そこには当該時期における武術家や武術論者の不断の努力があるのであり、そうした努力の過程で〈術から道へ〉という言説が形成されたのである。そして、〈術から道へ〉という言説を明確に示したのが、嘉納の柔道論であった。

第一期の終着地点である明治二二（一八八九）年は武道において重要な年である。大日本帝国憲法が発布され、近代国家としての体制が整うこの年は、それと同時に嘉納によって〈術から道へ〉の言説が公に示された時期でもあった。また、明治二二（一八八九）年は明治期の中間点にあたるため、第一部で扱う時代を便宜上、明治前半期と呼ぶことにする。なお、第一期は第一部に相当する。

第二期では、武道概念の成立過程を扱う。近代日本の武道概念の創始者として本書では武徳会副会長の西久保を取り上げる。その理由は先に述べたとおりだが、武道概念の成立を問題にするのは、〈スポーツ化〉が問題になるような武道とは一体どのようなものなのかを把握しないでは〈スポーツ化〉の歴史的意味が不明瞭なものとなってしまうためである。したがって、第三期以降における〈武道のスポーツ化〉問題の系譜を理解する上で第一期における〈術から道へ〉問題の形成と、それを継承した第二期の西久保の武道概念の成立過程の検討は第三期以降の議論の前提となるのである。なお、第二期は第二部に相当する。

第三期では、〈武道のスポーツ化〉問題が台頭する過程を検討する。本書は高津が指摘する「スポーツ」の日常語化の時期に注目した。それは〈武道のスポーツ化〉問題が出現する歴史的条件だと考えられるためである。高津によれば、日本において「スポーツ」が術語あるいは日常語として定着するのは一九二〇年代以降のことである[45]。また歴史学者の高嶋航が「大正期はエリート的な「運動競技」が大衆国民的な「スポーツ」に移行する過程にあった[46]」と図式的に説明するように、大正期、本書の関心からいえば戦間期はスポーツにおいて「大衆」という新たな担い手が形成された時代なのであるが、これは武道にも同じことがいえる。このような社会背景を踏まえないで〈武道のスポーツ化〉問題の形成過程は把握できないだろう。なお、第三期は第三部に相当する。

第四期については、第四部と第五部に分けて検討する。まず第四部では雑誌『武道公論』の主要執筆者であり衆議院議員でもあった藤生安太郎による武道の国策化について考察する。第四部における武道論の展開は主に昭和期に入り台頭する日本精神を思想的背景とし、昭和一二（一九三七）年七月の日中戦争以後の武道の戦時体制化と関わって展開されるものである。藤生は武道の国策化を推進することで〈武道のスポーツ化〉問題へ批判的に対応した。その国策化は具体的にどのような帰結に至ったのだろうか。詳しくは本論で検討したい。

第五部で検討するのは、〈武道のスポーツ化〉問題が武道にもたらした歴史認識の変容であり、本書で最も重要なパートである。第五部では、日本古武道振興会設立者の松本学による〈武道のスポーツ化〉問題への対応を考察する。松本は一九三〇年代当時の武道に〈スポーツ化〉批判をしつつ、新たな武道像を模索し、〝古武道〟概念を提唱した。松本の唱えた古武道という概念は日本古武道振興会の活動を通じて発信されたが、それはどのような内容だっただろうか。第五部では日本古武道振興会が設立された昭和一〇（一九三五）から終戦までの会の動向を中心にまとめた。

第四部、第五部とも戦後について若干触れるが、主として終戦までで検討を終える。結論部では、本書の成果と今後の課題を整理した。

第一部〈術から道へ〉

――嘉納治五郎と講道館柔道の成立

第一章　撃剣興行と警察武術

明治前半期は武術に対する評価が混迷した時代であった。とりわけ西洋の文物が本格的に輸入される文明開化の時代に入って、武術は江戸期の旧弊であるとして顧みられなくなったといわれる。しかし、武術は誰にとって、どのように旧弊だったのだろうか。先行研究はこの点を明確に論じていないが、当時の人々のそれぞれの立場を考慮しなければ、旧弊の内実はみえてこないだろう。そのため、第一部では様々な角度から武術の価値をめぐる議論を取り上げていく。本章ではなかでも明治前半期に行われた撃剣興行と警察武術について考察したい。

撃剣興行とは、明治六（一八七三）年四月に直心影流の榊原鍵吉が俸禄を失い、食べていけなくなった士族の糊口をしのぐために始めた撃剣の見世物興行である。[1] 撃剣とは江戸後期に武士に加えて郷士や農民に広まった試合中心の剣術である。本章で撃剣興行を取り上げる理由は、撃剣興行が〈術から道へ〉という言説の形成に大きな影響を与えているためである。この点は、第三章と第五章で改めて論じたい。本章では、撃剣興行の実態とそれへの評価について明らかにしていきたい。

文明開化を標榜する明治政府にとって武術は文明に対置される江戸期の旧弊であった。しかしながら明治政府内においても武術を必要とする機関があった。警察である。いうまでもなく、警察官は治安を維持するために時に身を挺して秩序に反する者を取り押さえなければならないが、その際に武術が必要とされたのである。とはいえ、文明開化という時代の流れの中で警察は日本の武術の必要性をどのように考えたのだろうか。

そこで本章では、警察における撃剣の必要性を説いた大警視川路利良の『撃剣再興論』を考察する。川路は日本に欧米の警察制度を導入した人物である。警察制度の輸入は文明開化の一環だったわけだが、その一方で川路は警察官に撃剣の訓練は必要不可欠だと考えた。では文明開化という時代の流れを十分理解している川路は、撃剣の価値をどのように考えていたのだろうか。本章では川路の『撃剣再興論』から明治前半期における武術の価値論の一端を明らかにしたい。

第一節　撃剣興行と民間の武術実践

序章で述べたように、江戸期から様々な人々が武術に親しんでいた。榎本・和田哲也らによれば少なくとも「文化期には関東のみでなく甲斐・信濃、さらに四国などの村落で、見物を許すような公開性のある、極めておおらかな「試合（仕合）」が至るところで行われていたことが明らかとなり（中略）秘密性・非公開を原則とした武士を基盤とする近世武術流派とは次元を異にした、農民の生活様式としての伝承的な武術の存在」[2]が認められると指摘されている。また農民のみならず、在郷の郷士や浪人など農民と武士のいずれにも分類が難しい人々も武術を実践していたこと、武術が遊芸的な性格を有していたことなども明らかにされている[3]。

歴史学者の藤木久志は江戸幕府による農民・町人への帯刀禁止令は「百姓に不似合い」[4]であるとの理由で、つまり見た目で身分を識別することに眼目があったことを明らかにした[5]。実際に江戸期の村落には大量の武具が存在していたといわれ、農民の帯刀もみられた。こうした人々の武術は土一揆の際に武装蜂起と結びつくこともあっただろうが、幕府の強力な中央集権的支配が貫徹されている時代には建て前としての帯刀禁止令で治安が維持できたといわれる[6]。

しかし、幕藩体制が揺らぎ始める一九世紀初頭には例えば北関東に「長脇差を帯び、子分を組織し、街道を闊歩した関東通り者」など武装した狼藉者が出現し、治安が悪化するようになった。例えば、幕府は北関東の畑作（養蚕生糸業）を主力とする一大商品生産に着目していたが、関東農村の社会状況が生み出す独特な風紀に手を焼き、文化二（一八〇五）年には幕府は「関東取締出役制」を設置し関東支配の強化を図るが、北関東の畑作の成果を収奪することには苦心した。さらに幕府は北関東の風紀を乱す「通り者」の温床となる「神事祭礼」や「附祭の興行」などの禁止策に腐心した。北関東という地域には「百姓身分」が伝承する「農民剣術」が根付いており、「源流」「法神流」「馬庭念流」といった流派が存在していたが、治安をみだす狼藉者の中にはこうした「農民剣術」を身につけている場合が多々みられ、北関東を中心に活動していた博徒・国定忠治もまた「馬庭念流」を学んでいたという(7)。

さらに、幕末には民間の武力は為政者にとっても無視できない存在となっていた。例えば民俗学者・宮本常一《つねいち》の祖父・市五郎は山口県周防大島の農民であったが、慶応元（一八六六）年の長州征伐直前に農兵として駆り出され、剣術の訓練を受けたといわれる(8)。また幕府・諸藩は天保期以降、対外関係が緊迫するなか、西洋の兵法を積極的に導入していくが、その流れのなかで在来の武術には軍事的実用性よりも体力を向上させる「体錬性」が重視されるようになった(9)。

このように、江戸期の武術が武士固有のものではなく、民間にも多様なかたちで広がっていたことと、幕末には体力向上のための武術実践が既にみられたことなどを歴史的前提として、以後の論述を進めたい。

第一項　撃剣興行の先行研究

撃剣興行については豊富な先行研究があり、本書がこれに付け加える知見はない。そのため本書では、先行研究に依拠して撃剣興行の実態を整理することにしたい。そのためまずは先行研究の紹介から始めたい。まず、撃剣興行の通史的な研究として、中村が『剣道事典』の中で「撃剣興行」の項を立てて詳述している。また撃剣興行に関する史資料の多くは渡辺一郎『史料明治武道史』(10)に所収されており、本書でもこれを大いに利用した。

撃剣興行が明治前半期に盛り上がったのは、自由民権運動の民権結社が実施していたためである。そのことは長谷川昇の『博徒と自由民権』(11)が詳細に論じている。『博徒と自由民権』以降、自由民権運動と武術の関係を論じたものとしては、湯浅晃の一連の論文がある。(12)湯浅論文では民権結社と武術の結びつきについて広範な資料を収集し、整理している。ただ、本書は自由民権運動の研究ではないため、撃剣興行に関わる限りにおいてこうした研究に言及する。

本節では明治前半期に撃剣興行がどのような人々にどのように利用されたのか、そして撃剣興行が武術にもたらした影響とはどのようなものだったのか、この点に着目して以下の行論を進めたい。

第二項　撃剣興行のはじまり

撃剣興行の成立を語るうえで重要な事件として脱刀令がある。明治三（一八七〇）年の平民への帯刀禁止令及び明治四（一八七一）年の華族・士族への散髪脱刀令によって、剣術を生業とする者たちの生活は大きな打撃を受けた。例えば、明治六（一八七三）年三月の『新聞雑誌』には、「脱刀随意の令下りしより、剣道頓に衰へ、府下有名の剣客自然沈倫《おちぶれ》し、随て諸所道場も壊破《やぶれ》に及べり」(13)と記されている。ここには、剣術家の生活が困窮する様子が窺えるが、帯刀が制限される時代になり、武術の中でも剣術の衰退は著しかったものと考えられる。

剣術の衰退を危惧した直心影流剣術の榊原鍵吉は明治六（一八七三）年に撃剣会を創立した。榊原は江戸期には幕臣であり講武所の教授方であったが、明治維新以降、旧弊とみなされ廃れていた剣術の再興を試みたのである。撃剣興行は明治六（一八七三）年四月二六日に開始された（図1）。榊原の催す撃剣興行の様子が『新聞雑誌』八七号に記されている。

図1　榊原撃剣会の錦絵（渡辺一郎編『史料明治武道史』新人物往来社、1971年）

四月中旬より晴天十日の間撃剣会を催し、諸剣客を集めて土俵の如き境界を結び、彼角力《すもう》に倣ひ、勝負を正しく判せる由にて、男女共自由に見物を許せる。[14]

榊原は「撃剣会」を組織し、試合場を設けて勝負の判定がはっきりするように「角力《すもう》」を模範にした試合を実施したのである。試合には審判者として「行司」[15]を置いたところからもそれは明らかである。

しかし、形式を角力に似せて試合を公開するだけでは興行にはならない。撃剣会は試合に際して木戸銭、つまり見物料を見物客から取っていた。『新聞雑誌』第八七号には「入関銭は金一朱を定額とし、一時も一日も同じ」[16]と撃剣会の規則が載せられている。見物料の徴収は試合が興行として成立するための必須条件であった。

榊原の撃剣会の活躍を見て多くの武術家が方々で興行を始めた。撃剣以外だと柔術、槍術、鎖鎌、薙刀などの興行がみられた。例えば、『武江年表』によると、「当年四月末より、撃剣会とて剣術の師場を構へ、試合をなして見物の人を招く。又柔術馬術等もあり、ここには其の大略を記す。△浅草左衛門町河岸（四月末より榊原鍵吉これを始む。見物群をなせり）」[17]とある。また同年には、「下谷五軒町（磯正智、同正信、同素行、福田八之助、黒沢敬太郎、外之を略す。外柔術、外に

図2　撃剣の横で柔術がなされている様子が描かれている（『秋田県許撃剣柔術』、中村民雄編『剣道事典』島津書房、1994年、163頁）

薙刀宮本富之介、水野久女、野本八重」[18]と、天神真楊流柔術の磯正智や福田八之助らも興行を行っている。磯や福田はのちに、嘉納に天神真楊流を指導することになる人物である。こうして撃剣興行は日本各地へと広まっていき、東京のみならず横浜や名古屋や大阪、近在の地方都市、はては九州の久留米にまでも拡大したという（図2）。

しかし、撃剣興行は盛況を博す一方で当初より批判もされていた。明治六（一八七三）年六月の『新聞雑誌』第一〇三号には、次のような投書（作者不明）が寄せられている。

先日来府下に於て撃剣会を始め、続て馬術、柔術の会等を催し、此頃盛にて諸所に張出せる告条已にうるさき程なり。其旨意は、武芸の衰えたるを興さんとて、好機会に投じ各技量を磨くことなるべけれども、世間の人は左に思はず神木原《ママ》先生の会、図らずも人気に叶ひ、金銭の入も夥しかしりより、我も我もと相議し、射利の為め可惜武芸を安売し、果は撃剣は大道の居合抜、柔術は独角力同様に見下して、目を触るる者なかるべし。請ふ、四方の武人是時に当りて少しく自重せんことを。[19]

この投書では、撃剣興行は武術の衰退を阻止しているが、一方で観覧者には大道芸同様にみなされていると批判している。榊原は明治六（一八七三）年三月一〇日に『撃剣会興行に付概略仕法奉申上候』という規定を公表し、その中で「試合の間高談大笑諸無礼の事を許さす暴慢を遠くるなり」[20]と観覧者の態度に注意を促していたが、ほとんどこの規定は機能してなかったのではないだろうか。

中村によれば、こうした撃剣興行に対する批判には三つの種類があり、それは①日本刀の威名を汚し、大道芸人と同一視されることへの批判、②撃剣興行を通して手に入れた日銭で酒食に明け暮れている撃剣家の生活態度への批判③勝負を見せることよりも余興の色取りに力点が変わり、興行内容が低俗化していったという批判であった。[21]例えば興行内容の低俗化は『武江年表』に「△馬喰町郡代屋敷裏にて（十一月より草苅庄五郎、馬術又歌舞妓の類を雇ひ、色々と技芸を催し、碁盤乗或ひは馬上にて、仮屋の中高きやぐらへ登る）」[22]とあるように歌舞伎役者が登場したことにみられ、馬術が辛うじて登場するがそれも芸能的なパフォーマンスであった。

こうした撃剣興行の展開に対し、明治六（一八七三）年七月には当時大蔵省事務総裁参議であった大隈重信によって次のような禁止令が出される。

> 東京府下撃剣興行に相準し、各地方にて追々相行れ有之哉に相聞へ候処、右は地方により返て人民実業の妨碍に相成、難聞届次第も可有之候間、総て伺出可申此段相達候事[23]

この禁止令に準じて同月中には「人民実業の妨碍」を理由に東京府、千葉県、愛知県、京都府で撃剣興行の禁止令が出された（ただし、明治一〇（一八七七）年に再開許可がおりる）[24]。

また、明治一三（一八八〇）年四月二八日に京都府では「撃剣技術は無用に付諭達の件」が出されている。京都府ではこの諭達が出される前月の八日に撃剣会の活動が禁止され、四月八日に解禁されたばかりであった[25]。諭達は撃剣会の活動解禁直後に出されたものであるが、その内容は撃剣会の活動を批判するものであった。

近来、往々撃剣之術行はれ候処、右は自今文化之日《ひらけたよ》に方り、功を成す可きものに非ず。却て人心を、傲慢過激ならしむるを以て、輙もすれば、人を傷ひ其身を誤るの具となり易く、諺に曰く、なま兵法は大疵の基なり。況んや人身の最も大切なる、精神の府たる脳髄を打ち擲き、呼吸の原たる胸部或は咽喉・顔面等を突衝し、妄に身体を飛躍し、短気息迫の苦痛を凌ぎ、努声を等する等、甚だ健康に大害あり。故に此の如き有害の事に、貴重の時日を費し、心志を苦しめ、身体を労せんより、寧ろ他の職業に従事勉励せば、只其一身一家の修斉のみならず、汎く国の益《ため》となるべし[26]。

京都府の諭達では撃剣は「文化之日《ひらけたよ》」、すなわち文明開化の時代には無用だと主張されている。しかも撃剣は竹刀で「脳髄」や「胸部」を互いに打ち付けるため、無用どころか心身の「健康に大害」でさえある。それゆえ、撃剣家は撃剣をやめて他の仕事に就いた方が国のためになるとまでいわれたのである。

撃剣興行は文明開化を目指す明治政府にとって好ましい存在ではなかったのである。そして、明治政府は撃剣興行に対して官許と禁止令を繰り返し、京都府のように解禁しても論達によって強く戒める場合もあったのである。

第三項　撃剣興行と自由民権運動

明治六（一八七三）年七月には名古屋でも撃剣興行が開始される。これは榊原のもとで直心影流の稽古を積み、浅草の撃剣興行にも参加していた赤松軍太夫が名古屋にいる博徒たちを誘い、行った興行であった。

名古屋で撃剣興行に参加した博徒たちは戊辰戦争で尾張藩を防衛するために藩に雇われた草莽隊員であった。草莽隊出身者の中には念流を修めた近藤義九郎及びその弟子がおり、博徒の撃剣家として活躍していた。彼らは戊辰戦争終了後、草莽隊が解散され、再び博徒に戻っていた。また名古屋の撃剣興行には博徒のみならず、旧尾張藩に仕官していた真貝虎雄、西山蔵造、太田重吉らが参加していた。名古屋の撃剣興行は土俵で行司をつけて面と胴をつけて東西に分かれた剣士が竹刀で打ち合い、三本勝負で二本先取した方が勝利する方式で行われていた。名古屋の撃剣興行も盛況であったといわれるが、明治六（一八七三）年八月に愛知県より禁止令がだされる。政府は武家社会の解体によって浪人化した旧尾張藩の不平士族や旧草莽隊が撃剣興行に蝟集することで、その場が反乱の決起集会に転じることを懸念していたのである(27)。

明治政府は撃剣興行を口実に人々が武器を持ち寄り蜂起することを恐れていたのである。明治九（一八七六）年の帯刀禁止令、いわゆる廃刀令は「大礼服着用、ならびに軍人および警察・官吏など、制規ある服着用の節を除くの外、帯刀禁ぜられ候条(28)」といった内容であり、「帯刀という権限を、すべて一般民間人から剝奪し、もっぱら新たな明治国家の支配権力をじかに担う、軍人・警察・官吏等だけの、公的・特権的な身分表象として独占しよう、とする点(29)」に主な理由があったと藤木は指摘する。それだけでなく藤木は「支配者の側に、人民を非武装化したい、という衝動があったことは、徴兵令によせて山県有朋が「陸軍省上申」で断言していた(30)」とも指摘している。つまり撃剣興行はこうした明治政府の目指す国家の在り方からみて、不穏な存在だったのである。先に述べた撃剣興行の禁止令も士族の不穏な動きを事前に防ぐ意図があったと考えられる。

撃剣興行は、その実施形態上においてそもそも騒擾化する可能性を孕んでいた。多くの撃剣興行では「飛入勝手次第」として、観覧者が突然、試合に参加することが容認されていたのである[31]。こうした観覧者と撃剣家との関係は、ヨーロッパの伝統スポーツにも見られる傾向である。すなわち観覧者と選手の弱い役割分化や暴力の容認である[32]。撃剣興行においてもヨーロッパの伝統スポーツ同様に、観覧者と撃剣家は撃剣という暴力的な行為を相互容認して入り乱れたのである。

明治一〇（一八七七）年の西南戦争が終わるまでは、不平士族の鎮圧は政府の抱えた内政上の課題であった。また、旧草莽隊であった博徒たちは旧藩の草莽隊時分における戦果の冷遇に対して不満をもっていた。旧草莽隊は戊辰戦争における戦果によって戦功に見合った給禄や士族籍編入が予定されていた。しかし、明治四（一八七一）年七月の廃藩置県をきっかけにそれら給禄や士族籍編入は取り消されていく。これに激怒した旧草莽隊は復禄・復籍請願運動を行い、明治九（一八七六）年に旧藩から愛知県当局へと相手を変えながらも、この請願運動は実った[33]。名古屋の撃剣会にはこの請願運動の成功のため旧草莽隊隊員を結集強化する意図が伏在していた。それは窮乏している旧草莽隊隊員の生活費を稼ぐ場となったり、あるいは興行収入を請願運動に用いる費用にあてたりしたのだ。名古屋の撃剣会は明治一三（一八八〇）年五月に官許撃剣会として興行再開となるが、この頃になると西南戦争も鎮圧されており、不平士族の反乱は問題にならなくなってくる。そして撃剣興行の在り様は不平士族の決起集会から剣術を極める者たちの修行場へと、あるいは生活の資として旧士族が行う撃剣興行本来の姿へと移っていくのである[34]。

西南戦争以降、政府の脅威は不平士族ではなく、自由民権運動における民権運動家たちへと移っていく。自由民権運動は民権運動家の言論活動による政治運動であったが、彼らが結成する結社のいくつかは武術訓練を奨励し、あるいは撃剣興行関係者らによって結成された。民権結社による撃剣を中心とした運動会は全国各地で開かれ、結社内の結束を固めたといわれる[35]。湯浅は、自由民権運動の時代に二七の結社で武術の訓練が行われていたことを確認している[36]。当時民権結社は二〇五五社が存在したといわれているため、武術の訓練を課した結社の数は決して多いとはいえない。ただ、自由民権運動の中核である自由党が武術訓練を行っているのは注目される。以下、自由党の武術訓練について検討しよう。

第四項　自由党の武術訓練

明治一六（一八八三）年八月三日に内務卿の山田顕義は太政大臣三条実美に「埼玉県下自由党員撃剣旗奪等より過激の演説をなしたる景況」[37]と題する報告書を提出している。これは埼玉県の自由党員が同年七月六日に利根川畔で行った演説会と運動会の様子を埼玉県令吉田清英が密偵を使って調査し、同年七月二六日に山田へと報告したものである。本報告書では「上村君村地内利根川土手に於て自由運動を称へ、埼玉群馬両県下の自由党員を初め学校教員生徒等の集合せし者都合二百六十余人、来観者大凡そ三千余人」が参集し、「午後一時頃、中央則ち司令所に於て鐘を鳴らし喇叭を吹き令を伝ふるや、東西より繰出し撃剣旗取の運動をなすこと四回にして、同四時過ぎに至り運動終る」と状況報告されている。[38]ここでは、自由党員のみならず、「学校教員生徒等」といった党員以外の人々も巻き込んだ運動会が開かれている。この運動会とともに行われた演説会では、自由党員の斎藤珪次が「我が日本政府は圧制主義の組織」であり「百通の建言書を出すも到底採用の見込」がないため、「我が党は益精神を凝して自由の主義を拡張し、自由の世」にしなければならないと述べ、「之れを熱望せば宜しく撃剣柔術等を嗜み腕力の養成も亦なかる可らず」と言論のみならず武力に訴えることも辞さない姿勢を主張した。[39]この演説を密偵した吉田は「狂暴過激ノ弁論」[40]と報告している。これをうけて山田は自由党の運動会活動を「頗る狂妄、将来治安上妨害の虞なきに非ず」[41]と三条に上申している。本報告書には政府が抱く民間の武装蜂起への恐れが明確に示されていたのである。そして武装蜂起のために自由党では撃剣や柔術が訓練されたのである。

明治一七（一八八四）年八月一〇日に自由党は「有一館」という武術道場を設立する。[42]長谷川によれば、有一館における武術の訓練は「刺客養成所」として、あるいは政治活動を越えて暴徒化する者を取り締まるためなどの目的があったという。[43] 有一館が創立されるや「諸県風を聞いて皆な心を武事に傾け、壮年義に勇むの徒、競ふて剣を曉風に撃ち、馬を草原に駆らざるなく、竹刀の音、鉄蹄の響、到る処に戛々たり」[44]と、有一館における武術の訓練が他の民権結社にも伝播したといわれる。

本章は撃剣興行に焦点を当てているため、これ以上民権結社と武術の関係に論究することはしないが、民権結社がその活動に武術を採り入れていたことは注目されるだろう。[45] 明治政府の中で民間の武術を毛嫌いする者がいたとしたら、それは民権結社の武術活動が影響していると思われる。

第五項　武術のイメージ

帝国憲法発布以降になると、撃剣興行及びその他の武術の興行も人気がなくなり、ほとんどが廃業してしまう。榊原も明治二七（一八九四）年に亡くなり、撃剣会を後継した野見鍉次郎も明治四一（一九〇八）年に亡くなった。[46] そして明治四四（一九一一）年七月九日を最後に撃剣会は閉会し、三九年間の活動に幕を下ろすのである。[46]

また、自由民権運動下における撃剣興行は明治一三（一八八〇）年の集会条例に続く、明治二〇（一八八七）年一二月二六日に発布された保安条例によって取り締まりが強化される。さらに明治二二（一八八九）年二月一一日の帝国憲法発布によって日本の国家体制は確立され、民権運動家の政治活動の意義は急速に失われていくことになる。帝国憲法発布に伴う大赦令の公布によって戊辰戦争の「賊軍」をはじめ、西南戦争の西郷隆盛などの「国事犯」などの大罪は天皇の名の下に許されることとなるが、これにともない民権結社による撃剣興行や武術訓練の意義もまた消滅するのであった。

かくして武術には撃剣興行や民権結社の武術訓練が残した低俗なイメージがついて回るようになったのである。のちに〈術から道へ〉を唱える人々は、低俗な武術イメージの克服を目標に掲げていくのである。

このように明治前半期において武術はまず民間において必要とされていたのであり、明治政府はそれを警戒していたである。

第二節　警察と撃剣

明治維新以降、一旦は江戸期の旧弊とみなされた武術であるが、明治一〇（一八七七）年の西南戦争で活躍した警視庁抜刀隊をきっかけに、警視庁では武術を奨励する声が上がった。これは警察官が実務を実行する上で、護身、捕縛する技術が必要であるということが主たる理由である。そして、明治一二（一八七九）年頃から巡査へ剣術を奨励する機運が高まり、剣術家の多くが剣術世話係として採用された(48)。明治一二（一八七九）年七月に設置された巡査教習所では撃剣と捕縄術が課外ではあるが奨励された(49)。明治一四（一八八一）年には巡査教習所は廃止されたが、各警察署では適宜巡査教習が行われ、撃剣の稽古が行われた。また、明治一四（一八八一）年には皇宮警察が撃剣を奨励し、明治一六（一八八三）年には皇居内に済寧館が建てられ、明治一八（一八八五）年にはそこで天覧試合が催されている(50)。さらに明治一六（一八八三）年には柔術が、後に柔道が奨励されていく。

このような警察における武術の奨励によって、撃剣興行に出場していた撃剣家が警察の武術世話掛として採用されていくケースがみられる。例えば、名古屋撃剣興行の真貝虎雄も撃剣興行から警視庁の武術世話掛に転じた一人である(51)。真貝は旧藩剣術指南役のうちでも上役だった剣士であるが、撃剣興行をやめて警察官への武術指導に向かった剣士の多くは真貝のように高名な剣術の指導者であった。中村によれば、撃剣興行の有力者が警察に指南する立場へと転じていくことが撃剣興行の衰退につながったともいわれる(52)。

大阪府ではたびたび撃剣興行が行われたが、そこに参加する撃剣家も鎮台や巡査といった治安機構と関わるようになった。ここでは大阪府の撃剣家西田與三郎について検討してみよう。

第一項　興行から警察指南へ

西田は鏡心明智流の桃井直正の弟子であった。[53] 西南戦争が勃発すると大阪府へ願い出て明治政府に従軍した。西南戦争での活躍が評価され西田は勲七等を受勲する。[54] 西南戦争の後、西田は、「国家に若事有らば出て国に報ひん事を思ひ併て師の流儀の後世迄朽ざらんこと」[55]を願って、明治一二（一八七九）年九月二三日に撃剣道場を設立した。西田は明治一三（一八八〇）年二月一三日、大阪府下の「巡査」への撃剣指導を出願しているが、ここにも西田の政府へ奉じようとする積極的な姿勢がみてとれる。[56]

ところが、西田の思いは明治政府に裏切られることとなる。明治一三（一八八〇）年三月七日の『朝日新聞』では西田が陸軍省の「下士兵卒」に撃剣を教授したいと申し出たところ拒否されたことが報道されている。[57] 西田はこうした政府の対応に不満を持ったのだろう。明治一三（一八八〇）年三月一九―二四日の間、西田は撃剣興行とともに「学士」を集めて「演舌会」を行った。[58] 演説会といえば自由民権運動、という認識が一八七〇年代末より定着していたが、[59] 西田の演説会もまた自由民権運動と結びついたものであったと考えられる。この「演舌会」とともに行われた撃剣興行の「武術試合は飛入勝手たるべし」[60]とされ、騒擾的な空間で「演舌会」が行われたものとみられる。西田は政府に対する不満をこうした場で表明したものと考えられる。

この大会の二年後、明治一五（一八八二）年一一月三日に西田は「武術撃剣大会」を主催する。「武術撃剣大会」は「大阪府鎮台練兵場」にて開催され「鎮台飛入勝手」とされていることから、西田はようやく地域を守る鎮台と関わることに成功したとみられる。[61] 明治一七（一八八四）年一二月には西田が発起人となり、大阪府に「銃鎗木銃之試合并体操之術」などを講習する武術道場が開設された。[62]

西田は政府への不満を募らせ、撃剣興行・演舌会を開催したが、その後鎮台で撃剣を教える機会を得たことで、撃剣の講習を続けたものとみられる。西田は「武芸瓦礫と一般地に堕て我邦固有の元気たる日本魂の消散せんことを憾む」[63]と述べ、「曾て国手に聞く曰く武芸なるもの身体を健にし気を培養し勤学に益あるものなりと云ふ之に依りて之を観れば文芸隆盛の今日に於ても尚武芸の廃す可らざるを知る」[64]と武術道場の目的を主張している。西田は「武芸」は「日本魂」を涵養し、また身体を健康にするので、「勤学」を益し「文芸隆盛」を妨げないことを主張したのである。

ところで、明治一三（一八八〇）年三月の撃剣興行・演舌会には西田のほかに秋山多吉郎というもう一人の主催者がいた。秋山は西田と同門であり幕末官軍が大阪の治安を守るために結成した浪花隊の隊員であった[65]。秋山は西田の企画した「武術撃剣大会」にも参加した撃剣家であったが、同年九月七日の『朝日新聞』によれば、大阪府下の「盗難多きと憂ひ各府県の撃剣家を集め人民の望みに応じて毎夜市中を巡廻し盗難を防がんとて規則書を制し西区役所へ届出許可なりし」[66]と夜警活動を始める。さらに明治一四（一八八一）年七月六日の『朝日新聞』では「府下各警察署の巡査」は秋山の下で撃剣を訓練するよう大阪府知事の建野郷三から命じられたと報道されている[67]。

これら大阪府の撃剣家への対応は期せずして政府に対する反乱の契機を取り除くことに成功したものと考えられる。つまり、警察及び鎮台による武術の囲い込みは武術を政府に抵抗する民間の一手段から政府公認の護身術・捕縛術へと転換するきっかけになったとみることができよう。

こうした警察による武術の囲い込みは各地でみられる。京都府においても巡査の撃剣は奨励された。京都府では撃剣を戒める論達が明治一三（一八八〇）年四月に出されていたが、明治一五（一八八二）年二月三日の『朝日新聞』では「京都府の巡査幷に看守押丁等は公務の余暇必らず演武場に於て撃剣を修行するやう此程内諭ありたり」[68]と報道されており、三月一一日には京都府知事から「巡査事務の余暇を以て近々府庁内に治罪法研究会と撃剣稽古に出張するやう」[69]指示が出されたと報じられている。さらに翌年六月八日の『朝日新聞』には六月一〇日に「京都府立体育場内武道場」において、京都府、大阪府、滋賀県の「警部巡査連合撃剣大会」が催されると報じ、「岩倉右大臣」の他、「籠手田滋賀県令」と大阪府の「建野府知事」が臨席することを報じている。

こうした警察の武術の囲い込みを促した要因の一つに川路の主張があったと考えられる。

第二項　川路利良の『撃剣再興論』

川路は日本の警察制度を確立した人物である（図３）。また、西南戦争では警視庁抜刀隊を組織し、成果を上げた人物でもある。川路は天保五（一八三四）年、薩摩国鹿児島郡比志島村に生まれる。一六歳の頃から剣術を学び、元治元（一八六四）年の禁門の変で戦功を挙げ、西郷隆盛から高く評価された。また同年には江戸に出て幕臣関口鐵之助に洋式練兵と太鼓術を習う一方で千葉周作の門に入り剣術を修行している。慶応元（一八六六）年には故郷の自宅内に撃剣の道場を開き、村落の青年子弟を訓練した。明治維新後は警視庁大警視となり、警察制度の確立に努めた。明治五（一八七二）年五月二三日には羅卒総長となり、同年九月八日にヨーロッパへ出張する。これは各国の警察の制度を研究するためのものだった。翌年の明治六（一八七三）年九月に帰国し、警察の確立を目指す。明治七（一八七四）年に警視庁を創設し、東京警視庁大警視となる。また明治一〇（一八七七）年に勃発した西南戦争では、三月四日の田原坂の激戦で警視庁抜刀隊が活躍した。明治一二（一八七九）年一月に海外警察視察のためにフランスへ向かうが、八月二四日に病に罹り、一〇月八日に帰国。同月一三日に没している。[70]

図３　川路利良（警察制度調査会編『警察制度百年史』警察制度調査会、1975年）

川路は西南戦争後、国内治安体制を確立するために明治一二（一八七九）年一月にヨーロッパへ行き、各国の警察制度を視察するが、渡欧直前に警察官に剣術が必要であることを説いた『撃剣再興論』（中村徳五郎著『川路大警視』所収）を著している。[71]川路の『撃剣再興論』は単に警察官の職務に撃剣が必要であることを述べるばかりではない。本書が『撃剣再興論』に注目するのは、武術を旧弊とみなす文明開化の風潮のなかで撃剣の価値を説いた最初期の論考（ただし、未定稿のまま完成しなかった）とみられるためである。

では、西洋の警察制度を日本に導入する一方で、日本の撃剣の価値を川路はどのように主張したのだろうか。まず、『撃剣再興論』の執筆動機から検討しよう。川路は『撃剣再興論』の末尾で次のように述べている。

日本刀接戦の功顕は、今度の戦争より世の知る所なるを以て、或は撃剣再興論を主張せんと欲するの意思あるは論を俟たずと雖、又朝野に於て之を頑固復旧論視せられん事を恐れて、敢て云はざるあるを知る。(72)

川路は「今度の戦争」、すなわち西南戦争で撃剣の実用性を再認識したが、理由もなく撃剣を復興することは時勢が許さないとも考えていた。このような認識のもと川路は警察においていかに撃剣が有益なのかを説くのである。

川路の「撃剣再興論」は撃剣を不要とする見方に対して反論するかたちで論じられた。川路は当時の撃剣不要論の要点を次のようにまとめている。

撃剣を修むる程の気象を、無用の術に向け、開化を妨ぐるは惜むべし、願くは此の気象を学問に向けて開化を助けんと。(73)

つまり川路は、実用面における撃剣への疑義とともに、「開化」を促進する「学問」の妨げになることへの懸念が撃剣を不要とする意見の要点であると考えたのである。

明治前半期の文明開化に大きな影響力をもった福沢諭吉が『文明論之概略』で指摘するように、文明開化に必要なのは「インテレクト（知性）」の獲得であり、福沢は日本においては徳義（モラル）に対してこの「インテレクト」が非常に停滞していることを指摘している。(74)つまり、撃剣を修める時間があるなら、その時間を西洋の学問を学ぶことに充てた方がよいとの考えは、明治前半期の日本社会では強かったのではないだろうか。

こうした撃剣不要論に川路はどのように答えたのか。まず、「撃剣再興論」が警視庁の巡査を対象としたものであったことに注目したい。巡査においては、撃剣のような武力が職務上「文筆」活動よりも重要であることを川路は主張するのである。川路はいう。

巡査は文筆を以て直に大政に参興し、四方に指揮するの素志にあらず、平常一身を以て事に当り、国に報ずる赤心あれば、自然昇進すること其道より外に近路なきもの。(75)

巡査は知的な「文筆」活動よりも直接行動によって評価される存在であり、「国に報ずる赤心」をもって行動することが求められるのである。ここで川路が巡査の「国に報ずる赤心」に言及している点は、彼が日本の警察を大陸（フランス、プロシア）型の政府警察をモデルに創設したところに起因すると考えられる。(76)すなわち、「大陸型の警察は、市民警察、自治体の警察ではなく、政府の警察であり、市民に対する犯罪を除去するよりも、政府に対する「犯罪」を予防し鎮圧することに熱心な警察であった」(77)ため、巡査には政府に対する忠誠心が要請されていたものと考えられる。川路はこうした巡査の職務を鑑みたうえで、「総て剣客となるも、決して開化を妨ぐるの害なし」(78)と撃剣が文明開化を妨げることはないと強調するのである。

次に川路は撃剣と「学問」の関係について次のように論じる。

人性の才資数種あり、或は文質あり、又武資あり、文歳《ママ》兼備の資あり、文資に武を教へ、武資に文を学ばしむること、到底得べきものにあらず、文武到底両才あれば、亦必ず両達すべし、何ぞ今日の開化を妨げん哉（中略）仮令今日文学一遍の世なればとて、剣客変じて学者となるにあらず、徒に世の廃物となるのみ、亦惜まざるべけんや。[79]

ここで川路は、「剣客」に学問を学ばせることは、むしろ文明開化の世の中で役立たない人材を養成することにつながるというのである。川路は、武術の才能と勉学の才能が異なることを指摘し、人々に「学問」のみを授け武術の訓練をさせないのであれば、武術の資質を持つ人々はその才能を開花させることが出来ずに「廃物」になってしまうと主張したのである。とはいえ、武術の才能を持つ者に武術を訓練させる社会的な意義、すなわち撃剣の実用性はどこにあったのだろうか。

川路は撃剣の実用性を次のように説明している。

暴悪の徒を治むるに、己れに鍛練ひる武備なければ、挺身格闘する事能はず、旧幕時代猛悪の賊を捕ふる能はざるもの皆是也。[80]

ここには、幕末に佐幕派と対峙した川路の経験則がみてとれる。「暴悪の徒」に対処するには「挺身格闘」する備えがなければならないのである。川路は、「護身の棒を持するも、敵を挫くの術なければ、身を護する事能はざる」[81]と述べ、武器を持っていてもその扱い方に熟達しなければ、武器は用を成さないと主張する。さらに、「巡査は平生現場一身を力動して事に当るものなれば、剣客の如き常に身を鍛練せる者を用ふべし」[82]と警察官の職能としていかに撃剣が必要かを説いたのである。

また、川路は日本人の慣習を踏まえた撃剣の実用性も説いていた。川路は、「日本の人民は、古来の慣習にて、刀にて斬るの恐ろしきを知りて、銃を以て射殺せらるるの恐れを知らざるが如し」[83]と述べて、日本人は「銃」以上に「刀」を畏怖していることを主張する。江戸期の村落には鉄砲が多数存在していたが、それらは害獣駆除のために使用されたのであり、百姓一揆が起きた時にも「百姓も領主も、たがいに鉄砲は使わない。人に向けては発砲しない」[84]という暗黙の了解があったといわれる。川路は村落においては刃物による殺傷の方が鉄砲よりも身近であるという人々の心性を踏まえた上で撃剣の実用性を説いていたのである。

しかし、川路の撃剣再興の意図はこうした警察官の警備能力の向上に留まらない。川路は「警察官は人民平素勇強の保護人也、故に事あるに臨んでは軍事に従ひ、義務を人民に示さゞれば、自然信を失するに至らん、故に必ず軍事に臨むを要す」[85]るものと主張している。すなわち、警察官の職務を軍事にまで拡張して捉えているのである。そして、警察官の職務が軍事にまで拡張されたとき、撃剣は護身術として活かされるに留まらず、彼らが「勇強の保護人」として人々から信頼されることにもつながると川路は考えたのだ。

また川路は、軍事としての撃剣の価値を戦場に向かう者の「胆力」を養成することにあると考えた。川路は次のように述べている。

> 是（＝撃剣：筆者注）を再興し、元気を復し、勇胆を練る時は、他日海外と事あるに臨み、卒は銃を取り、下士以上は抜刀にて、一種の編伍を以て突進撃刺せば、吾軍極めて利あらん、夫れ各三尺の刀を持し、突進格闘するの胆力ありて、三四町の敵と火戦す、勢ひ三軍を呑まん、且是を集めて隊を為す、誰か是を侮る事を得ん哉。[86]

川路は、西南戦争の警視庁抜刀隊に着想を得て警察官の軍事的動員を発案したといわれる。彼は明治五（一八七二）年の欧州視察の後に、「西欧警察の現実をふまえつつ、当年の日本の国家路線、すなわち君主＝天皇を頂点として、外的圧力と対峙しつつ国家的統一を達成し、富国強兵をはかろうとする路線に適合的な警察のあり方を提示し、改革をはかろうとした」[87]のである。川路にとっては国家の不安分子を除去する実力部隊こそ旧武士階級出身者が九割を占めていた巡査の役割と考えていた。[88]また、撃剣の訓練をした警察官が文明開化を妨げてはならないため、「各県の頑固者」[89]を「皆当局へ聚めて開化せしむる」[90]ことも主張した。これは撃剣の講習会を警視庁で開くことで、各県の警察関係者を首都東京に集め、文明開化の最先端にじかに触れさせることができるという考えであった。

このように川路は警察官には「学問」とともに撃剣の訓練が必要であることを主張したのである。しかし、撃剣が再興されるために競わなければならない相手は「学問」だけではなかった。それはサーベルである。川路は撃剣の再興を強調するために「撃剣は泰西各国に於て、当時専ら修練する処也、吾国適々尊重する所の術を廃せんとす、自然、必ず彼に学ばざるを得ざるに至らん、所謂金を瓦片と換ふるが如し」[91]と述べ、日本が目標とするヨーロッパの警察ですら「撃剣」の訓練がなされ、「撃剣」の実用性が認められていることを主張する。ただしこのヨーロッパの「撃剣」とはサーベル術のことである。川路はもし日本の撃剣を廃してヨーロッパのサーベル術を習うことになれば、それは「金を瓦片と換」えるのと同じくらい損をすることだというのである。川路はヨーロッパのサーベル術よりも日本の撃剣の方が優秀であるという自負を持っていたのである。

変に臨んで銃は兵卒の所持するもの也、下士官以上は「サーベル」と短筒（銃身が短く片手で扱える鉄砲：筆者注）を用意すべし、若し敵刀にて斬掛るに、短筒にて応ぜんとするに、其筒発せざる時は、「サーベル」を用ふるも、刀と対し何の用をか為さん、忽ちに刀下の鬼とならんのみ。[92]

このように川路の「撃剣再興論」は撃剣がいかに文明開化を妨げず、巡査の職務において実用的であるかを説いたものであった。しかし、川路が逝去したのち、明治一五（一八八二）年には警察官へのサーベルの携帯が義務付けられた(93)。サーベル術と撃剣の優劣は一概には判断できないが、警察における文明開化の流れは川路の力を以てしても変えることはできなかったのである。

第三節　撃剣家の囲い込み

本章では、撃剣興行と警察武術について考察した。撃剣興行は失業剣士の糊口をしのぐために始まったものだが、見世物としての性格が強く、武術の低俗化を招いた。また撃剣興行は、明治政府に異議申し立てる決起集会の場になったことで、民権結社に取り込まれるケースがみられた。他方で、撃剣興行に参加する撃剣家やその他の武術家が、警察や鎮台に指南する立場へと鞍替えしていったことが分かった。いわば、明治政府と民権結社との間で撃剣家の囲い込み合いをしていたのである。この明治政府の側の動向に焦点を当てた湯浅は、その在り様を「暴力の独占(94)」と主張している。本書はこれに対して大局的には同意するが、撃剣家に焦点を当てて、鞍替えの意味を考えたい。例えば、西田が撃剣によって身体を健康にし、「日本魂」を養成しようとしていたように、撃剣家は自身の修める武術が明治の世に役に立つものであって欲しいと願っていたのではないか。撃剣家は警察や鎮台で指南することで、世に役立つ人間になろうとしたのではないだろうか。

ところで、鞍替えする撃剣家のように武術の技術それ自体の価値のみならず、その訓練の途上で育まれる副次的な効果にも注目する視点は学校教育へ武術を導入しようとする人々の間で顕著にみられた。次章では、学校教育へ武術を導入しようとした人々の主張に着目したい。

第二章　実戦から教育へ

本章では、学制が公布された明治五（一八七二）年のあとに、武術がいかに学校教育に参入しようとしたのかを検討する。第一章で検討したように、明治政府の方で当初武術の必要性を主張していたのは警察だったが、警察以外にも武術の導入が検討された領域がある。それが学校である。学校に武術を取り入れるべきか否かの議論は警察に比べて複雑な過程を辿る。なぜなら、学校において武術の価値は実戦性以外に求めなければならなかったためである。つまり、武術の技術修得それ自体に価値を見出すのではなく、技術修得を通して得られる副次的な効用の価値が議論されたのである。では、武術の副次的な効用はどのように語られたのだろうか。

本章の目的は為政者や知識人が論じた武術の価値を検討することで、明治前半期の武術がどのような点で教育上問題があるとみなされたのか、あるいはどのような点に教育上の価値があるとみなされたのかを検討することである。

第一節　武術の教育上の価値をめぐる議論——阪谷素と森有礼

本節では、まず明治八（一八七五）年という比較的早い段階で武術による教育の必要性を説いた阪谷素《さかたにしろし》について考察したい（図4）。阪谷は日本の教育制度に武術を取り入れる必要性を説いたが、その背景には明治政府が徴兵令を出して創設に踏み出した軍隊の存在があった。しかし、阪谷の武道論は初代文部大臣森有礼の兵式体操論と衝突するものであった。そうした阪谷と森の議論を通して、明治前半期の武術はどのように西洋近代的な教育制度の枠内に位置づけられようとしたのかを検討したい。

第一項　阪谷素の武術論

阪谷は文政五（一八二二）年に備中国川上郡九名村で生まれた。代々酒造屋であったが、天保一三（一八四二）年に江戸へ移り、儒学を学んだ。嘉永三（一八五〇）年に帰郷し、二年後、九名村の代官に招かれ「興譲館」で儒学の教授にあたる。明治元（一八六八）年まで儒学を講じたが、明治三（一八七〇）年に上京し、廃藩後、明治新官僚に転進する。官僚に転進後は陸軍省、正院、文部省、司法省、内務省などを渡り歩き、明治一四（一八八一）年に逝去。明治六（一八七三）年に森有礼の主導で結成された明六社に、阪谷も入会している。明六社に属する知識人の多くが洋行体験をもつ開明派の中で、阪谷は洋行体験をもたず、儒学、漢学者として異色の存在感を放っていた[1]。

図4　阪谷 素（阪谷芳郎編『阪谷朗盧先生五十回忌記念』東京印刷株式会社、1929年）

さて、阪谷の論文中「養精神一説」と題された論文が二編ある。「養精神一説」は明治八（一八七五）年九月五日に刊行された『明六雑誌』第四〇—四一号に掲載された。そのうち第四一号に掲載された「養精神一説」に教育における武術の必要性が説かれている。「養精神一説」が本書において重要なのは、「武道」について語っていることである。まずは、阪谷の説く「武道」とは何であるか、この問いから考察を始めたい。阪谷は「武道」について次のように述べる。

わが邦風習太古より武を重んじ、名を惜む、ほぼ日耳曼《ゲルマン》に似たり。王室中古の文弱は、上たる者武を鄙しむにより、しかして武士の気、別に盛ん。いわゆる大和魂なるもの、その説多きも、ただに武道の精神を自賛するのみ。元亀・天正の際、武道の盛なる、精神の豪爽なる、近日学術開くるの時よりしてこれを観ればバルバリーのこと多しといえども、その精神、胆力の壮なる、日耳曼、仏郎察《フランス》の下にあらず。(2)

この引用文における「武道」とは「武士」の精神性を指していると考えられる。上掲の引用文に続く文章のなかで、「勇の憤に発する、過を観て仁を知るの義において、武道の一端もまた存す」(3)とある。これは、ペリー来航に対して起こった攘夷について、阪谷が評価した一文である。阪谷は憤りから発せられる「勇」に「武道の一端」をみている。したがって、阪谷のいう「武道」は武士が有した「勇」、「胆力」、あるいは「義」といった精神性と捉えるのが妥当だろう。さらに、阪谷は「武道の精神」は「大和魂」と同義であるとし、ドイツやフランスにはない日本独自の精神文化として論じている。ただし、阪谷の述べる「武道の精神」は、「辛苦賊をなし、猛暴虐をなす、みな胆力に発す。胆力に二なし」(4)と、その野蛮さについても言及されている。阪谷が「バルバリー」と述べているのも野蛮（barbarie）の意味である。(5)

では、阪谷が「武道の精神」の養成を説く目的はどこにあったのだろうか。それは、明治六（一八七三）年以降、徴兵令によって一般の人々は兵士となり、軍事に従事しなければならなくなったことによると考えられる。政治学者の中谷猛は、明治期の徴兵制の意義について「第一に、それまで各藩がそれぞれの兵式を採用していたがゆえに、初期の国軍は寄せ集めの軍隊でしかなかったが、はじめてその編制と技術の分野において組織的統一の第一歩を踏み出すのである。ここに制度化による外観上の統一が与えられる（中略）第二に兵制統一とは外国の兵式の導入ということに留まらず、この統一化の過程を通じてそれぞれの兵士が抱いていた士族的特権意識が打破されてゆくことをも意味していた。つまり武士から軍人へと形態が変わることによる意識の変革。それは国軍の創設に伴う国民意識の「開放」に繋がる[6]」と述べている。

しかし、各藩の武士団が戦争を担っていた時代から幾許もないうちに旧武士階級の「士族的特権意識」を打破し、四民平等の国軍を創設するということは時期尚早なことでもあった。そもそも徴兵令をめぐるこのような問題意識は、徴兵令の成立過程から懸念されていた。徴兵令の確立者の一人である山県有朋は明治五（一八七二）年に「論主一賦兵」なる意見書を起草している。この起草は「士族中心の志願制度を排して、国民皆兵をたてまえとする徴兵制度の採用の根拠を形式的には王政復古の精神に基づく古代兵制への復帰という形をとりながら、実質は欧米の近代軍制にそのモデルを求めている[7]」趣旨のものとされている。この起草によって山県は士族中心の志願兵で国家の軍隊を作ることに反対していた。それは山県が「徴兵制こそ大量の軍隊を可能にする唯一の道であることを理解していた[8]」ためであった。これに対し、薩摩藩出身の陸軍少将桐野利秋は「彼れ（＝山県：筆者注）土百姓等を衆めて人形を作る。果して何の益あらんや[9]」と山県の徴兵論を批判している。桐野は「武事を弁えざる農工商の子弟をして、兵役に服務せしめたとて、到底その任に堪え得るものにあらず[10]」と述べ、士族による国軍の形成を唱えていた。

幕末に民兵として戦争に従事した人々もいるので、「農工商の子弟」が武事に疎かったとは言い切れない。ただし、そうした人々は守るべき生活の範疇を越えて、日本国家を防衛するという意識は薄かったのではないだろうか。というのも、徴兵令については人々の反発も大きかったからである。明治六（一八七三）年五月には徴兵令布告に反対する数万人単位の大規模な一揆が岡山県美作地方や鳥取県会見郡など西日本を中心として起こっていた。その主な理由は「徴兵という形での労働力の徴発を恐れたからであった[11]」が、人々が徴兵に反発していたことは、国民皆兵を目指す政府にとって大きな障壁であった。

阪谷もまた「武は人民の常務たるを忘れ、庶人は旧習の柔惰に狎れてその身に衛国の任あるを熟知せず[12]」と述べており、人々に国を守る自覚が足りないと考えていた。そのため阪谷は、徴兵令によって集められた旧武士階級ではない人々に日本への忠誠心を育ませる必要性を感じたのではないだろうか。

そこで阪谷は、「武道の精神」を養成するために「主とするところは武術を興す[13]」ことが必要だと主張するのである。阪谷が武術の訓練によって涵養される「武道の精神」を「大和魂」と同一視したのも、人々の国民意識を形成するために拡大解釈したものと考えられるのである。すなわち、阪谷論文では武術の訓練を通して兵士に必要な「大和魂」の育成を試みることが構想されていたのである。

しかし阪谷が述べたように、「武道の精神」が野蛮さを抱えているならば、文明開化の世の中で「武道の精神」を再興することは時代に逆行していたのではないか。もし、逆行しないのであれば阪谷は「武道の精神」のどこに文明開化を妨げない価値を見出したのだろうか。この点、阪谷は勇気の重要性を主張することで「武道の精神」を再興する意義を説いていた。阪谷はいう。勇気は「その弊多きも百事をなすの本[14]」であり、「文をもつて順良を教え、武もつて勇気を養う。勇気なきの順良は敗物[15]」でしかない。文武によって順良と勇気を養うことが出来ないならば「何ぞもつて文明を開くに足ん[16]」やと。「文」のみでは文明開化は成し難い。野蛮さの弊害はあっても、「武」によって勇気を養わなければ文明開化は成し難い。阪谷はこう考えたのである。先程も引用したように、阪谷は文武両道によって文明開化を遂げた例としてドイツを挙げている[17]。つまり、日本が手本とすべき西洋においても「武」が文明開化を推し進める力になっていると阪谷は主張したのである。

とはいえ、阪谷は日本へ西洋の「武」をそのまま導入することには反対であった。仮に「名は闔国《こうこく》兵隊」としてその内実を「新習に化し」たものであったならば、「本邦固有の勇気消耗に帰せん」と阪谷は主張している[18]。例えば、阪谷は「体操の法もとより不可なし[19]」と述べており、日本にとって「新習」である体操を否定しているわけではない。しかし、体操では「本邦固有の勇気」は養成されない。阪谷は「刀槍・柔術・棒を使うの法、わが習用してその妙に至るものなり。西洋に出でざるをもつてこれを擯斥するは、かえつて野蛮の見のみ[20]」と述べている。つまり、阪谷は日本の武術が西洋由来の体操よりも長きに亘る日本の「習用」であることから、これを重視せよというのだ。さらに、日本の武術が西洋にないからといって排除するというのはむしろ野蛮であるとさえいうのである。そして阪谷は日本の武術による「大和魂」の養成を奨励し、それが実現できれば、「順良の習、強勇の気、自ら並び長じ闔国兵隊の風習また自ら備わり、愛国の胆力日々に壮ん。一旦事あるも、調練を待たず卒然立て戦地に向わしむべし[21]」と国家のために自らの勇気を振り絞る「闔国兵隊」が誕生すると主張した。

その他、阪谷は武術の効用に「平生筋骨を強く[22]」することを挙げている。阪谷にとって体力の向上も武術の効用の一つだったのである。

では、具体的に阪谷は武術の教授をどのように行おうとしていたのだろうか。阪谷は次のように述べている。

> 士族にその術に熟する者なお多し。これを中小学に、これを鎮台・軍営・巡査の庁に聘し、その営業調練の暇、その宜きを謀て演習せしむ[23]。

「鎮台・軍営・巡査」といった軍隊・警察だけでなく、「中小学」にも導入の必要があることを説く。ここで士族を武術の指導者として考えているのは、もちろん江戸期に武術を修得した者の多くが武士であったことが最も大きな理由であると考えられるが、それとともに明治維新によって職を失った士族の不平不満を解消するための対策でもあったと考えられる。

このように阪谷は徴兵された人々に「愛国の胆力」を養わせるためには、西洋由来の体操や軍事ではなく、日本の武術でなければならないことを説くのである。阪谷は日本の武術に国民意識の形成という効用を期待したのである。

第二項　森有礼の兵式体操論

ところで、阪谷は武術を日本社会から切り捨てようとする森に対しても批判的立場をとっていた。森と阪谷は明六社から東京学士会院を通じて知り合ったとみられるが、阪谷とは異なり、西洋諸国への留学経験のある森は欧化主義者であり、学校体操に「兵式体操」を導入しようと試みていた。(24) ここで、阪谷の森批判を検討する前に森の体操論を検討する。

森は弘化四（一八四七）年八月に薩摩藩士として生まれた（図5）。慶応元（一八六五）年から明治元（一八六八）年までイギリス次いでアメリカに留学。維新後は阪谷も参加する明六社を結成し、日本の言論界を先導した。また、明治一二—一七（一八七九—一八八四）年の間イギリスへ行き、明治一八（一八八五）年には文部省大臣に就任し近代教育の礎を作っていく。明治二二（一八八九）年二月一一日、帝国憲法発布式典の当日に、西野文太郎に切りつけられ、翌日死去した。四一年の生涯であった。

森は若い頃から武術には否定的であった。イギリスへ留学中の慶応元（一八六五）年に、森は日本の武術を批判する書簡を兄の森安武に送っている。

武も武に依り剣戟の武は区々の小武に御座候はんか実に剣は一人の敵にて一身の守戒と愚存仕候(25)

岸野雄三が指摘するように書簡中で森は「一対一の技術練磨と、その底にあるいささか時代逆行的な武道精神に不満を表して」(26) いたものと考えられる。このような森の意見は森独自の見解というよりも幕末日本の武力再編成の過程を反映しているように思われる。ここで在来の武術が批判される社会的背景をもう少し追ってみよう。

天保期以来、急激に深刻化していく対外的危機意識の高揚の中で武力の見直しが叫ばれるようになっていく。この武力の見直しが進む中で、まずは従来の武術が盛んに行われるようになる。例えば、ペリー来航時（一八五三年）に書かれた水戸藩主徳川斉昭の意見書には、「神州の武士たらんものは、第一に槍剣の二技練磨せずんばあるべからず[27]」と述べている。しかし従来の武術がそのままでは欧米の軍事力に対抗できないことは明白であった。そのため斉昭は直後に「諸家一統実用の槍剣を講じ、道具の軽重長短等真剣に基き候様、粗御定あらまほしき事」と提案するのである[28]。しかし伝統的な武術は軍事的実用性の立場から再検討される中で多くの場合、淘汰されていくこととなる。幕府の軍事教育機関であった講武所の「掟書」（安政七（一八六〇）年）には「武を講ずる肝要は弓・剣・槍の芸を学び、礼儀廉恥を基として、武道もっぱら研究いたすべきこと」とあるが、文久二（一八六二）年九月には弓・犬追物・柔術の稽古が「差止」となり、「槍術、剣術熟達の者」だけが、登用の対象となった[29]。そして槍や剣術すらも、内外の危機が高まり西洋兵法や洋式調練の導入に伴って、軍事的実用性を喪失していくこととなる。森の武術に対する過小評価はこうした背景からも把握されるだろう。

図５　森 有礼（大久保利謙編『森有礼全集　第２巻』宣文堂書店、1972年）

明治期に入ると、森は剣術批判を公に展開するようになる。明治二（一八六九）年五月二七日、森は公議所に第十二号議案として「第一官吏兵隊之外帯刀を廃するは随意たるべき事　第二官吏と雖も脇指を廃するは随意たるべき事[30]」を上程した。廃刀随意令である。公議所とは帝国議会のルーツにあたる政府機構であるが、森は、単に剣術の批判を展開するのみならず、実際に日本刀を帯刀する機会を士族から奪うための政策を企てたのである。

では、森はどのような立案をしたのか。森はいう。「人の刀剣を帯するは、外は以て人を防ぎ、内は以て己れの身を護する所にて、天下動乱の際は、又要すべき」である。しかしようやく「文明に赴き」つつある今日、「兵制以て外を守」り、「官吏兵隊を除くの外、帯刀相廃」するようにすれば、「粗暴殺伐の悪習自ら」止み、「道義自守の良俗」が育まれていくだろう。したがって、帯刀の「弊習を一新」して「皇政隆興の際に裨補」するべきなのである。森は帯剣が「粗暴殺伐」を助長する悪習であると考え、それが文明開化を妨げると主張したのである。

これに対し、議場にいた多くの者は反対した。まず大多数は「両刀を帯るは皇国尚武の性、自然に発露する所にして（中略）仮令随意にせよと令すとも、苟も大和魂を有する者、誰が刀を脱する者あるべきや」と反論した。明治期に入ると刀に「大和魂」の観念が投影されるようになったことが窺われる。また他の意見として「夫禽獣も身を護るの爪牙あり。況や人に於て、護身刀を廃す可んや」、「剣は護身の要用なれば、一刀は必佩べし」といった護身の価値を積極的に唱える論者もいた(31)。

結果的に森の議案は否決されたが、森がいかに武術を、とりわけ剣術を文明開化の世にそぐわない「悪習」、「弊習」と考えていたかがわかるエピソードである。

また、森は明治二〇（一八八七）年六月二四日に福島県の若松小学校で次のように演説している。ここでも森は教育に武術は有害だと主張している。

> 蓋し曽て廉恥を重し武術を貴ひたる教育主義に制せられたる土地に於ては常に実用に適するの方法を求むるに遅きの傾きあり、予の郷里なる鹿児島の如きも此弊を免れず(32)。

さて、森は明治一二（一八七九）年一一月一五日に東京学士会院で「教育論　身体の能力[33]」という講演を行っており、教育における体操の役割について述べている。現在、この講演は森の兵式体操論の起点とみなされている[34]。

兵式体操という名称から、軍事と結びついた体操なのだろう、と捉えるのが一般的だと思われる。しかし、体育史家の木村吉次によれば森はこの講演において体操を軍事に結び付けることには慎重であったという[35]。また、安東由則は「一九世紀後半の弱肉強食の国際社会では近代国家の独立があってはじめて人々の自由が保障されるのであり、近代国家のシステム維持には国家に忠誠を尽くす国民形成が不可欠だということをいち早く理解していた。そのための手段として（中略）兵式体操という身体訓練を学校教育へ取り入れ、自然権を犯すことなく「従順な身体づくり」を通しての「国民」形成を目論んだ[36]」と指摘している。安東も兵式体操を軍事と結びつけるよりは国民形成に結びつけて利用しようとしていたことを論じている。本書もこれら先行研究の指摘に従うが、では、森は軍事以外の兵式体操の有用性を具体的にどのように説いたのだろうか。

まず森は教育の要を「人の禀けたる諸の能力を耕養発達し、是に由て得る所の快楽を増すにあり、而して其能力を分別して智識、徳義、身体の三と為す[37]」と智、徳、体の三つの能力の発達を説く。そして森は「現今我国人の最欠く所の者は、彼の至重根元たる三能力の一、即身体の能力なり[38]」という。文明開化は主に西洋の制度や学術を導入する動向だったが、そうしたなか森は日本に最も欠けているのが「身体の能力」であるというのである。なぜだろうか。

まず、身体の能力が発達しない理由について森は「第一沃土、第二暖気、第三食料、第四住居、第五衣製、第六文学、第七宗教[39]」の七項目に求める。ただ、沃土と暖気は地理上の問題であるため、解決できず、食料、住居、衣製も「法令の力、或は理論忠この能く転勧し得る所に非す[40]」と法令や理論で変えられるものでもないという。また、「文学、宗教の二事に生する弊難に至りては、先つ、従前の教育法を止め、只漢学国語を連接して、直下読み易き文を用い」ることで対処するべきと指摘する。「文学」と「宗教」についてはそれらにかける時間を短縮するべきだと森は考える。そして「文学」、「宗教」の時間を短縮した後に余った時間の中で「加ふるに体操の業を以てせは、庶《こいねがう》は将来少小の者をして、多少の難事を免かれしむるを得可し(41)」と、体操を行うことを奨励する。

ただ体操を加えるといっても「身体の能力を進むるには、是れにて全く足れりと看做し得るや、又以て敢為《かんい》の勇気を養ひ成すに足るや、余尚未なるを憾むと断言せさるを得さるなり(42)」と、体操は「身体の能力」を高めるのみならず、「勇気」を養うものでなければならないと森はいう。そして、「勇気」を育むには「強迫体操を兵式に取り、普く之を行ふを最良と為す(43)」として、のちに森が主導する兵式体操の普及を示唆したのであった。

さて、阪谷は武術に重点を置きつつも体操を否定していなかったことは前節でも確認した。森の体操論に対しては阪谷も多く同意するところがあったと考えられる。阪谷は「養精神一説」のなかで、武術とともに「中小学課業の暇」に「木銃・木炮を設け兵隊調練の下習し」をすれば「順良の習、強勇の気」が身につき「闔国兵隊の風習また自ら備はり（中略）一旦事あるも、調練を待たず卒然立て戦地に向はしむ」と述べていたのだ(44)。阪谷は体操を軍事訓練の一環として把握していたが、そこで育まれる能力については森とほぼ同様の意見を持っていたのである。

しかし、阪谷は学校での武術指導をよく思わない森の主張に対しては否定的であった。そのため阪谷は、森の体操論には同意しつつも再度、武術の教育上の意義を訴える論文を提出することとなる。

第三項　阪谷素による森有礼への反論

阪谷は森の講演に対して後日『東京学士会院雑誌』に「森学士調練を体操に組合せ教課と為す説の後に附録す(45)」と題した論考を提出している。これは森の体操論に対して阪谷が再度、武術の価値を主張した、いわば森の体操論への意見書である。筆者が確認したところ当雑誌には発行年月日は記されていなかった。ただし後述する、明治一三（一八八〇）年四月二一日発行の『教育新誌』第七〇号で阪谷の当論考について言及されているため、当論考は森の「教育論　身体の能力」講演（明治一二（一八七九）年一一月一五日）の直後に作成されたものとみられる。

まず阪谷は、「森君の説は人種より生し地気と風習今卒かに変す可らざるを以て武を教育に雑《ママ》へ体力を長ぜんとす少子の旧説は胆力を養ふを主とす[46]」と述べ、自身の考える武術の価値と森の体操論の違いを胆力の養成か体力の養成かといったところに求める。次いで、阪谷は「頃者新設体操法成績報告の分付を辱し其総論心育体育相関渉するの説を読み前述する所の管見と暗合する所ありて益其詳かなるを得欣快にたへす[47]」と体操と武術との間に同様の価値が認められることを知ったという。阪谷の述べる「新設体操法成績報告」とは、体操伝習所の伊沢修二が著した「新設体操法の成績」（『教育雑誌』明治一二（一八七九）年一一月一五日）のことと考えられる。それを読んだ阪谷は体操実践者において心身は互いに影響しあうことを知り、武術によって胆力と体力を養成しようとする自身の武術論と符合すると考えた。そして、阪谷は「体力を養はされは胆力を長す可らす胆力を長せされば体力の効を奏す可らす之を体力より説き之を胆力より説く説異なるに似て其実は一つなり[48]」であると述べた。阪谷は、体操と武術とでは養成の過程に違いはあるが、体力と胆力が養成されることに変わりないと考えたのだ。

こうして阪谷は体操の効能を認めたが、「森君は調練を体操に合して施さんとするのみ小子は之に並せて刀法柔術を用ひんとす[49]」と、「刀法柔術」の価値を再度強調した。そもそも森のいう体操は日本人にとって新しいものなので、体操に必要な器具や施設を全国の学校に設置するには時間を要する。それならば、元々日本各地で行われている武術を体操として取り入れた方が効率的だと阪谷は主張するのである[50]。

阪谷は武術の良い面だけでなく弊害についても述べている。例えば、「暴戻の習に生するにあり[51]」、「辻斬の暴行（中略）暗殺の陋習（中略）田舎軽薄少年なま兵法の狂態を装て人を悩まし（中略）此頃新聞に載せし大阪の悪漢面籠手を肩にして商家を恐喝して金銭を強奪する」[52]ことなどがそれである。こうした弊害について阪谷は森と概ね同様の見解を示しているが、「教育の間に温厚篤実の誘導を懇切にし警察の上に規制防制の保護を精厳にせば恐く其利ありて害なし」[53]と指導者が丁寧に教育し、警察官が保安を徹底すれば武術の弊害は未然に防ぐことができると主張した。

こうして阪谷は体操を上回る武術の価値を「健康の益ありて護身の術を兼ね其胆力を壮にし一挙両得なる者は蓋し剣術柔術に帰す」[54]ところにあると主張した。阪谷は体力および胆力の養成に加えて、健康の増進や護身術としての意義をも説いたのである。さらに、「中学師範学校に至ては其竹木を以て銃に当る小学校と一なるへし而して調練の方法面籠手撃闘の様式漸く進んで本色に入る其礼儀は益々厳粛にし併せて柔術を雑用すべし」[55]と礼儀作法の習得にまで言及している。このように阪谷は森の体操論に相対することで、武術の価値を改めて主張したが、森がこれに応答することはなかった。

阪谷の武術論の特色は、まず明治八（一八七五）年の阪谷論文は、明治期において武術を、「武道の精神」、「大和魂」を養成する方法として取り上げたことに意義があったといえる。ここで、阪谷が武術によって涵養される精神性を武士道ではなく「武道」や「大和魂」と表現したのは、江戸期の武士を想起させる武士道という表現を避けたかったためであろう。日清戦争以降になると、次第に武術によって武士道を育成しようとする雰囲気が形成されるようになるが、武家社会を否定したところに成立した明治期の日本社会にあって、否定したばかりの前時代の武士を肯定するような発言は憚られたのではないだろうか。

また、阪谷において「武道の精神」は大和魂と同一視されるも、その内実においては戦闘に向けた胆力や勇気といった意味合いしか含んでいなかった。詳しくは第二部で触れるが、日清戦争以降の武士道ブームの中で形成された「明治武士道」[56]は胆力のみならず、天皇と人々の間に保たれる「「忠君愛国」の軍人精神、国民道徳」[57]に相当する忠孝精神として主張されていた。「軍人精神」の支柱となる軍人勅諭は明治一五（一八八二）年に布達されるが、阪谷はその前年に逝去しており、軍人勅諭や教育勅語に示されるような天皇と人々とを強固に結びつける忠孝精神を念頭に置いた「武道の精神」は主張しなかったものと考えられる。

明治一二（一八七九）年の阪谷論文では胆力のみならず、健康・体力の増進、護身術、礼儀など幅広く武術の価値を主張していた。ここでの阪谷の主張からも、天皇と人々を結びつける忠孝精神は見出されない。あくまで、阪谷は物事を成し遂げるため、とりわけ人々が兵士として戦場で奮起するための勇気や胆力に「愛国」のかたちをみていたのである。

阪谷の後半の論文は森の体操論に反論することが目的であったが、結果として武術の多様な意義を発見することにつながった。阪谷が挙げた武術の価値は、のちに検討する嘉納が柔道の価値として挙げたものとさして変わらない。しかし、第三章で見るように嘉納が学校を中心に柔道を普及したのに対し、阪谷が学校に武術を普及した様子はみられない。もちろん、阪谷が明治一四（一八八一）年に没したこともその理由の一つだろう。ただ阪谷が普及できなかったのはその他にも理由があった。次に、阪谷の武術論がどのように退けられたのかを検討し、明治前半期に武術を奨励する難しさについて考えたい。

第四項　武術に対する科学のまなざし

阪谷の武術論は、明治一三（一八八〇）年四月二一日の『教育新誌』第七〇号に掲載された「阪谷素君剣術を主張するの説を駁す」（著者不明）という論文の中で「撃剣の術たる今日教育上に於きては大害ありて小利なきものゝ如し」[58]と批判された。批判の要点は次のとおりである。

　人身百体にして其の貴重なるは頭部を最たりとす剣術の害たる其の貴重なる頭部を打撃するに在りて（中略）今其の害なきを証せんと欲せば生理学に徴して其の害なきの説を定立し統計学を以て広く其の事実を捜

討せずばあるべからず。[59]

阪谷への批判は、剣術が「生理学」的に安全であることを実証し、かつ「統計学」的に剣術が実践される際の安全性が示されない限りは体操にとって替わることはできない、という科学の見地からなされたものであった。事実、森の体操論への反駁論文の中で阪谷は武術による健康増進の論拠を「近日世上の論者剣術の健康に益ある旧法体操に倍するの説あるを聞く小子未た其実を知らす（中略）健康の益ある昔日よろして然りとす[60]」と述べていた。阪谷の述べた武術による健康増進論は噂や体験談などを根拠としたものであり、科学的な説得力に欠けていたのである。

西洋の文明を目指して教育を充実させてきた明治政府にとって、教科教材の適性は科学的に根拠付けられていなければならなかった。そのため武術の学校編入過程では、科学的検証に耐えうる立論や武術体系の再構築がなされなければならなくなるのであった。阪谷が起こした論議はそうした課題を明るみに出したところに意義があるだろう。

その一方で、当論考では「今日警視局に於きて剣術を演習するは政治上に於きて已むことを得ざるに出づるならん我が輩は今普通教育に関して剣術の利害を論ずるのみにして夫の政治上には論及せざるなり[61]」と、警視庁の剣術に関しては科学的な批判の対象とされなかったのである。武術の採用に科学的検証を求めたのは、あくまで教育行政であった。

ところで、阪谷は戦争に備えて日本の武術を訓練せよと主張していたが、軍部ではどのような武術訓練がなされたのだろうか。軍部において明治一〇（一八七七）年頃は地方の鎮台で江戸時代以来の剣術や槍術が白兵戦闘に向けて研究されていたが、それは銃剣術に応用するためであった。また、中央の軍制においては幕末以来フランス式の剣術、銃剣術が重視され、陸軍戸山学校でも採用された。明治一三（一八八〇）年には陸軍戸山学校の銃剣術試合を天皇が天覧している。明治一七（一八八四）年には第三次の軍事顧問団として、ド・ビラレー歩兵中尉を戸山学校に招聘し、フランス式の剣術、銃剣術の教育を開始した。ド・ビラレーは時の陸軍卿であった西郷従道に「剣術教育」をフランス式に統一することを建言し、その通り採用されることとなった。一方で陸軍戸山学校では「日本式剣術」が廃止された。明治一〇年代は軍部においても日本の武術が軽視された時代だったのである。[62]軍部における剣術、銃剣術がフランス式から日本式へと変わっていくのは明治二七（一八九四）年に制定された『剣術教範』以降のことである。[63]阪谷は洋式の軍事訓練を否定していたわけではないが、日本の武術が軍部から排除されることは望んでいなかっただろう。明治前半期に阪谷が望んだようなかたちで軍部の武術訓練がなされることはなかったのである。

第二節　元老院会議における武技体操論争

前節で検討した阪谷の武術論は、武術を学校教育に取り入れることを主張していたが、彼自身は教育行政に携わる政治家でも行政官でもなかった。つまり、阪谷の武術論は教育行政の外部から発せられた一知識人の主張であった。では、政府内部では武術の価値についてどのように論議されていたのだろうか。本節では、明治一三（一八八〇）年一二月二二日に行われた元老院会議における「武技体操論争」に着目したい。

元老院会議は武術を学校体操に編入させる実質的な力を持つ会議であった。そのため、当会議の議論を検討することは、どのような理由で武術を学校体操に編入しようとしていたのか、あるいはどのような理由からそれが退けられたのかを知る手がかりになる。

さて、阪谷の武術をめぐる論議が落ち着いた後、武術を学校に導入すべきか否かは政府でも議題として挙げられていた。明治一三（一八八〇）年一二月二二日、元老院会議における「第二百十七号議案教育令改正布告案第一及第二読会」において小学校の体操の中で「武技」を編入するか否かという会議がなされた。[64]当議案の主唱者である楠本正隆は「教育徴兵の二令は、車輪鳥翼決して、偏廃すべきものにあらず[65]」と主張し、続けて議案の論旨を述べた。楠本はいう。「明治元年に士其常職を解き、四民一に帰せし以来は、人民文弱に流れ、武を忘るゝの弊は、実に名状すべからず[66]」事態である。思うに、「本案学齢の終尾は、十四歳にして、僅に五年を経るや直に徴兵の丁年となるものなり。故に学校に武を講ずるは、大に利益あること[67]」である。また、学校では既に体操が行われており、ことさら武術を編入する意義はないとする意見もあるが、「体操は只是れ身体の運動のみ、未だ心胆を練り、腕力を養ふの功あるものにあら[68]」ざるのだ。また、もし士族ではない人々が戦闘に参加する前に武術をしていなければ、「其力能く敵を御く能はざるに至らん[69]」事がおき、国防上、問題になるだろう。

楠本の学校体操への「武技」編入議案の趣旨は阪谷の武術論と同じく軍事の観点から立案されている。阪谷論文から当会議に至る明治八—一三（一八七五—一八八〇）年において、武術は軍人養成手段としての価値が唱えられていたのである。

これに対し、文部卿の河野敏鎌は楠本の目的が「武技」によって「心胆を練り、身体を強うするに在り」というならば、それは「体操あれば足れり」と反論する。[70]そもそも楠本のいう「武技」が「徴兵の下稽古」を目的にしているとしても「弓槍剣馬の類」は時代的にも「不要物」である。[71]よしや「兵隊教練とするも、業已に昨年本院第二七号意見書の非と決せしが如く、未だ行ふべからざるもの[72]」である。そもそも、体操の時間に「兵隊教練」を実施するならば、その為の教員を陸軍に委託するのか、「兵隊教練」用の衣服はどうするのか、また「方今国用不貲の時」において「文弁」の費用をどう捻出すればよいのか。[73]河野の批判は、武技を学校体操に取り込むならば日本の武術は現実的ではなく、「兵隊教練」が採用されるであろうと仮定し、しかしその場合においても制度や費用の面から採用は困難である点を主張した。

渡邉昇は「武技体操」という用語に着目して、武技の二文字を体操に付加することに反対した。渡邉はいう。「武を忘れざる一番（＝楠本：筆者注）の精神は、頗る嘉すべし」[74]ことではあるが、「武技の字を本条に加へて布告するときは、少年の性情は自然に遊技に走り易く、為めに却て本科を忽がせにするあらんことを恐る。加之今日の人情は兵役を忌嫌すること最も甚し。此時に当り小学校に於て徴兵の下稽古を為すと云はば、学童の父母は忌嫌を学校に及ぼし、大に其害を世上に生」[75]ずるだろう。したがって、「武技」の「益は今日に見ざるもの」であるため、行うべきではない。そもそも楠本が述べる教育効果は、「十年の後に期す」ものであり、今、急いで武技を学校へ採り入れる利はない[76]。渡邉は「武技」の二文字を加えれば生徒は忽ちに「遊技」的に行う恐れがあることと、生徒の父母らが学校体操を徴兵の下準備として忌避する可能性を懸念したのである。なぜ「武技」が「遊戯」に向かうのかは不明だが、第一章の冒頭でみてきたように、元来、農村の武術には遊戯的性質があったこと、撃剣興行によって武術が見世物化していたことなどが理由として考えられる。渡邉は楠本の趣旨には賛同したが、武技体操という表記は修正すべきと主張したのである。本会議ではこれ以降、渡邉案を修正案として論じることになる。

この修正案に対し、河野は「武技と体操とは似て大に非なるもの」であり、「武術は以て体育に功あるものにあらず」と再度、反論を試みている[77]。河野はいう、「修正諸子（＝渡邉：筆者注）の意は、全く軍備を目的とするが如し」意見だ。しかし、「小学の教は文学以て精神を養ひ、体操以て身体を育するを主眼とす」るものでなければならない。そもそも「陸軍現行の兵制は、二十歳以上の者に適す」るものと考えられるが、「之を十歳前後の小童に移用するや、決して其体育に適せざるのみならず、却て患害」があるのではないか[78]。

河野は学校体操における武術の編入が軍備を展望した政策であることを批判したのである。そして学校は学問によって知性を高め、体操によって身体を育む場であることを強調したのである。また、二〇歳以上の兵士ならば体力的に適するであろう武術を、小学校段階の児童に行わせることは身体に良くない、と主張したのである。

つまり、河野は武術そのものが学校体操に適していないと批判したのである。

河野の反論を皮切りに、その場に居合わせた数名の議官から反対意見が出された。例えば、当会議に出席していた細川潤次郎は、「武技と体操とは其意味大に逕庭あり」[79]とし、武術不要論を説いた。細川はいう。思うに「体操は身体教育にして生理学に属し、則ち文事」に属するが、一方の「武技は全く文と両立対向のもの」である[80]。それゆえ、「普通小学生の体格筋骨未だ定らざるものに之を教るは、生理学上に於て大に不可なり」[81]。また、「或議官は西洋諸国の教科にありと之ふと雖も、是多くは中学以上」[82]の場合である。したがって、「武技」は生理学的に小学生には適さないが、「中学以上」ならば「西洋諸国の教科」にもみられるため、「本官も亦敢て不可なし」[83]と考える。

細川が「武技」を退け、体操を推奨する理由は興味深い。すなわち、細川は体操を生理学によって構築された「文事」であるため小学校教育に採用してもよいというのである。しかし、「武技」はそうではないという。これは阪谷論文への批判と同様、日本の武術が科学的に構成されたものではないことを批判したものである。ただし細川は、西洋諸国でも「中学以上」の学齢期に「武技」を施すことがあるため、「中学以上」なら取り入れてかまわないという。細川のいう西洋諸国の「武技」とは軍事教練のことと思われる。

また福羽美静は、「武技」を軍事のために行うならば文部省が取り扱うべきではないと述べた。

> 文部卿は何人ぞや、文教の事務を統摂するものにして、武将にあらず。故に其管する所の生徒に教ふるや、文学を以てし、而して其身体を保護する為めに、体操の一課あれば足れり。[84]

福羽はあくまで文部省は「文教の事務を統摂するもの」という点にこだわる。それは、もし学校に「武技」を導入すれば、軍部との「権衡を失す」[85]ことに繋がり、「海陸軍士官学校の如きも、亦教育令の範囲内に容れざるべからざる[86]」事態につながると考えるためである。つまり、「武技」の存在が軍部と文部省の各々が担う役割をあいまいにしてしまうことを心配したのである。

また、内閣委員文部権大書記官の島田三郎は、本会議に出席する議官の間で「武技」についての共通理解がないことを指摘し、この状態で議案を公布すればたちまちに用語の混乱が起こる、と批判した。

> 第一論者（＝楠本：筆者注）は武技は撃剣等の如く論じ、第二論者（＝河野：筆者注）は武技の体操と云ふが如く、各々異同ありと雖も、既に三十番（＝細川：筆者注）の説破する如く撃剣にせよ、砲術にせよ、猶女生徒にも之を教へんとするか、已に元老院の諸公にして、武技の意味を解すること此の如く差異あるを以てせば、広く之を衆庶に公布するや、各地方に於て如何なる誤用を為すや、亦恐るべきなり[87]。

こうして武術と体操の異同が議論され、また武術を教育する適齢期や性別まで議論されたが、「本案は急施を要する[88]」と議長が述べ、「武技」を学校の体操科に加えるかどうかを多数決で決めた。その結果、会議に参加した二二人中、賛成者が七名、反対者が一五名であり、「武技」を小学校の体操に導入しないことに決定した。

多数決によって不採択となった本議案は結局のところ何が決め手となって不採択になったのかは不明である。しかし本会議においてみるべきは、武術が体操と対比される中でその価値を見定められていった点にある。〝文武〟という枠組みでみれば武技体操反対論者は、体操が生理学に則った「文学」の範疇に属し、武術は属せられないと考えた。一方で、武技体操賛成論者は武術を体操と同じく身体の健康に良いと言いながらも決して「文学」と同一視せず、あくまで「文学」と補完的な関係を結ぶ「武」として位置付けている。また、本会議が行われた明治一三（一八八〇）年の前年に学校体操に「兵隊教練」を採用する議案が否決されたという河野の指摘も見逃せない。本会議で武術は軍事につながる行為とみなされおり、武術を「文学」を司る文部省が施行することには抵抗感があったものと考えられる。武術は軍事的な価値が強調されている間は、教育行政において公認されることはなかったのである。

第三節　伊沢修二の武道論

次に、体操伝習所初代主幹の伊沢の武道論に注目する。体操伝習所とは明治前半期における体育行政の中心的な機関であった。その体操伝習所の長である伊沢は、後述するように武道という概念を用いて、武術の教育的価値について論じていたのである。そのため、伊沢の武道論を検討することは、最初期の体操伝習所が武術に対してどのような姿勢をとっていたのかを知る手がかりにもなるだろう。

伊沢は近代日本の様々な教育分野を開拓した人物である（図6）。体育もその一つで、伊沢は文部省主管の体操伝習所の設置（明治一一（一八七八）年一〇月二五日）に尽力し、その初代主幹に就任した。このことからも明治期の日本への体育の導入に伊沢の功績が大きかったことがわかる。体操伝習所創設前後の伊沢の体育思想については上沼八郎の研究(89)がある。本書でも上沼論文の成果を踏まえつつ、伊沢の武道論について考察する。

伊沢は嘉永四（一八五一）年に信濃国伊那谷高遠町東高遠大屋敷で藩士の父・勝三郎、母・多計の子として生まれた。安政三─四（一八五六─五七）年の頃、漢学や数学、さらに剣術を学ぶ。文久元（一八六一）年から藩校進徳館に通い、慶応元（一八六五）年頃から藩校では学科がなかった洋学を、翻訳書に頼り、科学、文学、数学、兵学、法学等を学ぶ。慶応三（一八六七）年に江戸へ上京。明治三（一八七〇）年には高遠藩の貢進生として大学南校（のちの東京大学）に進学し、明治五（一八七二）年に文部省へ出仕する。明治八（一八七五）年には師範学科取調のためアメリカへ視察に行く。そしてマサチューセッツ州官立ブリッヂオートル師範大学に入学。明治一一（一八七八）年五月二一日に帰朝し、一〇月二五日に文部省内に体操伝習所を創設し、明治一二（一八七九）年一二月まで初代主幹を務める。明治二一（一八八八）年には東京音楽学校、東京盲啞学校の校長となり、国家教育社を創設する。内閣制度が発足し、明治一八（一八八五）年に森有礼が文部大臣に就任すると、教科書の編纂を務める。日清戦争後に日本が台湾を領有すると、台湾へ渡り台湾民生局の学務部長心得に就任。明治三〇（一八九七）年には貴族院議員に勅撰される。大正六（一九一七）年、六七歳で没している。[90]

さて伊沢は明治一一（一八七八）年に体操の在り方に関する考えをまとめた『新設体操手方按』という草案を作成している。[91] 本草案はいわば、体操伝習所の指針を示すための構想であり、伊沢の体育行政に関する考え方が集約されている。ここで武術は次のように評されている。

> 就中我国の如きは維新以来昔時の武芸全く地に落ち壮年の徒新に輩の従事する所全く智育の一方に偏し其脳髄斗の如きに至るも其細腕の箸だにも如かす、体育の如きは毫も顧も所なく却て其顔色の赤きと其筋骨の太きを恥るの風あるに至る。[92]

図６　伊沢修二（信濃教育会編『伊沢修二選集』信濃教育会出版部、1953年）

伊沢は体操伝習所の創設期にあって、日本の体育は知育に比べて遅れていると述べている。伊沢は「武芸」が明治維新以降衰退し知育に偏しているというが、「武芸」の復興を求めているわけではない。あくまで、「体操教師を米国に聘し大に体育の欠を補ん[93]」と、知育に対し体育（体操）の充実を図り、心身をバランス良く教育することを目指しているのである。したがって、体操伝習所ではその最初期にあっては武術を学校体操に編入することは想定されていなかったと考えられる。

しかし、同時期には阪谷の「養精神一説」が発表され、教育行政の外部で武術を学校に導入せよ、という声が上がっていた。伊沢はそうした主張に応じて、明治一二（一八七九）年一一月一五日の『教育雑誌』第一一〇号に「新設体操法の成績」という報告書を載せた。当報告書は「世或は撃剣練兵等を以て至良の体育法とし漫《みだり》に之を学校に施行せしと欲するの徒なきに非ず因て数言を費して其価格如何に論及せん[94]」と、武術が学校で活かせるかどうかを検討している。伊沢はいう。

抑撃剣の如き練兵の如き其技術自ら体育を補けざるにあらずと雖も其目的とする所は素と育成の法に非ずして却て防護の一主義なり是を以て身体諸部を使用し随て之を発育することあるも惟支体の若干部に偏止んを其全部に普及することなし之を完全なる体育法の専ら育成を目的とする者に比すれば其の価格幾等を下ること知者を待たずして知るべきなり。[95]

伊沢は「撃剣」や「練兵[96]」が「防護の一主義」、すなわち軍事的な技術であり、体育を目的として構成されていないと指摘する。そして、撃剣や練兵が身体運動であるといっても身体の一部を発育させるに留まり、全身をくまなく発育させるには適さず、むしろ「体育法」としては不適切であると主張するのである。

ところで、『新設体操手方按』にせよ、「新設体操法の成績」にせよ、伊沢は体操伝習所の主幹として武術について論じている。したがって前出の二つの論考だけでは、伊沢がなぜ武術に否定的なのか、行政官としての立場を離れた彼自身の考えは摑みきれない。伊沢は、明治一六（一八八三）年一一月三〇日発行の『大日本教育会雑誌』に「今日我輩か所謂教育とは何ぞや」と題した論文を提出している。当論文を作成した時には伊沢は既に体操伝習所主幹を退いていたが、それだけに当論文には教育行政から退いた伊沢の武術に対する率直な思いがあらわれていると考えられる。では、伊沢の武術についてどのような意見をもっていたのだろうか。

まず、伊沢は論文における視点を次のように設定する。

凡そ事物の道理を究むるには先つ此物と彼物とを比較して其同点と異点とを弁別するを以て第一着手とし漸次諸心力の運用を経て終に推測弁決等に進むものなれば余は先づ旧時の教育法を概述し進て今日の教育法に説き及ぼし以て我輩か所謂教育の義を明にせんと欲するなり。(97)

ここで注意したいのは、伊沢が「旧時の教育法」と「今日の教育法」を比較する視点を提示していることである。伊沢は歴史という個人の経験を越えた時間の流れに教育を位置づけて、来るべき教育の方向性を論じているのだ。まず、旧来の教育法として、伊沢は江戸期の「文武二道」を取り上げ、それぞれ、「文道」（読書、習字、幼儀（礼節）、音楽、算術）と、「武道」（剣術、槍術、柔術、馬術、弓術、砲術）と分類している。(98)ここで、伊沢は「武道」を武術の意味で用いている。これは本章のここまでに取り上げた論者には見られない「武道」の用法である。では、江戸期における武道の教育法を伊沢はどう捉えていたのか。

武道に於ては殊更修行の法を厳にし日常不断鍛錬の功を積み一旦国家に事あるの日に当りては君上の命する所は飛箭雨の如く剣舞火を発するの中をも厭はす進て君の為めに死する生命は鴻毛よりも軽く退て生を貪るの罪は泰山よりも重きの気象を養ふことを勉めたり。(99)

武道を奨励し撃剣に槍術に弓術に馬術に砲術に従事せしめられば身体の強壮健全は勿論武士たるもの丶心胆を練り節義を固くするの良績ありたるは疑ふべくもあらず。(100)

伊沢は、武道が目指すところは国家のために「君上の命する」ところ決死の覚悟をもって事に当たる気性を養うことだというのである。天皇の命令を意識している点は阪谷と大きく異なる点であるが、これは当論考が発表される前年に軍人勅諭が布達されていたこととも関係があるだろう。さらに伊沢は、武道には身体と「心胆」を強くしつつ、「節義」を育成する「良績」があるとも述べている。

伊沢は武道の教育的な価値を認めていたのである。にもかかわらず、伊沢は武道を「旧時の教育法」であるという理由から退けたのである。伊沢は「旧来の教育法を破りたるものは学制」ではなく、「軍艦と鉄砲玉とに在りと断言」する。[101] つまり、嘉永六（一八五三）年のペリー来航が、「文武二道」を「旧時の教育法」にしてしまったと伊沢は考えたのである。ペリーが浦賀に来航したとき、幕府は選りすぐりの「文武に訓練せし忠勇無二の臣下を召集め場所々々の警固をは申付け」、「生命を棄てんとする武夫は多々雲の如く集」ったが、「槍剣にては容易に彼を撃つ」ことができなかった。[102] なぜならば、「彼は遥の沖合に城か塞かと疑ふ計りなる軍艦[103]」だったのだ。幕府は黒船を前にして槍剣の無力さを思い知ったのである。さらに、「我無二の飛道具頼みたる弓矢と火縄筒とを以て之に応せん」としたが、「軍艦の処まで達せざる」ありさまである。[104] 当時すでに「大砲も無きには非されとも[105]」アメリカの軍艦に比べれば圧倒的に小規模であった。浦賀に集まった「士卒の心も沮《はば》み流石の大和魂も何分か折《くじ》けて未練ながらも戦争は見合せ[106]」ざるをなかった。ペリーの来航は武士の「大和魂」を挫くほど強烈な事件だったのだ。このような経験から伊沢は、「旧来の武芸を廃し其の訓練法を改めて彼の鉄砲術操練法等を学[107]」ぶべきだと考えたのである。伊沢もまた「武道」には軍事的実用性を第一に求めていたのであるが、それゆえにペリー来航以降、「武道」の軍事的実用性が下がったことを重くうけとめたのである。

伊沢の主張で注目すべきは武道の存否に歴史的視点を持ち込んだことであろう。実際、伊沢自身は武道が教育に資することを認めていた。しかし、武道はペリー来航を契機にして軍事的実用性を下げた結果、「旧時の教育法」になってしまったと伊沢は歴史を振り返ったのである。そして伊沢は、歴史に照らし合わせて武道の廃止を主張したのである。これによって武道は「旧時の教育法」として江戸期に位置づけられ、来るべき明治期の教育法との歴史的な断絶が強調されたのである。

第四節　撃剣柔術適否調査

しかしながら、一八八〇年代には学校体操として武術を認めてほしいとする、各府県学校関係者らの要望は多かった。例えば、明治一四（一八八一）年の『文部省年報』所収の「新潟県年報」では、「今時書生の通弊たる多くは順柔温和に流て矢石を侵し剣戟を執り国家の為に命を致すの壮士たるを得さる可し人の剛柔を養成する最も小学の教育如何に関するを以て自今之か体操に換ふるに槍剣術を以てし教科に錯《ママ》ゆるに古今英雄豪傑の事蹟を以てして力めて子弟をして敢為不撓の気象を養成せしめん[108]」と、小学校における体操の授業を「槍剣術」に換えるよう希望していた。この希望は翌年の「新潟県年報」でも繰り返されている[109]。次に、明治一五（一八八二）年の「京都府年報」では、「中学生徒等体操科の外諸学科の余閑即ち放科時間に於て武術の訓練するの途を開かん[110]」と学校体操科とともに放課後の時間帯に武術がなされている様子が記されている。さらに翌年の「京都府年報」においても「府立師範学校中学校生徒及他の教員有志の生徒学科の余閑に当り我邦古来の武術を以て体操科を補助するの一具に充つ其施設の日尚浅く未た充分の成績を見みる能はざれども其人生の健康を保全するの一部に於ては将来其功を奏するの兆候あるを見る[111]」と武術を体操科の補助として行っている様子が記されている。明治一七（一八八四）年の「山梨県年報」では県立徽典館師範学科では「体育の如きは体操及尋常遊戯の外竹刀を以て撃剣を演習し或は兎網を山林に張り相駆逐する等専ら健康を保全し活発の気象を養成するを務む[112]」と報告されている。明治一八（一八八五）年の「福島県年報」では福島県内での教員不足により「教則を改正し一時に礼節唱歌歩兵操練撃剣等の数科を加ふるを以て欠乏を告くるか故に漸次増員の目的なり[113]（傍点、筆者）」と報告されている。

明治政府もこうした状況を無視することは出来なかったのであろう。明治一六（一八八三）年五月に文部省は体操伝習所に対し、武術の正科教材としての適否を調査するよう諮問した。諮問をうけて体操伝習所では剣術と柔術の実演と、これに対する生理学的検討とを行い、翌明治一七（一八八四）年一〇月、調査結果を文部省に答申した[114]。このとき生理学的検討に立ち会ったのは東京大学医学部の三宅秀、エルビン・ベルツ、ユリウス・スクリバであり、調査対象の柔術は渋川流、天神真楊流、戸田流、起倒流であり、剣術は直心影流、天神伝無敵流、北辰一刀流、田宮流居合術であった[115]。

結果は次のとおりであった。

二術の利とする方

（一）身体の発育を助く。
（二）長く体動に堪ふる力量を得しむ。
（三）精神を壮快にし志気を作興す。
（四）柔惰の風恣を去りて剛壮の姿格を収めしむ。
（五）不虞の危難に際して護身の基を得しむ。

害若くは不便とする方

（一）身体の発育往々平等均一を失はん。
（二）実修の際多少の危険あり。
（三）身体の運動適度を得しむること難く、強壮者脆弱共に過劇に失し易し。
（四）精神激し易く、輙もすれば粗暴の気風を養ふべく。

（五）争闘の念志を盛にして徒らに勝を制せんとの風を成じやすし。
（六）競進に似て却て非なる勝負の心を養ひがちなり。
（七）演習上毎人に監督を要し、一級全体一斉に授けがたし。
（八）教場の坪数を要すること甚大なり。
（九）柔術の演習は単に稽古着を要するのみなれども、剣術は更に稽古道具を要し、且常に衣類及道具を清潔に保つこと、生徒の業には容易ならず。[116]

結果としてこの答申では撃剣柔術の学校教育への採用は見送られることとなった。このように明治前半期にあって武術は教育行政からも斥けられる旧時の教育法だったのである。ただし体育史家の能勢修一によれば、体操伝習所の答申結果が武術を学校正課に不適であるという決定を下したのちも、先に挙げた京都、新潟、山梨、福島のほか秋田、神奈川などの中学校や師範学校の課外活動で武術が行われていたという。[117]文部省の方針とは逆に学校教育の現場では武術を必要とした実態があったのである。

第五節　武術に与えられた課題

本章では、明治八―一八（一八七五―一八八五）年の間に議論された武術の教育的価値について考察した。結果として、教育行政においては、身体や節義の育成、また軍事に求められる気象を引き立てるなどの点で武術の教育的な価値が認められていた。しかし、武術は生理学的な観点から技が構成されていないことや、歴史的にみて旧来の教育法であったこと、また軍事（武）と教育（文）を分ける必要性があったことなどから、学校へ取り入れることは見合わせられたのである。明治一六（一八八三）年五月には文部省が体操伝習所に諮問し、翌年一〇月に撃剣柔術適否調査の答申がなされたが、結果的には武術の学校への採用は認められなかった。こののち、明治一八（一八八五）年一二月には武術嫌いな森が初代文部大臣に就任し、武術が学校教育に取り入れられる途《みち》は閉ざされたのである。

一方で、撃剣柔術適否調査において武術を学校教育から退けた九つの理由は、それを克服すれば学校教育へ取り入れられる可能性を示していた。つまり、本章で取り上げた武術批判は、同時に武術が学校教育へ採用されるために乗り越えなければならない課題でもあったのである。このような教育行政の姿勢に対して、武術を学校へ導入しようとする人々はどのように思考し、行動したのだろうか。次章では嘉納に着目してこの点を論じたい。

第三章　嘉納治五郎と講道館柔道の成立

ここまで明治前半期の武術の置かれた状況や武術をめぐる言論を検討してきた。ここで、明治前半期に武術が抱えた諸課題を整理しておこう。すなわち①撃剣興行によって武術が低俗化したこと、②医科学的観点からみた身体に及ぼす危険性、さらに③学校教育の観点からみた軍事との近接性、といった三つの課題を克服することが武術存続には求められていたのである。

明治前半期における武術への消極的な評価が後退していくのは、帝国憲法発布以降のことである。帝国憲法発布によって日本の国家体制が整えられると、国民統合のための様々な伝統が創られていく時代に移行する。旧弊とされてきた江戸期以来の文化が天皇・皇族の足下で顕彰されていく時代となるのである(1)。

ただし、武術は顕彰すべき伝統として、突然、全面的に奨励されたのではなく、明治前半期に抱えた諸課題を解決することが依然として求められていたのである。そしてこれらの諸課題に挑んだのが若き日の嘉納だったのであり、この諸課題に対応する過程で〈術から道へ〉という理念は形成されたのである。本章では嘉納の柔道論にしたがって、〈術から道へ〉の内実を検討しよう。

第一節　嘉納柔道論へのアプローチ

序章でも検討したように嘉納研究は多くの蓄積を有する。その中で永木の嘉納の柔道論に対する視点は参考になる。少く長くなるが引用したい。

嘉納による柔道への「体育としての価値」づけには、幾つかの新たな観点からの創意工夫をみることができるが、それらの創意工夫が全く新しい「創造」であったというよりは、旧来のものを再生させるという意味での「再創造」もしくは「改造」というべきものであり、また別の角度からいえば、柔術という日本文化を延命させるために、それを消滅させようとする外圧（欧化主義等）に抵抗し、さらにはそのような潮流を乗り越えようとして「理論武装」あるいは戦略的な「適応」を図ったものであった。(2)

序章でも検討したように先行研究の多くは、嘉納の柔道創始過程に〈スポーツ化〉という事態を読み込み、江戸期の柔術との断絶を強調することが多かった。しかし、永木の研究はそうした視点を退ける。柔道は結果として今日、スポーツ的なるものへと変容したとはいえ、その原動力となったのは、「外圧（欧化主義等）に抵抗」することで「適応」を図った結果であると永木は主張する。

本書は嘉納が「外圧」に抵抗するため「理論武装」をし、柔術の「延命」を図ったという永木の指摘に概ね賛同する。ただし、嘉納の価値づけは、「理論武装」に留まるものではなく、具体的な柔道の活動にも反映されていた。また、嘉納の発言や行動の全てが「戦略的な」パフォーマンスだったとは考えづらい。嘉納には柔術を「延命」させるということには留らない柔道へのこだわりもあったと考えられる。

例えば、嘉納が柔道を創始した当時、最も先鋭的なかたちで欧化主義を体現した人物の一人が森であったが、先に検討したように森にとって文明開化の世に武術は旧弊であり、廃止は当然の事だった。そうしたなか、学校に柔術や柔道を導入することは難しかったのである。

事実、嘉納は森文政下において学校教育に柔道を取り入れるよう求めていたが、実現には至らなかった。明治二六（一八九三）年七月五日の『教育時論』にそのことを示す記事が載せられている。

此度新に第一高等中学校長に栄転したる、嘉納治五郎氏が先に学習院教頭たりし時、袴子弟柔弱の弊を矯めんが為に、柔術を教えたる事ありしが。其柔術をは体操術として、全国の学校教科目に加へん事を、建白したる事、数度に及びたりしも、其説毫も行はれざりしかば、同氏は学校用柔術形を発明し、恰も体操の如く、数十人相並んで練習し得る事とせるに、陸軍幼年学校に於ては、直に之を其教科に採用し、昨年第一地方部、中学校長会議の折も、亦柔術形体操を以て、学校正科に入れんとて、建議せしものありしが、其儘立消となり居りしも、今年の同会議には、又々提出せんと、意気込居るものもありと云ふ。(3)

嘉納が学習院教頭だったのは明治一九―二二（一八八六―八九）年の間であり、ちょうど森文政下のことであった。そうした時期に嘉納が政府に対して学校教育へ柔道を採用するよう要求していたことが当記事より窺えるのである。嘉納は明治二五（一八九二）年にも建議し、さらに翌年にも建議予定であったという。その際、数十人を一斉指導できるように工夫された「学校用柔術形」あるいは「柔術形体操」と呼ばれる教材を開発し、これを学校正科に入れようと嘉納は建議していたのである。その試みは失敗に終わっているが、このように嘉納は実際に「柔術形体操」を作成しており、理論武装に留まらない具体的な活動を行っているのである。また、戦略的というにはあまりに愚直な建議を続けているところからも、嘉納は戦略だけではなく、己れの柔道を普及したいという情熱を持っていることが窺われるのである。

したがって、嘉納の発言のみならず、その行動をその時々の柔術・柔道が置かれた状況を踏まえて検討することは、彼が明治前半期に武術が突きつけられた問題をどう考え、どう克服しようとしたのかを明らかにする上で有益な試みである。本章では嘉納の柔道論を柔術・柔道が置かれた当時の状況を踏まえて検討したい。

第二節　柔術家と嘉納のつながり

嘉納は万延元（一八六〇）年に兵庫の酒造家嘉納治郎作の家に生まれた（図7）。明治一〇（一八七七）年に東京大学文学部に入学するが、この頃福田八之助から天神真楊流を学び始める。また学生時代には野球にも親しんでいたが、このことが嘉納を柔道の〈スポーツ化〉に向かわせたと主張する者もいる。福田の没後、磯正智に就いてさらに天神真楊流を続けた。その磯も明治一四（一八八一）年六月に逝去し、以降、嘉納は新たな師を求めて起倒流を飯久保恒年から学ぶ。嘉納は天神真楊流の当身技や固め技、起倒流の投げ技を中心に種々の武術を研究し、流派によって技法体系が大きく異なることと、武術の稽古は知・徳・体の三育に通じることを悟ったという。かくして嘉納は、当時流行していたハーバード・スペンサーの三育主義思想を下敷きにして柔術諸流を再編・統合し、明治一五（一八八二）年に柔道を創始したのである。

嘉納の柔道論については『大日本教育会雑誌』所収の『柔道一班並に其の教育上の価値』（以下、『柔道一班』と略）と題された講演録が最も体系立てて論じられている。本章では『柔道一班』を軸に嘉納の柔道論を考察したい。『柔道一班』は明治二二（一八八九）年五月に文部大臣榎本武揚やイタリア公使など政府要人の前で行われた講演の講演録である。この『柔道一班』の講演が帝国憲法発布（明治二二（一八八九）年二月）の三カ月後の出来事であったことに注目したい。それは森が暗殺された直後のことでもあり、森文政下で欧化主義に流れつつあった文部省にも江戸期以来の武術の教育的価値について再考する余地が生まれたものと考えられるためである。

ところで、嘉納は『柔道一班』に先立って、明治二一（一八八八）年四月一八日に日本アジア協会（the Asiatic Society of Japan）に招かれ、「JIUJUTSU. THE OLD SAMURAI ART OF FIGHTING WITHOUT WEAPONS」（以下、「JIUJUTSU」）という講演をしている。アジア協会での嘉納の講演は帝国憲法発布の前年のことであるが、当協会はイギリスとアメリカの宣教師、教師、文官など明治政府とは異なる立場の人々から成る組織であり、彼らの異国趣味的な関心から実現したものと考えられる。また、同年七月にケンブリッジ大学嘱託の宣教師であったトマス・リンゼーとの共著で当講演の講演録が『Transaction of Asiatic society in Japan』誌に掲載される。その中で嘉納は柔術および柔道の現況について次のように述べている。

図７　嘉納治五郎（上村春樹編『講道館百三十年沿革史』講道館、2012年）

Since the abolition of the Feudal System the art has for some time been out of use, but at the present time it has become very popular in Japan, though with some important modifications, as a system of athletics, and its value as a method for physical training has been recognized by the establishment of several schools of Jiujutsu and Jiudo in the capital[4]（封建体制が廃止されたのち、武術はしばらく廃れていたが、今日に至っていくつか重要な修正が加わり、競技運動として、我が国ではとても人気が高まってきている。そして、競技運動の体育法としての価値は首都における柔術諸

流及び柔道の確立によって知られるようになった。：筆者訳）

嘉納はアジア協会での講演で他の柔術家とともに体育法に適う柔術及び柔道の競技運動、すなわち後述する乱取稽古の方法を確立したと述べていた。つまり、柔道以外の柔術諸流もただ衰退を待つばかりではなく、体育の観点から積極的に流儀の再構成を図っていたのである。嘉納のこの発言を裏付ける資料として、明治二一（一八八八）年五月一五日の読売新聞には次のような記事が載せられている。

> 学習院教頭文学士加納《ママ》治五郎氏をはじめ吉田直蔵、久富鉄太郎、上原庄吾、中村半助、鈴木孫八郎、金谷元良等有名の柔術家が発起にて、柔術は精神を錬磨し身体発育に適当なるものなれば、その術を世に広めんと計画中なりしが、何分にも世間にてはこの術を危険のものと思ひ、又稽古場なくてはならぬものと思ふより此術に志ざす者少なければ、簡便にして一定の術を選び定めんと加納《ママ》氏の自宅富士見町一丁目の弘《ママ》道館に会して、各流の技術を比較し、長所を採つて危険なき一法を工夫されたれば、近日其の試術の第一会を開かるる由。(5)

このように柔術諸流の安全化は、個々独立して行われたのではなかった。柔術家は互いに交流し、研究を積み重ね、柔術の体育としての価値を洗練させていったものと考えられる。そして、そうした柔術家の中に嘉納がいたのであり、柔道の全てが嘉納の独創によって創られたものではないことを確認しておきたい。また柔術諸流は嘉納の柔道を〝学士の畳水練〟などと揶揄していたわけでは必ずしもなく、むしろ、嘉納は柔術家の間で歓迎され、少なくとも東京近辺の柔術家の活動を盛り上げることに一役買っていた側面があったことも指摘しておきたい。

第三節　柔術のイメージ

こうした柔術諸流や嘉納の努力によって柔術および柔道が流行しつつあったとはいえ、武術の低俗なイメージが一気に払拭されたわけではなかった。渡辺一郎によれば、江戸期には「武士階級内部における家格・家職の確定とともに、武術そのものにも階層性を生じた[6]」のであり、柔術は最も低級な武術と認識されていた。こうした柔術に対する認識は特に変更を迫られることなく明治維新後の士族・華族にも引き継がれたと考えられる。その上で、撃剣興行に参加する柔術がみられたのである。では、嘉納は『柔道一班』講演において柔術のイメージといかに対峙したのだろうか。

まず嘉納が柔道をどのように構築したのか確認しておきたい。嘉納は柔道とは「これは畢竟従前の柔術に就て出来る丈けの穿鑿を遂げました後其中の取るべきものは取り捨てべきものは捨て学理に照らして考究致しまして今日の社会に最も適当する様に組立て[7]」たものと述べている。嘉納にとって柔道とは、明治期の文明開化を目指す社会に適応するために再構成された柔術なのである。では、そもそも再構成されるべき柔術とは何なのか。

　体術、和、柔道、小具足、捕手、拳法、白打、手搏など種々の名称が御座いますが、皆な一種の柔術です。唯々小具足とか捕手とか申せば多くは捕縛する稽古を指し、体術とか柔道とか申せば多くは鎧組討の修行でして投げることを専らとする位の区別が御座いますのみです。斯く名称も沢山あり稽古の仕方にも種類が色々とあることですから判然と区別を立てて何は何う此れは斯うと一々説明することは到底出来ませぬ。然し是等のことを総括して見るときは「無手或は短き武器を持つて無手或は武器を持つて居る敵を攻撃し又は防御するの術」と申して宜しかろうと思われます（中略）今仮に柔術を其総名と致して置きましょう。[8]

嘉納は様々な名称で語られる武術諸流を柔術の名称で一括りにし、柔術は「無手或は短き武器を持って無手或は武器を持って居る敵を攻撃し又は防御するの術」であると、その目的を集約したのである。では嘉納は、そのような柔術が社会のなかでどのように受け止められていると考えたのだろうか。嘉納は次のように述べている。

今日柔術と云えば世人は恰も一種の咽喉を絞め関節を挫くとか殺したり活かしたりするとか剣呑なことのみをする術で身体を害するとも益することの無いものの様に考えて居ります。[9]

嘉納は「今日」における「世人」の柔術イメージを「身体を害する」ものと捉えた。嘉納にとってこの「世人」の柔術イメージは体操伝習所の答申と相俟って変革すべき課題の一つであった。そして、嘉納の述べる体育法とは「身体を害する」イメージを克服することを目的としたものであった。

第四節　体育法

では嘉納のいう体育法とは具体的にはどのような内実をもっていたのか。寒川によれば嘉納の体育法は、明治一七（一八八四）年一〇月に文部省に提出された体操伝習所による撃剣柔術適否調査の答申に対応するものであった。[10] 嘉納は『柔道一班』講演の中で柔道の目的を体育法、勝負法、修心法の三つに分けて説明しているが、体育法のみならず、残りの二つの目的も体操伝習所の答申に応える内容を持っており、嘉納がいかに政府の要求をクリアしようとしていたのかが窺える。体育法以外の目的については次節以降で検討する。

嘉納の述べる体育法とは次のようなものであった。すなわち「筋肉を適当に発達させること、身体を壮健にすること、力を強うすること、身体四肢の働きを自在にすること[11]」である。特に嘉納は「身体四肢の働きを自在にすること」は「人生に必要な」能力であるが、「外の体操ではとても柔道」程には出来ないと述べ、当時、文部省が推進していた普通体操や兵式体操よりも柔道が優秀であることを主張したのである[12]。

こうした体育法の効用を得るために行われるのが乱取である。乱取は「是迄の柔術諸流の中にも多く[13]」みられた伝統的な稽古法であり、自由に攻防する競技的な稽古法である。嘉納によれば柔道の乱取で怪我をした入門者は非常に少ないのだという。

私が組討（＝乱取：筆者注）を教へ始めてから以来既に八年目になりまして今日まで入門したものは千何百人と云ふ程も御座いまして毎日多人数替はるがはる五六時間も稽古致して居りますが、まだ不治の怪我を致しましたものは一人も御座いませぬ。手や足を擦破《すりむ》いたり少々打ったりする位なことは屢々御座いましたらうが、関節や骨を傷めたりするやうなことは実に稀なことで僅かに七八度程もありましたかを記憶して居る位で御座います。此の割合を器械体操や馬術で怪我のある割合と比較して見まするときは何れ程少なう御座いまするか[14]。

これに続けて、嘉納は講道館で「不断私が教へて居りますのは体育のみを主として居るのではなく勝負の法も教へることに成って居」るといい、「体育を専らとして致します方の仕方では尚ほ一層怪我の恐れが無い筈」だと述べている[15]。嘉納は体育法、勝負法、修心法の「三つのことは相須つて柔道を為すのですから、全く離して別にすることは出来ませぬ[16]」と述べ、柔道のどの実践にも勝負法、体育法、修心法が通底していると主張するが、特に講道館で行う乱取は体育法と勝負法を組み合わせた稽古法だったのである。それでも怪我の割合は体操よりも少ないのであり、体育法のみを前景化させた際にはさらに怪我の割合が減ると主張したのである。また、ここで嘉納が柔道の比較対象に挙げているのは体操であり、スポーツではないことも確認しておこう。『柔道一班』講演では、乱取でも大抵の筋肉に刺激を与えることができるが、なお「割合に少なく働く筋肉を其上に働かせる様に別段に方法を設けたもの」が必要であると述べて、「講道館の体操の形」を提示した[17]。これは乱取が稽古着や畳の上など安全な練習場を必要とするのに対し、普段着のままで場所を問わず練習できるように考案されたものであった。また、「老人でも病人でも往来を歩行することさへ出来る人ならば致しますに決して差し支えの無い様な仕組みになっております」と述べ、「体操の形」が誰でもできる運動であると説明したのである[18]。体育史家の池田拓人は、「体操の形」は前述した「柔術形体操」と同様のものであったと指摘している[19]。すなわち、「体操の形」は数十人を一斉指導できるように仕組まれた形なのである。

寒川は、こうした嘉納の体育法は次の点で体操伝習所の撃剣柔術適否調査に応えるものであったことを指摘している。第一に体育法が純粋に生理学的効果をもたらすシステムとして位置づけられていること。第二に、答申において「害若しくは不便とする点」として挙げられた諸点を克服するように説明していることである。具体的には、筋肉を適当の発育させることは七八―七九頁に示した撃剣柔術適否調査の弊害の（一）に、危険性への配慮は（二）に、体操の形が誰でも出来て、稽古着や練習場を必要としないことは、弊害の（三）・（八）・（九）に対する改善内容とみることが出来るというのである[20]。また、池田の研究から、嘉納は誰でも簡便に練習できて、かつ生徒を一斉指導できるような「体操の形」を開発したが、これは弊害の（七）に対応する試みである[21]。こうして柔道は政府が掲げる学校体育の基準のうち、生理学的効果および実施環境の基準をクリアしていると嘉納は主張するのである。

第五節　低俗さの克服

明治前半期の柔術には身体を害する危険なイメージがつきまとっていたが、嘉納が柔道を創始した明治一五―二二（一八八二―一八九）年頃は武術が低俗と考えられていた時期でもあった。嘉納は人々の持つ柔術イメージの一つに「賤しい」見世物という見方があると考えていた。

往々世間には柔術を一種の見世物にして木戸銭を取つて相撲や軽業を為す場所で人に見せたりするものが出来ました処から世の人は益々柔術を何か賤しいもののよう思う様に成つて参りました。[22]

これが撃剣興行のことを指していることは明白であろう。第一章でも述べたように嘉納の天神真楊流の師匠である福田や磯も撃剣興行に参加していたことから、嘉納にとって撃剣興行から感じられる賤しさは身近なものだったのではないか。

そして、嘉納は身体を害するイメージに加え、賤しい柔術イメージと「同一視されるのがいやさに柔術と云う名を避け[23]」て、改めて柔道と称したのである。このことは撃剣興行が自由民権運動と結合していたことも考え合わせれば、軽視してはならない理由である。『柔道一班』講演を聞く政府要人が低俗で反秩序的だった民間の武術実践に理解を示していたとは考え難いからである。〈術から道へ〉の直接的な動機の一つは柔術の悪印象を払拭することにあったのである。

では柔術の賤しさを嘉納はどのように克服したのか。まず、嘉納が柔術の見世物的な賤しさの原因をどのように捉えていたのかをみてみよう。嘉納は明治二一（一八八八）年一〇月に「柔術及び其起原」という論文を発表している。そのなかで嘉納は柔術の「進歩」を次のように説いている。

日本において柔術の高き地位に進みたる事は元来手段となしたる所のものが、目的に転化したる事に拠つて証すべきなり（中略）柔術は元と敵と勝負を争ひ、之に勝つ事を目的とするものにて、成るべく僅少の力を用ゐて敵を倒し、又は僅少の力を以て敵の強力を支ふる等の事を為すも、唯此目的を達する一種の手段たるに過ぎず。而して此等の手段は、一般の場合に応用せらるゝものなりと云へども、往々単に勝負のみの上より云ふときは、却て多くの力を用いて敵を倒し、又は力と力とを闘はしむる事の利ある場合なしとせず。然るに一般の場合に用いて利なる手段は、終に転化して目的となり之を用ゐて不利なる格段の場合にも之を捨つる事能はざるに至れり。斯の如くなるときは、既に純粋の勝負術たる性質を脱し、手練の軽妙を競うて之を愉快とするに至れるものなりと云ふべし。又一方には身体運動の優美整合等を貴ぶ一種の美術上の思想を発生し、遂には進て美術上の標準を以て身体の姿勢運動を批評するに至れるなり。[24]

元々実戦の手段であったが、時が経つにつれて実戦の手段を越えて、技の洗練自体を目的とするようになったところに柔術の進歩があると嘉納は考えた。事実、幕末には柔術家が流派を越えて他流試合を行っており、嘉納の天神真楊流の師匠である福田や磯、また起倒流の師匠である飯久保の門人も他流試合に参加していることが明らかにされている。[25]幕末から柔道が創始されるまでの柔術が進歩の最終地点だったとすれば、嘉納が学んだ柔術も試合を通じて技を洗練する一面をもっていたと考えられる。

しかし、柔術の進歩の果てにある「手練の軽妙を競う」愉快さや「身体運動の優美整合」を貴ぶことは撃剣興行とも極めて相性が良かった。そのため、嘉納は柔術の進歩を評価しつつも、他方で批判的に克服しなければならなかったのである。嘉納は『柔道一班』講演で次のように発言している。

我国の柔術なる者往昔は実に高尚なる武芸として之を尊崇し専ら実際の効用に就て研磨するを其精神となせしも後世に至りて恰も一種の興行物同様の技と見做し更に実際の如何に頓着せず、唯概観体裁の美ならん事にのみ拘泥せしが故に遂には柔術なる者は僅かに生活糊口の材料たるに過ざる者なりとの誹謗を受くるに至り。[26]

講道館柔道なる者は専ら諸流の長所を折衷し、傍ら余の意見を挟んで玆に一三〇種類の技術を発明し名けて体操の形と称し務めて在来の危険なる又浮華なる技術を省き、実際上の功用と体育上の利益を重んじ創始せし。[27]

これら二つの記事は明治二二（一八八九）年五月一一日の『柔道一班』講演を聞いていた読売新聞の記者が「その要を摘みて」[28]作成した記事である。そのため、文言は『柔道一班』とはいささか異なる。講演後におそらく嘉納が手を加えて公にされた『柔道一班』よりも、当日の講演の表現を記録した記事として貴重な資料であると考えられる。記事の内容自体は『柔道一班』とつき合わせても、嘉納の趣旨を上手くまとめているとみられ、報道後に嘉納が読売新聞に対してクレームをつけた様子もない。したがって、読売新聞の記者は嘉納が講演中に実際に発言した言葉をかなり忠実に拾い上げているものと考えられる。

ここで注目したいのは、嘉納が講演の中で柔術が「概観体裁の美」に拘泥していることを興行と結びつけて批判していることである。さらに嘉納は、「体操の形」を創り上げる際に、単に危険性を排除したのみならず、「浮華なる技術」をも省き、「実際上の功用」と「体育上の利益」を重んじたと発言している。この「浮華なる技術」は撃剣興行などで用いられた「概観体裁の美」に拘泥した技だと考えられる。『柔道一班』にも天神真楊流の技について「概観を善くするが為に却って実際には遠いかと思はれる所も随分ある様です[29]」と述べられている。嘉納は天神真楊流が撃剣興行に参加したことを批判的に捉えていたのではないだろうか。

かくして嘉納は、〈術から道へ〉を実現する方策として、「実際上の功用」と「体育上の利益」を重んじ、なおかつ「浮華なる技術」の排除を徹底したのである。嘉納は、これによって興行的な柔術と自らの柔道との差異化を図ったのである。

次に当記事中にみられる「実際上の効用」とは勝負法のことであると考えられる。嘉納によれば、勝負法とは「人を制し人に制せられざる術[30]」を習得することである。嘉納は、「柔術の元来の目的は勝負の法を練習すること[31]」とも述べていることから、勝負法は柔術「元来の目的」を継承したものと考えられる。嘉納は手練の軽妙を競う愉快さや概観の美に拘泥する目的を後世に付加された不純物として退け、柔術元来の目的は勝負法にあると考えたのである。

ところで、『柔道一班』の特徴として、それまでの武術論者が問題にしていた軍事と武術の関係に触れていないことが挙げられる。嘉納は、徹底して柔道の軍事的な価値を述べず、専ら教育的な価値を論じているのである。それは、文部省に柔道の価値を訴えるための戦略であったと考えられる。しかし、柔道は、『柔道一班』講演の前から警視庁（明治一八（一八八五）年の警視庁武術大会以降）や海軍兵学校（明治二一（一八八八）年に柔道場落成）で訓練されていた[32]。嘉納は実戦的な技を手放していなかったのである。これら公的機関では、護身術としても体力向上のためにも柔道は有効に働いていたと思われる。しかし身体を害するイメージは払拭しきれなかったのではないか。

嘉納は実戦的で危険な技の習得はあらかじめ手順が定められた「形によって練習[33]」すると述べている。つまり、形によって安全性を確保しようと考えたのである。さらに嘉納は、形の練習では危険な技の習得のみならず「勝負の理論を研究すること[34]」を目的としていると主張した。勝負法だけでは身体を害することを容認することになる。そこで勝負法の形の練習が理論の研究につながると主張することで、単なる危険な技の練習ではないことを主張したのではないだろうか。

この形の練習による勝負の理論の研究は「勝負の理論を世の百般のことに応用する[35]」という修心法の一つを達

成することにつながる。嘉納は世に役立つ勝負の理論として、「自他の関係を見るべし」「先を取れ」「熟慮断行」「制御術」などを挙げているが、なかでも「勝ってその勝ちに驕ることなく、負けてその負けに屈する事なく、安きに在りて油断することなく危きに在りて恐れることなく、唯一筋の道を踏み行け」という教えを「柔道の奥義」として挙げている。[36] 勝負法は修心法と関連づけられることで存続が図られたものと考えられる。

では、次に修心法であるが、これは知育と徳育の兼修を述べたものである。そのうち徳育には二種類あり、「柔道の修行に固有の性質から自然に涵養することが出来る」ものと、「柔道に関係のある総ての外囲の事情を利用して殊更に徳育上の教を授け[37]て修心を図るものである。後者は体育法や勝負法に関わらず、柔道の稽古がなされる状況を活用した徳育である。嘉納はいう。「柔道の修行中授業の方法次第で生徒に種々の善い感化を与えることが幾らも出来ようと存じます[38]」と。そして、生徒を感化する具体例を三つあげる。

一つ目は乱取稽古中、実力が自分より上の者、下の者、同じ位の者など様々な相手と稽古しなければならないのだが、特に自分よりも実力が下の者と稽古するときは下の者をひきたててやることが必要である。またその逆も然りである。そうして相手のためにひきたて、またひきたててもらう中で「種々の塲合を察して人は相互に尽し合い、親切に物事を成さねばならぬと云ふ様な教を授ける機会が幾らも御座います[39]」と親切という徳目を稽古で養成できると嘉納は説くのである。ここで嘉納が述べる親切が七四頁に示した撃剣柔術適否調査で懸念された(五)「争闘の念志」や(六)「非なる勝負の心」を軽減するねらいがあると考えられる。

二つ目は、礼儀作法である。

家内に兄弟や親類が並んで居つたり、世間で色々の人と交はりをする時の有様が御坐います。その様な塲合ひに言語の上へにても動作の上へにても教師が適当の注意を与へ、訓誡を致しますときは家に在り又は外に出てその人が為す所の事物に就て直接に教へるのと同じことが出来ます。これは取りも直さず人間社会の礼儀作法に就ての実物科で御坐います[40]。

嘉納は柔道の稽古が公私に亘る礼儀作法を学ぶ「実物科」であるという。これも撃剣柔術適否調査で懸念された（四）「粗暴の気風」に対応する徳目である。

三つ目は自制心についてである。柔道の教師は湯水を飲みたがる生徒に対し「適当の教を与へますと終には生徒が自ら制して度を過さぬ様になります[41]」と生徒の自制心を促す機会あるというのである。これも（四）「粗暴の気風」を制御する徳目といえるだろう。

こうして嘉納は体操伝習所の答申中の徳育的観点についても攻略するのである。

第六節　柔道のエリート化

嘉納以前の武術論者は武術の精神性を軍人や巡査など公的な武力組織に生かすべきと主張していたが、嘉納は修心法を育成すべきは中等教育機関の生徒であると考えていた。嘉納は中学校の「修身」に言及し、次のように述べている。

特に中学以上に就て申せば修身上の教などの上へにはまだ善い方法が整うて居ら無い様に思はれます。そこで私の考へでは先きから御話し申しました所と柔道と申すものは体育に最も適当のもので御座いまして兼て修身のみではなく一層広く修心の教で御座いますから此学科を全国の教育の科目の中に入れましたならば目下教育上の欠典を補ふこと出来るのみか気象を引き立て愛国の情を強う致します[42]。

このように述べた背景としては、まず、明治一三（一八八〇）年の元老院会議で小学校への武術編入が見送られているという経緯があり、中等教育機関以上への柔道の普及を主張することが現実的であったという事情が考えられる。しかし、嘉納にとってはこればかりが中等教育以上へ柔道を普及する狙いだったわけではない。

教育学者の打越孝明の研究によれば、明治二六（一八九三）年九月に高等師範学校校長へ就任する以前の嘉納は師範教育に必ずしも関心を示していたわけではなく、むしろ高等中学校（のちの旧制高校）の教育に情熱を注いでいたのである。[43] したがって、『柔道一班』講演をした明治二二（一八八九）年時点では嘉納は師範教育ではなく、中・高等教育機関に関心をもっていたのだ。教育社会学者の天野郁夫は明治二五（一八九二）年前後においては「義務教育である尋常小学高すら満足に就学し、卒業しない者が多数をしめていた時期である[44]」と述べ、その中で「中学以上」の学歴は次のことを示していたと述べている。

高等小学校に進学しても、中途で退学するものが多かった（中略）高等小学校の卒業者は、それだけですでに、「選ばれた」子ども達であった。そのなかのさらに三分の一である。中等学校に進学するものが、いかに選ばれたもの――「エリート」であったかが知られる。[45]

つまり、嘉納が柔道の普及対象として選んだ「中学以上」の生徒達は当時のエリートだったのである。やや後年になるが、明治三一（一八九八）年の講道館雑誌『国士』のなかで嘉納は撃剣興行への参加が盛んだった一八八〇年代の柔術を振り返り、「当時は柔術と云う名で教え始めては、上流の人は嫌がる（中略）それで柔術と云う名称を用いないで柔道と云うことにした[46]」と述べている。この発言からも嘉納が柔道を広めるにあたってエリート層を相当意識していたかが分かるだろう。

『柔道一班』講演で、嘉納は「日本では古い時代からつい近頃まで柔術、剣術、槍術などの武芸が高等教育の一大部分を占めて居りまして有為の人物とでも申される様な人は大抵その武芸で脳髄を練つたもので御座います」[47]と述べている。そして嘉納は、「武芸」の中でも廃刀令など武器の携帯が厳しく戒められる状況では、「槍の稽古を致す必要も別段御座いませず、剣術も従前程の入用も無く成って参りましたり致す処から柔道が一番適当で有る」[48]と主張した。嘉納は柔術を「高等教育」柔道へと再興することを試みたのである。

修心法知育は、こうした柔道の「高等教育」化を進める方策だったと考えられる。嘉納は、修心法の一つに「智力」を練る方法を挙げている。「智力」は「観察、記憶、試験、想像、言語及び大量」[49]といった概念で整理されている。このなかで「観察」は他人の稽古をよく見ること、「記憶」は教えられたことを覚えること、「試験」は試行錯誤のことであり、「想像」は仮説を立てることである。そして「大量」とは「新しい思想を嫌わず容れる性質と種々様々の事を同時に考えて混淆せしめぬ様に纏める力」[50]のことだという。思想史家の鈴木康史はこうした嘉納の修心法知育の特徴を「「観察─実験─総合」という過程が修行過程として厳然と存在していたのであり、これはまさに「西洋の学理」による柔術修行といえる」[51]と指摘している。言語は「人に教えるにただ形のみで示すのと形は形で示しながら口でも話すのとはその分り方は聞くものにとって大層な違い」があると述べ、身体活動の中にも言語活動が必要であることを説いている。

嘉納は柔道修心法知育を「西洋の学理」によって言語化することで、エリート層に訴えかける言説を構築したのである。

第七節　日本固有性の創出

さて、嘉納は柔道を「中学以上」の子弟に学ばせることで「愛国の心」を持たせようと考えていた。嘉納は、「愛国の心」を涵養するためには前時代から続く「事跡」を愛することが必要だという。

人の国を愛するの情はその国にこれまでに御座いました事跡を愛するか否やと、その人が以前の人と同じ感情を有つて居るか否やとに因て大に厚薄のあるもので御座います（中略）日本人の日本の日本たる所を貴ばせ、愛国の心を固うさせようと思へば是非今日の少年の脳髄中に幾分かでも武芸の精神を入れ込んで置くことが必要である。(52)

嘉納は人々の「国を愛するの情」を強くするために伝統を身につけることが重要であることを見抜いていたのである。嘉納が修心法徳育を二種類に分けていたことは前述したが、そのうち柔道固有の性質から自然に涵養できるとされたのが、ここにいう「愛国の心」であった。そのため、嘉納は自身が学んだ「武芸」の一つである柔術に勝負法という「元来」の目的を見出し、それを継承することで、「自国を重んじ、自国の事物を愛し、気風を高尚にし、勇壮活潑なる性質を涵養すること(53)」を目指したのである。勝負法の稽古は「愛国の心」を育むことを目指した修心法徳育にとって必要不可欠だったといえよう。

また、柔道という名称の由来も「飽くまでもこの道に就て古人の功労は消滅致しませぬ様にしたいと考えました処から以前より有った名称を存して置きました(54)」と嘉納は述べている。嘉納が学んだ起倒流では、起倒流柔道や起倒柔道という名称が使用されており、嘉納が起倒流の師匠である飯久保から送られた免状にも「起倒柔道」と記されている(55)。今日においても起倒流の他に柔道を名乗った流派は、起倒流の前身となった松江藩の直信流柔道が享保九（一七二四）年以降使用するようになった事例が確認されるのみである(56)。柔術に比べて柔道という呼称は講演当時あまり知られていなかったが、柔道という呼称は江戸期以来存在していたのである。つまり勝負法のほかに嘉納が柔術から継承した伝統の一つが柔道という呼称だったのである。

ところで、近代国家における伝統とは、国民国家が形成される際にその国家の地理的な枠組みの内部で古来より続いている文化でなくてはならないものである。つまり、伝統は他国から輸入されたものであってはならないのである。また、明治期の日本は文明開化の名の下に国民国家として成立する途上にあったが、それは中国を頂点とした東アジアの国際秩序（華夷秩序）から自立するものでなければならなかった。[57] そうでなければ西洋諸国から自立した主権国家として認められなかったのである。

しかし、ここに大きな問題があった。江戸期において柔術は中国から入ってきた文化であると一般に認識されていたのである。[58] そして、このような歴史認識は明治期の学術界にも広がっていた。明治一七（一八八四）年一二月、東京大学医学部教授の大沢謙二は「柔術死活の弁」という論文を発表した。大沢は東京大学の命をうけ、独自に柔術の生理学的効果を調査していた。大沢自身は体操伝習所が実施した撃剣柔術適否調査の委員ではなかったが、撃剣柔術適否調査の委員で東京大学医学部長であった三宅秀とはよく意見交換をしていたという。[59] 大沢論文は東京大学が発行していた『学芸志林』という雑誌に掲載されたが、このことから「柔術死活の弁」の内容は、東京大学の三宅や体操伝習所の関係者にも知られていたものと考えられる。

大沢論文は主に柔術の生理学的効果について述べているが、それだけではなく柔術の歴史についても触れている。大沢は起倒流伝書『狸尾随筆』『灯下問答』『登暇集』、および中国明代の兵法書『武備志』を検討し、柔術の起源を次のように結論づけている。

古来我邦には相撲或は組討と称して後世の柔術に類似せる技業の存せしことは疑を容れされども所謂本真の柔術即ち拳法なるものは支那より伝来せしこと又掩《おお》ふ可らさるに似たり。[60]

大沢論文では、嘉納が学んだ起倒流の伝書から柔術の起源が中国にあると結論づけられたのである。嘉納も大沢論文について知っていたのではないだろうか。もし、大沢論文の歴史認識が広まってしまっては、柔術及び柔道が前近代的な華夷秩序から脱却していないことを示すことになり、柔道が日本固有の文化であるという言説が脅かされる恐れがあると嘉納は考えたのではないだろうか。嘉納は『柔道一班』のなかで柔術の日本固有性を次のように主張している。

柔術の起原に就ては諸流派各々其説を異にして居りますから唯々諸流派の所謂伝書なるものを信じて其内に書いてある通りぢやと思うて居る訳には参りませぬ（中略）若し柔術の起原に就て確実なる説を立てようと思はば一二の流儀の伝えた所に由らず又世間に流布してある書物などにも由らず諸流の伝書を参考して他の事実と対照して独立の判断を下すことが必要で御座います（中略）本真《ほんとう》の柔術は日本人の工夫によつて成つたものと申さねばなりませぬ（中略）当時支那人から聞いたとか習つたとか云へば宛も今日西洋人から聞いたとか習つたとか云ふ様で信用され易く有つたのでも御座いましたでせう。(61)

ここでは柔術の起源を解明するには様々な伝書を比較して判断しなければならないと述べているが、この発言は大沢論文を意識したものとみてよいだろう。大沢論文では『武備志』以外には起倒流の伝書にしか依拠していないためである。嘉納は、柔術の中国起源説はあたかも明治期の日本人が西洋人を信頼するように、江戸期の柔術家が人々から信頼を得るための方便であったと主張し、柔術の中国起源説を退けるのである。

『柔道一班』講演では詳細に論じられなかったが、アジア協会での『JIUJUTSU』講演においては、『武芸小伝』、『武術流祖録』、『地巻』（起倒流の伝書）、『尾張名所図会』、『先哲叢談』、『元元唱和集』、『嬉遊笑覧』、『天神真楊流体意録』といった日本側の資料と、『武備志』、『紀効新書』といった中国側の資料を提示して、中国人である陳元贇から拳法が伝えられた史実があったことは認めつつも、それ以前から竹内流などが存在している事実を取り上げて、柔術の起源は中国に由来するものではないことを主張していた。アジア協会の講演では、嘉納は多彩な資料を駆使して、大沢の柔術中国起源説を論駁したのである。欧米の知識人が集まるアジア協会で、嘉納が柔道の日本固有性を保つためにいかに柔術の中国起源説に注意を払っていたかが分かるだろう。そしてこの嘉納の態度は『柔道一班』講演でも貫かれたのである。

このように、柔道における日本固有性の形成は東アジアにおける国民国家形成の問題点を浮き彫りにする事態でもあったのである。嘉納は資料に基づいた検証の末、柔道の日本起源説を主張したのであるが、その根底には、柔道が日本の歴史のなかで育まれてきた日本固有の柔術を母体にしているという言説を形成することで、柔道の伝統性を揺るぎないものにしたいという思いがあったのではないだろうか。

第八節　嘉納柔道論の成功

以上の議論を整理すれば、嘉納は江戸期以来、低俗な武術とみなされた柔術を、中・高等教育機関に適したかたちに再編したのだといえよう。嘉納は体操伝習所が実施した撃剣柔術適否調査の答申を念頭に置き、体育法として柔道の安全化を図り、エリート教育に資する知育徳育の価値を修心法として積極的に説明したのである。柔道は伝統が顕彰される時代の波に乗っただけではなかったのだ。

柔道が講道館、警視庁、海軍兵学校以外に旧制高校や中学校に定着したことは、柔道人口を拡大し得た決定的な要因と考えられる。なぜなら学校には毎年学生が入学してくるため、柔道部活動に参加する者を持続的に確保することが可能だったからである。また、明治二五（一八九二）年頃から士族出身者の中学校在学者は二分の一を割り始め、明治三一（一八九八）年には三分の一を下回り始めるが[62]、そうした中、武家社会で作られた柔術の低俗なイメージを持つ学生も少なくなり、次第に柔道に抵抗なく親しむ者も増えていったのではないだろうか。旧制高校も中学校卒業者が入学してくるため、ほぼ同様の事態が見いだせると考えられる。他方、嘉納とともに体育を目的して活動した柔術家たちが柔道ほど自流派の規模拡大に成功しなかったのは、嘉納のように文部省やエリート層に幅広く訴えかける言論の内容及び機会を持てなかったためだろう。

ところで、明治二二（一八八九）年の『柔道一班』では〈術から道へ〉といった場合の〝道〟に精神的な意味合いが込められた様子はみられなかった。〝道〟に精神的な意味合いを込めるようになるのはやや後年のことであり、明治三一（一八九八）年の『国士』で嘉納は「自分の説く所は、単に術ではない、術も講ずるが、主とする所は道である」[63]と述べている。寒川は『柔道一班』講演において嘉納が江戸期の武術において一般的にみられた心法論を語らず、ひたすら物理学的な知見から柔道の技の原理を説いていたと指摘している。[64]これも『柔道一班』の時点で近代国家を建設しようとする政府要人に心法を説くことは柔道が旧弊を脱し切れていないとみなされる可能性がある、と嘉納が考えたためではないだろうか。

いずれにせよ、明治二二（一八八九）年段階の嘉納にとり、〝道〟の意義は柔術を低俗さから救い出すことの方に力点が置かれたのである。本章でみてきたような言説の構築と稽古内容の再編をしないことには武術（柔道）を学校で行う正当性は獲得できなかったのである。

【第一部　小括】

第一部では、明治前半期において、武術がいかに旧弊とみなされていたかを論じた。武術は文明開化という時代の趨勢を受けて旧弊とみなされただけではなく、撃剣興行によって見世物と化すことで、自ら低俗化を招いていたのである。さらに、自由民権運動に撃剣興行や武術が関わることで、政府からも忌避されるようになった。

こうした状況のなか武術が明治政府から放逐されなかったのは、一つには警察において剣術の実用性が再発見されたためである。もう一つは教育において体操を実施する環境が十分整わないなか、武術がその代替物として機能していたためである。

また、武術は江戸期の教育であって、明治期の教育にはそぐわないという意見もみられた。武術は体操と異なり、科学（主に医学や生理学）に基礎付けられて所作が構成されていないため、文部省や学術誌上においてはその有用性が疑われたのである。しかもこうした疑いは初代文部大臣の森や体操伝習所所長の伊沢といった体操科の確立に影響力を持つ人物から発せられたものであった。元老院会議でも武術の教育上の価値については議論紛糾したが、結果的には武技の小学校の体操科への導入は見送られたのである。

第一部の最後に検討した嘉納は、武術総体を扱うには至らなかったが、柔術のイメージ刷新とその教育上の価値について説得的な言説を構築することに成功した。嘉納は柔術を柔道と呼び変えることに留まったが、〈術から道へ〉という名称変更によって、明治前半期に武術が被った諸課題の解決を図ったのである。その解決の一つは西洋由来の体操よりも柔道が優れた体操的価値を主張することでなされたのである。つまり、明治前半期の時点では柔道は〈スポーツ化〉ではなく、いわば体操化あるいは体育化という問題に取り組んでいたとみるのが妥当である。

嘉納が示した〈術から道へ〉という言説は、のちに武道概念の再構成が行われる武徳会でも利用されることとなる。第二部では武徳会の成立と武道概念を確立した中心人物、西久保弘道の武道論について検討したい。

第二部　武道概念の成立——大日本武徳会の成立と西久保弘道の武道論

第四章　大日本武徳会の成立

本章では、武徳会とはどのような組織なのかを考察する。具体的には、①武徳会の成立過程について概観し、②武徳会が奨励した武術を検討し、③どのような理念の下で武徳会は活動したのかについて、それぞれ明らかにする。本書では武徳会を主な研究対象の一つとしているが、それは武道概念の成立とその展開を追跡するうえで有益だと考えられるためである。そのため、本書では武道概念の成立と展開に関わる点を中心に武徳会の活動を検討する。

武徳会は近代日本最大の武道団体であり、武道の普及、定着に最も影響力をもった組織であった。そのため、これまでに多くの研究が蓄積されてきた。具体的には中村[1]、坂上[2]、山本礼子[3]らの研究がある。加えて、昭和一一（一九三六）年一二月一六日に武徳会本部専務理事（一九〇九―一九三五年）であった市川阿蘇次郎が武徳会に提出した『大日本武徳会沿革』も、全日本剣道連盟の監修の下、中村によって平成一七（二〇〇五）年に復刻されている。これは武徳会内で開かれた会議の議事録や各年度の活動状況等が記された記録であり、武徳会研究では必携の一次資料である。

また①武徳会の成立過程については、坂上の「大日本武徳会の成立過程と構造―一八九五～一九〇四年―」が詳細に明らかにしているため、本章ではこれに大きく依拠する。ただし、坂上の当論文では日露戦争までを研究

図8　大日本武徳会本部（中村民雄『剣道事典』島津書房、1994年、201頁）

対象としており、それ以降は扱っていない。本章では明治三九（一九〇六）年から大正四（一九一五）年までの武徳会の概況も扱う。

次に②武徳会において実施・奨励された武術活動について考察する。武徳会は武術全般を統括した組織であるといわれるが、統括にあたっては各種武術を分類・整理し、各種目に応じた運営がなされていた。では、武徳会が各種武術をどのような基準に基づいて分類・整理していたのか。この点を明らかにしたい。

最後に③については、武徳会の理念を表す「武徳」について考察する。序章でも述べたが、武徳については既に坂上や木下らが軍人勅諭、教育勅語を反映した精神文化であることを指摘している。そうした先行研究を踏まえた上で、武道概念の成立背景にある武徳会の精神文化を把握するため、改めて武徳の意味内容を取り上げるべきと考えた。

第一節　大日本武徳会の設立

大日本武徳会は明治二八（一八九五）年四月に設立された（図8）。その会員数は「一九〇五年に早くも一〇〇万名を突破し、つづいて一九二一年に二〇〇万名、さらに日中戦争下の一九三八年には三〇〇万名[4]」を越える巨大団体である。こうした膨大な会員数を誇る武徳会は戦前の武道界の中心であった。

武徳会は、日清戦争で高揚したナショナリズムを背景にして、明治二八（一八九五）年二月一〇日に鳥海弘毅（京都府収税長）、佐々熊太郎（中立売警察署長）、丹羽圭介（絵画専門学校理事）らの間で、武術による精神修養とそれを支える団体の組織化が話し合われたところに始まる。[5]三者は意気投合し、発起人総代として京都府知事の渡辺千秋を推すことに決めた。早速、鳥海は渡辺に面会したところ、渡辺は四つの条件を付して承諾したという。

一、京都を中心として組織する大事業なるが故に、京都市に本籍を有する徳望家にして国家に勲功ある伯爵壬生基修氏を推して更に一人の発起人総代を置くこと。
二、全国警察と気脈を通ずる為め、田中貴道氏（京都府警部長）を発起人に加ふること。
三、本団体は多方面に渉りて同意者を求むるの主旨を表明するが為め実業家の有力者飯田新七氏を発起人に加ふること。
四、事業の進行に従ひ更に発起人を増加すること。[6]

この二つ目の条件から、全国の警察を武徳会の組織基盤に見据えていることがわかる。また、壬生基修伯爵や実業家の飯田新七を発起人に加えることで、政府からの信頼獲得や会員数獲得の布石としていた。

さて、渡辺と壬生が総代発起人となり、二カ月間で六〇名の発起人を得て、明治二八（一八九五）年四月三日には京都市河原町共楽館において第一回の発起人総会を開き、審議の末、『大日本武徳会要領』を作成し、後の設立趣意や会則はこれに基づいて作成されることになった。同年四月一七日には『大日本武徳会設立趣旨』（以下、『趣旨』と略）と『大日本武徳会規則』（以下、『規則』と略）が議決され、武徳会は設立された。

『大日本武徳会要領』に掲げられた事業中、『趣旨』と『規則』に反映された重要項目に武徳祭の開催がある。[7]渡辺、壬生は『趣旨』の中で「神宮の当りに模擬武徳殿を新築し、毎年一回必す同志を会し、祭典を挙げ、武道を講演し、爰に神徳を慰め奉り、併せて平生報国の志を忘れさらんと欲す[8]」と述べ、武徳殿において毎年一回武徳祭の開催を決定した。武徳祭開催に先立って、「平安神宮の辺りに記念武徳殿を造営すること[9]」が決められた。武徳殿とは桓武天皇が武術奨励のために設立したといわれる演武場の名称であり、それを平安神宮の傍らに設立し、毎年一回の祭典を開催するのである。[10]また「規則」には「武徳祭には全国の武道家を会し、武技を演せしめ益々皇国の武徳を発揚する事[11]」が示されたのである。武徳祭に関わる一連の事業については明治二八（一八九五）年四月一七日の『規則』に記され、明治三一（一八九八）年一月の規則改正、明治四二（一九〇九）年六月三日の財団法人化後における規則改正を経た後も主要な事業として続けられた。ここでは、明治三一（一八九八）年に改正された『規則』の総則を載せる。

第一条本会は武道を奨励し武徳を涵養するの目的を以て、左記の事項を遂行するものとす。

一　平安神宮境内に武徳殿を造営する事。

二　毎年武徳祭を挙行する事。

三　武徳祭には武道を講演し以て武徳を永遠に伝ふる事。

四　各種の演武場を設立し武道を講習せしむる事。

五　現今実用に供せさる武芸と雖も保存の必要あるものは其方法を設くる事。

六　武庫を建築し内外古今の武器を蒐集する事。

七　内外古今の戦史武芸史を編纂する事。武徳会誌を発行する事。[12]

上掲の事業中で武徳祭以外に重要な事業は、「四」番目の武術講習が挙げられるだろう。明治三〇（一八九七）年五月より射撃術の講習を、六月からは馬術講習所が開設され、明治二九（一八九六）年から続いていた水練講習も本部講習の一編に加えられ、明治三二（一八九九）年九月には剣術・柔術・弓術の講習が武徳殿で開始される[13]。また、明治三二（一八九九）年からは毎年八月に青年大演武大会が開催され、短艇競漕会が開催される[14]。これらの武術講習も武徳会における主要な活動になっていくのである。

坂上は設立当初の「武徳会は、まずもって明治国家の支配層の合意を獲得し、その絶大な権威を掲げながら、町村の末端に至る行政機構を動員するとともに、広範な国民に支持を訴えて[15]」いったと指摘している。武徳会は全国展開に際し、皇族軍人の小松宮彰仁を総裁においたが、このことが武徳会初期の発展において大きな意味をもった。坂上は「小松宮は、日清戦争の開戦時に陸軍大将・近衛師団長であり、一八九五年一月には参謀総長・大本営幕僚長、三月には征清大総督となり、翌四月、旅順進出に出兵している。武徳会は、時の国民的英雄であった小松宮を組織の頂点に配置することによって、絶大な社会的権威を獲得した[16]」と指摘している。小松宮の総裁就任後、伊藤博文総理大臣、山県有朋、大山巌陸軍大臣、土方久元宮内大臣、榎本武揚農商大臣、野村清内務大臣、西郷従道海軍大臣、渡辺国武逓信大臣、東久世通禧枢密院議長、海江田枢密院顧問官、川上陸軍中将、三浦東京府知事らが武徳会の会員となり、さらに社会的権威を獲得していく。また明治二八（一八九五）年七月二日には各府県の地方官（知事）を地方委員長に、府県高等官を幹事に、町村長その他有志を委員に嘱託すること、各地方新聞社に趣意書と規則を希望者に配布すること、そして東京および京阪の各新聞に広告を掲載することなどが決定した。

武徳会は、東京で開催される地方官会議、警部長会議の際に、各府県知事、各府県警部長に直接支持を訴えることで地方支部の拡大を図った[17]。地方支部は明治二九（一八九六）年の富山支部を嚆矢として、以降、各府県に続々と支部が設置されていくことになる。地方支部の拡充は、例えば佐賀県では警察署で警察・監獄および収税署員の剣術大会が催され、警部長らの斡旋によって会員募集活動がすすめられ、滋賀県では籠手田知事によって近江武徳会が結成され警察官が動員されるなど、警察の会員を増やすことですすめられた[18]。

次に武徳会の財政基盤であるが、これは会員の入会義金で賄われた。武徳会設立当時は武徳殿建設費用を捻出する必要があり、会員獲得に熱心であった。設立当初、武徳会には正会員と賛助会員の二種類が存在した。正会員は一円以上、賛助会員は一〇銭以上の入会義金を払うが、会員は一回の納付によって終身会員でいられた。これは「汎く武徳の敬重すへきを知らしめんか為め会員の出金額を薄くし衆力を以て完成するを主とする事[19]」と『大日本武徳会要領』に記されているように、会員になるための金額設定を低くし、誰でも会員になれるように企図したものであった。

ここで重要なのは、会員が必ずしも武術家ではないということであろう。武徳会の会員数は明治三八（一九〇五）年には一〇〇万人を突破する。しかしこれだけの人数が全て現役の武術家であるわけではなく、武徳会は資金調達のために誰でも会員になれる金額設定にしたのであった。中村によれば、「同じ内務省の行政ルートを使って募集・募金をしていた日本赤十字社が、社団法人の方式を採用し、「正社員一ヵ年金三円以上十二円以下を納むる者及ひ一時に金二十五円以上を納むる者とす」と、地方の地主や商工業主あるいは上級官吏を対象としていたのに対し、武徳会はそれとの競合を避けるために、「正会員義金一円以上」「賛助会員義金拾銭以上」と、自作農を中心とする新中間層や小学校教員あるいは警察官といった下級官吏をそのおもな担い手としていたため、正会員に比べて賛助会員の率が非常に高く（約四約《ママ》）、会員総数に対して義金額があまり増えないという現象をおこしていた[20]」という。そこで、会員の制度を改正し、明治三〇（一八九七）年一二月一〇日に正会員と賛助会員の二種類を「特別会員（本会の為め功労あるもの又は義金五円以上出すもの）・正会員（義金壱円以上五円未満を出すもの）・賛助会員（義金参拾銭以上壱円未満を出すもの[21]）」と三種類に分類し、翌年一月一日から施行された。

それでも、地方支部の会員募集と義金は伸び悩むが、小松宮の地方官会議での訴えかけや武徳会の各府県の警部長への働きかけを熱心に行うことで、会員は次第に増えていった。武徳殿が明治三一（一八九九）年に完成したのちも地方支部の会員獲得は続けられていき、明治三四（一九〇一）年には宮内省から御下賜金（一〇〇〇円）が下賜されたことで、武徳会の活動が国家的に承認、奨励されるようになった。こうして武徳会は地方行政機構を骨格とする組織体制の確立を着々と進めていったのである。[22]

第二節　武術の序列と古武芸の意味

寒川によれば、明治二七（一八九四）年の日清戦争以前は武士道のみならず武道という語もまた公言が憚られる雰囲気があったという。[23]第一部で検討した明治前半期は、武道の用例が武術や武芸に比して少なかったのである。しかし、日清戦争以後に登場した武徳会においては、武道の語が会の『規則』に挙げられ、武道の語を公に使用することができる時代に入っていた。先の『規則』にみられるように、武徳会では武道、武芸という表現が混用されていた様子が窺えるが、この点は寒川が明らかにしたように武道が中世以来、武事・武術の意を有していたことに起因するだろう。明治期において武術・武芸と武道は未だ未分化で互換可能な用語だったと考えられる。

武徳会は武徳祭や演武会を行うだけでなく、各種武術を保存、奨励し、また武術、武器に関する資料の蒐集並びに武術、武器の歴史編集を行った。[24]武徳会がどのような武術を奨励し、どのように武術や武器の保存、奨励、歴史編纂の作業がなされたのかは、武道や武術という概念の適用範囲を把握する上でも検討すべき課題である。ここでは、明治三二（一八九九）年に作成された『大日本武徳会記要』（以下、『記要』と略）を中心に、武徳会が何を武術とみなしていたのか、そして武術とそうでないものを分類する判断基準はどこにあったのかを明らかにしたい。

『記要』では、講習するべき実用に適した武術と、実用に適さないが保存の必要がある武術を分類している。『記要』では実用に適し講習の意義がある武術として、「射的」（射撃術）、「馬術」、「銃鎗」（銃剣術）、「剣術」、「柔術」、「水練」、「漕艇術」をあげている。[25]『記要』におけるこうした各種目の並びは軍事的実用度の高いものから序列化する意図があったという。[26]坂上は『記要』が作成される背景には富国強兵があったとし、「武徳会がいう「武術」とはそうした伝統的武術だけを内容としているのではない。射撃術・馬術両講習所を開設したことはすでにふれたが、より重要なことは、武徳会本部がこうした軍事に直結する種目を伝統的武術よりも上位に位置づけ奨励していったことである」[27]と指摘している。また坂上は、武徳会が軍事に直結する種目を重視したのは、総裁小松宮の「馬術射的の如き、先づ個人の力の及ばざる所を勉むべし」という指示がストレートに具体化された[28]ためと指摘している。これは学校教育のなかに武術の地位を確保しようとした明治前半期の状況とは大分異なる。それは武徳会が文部省傘下の教育機関ではなかったこと、さらに警察という内務省の組織と密接な関係にあったこと、そして日清戦争の勝利によるナショナリズムの高揚などが背景にあったと考えられる。

実用性が高いとされる理由を『記要』に示された順に検討してみよう。まず、射撃術は「現今陸軍に専用する武器にして、其の効用は呶呶を俟たすして明[29]」であり、「少年子弟尚武の気象を養成するに止まらす、国民軍の編成にも亦利あり[30]」として、国民の軍事力向上に役立つとされる。馬術は「平時に於ては農工其他の事業を盛にして富国の一術となり、戦時に於ては徴発を容易ならしむるの鴻益あり[31]」と平時では農工の役立つため富国の一助となり、軍事上でも物資の輸送に役立つことが強調される。銃剣術は、「小銃に附随し、最終の決戦即突貫に用いる者にて、我国軍隊の長所たり[32]」といい、その重要性は射撃術に附随するという意味では劣るものの、日本軍の長所といっている。また銃剣術は、「従来本邦に行はるゝ鎗術中には、外国人の未た発明せさる微妙の術なきにあらす、之を銃鎗に応用することを講究して、特色の妙技たらしめんことを要す[33]」と、在来の槍術を銃剣術に応用する必要性を説いている。

江戸期から存在する武術でも剣術や柔術は実用的とみなされている。剣術は「兇を制し暴を防ぐ[34]」もので「気力の養成するは斯術を学ぶに若くはなし[35]」とされている。柔術は「警吏の暴行人を制し、犯罪者を逮捕し、獄吏の兇暴なる囚徒を検束し、反獄を防制するに於て最適当なるに論なく、行旅の間武器を携帯するの煩を省き、若くは暴行脅迫を温和に防衛し、且身体の発育を助け健康を保つ等の効益あり[36]」と述べられている。剣術がより精神的で柔術が身体的な面で重視されているが、剣術の方が優位に位置づけられている。

ただ、剣術や柔術の軍事的実用性が明治期の軍隊に認められていたのかどうかは不明である。陸軍では明治二二（一八八九）年に初めて『剣術教範』が作成されたが、これはフランス人顧問団の影響でフランス式の剣術が採用されていた[37]。明治二七（一八九四）年に日本の剣術を研究し『剣術教範』に取り入れたが、そもそも軍刀の制定では片手用の刀が採用されていたため、日本刀のような両手軍刀術は正式採用されなかった。『剣術教範』が再改定され、両手軍刀術が採用されるのは大正四（一九一五）年のことであった[38]。しかし、軍刀の制式は軍服などとともに服制に含められていたことから、軍刀は兵器というよりはステータスシンボルとして扱われたという[39]。また柔道は海軍兵学校で明治二一（一八八八）年から正科採用されたと第三章でも述べたが、これは講道館から指導者を送っていた[40]。したがって、海軍兵学校では軍事的実用性を主目的とした武徳会の柔術は行われていなかったのである。

次に、柔術の下位に位置づけられる水練は「海国思想を養成する初歩[41]」であり、「征清の役[42]」つまり日清戦争でも役立ち、「個人に在りては破船若くは洪水の難を避け、或は他人の溺死せんとするを救助し、且夏時に快活なる遊戯として身体を健康にするの効益あり[43]」と海上における災難と健康に資する遊戯としてその効用が期待されている。水練のあとに続く漕艇術は「幸に近来大学其他の学校及海運に関する諸会社に於ても、此競技を奨励せり[44]」と述べられており、運動種目の一つとして認識されている。既に、漕艇は「ボートレース」として明治二〇（一八八七）年から第一高等学校と高等商業学校の間で対校戦が行われ盛況を博していた。[45]また、武徳会の近隣では明治三〇（一八九七）年に創設された京都帝国大学において明治三九（一九〇六）年にボート部が設置されている。運動種目として認識されていた漕艇も「全国人士の海国思想を誘発」[46]に有効であるため、「現今」に実用的な武術として採用されている。[47]

以上の武術の実用性をまとめると、『記要』における軍事的実用性は、戦闘力→輸送力→気力の養成→体力の養成→海戦時の避難・救命→海国思想という順序で序列化されている。このように軍事的実用性が『記要』における武術の序列化の基準であったことは間違いない、武徳会が在来の武術ではない射撃術などを選定したのも、軍事的実用性という基準に従った結果だったのである。

ただし、実態からいえば剣術、柔術、弓術の三種目が武徳会で最も盛んな武術であった。坂上は明治三二（一八九九）年から続く青年演武大会でも、第六回までの参加者五〇四六名のうち剣術が二三三四名（四四パーセント）で柔術が一六七九名（三三パーセント）であることを明らかにしている。その他にも明治二八―三七（一八九五―一九〇四）年までの「精錬証」の授与者総数一八五名のうち、剣術七三名（四〇パーセント）、柔術が四二名（二三パーセント）、弓術四三名（二三パーセント）であり剣・柔術の武徳会範士には二五円、弓術範士は二〇円の年金が支給されていたという。[48]

ところで弓術は、武徳会では盛んな武術の一つであったが、『記要』では実用に適さない武術とされていた。ただ、「国家の祝典」[49]で用いられるため、また「武家の礼式故実も多く之に寓」[50]しており、「体育に於て偉功あり」[51]とみなされた。さらに弓術には流鏑馬や犬追物、笠懸など馬上で行う類もあるため「馬術を学ふの便益あり」[52]として軍事上、直接的な実用性はないものの、間接的に馬術にも良い影響を与えるものとして、稽古が奨励されたのである。

弓術は軍事的実用性ではなく、その他の点で保存の対象となった。弓術のように軍事的実用性以外の面で保存される武術について『記要』では、「古武芸」という項目をたてていた。『記要』によれば、「古武芸中保存の必要ある者は、之れか保存の方法を設るは是亦本会の志なり。然れとも其種類の存廃を判定する事頗る難し。故に本会は先つ弓術の一科を採用せり。而て鎗術は之を銃鎗に応用すると共に、其保存を図り、又剣術柔術に属すへき者は之に属せしめ、其他は更に審議決定せんとす[53]」と古武芸の保存法が説かれている。この『記要』の説明では具体的な保存方法は説かれていないが、記述内容から判断すれば、古武芸の保存対象として想定されているのは、「現今」において軍事的実用性を持たない武術だったとみられる。例えば槍術は「銃鎗」の技法へ応用可能であったことが保存の理由となっているのである。弓術も体育的意義や馬術への応用可能性が示唆されたのである。ただ、弓術は軍事的実用性よりも礼式故実や国家の大典において実用性が見出されたため、古武芸は軍事的実用性以外の側面で価値が認められたものと考えられる。つまり、古武芸における「古」とは軍事的実用性を基準にして「現今」の軍事的実用性には満たないが、それ以外の点で「現今」においても何らかの実用性が認められる武術に用いられる接頭語であったと考えられる。

第三節　武徳の精神性

明治三一（一八九八）年の『規則』にもあったように「武道を奨励し武徳を涵養する[54]」事が武徳会の第一義的な目的であった。「大日本武徳会」という、組織名にも表れているように武徳会は「武徳」という理念を普及する組織である。この武徳の内容については明治三九（一九〇六）年の『大日本武徳会趣意書』（以下、『趣意書』と略）に詳述されている。『趣意書』の類はこれ以降確認されず、武徳の内容は『趣意書』以降変わらなかったと考えられる[55]。

坂上は、武徳の内容を当時の「教育勅語や軍人勅語と同一の精神[56]」であり、政治的軍事的意義を帯びた国民教化の概念であると指摘している。[57] そして武徳会は武徳の涵養における政治的軍事的意義を、「東アジアにおける国際関係の緊張、帝国主義的動向と関連付けて主張していった[58]」ものと述べている。坂上の主張は武徳の形成過程を対外的な社会状況との関係で考察するもので、自国・自民族のアイデンティティを他国・他民族との差異によって特徴づけている武徳の「境界主義[59]」的な一面を強調するものである。さらに、教育勅語と武徳の同一性を指摘するところから、自国・自民族のアイデンティティを集団内で共有される伝統の奥深さによって特徴づけようとする「原初主義[60]」的な側面をも明らかにしている。

ただし、坂上は個人レベルにおける武徳の内容を「武士道的な行為規範[61]」と指摘し、「そのような武士道精神――それ自体は国家的な臣民道徳とは次元を異にし、また大衆性も帯びている――の継承が、やはり独自の重みをもって主張されている[62]」と考察しており、この点には検討の余地があるだろう。倫理学者の菅野覚明は明治一五（一八八二）年に発布されている『軍人勅諭』では武士道を徹底的に排除する構造をとっていることを明らかにし、日清戦争以前の西周などの知識人にとって武士道は排除されるべき精神として捉えられていたと指摘する。[63] それが日清戦争後になると武士道は「日本民族の道徳、国民道徳と同一視[64]」されるようになり、「国民道徳として体感され[65]」ていくようになる。つまり、武徳会が成立した時期の武士道は坂上の指摘とは異なり、国民（臣民）道徳と軌を一にして発明された伝統だったのである。

武徳の理念も明治武士道とともに尚武の気風を下敷きに創られた精神文化の一つであったと考えられる。それはどういう点においてであろうか。一つは対外的な差異を強調する境界主義的側面であり、もう一つが本節で考察することになる原初主義的側面である。ここで武徳の原初主義的側面に着目するのは、それが国民道徳として国民統合に資する論理を表していると考えるためである。

では『趣意書』には武徳の原初主義的側面はどのように表れているだろうか。『趣意書』の「本会の名称」という項をみると「皇祖天物部、大伴部、来目部の兵を帥い中洲を平定し、武徳を以て建国の洪基を定めたまひしより、列聖相承け常に其光輝を中外に発揚したまひたり(66)」と述べられている。これをみると、武徳は建国の起源神話にまで遡り、建国を成し遂げた精神ということになる。つまり、皇祖天、天照大神から神武天皇に至る天皇の祖先が「日本」を建国するという大事業を成すにあたり武徳を発揮したということになる。したがって、武徳会は武徳の歴史を天皇の祖先、記紀神話の皇祖らの精神に遡っていることを表明しているのである。そして武徳の意義は「元正天皇霊亀元年の詔に曰く、五兵之用自古尚矣服強懐柔咸因武徳と、武徳の意義箇にして尽せりと謂ふべし(67)」と述べられている。このように武徳の起源を神話時代に見出し、さらに『続日本紀』に収められた元正天皇の詔書に依拠して武徳の意義を形式化することは、エリック・ホブズボウムが述べた「過去を参照することによって特徴づけられる形式化と儀礼化(68)」の過程に他ならない。そして、こうした武徳の起源神話の創出は武徳と天皇を結ぶ原初主義的な言説となるのである。

日清・日露戦争以降の明治武士道のイデオローグであった井上哲次郎は、明治三八（一九〇五）年に発刊された『現代大家武士道叢論』に「武士道と将来の道徳」という論文を寄せている。ここで井上は武士道を「日本民族の精神(69)」と述べ、「殊に大伴氏佐伯氏抔が帝室の護衛をして大に武士道の精神を養成して居つた(70)」と、その起源を述べている。このように井上は武士道を日本古代まで遡って捉えている点で武徳と共通するが、あくまで大伴氏や佐伯氏が「帝室の護衛」のために養成した精神であり、天皇が有しているわけではない。これは井上が国民道徳として武士道を位置づける際に、天皇が武士道を有しているとするならば、論理上、天皇が国民と同列にされてしまう恐れがあり、あくまで天皇に付き従う国民の道徳として武士道を位置づけなければならなかったためと考えられる。

しかし『趣意書』でみたように、武徳は天皇も有する精神文化であった。そして、武徳会の目的は「会員各自の武徳を涵養(71)」にあった。これでは天皇と国民が同列に扱われる恐れがあったのではないか。ここで武徳会は武徳を三つに分けてこうした恐れを回避している。その三つとは個人の武徳、国家の武徳、そして天皇の武徳である。国家の武徳は「個人の武徳を集合して、陸海の軍備を充実にし、以て内外の平和を保持す。是れ平時に於ける国家の武徳なり」(72)とされ個人の武徳の集合を国家の武徳としている。国家の武徳は対外的な軍国主義的姿勢を示しており、「内外の平和」を保つというところから境界主義的な言説であったと考えられる。

次に武徳の原初主義的な一面に着目する際に重要になってくるのは、個人の武徳と天皇の武徳の関係である。まず個人の武徳とは何なのか。『趣意書』は次のように述べている。

常に皇室と国民との関係を思ひ、護国の責任を分担し、礼儀を重んじ、廉恥を知り、業務を勤め倹素を守り、余力以て公共の利益を増進し、暇日には武術を講習し、心胆を練り、筋骨を壮にし、其操行衆人の模範たるべく、一旦緩急あれば、身を挺して義勇奉公の誠を致す。是れ即ち個人の武徳にして、大和魂と称し、武士道と称するも、要するに此範囲を出でざるなり。(73)

ここで、個人の武徳が武士道や大和魂を包摂した概念であることが分かる。そして個人の武徳は坂上が「勅語精神、政治的軍事的目標に帰着するもの」(74)と指摘する武徳会の理念を表明していると考えられる。また個人の武徳が「勅語精神」、「政治的軍事的目標」に帰着するものであれば、井上の武士道論とも重なってくる。井上は「軍人に賜はつた、勅語と、教育界に賜はつた勅語と、寸毫の違はない、一は武士道を示され、一は国民道徳を示されたもので、この両者は、鳥の双翼、車の両輪のやうに、相待つて効を奏すべきもの」(75)と考えていた。こうした井上的な武士道と個人の武徳は軍人勅諭を背景としている点で重なるのである。また、武徳が教育勅語と相通じるものであれば、井上の述べる国民道徳とも通じ合っていたといえよう。

それでは、天皇の武徳とは何か。それは国民に士気をもたらす天皇の「心」だという。『趣意書』では桓武天皇の蝦夷征討を引き合いにだし、天皇の武徳、すなわち国民の士気の振作について次のように述べられている。

関東八国に於て、戦士を募集し軍陣の法を錬習せしめ、以て蝦夷の侵暴に備へ、後又軍制を改正し糧杖を貯へ、馬政を改め師を用いること殆ど二十年、終いに蝦夷を蕩平し、陸奥の民をして皇化に霑被するに至らしめたまひたり。又軍士奨励の迹を尋るに、屢々馬伆埒殿又朝堂院に臨御し、時々神泉苑に微行し、騎射及相撲を叡覧したまひ、延暦十五年には、諸国をして武芸衆に秀でたる者を挙げしめられたるが如き、其心を士気の振作に用いたまひたること深く且厚しと謂ふべし。(76)

ここで天皇は蝦夷を軍事的に征討し陸奥の民を「皇化」し、さらに国民の士気を高めるため武術を奨励したと述べられている。そして天皇の振作をうけて国民は「天皇の武徳を景仰し、其聖意を奉体(77)」するのである。天皇が武徳を振作する限り、個々人の武術修行は意義を持ち続ける。その逆に日本建国の根本精神であった天皇の武徳が弱体化すれば、個人の武徳は存立基盤を失うのである。こうして武徳会は、天皇の武徳によって個人の武徳が支えられるという論理を作り出したのである。

既に明治天皇はこうした天皇の武徳を体現するかのように、宮中に武術道場である済寧館を建設して武術の奨励を図っていた。(78)また明治一三（一八八〇）年には陸軍戸山学校における銃剣術の大会への行幸もなされていた。(79)大正天皇も皇太子の時分から済寧館で武術試合を台覧し、日本各地を巡啓する際には各地の武術を上覧していた。(80)さらに武徳会の総裁は皇族から選ばれることから、武徳会は皇族を介して天皇の武徳を仰いでいたのだといえよう。

武徳会は天皇という絶大な権威を武徳の内容に取り込むことで、武術を行う正当性を確保したのである。

第四節　未規定なままの武道

本章では、第一節で武徳会の成立過程を坂上論文や中村論文に依拠しながら概観した。第二節では武徳会の武術の序列化と古武芸の意味について考察した。ここでは古武芸における「古」が単に歴史的に古いことを指すというよりも「現今」の軍事的実用性には適わないが、それ以外の面で実用性を有する武術に「古」という接頭語が付されていたことを指摘した。

続く第三節では、武徳会の武徳について分析を試みた。武徳には個人の武徳、国家の武徳、天皇の武徳の三種類の存在が確認されたが、このうち国家の武徳は対外戦争への備えを表す意味で境界主義的な言説であったことを指摘した。その他の個人の武徳と天皇の武徳について考察し、天皇の武徳が個人の武徳を支えているという関係性を指摘した。武徳会の総裁には皇族が就任することになっていたのもそうした関係性を具体化する試みの一つだったと考えられる。

このように思想的な一面をみても、武徳会は皇族から一国民までを包み込む武徳という理念を創り上げたことで武術修行の意義を強調していくのであった。しかし、明治期の武徳会では武道と武術とが未分化なまま使用され続けており、武道という語に明確な概念規定が施された様子は見られなかった。武徳会における武道概念の確立には、次章でみる西久保の登場を待たねばならなかったのである。

第五章　西久保弘道の武道論

今日の武道概念は西久保の武道論に端を発していると考えてよい。そのため〈武道のスポーツ化〉問題の成立過程を追跡するうえで、西久保の武道論は検討しなければならない。ただし、西久保の武道論を検討する前に、本章では西久保が武道論を展開した当時の武術の様子はどのようなものであったか、とりわけ西久保の周囲がどうであったかを検討したい。西久保の武道論はそのあとに考察する。

第一節　大日本武徳会会員の紀律の乱れ

本節では、武徳会会員の紀律の乱れについて検討したい。資料としては、主に『武徳誌』『武徳会誌』という武徳会が発行していた雑誌を用いる。これらの雑誌は会員数に比べて売れ行きは芳しくなかったという。その原因として全国各地に散在する会員への宣伝・購読勧誘の困難性、同誌の内容が人々の要求に迎合できなかったことなどが指摘されている。(1) ただし、『武徳誌』が明治三九—四三（一九〇六—一九一〇）年、『武徳会誌』が明治四四—四五（一九一一—一九一二）年と、二つ合せて約六年間しか継続されなかったが、この間の武徳会の活動を伝える資料としては最も多くの情報を有している。このことから明治三九—四五（一九〇六—一九一二）年の武徳会の実態を考察するにはこれらの雑誌を用いることは有益である。また人々の要求には迎合できなかったとしても、武徳会側が人々をどのように導こうとしていたのかが、これらの雑誌記事から把握される点で有益であると考えた。

さて、第一部で検討した撃剣興行の様子を考慮すれば、明治前半期に武術の訓練によって礼儀作法を習得しようとする人々は多くなかったと考えられる。武術を学校へ採り入れようとした者の中には、嘉納や阪谷のように礼儀作法の習得に言及する人物もいるにはいた。しかし、森や伊沢らによって武術は教育から遠ざけられ、礼儀作法の習得を一目的とした武術はそれほど広まらなかったのではないだろうか。

こうした状況が変わるのは日清戦争・日露戦争で日本が勝利したことに因ると考えられる。これらの戦争に勝利したことで、国の内外から日本人の精神的支柱を表明することが求められるようになった。そこで台頭したのが武士道である。対外的には新渡戸稲造の『武士道』が明治三三（一九〇〇）年に初版刊行され、国内的には井上哲次郎が教育勅語や軍人勅諭の精神を武士道に重ねて「国民道徳」を主張していくのであった。つまり、武士道は尚武の気風のみならず、日本人の倫理規範をも表す概念として登場したのである。

武徳会もこうした社会背景の中で登場しており、武徳には武士道が含まれていたことは前章で確認したとおりである。武徳会には武術の訓練によって武士道を養成することが求められたのである。例えば、明治三二（一八九九）年一〇月二五日付の『河北新報』の社説では「無気力無節操」な社会状況、とりわけ「社会の上流に立てる政治家学者地主商人等の行動」の腐敗ぶりを批判し、そうした事態への対症療法の一つとして武術の訓練を挙げた。武術は精神を鍛えるのであり、それを担うのは「大日本武徳会」であると報道されたのである。『河北新報』の社説が報道する武徳会の姿は、国民道徳を養成する団体として捉えられているのである。(2)

このように、武徳会は会員の武徳の養成を目指して活動したのだが、実際には武徳会の思い通りにはいかなかった。両雑誌をみると、武徳会の実技指導者及び常議員からは、修行者に対して次のような批判がなされていた。

近時見聞する所ろに依れば間々剣道の何ものたるを知らず奇異なる風裁を装ひ恬として顧みざるものあり就中斯道老練家にしても自ら姿勢を破り道場の神聖を保たず武徳の本旨に悖るものあり大いに注意すべきことゝ信ず。[3]（明治三九（一九〇六）年七月山口県武徳会教士、二宮久「演武服装に関する建議」）

近来青年の演武を観るに、競うて流行を追ひ僥倖の勝を演技の上に争ひ、外見の巧美を所作の端に求め打出す竹刀は敵に当るや否やも察せず、直に引揚ぐるもの、後を向き逃げ廻るに忍びざるものあり、是れ実に明治初年行はれし興行撃剣の流れを汲むものにして本邦固有の剣道とは認め難し。[4]（明治四三（一九一〇）年一月武徳会岐阜支部、柳多元次郎「青年の演武に関する意見書」）

行儀に至つては手拭いを被つた儘武徳殿内に踞坐をかいて足を出して居る、是等は心の正しく無い表現である、夫は必ず学校の生徒諸君ばかりではなく種々なる団体もありますから或は爾ういふ訓戒を受くる所の生徒もあるか知りませぬが、此の武徳会の門をくゞる時分に既に武士といふ精神になつて居らなければならぬ。[5]（明治四三（一九一〇）年武徳会教士内藤高治、「剣道修業に就ての心得」）

試合の心得は約めて言へば礼儀を以て始終するのである（中略）我と同く学校に在る人かさらずば青年の団体に在る人でしかも我と同く剣術を修める同志者である好友である此に対して侮慢の挙動や侮慢の言語を慎まねばならぬのは当然でせう然るに竹刀を前に突き出してよいと言ったりどっこいとかよいきたとか或はどこを抔と云ふ言語が沢山出る又相手が小手と声を掛けると肘後を叩いて見せる面と声を掛けると肩を叩い

て見せたりするの類も多い是等は皆侮慢の言語侮慢の挙動である（中略）今日も見て居ると一人が小手と叫びつゝ竹刀を中天に刺して横飛ことん〳〵とんと参間余りも走つて留まると相手は片膝突て竹刀を左の手で斜めに差上げてお胴と叫むだ彼処で二つ陰を打てば丸で田舎芝居だ。[6]（明治四三（一九一〇）年、楠正位「学剣の要旨」）

このように明治三九―四三（一九〇六―一九一〇）年のあいだ、選手の試合態度が悪いことへの批判が相次いだ。また、「興行撃剣」の影響が試合態度に表れているとの声も挙がっており、武徳会の試合会場は厳かな雰囲気を欠いていたことが窺える。

こうした会員の紀律の乱れは武徳会の外部からも指摘される。明治三九（一九〇六）年五月一〇日、『京都日出新聞』の報道は厳しく武徳会を批判している。

岡山県の剣術家某氏の如きは該地に於ける師範役たるに拘らず大会中連日妻女と共に瓢を携え来り参観席に於て酒を飲みつゝ参観するも役員は之を制すること為さゞるのみならず某部長の如きは正宗の四合入りを卓下に隠しちびちび遣らかすと云ふ風なれば表面厳格な武徳会も其本体既に腐敗し居れり。[7]

ここでは観覧者のみならず、武徳会役員が大会中に飲酒する様子が描写されており、武徳会は「腐敗」していると批判されたのである。また坂上は、明治四三（一九一〇）年頃の武徳会の演武大会に参加する者の態度について、「大会期間中は武徳会員に限って金閣寺等の寺社の無料参観が許可され「子どもの楽しみは、じつは試合でのうて動物園に行くこと」であった」[8]と報告しているが、これも演武大会が観光の口実にされた事例であり、武術への真摯な取り組みがみられない事態を示している。

このように明治四三（一九一〇）年前後には会員の紀律の乱れが武徳会の内外で問題視されたのである。武徳の養成を目的に掲げた武徳会は、武徳会の外部からも国民道徳を養成する機関として期待されていたのだが、実態としては武徳の養成からはかけ離れた状況もあったのである。こうした武徳会の理念と実態のズレが様々な批判を呼び込むことにつながったと考えられるのである。

また、興行を嫌う武徳会で実際に剣術の興行を行う会員も現れた。明治四一（一九〇八）年五月九日の常議員議事録をみると、次のように記されている。

左記の者は新京極に於て剣術を興行しその非を悛めさるに依り会員を除名すること。
正会員　栃木　石川鉄志　香川　樋口正義
香川　樋口政治郎　秋田　大久保正
広島　岡村数之輔(9)

この事件をきっかけに武徳会では、「武術を興行と為す者は本会の主旨に背くを以て退念を促し若し肯せさる時は規則第十参条に依り除名する事(10)」と決議された。なお、規則第一三条とは明治三一（一八九八）年に制定された『大日本武徳会規則』中の「第十参条　本会の主旨に背きたるの体面を汚すものは除名する事あるへし(11)」というものであり、興行は本条項に抵触する行為であると認定されたのであった。

しかし、武徳会の指導者たちの思いとは裏腹に、明治四三（一九一〇）年の第一二回青年大演武会では、柔術の大会中、一六歳未満の組に二〇歳の選手が年齢を詐称して出場し、一等賞をとるという不正事件が起きてしまった(12)。事件発覚後、年齢詐称を犯した和歌山県の山崎保吉は武徳会から除名されたが、こうした修行者の勝利へのこだわりは武徳の養成という目的からかけ離れていたのである。

こうした状況のなか、明治四二（一九〇九）年の『武徳誌』に「武徳会の主義は果して全国の会員に知悉せられ居る乎」(13)と題した社説が掲載される。この社説では武術家の試合態度が勝利至上主義的であり、武徳の養成が疎かになっているのではないかと危惧されている。

忌憚なく云はしむれば武徳会は外形的に成功して或は精神的に失敗せんとしつゝあるにはあらざるかの疑ひ無き能はず、つら〳〵各地支部総会の実況を目撃し各武術家が当日仕合ひの模様を見るに多くは形而下の働きを主として形而上の鍛錬を忘れたるかの如き感なきにあらず、更らに平易に且露骨に云へば徒らに勝負の末に走りて肝心武徳養成の大主義大本領たる精神修養の工夫に於て大に欠如たるものあるは殆ど争ふべからざるに似たり。(14)

このように武徳会には武徳の養成が期待される一方で、試合熱や興行熱が高まっていたのである。こうしたなか武徳会においても武徳を養成する武術と、武徳を養成しない武術、といった二つのパターンが顕在化するようになる。

第二節　大日本武徳会の紀律改善策

武徳会は会員の紀律の乱れを前にしてただ茫然と立ち尽くしていたのではなかった。ここでは、明治四三（一九一〇）年前後の紀律の乱れに対して武徳会の指導者がどのように対応したのかを検討し、この時期の武徳会の指導者の言説から武術が二つのパターンに分化していく様子を検討する。

武徳会では紀律の乱れを是正するための対策が講じられた。その一つは、演武の観覧者の態度に規定を設けることであり、もう一つは試合に出場する者のあるべき試合態度を示すことである。
まず観覧者の態度については、武徳会が催す武徳祭演武会や青年大演武会などで、観覧における心得や禁止事項を設けた。明治四〇（一九〇七）年四月二五日『武徳誌』では武徳祭演武会における、「一般参観人心得」を掲載している。内容は次のようなものである。

参観人心得

○来賓
一宿所を記したる名刺を受付へ渡し参観徽章を受取ること
但本会役員なれば府県名役名を記すこと
一靴又は上草履の外は玄関前に於て下足番に預ること
一玄関に於て接伴掛の案内を受ること
一吸咽所喫飯所は武徳殿の前面西の方に設備あり
○特別会員及正会員
一本会徽章を携帯のこと
一参観の節は標札に依り着席のこと
一履物は玄関にて下足番に預け退場の節は後口にて受取ること
一弁当は自弁のこと
○賛助会員
一会員証携帯なきものは入場を謝絶す
一受付にて会員証を示し参観徽章を受取り退場の節は受付へ返付のこと

一履物は各自に保管のこと
一参観席は廊外に設備あり
一弁当は自弁のこと

参観席禁止事項

一吸咽喫飯のこと
一拍手喝采のこと
一帽子を頂き又は外套を着ること
一大酔して入場のこと
一演武区域内に入ること

一般心得

一参観者は洋服、羽織、袴の内着用のこと
一地方委員は標札に依り着席のこと
一機内に於ては必ず徽章を佩用のこと
但有授徽章の佩用も妨なし
一帽子外套は各自に保管のこと
一出入の際必ず門内の掲示場を一覧のこと
一神社仏閣の殿舎宝物を観覧せんとするものは受付掛りより観覧券を受取ること
一射撃術は京都市下京区日吉山にあり
一参観席狭隘なることは予め御承知ありたし(15)

ここでは会員の種別毎に心得が設けられているが、「参観席禁止事項」として拍手喝采や喫煙、飲酒が挙げられるなど観覧態度の是正が試みられている。また大会開催中は、「武徳殿内取締の為め風紀係数名を置き又殿外取締に付ては川端警察署長以下出張警察官の注意に依り別段の事項なく無事此大会を終了し得たるは本会の感謝する所なり」[16]と「風紀係」だけでなく、警察官を動員して「風紀」を取り締まっていたことが報告されている。武徳会が警察を中心に組織拡大を図っていたとはいえ、かなり本格的な取り締まりといえよう。

また興味深い出来事として、第一二回武徳祭演武会とその次の第一三回大会では、外国人が演武を観覧していた。「外国人の為め兼て英訳し置きたる趣意書及び規則書を配付し又通訳人数名を置き相互の便利少なからざりし」[17]と武徳会の趣意書及び規則書の英訳を配ることで、外国人観覧者に対しても武徳会の意義が伝わるように配慮していた。図9及び図10は『武徳誌』に掲載された武徳会規則の英訳であるが、おそらくこれらが配布されたものと思われる（図9・10）。

武徳会は配布資料を通して外国人観覧者に当会の意義について理解を促していた。だが、武徳会は外国人観覧者に対してもマナーの面で不満をもっていた。そして外国人観覧者に対し「往々本会の趣旨解せずして非礼の挙動に渉ることあるを以て頃日ホテル管理者を本部に招き左に掲くる参観者心得を示し翻訳の上ホテル内に掲示して宿泊人に注意せしめ尚次ぎに掲ぐる各項はホテル管理者より案内業者に示し夫々遵守せしむることゝせらる」[18]と宿泊施設の管理者や案内業者に大会観覧の心得を英訳して配布し、外国人観覧者に対する観戦時のマナーを呼びかけるのであった。具体的には次のようなものである。

大日本武徳会武術参観者心得

一本会の武術は事務員の許諾を得て之を参観することを得之れが為め参観料等を要することなし

一参観希望者は事務員に名刺を通じ若くは武徳殿内に備る名簿に署名し許諾を俟て定めの椅子に就き観覧す

REGULATION OF BUTOKUKWAI.

SECTION I. GENERAL RULE.

ARTICLE I.—The Butokukwai shall undertake to accomplish the following works with object of encouraging military arts and diffusing martial spirit and virtue:—

1. To build *Butokuden* within the Heianjingu grounds.
2. To observe *Butokukwai* festival.
3. To hold grand match at the Butokukwai with a view of preserving martial virtue.
4. To establish schools for the training of military arts.
5. To provide for the preservation of old military arts deemed worthy of preservation.
6. To construct an arsenal for the collection of ancient and modern arms and weapons of both home and foreign origins.
7. To publish ancient and modern histories of wars and campaigns, military arts, and arms and weapons of our Empire and foreign countries.

ARTICLE II.—This association shall be known as *Dai Nippon Butokukwai*, and shall have its headquarters in the city of Kyoto, and gradually establish its branches in other localities. The laws regulating the branches shall be enacted in separate form.

SECTION II. MEMBERSHIP.

ARTICLE III.—There shall be three different kinds of membership as follows:—

1. Special members; those who have proved specially meritorious to the works of the association, or contributed more than five yen each.
2. Regular members; those who have proved meritorious to the works of the association or contributed sum of money more than one and less than five yen each.
3. Helping members; those who have contributed more than thirty sen but less than one yen each.

ARTICLE IV.—There shall also be honorary members, elected from among the dignitaries and those who are worthy of of public reputation.

ARTICLE V.—Any person wishing to be either a special, regular, or helping member may apply to the headquarters or any branch office, or local officer according to the form below. [*omitted.*]

ARTICLE VI.—On admission to the membership, a certificate and a medal shall be presented to each except to the helping member, who shall receive a certificate only.

ARTICLE VII.—On the death of special or regular member, the legal heir shall succeed him in the qualification. The successor shall notify the association of his predecessor's death; at the locality not provided with a branch such notification shall be made to the president of the local commitee.

ARTICLE VIII.—When the sum of money contributed at times of a regular or a helping member shall reach the amount specified in the Article III., he shall be entitled to the higher grade of membeship.

ARTICLE IX.—The names and contributions of the members shall be entered into the records of the association and preserved in the Butokuden.

ARTICLE X.—Any member who has shown meritorious to the works or cause of the association, or the development of military principles will be awarded with a certificate of merit.

ARTICLE XI.—Any member of superior skill in any of the military arts will be awarded with a cetificate of superiority.

ARTICLE XII.—The names of the members receiving a certificate of merit or of superiority shall be entered into the records for the preservation in the Butokuden.

ARTICLE XIII.—Any member found unworthy of the principle of the association shall be expelled from the membership and his certificate and medal shall be reclaimed.

SECTION III. OFFICERS.

ARTICLE XIV.—The superintendent of the association shall be a prince of Imperial blood.

The vice-superintendency shall be created wheh found necessary.

ARTICLE XV.—The following officers shall be appointed:—

President; for the general management of the business.

Vice-presidents (2); for assisting or substituting the president.

Councillors; for giving opinions upon the important business.

Directors (from 30 to 50 in number); for consideration of the business stated in the Article XXIII.

Secretary; for the management of the general business under the direction of the president, and to act as the president in case of the absence of both the president and vice-presidents.

Assistant-secretaries; for attending various business.

Clerks; for transacting miscellaneous business and keeping account of the finance.

ARTICLE XVI.—The councillors, directors, secretary, and assistant-secretaries, shall be presented by the president for appointment, and the clerks shall be directly appointed by the president.

ARTICLE XII.—The terms of the offices except for the clerkship shall be three years, or shall continue until the installment of their successors, with privilege of reappointment.

ARTICLE XIII.—All matters relating to the officers and teachers for the training schools shall be provided by the bye-law.

ARTICLE XIX.—The president may from time to time appoint a commitee *pro tempore* for the special work of the association.

ARTICLE XX.—There shall be in each prefecture a committee, its president, vice-president, and secretary for the management of the local business which shall be defined in the bye-law.

ARTICLE XXI.—All officers except clerks shall serve the association *gratis*.

図９　REGULATION OF BUTOKUKWAI（武徳会規則）（『武徳誌』第１編第２号、1906年）

SECTION IV. BOARD OF DIRECTORS.

ARTICLE XXII.—The regular meeting of the board of directors shall be held in February each year. The special meeting may be called at any time when it is deemed necessary.

ARTICLE XXIII.—The business committed for consideration to the board of directors shall be as follows:—

1. The estimate of the expenditure, and the balance of the last year for ratification.
2. Matters relating to the management and and disposal of the property.
3. Matters relating to the rules and regulations.
4. The financial regulations.
5. Nominations of president and vice-president.
6. Any other matters deemed important by the president.

ARTICLE XXIV.—The meeting of the directors shall be void if not attended by more than one-third of its number.

ARTICLE XXV.—The president of the association shall be the chairman of the board of directors.

ARTICLE XXVI.—To pass any act at the meeting of the directors it shall be necessary to receive the vote of more than one half of those present.

ARTICLE XXVII.—Any member allowed to present a bill or a resolution to the board of directors may be admitted to the meeting to explain it. The special member thus admitted shall be entitled to the same privilege as a director.

SECTION V. FINANCE.

ARTICLE XXVIII.—All kinds of contributions to the association shall be deposited on interest, to be drawn at times for the permanent or current expenses.

ARTICLE XXIX.—After the works of the association shall be completed all the current expenses shall be paid out of the interest only.

SECTION IV. DONATION.

ARTICLE XXX.—Special contributions and donations of the members or others shall be acknowledged by a letter of thanks, and the amounts and the names of the donors shall be entered into the record for the preservation in the Butokuden.

ARTICLE XXXI.—The donation with purpose fixed by the donor shall not be expended otherwise.

ADDENDUM.

ARTICLE XXXII.—All the present inconvents except the president, clerks, and local officers shall be subject to reelection when this regulation shall come into force.

ARTICLE XXXIII.—When a branch shall be established at any district the local officers of that prefecture shall deliver the business to the new branch to be relieved from their offices.

ARTICLE XXXIV.—This regulation shall be in force from the first day of January in the year thirty-one Meiji.

図10　図９の続き（『武徳誌』第１編第２号、1906年）

べし
一参観者は左の事項を守らざるべからず
靴を脱するか又は清潔なる外被を用ゆること
男子は脱帽すること
ステッキを携帯せざること
喫煙を為さゞること
一前各事項に違ふ者に対しては入場の後と雖ども観覧を謝絶することあるべし
○
一案内業者は自己の案内せる外人に対し前掲の趣旨に違背せしめざる様注意を加ふるを要す
一案内業者は其時々事務員に名刺を通ずるか若くは予め本部事務所に其氏名を通じ置くを要す
一案内業者にして本会規定の趣旨に違ふ行為ありと認むるときは将来入場を謝絶することあるべし(19)

こうした武徳祭演武会における観覧上のマナーは武徳会本部での対策であったが、地方支部においても観覧者の態度に規定を設ける動きはみられる。例えば、明治四二（一九〇九）年の『武徳誌』第四編第一号では「鹿児島支部演武場規程」と題して武徳会鹿児島支部演武場規程の全文を載せているが、その中で演武観覧者の態度について規定している。

第八条　参観者は左の事項を遵守すべし
一、帽を冠り鉢巻を為し又は襟巻雨衣等を着したる儘観覧を為さゞること
二、演武を誹謗嘲笑し又は拍手喝采を為さゞること

参、静粛を守り喧騒に渉るが如き言動を為さゞること
四、徒に器具壁等を毀損し又は楽書等を為さゞること
五、喫煙を為さゞること[20]

また、明治四四（一九一一）年に島根県支部が制定した「武術講習規程」でも鹿児島とほぼ同様の観覧者の規定を設けている。

第八条　武術参観者は左の各項を遵守すべし
一、帽子を冠り襟巻又は雨衣を着したる儘観覧を為さゞること
二、演武を誹謗嘲笑し又は拍手喝采を為さゞること
参、静粛を守り喧噪雑鬧に渉る言動を為さゞること
四、飲酒又は喫煙を為さゞること[21]

島根の規定は四つだが、鹿児島の規定とほぼ同様の規定を用いていたことが分かる。概ね地方支部における演武観覧者の規定には一定の様式があったものと考えられる。

次に武術家に対する心得について武徳会はどのような対策を講じていたのか。まず、武術家の礼儀作法について明治三九（一九〇六）年の『武徳誌』第一編第四号では、「武術礼式心得」と題して次のような心得書を掲載している。これは武徳会岐阜支部が武術家の礼儀作法を矯正するために同支部会員に対して発表したものであったが、「同会に限らず一般の心得となるべきものなれば参考の為[22]」と『武徳誌』が取り上げた。

武術者礼式心得

一元来武術を修むるは徳育及体育の二大目的を主とするものにして彼の勝負の如きは決して目的にあらざるなり仮りにも勝負を争はんとする如き心あるときは内に貪欲を醸し外に奸黠を生じ其弊や独り技術の上に止まらず性善を害し風紀を傷ぶるに至るものなれば斯道研究に従事せんものは謹で其目的を達せざる可からず時々試合を行ひ勝負を決せしむるも其二大目的の進歩を図るの一手段なれば試合に臨んでは俯仰天地に恥づるなき所為を肝要とす

古来武術の道場を以て霊場とし鞠躬恭謙終始敬礼を尽すは洋の東西を論ぜず恰も符節を合するが如し以て精神の修養場たるを知るに足るべし

二武術上の敬礼を別ち二とす一を最敬礼とし一を敬礼とす

参首長臨場せらるゝときは「気を着けー」の号令の下に一同起立し指揮に従ひ最敬礼或は敬礼を行ひ「休め」の令を待ち旧に復するものとす退場のときも亦同じ

四上覧の席を称して首座と云ふ首座の左方へ就くを上級剣士とす（搏士亦同）首長特別試合を望まるゝときは双方剣士は竹刀を左手に面小手（小手は面の内に入る）を右手に掲げ登場し並立して首長へ注目し敬礼を行ひ而して各々首座へ背を向けざる様に回転しつゝ彼我適当の位置（九尺以上）に止まり相対し徐かに蹲踞し互に目礼し而して面小手を着け了らば双方気合を入れ居合の法に依り右手にて竹刀を抜き左手を添へ徐かに立ちて掛声を発し試合を始むるものとす柔術も亦た之れに準ず

試合了らば旧の位置に復し蹲踞して竹刀は左方に置き先づ小手を脱ぎ次ぎに面を脱ぎ互に目礼し左手に竹刀を右手に面小手を提げ適当の位置に進み並列して首長に注目し敬礼を行ひ退場するものとす

剣術は道具着装に時間を費すを以て特別試合の外は登場の始めに面道具一切を着け登場するものとす但敬礼挙動は前項に異なることなし

五平生師より業を授かるときは謹厳に礼義を正し弟子たるの本分を忘るべからざるは勿論上級者に対するも同じく敬礼を忽かせにすべからず又稽古を終りたるとき剣士は面を脱ぎて後に挨拶し柔術は直ちに起ちて二参歩進み出で挨拶すべし

六他人の試合する中間を通過すべからず先輩の面前を遮断すべからず止むを得ずんば上体を屈め挨拶して過ぐべし又其日の稽古を止めんとするとき師長に挨拶するは勿論其他総ての慣習規則は実行すべし

七演武中は言語を謹み苟くも粗暴野鄙なる雑言を吐露すべからず又巧美軽佻の所作あるべからず是等は思想の上に見苦しきのみならず規律の緩厳士気の弛緩を徴せらるゝものなればなり又席に在るときは儀容を整粛にし苟くも耳語すべからず

八敬礼は上下の分を明かにし秩序を正うする者なれば道場に入るものは厳かに之れを守り毫も風紀を紊乱することあるべからず此等の要素正確に行はれ師弟朋友相敬愛するの情も亦善轄然として其間に存し天真爛漫不飾不媚の美風を修養するを得べし近時世間に行はるゝ試合を視るに俗眼者を瞞着する為めか将た観客に媚びん為めか乙に巧美軽佻の動作をなし或は負けたるものゝ癖として隠失敗矣とか残念したりとか卑劣の言語を吐露し或は竹刀を投げ放ち或は道具を踏み越え喧騒横臥等無作法至らざるなく所謂術使ひ観せ物的の賤業者と殆んど思想上に於て択ぶ所なき斯道妨害者少なしとせず　豈に寒心の至りならずや

九武術の稽古及試合は古来の例により縦覧を許さず

但修業者の父母或は武徳会員或は武術に関する団体の会員等は此限りに非らず

参観者は可成徽章を附し又羽織袴或は洋服着用の事[23]

このように「武術礼式心得」では、武術家の礼儀や試合態度について事細かに言及されている。元来武術を稽古するのは、「徳育及体育の二大目的を主とする」ためであり、「観客に媚びん為め」の試合態度を批判し、「勝負の如きは決して目的にあらざる」ことを説いている。そして武徳会において試合は「二大目的の進歩を図るの一手段」なのだ。この二大目的の前で無作法な行いは「観せ物」と「思想上」変わらないと批判するのである。

この「武術礼式心得」のような心得書の類はこの時期、地方支部でも出されている。例えば、前出の「鹿児島支部演武場規程」では、次のように規定が示されている。

第五条　演武者は左の事項を遵守すべし
一、互に礼識を重じ苟くも暴慢不遜の挙動を為さゞること
二、他人の演武を誹謗し又は嘲笑し若は拍手喝采を為さゞること
参、演武中は諧謔滑稽に類する言語を為さゞること
四、武具類の保存に注意し演武を終りたるときは必ず指定の場所に納むること
五、飲酒若は喫煙を為さゞること[24]

これは演武場での武術家の態度について記されたものであり、先の「武術礼式心得」ほど細かくないが、武術家の試合態度について規制するのである。またこれも前出であるが、明治四四（一九一一）年に島根県支部が制定した「武術講習規程」でもほぼ同様の規定が示されている。

第五条　武術講習者は礼儀作法を正ふし武術の講習に就ては総て係員の指揮に従ふ外仍ほ左の各項を遵守すべし
一、互に礼譲を重んじ苟も暴慢不遜の挙動を為さゞること
二、他人の演武を誹謗嘲笑し又は拍子喝采を為さゞること

参、演武中は特に静粛を守り苟も喧噪又は諧謔に渉る言動を為さゞること
四、演武を終りたるときは武器、武具の類を指定の場所に納め且場内の取片付を為すこと
五、器物を毀損し又は楽書を為さゞること
六、飲酒又は喫煙を為さゞること(25)

このように各地で武術家や観覧者の礼儀作法が問題とされる中、武徳会では明治四〇（一九〇七）年七月の『武徳誌』第二巻第七号には武徳会本部で決議された『剣術講習規定』が載せられた。これは武徳会においてあるべき剣術家像をマニュアル化したものといえる。

決議

一、竹刀は参尺八寸を度とす。但軀幹の長短等に因り幾分を伸縮することを妨げす。
一、支部は支部の講習生に対し本部講習生等級及進級の規程に準し等級を定むる者とす。本部の大演武会に試合を申込ときは其氏名の肩に支部の定めたる等級を記す者とす。
一、試合の節は他の襯衣を用いることを許さす必稽古繻袢を用いしむへし。
一、審判員は試合者双方礼畢りて立上りたるとき「勝負参本」と声を掛く。一本を採る毎に面なれは「面あり」と声を掛く（籠手、胴、突総て同列）。之と同時に右に在る者勝なるときは右手を横に展開し左に在る者勝なるときは左手を横に展開して勝者の誰たることを示す。展開の手様は高からさるを準とす。而して双方一本宛勝たるときは更に「勝負」と声を掛け、勝負の決したるときも面なれは「面あり」と呼ひ及手を展開すること前例の如くし、且「夫迄」と声を掛けて局を結ふ者とす。但掛声は試合者に告け手様は採点者に示す者なれは共に明瞭を要す。

一、試合中互に礼意を存するを要す対手者を侮蔑するか如き言語を発することを禁す。

一、試合中対手者を撃又は突きたりと思料し声を掛けて引上るとき体勢を疎慢にするは不虞を儆めさる者にして最注意すへき事とす。是古来残心の教ある所以なり。然るに近来引上るとき後ろを向く者往々之あり疎虞も亦甚しと謂ふへし。斯の如き行動に対してはたとひ審判員に於て撃刺の事実を認めたる場合と雖勝の数に算せさる者とす。

一、試合に於て胴を突くは其突く所の高下等に制限を設けす。胴の掩護する区画内に於てす。刀頭の止りたるを以て勝とす。

一、試合中故意に竹刀を棄て組打を為すを許さす。竹刀打落されたるとき透さす飛込て組合ふことを妨けす。其勝負は面を剝奪したるを以て勝とす。但面を剝奪するに至らさるも組打の術に依り勝負の決したるときは格別なりとす。

一、近時面を撃つに差面と称する者各地に流行す。其仕方は左手にて竹刀の柄を繰出して撃つ者にて殆と刀頭を対手者の頭上に置くと一般なり。是所謂花技の最甚き者とす。然るに審判者察せす間々之を勝の数に於ては決して之を勝の数に算せさる者と定む。(26)

『剣術講習規定』では試合中の礼儀作法を徹底し、侮蔑の言葉を禁じ、竹刀の打ち方、打ち終わりの体勢、さらに故意の組打などを戒めている。こうして剣術を中心として〝武術家はこうしてはいけない〟という規定を設けつつ、他方で〝武術家はこうあるべき〟という理想像が形成されていった。

また秋田県では、品行公正な武術家に指導者としての資格を与えることで、武術家の品性を向上させようとする試みがみられる。明治四三（一九一〇）年一〇月一五日に秋田県では、告示第三〇五号として「武術奨励規則」が告示された。「武術奨励規則」は操行を慎み、人格高潔な武術家へ武術講習資格の免許を与えるという施策であった。

第四条　正会に於て審判官となるへき人に左の格式を免許す但時宜に依り仮に師範代格を付与することあるへし

一、師範格

二、師範代格

第五条　師範格を免許するものには左の資格ありと認むるものに限る但師範代格を免許するものも亦之に準す

一、操行善良なること

二、技術優秀なること

第六条　師範格及師範代格の免許を有する者又は仮に其の格式を付与せられたる者にあらされは警察官署、県立、公立又は私立学校に於ける師範となることを得す

第七条　武術に関し功労ある者は其の名誉を表彰し特に名誉格式を免許することあるへし

第八条　格式の免許を受けたる者は勿論武術を講習する者に在ては操行を慎み人格を重んし人の儀表となるを要す(27)

秋田県の「武術奨励規則」は、これに反する者に武術指導をさせない制度であった。「武術奨励規則」の主唱者である秋田県知事の森正隆は訓示の中で「格式免許せられたる者にして操行不良となるが如き者あれば之を取消す事なきを保せず(28)」と、一旦免許を取得した武術家であっても「操行不良」であれば免許を取り消すことも有り得ることを述べている。県知事は武徳会の地方支部長を兼ねるため、秋田県の取り組みは武徳会と連動してい

たとみられるが、武術家が学校や警察署で指導者になるために技能の高さもさることながら「操行」をより重視していたことが窺える。

このように、日露戦争後には武術家の礼儀作法や試合態度を非難する声が武徳会の内外で多数挙がっていた。西久保の武道論もこうした状況のなか展開されたのであった。

第三節　西久保弘道の武道概念の諸相

西久保は文久三（一八六三）年に佐賀藩の下級武士の家に生れる（図11）。幼少時代には藩校・弘道館において朱子学や『葉隠』などを学んだ。明治一二（一八七九）年に後の東京大学法学部にあたる司法省法学校に入学する。その後、明治三〇（一八九七）年に内務省所属となり、明治三三（一九〇〇）年一月山梨県の内務部長に就任する。この山梨県時代に西久保は無刀流剣術の香川善次郎と出会い、無刀流の稽古を開始する。明治四三（一九一〇）年に桂内閣が発足したとき、西久保は福島県知事となった。そして大正三（一九一四）年の大隈内閣のときに北海道長官となり、翌四（一九一五）年に警視総監に就任した。大正五（一九一六）年には貴族院議員に勅選され、行政官から一旦身を退いた。また、大正一五（一九二六）年から昭和二（一九二七）年まで東京市長に就いている。そして、昭和五（一九三〇）年に六八歳の生涯を終えている。[29]

西久保と武徳会の関わりは西久保が福島県知事だったときから始まる。西久保は明治四三（一九一〇）年二月一五日に武徳会福島県支部長に就任している。[30]明治四五（一九一二）年三月の『武徳会誌』第二七号では、「福島市部《ママ》武術の発展」と題して、福島県の武術不振を再興する西久保の姿を取り上げている。

同支部の会務は従来兎角萎靡不振の状況にて武術の如きも甚だ振はざりしが西久保知事支部長に就任以来

鋭意武術の奨励に務め第一着に市外に在りたる武徳殿を県庁の隣接地なる公園内に移転改築し毎朝自身竹刀を執て卒先子弟を奨励するより上の好む所下自ら之に化して近来は剣柔両部は勿論弓術に至る迄大に盛大となり従来の不振は一変して東北各支部中に於ても有数の発展を見るに至りしより随て各支所分会も追々開設せられて県下一般に尚武の気風盛んにして殊に磐城地方最も盛大なり。(31)

西久保は福島県の武徳殿を県庁に隣接する公園に移し、自ら稽古に赴くことで県下の武術家と直に接し、彼らの活動を盛り上げていたことが分かる。西久保はこうした武術の実情を踏まえたうえで自身も剣術を実践し、彼の武道論を作り上げたのである。

西久保はこの福島県知事時代から自身の武道論を説き始める。前節でも述べたように、明治四五（一九一二）年という時期は武徳会において武術家、武術観覧者の紀律が問題になった時期であった。そして日本各地の武徳会が紀律対策を講じている最中であった。西久保の武道論もこうした状況に棹さして登場するのである。

図11　西久保弘道（牛山栄治『巨人西久保弘道』春風館、1956年）

以下、西久保が著した福島県知事時代の明治四五（一九一二）年の『武道』、大正三（一九一四）年に警察錬習所で講演された『武道講話』、さらに台湾体育協会が発行していた大正七（一九一八）年の『運動と趣味』に掲載された論考「剣道を以て世界に雄飛せよ」（以下、「雄飛」と略）といった三つの資料を用いて、西久保が武徳会副会長に就任するまでにどのような武道論を展開したのか考察したい。

『武道講話』は中村の『剣道事典』などでも使用され、武道史研究者には比較的馴染みのある資料である。ただ、『武道講話』は学会発表や学術書でも要点が取り上げられるに留まり、その総体は検討されていない。[32]また、『武道講話』以外の二点について先行研究ではほとんど言及されてこなかった。したがって、まずは『武道』、『武道講話』、「雄飛」の資料的性格から検討したい。

はじめに『武道』についてであるが、その冒頭で「西久保知事閣下が、本県師範学校に於て講演せられたるものゝ筆記にして、世道人心に裨益するの大なるを認め、特に乞ふて本会雑誌附録として之を頒布するものなり[33]」と記されている。ここから、『武道』は福島県教育会雑誌の附録として頒布された西久保の福島県師範学校における講演録であることが分かる。明治四五（一九一二）年には西久保は福島県支部長に就任していたため、武徳会会員として武術の現状に働きかける意図があったものと考えられる。例えば、「本附録の刊行に関しては、大日本武徳会福島支部より多大の援助を得[34]」ており、西久保が自らの主張を広めるために積極的に武徳会福島県支部を利用していたことが分かる。

福島県師範学校に於ける西久保の講話は五回に亘って行われ、初回が明治四五（一九一二）年二月一九日「第一章　武道の目的」、二回目が同年二月二一日「第二章　武道の名称」、三回目が同年二月二八日「第参章　剣道と柔道」「第四章　寒稽古」、四回目は同年三月四日「第五章　武道稽古の心得」「第六章　剣道稽古の方法（其の一）」、五回目は同年三月六日「第六章　剣道稽古の方法（其の二）」「第七章　武道と日本魂」「第八章　武道を稽古する人の責任」「第九章　武道奨励の範囲」であり、二月から三月にかけて講演が行われたことがわかる。この『武道』の章立てやその内容は大正三（一九一四）年の『武道講話』ともほぼ重なるため、概ね西久保の武道論は明治四五（一九一二）年には固まっていたとみられる。

続いて、西久保は北海道長官時代の大正三（一九一四）年に東京府下の警察練習所において『武道講話』と題した講演を行っている。[35]『警察協会雑誌』に『武道講話』の元となる記事が連載された大正期は「民衆に対して

「親切丁寧」であれと警察官に求め[36]る「親切丁寧」主義の時代であったことも念頭に置いておくべきであろう。日露戦後には警察官の人々に対する「傲慢粗暴」な態度は警察と社会の隔たりを生み、かえって警察の威信を傷つける可能性があるとの声が警察の内部から出ていたのである。[37]そうしたなか、武徳会が警察と密接な関係を持つ以上、武徳会のみならず、警察の紀律も改善されなければならないと西久保は考えていたのではないだろうか。

『武道講話』は『警察協会雑誌』に大正三（一九一四）年八月の第一七一号から翌大正四（一九一五）年三月の第一七八号まで、七回に分けて連載された（第一七七号は休載）。『武道講話』の章立ては第一七一号「第一章　武道の目的」、第一七二号「第二章　武道の名称」「第参章　剣道と柔道」、第一七三号「第四章　武道稽古の心得」、第一七四号「第五章　竹刀の長短」「第六章　寒稽古」「第七章　武道を稽古する人の責任」、第一七五号「武道と大和魂」、第一七六・一七八号「第九章　武道奨励の範囲」である。『武道講話』は単独の著書として良書刊行会から大正五（一九一六）年に刊行されたが、[38]本書では『警察協会雑誌』の連載記事を使用した。

最後に『運動と趣味』に寄せられた論稿「雄飛」であるが、まず『運動と趣味』という雑誌の性格について述べておこう。『運動と趣味』は日本統治下の台湾で発行されていた雑誌であり、大正五（一九一六）年一一月一二日に創刊号が発行されている。発行所は「台湾体育奨励会」とされている。創刊の辞をみると、「南進の急先鋒として、此処高砂の島に働く神洲男子たる者、身心を鍛錬し、気魄を剛壮ならしむ可く、運動を怠るべきに非ず[39]」と述べられているところから、本雑誌の性格として台湾に在住している内地出身の男性向け雑誌であると考えられる。雑誌の中身は台湾の体育・スポーツに関する記事が主だが、内地のスポーツ動向も載せられている。この『運動と趣味』の第三巻第一号と第二号に西久保の論稿「雄飛」が二回に亘って掲載されている。

「雄飛」は前記の『武道』や『武道講話』ほどの分量は無く、簡潔に西久保の武道論がまとめられている。また、「雄飛」は講演録ではなく、前二つの資料ほどには対象（学生、警察官）が限定されていないため、より一般的なかたちで武道論を展開している。

本書では前述の三つの資料に基づいて①西久保が武道という名称を用いる意図はなにか、②西久保は武術と武道の違いについてどのように考えたのか、③西久保の武道論では独特の大和魂論が展開されるが、それはどのようなものか、④西久保は武道の担い手をどのように想定していたのか、これら四つの課題を通して西久保の武道論の特徴を述べたい。

第一項　武道とは何か

西久保は『武道講話』の中でまず一般的に考えられがちな武道の目的として「第一は殺人説第二は防衛説第参は心身練磨説[40]」を挙げている。これらのうち、西久保は殺人説と防衛説を退ける。

西久保はいう。まず殺人説について、「昔し封建時代とか戦国時代などで武道が非常に盛んであつたのは」、なるほど「人を斬り人を殺す」事にあったかもしれない[41]。しかし、「今日の如き開明の世の中では、人を斬り人を殺すと云ふような蛮行を容さない」のである[42]。では防衛説はどうか。これも「斯道の大家から真面目に聞く所であるが、畢竟するに武道の稽古は正当防衛の為めに必要であると言ふ事に過ぎない」のであり、殺人説に対して「百歩を以て五十歩を笑う」ほどの見解である[43]。

このように西久保は殺人説も防衛説も武道においては過去の目的であるというのである。では、武道の目的はどこにあるのか。そこで、西久保が採るのは心身練磨説である。

武の名称に付ての私の考は術と云ふ無意義な語を去り、道と云ふ武道の精神に適つた高尚なる語を用ひて剣道と呼び又柔道武道と称し以て世間一般の通弊たる技術とか勝負とか云ふ観念を取り払つて、武道本来の目的たる体を鍛え胆を練ると云ふことを心懸くる様に希望したいのである[44]。

西久保の武道論の特徴は名称にこだわるところにあった。西久保は、「術」が誘発する「観念」を払拭し、心身の練磨という高尚な目的に適った「武道」という名称への変更を提唱したのである。西久保が名称にこだわったのは、名称の及ぼす社会的影響力が絶大であると考えたためであった。

「名は実の賓」「名実相叶ふ」などいふ事があるが、その名称といひ、名といふ事は、其の実物に大なる影響を与ふる事はありがちであるからである。[45]（『武道』）

実際世間に起る種種の事柄に付て其名の付け方如何が其実に及ぼす影響の甚だ大なるものであると云ふことは掩ふ可らざる事実である。[46]（『武道講話』）

武道が心身の練磨を目的にするだけであれば、明治期にも盛んに主張された武術の価値と同様である。また、武術が勝負に拘泥してはいけないという意見も多くの武術の指導者が指摘したところである。しかし西久保は、名称にこだわらず武術という名称を使い続けるところに、大きな問題があると考えた。

諸君は、全県下に亘つて、教育の任に当らるゝのであるから、至るところにこの名称を普及さして貫ひたい、此の名称の為めに、世の通弊になつている、技の為めにといひ、技術わざといふ事にのみ、意をこらしてゐるといふ事を、なくしたいのである（中略）術といへば、勝負を争ふのが当り前だといはれても、仕方がない。[47]（『武道』）

然るに其の名称に於て、術と云ふ様な語を用ひたとすれば、武と云ふものは全く術に過ぎないものであると云ふ様な考が、容易に起つて来るであらふと思ふ（中略）然るに其名称に術と云ふ様な言葉を用ふると、兎に角技術が上達しさへすれば宜しいのである、武道の稽古に於て八ヶ間敷い礼儀なんか云ふことは如何様にならうとも、更に顧る必要かないと云ふ様な考が起るであらふと思ふ。[48]（『武道講話』）

これらの発言から明らかなように、武術という名称を用いることで技術や勝負にこだわる観念が想起されてしまうと西久保は考えているのである。また名称にこだわらない武術関係者に対して西久保は次のような懸念を表している。

陸軍士官学校及海軍兵学校の卒業式挙行の順序を、官報紙上に載せてあるのを見るに、そこに、柔道撃剣と書いてある、普通の学校ならば猶ほ恕す可したが兵学を教授する海陸唯一の学校に於て、祖先伝来の武道、然も武士魂と大関係ある此武道に就き少しも注意がないといふ事は、私は実に不思議に堪へない処である。[49]（『武道講話』）

然るに我国特有の精神を養つて来た、祖先伝来の大切なる武の名称に付ては、世人は勿論斯道の練磨に志す人々の間に於てすら、一向注意を払はないと云ふことは、如何にも不思議なことであり且又甚だ遺憾に堪えない次第である。[50]（『武道講話』）

ここには「武」の伝統を継承しようとする西久保の心情が窺える。そしてそのために西久保は武道の「真正の目的は体を鍛え胆を練るといふことに在るのである」[51]と述べ、「其名称を選ぶ上に於ても、武道本来の目的に適合し、其実に応はしい名称を付けねばならぬのは勿論のことであると思ふ」[52]と主張するのである。

西久保は武道という総称の範疇に含まれる種目に剣道と柔道を挙げている。例えば、次の発言から西久保が剣道、柔道の総称として武道を用いようとしていたことがわかる。

世にありふれた言葉で、剣道柔道を総称して、武術といつたり、剣道といふ代りに剣術とか撃剣とかいひ、柔道といふ代りに、柔らとか柔術とかいつている。[53]（『武道』）

剣道と柔道とを総称する武の名称は如何と云ふと武道なる名称を用ふるものは殆んどない。[54]（『武道講話』）

西久保が武術や剣術といった名称を忌避する理由は、名称が想起させる技術や勝負にこだわるイメージを払拭するためであったが、では何故武術に変わる名称が武道なのだろうか。西久保は自身も稽古していた無刀流の流祖である山岡鉄舟と柔道の創始者である嘉納が剣道、柔道と「～道」という名称を用いていたことを述べ、「～道」と名付ける先例を挙げる。

柔道といふ名称は、近来は一般に称へられる様になつたが、之は嘉納文学士が、自ら講道館といふのをひらき、数十年来、率先自ら師範となり、熱心に稽古したる以来。斯道は、段々盛んになり、且常に柔道といふ言葉を用いたゝめ、今日は一般に通用となつているのである。[55]（『武道』）

柔道の方では現高等師範学校の校長加納《ママ》文学士のお蔭で柔道なる名称が一般に用ひらるる様になつて居る。[56]（『武道講話』）

私が知り得た処によれば、剣道、柔道、武道といふ事を、正しく用ひてゐる処は京都の帝国大学と、東京の帝国大学との、東西の二大学である、それから、広島の高等師範でもそうである、それと山岡鉄舟の門人は、凡てかく用ゐてゐる。(57)（『武道』）

今も昔も剣道と云ふ名称を用ふる人は極めて少ないのである、先づ私の知つて居る所では殆んど山岡先生くらいなものである（中略）当時東京に春風館と云ふ道場を建てて大に剣道を奨励せられ、無刀流の元祖として知られた人であるが、明治二十一、二年頃に没くなられた。そこで此の山岡先生の門弟なり又此門弟の指導を受けた学校なり道場抔では概ね剣道と云ふ名称を用ひて居つた。(58)（『武道講話』）

西久保は「～道」の使用例として嘉納、山岡そして各学校などを引き合いに出したが、各々の「道」と、西久保自身の武「道」の関係は述べていない。おそらく、身近に存在した嘉納や山岡といった先達に倣って、柔道や剣道といった名称を使用したものと考えられる。しかし、嘉納と西久保の主張を比べると〈術から道へ〉をめぐる違いがみてとれる。西久保にとって、試合における勝負へのこだわりや「殺人説」こそは何よりも「蛮行」であり、こうした武術のイメージを払拭することが武道という名称を用いる目的とされたのだ。一方で嘉納は、柔術の殺傷捕縛術としての側面を勝負法として継承していた。つまり、実戦性をめぐって、西久保と嘉納とでは立場が異なっていたのである。西久保が嘉納の〈術から道へ〉論から学んだのは、武術の消極的な側面を覆そうとする名称変更の試みであった。

第二項　武道と武術の差異化

西久保は各武術種目の「術」イメージを払拭するため、武道という総称を提唱した。さらに、稽古の心得においてそれまでの武術と武道を区別する方法が説かれている。

まず、西久保は武道の実践を表す言葉として、試合や勝負という言葉を使わない。西久保はもっぱら「稽古」という言葉を使う。その理由を西久保は次のように述べる。勝負は、「武道奨励の為めに稽古に区画を付けると云ふ意味であつて、目的を達する手段にすぎないのである、従つて勝負なるものに重きを置くの必要なきのみならず、此の重きを置くと技術の末に拘泥して遂に武道本来の目的を忘れる様な事になる」[59]。また試合という言葉についても「勝負と云ふ事と離る可らざる関係を有つて居る」[60]ため極力使ってはいけない。その点、稽古という言葉は「どんな場合に使つても如何なる事に用ひても毫も差支ない」[61]ことから、積極的に稽古という言葉を使用するべきである。西久保は勝負と稽古を対比させてこのように論じたのである。

西久保が稽古の心得として重視するのは「第一に心得ふ可き事は稽古の場所は神聖犯す可らざるものであると云ふ事であって、苟しくも武道を稽古をする者は寸時も忘れてはならぬ」[62]ということである。西久保は稽古が神聖な場であるというが、この神聖とは何か西久保は明言しない。ただし西久保は、「世間の実際は之に反して稽古をしながら笑ったり嘲ったり其他不真面目なる態度をして居る者が多い甚だ以て不都合な次第である。之れは稽古する者が場所の神聖であると云ふ頭がない結果である」[63]と述べ、これまでみてきたような武術家の紀律の乱れは「神聖」な場にそぐわないと主張したのである。

西久保はこうした紀律の乱れの原因を撃剣興行や見世物の余弊にあると考えた。

> 世の中の人は、芝居か角力でも見る積りで見て居る、そればかりでなく、稽古をする其の人も、芝居でもする積りで、見世物の如くに考へて居る者が、往々にあるのである。
>
> 例へば、地方の招魂祭や、其他諸種の集会に於て、よくやることであるが、其の余興の中に、剣道柔道といふことを入れて、芸者の手おどりと同一視して広告し、新聞紙にものせ、或は張紙したりして居るのを見

る、これは、実になさけないことで、如何にもいかにも苦々しいことである。[64]（『武道』）

招魂祭とか其他種種の会合に於て会集者を慰籍し興味を添える為めに行はれる事柄である。所が斯う云ふ余興の場合に、武道の稽古を入れる事がある、尤も斯ういふ場合には剣術とか柔術とか言って、道と云ふ言葉を用ひないが、やる事柄は固より同じである。[65]（「武道講話」）

榊原氏が剣道を興行したと云ふ精神は剣道の頽廃を憂ひて、せめては興行にしてなりとも後世に遺したいと云ふ考からして、一時の方便としてやつたものであろうと信ずるのである。所が事、志と違つて今日では反つて之が為めに弊害を受ける様な結果を来したのである、今日武道を稽古するものが、神聖犯す可らざるものであると云ふ事を忘れて、全く興行的になつたと云ふことは其余弊である。[66]（『武道講話』）

このように西久保は、武道を撃剣興行のように行ってはその神聖さを保てないと主張したのである。また西久保は余興や「芸者の手おどり」と「剣道柔道」とが同一視されることに対して激しく嫌悪していたことが窺える。そのため剣道、柔道というような神聖な名称を用いれば「余興なんかに入れると云ふ様な事はないだろう[67]」と、剣道、柔道、武道といった「神聖な名称」を用いることで武術の興行や余興的な性格を否定したのである。また、稽古をしている人のみならず、「之を観て居る人も亦同様に此考を持たなければならぬのである。所が只今お話した様に笑ったり騒いだりして稽古の場所は神聖であると云ふことを忘れて居るものがある（中略）丁度観世物でも見物して居る様な心掛の者が多いのは甚だ以て遺憾な次第である[68]」と観覧者に対しても神聖な稽古場で紀律を乱さないよう戒めたのである。

『武道講話』の連載と同じころ、大正四（一九一五）年二月に、嘉納も雑誌『柔道』で撃剣興行について「或る者は糊口の資を得んが為に武術を興行物として恥とも思はない有様であつた。当時は多くの人には、撃剣とか柔術とかいふ名を聞いて、武士道の精華を伝へる為の貴重な技術であるといふやうな考の起つて来なかつた時代であるから責めては名称でも新にしなくては門人も得られまいといふやうな心配もあつた[69]」と撃剣興行的な武術の在り方を再度、否定していた。嘉納や西久保といった明治期からの〈術から道へ〉の提唱者にとり、撃剣興行の印象を克服することはやはり大きな課題だったのだ。

また、西久保は武徳会の第一二回青年演武大会で発生した年齢詐称事件について、「如何なる手段を弄しても只勝てば宜ろしい、武道の神聖を潰しても敢て顧みないと云ふ不真面目なる精神に至っては洵に情けないではないか[70]」と年齢を詐称した武術家の勝利至上主義的な態度に批判を加えた。ただし、こうした武術家の不正は必ずしも本人のみに責任があるのではないという。

西久保はいう。こうした不正が起きるのは「往々学校長や支部長等が学生に対し必ず勝ってこい負くれば承知せぬぞなど、無闇に方角違ひの奨励をするから[71]」だ。指導者の指導法にも問題があるのだ。そのため指導者は「常に立派に稽古せよ、仮令負けても宜いから稽古を立派にやれ、正正堂堂と男らしくやれ、武士らしくやれ、決して卑屈なことを為ない様にと奨励し[72]」なければならない。それに武道の修行者にとって「体を鍛え胆を練ると云ふ武道の本来の目的を達したものが勝であつて、之れが出来ないものが負である[73]」のだから、試合の勝敗にこだわってはいけないはずである。西久保はこのように勝負の意義を解釈し、武術家の勝利至上主義的な試合態度を批判したのである。

西久保はこれら武道の神聖を犯すような事態に対して礼儀作法でもって対応することを主張する。

武道の稽古中は勿論、稽古を始める時も、稽古を終る時も、徹頭徹尾、造次顚沛にも、礼儀といふものを重んぜねばならん、寸毫も忘れてはならん事である、礼儀を重んぜねばならんといふ事は、稽古する人同士ばかりではない、見る人もその考へで、常にこの考へを保つて居らねばならん、礼儀を離れた稽古は、武道の稽古であるとは、決して認める事は出来まいと思ふ。(74)（『武道』）

第二に心得べきは礼儀である。之れは常に稽古の際申し上げたから或は重複するかも知れぬが、最も重要な心得であるから更に此にお話しやうと思ふ。礼儀は稽古中は勿論の事其始めにも終りにも常に之を守らなければならぬ、換言すれば礼に始まり礼に終らなければならぬのである。(75)（『武道講話』）

また、西久保は『武道講話』の中で試合時の拍手を事例にあげ、ここでも稽古をしている者のみならず、観覧者にも選手に対する公平な態度を要求した。

稽古の妙所に至つたならば、感嘆の余り思はず拍手すると云ふ事は止むを得ない事であつて、決して武道の精神を潰すものでも何でもない、併しだ稽古の妙所に至つ拍手でざるを得ないと云ふ事ならば、単に身方の勝つた時ばかりでなく、相手即ち客の勝つた時に何せ拍手しないのであるか独り身方の勝のみを誇つて、客の妙所を是認しないと云ふ事は、之れ明に客を侮辱するものではないか。(76)（『武道講話』）

西久保が礼儀作法を重視するのは、武道の「神聖」を守るためだけではなかった。『武道講和』では「礼節を重んずる文明国の、而かも神聖なる道場に於て、斯の如き不可思議な事は、恐らく何れの国に行っても無かろうと思ふ(77)」と述べられている。また『武道』においても拍手を事例に出して、「文明の世の今日に於て、教育を施す学校に於て、然かも武道の稽古に於て、かゝる事のあるといふのは、実に咄々怪事である、小さな事であるやうだが、国家の不祥事であると思ふ(78)」と述べている。

すなわち、西久保は武術の無礼無作法な側面を「文明国」の見地から批判するのである。ここには「自分たちの風俗が優れている」[79]べきだとする〝文明化〟への意志がみられる。西久保は伝統的に武士道の意味をも担う武道という名称を用いて、名称上は武術の復興を目指すが、その一方で当時の武術界の紀律の乱れを是正し、武術家を文明化しようとしたのである。

西久保が武道家の心得を提示する意図は、実態としての柔道や剣道の中に撃剣興行的・勝利至上主義的な武術的振る舞いと武道的振る舞いの二つを見出し、それらの間に境界線を引くことにあったと考えられるのである。西久保は武術と武道を差異化する振る舞いを具体的に以下のように示している。

正しく坐はるといふ事は、申分がない、然し、長い間、板の上に坐はるといふ事は、むづかしいから、正しくあぐらをかいてもよい（中略）両足を抛げ出し、片足を立て、寝ころぶ、互に雑談をするといふやうな事があつて、見るも、しやくにさはるものである。[80]（『武道』）

他の道場へ行くと控えて居る時に随分寝転んだり膝を突き立てたり足を投げ出したりして居る者が随分ある、決して斯様の事のない様に心得て貰ひたい。元来神聖なる道場のことであるから見学する者は正座して控えるのが正当であるが、長い間、板の間に座はるといふ事は六ヶ敷いから足座をかくのは止むを得ないとして、決して不体裁の風をしてはならぬ。[81]（『武道講話』）

稽古後往々湯水を飲む人がある、がこれは大禁物である。[82]（『武道』）

第四の心得は稽古が済んでから、直ぐ湯水を呑んではならぬと云ふ事である。[83]（『武道講話』）

道場を、ぐる〴〵廻る人がある、あれはよくない事である。(84)（『武道』）

第五に注意す可きは、稽古の場合に自分の位置を動いて紊りに道場を駆け廻る者がある、立派な人にも斯う云ふ癖のある人がある、此癖は実際の場合に当って非常なる不利益を来す事になる。(85)（『武道講話』）

竹刀を握るとき、手に唾をつける人がある、又竹刀に水をつける人がある、それから、足に水を浸したりする人がある、それは有名な大家にもある。これは結局《ママ》り、水を附けなければ、稽古が出来なくなる、いざ鎌倉といふ時になれば、どうする積りか、まさかおい水を持って来て呉れとはいへまい。(86)（『武道』）

稽古の際決して手に唾を付けてはならぬと云ふ事である。鍬鋤でも持つ時ならば兎も角武道の稽古に於て唾すると云ふ事は、恰も相手に対して唾すると同様であって無礼極まるのみならず、甚だ以て不潔である。(87)（『武道講話』）

竹刀は、武士の魂といふべきもので、その他の道具も亦大事のものなれば、総て丁重に取扱ひ、決して乱雑にしてはならん、又譬へ他人が乱雑にしれたばとて、竹刀其他を践み跨いてはならん。(88)（『武道』）

竹刀は斬れる刀と思はなければならぬのであるから、其取扱を決して粗末にしてはならぬ。又竹刀以外の他の道具も等しく稽古に欠く可からざる大切なものであるから、決して乱雑にしてはならぬ、苟しくも稽古を神聖にしようと思ふならば之れに必要なる道具は自然と大切にしなければならぬのである。(89)（『武道講話』）

『武道』及び『武道講話』で提示された、これらの心得は武道の稽古をしていない第三者から見ても判断できる外見上の区別である。こうして武道家としてあるべき礼儀作法、稽古態度、用具の取り扱い方が具体的に提示されたのである。

このように明治期から大正期にかけての武道のイデオローグたちにとって、撃剣興行が残した低俗な武術のイメージと具体的な武術家の紀律の乱れを克服することが、武道の地位を確保する上で必要な試みだと認識されていたのである。

第三項　西久保の大和魂論

西久保は武術の文明化を目指す一方で、西洋の文物に迎合する者に対してはきわめて批判的であった。西久保は、「世にハイカラと云ふ徒がある、此の高襟者流なんかには到底大和魂の精神は解らぬのである[90]」と大和魂を口で唱えても実際の振る舞いが「ハイカラ[91]」な者を批判している。西久保は「ハイカラ」な外交官が「仏国は洵に殖民地の政治が良く行き届いて居る、感服の次第である、若し我国にして外国の属国となる様な事があったならば、願くば貴国の属国になりたいものである[92]」と述べた事例を持ち出し、「此に至つては愚も極まれり[93]」と西洋に隷従的な「ハイカラ」を非難するのである。

この「ハイカラ」批判には大和魂に対する西久保の独特の立ち位置が表れている。本項では、西久保の大和魂論について述べていくが、その前に、明治期以降の大和魂論の論点を確認したい。菅野は『軍人勅諭』の基本構想は明治一一（一八七八）年の西周の講演録『兵家徳行』にあり、明治期以降の大和魂論も『兵家徳行』に基点があると指摘する[94]。そこで『兵家徳行』をみると、西周は大和魂を「学術のごとく伝習すべから[95]」ざる「本邦人の性習[96]」として、つまり日本人の生得的な心性として説いている。そして、西周は大和魂を「かならずよつて立つところの源由ありて、その一は在上の政略（中略）しかるに在上の政略は天皇陛下の掌握に存じ[97]」るものとし、この大和魂によって「軍人風尚の基礎を立つる[98]」と説くのである。つまり「本邦人の性習」である大和魂とは、天皇と日本に住む人々との自然な情のつながりを示しているのである。こうした西周の大和魂論は明治期の「武士の武士道に代わる、民族の武士道[99]」を創出する基盤を成すのであった。武徳会が主唱する武徳の中に含まれた大和魂の観念も『兵家徳行』と同様のものと考えられる。

しかし、西久保の大和魂論は、『兵家徳行』以来の自然な情としての大和魂論とは異なる内容を持つのである。

此の小さい島の日本にのみ、天帝が、此の特別の魂を呉れるわけがなからうと思ふ若し我日本にだけ、是れを呉れたとすれば、天帝は、甚だ不公平なものになる、然かし、天は、そんな不公平なものではない、然らば、さう言ふことはなからうと思ふ日本魂は、天帝が、とくに呉れたものでも、偶然に出来たものでもないのである。[100]（『武道』）

決して神の特に賜はつたものでもなければ、又元より偶然に発生し来たものでもない。[101]（『武道講話』）

西久保にとって大和魂は「本邦人の性習」などではあり得なかった。たとえ日本人であってもハイカラな人々には大和魂が無いと西久保には思われたからである。ハイカラな人々が増え、武術家の中にも試合の勝敗にしか興味を持たない者が増えるなか、西久保は大和魂の発露を「本邦人の性習」に任せることはできなかった。西久保は大和魂の歴史を次のように述べている。

維新後に於ては自分自らは武道の稽古をやらぬが、建国以来武道によつて心胆を練磨した祖先の血を受けた子孫であるから、幸に其伊衣鉢を伝へて武士たる面目を保つて居るのである（中略）彼の日清日露の戦役が大和魂の復活と其発展とに、与つて力のあつた事は元よりの事である（中略）社会の変遷に伴れて凡ての事が変つて来るものとせば、此の隆隆たる我国特有の大精神も、果して何時迄続く事が出来るであろうか頗る疑問である（中略）相応の保存方法を考えなければならぬ、幾ら建国以来数千年を経たる大精神であつても、之が継承の方法を講ぜずんば、必ずや遠からずして其滅亡を免れないであろう。[102]（『武道講話』）

西久保は人為的に育成されるべき徳として大和魂を捉えたのである。西久保は武士から国民へと受け継がれた大和魂によって日清・日露戦争に勝利したと述べるが、その大和魂は明治維新以降、危機に瀕していると考えた。大和魂を天皇による振作のみで存続させることは到底できない。西久保にとって大和魂は建国以来、日本人の不断の努力によって存続するものであった。そしてその不断の努力とは武道の稽古であり、武道は大和魂の存亡の危機を救うものであったのである。西久保にとって武道の稽古の意義はここにあった。西久保は明治維新における薩摩藩士の活躍を挙げ、次のように述べている。

我祖先が戦国時代に於て千軍万馬の間に養つて来た精神が一般国民に伝えられ、維新後海外関係が起つて来て益々其発展を助長し、以て今日に至つたのである（中略）維新の際鹿児島の人間が非常に元気で、維新の洪業に与つて力あつたのは、一に之れ島津氏が関ヶ原の戦以来参百年の間、徳川氏に対し懐抱して居つた、鬱憤の結果である、臥薪嘗胆武を練り兵を養ひ、大に其士気を涵養して置いた効果である決して偶然の事ではない、又自然に出来たものでもない序だから附言して置くのである、大和魂発生の由来に付ては、以上述べた原因によるものである。[103]（『武道講話』）

西久保は大和魂を建国以来の精神とも述べているが、ここでは戦国時代の武士の努力によって洗練された精神文化であることが強調されている。そして、明治維新は薩摩藩士が徳川幕府に対して三〇〇年ため込んだ鬱憤を、武道を練磨し士気を養成するエネルギーに変えたために成し得た改革だった、と西久保は述べるのである。

では、明治政府が創出した「本邦人の性習」としての大和魂と対立する、西久保の人為的な大和魂論とはどのようなものか。西久保は次のように述べている。

> 然らば大和魂とは何ぞやと云ふのに、私の見る所では自分の思ふことを死を以て決行すると云ふ度胸であると定義したいのである。扨て然らば斯様な剛健たる精神は如何にして涵養せられたのであるかと云ふのに、之れは一つに武道の賜である、剣道柔道練磨の結果であると信じて疑はないのである昔戦国時代に在つては武士は一に実戦によつて其の心胆を練つたものであるが、下つて封建太平の時代になつては、実戦に臨むことが、少なくて、僅かに復讐位しかなかつたのであるが、尚実戦の代りに平素剣道柔道の稽古を盛んにやつて、其の心胆を練るのと同一の効果を収めたのである。[104]（『武道講話』）

西久保にとって大和魂とは「死を以て決行すると云ふ度胸」であった。そして大和魂は武道の心胆の錬磨によって養成することが可能であると考えたのである。また、このことを西久保は次のように言い換えている。

> 而して此原理原則を死を以て遂行しやうと云ふ度胸は一に武道錬磨の結果である、全く武道の賜物である武士道の精髄である。[105]（『武道講話』）

西久保も大和魂を武士道と同一視していたのである。このように西久保はあるべき振る舞いを守ることで心身を練磨し、大和魂・武士道を養成する武道家像を描いていたのである。その一方で、撃剣興行にみられる低俗な振る舞い、試合における勝利至上主義的な態度によって、結果的に大和魂を養成しない武術家像が作り上げられたのである。

第四項　武道の担い手

西久保が武道の修行を特に必要とする人々としてあげているのは、学生や警察官である。それは『武道』と『武道講話』がそれぞれ、学生と警察官を相手に講演していることからも分かる。例えば、『武道』では、「ことに必要なのは師範生である（中略）諸君は、県下各地に行つて、国民教育を双肩に担ふ人だ、此の武道を一般に普及するには、諸君の力を借りねばならぬ(106)」と述べており、また『武道講話』では、「警察官に武道の必要なるは多言を俟たずして知る可き(107)」と述べている。

ただし西久保は、学生や警察官に限らず、「中流以上の人に私はすゝめたいと思ふ(108)」、「私の考では中流以上の社会に一番多く奨励したいのである(109)」とも述べている。その理由は「今日では最も運動の欠けて居る中等社会以上の人に奨励するが最も必要(110)」というものであった。交通機関の発達した大正期においては運動不足による「中流以上」の不健康な姿が西久保の目に映ったのではないだろうか。西久保は、「虚弱にして短命なる我が国民が剛健にして長命なる彼の欧米人と立つて、よく世界の競争場裡に勝を制することが出来るであらうか(111)」と述べており、西洋諸国との政治的経済的な競争で日本人は体力で劣っていることが致命的になると考えていたのである。

そのため、「単に戦争ばかりではなく、平和の競争に於ても同じく勝を制するのには如何なる策を講ず可きか、元より其方法は種種あるであらうが、最も緊要にして且つ根本的なるものは、我国民の体力を剛健ならしめ其生命をして長寿ならしむると云ふ事即ち之れである(112)」と西久保は説く。また、都市部であれば「中流」以下でも運動不足な者がみられるため、武道の稽古が必要であるといい(113)、武道を奨励する適正年齢としては、「十七八歳頃迄が最も効果が多い[114]」と述べている。都市部の人々に対しては武道を推奨するほかに、体操やボートや相撲など「どんな運動で構はない[115]」とも述べている。

ただし、『武道』でも『武道講話』でも学生のスポーツ活動に対しては消極的な姿勢をみせている。例えば『武道』では「私は野球などは大嫌ひである、一般に西洋から来たものは、時間を多く要する[116]」と述べる。『武道講話』でも同様に「例之フートボールにしても、ボートレースやベースボールにしても短時間にやる訳には行かぬ[117]」と野球のみならず、漕艇やフットボールに対しても批判をしている。また『武道講話』では学生スポーツの欠点を次のように述べている。「少し熱心にでもやれば学問はそつちのけになつて了ふ、殊に之等の運動はチャンピョン熱に浮かされるもので、甚だしきに至つては全く学問を廃するに至るのである、弊害も此に至つては学生の虐待である[118]」。つまりスポーツは学生の時間を割き、「チャンピョン熱」を高めるため、学業に弊害が起きると西久保はいうのである。

こうした学生のスポーツ活動に対する批判は西久保のみならず、日露戦争後の政府でも頻繁になされていた。文部省は、明治四〇（一九〇七）年の全国中学校校長会議で各学校における競技運動の利害と弊害防止策について諮問している。その結果①学業の阻害、②遠征などによる時間と金銭の浪費、③疾病や傷害、④勝敗を重視するため「公徳」を害し、紛擾の原因となること。これに対して防止策は①校長・職員による「対外競技」の管理の強化、②選手資格を学力操行ともに中等以上とすること、③試合のための外泊の禁止、④応援者の取り締まりの強化、⑤練習時間の制限、⑥選手制度の廃止、⑦優勝旗や記念品の廃止などである[119]。つまり文部省の公式見解として学校運動部の対外試合を戒めたのである。また明治四四（一九一一）年には東京朝日新聞紙上で「野球害毒」キャンペーンが実施され、野球の弊害（品行学業の不良など）が喧伝され、野球部廃止が扇動されていく。このキャンペーンで文部省の古瀬安俊は「中学生に柳生流の撃剣乃至普通撃剣を勧めて野球の如きハイカラ遊戯を駆逐したい[120]」と野球を批判しつつ、撃剣を奨励したのであった。さらに秋田県では先にみたとおり武術奨励規定などが設けられ、武術家は指導する機会などが優遇されたが、野球やテニスの対校試合や他団体との対抗戦は禁止されていった[121]。こうした日露戦争後の学生スポーツの低迷は大正期以降徐々に復調するが、他方でその時期武術には追い風が吹いていたのである。そして、こうした学生スポーツ低迷期に西久保の武道キャンペーンは展開される。西久保は学生スポーツを消極的に捉え、武道を積極的に価値付けて行ったのである。西久保の武道論の提唱はこの点でも時代に掉さすものであった。

ところで、西久保の二つの講演録において、武道が奨励されるべき人々として軍人は積極的に取り上げられていない。このことは次に示す「雄飛」でも同様であった。文部省では明治四四（一九一一）年七月三一日に省令第二六号をもって中学校令施行規則を一部改正し、「撃剣柔術」を「正科として体操中に加ふる」ことを決定した[122]。その翌年には師範学校で体育の随意科目で撃剣、柔術が採用された。「雄飛」では文部省が「武術を正科とした其の理由」を体力の養成、胆力の養成、堅実なる気風の養成の三つに求める[123]。ただし、これら三つの養成項目は日本人の中でも「非軍人」に足りない要素であり、他方、軍人はこれらに秀でた存在として西久保は捉えている。西久保はいう。「一般日本人には、学問も智慧もあるが足りないのは身体の弱いのと、胆の乏しいのと、思想が堅実でないのである[124]」。一方で軍人は「日本人中の体力の優秀なる者が、撰み出されるので、其上職務其物が体力養成に出来て居る[125]」ため、普通の日本人と比べて体力が充実しており、「軍人は維新以来、世界に類例のない程実戦を歴て居るので、自然胆力も練れて居る。物質文明に呪はれて居る非軍人には、胆力養成など、実験する機会は殆んどない[126]」のだ。ここで「非軍人」とは消極的な意味で「物質文明」というレッテルを貼られる日本人であり、西久保が批判的に捉えていたハイカラや学生などが当てはまると考えられる。

続けて西久保は、「軍人には、軍人への勅諭といふものがあつて、之が全軍人の精神界を支配して居る普偏的な日本魂よりも此の御勅諭が軍人の全精神であると信ずる思想を堅実ならしめて居る。然るに非軍人には、かゝる徹底的な緊縮されたる標準的なモットーがない[127]」という。思想が堅実であることは「軽佻浮薄の風を去り、著実敦厚の男子を作る事[128]」であり、「非軍人」は「標準的なモットー」がないため、軍人に比して、思想が堅実でないとされるのである。そのため「文部省が武術を正科とするのも、全く中等国民に、体、胆、気の参拍子揃ったものを、完成せしめんとするのである[129]」。西久保は学校教育に武道を本格的に導入しなければならないと考えたのである。

西久保が武道の教育力へ期待するのは「優秀なる体力と、修練せられたる胆力とを以て、世界に雄飛して」いる「欧米人」に伍する日本人を育成するためであった[130]。そのため西久保にとっては「非軍人」をいかに軍人同様の能力にまで高めるかは、日本人総体を育成する上での重要な課題であったといえよう[131]。積極的に奨励するまでもなく軍人には武道の練磨によって養成される大和魂や体力があると西久保は考えていたのである。武徳の養成のほかに軍事的実用性を武術に求めた当該時期の武徳会と、もっぱら銃後の武道教育を重視する西久保の主張は、方向性を異にしていたのである。

やや後年になるが、西久保は武徳会副会長に就任した大正八（一九一九）年九月に武徳会名義で文部省に対して学校体操における撃剣・柔術の剣道・柔道への名称変更と「実践的修身科」としての「武道科」の独立教材化を訴える建議書を提出している。さらに、西久保は大正一三―一四（一九二四―二五）年にかけて学校武道の拡充を目指し、大正一四（一九二五）年三月二四日の帝国議会貴族院に嘉納、一條実孝、渡辺千冬、渡辺七郎らとともに「剣道及柔道普及に関する建議案」を提出し、その結果、大正一五（一九二六）年四月の中学校・師範学校令施行規則の改正、そして五月の学校体操教授要目の改正によって、撃剣・柔術が剣道・柔道に改称されるに至った[132]。

ただし、文部省は大正一五（一九二六）年の時点では「実践的修身科」としての武道の意義を政策に反映することはなかった。武道の「実践的修身科」としての意義が政府に認められるのは昭和六（一九三一）年まで待たなければならなかった。武道は昭和三（一九二八）年の三・一五事件以降、学生の思想善導[133]が叫ばれる中、昭和六（一九三一）年一月に国民精神を涵養する体操科の必修教材として位置づけられていくこととなる。しかし、それは西久保の死後のことであった。

第四節　術と道の差異化

本章では、西久保の武道論の特徴を明らかにした。西久保の武道論の歴史的意義は、武術と武道とを概念上、差異化したことにある。そのモデルは嘉納による柔術と柔道の差異化にあった。西久保は武術に殺人説（防衛説）・勝利至上主義・余興（興行）といった目的や価値を当て、一方の武道に心身の練磨・礼儀作法の習得・神聖性を当て、両者の差異化を図った。そして武術を劣ったものとして、武道を優れたものとして概念に優劣をつけたのである。西久保は武道による日本の文明化を目指したのであり、そのような目的も相まって、武道から低俗とみられるものを排除し、それを武術概念の側に押し付けたのである。

寒川が指摘したように、江戸期において武道と武術が意義の面で互いに重なり合っていたことを鑑みれば[134]、西久保による武道概念の再構成は武術概念の再構成という事態をも含んでいた。西久保にとって、武術と武道は修行者の振る舞いにおける差異を強調するために用いられる共時的な対立概念であり、必ずしも歴史的な変化を説明する観点ではなかった。両者の違いを示すのは「殺人説」及び「防衛説」と「心身の練磨」であり、前者は「戦国時代」や「封建時代」には多少の意義を有したものの、それは「蛮行」であったとして「今日の開明の世」の武道概念からは退けている。こうして戦国時代以来の「殺人説」や「防衛説」が残っているかどうかが武道と武術との分水嶺となったのである。ここには武術から武道へ進歩しなければならないという意志がよみとれる。つまり歴史的変化を説明する〈術から道へ〉ではなく、その歴史的変化を担う主体としての意志が〈術から道へ〉には込められているのである。そして西久保は、現在進行形で残る江戸期以来の武術の「殺人説」及び

「防衛説」を断ち切ろうとしていたのである。かくして武術という語からは精神的な含意が剥奪され、殺傷捕縛術としての意味だけが残ったのである[135]。

ところで、西久保は試合での勝利至上主義の高まりは批判していたが、試合の有無によって武術と武道を差異化することはなかった。この点は〈武道のスポーツ化〉論の出現の歴史的意味を考える上で重要なので、強調しておきたい。武道概念が確立された一九一〇年代には、試合の存在自体は、問題とはされなかったのであり、〈スポーツ化〉という問題もまだ成立していなかったのだ。

さて、西久保は二度の講演を経て自身の武道論を固めたのちに、それを広める活動に乗り出す。西久保は大正八（一九一九）年に武徳会副会長及び武術専門学校校長に就任すると、武徳会の事業活動に自身の武道論を反映させようと試みた。それは先にみた学校への普及に留まらない活動だった。次章ではこの点を具体的に検討にする。

第六章　大日本武徳会における武道概念の普及活動

本章では、武徳会による武道概念の普及活動に焦点を当てる。西久保は大正八（一九一九）年一月に大日本武徳会副会長兼武術専門学校長に就任すると、同年七月七日の武徳会の常議員会において武道という語の使用法についての会議を開いた。中村によれば、この常議員会以降、同年八月には武術専門学校が武道専門学校に改称し、それまで武徳会で使用されていた「剣術・柔術・弓術」という呼称はそれぞれ「剣道・柔道・弓道」へと改称していったと指摘する。[1]これを機に武徳会によって武道という語が広められたのである。ただし、先行研究では常議員会の模様を十分に明らかにしているとは言い難い。そのため本章ではこの当時の常議員会における議事録を考察し、武徳会が武道という名称の用法をいかに確立したのかを考察する。

常議員会で武道という名称の使用が決定されたならば、今度はそれを定着させる方法を考えなければならない。学校体育以外での社会的イベントに武徳会がどのように関与していたのかはそれほど研究されてはおらず、管見の限りでは明治神宮競技大会を武徳会がボイコットした経緯を考察した坂上の研究がみられるのみである。[2]そこで本書が着目したのは、大正九（一九二〇）年に設立された明治神宮で行われた明治神宮鎮座祭である。鎮座祭では武道の演武が催されており、大正九（一九二〇）年一〇月二二日『東京朝日新聞』では「武徳会寄附の柔剣道と弓術奉納試合[3]」が鎮座祭で行われるとの報道がなされている。したがって、武徳会が提唱して間もない武道という名称をいかにアピールしたのかを検討するうえで、鎮座祭における武徳会の振る舞いを追跡することは有益であると考えられる。

また、武徳会内で武道という概念が用いられていくなかで、第四章で検討した各種武術の序列にも変化がみられるようになる。これも武道という名称の持つ影響力を具体的に検討できる課題である。

そこで本章では、①武徳会における「武道」の使用範囲を考察し、②大正九（一九二〇）年の鎮座祭において武徳会がいかに武道をアピールしたのか、③武徳会は武道概念の普及にあたって、どのような種目に重点を置いたのかを明らかにする。

第一節　「武道」の使用範囲

先述のとおり、武徳会で武道という語が使用されるきっかけとなったのは、西久保の影響によるところが大きい。坂上論文においても「西久保の見解が武徳会においてどれほど強い影響をもたらしたかは、西久保が副会長に就任してから半年後、一九一九（大正八）年八月一日に武徳会が武道への名称変更を全面実施したことによって明らかであろう[4]」と主張している。坂上は武徳会が武道という名称を全面実施したのは大正八（一九一九）年八月一日以降と述べているが、八月一日に実施されたのは大日本武徳会武術専門学校から大日本武徳会武道専門学校（以下、「武専」と表記）への校名の変更であった。

武専は明治三八（一九〇五）年に設置された武術教員養成所に始まる。武徳会は武術講習を主な事業としていたが、会設立当初は各地で武術指導者が不足するという問題が起きていた。そのため、武術指導者の養成を目的とした武術講習を開始した。当初武徳会は剣道柔道以外にも射撃術や馬術などを講習する意図があったが、実際は柔道と剣道のみ教授されていたという。この後、明治四三（一九一〇）年一一月二日の私立学校令によって校名を武徳学校へと変え、明治四五（一九一二）年一月二三日専門学校令をうけて再度、武術専門学校と改称し、組織形態も変えていった。学校体育の随意科に撃剣・柔術が採用されたこともあり、教授される武道種目は柔道と剣道で変わらず、これらの種目の教員養成をする専門学校として発展した。そして西久保が大正八（一九一九）年に武術専門学校長に就任した直後に「武術専門学校」の名称を「武道専門学校」に変えたのである。[5]

さて、武術から武道への改称論議において大正八（一九一九）年一月に副会長に就任したばかりの西久保の意向がストレートに反映されたかといえば、そうではなかった。大正八（一九一九）年三月二一日の常議員会の議事をみると次のように記されている。

一武術専門学校を武道専門学校と改称する件。本案に付て二、三の質問あり且校名を改正すれは、従て規則中所々に影響する点あるへしとの意見あり。依て尚充分調査の上更に提案することに決す。[6]

つまり、校名の改称にともなって武徳会の内規を調整する必要から一度目は懸案事項として保留されたのである。この懸案事項は、大正八（一九一九）年五月一五日に可決され、「文部省の認可指令は八月一日」[7]からということである。大正八（一九一九）年八月一日の改称にあたり、武徳会は「本会は創立当初より武道の名称を世の套語に任せ剣術、柔術、弓道と称し綜合の場合は武術と称し（中略）来りたるも術の字を以てしては形而下の技術に遍し最も尊重すへき斯道の真髄たる其の精神を逸するの虞ありとし剣道柔道弓道其の綜合の場合には武道と改称することに決したる[8]」と述べている。

ここで武徳会は武専の改称にあたって「剣道・柔道・弓道」以外の武術諸流をどのように扱うかについては述べていない。この記述からは諸種目の総称が武術から武道へと変わったことが把握されるだけで、江戸期以来の武術諸流を武道から除外するとは一言も述べていないのである。武徳会の改称論議において「剣道・柔道・弓道」以外の武術諸流はどのように扱われたのか。この点を明らかにするため、ここで大正八（一九一九）年七月七日の常議員会の議事録に注目したい。この常議員会では常議員一四名、理事五名のほか西久保が出席している。ではこの日の常議員会における武道への改称論議はどのような内容であったかみてみよう。

一、武道関係の諸規則規程等の内改正の件、従来諸規程或は名称等として武術と称して武術と称し来りたるものは全部武道と改称するものとし、武術専門学校に名を始め本部諸制度中右名称に関係あるものを漏れなく挙示して、改正を提議したるものなり。
　本案に対し種々意見の交換あり結局総称的には武術を武道と改め、部分的には剣柔弓は道を用ひ、其の他即ち薙刀銃剣術等の如きは術とする意味を以て原案を可決す。(9)

　これをみれば、原案が校名以外の諸規程においても「武術」ではなく「武道」を用いるよう要請していたことがわかる。第四章で述べたように武徳会では明治三二（一八九九）年に提出した『記要』において軍事的実用に資し、講習するべき武術として射撃術、馬術、銃鎗、剣術、柔術、水練、漕艇術を挙げ、軍事的実用性が認められない武技として弓術を含む古武芸をあげ、保存を図る対象としていた。しかし、議事録にみられるように古武芸である弓術を弓道と改称するのであれば古武芸に含まれる他の種目の改称もおそらく要請していたものと考えられる。また繰り返すが、武道概念が排除したのは、西久保が「殺人説」、「防衛説」と呼んだ殺傷捕縛術としての実戦性なのである。それは、『記要』が各種目を分類・序列化するための基準としていた軍事的実用性と対立するものであった。つまり、西久保が武道概念を主張したことで、武徳会の『記要』にある武芸と古武芸という分類概念は事実上、再編されざるを得なくなってしまったのである。
　ではなぜ薙刀や銃剣術は〝道〟を用いなかったのか。その理由は議事録にみられないが、その理由について考えてみよう。まず薙刀であるが、武徳会に参加する薙刀の担い手たちは諸流を統括する組織を持っておらず、各々独立した流派として存続していた。薙刀は柔道、剣道、弓道などのように統合され、統一された一種目を確立するまでには至っていなかったのである。つまり組織的な一元化が図られていない薙刀界には、改称を論議するべき代表者が定まらないという現実があったのではないか。他の武術種目についても同様と思われる。

また武徳会における改称論議の前年に銃剣術の講習は中止されていたことから、銃剣術については改称論を論議する者が武徳会内にいなかった。さらに銃剣術は陸軍戸山学校が主な担い手であり、それは戦場を意識した実戦志向のものだったと考えられ、西久保の武道概念とは相容れなかったものと思われる。

資料的制約から推察になるが、薙刀術や銃剣術など〝術〟を残した種目は、武徳会内に改称論議できる人物が不在であったために議論が進められず、結果的にそのことが三月時点では懸案事項として見送られることになった原因なのではないかと考えられる。この懸案事項に対する回答として武徳会は総称として武術から武道へと改称しながらも、〝術〟のつく「薙刀術」や「銃剣術」など各種目の名称はそのままに武道の範疇に組み込んだものと思われる。つまり剣柔弓に道をつけるというのは先行研究でも指摘されているところであるが、それ以外の「薙刀術」や「銃剣術」なども、武道の範疇から区別されなかったのである。

この常議員会の議事録を考察すると、この当時の武徳会は武術諸流をも包摂する総称として「武道」を唱えていたものと考えられる。ただし、武徳会では武術から武道へ改称されたあとも、〝術〟イメージをいかに消し去るか、そして〝道〟イメージをいかに定着させるかは、依然として課題であった。

第二節　明治神宮鎮座祭と武徳会――〝道〟イメージの普及活動

前節では、武徳会が武道の語から武術諸流を除外してはいなかったことを指摘した。本節では、武徳会が武道という語を広める様子を検討するため、大正九（一九二〇）年の鎮座祭における武徳会の武道の用法について考察を移したい。

鎮座祭は大正九（一九二〇）年一一月一—三日に明治神宮の建立を祝うために行われた祝祭であった。[10] この神宮を祝うために五〇万人もの人々が集まったといわれる。[11] 鎮座祭は社会的注目度が高く、『東京朝日新聞』などの新聞メディアにも大々的に取り上げられた。

鎮座祭においては各種競技の奉納がなされたが、武道もまた奉納のために披露された。東京商業会議所がまとめた「明治神宮鎮座祭東京実業奉祝に関する報告書」によると、鎮座祭では「相撲、競馬、大弓、撃剣、柔道、流鏑馬」[12] といった各種の競技が奉納されていることがわかる。この会議所が奉納する競技の中で「撃剣」と示しているのは、武徳会のいうところでは剣道に相当する。おそらく、鎮座祭の開催時点では武徳会が武道や剣道といった表現の積極的使用を決議してから一年ほどしか経っておらず、社会的には未だ撃剣という呼称が通行していたものと考えられる。一方、柔道については講道館が明治一五（一八八二）年より使用しており、名称の普及がすでに進行していたために会議所の報告書でも柔術ではなく、柔道と記載されていた。こうした状況下で武徳会はいかに〝術〟イメージを消そうとしたのだろうか。

第一項　明治神宮「内苑」の象徴性

大正九（一九二〇）年一〇月二二日の『東京朝日新聞』では鎮座祭について次のように報道している。

> 三日間共公衆参拝許可は代々木練兵場で相図の号砲を発射するが之と前後に内苑宝物殿前では二、三両日間武徳会寄附の柔剣道と弓術奉納試合が、又外苑では二日午前中に競馬場で流鏑馬を二、三の両日は午前九時頃から午後四時頃迄角力と競馬の余興があり。[13]

ここでは「武徳会寄附の柔剣道と弓術奉納試合」については「内苑」で行い、その他の各種目が「外苑」で行われることが報道されている。この点に注目したい。

宗教学者の山口輝臣によれば、外苑は国民のための神宮という性格を帯びているという。その理由として、明治神宮の外苑は明治神宮奉賛会が国民から集めた寄付金で出来上がっていることが挙げられる[14]。外苑の造営については鎮座祭の前年、大正八（一九一九）年一〇月、明治神宮造営局書記官であった田沢義輔の発案で全国から集められた青年団の勤労奉仕によって実施されることになる[15]。この青年団による外苑の造営は国民が明治神宮の造営に関わるという事実から外苑を通して国民の明治神宮への親近感を高めることになった[16]。そして、外苑は運動競技施設や「聖徳記念絵画館」といった施設を作りながら内苑に遅れること六年、大正一五（一九二六）年にようやく完成をみるのである[17]。外苑は国民の勤労奉仕の賜物なのである。

一方、内苑は明治天皇が鎮座する社殿があり、国費によって造営費が賄われた[18]。内苑の造営は青年団ではなく、内務省内に設けられた明治神宮造営局の主導で大正九（一九二〇）年に完成する[19]。つまり、内苑は国家行政の賜物なのである。

こうして明治神宮は外苑と内苑という二極構造を背景に造営されたのである。山口が「日比谷公園などと同様に西洋の整形式造園方式を基調としてつくられた「本当の公園」である。しかし「本当の公園」をつくりながらも（中略）それは神社の一部であり、それにより「公園のようなもの」としか言いようのないものとなる[20]」と指摘するように、外苑は内苑と比べれば遊覧的空間に仕上がっているのである。先の『東京朝日新聞』においては「外苑の余興場には携帯売の商人だけを許し固定する露店は許さぬ[21]」と記されている。露店商を許さないのは警視庁による「未曽有の人出を見越す鎮座祭当日の大警戒[22]」のためであり、外苑は「余興場」という性格が強かったのである。

ここで重要なのは、こうした内苑と外苑の性格の違いを当時の造営局も武徳会も認識していたことである。武道が外苑の余興と同様にみなされては「道と云ふ武道の精神に適った高尚なる語[23]」の意義を示すことができなくなる。そのため武徳会も奉納演武の場所の選定には慎重になった。もともと造営局は武徳会の演武も外苑で行う予定であった。それに対し武徳会は「造営局に於ては鎮座祭当日外苑に於て種々の余興挙行を企て本会よりも其の一として演武を奉納せんことを希望し来りたり。本会にも奉納は進て希望する処なるも（中略）一般の余興に供するか如き武道本来の精神を没却する企図には遺憾なから絶体《ママ》に応し難き[24]」と造営局に応答している。武徳会は、「神慮を慰め奉るは天恩を景仰する所以の道たるを思ふも世間或は武道の何ものたるを解せす動もすれは優倡侏儒の末技と混し余興娯樂と同一視して為めに斯道の神聖を汚瀆し却て奉納の趣意を没却することあらんを慮り（中略）総ての余興は外苑に於てするも演武は内苑に於てし且設備万端は同局に於て一切之を弁し本会奉納の用に充つへしとのことにて誠意の存する所感謝に余あり於是弥々奉納の事を決定し左の書面を提出[25]（傍点、筆者）」したのである。あくまで武徳会の演武は内苑で実施することが主張されたのである。武徳会は鎮座祭に先立つことおよそ一カ月、大正九（一九二〇）年一〇月七日に造営局に対し、次のような文書を送っている。

拝啓

来十一月明治神宮鎮座祭を行はせられ候に付ては神苑内適当の御場所を拝借し本会々員の演武を奉納仕度候間宜敷御取計被下度此段得貴意候敬具

大正九年十月七日　大日本武徳会長男爵

浅田信興

明治神宮造営局長塚本清次殿[26]

対して造営局は、武徳会に次のような文書を送っている。

拝復

去七日付を以て御申越相成候明治神宮鎮座祭に奉納演武の事は当局に於ても誠に好都合に有之候就ては時日切迫の折柄諸般の御計画至急御申越相成度御答旁々得貴意候敬具

大正九年十月十二日　明治神宮造営局長　塚本清次

大日本武徳会長男爵　浅田信興殿(27)

これは造営局が武徳会に内苑で演武を行えるよう取り計らうことで、武徳会の要求に応えたことを示している。造営局はこのような要求は「初めて覚る処(28)」だったというが、武徳会の意向を汲んで内苑での演武を承諾したのである。

武徳会が造営局に対して内苑での演武を要求したのは、西久保だったと考えられる。武徳会の常議員会では鎮座祭演武の挙行や経費について会議が開かれていたが、この会議に西久保も出席していたのである(29)。西久保は造営局の意向に対して退かずに武徳会の意向を主張し、余興的でない神聖な演武が行える条件を要求したものと考えられる。こうして、武徳会の奉納演武は外苑における余興娯楽と同一視された〝術〟に陥ることなく、内苑において「天恩を景仰する」、〝道〟としての演武を行うこととなった。そして、武徳会の武道は内苑での奉納演武が許されることで天皇との関わりを強化し、〝道〟イメージの正統化を図るのである。これは第四章で確認した「天皇の武徳」を顕現させることにもつながったであろう。

内苑における武徳会の奉納演武は一一月二日に撃剣（剣道）、三日に柔道の予定で行われた(30)。武徳会は弓道については「別に奉納者あるに由り省き（中略）唯鳴弦式のみを行ひたり」[31]と積極的に関わらなかった。剣道、柔道の演武では形のみならず試合も奉納された。また武専四年生の地稽古と乱取が奉納された。[32]演武の雰囲気は『東京朝日新聞』では、「宝物殿内の余興場は午後一時から始まったが気の付かぬ人が多いので比較的静かだった」[33]とされ、閑静な雰囲気であったことが窺える。一方、外苑は「午後一時から母衣曳騎者等の技を挟んで競馬が行われた（中略）一方競馬場の隣には早朝から大相撲が人気を呼んで午後三時には観覧席は鮨詰めとなり両競技場で十万の人を数へた」[34]とあり、その盛り上がりは内苑を圧倒していた。無論、「十万」という観覧者数をどのように数えたのかは不明であり、正確な数値とは考え難いが、内苑での武徳会の演武が外苑と比べれば観覧者も少なく、閑静な雰囲気であったことは窺える。ただし、武徳会の報告によれば、「床次内務大臣も臨席せられ其他の席は一般の公衆にして無慮数千名頗る盛観を呈したり」[35]と奉納演武の様子が伝えられている。内苑の奉納演武も外苑ほどではないが、盛況だったようである。

第二項　演武した武徳会の武道家の内訳

ところで武徳会が鎮座祭後の大正九（一九二〇）年一一月二五日に発行した「明治神宮鎮座祭奉納演武記事」では、剣道の項目に「薙刀術居合術を含む」[36]と但し書きが付されている。薙刀術では直心影流と天道流が形の演武を行い、直心影流は教士園部秀雄、天道流は教士美田村千代が出場した。居合術では長谷川英信流が出場し、武徳会範士中山博道が演武した。また柔道においては剣道のような但し書きはなされていないが、実際には柔道の形以外に天神真楊流、神道北窓流、警視庁制定形、起倒流、双水執流、渋川流といった柔術諸流が演武を披露している。

何故、剣道と柔道の奉納演武に武術諸流が参加したのか、その理由については不明である。ただし、武徳会が東京府下の新聞社へ送った奉納演武の案内状には「今回明治神宮鎮座祭に付十一月二日三日の両日同神宮内苑に於て本会々員たる全国の優秀なる武道家を選抜し演武を奉納致候間貴社員御来観相成度此段御案内申上候也[37]」と記されており、鎮座祭には武徳会が選りすぐった全国の優秀な武道家が出場することとなっていたようである。具体的には武徳会は演武者の資格を「精錬証受有者以上[38]」としていた。例えば、柔道枠で出場した起倒流の岸本重太郎と神道北窓流の河野市次は武徳会範士であり、それ以外の柔術家も全て武徳会教士だったのである。

範士、教士の称号は武徳会会長に推薦された銓衡委員たちが該当する武術家（武道家）を選定し授与するが、各武術家（武道家）はこれらの称号が与えられる条件として「品行方正にして本会より精錬証を受けたる者[39]」に該当しなければならなかった。したがって、精錬証受有者以上が演武に出場することになっていたので教士といった武徳会の称号を持つ武道家が優先的に選出されたものと考えられる。そして選手の選出においては、武術諸流と剣道及び柔道の修行者に区別をつけず、優れた演武を披露する者が選ばれたのではないかと考えられる。

ところで何故、武徳会は演武に際して武術諸流を柔道や剣道の中に含めたのだろうか。これは先に挙げた『記要』では古武芸の分類について「剣術柔術に属すへき者は之に属せしめ[40]」とされており、この規程が応用され、剣道と柔道に武術諸流が包摂されたためではないかと考えられる。造営局はあくまで「撃剣」、柔道の奉納を依頼したのであり、全ての種目の奉納を依頼したのではなかった。そのため、武徳会は「武道」を使わずに武術諸流の〝術〟のイメージを消し、〝道〟のイメージを強調するために武術諸流を柔道や剣道といった隣接する「～道」の範疇に含めたものと考えられる。

しかし、造営局は鎮座祭を通して武徳会の武道の主旨については理解したものの、表現上は「武術」を使用し、武道という呼称は使用しなかった。鎮座祭後の大正九（一九二〇）年一一月九日に造営局が武徳会へ送った礼状をみれば、「明治神宮鎮座祭に就き武術奉納に関し種々御配意に預り[41]（傍点、筆者）」と記されており、造営局に武道という名称を定着させることは叶わなかったのである。

第三項　新聞各紙における奉納演武の報道

武徳会の〝術〟イメージを消す試みは、人々にどのように受け止められたのだろうか。この点を探る上で新聞に目を向けることは有効である。それはラジオやテレビの無い時代には、各新聞社の言語表現が社会に及ぼす影響は大きかったと考えられるためである。[42]また実際に武徳会は新聞社の言葉遣いにも注意を払っていた。武徳会は東京日日新聞社など一五社に案内状を送付し、新聞報道に注意を促している。

演武の実況を新聞紙等に公にし以て広く会員及ひ一般人士に知らしめ併せて余興と同一視するの誤を防くは徒事にあらすと認め東京府下の日刊新聞なる東京日々新聞其他十五新聞社に対して左の案内状を発送せり（中略）追て奉納の趣意は別紙出演者に対する本会々長告示の通に有之若し余興と同一視する者ありては遺憾に存候[43]

ここで新聞社に渡された「別紙」の出演者に対する告示をまとめると、「本会総裁久邇宮殿下[44]」が「演武者一同に伝達せよとて親しく本会長へ台旨を賜れり、曰く「奉納の演武は特に精神的に之を行ひ武徳会員たる本来の面目を発揮せんことを期すべし」と本会長は正に之を出場者たる諸士に伝達[45]」し、出演者は「勝敗の末に趨ることなく誠心誠意を以て多年練磨せる雄壮なる武芸を演し虔みて神妙に供す[46]」ことを告示したものであった。この告示では一部「武芸」という語が使用されており、武徳会自体、「武道」という語の使用が統一されていなかったことが分かる。それでは、こうした武徳会からの働きかけを受けた『東京日日新聞』の奉納演武の報道をみてみよう。

まず、大正九（一九二〇）年一〇月三一日の『東京日日新聞』では内苑の奉納演武の予定として「弓術」「柔剣道」と記されている。[47]柔道、剣道については「競技及古式型[48]」が行われるとされている。ここで「古式型」とは剣道や柔道に包含された武術諸流のことと考えられる。また、競技という言葉が使用されたことは柔道や剣道の乱取、地稽古試合がスポーツと同一視されて行くことを予感させる表現である。

次に大正九（一九二〇）年一一月一日の『東京日日新聞』では見出しに「けふの余興千六百五十名の武道競技[49]」と武道という総称語が使われている。しかし、ここでも「余興」、「競技」という言葉が続くため、〝道〟のイメージは喚起しづらかったものと思われる。一一月二日は大弓の演武が行われたが、『東京日日新聞』では、「内苑の弓術[50]」とされている。また、続く一一月三日の『東京日日新聞』では「内苑大広場の余興場に　けふを晴れの奉献武術大会[51]」と武徳会の奉納演武が「武術大会」として紙面に取り上げられている。これは主に弓の演武についての記事であったが、記事の終盤に「柔道剣術も是と同時に行われた[52]」と記されている。ここで『東京日日新聞』が前日と変わって武術という総称を使用したことや剣術という語を用いた点は、武徳会の武道のアピールが『東京日日新聞』には十分浸透していなかったことを示している。ただし、内苑と奉納演武がセットで示されたことで奉納演武の神聖さは表現されたと考えられる。

次に、武徳会の奉納演武をとり上げた一一月三日付の『東京朝日新聞』の記事をみると、「剣道の方は武徳会の猛者連中が他ては見られぬ見事な型を見せ、又弓道の師範石川虎四郎氏が鳴絃の式厳かに行ふ[53]」と報道している。東京朝日新聞はここで「剣道」という表示している。

最後に、『都新聞』の奉納演武の記事をみてみよう。『都新聞』の大正九（一九二〇）年一〇月三〇日付の記事では「一般参拝者に観覧せしめるが場所は神宮の北裏なる宝物殿敷地前で、弓術、撃剣、柔術等凡て武芸に関したもので、是は特に武術奨励の思召深かつた先帝の神慮を慰め奉るべく斯道大家は悉く出場してその秘技を演じ、又剣舞や剣道型をも観せる[54]」と報道されている。「剣道型」という表現によって武徳会の意向に適う用法もみられるが、概ね武徳会の意向に沿わない〝術〟という言葉が使用されている。『都新聞』が武術と表現しているものは「弓術、撃剣、柔術等凡て武芸に関したもの」と特に剣柔弓を強調しているものの武術諸流の奉納とみなされても不思議でない表現である。さらに、大正九（一九二〇）年一一月三日付『都新聞』の報道では「撃剣は武徳会からの奉納で全国より集つた剣士が二百二十名出場し最初に範士の剣道形や居合術薙刀術の形などあつて」[55]と表現されている。つまり『都新聞』では武徳会の奉納演武を武術として表現し、武道という言葉は皆無であった。ただし、明治天皇が「武術」を奨励していたとする『都新聞』の報道は、武道が天皇と近しい存在であることを表すものであった。

　このように、武徳会が新聞社に働きかけた武道という語の視覚的定着と武術という語の視覚的排除は上手くいかなかった。剣柔弓が〝術〟と表現されるか、〝道〟と表現されるかは新聞社によっても異なっており、発行日によっても異なっていた。特に『都新聞』では、武徳会の意向に反する武術や武芸といった用語が頻繁に使用されていた。

　しかしながら、武徳会の武道の主旨については各新聞社にも認識されたものと考えられる。つまり武徳会は明治神宮の内苑における奉納演武を通して天皇との関係が深まることで外苑の余興とは異なり、天皇を奉じる神聖な存在であることを社会にアピールできたと考えられる。この点においては武術諸流も剣柔弓と同様に武道であるとアピールできたのではないだろうか。そして、鎮座祭以降も武徳会は大正一一（一九二二）年一一月三日[56]と大正一三（一九二四）年[57]とに明治神宮内苑で奉納演武会を開催している。

　以上の結果を踏まえると、鎮座祭における武徳会の演武について〝術〟イメージの刷新は表現のレベルでは上手くいかなかったが、内苑での奉納演武が強調されることで、武徳会の武道は余興や娯楽とは異なる営みであることは発信できたものと考えられる。一方で、武徳会は外苑に集まる一般の人々からすれば親しみにくい存在となってしまったのではないだろうか。

第三節　武道概念の定着と各種目の序列の変容

明治三二（一八九九）年の『記要』以降、射撃術、馬術といった種目が剣術、柔術、弓術よりも軍事的実用性から重要な種目として位置づけられていた。しかし、大正一〇（一九二一）年六月一四日の武徳会の常議員会議事録では、射撃術、馬術、漕艇術などが廃止され、「剣柔弓道等に全力を注くを以て最も上策と認む[58]」と西久保が述べている。

この常議員会における西久保の発言は武徳会設立当初の方針を覆すものであった。武徳会では武術の重要度を見定めるため軍事的実用性という観点を用いていたが、その観点から優遇されていた射撃術、馬術、漕艇術の廃止が決定されたのである。その一方で、常議員会では武徳会設立当初には古武芸として軍事的実用性の観点からは低い評価がなされていた弓道が高く評価されたのである。では、このような方針の変更はどのように起こったのか。

本節では射撃術、馬術、銃剣術、漕艇術が廃止される過程と弓道の再評価過程を追うことで武徳会の活動方針の変化を明らかにしたい。『大日本武徳会研究資料集成』を用いて、射撃術、馬術、漕艇術の武徳会本部の講習会、演武会、常議員会での取り扱われ方を考察する。なお、『大日本武徳会研究資料集成　第四巻』では、武徳会の武道講習事業の射撃術、馬術、銃剣術、漕艇術について記録されているためこれを基本資料とし、会務状況が記された『大日本武徳会研究資料集成　第二巻』と常議員会議事録が所収された『大日本武徳会研究資料集成　第三巻』を補助的に用いて論を進める。

第一項　馬術・射撃術・銃剣術・漕艇術の廃止

馬術は『記要』でも重要度の高い武術であった。馬術のためには馬場が必要である。武徳会は京都市所有の平安神宮前の広場、内国勧業博覧会跡地の周りに丹波の有志から寄贈された山桜千本を植え込んで作った[59]。厩舎には宮内省より下賜された馬匹二〇頭ほどが飼養されていた。武徳会常議員の伊藤知彰（騎兵中佐）、木下忠信、並河靖が不十分な経費予算を支えるために奔走し、競馬挙行の際には市内の商店を訪ね商品の寄贈を受け、それを賞品にするなどの工夫をしていた。

武道講習における馬術は「個人にして乗馬を飼養するは難く仮に之れを飼養するも騎乗練習の為めには師を要す甚だ難し[60]」かった。そして馬術は個人で行うには手間がかかりすぎるため、武徳会は「本会は馬術講習所を設け適当の施設を為して馬術百般の教授を為すを要す又大小の競馬会を催し且つ時々馬匹共進会を行ひ民間馬匹の飼養を奨励するを要す[61]」と馬術講習の手間を請け負うことを決めたのである。しかし、「馬術に至りては最も多額の経費を要し負担に苦しむものありしか日露開戦に由りて馬匹の過半は徴発せられ、教員亦戦時応召の為め事業継続の不可能となりたるを以て一と先該事業を休止することゝし（事実は廃止）残馬は其の筋に献納せり[62]」と日露戦争後に事実上、廃止になっていたのである。馬術講習は経費がかかりすぎたことと、日露戦争で馬と馬術教員が戦争に徴発・召集されたために事業継続が困難になってしまったのである。

明治三六（一九〇三）年二月一八日に武徳会初代総裁であった軍人皇族の小松宮が亡くなっていることも馬術の廃止に拍車をかけたと考えられる。第四章でみたように小松宮は馬術を奨励していたためである。馬術の経費に苦心していた武徳会の理事はむしろ日露戦争をきっかけに、「他日再興の言を遺して之れを廃止[63]」したという。かくして馬術講習は明治三七（一九〇四）年以降行われなくなり、武徳祭や武徳会が開く演武会でも馬術はみられなくなった[64]。

次に射撃術であるが、射撃術もまずは場所の確保から始まった。射撃場は京都府の所有地である日吉山豊国神社南側の谷地にあった荒蕪地を借用した[65]。射撃術の事業に就いた常議員は馬術でも尽力した伊藤、木下、並河に加え頼龍三及び浮村直養である。武術講習における射撃術がいつ廃止されたのかは不明であるが、明治四二（一九〇九）年一二月二四日に常議員河越重幸、伊藤、並河の外一五名が馬術と射撃術の講習再興を望む建議を提出していることから、その頃には行われなくなっていたことがわかる[66]。さらに、明治四三（一九一〇）年一月一〇日の常議員では、「射撃術、馬術等も必要なれとも、是等は地方的の事業なれは追々各支部を促し、先つ京都支部に於て軍部側の援助を得て経費の許す限り之を実施せられんことを希望し正副支部長の同意を得たれは追々其の運ひに至るへしと信す[67]」とされ、武徳会本部では軍部の資金援助に射撃術と馬術の存続を頼った。

射撃術は馬術と異なり、毎年五月に開かれる武徳祭では大正九（一九二〇）年まで実施された。また、毎年八月に開催される青年大演武大会では大正七（一九一八）年の七月に「青年大会射撃細則」が定められ[68]、同年八月六日には射撃術も行われていた。ただし出場人数は「僅に十五人[69]」であった。大正八（一九一九）年の八月六日にも射撃術は行われたが、「僅に十人に過き[70]」なかった。ただ、翌年の大正九（一九二〇）年の八月六日の射撃術では五九名が参加した。だが、大正一〇（一九二一）年三月三一日には「京都府より借用せる日吉山射撃場敷地を府へ返還す、射撃術は既に平素の講習を廃したるのみならす、大演武会の一部としても年々参加者減少して甚た振はす、本会としては専ら剣道柔道弓道等に力を注くに如かすと言ふ意見にて大会の一部よりも削除とし、返地の挙に出たるものなり[71]」と武徳会は完全に射撃術から身を引くことになった。表1をみれば必ずしも射撃術の人数は減っていないが、施設の管理・維持費に比べて射撃術への参加人数が少なかったとみるべきであろう。

続いて銃剣術であるが、武徳会本部の武術講習の中でも実施開始はかなり遅く、大正四（一九一五）年に初めて講習会が開かれた[72]。何よりも銃剣術を指導できる者がほとんどいなかったことが講習会の立ち上げを遅らせた原因だった。銃剣術の講習には剣道助教授の大島治喜太があたった[73]。大島は徴兵に応召中に多少講習を受け、除隊後は陸軍戸山学校で半年間程練習をしたという[74]。これによって大島は銃剣術の講習にあたろうと市民有志に呼

年代	射的	弓道	各種武道・術	漕艇術（青年大会のみ）
1908年	22	239（44）	166（25）	203
1909年	38	277（36）	100（27）	168
1910年	59	252（45）	137（25）	132
1911年	不明	308（44）	167（27）	154
1912年	79	272	182	休止
1913年	80	385（42）	211	126
1914年	休止	休止	休止	不明
1915年	61	314（58）	110（32）	112
1916年	39	422（76）	151（29）	126
1917年	不明	411（79）	265（62）	147
1918年	96（15）	439（72）	181（43）	105
1919年	67（10）	394（64）	413（276）	147
1920年	104（59）	323（20）	118（49）	126
1921年	以後、廃止	372（43）	113	以後、廃止
1922年		371（42）	135（22）	
1923年		349（61）	146（49）	
1924年		393（85）	100（26）	
1925年		423（85）	138（35）	
1926年		438（114）	109	
1927年		404（192）	194（72）	
1928年		489（192）	190	
1929年		549（245）	261（78）	
1930年		608（227）	276（33）	
1931年		455（163）	359（81）	
1932年		682（254）	376（48）	

表１　武徳祭演武会及び青年大演武会における各種目出場者数（『大日本武徳会研究資料集成　第２巻』より摘出・作成。（　）内は武徳祭演武会参加人数を差し引いた青年大演武会の参加人数。休止は天皇崩御に伴う御大喪、御大喪第１期による。各種武術とは剣・柔・弓・射的・遊泳以外の武術を指す（『大日本武徳会研究資料集成　第２巻』９頁。明治41（1908)、明治43（1910)、大正６（1917）年では「各種武術」ではなく、「各種武道」と記載されており、大正９（1920）年以降、各種武道という呼称が定着する）

び掛けたが、希望者がなかった。大島は、地方に出て在郷軍人や青年団員などに剣道とともに銃剣術を教授できれば就職上便利であると宣伝し、剣道講習生を勧誘した結果二〇名の志願者を得た[75]。講習当初は熱のこもった稽古が展開されたというが、徐々に講習希望者は減少し、さらに大島も武徳会を去ったことで大正八（一九一九）年に銃剣術の講習は中止される。

最後に漕艇術であるが、漕艇術には指導者がおらず、思い思いに皆が練習に励んでいたという[76]。そのため久しくして講習は消滅した[77]。一方、青年大演武大会では明治三二（一八九九）年の第一回大会から大正九（一九二〇）年の第二二回大会まで開催されていたが、西久保が出席した大正一〇（一九二一）年六月一四日の常議員会において、「短艇競漕会の事業を京都帝国大学国際漕艇倶楽部に委譲す[78]」ることになった。

元滋賀県有志によりて行はれたるか本会に委譲を希望し本会又、海国日本の武術として必要なりとの見地より之れを引受け青年大会の一部として毎年続行し来り其の成績亦見るへきものなきに有らさるも第一、短艇艇庫も有せす大学より借用し居ること、第二、場処も京都を離れて不便なこと、第三には其の執行上の事本部の役員職員等何れも不案内なれは僅に専務理事か書記一名を伴ひ数日前より現場に出張準備を為すの外は全部大学教授及ひ学生等に委員を嘱託して其の尽力に待つ状態なれは本会の事業と言ふも殆と其の名のみに止まるの観あり而も之れか為めに年々一千余円の経費を要することなれは役員中には往々廃止を唱ふる者あり併なから事業其のものは国家の為の有益なること勿論なれは本会としても全滅を欲せす[79]。

漕艇は参加人数の減少というよりも経費及び管理上の問題から委譲が行われたのである。射撃術、馬術、漕艇術は経済的理由から実践者、指導者、施設器具管理者が不足するという具体的な問題を抱えていたのである。武徳会は漕艇を京都帝国大学に委譲する件について大正一〇（一九二一）年六月一四日に以上のような議論がなされたが、この常議員会議の決定には射撃術、馬術、漕艇術に対する西久保の武道論も反映されているのではないかと考えられる。

ところで、この常議員会議では漕艇術の委譲について青柳議員から反対意見が出ている。青柳はいう、「武徳は過去の武道のみならず、時代の進運に適応のするものも亦経営するの要ありとて本案に反対す[80]」ると。これに対し西久保は「本会は既に射撃、馬術等の事業を廃止せり、而も是等の事業は世間有力なる経営者ありて進歩こそすれ、毫も衰ふるものにあらす畢竟分業的と謂うて可なり[81]」と説き伏せた。剣道・柔道・弓道を最優先したいという本節冒頭で引用した西久保の発言はこの後に続く言葉であった。

青柳には武徳会の動向が剣道、柔道、弓道などのいわゆる日本在来の武道へと傾倒し、射撃術、馬術、漕艇術などの軍事的種目、あるいは漕艇術のようにスポーツともみなされていた武道種目を軽視しているようにみえたのであろう。青柳の反論は武徳会の軍事的実用性重視の方針が変容しつつある状況を反映していたのである。

また、青柳が「過去の武道」と述べているように、武徳会では柔道や剣道は軍事的種目や運動種目と比較される中で、伝統としての位置を確保していたと考えられる。柔道は嘉納が西洋由来の三育主義の観点から柔術を再編することで創られた明治期以降の武道種目であったが、柔道という名称は過去との繋がりを保持するために用いられたことは第三章で述べたとおりである。剣道においても大正一四（一九二五）年に武徳会から下川潮の『剣道の発達』が出版されるが、そこで下川は剣道の起源を江戸期の竹刀打込稽古に求めている。このことからも、当時の武道界においては剣道を江戸期から断絶したものとはみなすことはなかったのである。

第二項　銃剣術の再導入・弓道の復権

さて、大正九（一九二〇）年以降、武徳会の軍事的種目が続々と廃止されるが、その中で銃剣術が再び武徳会の種目として復活する。また古武芸に属す弓道が再評価されるようになる。

銃剣術の講習会は大正八（一九一九）年以降中止されていたが、大正一三（一九二四）年に陸軍戸山学校の等々力校長は銃剣術を武徳会の一種目とするために武徳会の「八代武徳会会長、西久保元警視総監、右武会長荒木貞夫大将等」に進言し、「同意を得たが、武専の教授陣」に反対されたという。[82] すなわち内藤高治を筆頭に武専の教授陣はこれに反対したのである。[83] 内藤は銃剣術の武徳会加入適否を決するため、大正一三（一九二四）年五月の武徳祭において武徳会から剣道家を、戸山学校からは銃剣術の選手を、それぞれ一九名選出し、武徳殿で異種試合をした。その結果、「十二対七」で戸山学校の銃剣術が勝ち、銃剣術は武徳会の剣道部内の一部として採用され、次いで大正一四（一九二五）年には独立した銃剣道部の誕生を見るに至る。[84] 当時、武専教授陣は武徳会の銃剣術の立場が異種試合の末に確立されたことを快く思っていなかったといわれる。[85]

この後、銃剣術は「各種武道」の一つとして武徳祭等で行われるようになる。

昭和五（一九三〇）年四月七日には武徳会の称号を銃剣術にも適用することが決まり、精練証授与資格の基準が議論されている。[86] また、昭和七（一九三二）年には銃鎗の「教士」がいる地方においては「銃剣術階級試験」を行うことが許可されるようになる。[87] 武徳会の銃剣術の資格基準の整備は在郷軍人会や戸山学校などから同意を得ながら進められた。[88]

昭和一二（一九三七）年に発行された『武道範士教士練士名鑑』では、銃剣術の教士が四四名、練士が一一五名いるとされており、銃剣術の教士には伊藤精司や江口卯吉など戸山学校関係者が名を連ねている。[89] これらのことから、武徳会会員の中で銃剣術の主な担い手は在郷軍人会会員や戸山学校の学生・教師など、従来から銃剣術を行っている組織に属していた者たちだったと考えられる。

弓道は、武徳会では剣道、柔道に次いで盛んな種目であった。

　弓道は保存武術と為したることは既に述へたる如くなるか流鏑馬、犬追物、笠懸の如き特殊なるの式儀に対しては固より然るへきも一般射礼のことに至りては本会か保存武術と為したるに拘らす、盛に民間に行はれて年々に盛況を加へ大演武会出演者の如きも四五百名を算するに至れり。故に専門家の間に於ては本会の処置に対し慊焉たらさるものありて時宜に依り会長に対し何等かの申出を為さんとする気合なきにしもあらさりき。[90]

弓道は軍事的に非実用的な古武芸と位置づけられながらも、実態としては人気のある種目だったのである。前出の表1をみると、多少の浮き沈みがあるにせよ、武徳会主催の大会に参加する弓道人口は年々増えている。また、武徳会では昭和二（一九二七）年に弓道場を建築するために三万三九八〇円が計上されている。[91] これは翌昭和三（一九二八）年に実施された「御大礼記念天覧武道大会」（以下、「第一回昭和天覧試合」と表記）を目指した計画であり、急ピッチで作業が進められた。弓道場は昭和三（一九二八）年の五月四日に落成式を迎えるが、ここで時の武徳会会長である本郷房太郎から次のような式辞が送られている。

本会は創立当初各種武術に就き奨励すへきものと保存すへきものとに区分し現今実戦の用を離れたるものは之れを保存武術として永久に保存するを以て主眼とし、弓術の如きは乃ち此の類に属するものと為したりき這は唯武術の用に就て観たるに過きすして必すしも奨励の要なしと謂ふものにあらす、凡そ皇国伝来の武道は其の何たるを問はす皆術を以て其の体と為し国体を基礎とする純真至誠の精神を以て之れか脳髄と為さゝるはなし、是れ乃ち武士道なり吾人の祖先は実に此の精神を以て其の術を活用し此の精神に背きて其の術を利するを以て武を瀆すものとせり、是故に武術としては今日既に実用を離れたるものと雖も之れに依りて心身を鍛錬し国民的精神の発揚に効果を奏するものにたるに於ては益々其の隆盛を希ふへきは当然にして近時弓道の漸く勃興するを見るは洵に喜ふへく本会か之れを扶け之れを奨めて其の効果を完うせしめんとするは亦当然の任務と謂ふへし是を以て余は今方に明言せんとす、本会は曩に弓術を以て保存武術と為せり而も尚今後に之れを奨励せんとするは弓術を体とする士魂の練磨に在り若し夫れ道を離れて其の術を弄するか如きは啻に本会の之れを取らさる処たるのみならす寧ろ之れを排斥せんとするものなり、会員諸氏希くは此の意を体して心身の練磨を第一義と為し此の道場をして徒らに技巧を弄する機関たらしめさらんことを。(92)

ここで本郷は、武術や〝術〟という言葉に対して「実用」や「実戦の用」や「術の用」といった言葉を対応させ、「其の術を利するを以て武を瀆すものとせり」、「道を離れて其の術を弄するか如きは」、「徒らに技巧を弄する機関たらしめさらんことを」、など消極的な表現と関連づけている。一方で、本郷は武道や〝道〟という語に「国体を基礎とする純真至誠の精神」、「武士道」、「士魂」、「国民的精神の発揚」、「皇国伝来」とおよそ武徳の精神に関わる、それも歴史的な言説と結びつけた積極的な評価を与えている。ここには明らかに非軍事的、非実用的とみなされた古武芸の弓術を、「心身の練磨を第一義」とする弓道として再評価する姿勢がみられる。また、この主張を当時の武徳会会長の本郷が発言していることも重要である。西久保の武道論は西久保個人の主張を越えて、武徳会の武道論として定着していったのである。

後に弓道では昭和九（一九三四）年一二月一七日に『弓道要則』という武徳会流の弓道の形式が制定された。『弓道要則』では、「古来幾多の流派を成し各々其の所信に向て発達し来りたる斯道の如きは一朝にして万人異議なき帰一の方法を得るは最至難にて今後尚研究を要する点可有之も要するに国家将来の為め斯道の普及を目的とし可成多数の意見を酌み茲に成案を得たる」(93)と各流の体系を整理し、武徳会流に統一する主旨が述べられている。さらに昭和一一（一九三六）年の『弓道要則詳解』では、「弓道要則は現在及び将来の趨勢に鑑み新に一般に通ずる射形を制定統一して将来斯道の発展に資せんとせられ昭和八年九月三十日大日本武徳会長より左記二十七名に対し委員を嘱託せられ同年十一月十日より三日間に亙り審議せしものを更に翌九年五月八日本部に会同再審議せるものにして五月二十日武徳に大日本弓道軌範として掲載せられ同十二月一日付を以て大日本弓道軌範を弓道要則と改名発表せられたるものなり。一般弓道家は武徳会の主旨を遵奉し統一の一日も速かならんことを期すべく努力せざるべからざる所なり(94)」と一般に武徳会流の弓道を普及させるために『弓道要則』の解説書も刊行された。こうした武徳会の弓道は一九三〇年代に入り、ようやく諸流の統一化が図られたのである。

弓道についてまとめると、弓道は西久保の武道論によって復権したといえるだろう。弓道は弓術と呼ばれていた時代から盛んな種目であり、前出の表1をみても弓道の武徳会主催大会における参加人数の増加傾向は明らかである。しかし、軍事的実用性を重視する従来の武徳会の方針から弓術は古武芸に位置づけられてきたのである。西久保の武道論はこうした弓術の位置づけを理念の上でも引き上げたのである。

武徳会において『記要』を改正する動きはみられなかったが、実態としては大正八（一九一九）年に武術から武道へ改称されたことをきっかけにして、武徳会においては武道に軍事的実用性よりも心身の錬磨としての役割が期待されていくようになったのである。

【第二部　小括】

近代日本の武道概念は西久保の登場によって、その意味内容が確立された。武道概念の形成過程において西久保は嘉納の〈術から道へ〉を参照ししていた。再論すれば、西久保の武道論の歴史的意義は武術に撃剣興行以来の低俗さを押し付け、武道には高尚な心身の練磨という目的を与えることで、両者の語義を差異化した点にあった。これによって実践者の振る舞い方の良し悪しが概念的に区分され、より良い振る舞い方へと実践者を導くことが可能となったのである。また武道概念には文明化を志向するニュアンスが含意されていたものの、それは建国以来の日本歴史に裏付けられた大和魂や礼儀作法といった伝統的な精神文化の実践を通じてのことであり、武道にスポーツ的要素を認めるものではなかった。嘉納にせよ、西久保にせよ〈術から道へ〉には〈スポーツ化〉

を含意していなかったのである。

西久保は大正八（一九一九）年に武徳会副会長に就任したのち、武徳会及び教育行政へはたらきかけて武道概念の普及に尽力した。その結果、武道概念は少なくとも武徳会内では市民権を獲得し、西久保の武道論は武徳会の武道論としての定着をみたのである。繰り返しになるが、文部省も西久保を中心とした武徳会関係者による帝国議会での建議をうけて、大正一五（一九二六）年四月の中学校・師範学校令施行規則の改正、翌五月の学校体操教授要目の改正によって撃剣・柔術が剣道・柔道へと改称された。ただし、大正期の文部省では名称を変更するに留まり、その内実が西久保の武道論に近づくのは昭和六（一九三一）年の武道必修化においてであった。そして、こうした武道概念の普及が進むなか、〈武道のスポーツ化〉問題は誕生したのである。

第三部　〈武道のスポーツ化〉問題の出現——戦間期における武道の大衆化

第七章　〈武道のスポーツ化〉問題の出現

本章では、〈武道のスポーツ化〉問題がどのように出現したのかについて考察する。具体的には〈武道のスポーツ化〉問題が台頭する契機として、第二回明治神宮競技大会における武徳会と大会当局との論争を取り上げる。この論争には、武道はスポーツか否かについて、武道関係者らの見解が明瞭なかたちで表れるためである。そこで本章では、まず当該時期のスポーツ状況を整理し、次いで明治神宮競技大会における武道種目採用過程における武徳会と大会当局との議論を検討することで、どのように〈武道のスポーツ化〉問題が出現したのかを明らかにしたい。

第一節　戦間期におけるスポーツの大衆化

さて、ここまで近代日本の武術、武道について考察を進めてきたが、ここで戦間期におけるスポーツの状況について概観しておきたい。

第一項　戦間期とはどのような時代か？

序章でも言及したが、まずは日本における戦間期がどういう時代であったかを改めて概観したい。戦間期は第一次世界大戦後の大正七（一九一八）年頃から日中戦争が開始する昭和一二（一九三七）年七月までのおよそ二〇年間を指す。この間、政治・経済・社会のさまざまな側面において日本は転換期にあった。社会・経済的な面では都市化と産業化が顕著に進行した時代であり、大都市への人口流入、中規模都市の人口の顕著な伸び、小都市の人口割合の漸減傾向といった都市化現象がみられたことはいうまでもない。産業についていえば、第一次世界大戦期における景気上昇や第一次大戦直後の不景気や昭和四（一九二九）年の昭和恐慌など、大きな景気変動を経験しつつも、地道に経済成長は維持された。その結果、序章で述べたことの繰り返しになるが、第一次産業人口の減少と第二次・第三次産業人口の増加がみられ、昭和五（一九三〇）年には第一次産業人口に第二次・第三次産業人口の合計が上回る事態が起こるようになった(1)。

このような都市化、産業化の中で大衆社会が芽生える。大衆社会の登場による日本社会の変動は第一に大量消費社会の出現とそれに結びついた西洋的なライフスタイルへの変容、第二にマス・コミュニケーションの発達とそれに伴う大衆文化の形成、第三に初等教育普遍化の達成とそれを基礎とした中等・高等教育の拡充とが挙げられる(2)。

特に第三の中等・高等教育の拡充は、戦間期における大衆社会の成立にとって不可欠な要素であった。天野によれば、明治一九（一八八六）年には五六校しかなかった中学校も明治三七（一九〇四）年には二六七校に増加し、人口比一万人比でみた中学生数は同じ期間に五・三人から四二・四人に増加している(3)。校数において、およそ四・七六倍の増加であり、人口比において八倍の増加である。また、明治三〇（一八九七）年の中学校卒業者数は、二四五八人であったが、明治三四（一九〇一）年には九四四四人、明治三八（一九〇五）年には一万四四〇六人、明治四二（一九〇九）年には一万六一六二人へと急増し、その多くが「上級学校進学」を目指したという(4)。この間、政府は中学生の進学熱への対応を迫られ、旧制高校の増設も一時考えたが、結果的には明治三六

（一九〇三）年に専門学校令を制定し、実業専門学校や私立専門学校の増設によって中学校卒業者の進路の分散が図られることになった。[5]しかし、専門学校令ののちも中学校卒業者数は増加の一途を辿り、旧制高校への進学熱に歯止めはかからなかった。

このように人々の進学熱が増すなか、大正七（一九一八）年には原敬内閣で高等教育機関の拡充を重要政綱とした政策が始まった。その目的は、旧制高校への入学希望者に比してあまりにも収容定員が少ないという問題を解決するためであったが、その他に第一次世界大戦後における列国間との「経済上の競争」に日本が伍していくために人材を質量ともに充実させる目的もあった。[6]大正七（一九一八）年一二月に大学令、高等学校令が出され、続いて原内閣から「高等教育機関拡張計画」が発表されたのち、官立、私立問わず大学、旧制高校、専門学校の数は増加した。これにより、高等教育機関は中学校卒業者の受け皿として拡充し、結果的にエリート養成機関として機能するのみならず、実業界にも人材を大量輩出していくことになる。こうして序章でも述べたように、戦間期には職人、商人に代わってサラリーマンが台頭するのだが、その担い手は中等・高等教育機関を巣立った人々――新中間層[7]であった。

こうした都市化に伴う諸現象は直線的に進んだわけではなく、地方の農村は依然として膨大な人口を有しており、戦間期は都市と地方（農村）における経済格差を生みながら跛行的に資本主義が浸透する時期であった。このように戦間期には大きな社会変動が起きたのであり、歴史学界においては戦間期日本を「近代社会から現代社会への転形の開始期[8]」とする歴史観が唱えられている。

第二項　武道・スポーツの普及状況

こうした戦間期における大衆社会の萌芽は武道・スポーツにどのような影響を及ぼしたのか。戦間期の社会変動の主要因の一つが中等・高等教育機関の拡充にあるので、まずは学生の運動部活動に着目したい。明治期に輸入された欧米のスポーツは主として中等・高等教育機関（帝国大学、高等学校、専門学校、高等師範学校、実業学校、高等女学校、中学校）の運動部活動を中心に発展した[9]。

第五章で確認したように明治三七―三八（一九〇四―〇五）年に起こった日露戦争の後、野球やテニスなどの部活動は中等教育機関を中心に低迷した。しかし、大阪朝日新聞社が大正四（一九一五）年に夏の全国中等学校野球大会を開始すると、野球は徐々に活気を取り戻し、大正一三（一九二四）年には大阪毎日新聞社によって春の全国選抜中等学校野球大会も開催されるようになった。また、野球以外にも大阪毎日新聞社は中学校の全国大会を開催し、昭和二（一九二七）年時点で全国中等学校庭球大会、全国女子中等学校庭球大会、全国中等学校競泳大会、全国学生相撲大会（中等学校、専門・大学の部）、全国中等学校蹴球大会地方予選などを開いている[10]。

高等教育機関の武道・スポーツ活動も人気が高かった。京大は大正二年（一九一三）年より「庭球、野球、剣道、柔道、端艇の五部に於て毎年大会を開き、高等、専門程度学校選手の競技を挙行すること[11]」を決定し、西日本を中心に「全国各高等専門学校優勝大会」を開催するようになる。このうち柔道では昭和三（一九二八）年に帝大柔道会が発足され、京大のほか、東京帝国大学、九州帝国大学、東北帝国大学の四つの帝国大学で「全国高等専門学校柔道優勝大会」（以下、「高専柔道大会」と略）が共催されるようになり、名実ともに全国的な高等学校、専門学校の大会が発足したのである[12]。また、剣道では、大正一四（一九二五）年に東京学生剣道連合会が発足し、同じ頃関西学生剣道会も結成された。学生剣道界が組織的に充実するにつれて全国的な組織の必要性が叫ばれるようになり、これら二つの団体が協議し、昭和三（一九二八）年一一月に全日本学生剣道連盟が結成され、同年より全国大学高等専門学校剣道優勝大会が毎年開催されるようになった[13]。

元来、学生スポーツはエリート文化だが、戦間期には大衆文化としての一面も合わせ持つようになった。戦間期に日本各地で旧制高校、中学校などが増設されると、同時に多くの新設学校で運動部が創部されたのである。これによって、武道人口もスポーツ人口も増大したが、ここに武道もスポーツも新中間層が担う大衆文化へと変容するきっかけの一つがあったのである。

例えば、表2は体育史の研究者である鈴木楓太が作成したもので、大正一三（一九二四）年、昭和七（一九三二）年、昭和一六（一九四一）年の中学校における運動部の設置状況の推移である[14]。一見して分かるのは、各種目の設置率が大正一三（一九二四）年から昭和七（一九三二）年にかけて全体的に増加していること、その後、戦時下の昭和一六（一九四一）年に至って種目毎に設置率の増減がみられることである。戦間期に運動部活動がいかに増設傾向にあったかが分かるだろう。

明治時代の中学校の各種目の運動部活動の実施率を検討した渡辺融の研究では、明治三一（一八九九）年に文部省が発行した『全国公立尋常中学校統計書』という資料を用いて、明治三一（一八九八）年の全国公立尋常中学校における校友会に関する調査結果を検討している。渡辺論文にまとめられた表には女学校、あるいは「女子～」を冠する学校名が見当たらないので、『全国公立尋常中学校統計書』で調査されたのは男子校であると考えられる。渡辺論文によれば、明治三一（一八九八）年に公立の尋常中学校内に設置された校友会数は回答のあった九九校中六八校であり、そのうち運動部活動が実施されていた学校は五九校であった。校友会設置校の八六・七パーセントが運動部活動を実施していたのである[15]。

また各種武道・スポーツが実施される割合は、剣道が一四校でこれを全体の五九校で割ると実施率は約二三・七パーセント、以下同様にして柔道が一一校（約一八・六パーセント）、テニスが三校（約五・〇パーセント）、野球が一二校（約二〇・三パーセント）、陸上競技一校（約一・六パーセント）、水上競技が三校（約五・〇パーセント）であった[16]。

これに対し、表2の大正一三（一九二四）年の男子の中等学校おける各種目の実施率をみれば、剣道で約七三・二パーセント、柔道で約五一・一パーセント、テニスで約七二・五パーセント、野球で約五九・三パーセント、陸上競技で約五一・八パーセント、水上競技で約三五・九パーセントである。ただし、表2の統計には私立

	女子						男子					
	1924年		1932年		1941年		1924年		1932年		1941年	
	730校	設置率	949校	設置率	823校	設置率	523校	設置率	594校	設置率	577校	設置率
庭球	269	36.8	600	63.2	643	78.1	379	72.5	546	91.9	433	75.0
徒歩	154	21.1	—	—	—	—	102	19.5	—	—	—	—
陸上競技	133	18.3	517	54.5	568	69.0	271	51.8	550	92.6	513	88.9
卓球	122	16.7	424	44.7	680	82.6	5	1.0	47	7.9	103	17.9
水泳	97	13.3	199	21.0	263	32.0	188	35.9	377	63.5	327	56.7
排球	76	10.4	563	59.3	761	92.5	0	0	175	29.5	287	49.7
登山	74	10.1	—	—	189	23.0	40	7.6	—	—	180	31.2
籠球	67	9.2	451	47.5	632	76.8	2	0.4	213	35.9	414	71.6
弓道	56	7.7	132	13.9	449	54.6	74	14.1	199	33.5	260	45.1
蹴球	26	3.6	—	—	1	0.1	140	26.8	210	35.4	221	38.3
ラグビー	—	—	0	0	0	0	—	—	24	4.0	46	7.8
野球	25	3.4	2	0.2	1	0.1	310	59.3	450	75.6	331	57.4
体操	25	3.4	—	—	89	10.8	4	0.8	—	—	295	51.1
スキー	22	3.0	56	5.9	173	21.0	39	7.5	72	12.1	117	20.3
薙刀	17	2.3	—	—	59	7.2	0	0	—	—	0	0
スケート	13	1.8	8	0.8	49	6.0	5	1.0	10	1.7	49	8.5
柔術	2	0.3	0	0	2	0.2	267	51.1	476	80.1	488	84.6
剣道	1	0.1	1	0.1	8	1.0	383	73.2	569	95.8	532	92.2
相撲	0	0	0	0	0	0	137	26.2	155	26.1	269	46.6
端艇	0	0	3	0.3	2	0.2	73	14.0	73	12.3	50	8.7
射撃	0	0	—	—	9	1.0	2	0.4	—	—	291	50.4
グライダー	—	—	—	—	0	0	—	—	—	—	143	24.8

表2　男女中等学校校友会運動部設置数及び設置率（%）の推移（鈴木楓太「戦時期のスポーツとジェンダー―文部省の「重点主義」政策の検討を中心に―」、『一橋大学スポーツ研究』第31号、2012年、48頁より抽出・作成）

校が含まれている可能性があり、渡辺論文のデータと単純な比較はできないが、やはり戦間期の方が各種目の実施率は高いと思われる。そもそも回答のあった男子の中等学校数に限ってみても明治三一（一八九八）年と大正一三（一九二四）年とではおよそ五・三倍も後者が多いのだ。実践者の人数もそれに伴って拡大しているとみてよいだろう。

女子の特徴は中等学校運動部活動の設置率が大正一三（一九二四）年時点から次第に男子の中等学校での運動部活動設置率に近づいていることである。女子では柔道、剣道などの武道種目の普及が遅れているが、弓道は例外的に多く昭和七（一九三二）年には一三二校が実施している。元来、弓道が武士の嗜み（男性的な文化）であったことを鑑みれば、こうした女学校への普及の度合いは注目に価するだろう。

続いて、各種目のジェンダー差についてみてみよう。まず男子ではみられなかったが、女子では薙刀が実施されている。テニス（庭球）や陸上競技は男女ともに実施校数の多い種目である。同様の傾向を武道種目で探せば、弓道がこれに相当し、ジェンダー差の少ない武道種目であることが分かる。一方、剣道、柔道などの武道種目は、ジェンダー差が顕著な種目である。武道種目以外では相撲、サッカー（蹴球）、ラグビー、ボート（端艇）なども男女間で実施校の格差が大きい種目である。

また、各種目にかかる経費をみれば、実施校の数とは異なる武道・スポーツの普及の実態がみえてくる。昭和七（一九三二）年の野球の実施校数は五〇〇校を越えないが、表3をみれば、経費が最も高いことが分かる。昭和七（一九三二）年時点で野球は、女子中等学校ではほぼ実施されていないジェンダー差の顕著な種目であるが、そうしたなか全種目中で最も経費がかかっていることは、野球がいかに男子の間で人気のある種目だったかを示している。

このように中等教育機関におけるスポーツの普及状況は男女間で異なり、武道種目と野球は男子校を中心に普及していたのである。テニスや陸上競技の普及は男女とも順調であり、武道種目の中でも弓道は比較的女学校で

	男子（中等学校・実業学校）	女子（中等学校）	部費総額
剣道	256,926	10	256,936
柔道	161,125	0	161,125
弓道	37,976	13,289	51,265
相撲	37,279	0	37,279
野球	336,315	28	336,343
陸上競技	239,874	69,125	308,999
水上競技	100,393	22,881	123,274
テニス	214,553	75,704	290,257
バレーボール	41,480	68,643	110,123
バスケットボール	49,217	53,433	102,550
卓球	10,957	24,007	34,964
サッカー	63,680	0	63,680
ラグビー	3,921	0	3,921
ボート	34,873	325	35,198
スキー	18,269	5,184	23,453
スケート	2,021	244	2,275
その他	94,857	111,714	206,571
合計	1,703,726	444,587	2,148,313

表3　中等教育機関における種目毎の運動部費（昭和7（1932）年現在）（文部大臣官房体育課『中等学校ニ於ケル校友会運動部ニ関スル調査』一成社、1933年より摘出・作成）

も普及していたようである。

一方、戦間期における地方・部活動外のスポーツ活動は低調であった。例えば、大正期における青年団におけるスポーツ活動についてみてみよう。大正一三（一九二四）年七月に日本青年館が発行していた雑誌『青年』では「全国青年団体育運動状況」の統計調査が発表されている。表4は青年団で実施されている運動種目について全国一万四五一二団ある青年団中、一万二三五四団から得た回答を集計した調査結果から全三五種目中、上位一〇種目を摘出作成したものである。当調査を実施した調査部は、まず上位二種目について「全国に行はれている運動種目はなんと云っても剣道と角力とであってどんな片田舎へ行っても大抵行はれて居る」[17]と指摘している。これは江

順位	種目	実施団数（1万2354団中）	実施率
1	剣道	8,235	66.6%
2	角力	7,840	63.4%
3	ランニング	4,756	38.4%
4	体操	2,518	20.3%
5	柔道	2,356	19.0%
6	庭球	2,153	17.4%
7	登山	2,100	16.9%
8	拗擲（スローイング）	1,662	13.4%
9	跳躍（ジャンプ）	1,575	12.7%
10	銃剣術	1,575	12.7%

表4　青年団で実施されている運動種目（大正13（1924）年7月現在）（安原清太郎編『青年』第9巻第7号、日本青年館、1924年、147頁から摘出・作成。実施率は小数点第2位以下切り捨て）

戸期以来、撃剣や草相撲が民俗として根付いていたことの結果だろう。[18]また青年団の武道は娯楽的な楽しさや試合における勝利の追求が活動のモチベーションとなっていたといわれ、武徳会や講道館が退けようとしていた娯楽性を保持し続けていたのである。[19]

一方で、「柔道は我国技の一であるが地方に於いては適当なる指導者を得るに難く余り一般に行はれて居ないと云ふ事は残念である」[20]と指摘されている。柔道は青年団で実施される運動種目としては比較的上位に入るが、その実施率は一九・〇パーセントに留まっていた。第三章でも確認したように嘉納は中等・高等教育機関での柔道普及には熱心だったが、青年団など地域の社会組織への普及にはなかなか手が回らなかったのであろう。三位のランニングは陸上競技のことである。これは「国際的競技として華やかであり一方運動が比較的簡単に行はれる結果今後益々進歩し隆盛になる事は明かである」[21]ためと分析されている。一方、青年団には野球を始めとして集団スポーツの普及が遅れていることが分かる。その理由は不明瞭であるが、おそらく施設や用具の管理・運営費や施設建設費などに経費がかかるためだと思われる。

次に表5は、昭和五（一九三〇）年に行われた青年団のス

	市部青年団	郡部青年団
1．陸上競技	455（25.7%）	7,893（66.2%）
2．登山	424（23.9%）	1,504（12.6%）
3．水泳	287（16.2%）	522（4.4%）
4．野球	385（21.7%）	362（3.0%）
5．テニス	117（6.6%）	499（4.2%）
6．卓球	174（9.8%）	314（2.6%）
7．スキー	33（1.9%）	190（1.6%）
8．バスケ・バレー	24（1.4%）	—
9．キャンプ	65（3.7%）	37（0.3%）
10．武道	391（22.1%）	4,459（37.4%）
11．相撲	161（9.1%）	1,617（13.6%）
12．体操	42（2.4%）	148（1.2%）

表5　青年団のスポーツ活動（昭和5（1930）年4月末現在）（大日本連合青年団『昭和五年度全国青年団基本調査報告書』1934年。本書では、坂上康博『権力装置としてのスポーツ　帝国日本の国家戦略』講談社選書メチエ、1998年、45頁より摘出・作成。坂上は実施率1％未満の種目を除外している。報告があった市部青年団総数1771、郡部青年団総数1万1917であり、調査票回収率は、市部57.7%、郡部88.5%、全体で82.8％である）

ポーツ活動状況の調査である。これは「郡部」と「市部」を分けて集計されているため、地方と都市の違いが明瞭に分かる。これをみれば郡部青年団では陸上競技、武道、相撲、登山など表4の時点でも実施率の高かった種目がやはり高い水準で実施されている。一方で、市部青年団でも陸上競技の実施率は高い。そのほか登山、水泳、野球、卓球、バスケ・バレー、キャンプといった集団スポーツ、レジャースポーツの実施率は郡部に比べて市部が高く、逆に武道や相撲は郡部に比べると市部の実施率は低い水準に留まっていた。

このように、青年団総体に目を向ければ戦間期においても武道種目や相撲が根強いことが分かる。また、集団スポーツの普及は概ね青年団が所在する地域の都市化の進度に影響をうけているとみられるが、全体的には普及が遅いことが窺える。

第三項　スポーツの定着とメディア

スポーツという用語は戦間期以前には定着していなかったといわれる。例えば、戦後に行われた丸山眞男と古在由重との対談のなかで次のように述べられている。

古在：一九一二年、僕が小学校五年生だったとき、ストックホルムでの第五回国際オリンピックの大会に日本の旗をかかげてはじめて日本の選手が参加した。そのときマラソンの金栗四参さんと短距離の三島弥彦さんが参加し惨敗におわりました（中略）日本からみると、非常にショックだったことは事実です。そのころからスポーツに熱心になりましたから、これはオリンピックでの日本選手の苦杯になんか関係があるかも知れません。

丸山：スポーツという言葉はまだなかったでしょう。

古在：なんという言葉を使ったかおぼえていません。(22)

つまり大正元（一九一二）年には、まだスポーツという用語は定着していなかったのである。

このような状況が戦間期に入る頃には変化していく。例えば、出版物にスポーツという言葉を冠するものが目立つようになる。体育思想史家の入江克己によれば、「雑誌「スポーツ」（竜洋社）、同「スポーツマン」（中央運動社、以上大正八（一九一九）年創刊）、週刊誌「アサヒ・スポーツ」（大正一二（一九二三）年創刊）等のスポーツ・ジャーナリズムの登場や「スポーツマンの精神」（八島鐘二）、「趣味のスポーツ」（寺田英）、「スポーツ・パンフレット」（朝香屋　以上大正一三（一九二四）年創刊）、「最新スポーツ全集」（日本スポーツ協会　大正一四（一九二五）年刊）、「スポート・マッサージ」（出口林太郎　大正一五（一九二六）年刊）等のスポーツ書も出版されていることからも理解される」(23)と指摘している。スポーツという用語が辞典類に収録されるのも昭和二（一九二七）年の『新英和大辞典』からである。(24)国語辞典にスポーツが収録されるのは昭和七（一九三二）年の『大言海』であり、「戸外遊戯、又、屋外運動競技」と説明された。(25)

	大阪毎日新聞社	朝日新聞社
1905年	大阪湾10マイル遠泳	
1908年	全国中等学校庭球大会	
1909年	大阪─神戸間マラソン	
1913年	第1回日本オリンピック大会	
1915年		全国中等学校優勝野球大会
1916年	京阪神参都対抗陸上競技大会	全日本東西対抗陸上競技
1917年	日比オリンピック大会	
1918年	第1回日本フットボール大会	
1920年		全国実業団野球大会
1921年	日本硬式庭球選手権大会	
1924年	全国選抜中等学校野球大会	

表6　新聞社主催のスポーツ大会（明治38（1905）年─大正13（1924）年）（井上俊・西山哲郎「スポーツとメディア・イベント─「武道」の形成とスポーツの「武道化」─」、津金澤聰廣編『近代日本のメディア・イベント』同文館、1996年、116頁より摘出・作成）

またスポーツの発展に拍車をかけたのが各新聞社主催のスポーツ大会である。新聞社にとってスポーツ大会は大変魅力的なコンテンツであり、各新聞社はこぞってスポーツ大会を主催し、その大会の経過や結果を逐一、報道したのである。[26] 表6は大阪毎日新聞社、朝日新聞社が主催したスポーツ大会の一覧である。これをみれば二〇世紀に入り、およそ二〇年の間に各新聞社が様々なスポーツ大会を主催したことが分かるだろう。朝日新聞社主催の全国中等野球大会では、大正一三（一九二四）年には甲子園に五万人の観客を動員している。[27] また、スポーツ大会は戦間期に入るまでにもたくさん開催されていたことが分かるが、戦間期のスポーツの大衆化はこうした新聞社主催のスポーツ大会及び報道によって準備されたのである。

さらに、日本のラジオ放送は大正一四（一九二五）年に始まるが、翌年には学生野球の中継が行われるようになった。昭和期に入ると、モダニズム文芸の一ジャンルとして「スポーツ小説」が執筆されるようになる。小説によってスポーツは「単なる出来事ではなく、社会的コンテクストを含みながら制作された人工的・人間的な事実、端的に言って文化的なメタファー[28]」となるのである。こうした新聞社のスポーツ大会、ラジオ放送、そしてスポーツ小説の登場にみられるように、大衆社会におけるスポーツは視覚、聴覚といった感覚と想像力の次元において娯楽的に消費される「情報文化」へと展開していった。(29) 以下、本書では人々の視覚、聴覚及び想像力を刺激し、人々を楽しませるスポーツを〝消費スポーツ〟と呼ぶことにする。

第二節　明治神宮競技大会とスポーツ種目としての武道

武道は戦間期において大きな転換期を迎えていた。昭和一〇（一九三五）年、桜庭武は『柔道史攷』のなかで第一次世界大戦直後の武道の様子を次のように述べている。

我が国は欧州大戦（第一次世界大戦：筆者注）直後、その反動として起つたデモクラシーの思想によつて、一時思想界が風靡せられ、軍隊は野蛮視せられ、武道は前世紀の遺物の如く考ふる人士が横行し、都鄙その風が横溢する有様であった。(30)

デモクラシー運動が活発になる第一次世界大戦直後は、武道総体が「前世紀の遺物」と非難される時代だったのである。第六章で述べたように、大正一一（一九二二）年三月の帝国議会衆議院では軍縮建議案が可決されることになるが、これをうけて武徳会は武道に軍事的実用性を求める「軍国主義的性格」から、心身の練磨を求める「実践的修身」へと力点を移していった。(31) その背景には武道の実戦性が野蛮視されるこうした社会状況があったのである。

では、実戦性を否定された武道はどのように戦間期の大衆社会に受容されたのだろうか。本節では、本書の主題である〈武道のスポーツ化〉に焦点を絞って、第二回明治神宮競技大会における武道種目の取り扱いについて考察したい。

明治神宮競技大会は大正一三（一九二四）年に開始された。明治神宮競技大会は内務省が主催するスポーツ大会であり、大正一三（一九二四）年から毎年、大正一五（一九二六）年の第三回大会以降は隔年で開催された[32]。明治神宮競技大会は、スポーツ[33]と青年団を媒介にして、地域共同体と天皇制国家の精神的結びつきを強化する国家的儀礼としての性格を持っていた[34]。特に昭和三（一九二八）年の三・一五事件と天皇の代替わりを奉祝する意味も相俟って、明治神宮競技大会は天皇の権威を背景に思想善導の意義を強めていく。そうした中で各種武道もまた思想善導を担う種目として政府より期待されていた。

ところが、武徳会は第二回大会の参加を拒否していた。この参加拒否の主導者も西久保であった。武徳会が明治神宮競技大会に不参加を表明する主な理由は次のようなものであった。大正一四（一九二五）年九月二六日の常議員会では次のような決議がなされた。

> 明治神宮体育《ママ》大会を催するに付、本会よりも西久保副会長を代表して協議に参加せしか、内務当局は武道其のものを解すること能はす為めに　一、他のスポーツと同く運動競技として其の名を改むることに同意せす。一、場所を内苑に希望せしも外苑を主張し、一歩を譲りて場所に同意するも入場料即ち木戸銭徴収撤廃に同意せす。　一、勝負を場合に張り出すことを止むる事も同意せす。　一、拍手を禁する事亦同意せす。
> 右に付極力熟議する処ありしも、反省を得さるに付万止むを得す本会は該事業に参加せさることに決[35]。

まず注目すべきは、武徳会が明確に武道とスポーツとを区別していることである。武道概念は武術と武道を言葉の上で差異化することで創られた概念であるが、スポーツとの違いも意識されていたのである。次に入場料徴収について、武徳会は武道の方針に反した行為と考えた。撃剣興行のように木戸銭を徴収する武術との差異化こそが武道概念の成立に不可欠であったためである。三つ目に武徳会が内苑での演武を希望したのは、鎮座祭での経験があるためだろう。しかし第六章でみたように、内苑での演武は武道の神聖さを示すことにはなっても、武道の普及や親しみやすさにはつながらなかったものと考えられる。

この武徳会の不参加表明については、批判が相次いだ。大正八（一九一九）年東京高等師範学校体育科（剣道専攻）を卒業し、同校で剣道を教えていた佐藤卯吉は、大正一四（一九二五）年一〇月一五日付の『アサヒ・スポーツ』誌上で、学生剣道を代表して武徳会の不参加表明を批判した（図12）。

佐藤はいう。武徳会は武道とスポーツとは異なるとの見解を示しているが、「競技だって其の理想とする所は武道と同様武士的精神修養であり、スポーツマン・シップの体得である」[36]。したがって、「武士的精神は武道家の独専《ママ》す可きものでない」[37]はずだ。不参加の理由として武徳会は他のスポーツとともに外苑で試合を行いたくないというが、「他の運動競技と共に武道を行って悪いといふ理由を見出すことは出来ない」し、「むしろ運動競技の模範となり、己れに倣はしむる様でなければならない」のではないか[38]。

佐藤は、スポーツでも武士的精神を養えると主張し、精神面では武道とスポーツに違いはないと指摘した。それゆえに武道はスポーツと活動を共にし、模範を示す必要があると佐藤は考えたのである。

しかし佐藤の批判はこれに留まらない。彼はより核心的な批判を武徳会に投げかけた。佐藤はいう。「武道から勝負の形式を除き去るときは、武道の武道たる所以は何れに存在するであらうか、武徳会の考へてゐる武道は形式を無視した抽象的の武道[39]」ではないか。そもそも、「武徳会主催の琵琶湖上の、ボートレース、或は競泳大会等は競技では無いであらうか[40]」。また、「西久保副会長の言はるる地稽古なるものも試合勝負を前提として、始めて成立するのではないか、そんなことを言って居れば武徳会の大会には勝負を争って居ないのであるか、青年大会の優勝旗は果して何を目標に授与して居るか[41]」。

図12　佐藤卯吉（佐藤卯吉『永遠なる剣道――普及版』講談社、1975年）

佐藤は武徳会のみならず、西久保をも名指しで批判した。その批判は西久保の武道論の矛盾を突いていた。西久保は武道の目的として勝負を争うことを否定しながらも、武徳会が「ボートレース」、「競泳大会」「青年大会」などで出場者に優勝を競わせている現実を変えようとしていなかったのだ。そうした西久保の態度に対して、佐藤は矛盾していると主張したのである。

そしてさらに佐藤は、武徳会が自らの主義主張を貫いた結果、従来、他団体と交流してこなかったことを批判し、「武徳会も京都の奥に引き籠る可きでない思い切って世間に出て来る可きだ、民衆の中に出て来る可きだ、我が尊ぶ可き武道は一部の人の独専《ママ》す可きものでない、一般国民の武道でなくてはならぬ[42]」と、その閉鎖的な性格を批判した。武道がスポーツ同様、試合を実施するのであれば、武道家がスポーツ選手に模範を示すという目的も含めて、「一般国民」に武道を開放すべきだと佐藤は考えたのである。

他方で、佐藤は武徳会の入場料徴収の拒否については賛同していた。ただし佐藤は、「限りある場所に限りなき観衆を容れることは出来ない、場内整理の必要上[43]」、入場料徴収を認めても良いのではないかと述べた。佐藤は武徳会の主張とは別の理由から入場料徴収を認めたのである。

かくして、佐藤の主張をきっかけに〈武道のスポーツ化〉問題が台頭する端緒が開かれたのである。佐藤の批判に続いて、今度は明治神宮競技大会当局も武徳会の不参加表明に反論した。大正一四（一九二五）年一〇月三一日に「明治神宮競技大会剣道大会準備委員」の名義で「スポーツと武道の関係を述へ明治神宮競技大会に参画したる理由を声明す」という声明書を提出している。声明書の内容は次のようなものであった。

彼のスポーツが古き沿革を有し其の精華を発して所謂スポーツマンシップとなり紳士たるの心身陶冶上最も有力なる要道と認められたること我に於ける武道と甚だ相似たる所あり（中略）彼の勝敗のみを目的として其の手段方法を問はさるか如きは真のスポーツマンか常に唾棄する所にして之を我か武士道の精神に照すも之を称賛するに吝ならさるへし（中略）剣道の修業は其大部分を地稽古に依りて得らるることは改めて説くの要なけれ共仕合は地稽古の精髄を発揮せるものなるか故に理想的仕合は修養上にも亦重要なる手段なり（中略）方法宜しきを得は奨励上は勿論修業上にも亦必要なり一部論者の云ふか如く仕合を不必要とせる域に達せるものは即ち達人の事にして一般普通人に対しては理想的仕合の必要こそあれ是れを不必要とするは何等理由なし（中略）克己、果断、邁進、精神の統一等吾人か活社会に立つ上に於て行住坐臥必要とする精神の修業を平時の練習に積みたるもの初めて競技を俟ちて発露するものと云ふへし、故に競技大会なる名称の下に其一部として剣道の仕合を行ふを以て直ちに瀆武の誹ありと為すか如きは競技の本義と競技を国家か奨励するの真意とを解せざるの甚しきものとす(44)。

大会当局の見解は概ね佐藤の見解と一致していた。大会当局は、スポーツマンシップと武士道精神とを、勝敗に拘らない正々堂々とした態度で試合に望み心身の育成を図るという点では変わるところがないと考えたのである。大会当局は、スポーツが持つ意義を武徳会は理解していない、つまり武徳会は「競技」という名称に対して「瀆武の誹あり」と過敏に反応し過ぎており、国家が「競技」を奨励する意図を理解していないというのである。このようにして、武徳会と大会当局は互いに主張を譲らない状況が続いたのである。

ところで、明治神宮競技大会に批判的だったのは武徳会だけではなかった。文部省もまた同大会の開催については批判をしていたのである。もともと学校体育の主管は文部省であったが、第一次世界大戦後、出生率の低下、乳幼児死亡率の増加、結核性疾患の蔓延、そして徴兵検査の結果などを背景として、内務省は社会体育に関心を寄せ始めた[45]。そのため文部省、内務省の双方がそれぞれスポーツ政策を打ち出していく中で、予算獲得を巡った両省の衝突が起きることとなる。そこで両省が予算獲得を巡ってスポーツ政策の主管庁のポストを争う際、内務省がアピールしたのが明治神宮競技大会だったのである。

これに対し、文部省は大正一五（一九二六）年三月に「体育運動の振興に関する訓令」を地方長官及び直轄諸学校にたいして発した。訓令の中身は「国民全体が体育運動を『精神的並身体的訓練』として『合理的』に実施するために、①体育運動の指導、②運動選手の選定および競技会の開催、③体育運動団体の組織および管理の三つについて具体的な指針を提示[46]」するものであった。この訓令に基づいて文部省は明治神宮競技大会に学生、生徒、児童の参加を認めない旨を内務省と協議した[47]。明治神宮競技大会は名目上、国民全体のスポーツ大会であったが実質選手の大半は学生であった。そのため、学生を動員しないならば大会を開く意味はないとの判断から、内務省は第三回大会の主催を降りることになった。

第三回大会は大日本体育協会の役員を中心とした明治神宮体育会が主催することになる[48]。これにより武徳会と内務省の小競り合いは解消し、武徳会は大正一五（一九二六）年九月一七日の常議員会において「本会の趣旨を諒とし運動競技会の名を改めて体育会とし、本会の参加を切望する旨[49]」を大会当局に伝えた。こうして武徳会は明治神宮体育会顧問に武徳会会長の本郷が就任したこともあって、明治神宮競技大会に参加したのである。武徳会が参加を決めた要因として、「武道は絶体《ママ》に入場料等を徴せさること[50]」が挙げられるだろう。その一方で勝敗の非公表、拍手の禁止、そして内苑での演武といった点については妥協することになった。西久保が挙げた不参加の理由が、全て解消されたわけではなかったのである。

ところで、第二回明治神宮競技大会の武道種目には武徳会以外の団体、例えば講道館、現役陸海軍人、帝国在郷軍人会、中学校、大学、専門学校などが参加していた。このことから、政府は武道とスポーツの境界線をあまり意識しなくなっていたといえる。政府にとって明治神宮競技大会開催の目的は、経済格差などで民心に亀裂が走り、政府批判が繰り返されるデモクラシーのなか、格差を越えた人びとの一体感を演出することにあったのである。明治神宮競技大会の持つそうした目的のもとにあっては武道とスポーツの差異はさして問題にされなかったのではないかと考えられる。ここに政府の国民統合を媒介とした〈武道のスポーツ化〉が起きたのである。

第三節　〈スポーツ化〉問題の始まり

第一節ではスポーツの担い手の変容過程を概観した。その過程でスポーツには消費スポーツという性格が強まったことを確認した。

第二節では、明治神宮競技大会における大会運営側と武徳会との論争を検討した。明治神宮競技大会では武徳会の不参加表明が起きたが、それは武道がスポーツと同一視され始めたことを象徴する出来事であったと考えられる。本書ではこの大正一四（一九二五）年の第二回明治神宮競技大会を〈武道のスポーツ化〉問題が出現する象徴的な契機として捉えたい。これ以降、柔道、剣道、弓道などの武道種目でも〈スポーツ化〉が活発に論じられていくようになるためである。次章では、これら各武道種目での〈スポーツ化〉問題について検討し、〈スポーツ化〉がどのような意味で用いられたのかを考察する。

第八章　剣道・柔道・弓道における〈スポーツ化〉問題の展開

本章では、各種武道の〈スポーツ化〉問題について検討したい。第六章でも検討した通り、武道概念に包含される主な種目は剣道、柔道、弓道であったため、本章でもこれに従い、剣道、柔道、弓道の〈スポーツ化〉問題について検討したい。

第一節　〈剣道のスポーツ化〉問題

一九二〇年代後半から一九三〇年代にかけて体育・スポーツは政府によって国民の思想対策に用いられていく。昭和三（一九二八）年の三・一五事件をきっかけに、学生のなかの左翼思想をいかに取り除くかが政府の課題となった。桜庭が述べていたように、第一次世界大戦後、武道はデモクラシー状況のなか野蛮視される「前世紀の遺物」とみなされていたのであるが、昭和三（一九二八）年一二月五―八日の体育運動主事会議における「国民思想の善導」(1)に関する答申中で「尚武の精神を涵養し愛国の思念を鼓吹するため特に武道の振作を図ること」(2)が示され、武道は政府の思想善導の一翼を担う種目として位置づけられた。さらに、昭和四（一九二九）年には第一回昭和天覧試合が開催されることになる（図13）。「前世紀の遺物」とみなされた武道は昭和期に入ると政府の

図13　第１回昭和天覧試合・剣道府県選士試合決勝（野間清治『昭和天覧試合』、大日本雄弁会講談社、1930年）

側から注目を浴びるようになったのだ。

第一回昭和天覧試合は昭和天皇の即位を記念し、宮内省が主催した武道大会であった。同年の五月四日と五日の両日、皇居内の覆馬場（屋根付きの乗馬練習場）と済寧館の二つを会場として開催された。種目は柔道と剣道であって、指定選士（専門家）の部と府県選士（非専門家）の部にそれぞれ分かれて、計一六四名の出場者が各部門での優勝を争った。試合は、各組四人から七人の総当たり戦で各組の優勝者によるトーナメントが行われ、初日を勝ち抜いた二四人が翌日の準々決勝以上の試合に臨むという方式であった。[3]

第一回昭和天覧試合は、メディアイベントとしての側面もあった。第一回昭和天覧試合は、メディアの注目度が高く、『大阪朝日新聞』では五月六日付の一面トップに試合結果を掲載した。[4]

また、第一回天覧試合の興奮がさめやらぬ昭和四（一九二九）年五月二九日に文政審議会諮詢一一号特別委員会で中等学校における剣道と柔道の必修化案が「希望事項」として決議され、昭和六（一九三一）年一月から実施された[5]。この武道必修化の理由について同年一月二〇日に出された文部省訓令第一号では「剣道及柔道が我が国固有の武道にして、質実剛健なる国民精神を涵養し心身を鍛錬するに適切なるを認めたるが為にして、両者又は其の一を必修せしめんとす[6]（傍点、筆者）」とされ、武道には国民精神の養成が期待されたのである。

第一回昭和天覧試合の開催は武道への注目を集め、例えば武徳会はさらなる会員獲得にむけて会員募集を展開し、昭和四（一九二九）年度には新会員一二万七一九八人を獲得したといわれる[7]。武道は昭和天皇の権威を背景にこの後、急速に普及していく。武徳会には第一回昭和天覧試合が開催される直前に既に相当数の会員が存在していた。産業労働調査所は昭和三（一九二八）年当時の各種スポーツ団体における会員数を算出しているが[8]、それによれば講道館が三万九〇五四名、武徳会が二二三万四八九四名の会員を獲得している。

年次	剣道	柔道	弓道	銃剣道	計
1926年	2,352	2,413	187	—	4,952
1930年	9,179	5,416	3,400	—	17,995
1933年	19,755	12,805	6,694	3	39,257
1934年	25,066	15,309	8,678	35	49,088
1935年	31,135	18,972	11,161	89	61,357
1936年	38,144	22,647	13,829	178	74,798
1937年	47,961	26,845	17,263	339	92,408
1938年	56,399	31,524	20,050	435	108,408
1939年	70,020	37,837	24,399	516	132,772
1940年	86,426	44,741	29,349	615	161,131
1941年	108,866	53,083	35,523	932	198,404
1942年	139,603	65,603	43,502	2,279	250,987

表7　大日本武徳会の有段者総数（昭和元—17（1926—1942）年）（坂上康博「武道界の戦時体制化」、『幻の東京オリンピックとその時代　戦時期のスポーツ・都市・身体』青弓社、2009年、247頁より抽出・作成）

一九三〇年代にはさらに武道人口は増えていく。表7は坂上が作成した昭和元（一九二六）年から昭和一七（一九四二）年までの武徳会有段者総数であるが、一九三〇年以降、爆発的に有段者数が増えているのがわかる。坂上や井上によれば、一九三〇年以降は講道館においても有段者総数、入門者数も増加傾向にあったという[9]。

ところで、第一回昭和天覧試合に対しては各界名士が数多くの感想を述べており、それが昭和五（一九三〇）年に宮内省が発行した『昭和天覧試合』に収録されている。この『昭和天覧試合』を用いて、第一回昭和天覧試合をめぐる言説を分析した寒川は、「武道をスポーツと対比させ、武道の側に日本古来・日本固有・武士道・大和魂・国体・国民精神・尊い伝統・深遠の諸価値を当て、スポーツの側に欧米・保健・娯楽・競技・末節の諸価値を配し、全体として武道を日本固有にしてスポーツとは異なる、スポーツ以上の価値をもつ精神修養道とする見方を提唱[10]」していたと指摘している。

ただし武徳会関係者、特に西久保や武専の剣道主任教授であった内藤にとって、この大会は各界の名士の思いとは異なる意味をもつものであった。そもそも内藤は第一回昭和天覧試合の開催に反対していた。内藤は第一回昭和天覧試合の開催について宮内省の諮問を受けた際に、試合の勝敗が喧伝されることで選手が技術に堕することを懸念し、開催反対の意を表明していた。しかし、内藤の反対に対して宮内省西園寺八郎は「おそれ多くも勅命でありますぞ」と反論し、内藤は渋々天覧試合の開催を承諾したといわれる。内藤は東京から京都に戻ってきて「これで日本の剣道はほろびる」と嘆いたという[11]。直後に内藤は逝去する。

また、昭和期の武徳会は西久保の思い描く武道から徐々に離れていった。第一回昭和天覧試合の模様を収めた『昭和天覧試合』では各界の名士の感想の中に西久保の試合感想も載せられていた。西久保は「武道天覧あらせられ、此後も亦あらせらるゝ事とお察しするにつけ、武道によって他国民と異なった偉大なる国民性を養成せんとの大御心の有難さをお察しいたす[12]」と天覧試合開催に対しては好意的であった。ただ西久保が武道家に求めた心身練磨の姿勢は個々の武道家の試合態度に表れるのであった。その点、第一回昭和天覧試合における武道家の試合態度には心身練磨のあとがみられず、天皇の期待に応えるものではないと西久保には思われた。

西久保はいう。武道の目的を心身の練磨と述べるのは最早「武道を学ぶ者の異口同音に云ふ、平凡な真理である[13]」。しかし、「現今の武道の稽古は如何か?剣道で言へば手の先だけで稽古をする人がある。又、片手打、片手突といふ業をやる（中略）又、「引上げ」と云って当りもせぬに吾勝てりと横を向き、構へを崩して声を張り上げる者があるが、一体、そんな呑気な事で、体が鍛へられるかと思ふか、凡て武道の稽古、修行は生きるか死ぬるかの、死物狂ひで、文字通り粉骨砕身でやらねばならぬ。難行苦行である。それを何ぞや、勝負も分からぬにウカ〳〵と勝名乗りを上げる様なダラシなさでは精神の修養は勿論身体の鍛錬さへも出来はせぬ[14]」のだ。西久保は勝敗に拘泥した昭和天覧試合における剣道家の試合態度に対して批判を投げかけたのである。

西久保はさらに柔道についても「〔かじり付き〕といふのをやる。心身の為めに柔道をやるに、噛り付いて何んになる（中略）正々堂々と戦つて敗れたならば、噛り付いていて引分けとなる醜さに比ぶれば遥に武道の精神目的を達している訳ではないか[15]」と勝敗に拘泥する醜さを主張するのである。

各界の名士は、第一回昭和天覧試合が開催されたことを祝福し、武道を賞賛した。他方で、西久保は実際の選手の試合態度や振る舞いに注目し、「武道家とはかくあるべし」という理念を持ちつつ、武道の稽古を反省的に捉え、選手の態度を自らの理念によって方向付けようとしたのである。こうして第一回昭和天覧試合に対して批判を述べる西久保も昭和五（一九三〇）年には逝去してしまう。

〈武道のスポーツ化〉問題は第二回明治神宮競技大会頃より次第に広まっていたが、〈剣道のスポーツ化〉はこの第一回昭和天覧試合によって決定的なものとなった。昭和七（一九三二）年度版の『運動年鑑』では「武道界を顧みて」という記事が掲載されている。ここでは第一回昭和天覧試合以降、剣道が「民衆的」、「社会的」な存在になり、〈剣道のスポーツ化〉が始まったと述べられている。

最近殊に昭和四年天覧試合後の剣道界は民衆的、社会的に一歩踏み出して来た、この門外不出の剣道が社会的反映を直接により強く受くるに至り、こゝにスポーツとして剣道が樹立さるるに至つたのである[16]

明治神宮競技大会の時の佐藤の批判や、この『運動年鑑』の記事にもみられるように武徳会や武専の剣道家の閉鎖性は問題になっていた。その主な原因の一つは武徳会の剣道家の出自にあると考えられる。

坂上は武徳会の剣道及び柔道の指導者の構成を考察し、次のように指摘している。[17] まず、範士や教士といった指導的立場の年齢構成について。昭和五（一九三〇）年段階においても剣道は範士のうち七一・四パーセントが幕末生まれであり、柔道はその半数以下である。剣道教士については幕末生まれが二〇・八パーセントで明治一〇年代生まれが約八〇パーセントを占めていること。柔道教士については幕末生まれが柔道教士全体の四・三パーセントに過ぎず、幕末生まれの剣道指導者の比率は柔道より約四・八倍も高かったのである。

次に各種目の修行者の経歴と流派について、剣道の場合、昭和五（一九三〇）年段階においても北辰一刀流や神道無念流といった流派を名乗る者の割合は、範士で九二・九パーセント、教士で七六・九パーセントにも上っている。柔道では範士で三五・三パーセント、教士では三・四パーセントが流派を名乗っており、その他は講道館や武徳会が発行する段位を名乗っている。剣道界の統合・再編の過程は険しく、大正元（一九一二）年に東京高師と武徳会の間で協議され、制定された大日本帝国剣道形を以て、形の統一はなされたものの、剣道には柔術、柔道における嘉納のような人物がいなかったため、昭和期に入っても各流派が統合・再編されずに残っていたのである。

最後に、第一回昭和天覧試合出場選手の族籍について、「指定選士」の部で剣道では二一・九パーセント、柔道では六・三パーセント、また「府県選士」の部で剣道では一九・六パーセント、柔道では八・二パーセントの者が士族出身である。昭和五（一九三〇）年段階の日本の総人口に占める士族の比率が推定で三・九六パーセントほどと推定されるので、剣道の士族率の高さは注目に価するのである。

このように、武徳会の剣道指導者には幕末生まれが依然として多く、流派も柔術と比べれば淘汰されておらず、第一回昭和天覧試合の選手の士族率も高かったのである。こうした剣道における担い手の構成は、昭和期にあってなお〝剣道はスポーツではない〟と主張する背景となっていたのである。

他方、中等・高等教育機関では明治二五（一八九二）年頃から学生の士族率が急速に下がり始めるが[18]、部活動の部員構成もその影響をうけたに違いない。そのため、武徳会と各学校の部活動の剣道の内実は異なる様相を呈していたのだと考えられる。京大剣道部出身で武徳会の役員も務めた大野久磨夫は第一回昭和天覧試合の以前から学生を中心に〈剣道のスポーツ化〉が起きていることを指摘していた。大野は昭和三（一九二八）年一月発行の『アサヒ・スポーツ』において次のように述べている。

現今の剣道界を見るに二つの流れが奔放してゐるのを否定する事は出来ない。一は武徳会を根源とする所謂専門家と、一は京大主催の全国高専試合を中心とする学生剣道とである。前者は剣道の道徳化を叫んで勝敗を度外視し、真の剣道（実いへば徳川時代に発達せる剣道）に到着せんとし、後者は剣道の一般化を叫んで、之に聊か西洋のスポーツを加味し、全然勝敗を争はんとしてゐるものである（中略）武徳会で本年五月全国的に習慣的になつてゐた、引上げを禁じて本郷会長、西久保副会長は非常な熱心を以て、之を励行し、もし違反するものがあるならば試合を中止するまでの意気込みでやつてをらるゝ。これなども形式方面からも剣道を矯正し、真の剣道を作り上げたい努力であるが、学生連中は一向この厳命を奉ぜず、矢張り引上げを続けている。これなどは二つの異つた流れを露骨に顕したものといひ得やう[19]。

大野は、武徳会は剣道の「道徳化」を果たすべく江戸期の「真の剣道」を目指し、一方の学生剣道は剣道を「一般化」させるために「西洋のスポーツ」の要素を加味していると主張した。大野は武徳会と学生剣道との違いは勝敗にこだわる姿勢や「引上げ」動作の是非にあると述べた。

実際、武徳会傘下の武専の剣道は内藤の指導により、一年生は「打ち込み・切り返し」の稽古、二年生以上はそれに加えて「懸り稽古」、四年生になりやっと半数が「元立ち」を許され、全学年通して形稽古が重視されており[20]、互いに自由に攻防しあう地稽古はほとんど行われなかったという。さらに、内藤が指導していた時期の武専の在校生は対外試合も禁止されており[21]、大野が指摘したように武専は〈スポーツ化〉を志向していなかったのである。

しかし内藤の死後、武専の対外試合は解禁された。昭和四（一九二九）年の第一回昭和天覧試合以降、武専は全国大学高等専門学校剣道優勝大会（全日本学生剣道連盟主催）に出場するようになり、好成績をおさめ、昭和一六（一九四一）年には全日本大学・高専剣道大会（文部省学徒体育振興会主催）に出場し、早稲田大学専門部を破って優勝を果たす。この優勝の頃から、「武専ではなくなった、他の大学の学生剣道と同じくなったのではないか[22]」という声も聞かれるようになったといわれる。優勝を目指すということは勝敗に拘って試合することであり、武専は試合の勝敗を度外視し、心身の練磨を標榜した西久保や内藤の意志から遠ざかっていったものと考えられる。つまり、武専の学生が学生剣道と交流することは、「真の剣道」の伝統を保持し続けてきた武徳会が〈スポーツ化〉していくことを意味していたのである。

一九二〇年代から一九三〇年代にかけての剣道は「一般化」「社会化」、「民衆化[23]」が果たされたと認識されたのである。そして武徳会が対外試合を認め、なおかつ武専が学生剣道と交流し、試合が広く一般の人士の目に留まるようイベント化されていく中で〈剣道のスポーツ化〉問題は形成されていったのだと考えられる。

さらに〈剣道のスポーツ化〉はメディアによっても拍車をかけられた。例えば、昭和六（一九三一）年に武徳会が開催した武徳祭のラジオ実況放送が実施されたことからも把握される[24]。武道がラジオの実況の言葉を介して、京都の武徳殿に居なくても一人一人の想像力をかきたてて演武を楽しめることを意味していた。剣道も消費スポーツとしての一面を帯びつつあったのである。

昭和七（一九三二）年一月号の『中央公論』では、「現代日本の再検討」という特集を組んで著名なジャーナリストの論考を掲載している。歴史学者の成田龍一は、この特集を含む昭和五（一九三〇）年頃の『中央公論』

の論調について、「近代化へのスタートラインとなった明治維新から六〇年が経ち、これまで目標とされていた「近代」が一応は達成されたという意識をあらわすと同時に、「近代」がもたらした「近代」ゆえの問題点を指摘する姿勢をも示している」(25)と指摘している。この特集に「流行としての映画とスポーツ」(26)と題した論考を寄せたジャーナリストの長谷川如是閑は主としてスポーツに対する批判を次のように展開した。長谷川はいう。スポーツを通して日本をみるとき「大衆は何によつてよりもよく感覚によつて統制されるといふこと」(27)を感じる。スポーツは、「個人的心身に対する鍛練、そのチーム・ウァーク的訓練の効果を一種の感覚的表現として、大衆的観賞の対象化し、大衆をしてそれを感覚に享楽することによつて、スポーツそのものが目的とする、社会的行動への発展を全然忘却せしめる」(28)ようになっている。そして「大衆にとつてスポーツとは終日堅い座席に腰を据へて大声を発することに外ならない」(29)のであり、「彼等こそ全くたゞ与へられた感覚的陶酔の資材に、「蟻ころし」に蟻が集まったやうに蝟集して、大衆としての社会的行動と意識とをその生命と共に喪失せしめられているのである」(30)。

長谷川の主張は人々の社会に対する不満を娯楽的に解消させてしまう消費スポーツを批判したものであった。そして長谷川は、続く言葉の中で消費スポーツの特徴を比喩的にこう述べた。

> 撃剣をダンス化することによつて、それを観賞の対象たらしめ、武士をしてそれの戦場への発展を忘却せしめるやうなものである。(31)

長谷川が実際に剣道が「ダンス化」していると考えていたかどうかはわからない。しかし、昭和期の剣道は大衆娯楽としての一面を形成しつつあったのではないだろうか。見世物となることを拒み続けた武徳会の剣道ですら、戦間期には新聞やラジオ放送を通じて試合の勝敗の行方が「鑑賞の対象」となったのである。それは、剣道が戦場で用いられる武術であることを「忘却せしめる」ような事態だったのではないだろうか。

こうした「鑑賞の対象」としての一面は、剣道よりも柔道においてより顕著にみられるようになった。この点に留意しつつ次に〈柔道のスポーツ化〉について検討しよう。

第二節　〈柔道のスポーツ化〉問題

嘉納がスポーツに対してどのような印象を持っていたのかは、これまであまり検討されてこなかった。それは、嘉納がスポーツに好意的であったことを自明視した現在の研究者がその言説を考察していたからである。嘉納がスポーツに好意的であったことは間違いない。しかし、改めて嘉納がスポーツについて語った資料を通時的に分析すれば、彼が常にスポーツに肯定的であったわけではないことも窺える。

嘉納は明治三二（一八九九）年に行われた東京府下の諸学校及び諸道場を一堂に会した「第参回連合勝負」において学校の「運動会」に対する柔道の優位性を次のように説いていた。

> 柔道は観せ物でない、夫れ故勝負をするのは、平生自分が修行した結果を顕はして、何の位まで自分の技量が進んだかと云ふのを試験する迄である。実に真剣の場合と云てゐ。近頃流行の運動会などが慰事をするのとは、大に違ふ処がある。(32)

嘉納がこう発言した明治三三（一九〇〇）年頃から、学校で行われる運動会では徒競走など競争的な種目が盛んになり、順位付けをし、優秀な選手に賞品を授与することが流行していた。(33) このような運動会の「慰事」に対して、柔道の試合は「真剣」な「勝負」を通して、自らの技量を「試験」する場だと嘉納は考えていたのである。

嘉納は柔道を運動会の競争に対置させ、柔道の優秀さを主張したのである。また、嘉納は明治四三（一九一〇）年の『帝国教育』に「見世物体育」と題した論考を寄せて学生の部活動を批判している。嘉納はいう。「決して野球なり庭球なりの競技を悪いと云ふのではない益々奨励すべ」きことではあるが、「仕組みが悪い」ために、「其競技をする選手が全校生の何分の一」しかいない。[34] しかし、理想としては「生徒全体が選手でなければならぬ[35]」。また選手の学業や品行が優れていることは稀であり、「立派に勝利を得てくるといふ選手が参年も続けて落第した抔は全く学生の本分を忘れて芸人になつて仕舞つたといつても差し支へない[36]」のではないか。

嘉納は「真剣勝負」の立場からみた場合、明治期の「運動会」は「慰事」「見世物」同然であり、さらに部活動の「競技」の選手は限られており、「芸人」同様、試合場でしか立派ではないと考えたのだ。このように嘉納はスポーツ活動であれば何でも良いと思っていたわけではなかったのである。

明治期の嘉納は学生の部活動が心身の修養に適っていないと考えたのである。そのため、学生の試合や運動会への向き合い方を是正しなければならないという考えも働いたのであろう。嘉納は大正六（一九一七）年五月の雑誌『柔道』上で「本邦に於て奨励すべき運動の種類を定めるにも、柔道の教に基づいて最も有効のものを先に採りたいと思う[37]」と主張している。つまり、〝スポーツの柔道化〟を唱えたのである。さらに同年六月の雑誌『柔道』では、嘉納は「競技運動」がもっと心身の修養に資するようになるべきだと説いている。

　競技運動も果たして慰み半分でするはずのものであるか。仮にその最初の起こりは娯楽が主であったにしても、今日は教育上心身の鍛練の方法としてこれを用いるのが至当であると思う。競技運動の目的が娯楽から離れて心身の鍛練の方法となる以上は、その大目的において柔道と大なる相違のないようになるのである。ただ柔道は攻撃防御の方法として、普通の競技以外の目的をもつているということになるのである。これを換言すれば、柔道は競技運動の最も高尚なるものであつて、その練習によつて攻撃防御の方法を習得することが出来るものである。[38]

嘉納は学生の「競技運動」を、「慰み」から「心身の鍛錬」へと目的を変えれば柔道と同じ水準で教育に適うと考えた。嘉納の批判はあくまで学校の部活動や運動会に対するものであり、海外のスポーツ状況は批判対象になっていない。ただし、嘉納は柔道が「攻撃防御の方法」、すなわち勝負法を有する点でどのスポーツ種目よりも優れていると考えていた。そして、戦間期以降も嘉納はこの姿勢を崩さず、世の流れに反して野蛮視されても柔術以来の勝負法を重視したのである。

ところが戦間期に入ると、嘉納は日本国内のスポーツ状況に対する考え方を変えていく。大正一一（一九二二）年、講道館は各道府県に講道館有段者会の設置を始めた。これは講道館の段位を各道府県で発行するための昇段審査機関であったが、そのほかに、年に一度、講道館で柔道の現状と方針が話し合われる中央有段者会定期総会に各道府県の代表者を派遣する機関でもあった。そして、この定期総会上で嘉納はスポーツと柔道の新たな関係を示していくことになる。

大正一二（一九二三）年七月一四日に開かれた第一回定期総会では「有段者会の目的を貫徹し、又これを有効に活用する方法手段如何」という協議事項が嘉納から提起された。これはその後の講道館の運命を決定付けるほど重要な協議事項であった。

協議事項の提案趣旨について、嘉納は次のように説明した。現在、「柔道は未だ十分世人から了解されて居らぬ。柔道修行者そのものすら本当に了解して居らぬものが多い[39]」。こうした現状を改善するためには、「道場以外座敷でも庭園でも何うい ふ処ででも出来るやうな方法を種々考案し、柔道の民衆化を図る積[40]（傍点、筆者）」である。このように第一回定期総会のなかで嘉納は「柔道の民衆化」というスローガンを打ちたてて、柔道の普及を図ることを宣言している。柔道がエリートのみならず、「民衆」をも射程に入れた瞬間であった。では、「柔道の民衆化」はどのようになされるのか。

まず、嘉納がここで述べたように、どこでも柔道ができる方法の考案である。これは、昭和二（一九二七）年に成立することとなる攻防式国民体育（昭和五（一九三〇）年に精力善用国民体育に改称）に結実した。攻防式国民体育は「柔道の生んだ体育」であり、「生理・解剖・衛生・病理の学理を参酌」し、武術の当身（突き・蹴り）を基に「どんな処ででも出来る」、「国民一般に普及せしむる体育」として考案された柔道の練習方法であった。[41]

しかし、「柔道の民衆化」はこれに留まらない。嘉納は「柔道を盛んにするには、先づ優良な教師が入用である」が、「優良な教師の出来る迄は、中々年月を要する」と述べる。[42] そこで、柔道教師を増やすことに加え、「柔道の奨励上人気を集めることも必要である。柔道は今まであまり人気を集めることを考へなかったが、それは看過することは出来ぬ」し、「国民が皆柔道柔道といふやうにならなくては賛助員も沢山出来て来ない」のだ。[43] ではどうすれば柔道の人気は上るのだろうか。嘉納はいう。

競技運動の如きは、多数の者に見せて興味を与へる（中略）柔道も人気をよび、多数の人が喜んで見るやうなこともある方がよい。柔道の競技方面、競技として見た柔道といふことを少し工夫して見たらどうかと思ふ。[44]

これは、嘉納自身による〈柔道のスポーツ化〉宣言であった。嘉納が意図して〈柔道のスポーツ化〉を標榜したのは、管見の限り、これが初めてのことである。そして、「柔道の民衆化」に沿って、嘉納は自身の主張も変えていくのである。例えば、第一回昭和天覧試合の開催に寄せて、嘉納は次のように〈武道のスポーツ化〉を称賛していた。

柔道剣道はともに武術として価値あるのみならず体育としても尊重すべきものである。然るに之れを他のスポーツ等に比すれば、後者が民衆環境の中に熱狂裡に行はれ、新聞雑誌等も盛んに之れを掲げ、近来愈々隆盛に赴きつゝあるに反し、前者は以前旧慣を墨守して殆ど道場より一歩も出づることがなかった従って武道が一般国民より親しまれ、重んぜられねばならぬ多くの理由あるにも拘らず、却って之れより遠ざかるが如き傾向を有したのが其の実際であった。斯かる際、宮中に於て未曽有の武道試合が行はれた結果、果然一般国民の注意を喚起し、武道奨励の声澎湃として全国に充満するに到ったのは、かへすかへすも御聖徳の然らしむるところで、何とも有難い極みである。(45)

ここには武道が第一回昭和天覧試合の「御聖徳」に与って「スポーツ」のように「一般国民より親しまれ」るようになったことを喜ぶ嘉納の表情が窺える。嘉納は〈武道のスポーツ化〉によって「一般国民」、「民衆」への武道の普及を期待していたのだ。そして、〈柔道のスポーツ化〉を推し進めるために、嘉納は自身の柔道論に若干の修正を加えることになるのである。

その一つが入場料の徴収である。明治神宮競技大会当局と武徳会は入場料徴収問題を中心に〈武道のスポーツ化〉論争を巻き起こしていたが、嘉納は入場料の徴収に肯定的見解を示した。昭和四（一九二九）年一一月、嘉納は「柔道と競技運動」と題した論考を雑誌『作興』に寄せ、武道の試合における入場料徴収の意義について論じている。嘉納によれば、「我国に於て入場料を取って競技をすることを悦ばなかった原因は、従来、芸を以て衣食をして居る所謂芸人などが芸を以て公衆を慰め、木戸銭と称して、衣食の為に一種の入場料を取り又、それ等芸人の中には素行の修まらないものもあり、聴衆・観客殊に保護者に対して卑屈の態度を以て相対する等のことがあるので、世人は入場料を取るといへば、それ等のことを連想して、何か卑いことのやうに考へる風(46)」があったためだという。

ところが、嘉納は入場料に対して二つの理由から肯定することになる。まず入場料の使い道についてである。従来までの「選手なり演技者の利得を目的」とすることは良くないことだが、「自己の利益を目的とせず、趣味の為、公益の為、又はその収入を以て己が愛好し又世に有益と認めらるゝことの発達隆昌を図る為」、さらに「入場料を取つて、その仕事の諸経費に充て、又その拡張費に用ひることは最も合理的な資金の徴収法」である。(47)次に、観覧者の「品格」が向上したことである。嘉納は昭和四（一九二九）年までにオリンピックに三度参加しているが、「何れも主催国の国王とか女王が保護者となり、皇太子も加はれば、国務大臣貴族なども一緒に協力して行ふのであつて、高尚なる会合」(48)であった。また日本国内においても、「明治神宮競技大会は、秩父宮殿下を総裁に仰ぎ、参加者は何れも紳士や学生であつて、品格を備へた会合であるが」、オリンピック同様、「矢張入場料を取つて居る」のだ。(49)もちろん選手が芸人のようになってはいけないため、「職業選手と素人選手との間に厳然たる区別を立て」た上で、「競技運動が、紳士的に素人選手の運動として行はれる」ことを入場料徴収の条件とすれば、「柔道のみがその仲間に這入つてならぬといふ理屈を認めない」(50)。

このように興行を否定していた嘉納の立場が大きく変化したことが分かるだろう。戦間期における大衆社会の萌芽とそれに伴う消費スポーツの台頭は、嘉納にその立場を変えてもよいと思わせる出来事だったのである。撃剣興行への批判から柔術という名称を避けて柔道の名を用いた嘉納は、興行を囲う人々から柔道を遠ざけ、中等教育以上のエリートへの普及を進めていた。また戦間期以前には、嘉納は講道館で試合を開催する場合でも入場料をとって観覧者を集めるようなことはしなかったのである。

ところが、戦間期の嘉納は大衆、なかでも「紳士」、「学生」といった新中間層に柔道を浸透させるため、入場料徴収について再評価を迫られたのである。こうして嘉納は入場料に対する人々の意識の変化と、選手及び観覧者に高い品格が認められるならば〈柔道のスポーツ化〉は「時勢の要求に適った」ことだと述べたのである。それは嘉納が、「従来の如く、道場の内に閉ぢ籠り、一般の民衆と没交渉にして置く」よりも、「従来の習慣を破り、これを公開し、国民の成るたけ多くがこれを見もし、理解もするやうに仕向けるのが、柔道の真精神を国民に普及する上に於ても、得策であらう」と考えてのことだった。[51]

ただし嘉納は、「柔道を競技的に取り扱ふ」だけでは「柔道本来の目的は達し得るゝものでない」ので、「柔道の本領は何処にあるかといふことを片時も忘れ」ず、「従来の主義は毫も変じない」ことを改めて強調した。[52]嘉納にとっての〈柔道のスポーツ化〉は、柔道の試合をどのように観戦させるかを意識したものであった。換言すれば、嘉納の〈柔道のスポーツ化〉の焦点は、大衆の啓発を念頭においた〝柔道の見せ方〟の工夫にあった。そして嘉納は、〝柔道の見せ方〟について戦間期の消費スポーツから学んだのである。

こうして、入場料徴収について肯定的立場へと転向した嘉納は、〈柔道のスポーツ化〉と「柔道の本領」とを両立させるために〝柔道の見せ方〟を意識するようになる。それは各種大会の開催方法にも反映されていった。講道館では昭和五（一九三〇）年より全日本柔道選士権大会が開催されるようになり、日本一の柔道選手を決することとなる。[53]全日本選士権大会では、入場料とは呼ばなかったが、整理券と入場料を合わせた会員券というチケットを販売した。また、講道館内のイベントであった鏡開式や紅白試合を一般公開するようになる。[54]昭和五（一九三〇）年から鏡開式は日比谷の公会堂で、昭和六（一九三一）年には春期紅白試合も公会堂で行うことにし、ともに昭和六（一九三一）年には入場料を観客からとるようになった。[55]

一方で、学生柔道の台頭をうけて、嘉納は武徳会の教士以上の人物や講道館の高弟を交え、審判規定の改正に踏み切った。大正一三（一九二四）七月に雑誌『作興』上で新たな審判規定（以下、「改正審判規定」と称す）が公表された。[56]嘉納は大正一四（一九二五）年に発行された『柔道年鑑』の中で「この度の改正審判規程は、種々の点に於て改まって居るが、最も重きを置いたのは、固技に流るゝ弊を防ぎ、投技の発達を促すこと」[57]にあると改正趣旨を述べた。もともと、投技と固技のそのどちらにも偏してはいけないと嘉納は考えていたが、どちらかといえば投技を重視していたのである。

不断《ママ》道場で行う勝負は、便宜上定めた審判規則に基づいてするのであつて、柔道の修行上目的とする真正の勝負は、真剣勝負でなければならぬ。真剣勝負の時には、固業を用ゐる場合もあるけれども、主として投と当とでなければならぬ。対手が当身を用いず、又殊更に重なりあつて、怪我させるようなことをせぬといふことを承知して居るから、絡み附たり、ぶら下つたりすることが出来るのである。真剣勝負の時役に立つやうに、平素練習して置かうと思へば、どうしても身体を自由自在に動かし、機敏に当てもすれば投げもすることの出来るやうな修行をして居らねばならぬ（中略）殊に多人数に襲われでもした時は、寝業ではその一人にしか対抗することが出来ぬ。以上の説明で便宜上定めた勝負の審判規程で、寝業が利益であるからとて、寝業が特に貴いといふ理由にならぬことが分るであらうと思う。(58)

大正期に入り、京大が主催した高専柔道大会では固技を駆使した寝技で勝敗を決する試合が増加したといわれる。(59)講道館はこうした寝技偏重の学生柔道界の在り方を是正するべく、改正審判規定を制定したのである。

第二条　試合は立勝負に重きを置くべきものにして寝勝負は左の場合に限り行うべきものとす
（イ）技が半以上掛りたるも未だ一本とならず引続き寝技に転じて攻撃する場合
（ロ）一方が技を掛けんとして倒れるか倒れかかりし場合(60)

現在の柔道試合では寝技への引き込みが禁じられているが、それはこの改正審判規定に起源がある。現在に通じる改正はこれだけではない。例えば、一本勝負もそうである。元来柔道は「二本勝負」(61)で行われていたが、この改正によって一本勝負になった。今日、盛んに主張される日本柔道の醍醐味〝一本をとる柔道〟も審判規定の面からいえば、戦間期の改正に起源があるといえるだろう。

一本勝負への改正プロセスは不明な点が多い。嘉納によれば、紅白試合や団体戦などは「多人数の試合になるから早く進行させる必要があり」(62)、日程調整の観点から一本勝負で試合することは改正審判規定以前から許されていた。また、改正審議に参加した講道館の村上邦夫は一本勝負の意義として「武道はもともと真剣試合といふ事を基礎とするものである」(63)と述べており、少なからずこの主張も反映されたのではないかとみられる。

つまり、改正審判規定には日程調整の合理化とともに、勝負法を徹底しようとする講道館の意図が反映されたものと考えられる。それは戦間期に入り、勝負法的な柔道の在り方が野蛮視されるなか、改めて柔道修行の目的の一つは勝負法にあることを審判規定の面から強調していこうとする講道館の意志を窺うことができる。戦間期における講道館の改正審判規定は「柔道の本領」を守ることに重点が置かれていたのである。

ではこのような試みを通して、嘉納は〈柔道のスポーツ化〉と「柔道の本領」とを上手く両立できたのだろうか。ここでは、この当時の学生柔道界の反応と柔道試合の観覧者の声から嘉納の試みを評価したい。

まず、学生柔道界からは講道館の改正審判規定に対して批判の声が挙がっていた。大正一五（一九二六）年一〇月一一日に東大柔道部の佐々木吉備三郎は東大が発行する『帝国大学新聞』誌上に「柔道審判規定に就いて講堂《ママ》館規定を弾ず」という論考を載せ、嘉納及び講道館に対して批判を述べている。佐々木はいう。講道館の改正審判規定と「我々帝大の規定」との間にかなりの「間隙」がある(64)。東大柔道部の部員は「高校、およびその出身者を中心」とするが、「特に西の方において寝業を主として研究」してきた者たちである(65)。講道館は「寝業は防御法」に過ぎないというが、我々の「寝業における引コミは明かに攻勢」である(66)。講道館は「寝業を明かに彼の審判規定をもって禁じて居る」が、それでは「因襲にとらわれ、公平な立場に立っていない」のではないか(67)。学生柔道としては「趨勢の赴くまゝにスポーツの立場から、この柔道の技なるものを科学的に研究して行きたいのである」(68)。講道館の立場からいえば柔道は「実用に立つ様にとか、護身のためのみにとかいうが」、学生柔道の立

場としては「完全なスポーツといふ事を忘れたくない」のである。(69)

佐々木がこのように述べたのち、昭和三（一九二八）年五月六日には四つの帝国大学で高専柔道大会を共催するため「帝大柔道会」が発足し、「会則草案」の決定や支部幹事の選定、東大に本部を置くことなど、学生柔道は組織基盤を確立していった。またこの過程で高専柔道大会独自の審判規定が制定されている。(70)かくして学生柔道界は〈柔道のスポーツ化〉を志し、講道館を「護身」に代表される「因襲」的な勝負法に固執しているとして批判し、講道館から自立していくのであった。(71)嘉納及び講道館の意志は学生柔道界に十分伝わらなかったのだ。(72)

また、柔道の一般公開をうけて昭和六（一九三一）年七月に講道館文化会機関紙の『柔道』では成田成壽という一般の観覧者から寄せられた柔道評論を掲載した。これは「外から観た柔道」と題された評論で、同年六月に行われた日比谷公会堂での紅白試合を論じるものであった。成田はいう。

> 場所は日比谷公会堂。近代建築様式の瀟洒《しょうしゃ》たる此の建物を見ると、此の中で行はれる柔道そのものも、いかにもモダンになつたのではないかといふ気がする。定刻以前既に入口に筆太に張り出された「青券白券売切れ」といふ立札は、如何に柔道が現今人気を得て来ているかを察せしめるに十分である（中略）海軍服の二人連れの可愛い女学生。頬鬚をはやした壮士風の紋附姿。禿頭の爺さん。大丸髷の年増。父に連れられて来らしいしとやかな令嬢。子供を連れた若いマダム。夫婦もの。中学生。小学生。大学生。柔道家らしい立派な体格男。痩せた男。丁稚ちしい《ママ》角帯。紳士。ベーレのモガ。巡査軍人。それに一般観覧席にもかなり外国人が混つていたことに気がつく。一人のボッブの金髪のガールは、終始熱心に見つめていた。(73)

成田は会場の「モダン」さと観客の多彩さに驚いていた。学生は当然のこと、戦間期のモダニズムを象徴する「モガ」が柔道を見物に来ていたのである。

続けて、成田は「若手の精鋭だけあつて、試合が終始はち切れさうな元気で溢れてゐたことは、見てゐて気持のよい事であった（中略）大家達に見られる渋味のある技の妙味は無くとも、元気一杯の勝負は、観衆を十分に満足させることが出来た（中略）こゝに異常な魂の発散がある。そこにスポーツの貴い賜がある[74]（傍点、筆者）」と述べた。この成田の評論では柔道試合をスポーツと同一視し、選手の溌剌さと観覧者のストレス発散の様子がみてとれる。成田は全日本選士権大会、鏡開式、紅白試合といった柔道イベントの一般公開に対しては「柔道の普及大衆化は、誠に結構なことである[75]」と積極的な意義を見出している。このように成田は大衆へ浸透していく柔道の姿を具体的に述べたのである。

一方で成田は、講道館が試合を公開するまでは「人格及び体格の陶冶[76]」が柔道の関心事であったのに対し、一般公開後は「日比谷公会堂あたりに集る人々は（中略）単に面白いが故にみるのである。こゝに柔道が自分の所謂娯楽に近づく危険がある[77]」といい、「自分の為にでなく、他人の為に全然やるやうになるのは、一種の堕落と云へようと思ふ[78]」と柔道の行く末を心配している。ここでは、柔道が体育徳育の手段であって欲しいが、現実には試合の公開によって柔道が消費スポーツへと全面的に変質してしまうのではないかという危惧が述べられている。また成田は、「柔道はあくまで民衆の生活と密接に結びついてをり、民衆を高める景気になつて欲しい（中略）伝統を誇る柔道は、又洋々たる未来に恵まれてゐるそれを常に正しく伸してゆくものは、偏へに当事者の意気と覚悟とである[79]」と柔道が「民衆」とともにあることを述べ、柔道の伝統に希望を見出してもいる。

成田の主張から察するに、昭和五（一九三〇）年頃の柔道は心身練磨の手段でもあったが、観覧者の大衆化に伴い、消費スポーツとしての一面も併せ持つようになっていたことがわかる。つまり、一九二〇年代に試みられた講道館の施策は、嘉納の思い通りの結果にはつながらなかったのである。

昭和五（一九三〇）年に始まった全日本柔道選士権大会は嘉納が取り組んだ柔道の「競技方面」の工夫が結実した大会であった。

全日本柔道選士権大会とはどのような大会であったか、その仕組みからみておこう。樺太から台湾、朝鮮、満洲まで含めて全国を八地区に分け、それぞれの地区から代表選手を出す方法を取り、選手の種別については、第一回昭和天覧試合にならって、「専門選士」（柔道指導者及び、その指導者を目指している者）と「一般選士」（柔道を自己修養又は趣味として行う者）に分けた。予選は「専門選士」と「一般選士」と地区予選が行われるが、トーナメント方式の公開試合を原則とした。これらに加えて年齢による区別も設け「壮年前期（二〇歳以上三〇歳未満）」、「壮年後期（三〇歳以上三八歳未満）」、「成年前期（三八歳以上四四歳未満）」、「成年後期（四四歳以上）」に区分された。したがって八地区、四年齢層の「専門選士」と「一般選士」らによって八種の優勝が争われることとなる。嘉納は八種の試合方式を設けたことについて「徹底的に、全国から優秀者をすくひ上げる組織」を目指したと述べている[80]。また全日本選士権が出来るまで、「大衆をして、これを観覧する機会はなかつた」といい、「今回の如き催しに依て始めて、柔道を民衆化せしむることが出来る」と述べた[81]。嘉納は実修者と観覧者の大衆化をこの大会で図ろうとしたのである。

第一回大会は昭和五（一九三〇）年一一月一五―一六日に明治神宮外苑の相撲場を会場にして行われた（図14）。当大会は朝日新聞社が後援し、宣伝効果的にも大きなメリットとなった[82]。ではこの大会に出場した選手は「柔道の本領」を全うしたのだろうか。例えば、専門成年前期で優勝した山形県の尾形源治は次のように大会を振返っている。尾形は前年の第一回昭和展覧試合にも出場したが、予選で敗退している。尾形はそれが「くやしくて、くやしくて」、「昨年の五月、天覧試合より後は、優勝!!優勝!!　この二字は夢枕にも忘れませんでした」と述べている[83]。このように「柔道の本領」の一つ勝敗の結果にこだわらない（本書九五頁）ことを体現するはずの優勝者ですら勝利主義は乗り越えられなかったのである。

全日本選士権大会後、朝日新聞社主催の座談会が開かれた。メンバーは講道館側から磯貝一（九段）、永岡秀一（九段）、飯塚国三郎（八段）、三船久蔵（七段）、佐村嘉一郎（七段）、講道館長名誉秘書飯塚茂（六段）、と朝

図14　第１回全日本柔道選士権（於明治神宮外苑相撲場）（上村春樹編『講道館百三十年沿革史』講道館、2012年）

日新聞社の植村睦男、香月保であり、講道館の高段者が集まっていた。座談会の内容は大会の進行具合や各選手の評価などが主なものであったが、このうち佐村嘉一郎は柔道の将来について朝日新聞社の二人から質問された際に次のように答えている。

柔道は嘉納先生のいはれるやうに世界的である、だから世界に普及させることが必要である、然しまだどうも国家的事業としてもう少し内容を充実させなければならぬ。また一面においてはスポーツであり競技ではあるが精神訓練の方を他のスポーツと比較してうんと注込まなくてはならぬ。(84)

ここで柔道は「精神訓練」のために行うべきと説かれるが、他方でスポーツであり競技であることもまた自明視されている。昭和五（一九三〇）年には講道館の高段者においても〈柔道のスポーツ化〉は当然のこととして受け入れられていたのだ。

その他、この時期の講道館雑誌の掲載記事について検討してみよう。昭和五（一九三〇）年四月発行の『柔道』第一巻第一号では、武道を「文部省直轄の大学、専門校、高校、中等校に正課として施行せんとする」体育の方針に基づいて「文部省では日本古来の武道を近代的スポーツ化せしめ国際的たらしむる目的で体育研究所に命じて指針草案を作製させていた」と報じている。[85][86] 雑誌『柔道』の論調は〈武道のスポーツ化〉を武道の大衆化を越えて「国際化」にまで拡張し、そのための「近代的スポーツ化」を説いていたのである。ここでも〈武道のスポーツ化〉は武道を普及するための方法として認識されていた。

昭和六―九（一九三一―一九三四）年の間、文部大臣を務めた鳩山一郎は、昭和七（一九三二）年一月に日比谷公会堂で行われた講道館鏡開式に出席し、祝辞を述べた。この祝辞は同年三月の講道館雑誌『柔道』に掲載された。

> スポーツに於ては、又、公平・寛容の徳が尊ばれるが、私は何よりも真剣であるということが最も大切で、真剣であり得て始めて公平・寛容の美徳も生ずるものと思ふ。そして、この態度は、武道もスポーツも同様であると言はざるを得ない。[87]

この時期、鳩山は、スポーツに武道と共通する精神性があると主張することでスポーツの健全化を図ろうとしていた。同年三月二八日、鳩山は文部省訓令四号「野球の統制並施行に関する件」を出し、四月一日から施行する。これはスポーツの消費スポーツ化に伴い、「スポーツの商業化」やそれに伴う試合場の騒擾化を危惧する体育・スポーツ関係者の声に対応して政府が対策したものであった。[88] 消費スポーツ化は、スポーツ関係者の間でも全面的に支持されていたのではなかったのである。鳩山は消費スポーツからスポーツの実践的な価値を取り戻すため、学生に最も人気のあった野球の状況を変えていこうとしたのだと考えられる。しかしこうした鳩山の主張は第七章でみた武徳会に対する明治神宮競技大会当局の見解と変わらず、武道の側からみれば精神面における〈武道のスポーツ化〉問題のあらわれであったといえるだろう。

このように武徳会でも講道館でも一九二〇年代後半から、剣道・柔道は心身の練磨としての意義が認識される一方で、大衆化の方便として〈スポーツ化〉するべき、あるいは、大衆化の結果として〈スポーツ化〉したとの論議が台頭したのである。

第三節　〈弓道のスポーツ化〉問題

弓道については昭和期に入り武徳会において心身の練磨という意義が確立された他に、〈スポーツ化〉を目指す学生弓道が登場した。昭和四（一九二九）年六月発行の『アサヒ・スポーツ』には弓道の特徴を次のように説明している。「スポーツとして上品であり、過激でない弓道は、併せて「徳」を養ひ得る点において婦女子に歓迎され、最近は斯道の愛好者を増大せしめている」[89]。このように『アサヒ・スポーツ』では弓道を上品なスポーツとして紹介している。「婦女子に歓迎」されていることは、前章で検討した高等女学校などでの弓道部の設置率の高さからも把握されるだろう。

こうした『アサヒ・スポーツ』の論調は一九三〇年代に入っても同様である。昭和五（一九三〇）年六月の『アサヒ・スポーツ』では、深澤甲子男という人物の執筆した「早慶弓道対抗試合」という論説において学生弓道のスポーツ的価値が強調されている。

学生のスポーツとして、時の流れに取り残されていたがごとく感ぜられてゐるのが我が弓道である。もともと弓道は古式にのっとる射儀であり、スポーツであるから、華々しいものではない。然し、スポーツとしての弓道は既にいはゆる「町矢場の弓術」を排撃して、新しい弓道としてスポーツ界に乗り出してゐるのである。現下の弓道に対しては科学的考究が続けられ、射儀そのものに無限のスポーツマンシップを拡充せしめ得て来た。(90)

ここでは学生弓道は弓術から「スポーツとしての弓道」へと変容しつつあることを主張している。この記事を書いた深澤は、さらに学生弓道は武徳会のような心身の練磨を標榜する弓道とは別物であることを主張し、「最近における武道としての「弓道」に新しき生命を発見し得ず自らこれを古典的競技視せんとするものにとっては（日本学生弓道連盟の成立は：筆者注）、おのづから問題外ではある(91)」と述べた。

日本学生弓道連盟は昭和五（一九三〇）年四月二九日に設立され、主に関東地方三三校、関西地方一九校、計五二校の大学専門学校の弓道部で結成された全国的な統一組織であった(92)。深澤は日本学生弓道連盟の成立について「単に学生間の親睦機関であるのみならず、一般弓道界の廓《ママ》正刷新に役立つと共に、旧来の伝統と情弊の渦中に立てこもる範教士に反省を求むることにも役立ち、この連盟の設立は学生弓道界のためのみならず、弓道界の現状に即して、心ある人人に非常なセンセーションを巻き起してゐる(93)」と述べている。つまり、学生弓道界は「古式にのっとる射儀」とは異なり、「科学的」で「スポーツマンシップ」に則った新しいスポーツとしての弓道を標榜していたのであった。武徳会との違いは技術の面でもみられ、日本学生弓道連盟加盟校の中で武徳会が制定した『弓道要則』を採用している大学はおよそ一〇・五パーセントであり、決して主流ではなかった(94)。

深澤が主張した〈弓道のスポーツ化〉がどれほど学生弓道界に浸透したのか、具体的に解明するのは今後の課題であるが、一例として、後年の武徳会側の発言をみておこう。昭和一四（一九三九）年三月に発行された武徳会の会報『武徳』では、「学生弓道に就て」と題する論説が掲載されている。当論説では学生弓道が一九三〇年代を通してスポーツとして展開しようとしていたことに対する苦言がなされていた。

弓道部の設置目的を従来のスポーツ観念を以てしては、害多くして、利少きものと思ふ。校友会の目的が主として学生の体位向上のみに存するとすれば、弓道部の存在は其の意義まことに微々たらざるを得ないのである。(95)

このように一九三〇年代の弓道界においては武徳会の主張する「実践的修身」という目的以外に、学生弓道界には武道を伝統から切り離して〈スポーツ化〉しようとする明確な意志が存在したのである。その際、学生弓道界は武徳会の弓道の「範教士」を「旧来の伝統と情弊の渦中に立てこもる」存在として位置づけ、学生弓道連盟は「スポーツ界」へと活動の場を開拓する存在として位置づけている。〈弓道のスポーツ化〉問題も、柔道・剣道と同じく学生への弓道の広がりとともに主張されるのであった。

第四節　〈スポーツ化〉の意味

〈武道のスポーツ化〉が意識され始めるのは、一九二〇年代半ばから一九三〇年代にかけてであった。この時期の各種武道における〈スポーツ化〉は概して大衆化を意味していた。あるいは武道の大衆化の一形態として〈スポーツ化〉が意識されたのである。というのもスポーツの方が先に大衆化しており、その大衆化されたスポーツの在り方、すなわち消費スポーツに近づくことが〈スポーツ化〉と呼ばれたからである。

武道の大衆化には二つの側面があった。一つ目は、観覧者の大衆化である。それは各種武道の試合や演武を視聴する人々及びその視聴方法の多様化によって促されたのである。〈スポーツ化〉の消費スポーツ化というニュアンスは観覧者の大衆化によって成立したといえる。

二つ目は実修者の大衆化である。戦間期以降、武徳会及び講道館に所属する各種武道の専門家が、そうした団体に所属しない人々（主に学生選手）と試合を活発に行うようになった。このように武道団体が外部の武道実修者と活発に交流する様子を指して武道の大衆化と呼ばれるようになったのである。他方で武徳会及び講道館と学生武道との差異が強調されるときには、どの種目でも学生が〈スポーツ化〉の担い手であった。その際の〈スポーツ化〉の意味は各種武道によりそのニュアンスを変えるが、武徳会や講道館が行ってきた武道（柔道）を伝統的なスタイルとして捉え、学生はそうした旧来のスタイルを刷新する先導者として描かれる点は共通していた。

柔道・剣道に限っていえば、勝敗にこだわる選手の姿勢を〈スポーツ化〉の影響とする主張もあった。また消費スポーツとしての性格を強めた結果、競技会の拡充が図られる様子もみられた。しかしながら、戦間期の〈武道のスポーツ化〉問題では勝敗にこだわる選手の姿勢や、武道の競技化が必ずしも批判的に捉えられたのではなかった。そもそも勝敗にこだわる選手の姿勢を批判する声は戦間期以前からみられたのである。また、〈武道のスポーツ化〉が唱えられるなか、勝敗にこだわることにためらいのない選手が講道館や武徳会においても台頭するようになるのである。こうして〈武道のスポーツ化〉問題は大衆化、消費スポーツ化を議論の骨格としながら、従来から指摘されてきた武道の問題（勝敗にこだわる選手の姿勢）をも飲み込んでいったのである。戦後の〈武道のスポーツ化〉問題が競技化を第一義とする言説だったこととは異なるニュアンスを戦間期の〈武道のスポーツ化〉問題は持っていたのである。

ところで、戦間期に出現した〈武道のスポーツ化〉問題は、武道の日本固有性を信奉している人々に武道の西洋化という危機感を煽った。例えば、昭和一五（一九四〇）年に村上秃童という人物が一九三〇年代を振り返り、次のように指摘している。

武道其物の動きを見るとき、その一面に於てスポーツ化し来りし事は認めらるゝ所である。其普及はスポーツ化した事によって行はれたかもしれないが、其実質は変質しかけて来たのである。日支事変は国民の伝統的精神を目醒めせしめた。祖先以来受け継ぎ来った吾等の血液の中の肇国以来の魂は呼び醒まされた。茲に武道振興の気運は生れて来たのである。その機運を認めつゝその機運に武道の進展を策すべき事を認めながらも、吾等は翻って武道の真義を反省しなければならない(96)

この指摘に従えば、〈武道のスポーツ化〉によって武道の普及は進んだが、その反面、武道の本質が「変質」する危機的状況を招いたというのである。また、昭和一二（一九三七）年の日中戦争（引用では日支事変）を転換点として、それ以前は〈武道のスポーツ化〉が進展した時期であり、それ以後は武道の伝統性が見直される時期に入ったと指摘されている。この指摘を手引きとして次に日中戦争という戦間期の終点において〈武道のスポーツ化〉がどのように反省され、どのような対応を迫られたのかを考察する。

［第三部　小括］

第三部では、〈武道のスポーツ化〉問題がどのように現れ、武道をどのような方向へと導いていったのかを検討した。まず、〈武道のスポーツ化〉問題は第二回明治神宮競技大会における武徳会不参加問題をきっかけに議論されるようになった。大会当局と武徳会の間で武道とスポーツの精神面での相違点や共通性が問題となったのである。また、東京高師の佐藤は、武徳会がスポーツと武道の同一視を嫌うにもかかわらず、競技会を開催し、勝敗を競わせていることに対して批判したのである。これは西久保の武道論に対する根本的な批判となった。

次に〈武道のスポーツ化〉が唱えられた戦間期のスポーツ状況について検討した。戦間期における主なスポーツの担い手は新中間層であった。彼らは勤労（勉学）の合間の余暇にスポーツを楽しむようになった人々である。

その楽しみ方はスポーツを行うことのみならず、見ること、聞くこと、読むことも含んでいた。〈武道のスポーツ化〉はこうした人々の間で展開された消費スポーツ状況を参考にすることで、武道の大衆化を図ろうとする動きであった。あるいは、武道は大衆化されて、消費スポーツ化したことを論じる語り口だったのである。つまり、大衆化や民衆化、時には国際化といった目的を含意するかたちで、武道を〈スポーツ化〉するべきだ、あるいは武道は〈スポーツ化〉したとする肯定的な立場の〈武道のスポーツ化〉論が台頭するのであった。その結果、講道館はチャンピオンシップを競う大会を開催し、また武徳会（武専）はそうした試合に選手を派遣するようになったのである。

そして、このような戦間期の〈武道のスポーツ化〉肯定論を受けて、日中戦争以降の〈武道のスポーツ化〉問題は展開していくのである。

第四部　〈武道のスポーツ化〉問題への対応　その①——藤生安太郎と武道の国策化

第九章 〈武道のスポーツ化〉批判——藤生安太郎による講道館批判

本章では、昭和一二（一九三七）年の「講道館破門」事件で講道館を破門された稲葉太郎及び、当事件で稲葉を破門する講道館の制裁審議員であった藤生による講道館批判、嘉納批判を対象にし、それらを嘉納の主張とつき合わせながら考察することで、日中戦争前後に〈武道のスポーツ化〉論がどのように展開したのかを明らかにする。

講道館破門事件とは、昭和一二（一九三七）年一二月一三日に稲葉太郎（七段）、中西元雄（六段）、脇川良一（五段）を講道館が破門し、段位を剝奪した事件のことである。この事件は破門された三者が講道館の理念である精力善用、自他共栄に対して批判を投げかけ、新たに全日本柔道会を設立し、講道館から組織的に分裂したことがきっかけになって起きた。

藤生はこの事件において三者の段位剝奪、破門を審議する立場にあった。藤生は三者に対する講道館の処置や三者による反逆行為についての自らの見解、さらに柔道とは何か、ひいては武道とは何かといった主張を自著『四股をふんで国策へ』の中で展開した。講道館破門事件は藤生が講道館の理念及び当時の武道の内情を批判し、柔道、武道の問題点を明らかにするとともに、衆議院議員として第七三回帝国衆議院議会において武道に関する建議案を提出し、武道の国策化に乗り出す一契機となる重要な事件である。

本章では、①講道館破門事件直前の講道館の状況、②講道館破門事件の経緯と稲葉らの講道館批判、③講道館破門事件に対する藤生の見解、④講道館の理念と嘉納の主張に対する藤生の批判の四点を中心的に取り上げ考察したい。

議論に入る前に藤生の経歴を述べておこう。藤生は明治二八（一八九五）年八月に佐賀県唐津市で生まれる。大正七（一九一八）年に東京外国語学校支那語科を卒業。この間、大正三（一九一四）年に講道館へ入門する。六尺（約一八〇センチメートル）の巨軀を生かして実力を挙げ、陸軍士官学校、拓殖大学、東京高等学校、警視庁などで柔道の嘱託教師を務める。また藤生は大正一四（一九二五）年から昭和一一（一九三六）年まで講道館道場職員を務めている。昭和一一（一九三六）年に藤生は講道館審議会の審議員にも就任していることが確認されるが、当審議会は「師範の諮問に応じ表彰又は制裁に付き審議する[1]（傍点、筆者）」機関であった。一方、政治家としての藤生は昭和五（一九三〇）年二月に政友会公認候補となる。昭和七（一九三二）年に佐賀選出で衆議院議員となり、終戦まで議員を務める（図15）。戦後は国政審議調査会理事長を務め、昭和四六（一九七一）年一二月に死去した[2]。

第一節　講道館の右傾化

ここでは、講道館破門事件が起きるまでに、昭和五（一九三〇）年以降、講道館でどのような出来事が起きていたのかを検討する。具体的には、講道館における内部分裂問題、〈柔道のスポーツ化〉批判、神棚設置問題の三点について検討する。

図15　衆議院議会での藤生安太郎（手前）（藤生安太郎『四股をふんで国策へ』大日本清風会、1938年、「挿絵五」）

第一項　講道館と内部分裂

昭和八（一九三三）年四月六日付の『時事新報』は「講道館の内争爆発分裂の危機至る」という記事を掲載した。小見出しには「嘉納館長令息の赤化事件から高段者が新協会設立[3]」とある。これは「講道館が非常時日本の今日、何等積極的に武道報国の精神による国民運動を起さ[4]」ないことに不満を持っていた「中高段者」が「皇道主義をその思想とする、嘉納館長の令息が静岡高校在学中たまたま赤化事件の関係者として学校当局より諭旨退学[5]」となったことについて「館長の隠退を求め[6]」たが「拒絶された為め断の如きは我国武道精神に悖るものと断じ遂に大義名分を明にする新武道協会の結成とまで進んだもの[7]」であった。

本記事では全日本武道協会のオルガナイザーとして国士館教授の工藤一三（六段）及び柔剣弓から各八名ずつの準備委員が集まり、その外に陸海軍将校及び等々力中将の皇道会会員などを結集し、委員長には後藤文夫農相を推戴しようと交渉中であることが述べられている。

講道館の高弟の意志を代弁するため飯塚国三郎（八段）は嘉納の「謹慎、一時引退」の「厚意的勧告」に赴いたが、嘉納は「家庭教育に於いては完全とは言へなくとも少くも皇道精神の教育はした、その息子が文部省直轄の高校に入つてから赤に迷つたのだ（中略）息子にどんな悪病も感染しない様にはようせなかった事に対し遺憾ではあるがそのための謝罪は私の心として潔しとしない[8]」と述べた。

飯塚は「中堅有段者から話をうけたので師範に謹慎を勧めて見たが、種々な理由から容れるところならず、師範の苦しい胸中もお察し出来るのでそれ以上は何も言はずにしまつた、新しい武道協会設立は全日本の武道家を一丸として非常時国家のため積極的に武道精神の作興に尽さんとするもので（中略）嘉納師範にはまだお話してないと聞くが、きっとこの事は師範も喜んでくれる事と確信して居ります[9]」と報道記者に述べている。

こうした講道館の高弟らの行動に対して、講道館内部の意見も分かれた。四月八日の『時事新報』では全日本武道協会設立に向けた飯塚・工藤らの動きに対しての賛否両論を掲げている。一つは「苟くも嘉納館長の諒解を経ずして事を計画する以上、断乎たる処分を為すべしとの硬論[10]」であり、今一つは「武道振興の積極運動はこの機会に堂々所信に向つて邁進すべし[11]」という積極論である。この報道の前日には飯塚から嘉納へ事の真相を報告しに行き、「工藤一三六段外六名の中堅高段者が時局の重大性に鑑み、武道振興大会の企てあるも右は武道報国の志以外他心なき旨[12]」を報告していた。

しかし、飯塚への風当たりは強く、四月一九日付の『時事新報』では「飯塚八段の破門に迫る」と題して「現幹部派の中堅高段者は数度の会合を開いて協議を重ねた結果、主謀者と目される飯塚八段に対して何等かの処分をなすべしとの意見次第に高まり遂に十七日夜（中略）「飯塚八段を破門処分に附すべし」との決議をなし、これを嘉納館長に提出すると共に声明書を発した[13]」と報道している。

ところが、事態は急速に沈静化に向かう。翌五月に発行された雑誌『柔道』では、四月二二日付の「声明書」

として嘉納の高弟である「講道館役員総代」の立場を次のように表明している。まず『時事新報』に対して、「最近都下の一新聞紙に掲載せられたる講道館に内争分裂云々の記事は事実の真相を究めたるものならざるに拘はらず或る地方新聞亦これを記載し一部人士に疑惑を抱かしむるに至れるは遺憾とするところである」[14]と批判した。続けて「該記事は恐らくは二三の有段者が他方面の有志と共に非常時局に処し武道精神作興のため講演会を企てたることが比附援引せられたる結果なるべく講道館内には毫も分裂云々の如き事実なく只徒らに世人を惑はすに過ぎざるものである」[15]と、講道館内部分裂は全くの誤解であることを強調した。さらに、「門生にして斯道発展のため種々なる意見と方策とを有する者あらば宜しく熟慮研鑽公明妥当の方法に依り其の改善進歩を促すべきである（中略）我等は飽くまで講道館柔道の精神を体し（中略）同心協力一致結束して師範を補佐し斯道の発展に努め国家社会の福祉を増進せんことを誓ふものである」[16]と、講道館には内部分裂など全くないことを強調している。本声明書には講道館役員総代として飯塚と工藤の署名もあるため、飯塚及び工藤が破門されることはなかったとみられる。

また、本声明書の冒頭では「我が講道館は精力善用自他共栄の指導精神に基き個人と社会との健全なる存続発展を期し皇室を中心とし穏健中正なる日本精神の長養発揮に努力し来れることは五十年の歴史により世人の既に認めて疑はざるところである」[17]としている。この声明書の冒頭には講道館が時局に対応した「日本精神」の発揮に努めていると声明することで講道館の不満分子を懐柔する意図があったとみられる。さらに、同誌では「有閑記事に就いて講道館の現状を闡明す」と題して「令息の問題と新協会云々とは、全然畑違ひで、別個の問題」[18]とも主張した。飯塚破門声明から一転、講道館は飯塚や工藤を含め一丸となって再び活動することを宣言したのである。これは四月一七日に飯塚破門の声明書を受け取った嘉納が講道館の役員たちの意見を巧みに取りまとめたものと考えられる。

こうして講道館の内部分裂問題と令息問題は一旦収束したが、後に令息問題については「何等謹慎の情を表するところもなく、反つて他にその罪を転嫁せんとするが如きは、全く以て、かの○国風の無責任さと、功利的なやり方その儘と云つてよい[19]（○は伏字：筆者注）」との批判が嘉納に対して講道館の外から投げかけられていた。嘉納の権威は揺らぎ始めていたのである。

第二項　〈柔道のスポーツ化〉批判

前章で確認した〈柔道のスポーツ化〉は、昭和に入ると講道館の首脳部においても問題視され始めるようになった。昭和八（一九三三）年に開かれた中央有段者会の定期総会では「柔道のスポーツ化を如何に観るか、若し俗化と認めば之が対策如何」という協議事項が提出され、議論されている。この定期総会には嘉納は渡欧のため出席していなかったが、本田親民幹事長が議論を主導し、次の見解を述べた。

柔道のスポーツ化云々の問題は重大問題であるから、嘉納会長の意見を質した上でなければ答弁できぬ。併し仍つて予一個の意見を述べんに、柔道の所謂スポーツ化は柔道の低下乃至退歩を意味するものである。併し一面より観れば之も時勢で、或程度までは止むを得ない自然の成行と見ねばなるまい。されば之が指導の任にあるものは、常に柔道の本義に立還り、真に自覚せる精神を以て一般世間並に被指導者に臨まば、全然とまでは行かずとも、可なりの程度までは、柔道の堕落を防止することが、出来ようと信ずるものである[20]。

本田は、「柔道のスポーツ化」は「退歩」であるが、それは時勢であるため仕方がないと、意見を述べている。そして「スポーツ化」による「柔道の堕落を防止」するには、「柔道の本義に立還」る必要があるというのである。このように、昭和八（一九三三）年時点の講道館の首脳部において既に〈柔道のスポーツ化〉は「堕落」と認識され、「柔道の本義」が不明瞭になる事態と捉えられていたのである。

〈柔道のスポーツ化〉は地方でも問題になっていた。昭和一〇（一九三五）年八月の定期総会では協議事項「柔道を現在より以上普及せしめ理解せしむる方策如何」が議論された。ここで静岡県代表の結城源心は静岡県の現状とともに普及の方策を述べた。結城によれば、静岡県では「県内都市対抗試合を行って会員券を発行する。勿論入場料とは性質を異にするもので、あくまでも会が主であり見物する者が従である。随って会員規則に従はぬ者はドシドシ出してしまふ」[21]。「県内都市対抗試合」とは昭和九（一九三四）年一〇月二一日に静岡市武徳殿で開催された「教育会郡市対抗試合」と「青年団郡市対抗試合」の二つの大会のことと考えられるが[22]、結城の発言から地方の試合でも会員券の発行、すなわち入場料の徴収が浸透していることが分かる。その一方で、結城は試合を興行化させないために観覧者にも高いマナーを求めていた。

しかし、「それでも多くの人が、仲《ママ》には女子供までが見に来る。他のスポーツに見られない真剣な壮厳な試合気分を却つて喜んで見てゐる」[23]と結城は報告している。結城の発言からは、選手が体現する真剣勝負としての柔道すら観客は消費スポーツとして楽しんでいる様子が窺える。

ただし、静岡県の柔道試合の娯楽的な一面は〈スポーツ化〉問題よりも前から存在していた。民衆武道史を研究する吉本陽亮は、大正一三（一九二四）年に静岡県内務部が県下の青年団に「現代に於ける代表的な趣味娯楽」の三〇種類をアンケートした中で相撲（八位）、剣道（一〇位）、柔道（二〇位）がランクインしていたことを明らかにしている[24]。さらに、静岡県の青年団の大会には観覧者がおり、やはり娯楽的に武道の試合を享受していたという[25]。つまり、静岡県の柔道は元々娯楽的な要素が強かったが、〈スポーツ化〉問題の浮上により、〈柔道のスポーツ化〉の一端として結城が問題にしたのではないかと考えられる。

こうした静岡県の現状を踏まえ、結城は〈柔道のスポーツ化〉について次のように主張している。

大衆と俗な妥協はしないが或程度まで大衆に呼びかけるといふ方法を採る事は柔道普及の一つの良策であ

ると信じてゐる。[26]

この結城の意見に対しては島根県や神奈川県など各地の有段者会からも支持する声が上がっていた。[27]こうして地方での柔道普及の際にも〈柔道のスポーツ化〉はやむをえないことを講道館の首脳部は確認したのである。このように東京などの大都市のみならず地方においても、観覧者が柔道の試合を娯楽的に消費する状況が昭和一〇（一九三五）年時点で既に広がっていたのである。

第三項　講道館における神棚設置問題

次に道場と神棚についてである。武道の道場に神棚を置く慣習はそれほど古いものではなく、大正期末から昭和初期のことであり、柔道場に至っては昭和一〇（一九三五―一九四四）年代になるまで定着しなかったという。[28]武道場に神棚を設置する背景には日露戦争後の労働運動及び社会主義運動に対して「敬神崇祖」による「国民思想」の統一を目指した政府の地方改良運動があるといわれる。[29]こうした政府の動きにいち早く対応したのは警察署内の武道場であり、大正一三（一九二四）年までに神棚の設置はほぼ完了していた。[30]また武徳会でも大正一四（一九二五）年に「武徳殿に於て演武に関する規定」が設けられ、ここに玉座＝神殿（神棚）に対する礼式が規定される。[31]武徳会は警察を基盤に発展したことから、神棚の設置も速やかに行われたのだと考えられる。

学校の武道場に神棚を設置しようとする動きは柔道よりも剣道の方が意欲的だったといわれるが、[32]昭和七（一九三二）年の調査では全国の中学校の武道場における神棚の設置率は柔道三九・五パーセント、剣道四七・二パーセントと、両者ともに五割を下回っていた。[33]

講道館では、嘉納が神棚設置に消極的だったため、設置が遅れた。昭和一〇（一九三五）年一二月に講道館門人が嘉納に神棚を設置するよう求める建白書を送っているが、嘉納は個人としては皇室を尊崇し、伊勢神宮の神を敬っているが、宗教はしばしば宗教間で対立を生むから「全人類の中心機関」たる講道館にはなるべく宗教を持ち込みたくない、と拒否している[34]。

昭和一〇年代に入ると、武道場に神棚設置を求める声は文部省内で大きくなる。昭和一一（一九三六）年五月に行われた文部省主催の体育運動主事会議では学校内における「道場には神棚を設くること」[35]が掲げられた。その結果、昭和一二（一九三七）年には中学校の武道場における神棚の設置率は五割程になったといわれる[36]。こうした文部省の意向をうけ、柔道の総本山である講道館に神棚がないのは批判されると考えたのか、昭和一二（一九三七）年一月には講道館でも神棚を設けることとなる[37]。それまで講道館が神棚を設置しなかったのは、「手近かに神殿が設けてあると、却つて、粗末な取扱ひをしたり、不敬にわたるやうなことがあつてはならぬ、寧ろ神々は遥拝しようといふ方針[38]」だったためと嘉納は述べている。しかし、昭和九（一九三四）年に新築された水道橋の講道館には「高貴の方々の御出を願ふ為の室も出来、神殿を設けても差支へない」スペースを設け、「神殿は、文武の教を兼ねるといふ講道館の根本精神に基き、天照皇大神宮を祀ること」となったという[39]。

かくして昭和一二（一九三七）年七月の日中戦争までには武道場における神棚の設置又は奉斎は珍しいことではなくなったのである。昭和一六（一九四一）年六月発行の武徳会機関誌『武徳』には「然るに明治以来武道は衰へ真の武道精神は失はれて、唯物思想の迷信に囚はれ、神を奉斎して居らぬ道場が多かったのであるが、近来皇国精神に遷れとの声と共に神を奉斎せない道場は無くなったやうである[40]」と記されている。

ところで、講道館の神棚設置について、「今でこそ中訳の如き祭神はなされてあるさうであるが、これは決して嘉納氏の自発からではなく或る有志連に厳戒されて余儀なく祭壇を設けたとのこと[41]」であり、祭神せずに精力善用と自他共栄を理念に掲げる嘉納の態度に対し、「祖神に対し不敬も甚しき潜上的行為と云ふべきであらう[42]」という非難の声があがっていた。この非難の声を挙げていたのが講道館破門事件で破門された稲葉らであった。では、彼らはなぜ破門されたのか。この点を次節以降で検討していきたい。

第二節　講道館破門事件の経緯

第一項　稲葉太郎らの講道館批判

講道館破門事件は昭和一二（一九三七）年一二月二三日に稲葉、中西、脇川の三者が講道館側から破門と段位を剝奪された事件である。[43]

この事件を報道した同年一二月二六日の『読売新聞』では次のように経緯を述べている。

三氏はかねて講道館の主義綱領をあきたらずとして新らしき柔道の出現を期し去る十月一日中央公会堂に大会を開催、大阪に『全日本柔道』なる一派を結成、講道館の羈絆《きはん》から離脱を声明、嘉納翁自ら慰撫反省を求めたにも拘らず以前全国に呼びかけその運動を続けるためつひに制裁審議会にかけて断乎この処置に出たものでかかる処分は実に講道館開設以来――五十三年――初めてのこととて関係者を驚かしてゐる。[44]

首謀者の稲葉は「京都市松原通り高倉角に道場を持ちかつては武徳会専門学校名誉教授だったこともあり専ら整復術師として関西地方に重きをなしていた[45]」人物である。稲葉は全日本柔道会を設立して、講道館に反旗を翻したのである。『読売新聞』は次のように報道している。

〝精力善用、自他共栄〟精神解釈にあきたらずとして大阪市北野中学校教諭たる中西六段、岸和田市尚徳館主脇川五段を語らひ主として整復術修得のため稲葉氏のもとに集まる修行者に呼びかけ新柔道道の創設を思ひ立ち（中略）十月に至つて全日本柔道会の結成すると同時に新柔道会の名において自分は名人として九段に中西、脇川両氏に対して八段を贈るなど完全に一派として独立体系を整へた。[46]

さらに稲葉と共謀した中西は『読売新聞』の取材に応じ、精力善用と自他共栄を標榜する講道館について、「技術方面に偏し過ぎたきらひがある」[47]とし、「われわれの趣旨とするところは先づ精神の鍛練を行はうと云ふ訳です。もともと根本的に精神の一致を見ない以上講道館からの破門通告も何らの痛痒を感じません」[48]と述べている。

稲葉らは講道館の精力善用、自他共栄の理念に満足せず、全日本柔道会という組織を大阪で立ち上げた。ただし、全日本柔道会の結成時期は稲葉らの主張と『読売新聞』では異なる。全日本柔道会が昭和一四（一九三九）年六月に発行した『昭和柔道史』[49]には、当会の設立から同書発行までの活動経緯や当会関連の資料が収録されている。同書によると、全日本柔道会は昭和一二（一九三七）年三月一四日に発会式を行い、活動をスタートしている。[50]ここで稲葉は会長に、脇川、中西らは副会長に就任している。同年五月六日は全日本柔道会第一回全国大会が大阪中央公会堂で開催され、柔道の試合や形が催された。[51]大会には「八千余人」[52]が集まり「盛大に」開催されたとされる。そこで、稲葉は「本会員は教育勅語の聖旨を奉体し（中略）日本精神に則り日夜柔道に精進し以て日本臣民の天職を完ふせんこと」を宣誓し、当会が「教育勅語」「日本精神」をモットーとすることを主張した。[53]

稲葉の主張は、講道館の理念を非難するものであり、講道館のあり方を根底から批判するものであった。稲葉は柔道が「忠君愛国を根幹」としているにも関わらず、柔道の総本山である講道館では「近時西洋思想の概念に拘《ママ》はれ精力善用自他共栄などといふ凡て相反した観念を以て其の普及」に努めていると批判した。[54]そして柔道の「技術方面即ち柔道の形態」[55]についても「スポーツ競技化し堕落」[56]し「殺活整調の意義を等閑視」[57]していると批判している。さらに六月一日には稲葉は「欧米心酔党の所謂スポーツ化柔道」[58]は「吾国伝来の真の武道精神を没却[59]」するものであり「六十年間心技両ながら誤り堕落して醒めざる現在の柔道を（中略）三千年来神祖皇祖並祖師により清く強く育まれし柔道に復古せんとする[60]」ことを宣言した。稲葉らは柔道の「スポーツ競技化」が西洋化に原因があると考えたのだ。そしてここで注目すべきは、稲葉らが嘉納に対して公然と批判を展開し、新たに全日本柔道会を立ち上げ、同会の活動に踏み出したことである。

稲葉の批判と行動は当然のことながら講道館関係者にも衝撃を与えた。同年七月四日には講道館の高段者であり武専の教授である磯貝一、田畑昇太郎、栗原民雄と大阪講道館有段者副会長川勝正之らが、同月二八日には嘉納の命令で村上が稲葉と会見し、全日本柔道会の解散を要求した[61]。しかし、稲葉は彼等の要求を受け入れなかった。こうして稲葉と講道館の高段者間の交渉が決裂した後、同年一〇月一日に稲葉ら全日本柔道会の一同は、改めて講道館退館を表明した[62]。

さらに一二月三日には嘉納が稲葉と直接会見することになる。ここでも稲葉は「講道館教義に忠の教なき事、講道館に神棚の無かりし事、御子息の主義者問題の時嘉納氏の行動に付き、玉座に敬礼なかりし件、講道館誓文の件、段の悪弊の件[63]」を嘉納に問い質した。嘉納は稲葉の意見を「見解の相違[64]」として斥けた。嘉納も稲葉に対して、「嘉納を攻撃せる事は嘉納に対して相すまぬと思はぬか[65]」と問い質した。これに対し稲葉は「相すまぬと思ひます[66]」と述べつつも、「先生の主義と私しの主義とは日本臣民として絶対相入れぬと存じます[67]」と応答し、「私しは自分の信ずる道にどこまでも進みます[68]」と嘉納と袂を分かつことを述べたのである。稲葉を含めた三名の破門はこのような経緯を辿った後、講道館での制裁審議会により決定されたのである。

第二項　制裁審議会における議論

制裁審議会ではいかなる議論がなされたのか。『読売新聞』及び藤生が著した『四股をふんで国策へ』によってこの点を検討したい。

制裁審議会は二度に亘って行われた。第一回の開催日は分からないが、審議の結果は一二月二二日に出ていたことを読売新聞社が報道しているため第二回目の審議会は一二月二二日である。[69] 制裁審議会は、「海軍少将本田親民、陸軍少将佐藤栄樹、十段永岡秀一、九段飯塚国三郎、同三船久蔵、同佐藤嘉一郎氏以下審議員廿八名[70]」といったメンバーで執り行われた。藤生も稲葉らの処分を決定する制裁審議会の一員であった。藤生は制裁審議会について先の『読売新聞』の取材にも応じていたが、掲載記事はその内容を「大分縮減」したものであったと述べている。[71] そのため、藤生は『四股をふんで国策へ』の中で「その真相を報告し、併せて余の本件に関する立場と更に武道に対する素懐《そかい》の一端を披瀝[72]」した。

審議員の多くが「制裁強行論の主張盛んなる昂奮激情の渦中[73]」にあったのに対して、藤生は稲葉の講道館批判に対して「至極同感とする処である[74]」と賛同の意を表している。ただし、藤生は稲葉らの主張が述べられた「文章字句そのもの[75]」に対して賛同するのであって、彼らの行動がそれに伴わないことについては「顰蹙唾棄せざるを得ない[76]」と述べる。全日本柔道会では稲葉は自ら名人を名乗り九段を称し、中西や脇川へ八段の段位を贈っていた。こうした稲葉らの行動に対し藤生は「噂に聞くが如く、彼等が自ら名人達人と僭称し、段位称号を好餌、金銭を収受する等の、忌しき行為を敢てし、或は又柔道は仁術なりとの名分を掲げて彼等の経営する整復業（骨接）に利せんとするが如き、営利的術策を弄び、或は又嘉納師範との間に師弟の道に反したる行為[77]」があったとすれば、「極度の不快を禁じ得ない[78]」と述べる。したがって、藤生の稲葉らに対する評価は稲葉らの主張には首肯できる点があるが、その行動には賛成できないというものであった。

他の審議員らが「昂奮激情の渦中[79]」にある中で藤生は稲葉ら「全日本柔道会の主張は何故悪いのか[80]」と審議員らに問うた。それは審議員らが「講道館柔道の教義に対し、異説を立て之を誹謗するのは怪しからぬと言ふ丈で（中略）感情的に彼等を制裁する事[81]」に慎重考慮を促すことが目的であったという。さらに藤生は、審議員である講道館の重鎮たちへ精力善用・自他共栄という講道館の理念について「自己反省と再検討[82]」を促そうとした。

藤生はいう。「私自身も講道館の教義に対しては、是が果たして日本伝統の武士道精神を長養開顕する処の教理として、最も適当なるものなりや否やと言ふ事については、多年多大の疑問と不満とを持っていた」[83]。精力善用や自他共栄に比べれば全日本柔道会が「明治大帝の教育御勅語を奉体して、今日の堕落せる武道精神に、活を入れるの要ありと説いている」[84]ことは、「国民精神総動員」[85]の時局において考慮されるべき主張である。むしろ、こうした全日本柔道会の主張を「異説なりと盲断して破門せんか、識者大衆は何と思ふか（中略）講道館が、却て世間から破門されるやうな結果を招来しはせぬかを惧る」[86]るべきではないか。藤生は稲葉らの破門強硬論に対して慎重な対応を求めたのである。

かくして第一回の審議会では藤生に反対する者もおらず、審議は慎重を期する事で決議された。第二回の審議会では嘉納が出席し座長を務めた。嘉納は稲葉らが講道館の許可なく段位を授与したことは講道館入門時の誓文に違反すると断罪した[87]。つまり、嘉納の稲葉らへの処分は稲葉らの講道館への批判に対するものではなく、稲葉らの段位発行に対するものであった。先の『読売新聞』でも、講道館入門時に修行者が嘉納に対してなす「五ヶ条の誓文」を掲示し、稲葉らの段位発行が講道館の門人としては違反であると報道している。

藤生は、精力善用、自他共栄に対する全日本柔道会の批判についてどのように応答するのかを嘉納に問うたが、嘉納は「之には触れぬ、大人気ない」[88]と述べたという。これに対し藤生は、「教義に関しての制裁には賛成いたし兼ねるが、入門誓文違反云々なれば、敢て依存はありません」[89]と嘉納に述べた。かくして稲葉ら三者は制裁審議会の決定によって破門されることとなった[90]。

第二回の審議会は藤生にとって不満の残る結果となった。藤生の不満は審議会に出席した嘉納の高弟たちに向けられたものであった。第一回には藤生の慎重案で合意したにも関わらず、この日の嘉納による断罪に対しては誰も異議を唱えなかったためである。藤生は第二回の審議会の様子を次のように批判した。

自己の利害に関する昇段推薦に対しては、悪どい程真剣に、而も時には車夫馬丁に類する言辞さへ弄する指南役連の多くは、終始沈黙、是れ精力善用なりか。師範にとつては実にこよなき良弟子ではある。[91]

第三節　藤生安太郎の不満

第一項　「堕落せる武道界に活を入る」について

以上のような制裁審議会のあり方に藤生は納得しなかった。昭和一三（一九三八）年二月一〇日の『読売新聞』は、「藤生代議士六段を返上丸腰で武道の革新へ」[92]と題する記事を掲載した。それによれば、藤生は「武道界の現状に不満がある、革新のため微力をつくしたい、累を講道館に及ぼす惧れがあるから段位並びに審査委員の役員を辞退したい」[93]と述べ、「破門されるのも覚悟の前である」[94]という。それに対して嘉納は、「武道界に不満があるならひとつゆっくり話し合って見ようではないか（中略）改革すべき点があれば自分も反省しよう」[95]と引き留めたが、藤生は「柔道教義の根本観念についての相違は妥協不可能」[96]として二月五日改めて「考慮の結果初志を貫徹したい武道革新の意見は議会か印刷物を通じて天下に訴える」[97]と嘉納に伝えた。かくして藤生は、二月八日に「文部省に武道局または武道課を新設する件」と「明治神宮外苑に国費を以て武道殿を建設する件」という二つの建議案を帝国衆議院議会へ提出するとともに、「日本精神に密接な関係あるわが武道（柔道、剣道、弓道を含む）革新の数案を提出する準備をすゝめる一方、数万のパンフレットを全国武道関係者に配布」[98]した。以上のように『読売新聞』は報じている。

ここで藤生が配布したというパンフレットに注目したい。藤生は同年五月に『武教を提げて政府と国民の覚醒を促す』[99]というパンフレットを発行している。その中の「藤生安太郎氏を語る」という筆者紹介の箇所で、パンフレット刊行の前に藤生が『堕落せる武道界に活を入る』という文書を著しているとの記述がある。また、同パンフレットの表紙にも「革正の第二弾」と書かれている。さらに『四股をふんで国策へ』の序文でも第一〇章「堕落せる武道界に活を入る」と第一一章「議会最初の武道論」を先にパンフレットとして先に発行したと述べられている。[100] 第一〇章は「昭和十三年二月佳辰稿」[101]と記されており、したがってまず『堕落せる武道界に活を入る』が、次いで『武教を提げて政府と国民の覚醒を促す』が書かれ、両論考を収め、それ以外にも書き下ろしの章を加えて『四股をふんで国策へ』は出版されたのである。以上のことから、二月に藤生が配布したパンフレットは『堕落せる武道界に活を入る』ということになる。

嘉納は国際オリンピック委員会総会に出席するため同年二月二一日にカイロに向けて門司港を出発し、その帰路で他界することになるのだが、同パンフレットはその前に世に出回っていたと考えられる。つまり藤生も稲葉ら同様、嘉納の存命中に講道館及び嘉納を公然と批判したのである。藤生は読売新聞社の取材に応じ、「稲葉問題のとき既に心中決するところがあったが、カイロ会議出発準備中の老師との廿年来の恩義を考へなかなか断行できなかった、情に於て忍びぬものはあるが、老師の不在中問題を惹起するのはなほ不可と考へ袂を別って革新の道を歩くことにした」[102]と述べている。この発言からも藤生は講道館破門事件を契機とし、嘉納がカイロ会議に発つ前に講道館批判を公に展開しようと考えていたことがわかる。

『四股をふんで国策へ』はその後、昭和一四（一九三九）年三月に訂正増補『相撲道の復活と国策』として、また同年八月の第七版以降には『武道としての相撲と国策』と改題して発行され、少なくとも同年一〇月一日までに一四版を重ねている。ただし、藤生は「聊か思ふ所あつて」、『武道としての相撲と国策』では第一〇章「堕落せる武道界に活を入る」を削除している。[103] 藤生が何を思って削除したのかは不明だが、既に故人となった嘉納を批判しては申し訳ないと考えたのかもしれない。いずれにせよ、『四股をふんで国策へ』が日中戦争以降における武道関係の書籍としてはベストセラーであったことは間違いなく、第一〇章「堕落せる武道界に活を入る」の内容は削除される以前に多くの人の目に留まったことは間違いないだろう。

第二項 「堕落せる武道界に活を入る」の内容

第一〇章「堕落せる武道界に活を入る」では先にもみた稲葉らの活動と講道館破門事件についての見解だけではなく「武道界」の不健全な状況にも批判を向けている。藤生は稲葉らの段位発行を不快に思っていたが、段位称号の売買は稲葉らだけにみられる問題ではないと藤生は述べる。段位の売買や乱発は講道館内部や武徳会にもみられるというのである。

例えば、藤生自身の体験談として「二段になる時は五十円出したが、三段の相場はどの位か[104]」と尋ねられたエピソードを紹介している。また、東京市の高級吏員で剣道の練士推薦を条件として「金五百円[105]」を要求され、「憤然、之を峻拒した[106]」というエピソードや、ある人が弓道の範士号をとるために「三千円[107]」を要したが、範士になれば教士や錬士を推薦する身分となり推薦の際に被推薦者から金銭を要求できるため、「元手は直ぐに回収が出来る[108]」といった「内証話[109]」があったことなどを紹介している。やや後年になるが、昭和一五（一九四〇）年に島村武志という人物が武徳会の不健全な体質を批判している。島村は武徳会の高段者による段位の「乱発乱売」について、「風説」の場合もあるが、「全く否定し去ることの出来ないものがあることは、遺憾ながら認めざるを得ない状態」であると述べている[110]。藤生はこうした段位称号の乱発乱売について、武道の権威と価値を失墜させる行為であり「武道の神聖を冒瀆するのみならず、真剣なる修行者の崇高なる努力に対する、蹂躙である[111]」と強く非難した。

藤生によれば、稲葉は講道館から七段を授与され「向後益々研磨し師範たるを期すべきものなり[112]」と「師範候補者としての待遇を、与へたる人士[113]」であるにも関わらず、「大人気ないとするならば、自ら己れの免許状の権威を蹂躙するものなるに非ずや[114]」と講道館へ批判する。そして、もし稲葉らを処分するならば、講道館内部にいる不正な段位授与者をも処さねばならないと主張する。例えば、藤生は次のような者に対しても公平に処分を与えるべきだと述べている。

一、講道館首脳部高段者中にて、稲葉と同様、学校、会社、町道場等にて段位称号を無断授与しているもの
一、講道館道場の面目を汚辱したるもの
一、武道家として最も忌むべき破廉恥罪を犯したるもの
一、刑事上の前科者
一、自ら段位履歴を詐称したるもの
一、昇段推薦のため金品を収賄したもの(115)

これまでも講道館では「幾度か或は柔道教義に関し、或は制度改善確立に関し（中略）種々革新運動が繰り返されて来たのであるが、常に臭いものには蓋式で、不徹底なる妥協に終わった(116)」。そして、「正論を唱(117)」えて「種々革新運動(118)」を行う者は「常に不遇(119)」であったと藤生は指摘する。

藤生はこのように武道の不健全ぶりを問題とし、もし講道館や武徳会が稲葉による段位称号の認定に憤慨することがあったとしてもそれは、「目糞の鼻糞に対する抗議(120)」と同じだと辛辣な批判を浴びせた。そして藤生は「柔道界の健全如何(121)」は「日本武道に対する責任(122)」に関わる重大な問題だと主張した。講道館破門事件は柔道界、ひいては武道界の問題を露にし、藤生にその革新の必要性を痛感させる決定的な契機となったのである。

こうした稲葉や藤生の発言は時流に即した主張内容であった。日本は昭和八（一九三三）年に国際連盟から脱退して国際社会から孤立し、同年の滝川事件、昭和一〇（一九三五）年の天皇機関説事件をうけて岡田内閣が国体明徴声明を出すなか、共産主義のみならず自由主義まで排撃される時勢となった。また日中戦争直後には第一次近衛内閣が国民精神総動員運動を展開し、戦争に向けた尽忠報国を国民に促した。こうした一連の情勢の中で、

「日本精神」と呼ばれる時代思潮が台頭した[123]。日本精神は排外主義的な「文化ナショナリズム[124]」を表す言葉であった。このような時流の中で日本精神の養成を期待された柔道あるいは武道の立場が問題となったのである。稲葉や藤生が嘉納に向かって〈柔道のスポーツ化〉批判をすることに躊躇がなかったのは、時代思潮である日本精神が自身の柔道論を後押ししてくれるという確信があったためと考えられる。そして日本精神が台頭するなかで、〈柔道のスポーツ化〉批判には、西洋化批判が含意されるようになったのである。

第四節　講道館の理念

ところで、藤生や稲葉らが批判した講道館の教義、すなわち精力善用、自他共栄とはいかなるものであったか。本節では講道館及び精力善用と自他共栄の歴史を概観しておこう。

第一項　精力善用・自他共栄とそのインターナショナリズム

嘉納は大正四（一九一五）年に柔道の根本理念を定義する。この年、嘉納は雑誌『柔道』上で柔道を「心身の力を最も有効に使用する道[125]」と定義し、「柔道の修行は攻撃防御の練習に由つて身体精神を鍛練修養し、斯道の神髄を体得する事である。さうして是に由つて己を完成し世を補益するが柔道修行の究竟の目的である[126]」とした。この柔道の定義が後に精力最善活用や精力善用と表現されるようになるのだが、当初は呼び名が定まっていなかった。後に嘉納は「心身の力」を精力と呼び換え、「最も有効に使用する道」を善用と呼び換えるようになるのだが、善用という言葉について、「人間の行動は善を目的としなければならぬ[127]」と述べている。また嘉納は、個人の行動原理に就いては精力善用のみでも言い尽くせるが、「人間は社会生活を営んで初めて本統の幸福が得らるる[128]」のであり誰もが「社会生活を辞すことが出来ぬ[129]」とし、精力善用は社会生活を離れて発揮されることはなく、「精力を最善に活用しようと思へば、相助け相譲り自他共栄することが必要になつて来る[130]」とした。こうして精力善用の社会的応用を成立せしめる自他共栄の理念が形成される。嘉納において精力善用や自他共栄の理念は大正一一（一九二二）年に講道館文化会が起こされる頃にまとまり、講道館文化会の目標にも精力善用と自他共栄の精神が反映されたとされる[131]。また、自他共栄は講道館文化会実施当初、「自他併立[132]」とも呼ばれ、自他共栄という用語が登場するのは管見の限り大正一一（一九二二）年一二月の雑誌『柔道』に掲載された嘉納の論考「男女の中等学校年齢の生徒に望む[133]」からである。

講道館文化会は嘉納が第一次世界大戦後の「欧米を視察した結果（中略）世界の大勢に順応して時勢の急を救はう[134]」という目的の下に創立された講道館の一機関である。この講道館文化会の綱領には「世界全般に亙つては、人種的偏見を去り、文化の向上均霑に努め、人類の共栄を図らんことを期す[135]」とある。ここに自他共栄の精神が国際社会における人類の発展を展望するインターナショナリズムの流れを汲むものであることが明らかに示されている[136]。

嘉納の唱える自他共栄がこのような国際的展望を持つに至った背景には、嘉納自身が欧米を実際に視察し、第一次世界大戦後の欧州情勢を目の当たりにしたことがあるであろう。嘉納は欧米視察の結果、「今日の日本は国際間に於て孤立の有様である[137]」と判断し、「将来世界の間に国を建てて国運の隆昌を図らうとするには、従来よりも一層国際間の関係を滑かにし、互に理解し融和することに努めねばならぬ[138]」と述べ、「柔道の文化的精神の発揮は、今日の時幣を救ふに最も適当なるもの[139]」であり、「自他併立といふことが、活動の最大の結果を得るに最上の道であるというてもよい[140]」と主張している。その他の背景として、嘉納が明治四二（一九〇九）年よりIOC委員として国内外のスポーツ振興に関わっていたことが考えられる。

嘉納が国際協調を重視し、その根本に精力善用と自他共栄を据えていたことが分かる出来事として昭和九（一九三四）年のギリシャでの講演が挙げられる。昭和九（一九三四）年は日本が国際社会の中で孤立していくきっかけとなる国際連盟脱退の翌年である。この年の六月に嘉納はギリシャのアテネでのIOC総会に出席するが、その際にアテネのパルナッソス協会において柔道に関する講演を行っている。嘉納はそこで次のように述べていた。

自分の目的を達成するために心身の力を最大限使用することと、他方において自他共栄を目指す相助相譲は、社会の調和と進展をもたらす二つの偉大な影響力となります（中略）国際連盟が創設されたという事実、そして安全と武装解除が今日顕著な課題となつているという事実、これらすべての事実は、これらの要因（精力善用と自他共栄：筆者注）が完全に研究されるべきであること、またこういった要因の精神は、全世界に公言されるべきであることを示しているのであります。[41]

ここには、国際社会に対して日本政府のとった方針とは立場を異にしても国際連盟の意義を評価し、精力善用と自他共栄の精神を貫く嘉納の信念が反映されているといえよう。このように、嘉納は勝負法を土台としつつも、武術稽古の域を越えて、人類に貢献する人材育成を目的として柔道を普及させるようになるのである。

第二項　嘉納の柔道論とナショナリズム

嘉納が昭和一二（一九三七）年の雑誌『柔道』八月号に寄せた論考では、嘉納の柔道観が次のように示されている。

一般に注意を喚起したいことは、昔の柔術や体術は武術であり、人に依てはそれ等を武道ともいつたが、予が創始した柔道とは、その目標とする所が大に異なつて居る（中略）然るに予が説き始めた柔道は、初めから単なる武術や武道ではなく、文武を包含した大きな人間の道として説いて居るのである。[142]

柔道とは武（武術・武道）と文の両者を包含した「人間の道」なのである。そのうえで嘉納は柔道の原理は「皇室を尊崇（中略）国体の擁護すべきを（中略）然らしむる」[143]と説いた。では、こうした精神や道徳はどうすれば身につくのか。嘉納はいう、「何十年間竹刀で技術を練習しても、投技や逆技の研究をしても、さういふ練習や、研究からは、尊皇の精神も、道徳も発生して来ない」[144]と。技術の稽古自体は、「道徳」の教育にはならないことを強調した。そして嘉納は「尊皇の精神」や「武士道」や「信義や廉恥」といった「徳目」は「別に加へて教へられなければ、技術の練習のみでは不可能」[145]であると述べたのであった。

一九三〇年代にはいると、武道は武士道や「日本精神」といった文化ナショナリズムを強化する手段として脚光を浴びるようになるが、そうした中で嘉納も柔道の価値を武士道や「尊王の精神」といったナショナリズムを喚起する言葉を用いて説いたのである。ただし、嘉納は武士道や「尊王の精神」を排外主義的に捉えたのではなかった。嘉納の柔道論においてナショナリズムは国際社会へ貢献する自立した日本人を形成するための思想であり、自他共栄にみられるインターナショナリズムと結びついていた。そのため、嘉納の柔道論は時代思潮であった排外主義的な日本精神とは相容れなかったのである。

第五節　講道館の理念をめぐる対立

第一項　嘉納の立場と藤生の嘉納批判

先にも述べたが藤生は講道館の制裁審議会における嘉納の処断に不満を抱いていた。藤生にとって講道館破門事件とは、稲葉らの講道館批判に対していかに嘉納が応答するのかが重要であった。嘉納がこれに応答しなかったことは精力善用、自他共栄では「日本精神」、「日本武士道」が涵養できないと考えていた藤生にとって時局を鑑みない許しがたい行為にみえた。

藤生は嘉納の講道館の運営方針にも不満を抱いていた。すなわち藤生は、嘉納が「柔道は自分が創造したのであるから、柔道の説明は自分に求め、講道館に請ふの外はない。従って自分の説明が最も正しく、他の容喙は之れを許さぬ、と言はれる事[146]」に不満をもっていたのである。藤生は、嘉納が「日本精神の説明を好まれぬ[147]」ことは承知しているとしたうえで嘉納の名に於いて授与される講道館の段位免許状に「日本伝講道館柔道修行に精力を尽し、大いにその進歩を見たり、依て〇段に列す[148]」と「日本伝」の字句が入っていることに言及し、「講道館柔道は、まがふかたなく日本の武道である。武道なりとすれば、非武士道的の、然も独善的の解説の如きは、断じて許さるべきでないと思ふ[149]」と主張するのであった。ここでは嘉納の主張を「非武士道的」と批判しているが、藤生にとって武士道とは、「日本精神を解いて武士道を論ぜざれば、それは点睛なき画龍に等し[150]」い程、日本精神の大事な要素なのであった。それにもかかわらず、藤生は、稲葉らに講道館の理念を「西洋流の邪説」と批判されたときも「只大人気ない、とて之を忌避し、而も感情の奴隷となって僅かに枝葉末節の入門誓詞違反なりとの理由を以て彼等を制裁[151]」した嘉納に対して、「理ある処に目を覆ひ、義なき処に息せんとする、正気を失したる卑怯者の措置なりと難ぜられても、抗弁の勇気[152]」はあるのだろうかと批判した。

しかし嘉納の態度は日中戦争後も変わらなかった。嘉納は講道館の精力善用、自他共栄の理念を主張し続け、「講道館が事変前も事変後も全く同一な態度を持している[153]」ことを主張した。

藤生はこうした嘉納の態度を「無産政党も、その非日本的、非国家的の主義政綱を日本的に変更し一大転向をなした[154]」時勢において「中外にその優越を誇らんとする講道館が独り脚下照顧の道を忘れて、その柔道教義に対してすら、独善の惰勢に陥り、依然無反省、無検討の態度に迷妄し[155]」たものとし、講道館が時勢に適う行動をしていないことを批判した。藤生は「日本精神の伝承者たり、体験者たり、又実戦者を以て、自ら任すべき武道団体こそは、その指導的最前列に、厳然たる威容を示揚すべき[156]」と考え、国民精神総動員が叫ばれる時局であるがゆえに講道館は「柔道教義」を「転向」し「日本精神」を発揚するべきと主張したのである。

第二項　講道館の理念をめぐる藤生の批判

藤生はこうした議論を展開するなかで稲葉ら同様、講道館の精力善用と自他共栄に対して「まぎらはしき西洋流の説法を以て、武道を論ずるもの[157]」と西洋化批判をするようになる。藤生は日本精神の説明を好まない嘉納に慨嘆する一方、「日本精神と日本武道とは根本に一体の関係を固有しているもの[158]」と主張する。つまり、藤生は講道館の精力善用、自他共栄の理念を「西洋流の説法」と斥けつつ、柔道と「日本精神」を相即不離の関係と捉えた。藤生にとって日本精神こそが「皇国をして無窮に、隆昌ならしめることをもって根本の要義[159]」であり、日本国家の永遠な持続を保証する精神なのであった。そして、藤生は「国家よりも個人主義の功利的経済論、又は柔道の世界連盟などと、名を国際的に売らんとする国際主義の、冷やかなる名利の理論とは、洵に天地霄壌の隔たりがある[160]」と講道館の「国際主義」と「個人主義」とを強烈に批判するのであった。

藤生の講道館批判はその理念への批判に留まらない。藤生は柔道の稽古・試合のあり様《よう》についても批判した。


試みに近来の柔道の仕合を見よ。

腰を引き、腕を突張り、而して敵を倒さんと焦慮する格好を。

西洋のフェンシングと何等異るところがないではないか。

即ち身を引けるだけ引き、最も多く我が身を護りながら、而も最も多く的を傷つけようと言ふ態度精神は、即ち功利的の理法に出でたものである[161]。

守備重視の柔道は「西洋のフェンシング」的であり、功利主義的であると批判するのである。続けて藤生は、「日本の武道たる以上は、断じてかくの如き功利的の理法に出づるものであってはならない、即ち超功利でなくてはならぬ（中略）捨身になって死中に飛び込み、而してここに活殺の自在を得んとするは、功利的には断じて解き難き超功利の精神であり、日本武道の比類なき威力ある所以である」[162]と武道の根本を「超功利」と規定し、「忠勇義烈の肉弾戦こそは、わが日本武士道の超功利的精神によってのみ養ひ得らるゝスピリット」[163]と主張する。また、日中戦争の「連戦連勝」も「わが皇軍将士が、独特無比の肉弾戦を決行したから」[164]であるとし、「超功利的精神」を称揚する。このように藤生は当時の柔道の試合内容を「超功利的精神」、「日本精神」の立場から批判したのである。

第六節　自他共栄から日本精神へ

藤生は、昭和一二（一九三七）年一二月の講道館破門事件を契機として翌年二月にパンフレット『堕落せる武道界に活を入る』を公にした。それは嘉納によって確立された講道館の理念を否定し、新たに「日本精神」を根本理念とすることを主張するものであった。また、藤生は武道界の組織的な腐敗を健全化すべきと主張した。こうして藤生は、これらの課題を国家政策によっても実現すべく、行動に出る。衆議院における武道関係の建議案の提出である。藤生はいう。

若し、今期議会中に於て、適当の機会を得たなれば、政府当局に向かつて、武道問題を提げて、各種武道団体に対する、その指導と監督と方針を質し、当局に向つて種々要望すると同時に、議会を通じて、全国民の武道に対する認識を是正し、その注意を喚起したいと思つてゐる（中略）武道団体だからとて、放任は断じて禁物である。[165]

二月一〇日の『読売新聞』は、その動きを追って「代議士だけで大日本武道振興会が結成され原口中将、安藤正純、東郷実、高見之通、宮澤裕、宮脇長吉の諸子が参加した、武道教師の待遇改善、段位称号の国家的統一、官立武道学校、武道督学官制、道場統一等の外に柔道整復術を単行法として生活向上を図るなど革新案は山積している」[166]と報道した。そして実際に「段位称号の国家的統一」と「道場統一」以外は第七三回帝国衆議院議会に建議案として提出され、可決されるのである。[167]

ところで、『読売新聞』の記事にある大日本武道振興会の会合は昭和一三（一九三八）年二月八日に開かれたが、その翌日九日に講道館で「日本精神発揚研究会」という研究会が開かれている。その研究会のメンバーは中山久四郎、棚橋源太郎、亘章三郎、荻原拡、諸橋轍次、池岡直孝、馬場文翁、尾田信忠、渡邊末吾といった学者たちであったが、そこには嘉納も参加している。[168]

さらに昭和一三（一九三八）年の雑誌『柔道』三月号で嘉納は「柔道は勿論一面日本精神の発揚に努めて居る」[169]と述べている。続けて嘉納は、「国体」や「皇室」など「誰でもいふことはくどくどしく」言わない、むしろ誰もが必要なのに閑却していることを述べることにしているが、それがために「或る者は誤解して国体や皇室について一層強く説いて貫いたいといふやうな希望」を主張していると指摘する。[170]

嘉納が述べる「或る者」が藤生や稲葉らであることはもはや明白であろう。続けて嘉納はいう。「今日の柔道は文武の道」であり「両方面を説かなければならぬ」のだ。[171]講道館文化会の宣言の一つが「国体を尊び歴史を重んじ」るというものである以上、「それに結びつけて精力善用自他共栄を説くのであるから、各方面を具備した主張であると私は信じる」のである。[172]

以上のように嘉納の主張は藤生や稲葉らへの応答とみなすことができるが、雑誌『柔道』三月号が発行される直前に嘉納はカイロへ発ち、その帰路の途中、五月四日に死亡する。そのため、藤生や稲葉らが嘉納へ応答することはなかった。

「日本精神」の説明を好まなかった嘉納が「日本精神」についての研究会を開き、また「日本精神の発揚に努めて居る」と公言せざるを得ない状況がおとずれていたのである。稲葉ら全日本柔道会の講道館批判や藤生の講道館及び嘉納批判はそれを象徴するものであるといえよう。かくして講道館を取り巻く状況は自他共栄にみられるインターナショナリズムが排外主義的な日本精神によって否定される時代へと入っていくのである。

第一〇章　第七三回帝国議会衆議院議会における武道関連建議案

本章では、昭和一三（一九三八）年に開かれた第七三回帝国議会衆議院議会に注目し、藤生の建議案の内容を考察する。

武道の国策化及び新武徳会の成立過程の歴史的研究は、これまで中村や坂上らによって進められている[1]。中村や坂上は武徳会から新武徳会への改組及び武道の国策化の要因を昭和一二（一九三七）年七月の日中戦争のインパクトに求めている。本書は武道の国策化の過程を、当時の社会背景との関連から把握する中村や坂上の視点を否定するものではない。しかし本書ではより具体的な武道国策化の要因を講道館と武徳会という二つの団体の革正を試みた藤生の活動に求めたい。それは、先にみたように藤生が第七三回議会での武道関連建議案の主たる建議者であり、武道の国策化を先導した人物であるためである。

藤生は『四股をふんで国策へ』の中で、日中戦争直後に国民の戦争協力を促す官製国民運動である国民精神総動員運動（以下、「精動運動」と略）に対して再検討の必要性を求めていた。同書第二章「国民精神総動員は出直せ」には次のように述べられている。

事変勃発以来、各方面に国民精神総動員の声を聞くこと久しいにも拘らず、又ダンスホールやパーマネント、レヴュウ、ショウ等の禁止弾圧の如き、街頭風景的諸問題に至るまで日本的ならざるものは、悉く排撃されんとしてゐるにも拘はらず、動もすると是等が徒に力なき掛声に終り、ために今尚社会一般に、特に都会生活者に真剣的緊張味を欠く風潮ありて、国民精神総動員運動のやり直し、再出発をさへ云為されるに至つたことは、洵に遺憾に堪へないのである。故にこの際吾々は相共に相戒しめ、相励ますと共にこの国民精神総動員運動なるものの根本に対し再検討を加え、之に活力を与へる必要のあることを痛感せざるを得ぬ。(2)

このように藤生には政府がいくら精動運動を叫んでも、その実、「都会生活者」の「真剣的緊張味」は欠けているように思われたのである。そこで藤生は、精動運動の再検討の一つとして「国民精神なる名称(3)」の変更を提唱した。藤生はいう。国民精神というのは「わが国特有のものではなく、世界各国共通のもので少しも対照的の意義を有してをらぬために、この名称より受くる感激は極めて消極的であつて、聊かの活力をも与へられない(4)」のだ。したがって、「「名は体を表はす」の理に拠つて、先づ名称より受くる感激を新たにして活を入れねばならぬ(中略)少くとも国民精神を日本精神若くば日本魂或は祖国愛と改称し、外国精神に対して対照的ならしめることは、最小限度に於て必要であらう(5)」。

藤生は、国民精神というと「世界各国共通」の言葉であるため、それでは日本の「特有」性が感じられないと考えた。そのため、日本精神や日本魂など、〝日本〟を冠する呼称を用いるべきことを主張したのである。そして藤生は精動運動を主導する政府が持つべき信念を次のように述べた。

今日国民各自が皆「吾は日本の武士なり」「吾は武士の母たり妻たり」と言ふ自覚を喚起し、各々その立場職分に応じて、武士の面目にかけ己れの責任は命にかけて之を果すと言ふ、責任尊重の精神を旺盛にするならば、殊に国民生活国家政治の指導的地位にある政府当路者役人《ママ》が、この信念と精神に於ても指導的模範的ならば、その生活も政治も益々その健全性進歩性を発揮するものと思う（中略）国民精神総動員の再出発もやり直しも畢竟するに、上下国民にこの武士たるの自覚を喚起することなくしては、また再びやり直しの愚を繰り返すに過ぎない。(6)

このように藤生は、政府及び官僚は人々の模範として「武士の面目」を信念としなければならないと考えたのである。政府主導の精動運動は農村や都市の生活を守るべく、都会と農村の経済的平準化を求めた経済更生運動といった性格が強かった。(7)そのため、日中戦争がもたらす国内社会の変革に同調を示す小作農民も少なからずいたのである。

一方で「都会生活者」に対する精動運動の働きかけは農村に比して弱く、官製の国民運動であったにも関わらず官吏の生活態度が批判されることもあった。(8)また、精動運動が唱える日本精神の内容は「抽象的なる為迫力に乏し」いとの批判もなされていた。(9)こうした精動運動の状況を考慮すれば、藤生は精動運動を改革し「都会生活者」に武道を振興することで、「武士たるの自覚を喚起」させようと考えていたものと思われる。しかし、当の武道もまた〈スポーツ化〉によってその本質を失いつつあると考えた藤生は、武道界の革正にまず着手すべきと考え第七三回議会で訴えたのである。

私が過般来、武道界の現状に憤激を感じ革正の一石を投じ、武道家武道団体に猛省を促し、又議会に於て政府当局並に一般国民に対して武道再認識の必要を力説し、その普及奨励の徹底を期すべしと強調したるもこの信念より発したるに他ならぬ。(10)

勿論、武道の国策化の過程では藤生のみならず、様々な人々の思惑が錯綜していたと考えられる。そのため、武道国策の実態は藤生にのみ焦点をあててはその全体像を把握することは困難である。しかし日中戦争から終戦に至るまで武道国策を衆議院で議論し続け、武道界へ批判を投げかけ続けた藤生の活動に焦点を当てることは、戦時下の武道界が直面していた複雑な事態に見通しを立てる上で有益であると考えられる。この考えは第四部の基調をなしている。では、藤生の第七三回議会の建議を検討したい。

第一節　武道関連建議案とは何か

藤生は第七三回議会でどのような建議説明をしていたのか。まずは、藤生が武道の国策化を図る意図について見ていこう。

藤生は「従来政府が武道に対して執り来った其態度に付ては多々遺憾の点がある[11]」と述べ、次いで武徳会や講道館を中心にした「武道界の現状は幾多改善向上を期すべきものがある[12]」と官民双方の武道に対する意識の低さを問題にしていた。そして藤生は官民双方の武道に対する意識の低さを是正するために、「先ず官民合同の武道審議会の設置を力強く政府に要望して（中略）各般の振興策を樹てて戴くようにしようではないかと云ふやうな申合せの下に此建議案[13]」を提出したのである。

藤生によれば、建議案は昭和一三（一九三八）年二月一六日午後六時から「奈良大将、鈴木大将、荒木大将、菱刈大将[14]」といった軍人、「大日本武徳会の副会長の山本鶴一、武徳会の東京本部長の館[15]」、さらに「貴族院議員の浅田良逸、加納《ママ》治五郎、小山松吉、山川端夫、菊池武夫、藤沼庄平、大塚惟晴[16]」、そして「衆議院からは中井川、小池、宮沢、横川、東郷、高橋寿太郎、原口、信太、漢那、高見、江藤[17]」といった有志によって開かれた懇談会で決まったという[18]。藤生は懇談会を通じて「各派から殆ど全部総掛りと云ふような形[19]」で武道に関する建議案の作成とその提出がなされたと述べている。

第七三回議会で可決された武道関連の建議案は①「武道審議会設置に関する建議案」（以下、「建議案①」）、②「厚生省に武道局若くは武道課設置に関する建議案」（以下、「建議案②」）、③「明治神宮外苑に武道殿建設に関する建議案」（以下、「建議案③」）、④「武道教師優遇に関する建議案」（以下、「建議案④」）、⑤「武道教師養成機関の拡充新設に関する建議案」（以下、「建議案⑤」）、⑥「武道督学官設置に関する建議案」（以下、「建議案⑥」）、⑦「全国に市町村立武道殿建設に関する建議案」（以下、「建議案⑦」）、⑧「武道を小学校青年学校女学校に正課とするの建議案」（以下、「建議案⑧」）、⑨「柔道整復術の単行法制定に関する建議案」（以下、「建議案⑨」）、⑩「相撲道の奨励に関する建議案」（以下、「建議案⑩」）である。これらの建議案の提出にあたり藤生は連名もしくは個人で署名している。

これらのうち建議案①は厚生省内の昭和一四（一九三九）年一二月二三日の武道振興委員会及びその発展的解消である昭和一六（一九四一）年九月三日の国民体力武道部会の設置によって、建議案②は昭和一六（一九四一）年一一月一七日に厚生省人口局内に練武課が設置されたことでそれぞれ実現される。[20]建議案⑦も厚生省の運動施設拡充の施策によって一定度の成果をみていると考えられる。[21]

その他、建議案④、建議案⑤、建議案⑥、建議案⑧、建議案⑩については後述する。また、建議案⑨については本書では追跡できなかったため、今後の研究課題として残る。

第七三回議会における武道の建議案においては、藤生の武徳会及び学校教育での武道の扱い方を批判する発言がみられる。第七三回議会速記録の末尾には参考資料として当議会における藤生の各建議案に対する建議説明を七ページに亘って載せている。これによって、第七三回議会における藤生の武道に対する批判とその対策案について主張を検討したい。

第二節　民間武道への批判と振興案

第一項　武徳会の段位称号問題

藤生の建議案②に関する建議説明は武徳会の段位称号授与のあり方を糾弾するものであった。建議案②について、藤生の演説では従来の武徳会及び講道館に対する「世間」の評価とその問題点を次のように指摘している。

従来世人識者は武道家若くは武道団体なるものに対し盲目的に信頼するか或は暴力団でもあるかの如く誤り考えて厳正なる批判も勇敢なる鞭撻も之を試み様としなかったのであります、この世間識の盲と敬遠とが武道家武道団体をして独善に陥らしめ自粛と反省とを怠らしめその結果が今日見るが如き幾多の不健全なる現象を生ぜしむるに至ったものと思ふのであります。[22]

そして、武道団体の独善によって不健全な状態にあるのが各武道団体による段位称号の授与であった。藤生の発言から武徳会における悪弊を一例だけ挙げると、次のような出来事があったといわれる。

武道界に於ては武道家而も其の大家高段者と言れる者自身にこの選挙「ブローカー」類似の行為をなす悪質分子が甚だ少なくないのであります、中には是が為め巨万の富さへ作ったものがあると言れて居る（中略）毎年全国武道家の段位称号を審議決定するため京都に武徳会大会が開催せられますが、その大会に範士などの最高の称号を有する大家高段者達は数日前から乗込み夫々旅館に陣取り而も其門前には何某先生御宿泊と麗々たる看板を張り出し而して其の旅館には教士号精練証の称号の欲しい候補者がぞくぞく頻繁に出入するとのことであります。(23)

このように藤生は段位称号の授与には範士クラスの汚職が横行していることを帝国議会で公に告発したのである。続けて藤生は、段位称号は「武道教育上相当重大(24)」であるため、「政府が夫々適当の機関を通じて之を国家的に統一の法を講ずる必要(25)」があると主張した。つまり建議案②は、各民間武道団体が各々実施していた段位称号の認定権を政府が統括することで、民間武道団体の独善、汚職を防止し、国家による段位称号認定の体制を作ることを企図していたのである。

第二項　武道場の建設

建議案⑦は全国市町村に武道場を建設せよというものであった。その理由を藤生は、「「スポーツ」は都鄙を問はず全国的に活況を呈しつゝあるも、国民体位は却って低下の一途を辿(26)」っている現状にあって、「武道の大眼目は訓育にありと雖も又体育として日本人に最適のもの(27)」であるため、「学校武道の振興と相俟って広く民間武道の振興を図るは又急務(28)」と述べた。

建議案⑦の説明において藤生が「民間武道の振興」に期待したのは「体位の向上」であったことが窺える。建議では「民間武道」を「体位の向上」という点でスポーツより評価していた。

また藤生は武道の第一義的な価値が「訓育」であるとも述べており、次にみる学校武道の建議案では武道教師が「訓育」に励める制度づくりが訴えられたのである。

第三節　武道教師の現状批判とその改善案

建議案②は厚生省所管の建議案として提出されたが、藤生は建議の演説で厚生省のみならず「文部、厚生両省[29]」にそれぞれ武道局か武道課を設置することを要求していた。建議案②の建議理由は「武道界の現状はその制度に於て、その運用に於て吾人の期待と相去ること遠し、学校武道、民間武道、いづれもその指導と監督とを要すべき点多々あり[30]」というものであり、藤生は民間武道の講道館や武徳会のみならず学校武道の改革にも意欲をみせていたのである。

藤生の学校武道改革に関する主張は建議案④、建議案⑤、建議案⑧に反映されているが、ここでは特に藤生の学校武道に対する考え方が明瞭に表われている建議案④、建議案⑤を取り上げる。

第一項　武道教師の待遇向上

建議案④は「武道教師の生活を保障し、其の権威と面目とを保たしむる[31]」ことを目的としている。ここで藤生が保障すべきとする「武道教師[32]」の俸給は、「文部省の調査に依りますと、武道教師は剣道が三四、六四、柔道が三三、三八と相成って居る[33]」と述べている。ここで、「三四、六四」、「三三、三八」など意味不明な数字の羅列が出ているが、『四股をふんで国策へ』の第一一章に「議会最初の武道論」として再録された第七三回議会における藤生の演説では、「文部省の調査に依りますと、武道教師は剣道が三十四円六十四銭、柔道が三十三円三十八銭と相成って居る[34]」と記されているため、当時の剣道教師は三四円六四銭、柔道教師が三三円三八銭の俸給であったことがわかる。武道教師の待遇については、昭和一五（一九四〇）年四月の『武道公論』でも言及され、同内容の資料を用いて武道教師の俸給に言及しているが、その際文部省の調査が「昭和十二年[35]」のものであることが記されているため、第七三回議会で用いられた文部省の調査資料も昭和一二（一九三七）年の資料であると考えられる。

武道教師の待遇は藤生以前にも問題視されていた。例えば、鹽谷宗雄《しおたにむねお》は「職業としての柔道を論ず」と題して昭和八（一九三三）年の雑誌『柔道』三月号に寄稿している。鹽谷は昭和七（一九三二）年五月の調査によって、武道教師の俸給を明らかにしている。

一、全国中学校柔道教師の平均年齢　三十五歳
　　全国中学校剣道教師の平均年齢　四十一歳
二、全国中学校柔道本務教師の平均俸給、九一・三七円（本務者三〇三人）
　　全国中学校柔道嘱託教師の平均俸給、三五・三八円（嘱託者三三二人）
　　剣道も大体似たやうなものである。
三、剣道教師の出身校
　　高師　七二名、武専　百十一名、検定　二八名、体操学校　六五名、大学　八三名、専門学校　四九名、
　　中等校　百九名、軍人出　二五名、警察官出　七名、小学其他　百八十三名
四、全国中学校生徒総数約三十万人の中
　　柔道修行者の数は、約十四万五千人、剣道修行者は、約十七万人である。(36)

鹽谷はこうした統計資料から次のように指摘している。まず「職業生活年齢長短の問題が、頗る悲観的である。人生五十年なんて云ふことは、昔のたわごとである。今日では、少くとも五十歳以後にならなければ、ほんとうの仕事は出来ないのである」と、武道教師の教師生命の短さを問題視し、「第二に、本務者が嘱託者よりも少い

と云ふ現象、従つて柔道教師の平均俸給は、僅か六十円であると云ふこと、これも亦頗る悲観の形である。何故なら、中学校に於ける他の学科教師の平均俸給が、百十五円だつたと記憶している。これ等の人々と伍して、その半分の俸給にある武道家が、果して中等教員としての面目が保たれるかと云ふ問題である。たとひ聖人が揃つているとしても、昔から衣食足りて礼節を知ると云ふ諺もある」と主張している。[37] 鹽谷が調査した昭和八（一九三三）年頃は中学校教師の給与水準が高まった時期であり、昭和五（一九三〇）年に三井信託の初任給が八〇円ほどである。[38] つまり、中学校の柔道本務教師の給与九一・三七円はむしろ高かったのだ。ただし、柔道嘱託教師の平均給与は三五・三八円であり、柔道本務教師の約三八パーセントの水準に留まっていたため、嘱託の所得は低いと感じられたに違いない。そして、こうした鹽谷の指摘は藤生の指摘する武道教師の問題点と重なっていたのである。

藤生もまた、文部省が調査した武道教師の俸給について説明しながら、「中等学校の武道に割当てられている経費と言ふものは極めて小額で従って武道教師の待遇の如きも大抵嘱託名義でありましてその棒給の如きも他の学科の方の教師に比べると問題にならぬ程薄給小額である」[39] と指摘した。そして、薄給では「武道の尊厳も神聖も武道教師の権威も体面も之を保つことの不可能なるは勿論、自分一個の食糧費さへ不足」[40] すると主張したのである。

こうした武道嘱託教師の現状について述べたのち、藤生は薄給の武道嘱託教師の数校掛持ちを問題にする。武道嘱託教師の数校掛持ちもまた、昭和五（一九三〇）年の時点で問題視されていた。例えば、武徳会の内藤が逝去した直後にまとめられた伝記『剣士内藤高治』では、「皆とは云はないが現代の武道教師中には顰蹙すべき者も多少ある。これは何れの社会にも止むを得ない事であるが、精神を目標とする武道界には特に注意すべき事と思っている（中略）特に現在武道教師の品性を云為するものに懸持と云ふ事があるが、現規則の不備もあり、財政上の理由もあらうが、こんな事は自然品性を云為される原因にもなっている。先生（内藤：筆者注）は清貧に甘んじて懸持をされず終始された[41]（傍点、筆者）」と述べている。つまり武道嘱託教師の数校掛持ちの問題点も既に指摘されていたが、それが衆議院の建議案というかたちで公に噴出したのである。

建議の中で藤生は武道嘱託教師は薄給なので「一校丈の受持では到底食へぬから他に一つなり二つなり学校その他に口を捜さねばならぬ所謂掛持[42]」の状態に陥ってしまう、と述べる。武道の授業を掛持ちすることは大変であり、「一校丈でも数多くの生徒に一々稽古をつけてやり之を指導するには相当の精力を費し疲労を感ずるそれを二校三校と掛持やればその労苦は並大抵では[43]」ないのである。そうした数校掛持ちの状況では「時には疲れ切って稽古衣を著《ママ》ないで道場に立つこともあるさうするとあの先生は不熱心である不真面《ママ》であると言れる[44]」ため、「掛持主義では精神的には勿論技術的にも充分心魂を打込んでの本当の教育は到底出来ない[45]」のである。武道嘱託教師はこうした心身の疲労もあって「教師としての寿命は大変短い[46]」のである。

このような状況にある武道嘱託教師に対し、藤生は「一校一人主義を原則として学科教師と同等若くばそれ以上に在職中の生活の保障は勿論在職期間の短かい柔道教師の如きはその退職後の生活をも相当保障してやる様にせねば[47]」ならないと主張した。なぜならば、もし、そのような保障がなければ、「安じてその職に充分の責任を全うせしめることは極めて困難」であり、「今日の如く依然として彼等を悲惨なる生活情態に放任いたして居りますならば今後将来武道教師を志すものは次第に減少して武道教育上重大なる結果を招来[48]」する可能性があるためである。

藤生がこれだけ熱心に武道嘱託教師の数校掛持ちを問題にしたのには理由がある。すなわち、この問題が先の段位称号問題と関わっていたのである。藤生はいう。

> 講道館の某指南役の如きは一人で十校以上の掛持をして一々自分は直接指導が出来ないので弟子をやつて代稽古せしめる、而も彼等には電車賃程度で片付けて大部分は自分が納めてゐるそして自分はその生徒の昇

段の推薦をやる学校も直接稽古をつけて貰はぬでも昇段推薦丈《だけ》して貰へば寧ろその方を好むと言つた調子であるが斯くの如きは教育どころか一種の営利を目的とする純然たる一個の職業であつて訓育従事する教師としては断じて許すべからざる行為であると思ふこの種高段者は決して少くない(49)。

藤生はこのような数校掛持ちによって、講道館の高段者らの間では一種の「営利」目的の「職業」化が進んでいることを指摘し、「武道界を明朗にし武道教育を徹底を計るため一校一人主義制の実施(50)」を求めたのである。藤生は「学校武道」においても「民間武道」である講道館の不健全な体質が浸透していることに危惧しつつ、「一校一人主義」によって武道嘱託教師の待遇改善を主張するのであった。

こうした、藤生の建議に呼応するかのように、同年五月の体育運動主事会議では「学校正課体育に関し刷新を要すべき点如何(51)」という文部大臣の諮問に対する答申として中学校の「武道教育の刷新を図るため柔道、剣道、弓道薙刀等に夫々専任の教員を置くこと(52)」が示された。藤生の建議以降、武道嘱託教師の問題は改善に向けて歩みだしたのである。

第二項　武道教師養成機関の拡充

先の武道教師待遇改善は教師の質の向上に関わる問題であったが、建議案⑤の武道教師養成機関の増設は量的拡大の主張である。

藤生によれば本建議案の趣旨は武道教師の「一校一人主義」と関わるものであるという。すなわち、「一校一人主義」が実現し、「更に義務教育に高等学校以上にも積極的に斯道を奨励する事ともなれば教師の必要は更に増大する(53)」のである。また、「武道教育の普及徹底を期するためには先づ良教師を得(54)」る必要があり、そのためには武道教師を養成する「国家的養成機関たる官立の学校設立の要ある(55)」というのである。

藤生は、そもそも武道教師の養成機関は「官立高等師範学校に其体育科の一部として存在するのみにして、民間に武徳専門学校、国士館専門学校等あるも尚非常なる不足を生じつゝあるの現状[56]」であった。中村の研究によれば、昭和一三（一九三八）年時点において剣道・柔道の免許資格の無い無資格教員は、師範学校で剣道三九・二パーセント、柔道三二・〇パーセント、公立の中学校では剣道四二・三パーセント、柔道四三・六パーセント、私立の中学校では剣道七三・八パーセント、柔道七二・二パーセントとなっている。特に私立中学校では武道教師の七〇パーセント以上が無資格であり、深刻な有資格教員不足の状況にあった[57]。

藤生もまた、武道教師不足の状況を文部省の調査に基づいて次のように示している。

中等学校を見まするど、剣道教師は七二〇人でこの中有資格者は二〇七人でありまする柔道教師は六七六人でこの中有資格者は一八九人でありまする即ち総数一三九六人中有資格者の三九六人に対し無資格者は一〇〇〇人である。

有資格者と言ふのは

一、武道教師たることを目的とせる学校即ち現在では高師、武専、国士館の卒業生で無試験検定のものと

一、五ヶ年以上の武道教師としての経歴を有する経歴検定のもの

之を合して三九六人でありますから専門の学校卒業の無試験検定は更らに少数と相なるのであります[58]。

そしてこうした問題に対して藤生は次のように解決方法を提案する。

一、従来の高等師範学校の体育科を武道科として独立拡大すること

二、武専、国士館、に相当の補助を支へ之を拡大すること

三、官立の専門学校を新設すること[59]

例えば武道教師の有資格者増加を目的として昭和一六（一九四一）年には東京高等体育学校が開設された[60]が、これも建議案⑤が政策として反映されたものといえよう。また、もし武道教師養成機関が設置されたとしても、そこに通う学生が卒業するには数年はかかってしまう。そのため藤生は一時的便法として、「現在武徳会講道館等にて折角多年孜々営々として修行して相当の技徳を有するものに対しその採用の條件を少しく緩和して任用の門戸を解放[61]」することを提案する。このように「学校武道」と「民間武道」との官民一体の方策を提案するが、これには数校掛持ちをしている武道嘱託教師の実情に即した理由もあった。すなわち藤生は、「是等の連中は高段大家連中の掛持独占のために折角修練したる技徳を空しく死蔵し無為徒食して居るのであって中には遂に暴力団等の邪道にさへ入るものが少くない状態[62]」であると述べている。また建議案⑤に関連して、建議案⑥は既に学校現場で働いている武道本務教師の「監督と指導とは現状に於ては洵に必要[63]」であり、彼ら、彼女らの指導力の向上を目的として提出された。藤生は武道教育の訓育的意義を鑑み、「政府は速に文部省に督学官を設置し指導と監督とに遺憾なからんことを期する要あり[64]」と提案した。このように藤生は「学校武道」に「民間武道」の弊害が及んでいることを指摘し、具体的な改善策を示したのである。

第四節 学校武道の拡充

第一項 小学校・青年学校・女学校への正課編入

建議案⑧は、「学校武道」を実施する学校種を拡大することが目的である。藤生は「学校武道」の置かれた状況を説明し、「学校武道」拡充の意義を説明した。

> 日本人の道徳教育の根幹とも言ふべき武道教育は今日如何なる状態にあるか今日まで世は滔々たる西洋の物質文明に圧倒せられて民間に於ても学校に於ても一般にわが精神文明の淵源たるこの武道教育なるものが非常に閑却されてゐた事は勿論特に国民教育の基礎たる小学校義務教科課程に於てさへたゞ正科となすことを得と言ふが如き極めて消極的であったことは私の最も遺憾とする（中略）上級学校に進む者に取っては勿論必要でありますが、更に義務教育を終へて直ちに実社会に入り武道教育を受くる機会に恵まれざる者にとっては是非共せめて義務教育期間中でもこれを訓練せしめ置く必要のあることを痛感するのであります。[65]

訓育を武道の第一義的な意義として捉えている藤生にとって義務教育機関である小学校は「学校武道」を国民に定着させる上で重要な機関だった。藤生は建議案⑧において小学校へ正課として武道を採用することを提案するが「小学校の武道教育は必しも中等学校等でやって居る様にしなくてもよい」[66]という。では、どのような方法で教育するのか。藤生はいう。

> 初めの中は只単に柔道衣を著《ママ》せ、或は剣道具を装ひ竹刀を提げて昔の勇ましい武士を想起せしめて日本的の香りの漂ふ崇高なる道場の雰囲気の中に浸る丈でも私は修身や国語では到底教へることの出来ない尊い武士道の訓育的効果があることを深く信じて疑はぬのであります。[67]

藤生は小学生対象の「学校武道」ならば、竹刀や柔道衣から「武士を想起」させ、「日本的の香りの漂う崇高なる道場の雰囲気」に浸らせるだけでもよいというのである。藤生は「学校武道」に修身科や国語科以上の「訓育的効果」を期待しており、体位の向上とは異なった価値を見出していたのである。

ところで、当時の文部省では武道はどう扱われていたのか。まず、昭和一一（一九三六）年六月の学校体操教授要目の改正によって柔道剣道のみならず弓道が男女中等学校の体操科教材に加えられ、薙刀が女子中等学校に加えられた。そして、柔道剣道では従来示されていなかった教授内容や指導方法についての要目が作成され、指導指針が確立された。(68) つまり、藤生の建議前から学校武道の拡充は始まっていたのである。また昭和一〇（一九三五）年一一月には教育政策諮問機関である教学刷新評議会が文部省内に設置される。当評議会は美濃部達吉の天皇機関説事件に起因し、国体明徴問題の解決と、「反国体思想芟除《せんじょ》の任務」(69)を請け負った会議であった。教学刷新評議会は昭和一一（一九三六）年一〇月二九日の第四回総会において答申案を決議し終了するが、終戦までの学校教育の方針を大きく枠づけた諮問機関であったといわれる。(70) 教学刷新評議会第四回総会で採択された答申案には、「体育運動に関する事項」として、次のように記されている。

体育運動に於ては、我が国古来の武道の精神に則り、敬虔剛毅の気風を盛にし、公明正大の態度を重んじ、殊に選手制度に伴ひ易き各種の弊害を除去し、又その研究は単なる運動の機械的・生理的乃至心理的法則の如きもののみならずし、身心一体の具体的法則の研究を盛ならしめ、なほ指導者の養成を重視し、この方針の下に体育研究機関の内容の刷新と拡充とを図るの必要あり。(71)

教学刷新評議会では「体育運動」を「武道の精神に則り」行うことや、「指導者の養成を重視」することが取り決められていたのである。また、昭和一三（一九三八）年一月に武徳会は小学校と青年学校の武道必修化をするよう、文部大臣宛に申請書を、また地方長官宛には依頼状を提出している。(72) 藤生が小学校へ武道を正課採用するよう求めたのはこうした状況を踏まえてのことだった。

こののち、昭和一四（一九三九）年五月二九日には、尋常小学校五年生以上と高等小学校の男子に準正課として柔道と剣道が課せられ、「小学校武道指導要目」が公布される。[73] さらに、昭和一六（一九四一）年四月には国民学校令によって小学校が国民学校へと改組され、体操科も体錬科と称され、カリキュラムも体錬科体操と体錬科武道の二本立てとなった。このように小学校への武道の正課採用は藤生の望む方向に進んでいったとみてよいだろう。

第二項　武道としての相撲の奨励

先にみた昭和一一（一九三六）年の学校体操教授要目の改正では尋常小学校の五・六年生の男子向けに「遊戯及競技」中の「各種」の一つとして相撲が導入された。[74] 赤澤によれば、相撲の小学校教育への導入には昭和八（一九三三）年を画期に「日本主義」的風潮を背景に生まれた「学童相撲」ブームと、同時期に相撲の「教育的価値」が再発見されたことが影響しているという。[75] ただし、文部省はあくまで相撲を「遊戯及競技」として扱い、武道教材としては扱わなかった。建議案⑩は、こうした文部省の方針に対して提出されたものであると考えられる。

まず、相撲を奨励する背景を藤生の武道の試合に対する考え方から検討したい。藤生はいう。スポーツのフェアプレーがもたらすのは「衆人の歓声であり観客の拍手感激であり、又時に観覧婦人よりのキッスの投与」[78] であるが、武道はそうしたものを求めない。武道の試合は「向後の研磨修行を期する自己鞭撻であって、あくまでも質実な内省的の試練であり、内観的の不断の工夫努力であって、断じて衆人観客の興味や感激を対象とはしない」[76] のである。そして、「日本人の精神陶冶と身体の練磨のためには、武道を以てその最も理想的なるものとせねばならない」[77] のである。ただし、武道の「仕合に於ける勝負の判定が相当修行したものでなくては、一般には不可能」[79] であり、「この複雑にして難解なる勝負法審判法が、素人一般には著しく興味を減殺し、結局武道の仕合は見てもわからぬから面白くない」[80] という問題を抱えている。実際に武道の試合に出場するにしても、「多数の面前で敲《たた》きつけられたり、投げつけられたり、絞めつけられたりすることも凡情として却って修行に志さんとする動機を挫くことゝもなる」[81]ため、「大衆的普及性」に乏しいのが実情である。

このように藤生はスポーツのフェアプレーについても、観衆を魅了する消費スポーツの一部と考え、武道の内省的な訓練とは異なるものと考えていた。一方で、藤生は武道の試合が観覧者には分かりづらい事や、選手自身も人前で痛めつけられることで自尊心が挫かれてしまうといった点に普及の困難さがあると考えたのである。

その点、相撲は柔剣道に比べて、「全国津々浦々に至るまで、相撲の行はれない処はない位で、これ程国民的のものは、恐らく世界の何処にもあるまいと思ふ」[82]と藤生は述べる。相撲は、土俵外に出ることで決着がつくため、柔剣道やスポーツに比べても勝敗判定が「簡単明瞭」であり、道具も「少しばかりの藁と砂とがあれば、道場たり競技場たる土俵が出来」、「褌一本あれば事済む」ので、「物資節約の国策的見地」からみても適切な「体位向上」と「士道精神作興」の手段であると藤生は考えた[83]。第七章でも言及したが、戦間期における青年団の相撲実施率は撃剣に次いで高かったことからも藤生の発言が的外れではないことが窺える。

しかし、藤生の相撲奨励にはもう一つの意図があった。藤生は相撲を武道の一つと捉えていたのである。その根拠として藤生は、『日本書紀』における野見宿禰と当麻蹴速の相撲勝負を挙げ、戦国時代には組討の技術として洗練され、時代が下るにつれ柔術と相撲に分化していったと指摘し、「柔道と相撲とは全く淵源を同じうし、従って武的本質を固有する」[84]と述べた。そして藤生は武道としての相撲、すなわち「相撲道」を唱え、相撲の奨励を第七三回議会で主張したのである。

藤生は、昭和一四（一九三九）年三月一一日の第七四回帝国議会衆議院においても「相撲道の奨励及小学校青年学校中等学校正科目に編入に関する建議案」[85]を提出し、可決に導いている。その際、藤生は柔剣道やスポーツに対する相撲の優位性を説き、相撲が「遊戯或は競技などと同列に取扱」われていることを「甚だ之を遺憾」とし、「柔道、剣道と同じやうに独立して正科として取扱ふべき」と主張した[86]。このように藤生は相撲を武道種目として学校教育に浸透させようとしたのである。

なお、相撲は新武徳会設立当初は、当会が取り扱う武道種目から外されるが、昭和一八（一九四三）年の夏頃には日本各地の町内会で土俵が作られ盛況を博し、昭和一八（一九四三）年一一月に、新武徳会が制定した武道章検定の種目として採り入れられることとなる。(87) 相撲に関しても、藤生の主張は国策に反映されたとみるべきだろう。

第五節　建議案の歴史的意味

藤生は「国民精神」から「日本精神」への改称を提唱し、日中戦争以降の精動運動をも刷新していこうとしていた。しかし、日本精神というイデオロギーを掲げて「都会生活者」の生活を是正するためには、まずもって武道界の内部が健全化していなければならなかったのである。

そこで藤生は、武道による「日本精神」の養成を成功させるため、第七三回議会における建議で「学校武道」と「民間武道」の双方に体質改善を求めるのであった。藤生の建議説明は「学校武道」における高段者らの数校掛持ちによる「営利」化や「民間武道」の段位称号授与をめぐる汚職を改善し、同時に武道教師の待遇や質の改善及び武道教師の教員養成を拡充することで、武道界の健全化を図ろうとするものであった。さらには、武道を実施する学校種を拡大し、相撲を武道と捉えることで武道種目の拡大なども目論んだのである。藤生の提出した建議案は各界の名士たちとの懇談を通して作成されたのであり、武道振興を図ろうとする様々な人々から合意を得ていたものと考えられる。また、武道嘱託教師の「掛持」問題など、藤生の主張は建議以前から問題視されていたことを公に告発する内容であったことを確認した。藤生の建議案は時代の要請に応えるものでもあったのである。

かくして本章で検討した建議案は何らかのかたちで戦時下の武道行政に反映されたのであり、藤生の主張は戦時下の武道界を形作っていくのであった。

第一一章　武道振興委員会と戦時下武道界の基調

日中戦争以降の戦時下を対象とした武道史研究において「戦技化」を取り上げる研究は比較的多い[1]。戦技化とは「戦場での戦闘実態に即して、「官民一致協力」して武道のあり方を改変していく（中略）武道の軍事的改変[2]」のことである。本書では、武道を軍事的種目として捉え、かつ戦場の実態に即して武道の身体技法を改変していくことを武道の戦技化と考えたい。

戦時下における武道行政は昭和一四（一九三九）年一二月に設置された政府諮問機関である武道振興委員会（以下、「委員会」と略）の答申を基調としている。坂上は、委員会設立の直接の引き金となった衆議院での武道振興に関する建議案における「武道奨励のねらいは、あくまで「精神力」―「武士道」―「日本精神」の涵養であり、軍事技術の修得ではなかった。また、奨励すべき武道も剣道や柔道などの伝統的な武道であり、それらの軍事的な改変など論じていない。武道振興委員会の答申は、そうした武道奨励の従来的なあり方を大きく転換させ、武道の軍事的改変へと大きく踏み出すものとなっているのである[3]」と指摘し、委員会の答申が示した基本方向の一つが、武道の戦技化にあるとしている。

委員会は前章でみた昭和一三（一九三八）年三月の第七三回衆議院における「武道審議会設置に関する建議案」をうけて、昭和一四（一九三九）年一二月二三日付の勅令によって厚生省を監督官庁として設置された。また、昭和一三（一九三八）年一月に新設されたばかりの厚生省が最初に行った国民体育に関する昭和一四（一九三九）年度分の予算要求のなかで、大蔵省の一回目の査定で唯一認められたものが、委員会設置に関する経費五〇〇〇円だった。委員会の設置はこの経費によって実現したのである。(4)

前章でみたように、第七三回衆議院では「武道審議会設置に関する建議案」を含め、一一件の武道振興に関する建議案が可決されたが、そのどれも武道の戦技化を求めるものではなかった。では、昭和一五（一九四〇）年七月三〇日に提出された委員会の答申で武道の戦技化が謳われるようになったのはなぜか。この問題を委員会の委員の主張の考察を通して明らかにした研究はこれまでなされてこなかった。そこで本章は、答申が戦技化の方向へと収斂していった理路の解明を目的としたい。

本章では武道を軍事的種目として取り扱うことに消極的であり、かつ審議過程に関する発言を比較的豊富に残している藤生と戦技化推進派の最大手とみられる軍部の主張、並びに軍部の主張に異論を投げかけた東大の歴史学者で武士道研究家の平泉澄、それに加えて元海軍少将にして二代目講道館館長であった南郷次郎の発言に注目したい。

第一節　武道振興委員会の設置

委員会がどのような日程で審議されたのかを確認しておこう。委員会では通常の委員会と特別委員会の二つが開催された。通常の委員会は五回開催され、日時はそれぞれ第一回目二月二八日、第二回目三月二九日、第三回目四月一五日、第四回目四月二二日、第五回目七月三〇日であった。表8は第一回目の会議（二月二八日）と第五回目の会議（七月三〇日）の委員についての名簿である。第一回と第五回でメンバーが若干異なるが、第二回と第三回の委員会において委員の異動の報告が行われている。(6)第四回の委員会において諮問事項について「更に審議するため[5]」に「諮問事項審議のため十一名の特別委員[7]」が選出され（表9）、第五回目の通常の委員会までの間はこの特別委員会で審議された。特別委員会は七回催され、第一回目四月二二日、第二回目五月一三日、第三回目六月五日、第四回目六月一二日、第五回目七月二日、第六回目七月一五日、第七回目七月三〇日であった。そしてこの特別委員会が中心となって諮問事項の答申案が作成されたのである。

委員会に対して厚生・文部両大臣から出された諮問は「武道振興の根本方策如何」というものであり、当諮問についての審議は昭和一五（一九四〇）年二月二八日午前九時に厚生省第二会議室（麴町区大手町）にて開始された[8]。のちに厚生省の中川淳は、「今日の武道界を指導するような新しい言葉、新しい理念が十分に盛り上げられていまして、その後私共が武道振興を口にする場合には、常にあの答申書の中から言葉を借りている[9]」と述べているが、厚生省・文部省の両大臣の諮問に対して武道振興に関する答申を行い、戦時下の武道行政の基本方向を定めたのが委員会だったのである。

第一回目の委員会では厚生省体力局長の佐々木芳遠から諮問事項についての説明がなされた。佐々木はいう。「私利利欲、利害打算」を捨てて「死を潔し」とする「忠勇義烈の気魄」と「節義廉恥の志操」こそが「万古不易の国民的士気」であり、「武道の真髄」である[10]。そして武道の真髄こそは「皇国を永遠に護持発展せしむる根本」であり、「武道を修錬致しますことは、日本国民として当然の責務」なのである[11]。

武道振興の意義を佐々木はこのように説いた。しかし佐々木は、今の日本に国民が武道を当然の責務として行える環境があるかといえば、「遺憾乍ら不満足の点が多々ある[12]」という。佐々木は遺憾に感じる点を次のように説明した。

武道精神の涵養普及十分ならず、或は武道指導者の養成機関は整備するに至らず、又武道の指導・監督・奨励に関する機構及方法は夫々不完全であり、其の他武道に関する制度・組織・施設等、総てに亙って種々

第１回目		第５回目
会長		
吉田茂	厚生大臣	安井英二
委員		
山崎巌	内務省警保局長	藤原孝夫
中村明人	陸軍中将　陸軍省兵務局長	石本寅三
草鹿任一	海軍少将　海軍省教育局長	〃
舟橋清賢	文部政務次官子爵	
赤間信義	文部次官	菊池豊三郎
中野善敦	文部省普通学務局長	〃
森岡常蔵	東京文理科大学長	阿原春作
橋田邦彦	第一高等学校	安倍能成
一松定吉	厚生政務次官	
岡田文秀	厚生次官	児玉政介
佐々木芳遠	厚生省体力局長	
岡田周造	東京府知事	〃
林銑十郎	従二位勲一等功四級　大日本武徳会会長	〃
荒木貞夫	従二位勲一等功四級男爵　皇道義会総裁	〃
菱刈隆	正三位勲一等功五級　全日本学生剣道聯盟会長	〃
小山松吉	正三位勲一等　日本学生弓道聯盟会長　弓道範士	〃
東龍太郎	正五位勲四等　医学博士（東京帝大）	〃
平泉澄	正五位勲四等　武士道研究家（東京帝大）	〃
高木正得	正四位勲四等子爵　貴族院議員（研究会）	〃
渡辺汀	従三位勲三等男爵　貴族院議員（公正会）	〃
南郷次郎	従四位勲三等功五級　講道館館長　海軍少将	〃
大塚惟晴	従四位勲三等　全日本剣道連盟副会長　剣道教士	〃
湯沢三千男	正四位勲三等　大日本体育協会副会長	〃
西村房太郎	従四位勲四等　公立中学校長（東京府立一中）	〃
信太儀右衛門	衆議院議員（民政党）	〃
藤生安太郎	勲四等　衆議院議員（政友会）	〃
栗原美能留	従五位　大日本青年団常任理事	〃
沢木興道	勲七等功七級　武道研究家（総持寺）	〃
久富達夫	大日本体育協会常務理事、柔道五段	〃
臨時委員		
田中久一	陸軍少将　陸軍戸山学校校長	〃
大川内伝七	海軍少将　海軍砲術学校校長	〃
古屋芳雄	更生技師	〃
高野佐三郎	正四位勲四等　剣道範士（東京高師）	〃
永岡秀一	正四位勲四等　柔道範士（東京高師）	〃
千葉胤次	弓道範士	〃
植芝盛平	合気武道研究家	〃
幹事		
水池亮	内務書記官　内務省警保局警務課長	今井久
田中隆吉	陸軍砲兵大佐　陸軍省兵務局兵務課長	児玉久蔵
矢野志加三	海軍省教育局第一課長	〃
石丸敬次	文部事務官	羽田隆雄
小笠原道生	文部省体育官　文部大臣官房体育課長	〃
友末洋治	厚生書記官　厚生省体力局体育課長	〃
中川淳	厚生事務官	〃
栗本義彦	厚生省体育官	〃

表８　武道振興委員会名簿（渡辺一郎編『近代武道史研究資料Ⅰ　武道振興委員会並ビニ審議経過』朝日印刷、1980年、３－５頁より摘出・作成）

氏　名	主な肩書
小山松吉	日本学生弓道連盟会長、弓道範士、日本古武道振興会会長、法政大学総長、元司法大臣
石本寅三	陸軍省兵務局長
草鹿任一	海軍省教育局長
中野善敦	文部省普通学務局長
佐々木芳遠	厚生省体力局長
荒木貞夫	右武会会長、皇道義会総裁、元陸軍大臣、元文部大臣
南郷次郎	講道館館長、海軍少将
大塚惟晴	全日本学生剣道連盟副会長、剣道教士、貴族院議員、元内務省警保局長
湯沢三千男	大日本体育協会副会長、元厚生省衛生局保健課長
藤生安太郎	衆議院議員
久富達夫	大日本体育協会常務理事、柔道五段

表９　武道振興委員会の答申作成のための特別委員（坂上康博「武道界の戦時体制化―武道綜合団体「大日本武徳会」の成立―」、坂上康博・高岡裕之編『幻の東京オリンピックとその時代　戦時期のスポーツ・都市・身体』青弓社、2009年、256頁より摘出・作成）

刷新改善を要すべきものが極めて多く、今後の施策に俟つべきこと少くないのであります。[13]

このように佐々木の諮問事項の説明では厚生省・文部省が求めているのは、従来の武道を取り巻く環境の改善方針であり、諮問が武道の戦技化を積極的に求めていたわけではないことが窺える。佐々木の諮問事項説明の後、藤生は「武道は国民の精神教育を第一義として考ふべきである。本諮問事項の審議に当っては先づ武道の本質に関する見解を統一したる後、具体的方策の審議に入るべきである」[14]と提案し、第一回の審議は終了した。

第二節　武道概念の確立をめぐる議論

委員会がまとめた「自第一回至第四回武道振興委員会に於ける各委員意見の事項別要旨集」（以下、「要旨集」と略）では、第一回から第四回までの委員会での審議内容を、①武道の本質、②武道の範囲、③武道の欠陥及びその原因、④現下特に武道を振興する理由とその種目、⑤武道振興の根本方針及びその具体的方法の五項目に分類していた[15]。ただし、これら五つの項目は①と②と④が武道概念の確立に関わる討議であり、③と⑤が具体的な武道関連施策についての問題点についての議論であった。以下では、第一回から第四回までの審議内容を二つに分類して考察を進めるが、本節では前者について扱いたい。

第一項　〈武道のスポーツ化〉に抗する論理――藤生安太郎の武道論

先の「要旨集」では①武道の本質をめぐる意見が一三個提出されている。他の事項における意見の個数は②武道の範囲が五個、③武道の欠陥及びその原因が五個、④現下特に武道を振興する理由とその種目が七個、⑤武道振興の根本方針及びその具体的方法が一二個である。そのため、武道の本質についての議論は最も活発に展開されたとみることができる。武道の本質に関わる議論は武道の範囲に関する議論とも交錯し、また実際的な武道振興の範囲が議論される上でも考慮される審議内容であった。その審議は武道の理念と実態を擦り合わせるかたちで進行した。では、実際にはどのように審議は進行したのだろうか。以下、藤生の主張から見てみよう。

第一回の藤生の提案に沿って第二回の委員会では武道の本義について審議された。第一回の委員会は政府が定める武道概念を審議する会議であり、武道振興の根本方針の核になる論議がなされた。藤生は当審議にあたって、「先づ私より愚見を述べさして戴いて、そして皆様から縦横に御訂正なり、御教示を乞いたい[16]」と述べ、藤生の考える武道の本質を述べた。

藤生が武道を定義するにあたって「絶対条件[17]」として掲げたのは「武道は日本固有の武術である[18]」ということである。藤生はいう。従来の武道の定義では「心身鍛練の道とする説」が多く、また当審議においても「陸海軍から提出のこの御意見書を拝見いたしても、第一の根本観念の確立といふところに、武道は心身の鍛練を目的とし、云々と書いてありますし、又厚生大臣の御挨拶の中にも、国民精神の作興のために強健なる身体の錬成のために最も適当なるものと言はれて」[19]いる。しかし「是を以て単に武道とは心身鍛練の道なりと言ふならば、その内容は却って漠然たるものとなって、その適用範囲は、極めて広範囲」[20]に亘ることとなってしまう。そのため、「西洋のFencing、Boxing、Wrestlingは勿論、Sportsや体操までも、延いては筋肉労働でも、苟も心身の鍛練に役立つものの総てに渉って、その事の区別を立てることは困難となり、混乱を来たし不明瞭」[21]となり、「武道種目の決定さへ中々困難な問題となる」[22]。武道概念の内包が心身の鍛練という漠然とした内容であるために、学校教育における武道の意義が定まらず、そのために学校武道の待遇が体操科の一部に押し留められているのだ[23]。

藤生の主張の根底には「スポーツの武道化」[24]を主張する者たちを批判する意図があった。その批判対象の一人は元文部大臣の鳩山であった。藤生は鳩山の次の言葉を引用している。

> 日本古来の武士道が、日本の国民性を形づくつた様に、新興スポーツのフェヤ・プレー主義は、次第にまた武士道の国、日本の新しいナショナリティを築きあげつつある。武士道に、新しい衣を着、新しい冠を与へたのが、スポーツの特つ《ママ》フェヤ・プレー精神なのである。スポーツは第一に旺盛なる闘志を必要とする。負けるよりも勝たねばならぬ。正々堂々と戦い、而してのち勝利を贏ち得ようとする心、即ち、この活きたファイティング・スピリット無しには、百千のスポーツ論も更に用は成さない。まづ規律を厳守し、審判を尊重して、衆人環視の中に伍し乍ら、全身の闘志を湧き立たせつつ、敢然、もつて敵を征服し尽くさうと云ふ所に、古来の武士道が昭和聖世の今、ここに歴然と再現されつつある事を念されたい[25]。

この鳩山の言葉と同様の文言が、鳩山の著書『スポーツを語る』の第一章「スポーツと国民性」の中に出てくる[26]。藤生は鳩山の文言を『スポーツを語る』から引用したのである。

鳩山はスポーツの「フェヤ・プレー精神」をいわば武士道の昭和版であるとして武道との共通点を見出してい

たが、こうした「スポーツの武道化」は武道とスポーツの境界が判然としなくなるきっかけになると藤生は考えた。藤生はいう。「日本武道を定義するに当つて、日本固有の武術と言ふ事を絶対条件とせねばならぬと主張いたします理由は、近時スポーツを擁護礼讃する方面の人々がスポーツの武道化を唱道するために、スポーツ界にも亦武道界にもその可能を信ずる人」[27]が現れてきた。それは「スポーツ界」と「武道界」との境界を曖昧なものとしてしまい、「殊に武道界には時勢に迎合しスポーツに追随するかの如く、武道のスポーツ化の傾向が認められ[28]」るようになったのである。その結果、「武道の解釈に混乱を生ぜしめ、武道の健全なる振興発展を阻碍せんとする情勢[29]」になる恐れがあるため、武道を「日本固有の武術」に限定するべきである。

また、藤生はスポーツマンシップを「武士道に代わるべき「新武士道[30]」」のように主張する人物として大谷武一を挙げ、大谷の「スポーツ道の考察[31]」から次の文章を引用している。

スポーツマンシップの方が値打があると思ふ。そのわけは勿論その深さに於て武士道の方が深い道徳としては武士道の方が比較にならぬ程立派だ、然し武士道の方は今日ではもはや誰もが武士道としては行はない。その精神は兎角として形式的には死滅してゐる。それに比べるとスポーツマンシップの方は、内容的に遥かに貧弱でも、大衆道徳として現に潑剌として生きてゐる。武家時代には、武士道は独り武士階級のみならず、一般庶民の生活をも支配してゐたが、その後社会制度の変革と共に武士道と言ふ名称は、武士と言ふ名称と共に一般社会からその影を没して了ひ、其の名称がなくなると共に武士道の内容も漸次解消されて行つた。[32]

これらに対し藤生は明治維新とともに「武家時代」が消滅したことは事実であるが、「国民皆兵の皆兵たる国民即ち軍人に対しては畏くも軍人勅諭を賜はって（中略）所謂維新大義の武士道として、その本来の厳粛なる面目に引き戻し[33]」たのだと反論した。藤生にとって武士道とは軍人勅諭の別の表現だったのである。かくして藤生は「武士道及び武道とスポーツマンシップ及びスポーツとは、その歴史、その本質、その目的から観まして、両者は峻別すべきものである[34]」と強調したのである。藤生が武道概念の内包から議論するのではなく、外延を確定することから始めたのは、類概念としての武道およびスポーツが互いに境界を曖昧に交えることを避けるためであった。

では、藤生にとって武道概念の内包とは何であったか。先に藤生は武道を、「日本固有の武術」と述べていたが、ここでの「術」については、「技法と心法との合一を意味する[35]」と説明している。また、藤生は武道が「日本民族の民族性に最も適合した歴史的所産であって、対敵の死活的攻防手段[36]」とも述べている。この死活的攻防手段とは「積極的には敵を攻撃して、その死命を制し、消極的には自己を守る護身のための真剣的な要術である所謂武術[37]」であり、「武器を持つて居らうが、居るまいが、それは問ふ処ではありません[38]」と説明している。そして藤生は、武道概念の定義を「武道とは武士道と武術との渾一体[39]」であり、「日本古来の武術の鍛練に由って武道精神を顕現する道である[40]」と主張したのである。つまり藤生にとり武道とは、技法と心法が合一した死活的攻防手段を修得することによって武士道すなわち軍人勅諭を体現する道なのである。

藤生が武道を「日本固有の武術」種目に限定したのは、スポーツ種目をあらかじめ除外するためであった。しかし、委員会における武道の範囲の議論においてはスポーツ種目の位置づけ以上に、軍事的種目の位置づけが重要な課題であった。委員会の第一回目（二月二八日）が開始する直前の一月二五日に開かれた武道振興委員会幹事会（以下、「幹事会」と略）では、あらかじめ委員会で審議する内容が取りまとめられており、その中で「武道振興委員会に於て審議すべき武道の範囲[41]」として「剣道　柔道　弓道　銃剣術　薙刀術等　「騎道[42]」」が選ばれていた。銃剣術や騎道（馬術）といった軍事的種目が審議の範囲として取り決められていたのである。特に騎道についいては「陸軍省兵務局長より騎道を含めたき旨申入れ、追加[43]」したとあり、既に日中戦争で地上戦を展開していた陸軍の強い要望を受けた選定だと考えられる。

これら軍事的種目に対して藤生の「日本固有の武術」という限定は対立しなかったのであろうか。まず、陸軍省兵務局は当審議において、「国防的見地に基き振興を望みて止まざる種目は、剣道・銃剣道・射撃・騎道[44]」であるとする要望書を提出していた。「射撃」は幹事会の提出した審議内容に含まれていなかったが[45]、陸軍としては陸上の戦闘を意識して要望したものと考えられる。これに対し藤生は「武道種目の中から柔道が除外されてゐる。是は私の少々意外とする所であります[46]」と納得のいかない気持ちを表明している。ただし、藤生は陸軍が「日本固有の武術」である柔道を除外したことに抵抗感を示しつつも、「銃剣道」や「騎道」や「射撃」のような軍事的種目が武道の名の下に振興されることに対しては、審議中、直接批判した様子はみられない。藤生は後日、委員会での審議内容について質問された際に次のように発言していた。

飛行機を操縦するのも、或は射撃をするのも、本当に大君の為にいつでも死ぬ精神を持つて動く場合は武道ならざるはないのですから。併し吾々が武道として定義する場合は、歴史的日本的の香りの高い剣道をやる、柔道をやるといふことに依つて、剣を取つた宮本武蔵、或は色々歴史的に有名な人物を直ちに頭に描いて、薫陶を受けるといふ事に非常に価値があると思うのです。ですから私は古来の武術といふものを言つた訳なんです（中略）柔道は武器を持たざる所の一番基本的且つ代表的な武道である。剣道は武器を持つたところの基本的の武道である。この二つを基本的武道とし、今日国防に於て役立つ所の戦車操縦法或は飛行機の操縦法、或は馬術といふものは特殊武道といふ名称に依つて種目を分類することも、一つの方法ではないかと考へて居ります[47]。

つまり藤生は、武道の「歴史的日本的」性格に照らせば軍事的種目を武道に含めることには消極的だったが、武士道＝軍人勅諭という彼の武道の本義に照らしてみたとき、軍事的種目を「特殊武道」として武道の範疇に加えざるをえなかったのではないだろうか。

藤生の議論を整理しよう。藤生が「日本固有の武術」、「死活的攻防手段」、「技法と心法との合一」、武士道＝軍人勅諭といった武道概念の内包と外延を主張したのは、あくまでスポーツ、スポーツマンシップ、フェアプレーなどスポーツに関する諸々と差異化するためであった。藤生は武道概念からスポーツを除外しようとした結果、「死活的攻防手段」の徹底を唱えたのであるが、それは、「歴史的日本的の香りの高い」柔剣道の稽古を通して武士道＝軍人勅諭の精神を育成するためであり、武道の戦技化までは望んでなかったのである。しかし武道概念に「軍人勅諭」及び「死活的攻防手段」を内包する以上、武道を軍事的種目として認識する軍部に対して、藤生は明確な反対姿勢をとれなくなってしまったのである。

では、委員会で軍部はどのような主張を展開していたのだろうか。

第二項　国防と武道——陸軍と海軍

陸軍では日中戦争以前から戦場における実用性という観点から武道を再評価する機運は高まっていた。陸軍は昭和九（一九三四）年一月、満洲事変と上海事変の経験から『剣術教範』を改正し、将校の軍刀をサーベルから日本刀へ変えた[48]。そうした陸軍の武道の戦技化の影響力は日中戦争以後、武道界にも広がった。その端緒が陸軍からの委員の派遣であった。

委員会における陸軍の主張をみてみよう。まず陸軍としては「武道は大和民族特有の精神を永遠に伝へ、且此の国民精神を不断に錬磨維持すべき最も重要なる教育[49]」と考えている。それとともに陸軍は「国防の本義も亦、此の国民精神を永遠に維持することに依り達せらるゝを以て、武道と国防とは不二にして分つ可からざるもの[50]」である。陸軍は明確に武道と「国防」が「不二」であると主張したのである。

こうした主張を具体化するために、陸軍は「国防の趨勢[51]」を重視した武道種目の選定を行った。先に陸軍によって振興されるべきと提示された武道種目は剣道、「銃剣道」、「射撃」、騎道であった。第一に陸軍においてこれら四種目は、先に指摘したように剣道も含めてすべて軍事的種目と認識されていた。第二に剣道が日本固有のものであることはいうまでもないが、残りの三種目のうち「銃剣道」と騎道についても日本化されたものであると認識されていた。

「銃剣道」については、昭和五（一九三〇）年に発行された『昭和天覧試合』において、陸軍歩兵中佐大木健次郎が次のような見解を示している。元はフランスから輸入した銃剣術であったが、「明治二十三四年の頃に至り、戸山学校長大久保春野大佐、及び当時武道界に錚々たる大名を馳せていた同校体操課長少佐津田教習等の人々によって、在来の銃剣術に対し日本固有の武道就中槍術の妙所を加味し、遂に純日本式の銃剣術を創始することが出来たのである[52]（傍点、筆者）」。また武徳会においても明治三二（一八九九）年発行の『記要』のなかで、奨励すべき武術として「銃鎗」を挙げていたことは第四章で確認したとおりである。

次に委員会が開催される直前の昭和一四（一九三九）年九月には軍馬資源保護を目的として、日本乗馬協会、日本国際馬術協会、日本学生馬術協会の三団体が合体して、財団法人大日本騎道会が設立されたが、騎道は、武道界では武道と認識されていなかったという[53]。他方、陸軍では騎道を日本固有の軍事的種目と認識していた。明治二一（一八八八）年に陸軍乗馬学校が創立されると指導者をフランス、ドイツに派遣して各国馬術を学習させたが、これらを総合して日本人に合った馬術を生み出す努力がなされた結果、明治四四（一九一一）年の「軍令三号」を以て、『純日本式馬術教範』が制定された[54]。

このように陸軍が委員会で提示した武道種目のうち「射撃」を除く三つが、日本固有および陸軍において日本化された軍事的種目だったのである。そのため陸軍は、自らが提示した武道種目が「日本固有の武術」という藤生の掲げる「絶対条件」から概ね外れないと考えていたのではないだろうか。このうち日本固有といえるのは剣道以外に見当たらず、その他の種目は軍事的実用性を念頭に置いた選定であった。また陸軍が挙げる剣道も、

『剣術教範』によって制定した戦技的な「剣術」であったと考えられる。陸軍は積極的に武道の戦技化を目論んだのである。

一方、海軍は武道の目的について次のように主張した。

——武道は心身の鍛練を目的とし、特に精神の修養に重きを置くものにて単なる体育にあらず。国民精神昂揚の最主要手段たり[55]。

海軍は、武道について特に「精神の修養」を目的とすることで体育との差異を強調したが、まだ海戦が本格化していなかったためか、武道と国防との一体性を陸軍のように明確に主張していなかった。ただし、海軍は現下に振興すべき武道種目として「剣道・柔道・銃剣術・遊泳[56]」を挙げていた。特に遊泳は海軍が海を戦場とする以上、その奨励は欠かせないものであった。この点で海軍もまた陸軍同様、軍事的実用性を意識した種目選定をしていたのである。

こうした、陸・海軍の意見に対してはほかの委員も肯定的な見解を示していた。例えば、大日本体育協会副会長の湯沢三千男は「陸海軍が直接国防に必要なる国民の精神と体力の鍛錬を図る即ち国防と武道の奨励は一にして二つに非ずとするは当然なり[57]」と述べており、武徳会会長の林銑十郎は「武道振興上考ふべきことに、永久なることと、此の時局に際して之が必要に応ずるが為のものとの二者あれど、後者に付ては至急実行に移さざれば、時局に貢献すること不充分となる虞あり[58]」と述べていた。また軍部の意見に賛意を表しているわけではないが、否定するものでもない意見として、大日本体育協会常務理事の久富達夫は「陸海軍当局は現代の戦場に於て最も働き得る人間を作る為の武道を考へ、専門家は武道によって対敵死活の真剣なる国民精神を涵養せんとす。精神的に体力問題的に武道振興の目標を明にするを要すべし[59]」と述べ、元陸軍大臣であった荒木貞夫は「武道には、或は実用の武道あり、或は修練の武道存す。夫々その目的に於て実施せらるゝ限り振興の対象となり得るものにして、慎重に考ふべきなり[60]」と述べていた。

また、答申を作成するための特別委員に選出された一一名（表9）のなかには、陸軍・石本寅三、海軍・草鹿任一のほか、湯沢、久富、荒木が選ばれていた。つまり特別委員一一名中、少なくとも五名が軍部の主張する武道と国防との一体性を否定していなかったと考えられるのである。答申の内容が武道の戦技化を容認していく背景にはこうした特別委員の人選も関わっていたのではないだろうか。こうした軍部及び軍部同調者の「国防」を意識した武道論は委員会において優勢を占めた。

一方、これに対して批判的な立場をとったのが平泉であった。

第三項　国防に抗する論理――平泉澄の武道論

平泉の委員会での発言は「武道振興の範囲・基本及び目標に就て[61]」と題して昭和一六（一九四一）年『武道公論』二月号に収められている。平泉の当論考は昭和一五（一九四〇）年四月二二日の第四回委員会における発言をまとめたものである[62]。軍部の意見書は第二回委員会までに提出されているため、平泉の主張は軍部に苦言を呈するかたちになっている。この論考において平泉は「国防」について一定の評価を下しながらも、武道の第一義的な目的から「国防」を退けている。

平泉はいう。「武道を以て国防の為と解釈されますことは、個人主義的見解を打破するものとして私共の洵に爽快を感ずる所[63]」ではある。しかし、「単に国防と申します時には、是は消極的な意味に誤解せられ、或は一面のみを見て他の一面を閑却する憾がある[64]」。

平泉は国防を目的とすることの意義を個人主義的見解の打破に見出している。が、同時にその問題点も指摘している。では、武道が国防との一体性を強調することで閑却される一面とは何か。この点を検討するために、まず平泉の考える武道とは何かを検討しよう。平泉は武道の根本の意味について次のように述べている。

武道の武と申します字は、之を分解しますと戈止、戈止むとなる（中略）敵を粉砕致しまして相手を克服致しまして初めて戈は止むのである。即ちまつろはざる者をまつろはしめる、斯う云ふことが武の根本の意味であると思ひます。[65]

すなわち従わない者を従わせることに「武の根本の意味」をみるのである。この平泉の説明に立脚したとき、国防は武道の本義のようにもみえる。では、一体、武道が国防を目的にすると何が閑却されるというのか。続けて平泉はいう。

順はざる者を順はしめると云ふことは、一面に於きましては国内の問題であります。一方に於きましては国外の問題であります。国の内外に於きまして順はざるものを順はしめると云ふことが武道の目標であります。さうして見ますならば、之を単に国防と申しますことは、其の一面に偏すると申しますか、或は消極的に解せられ易き憾がありまして、皇道振起を以て目標とすべきであらうと思ふのであります。[66]

このように、平泉は武道の意義を国防にのみ見るのは国外の問題に偏った見方であり、「消極的」な目的であると述べた。そして、より積極的には国内の「皇道振起」を目標とするべきだと主張したのである。

では、平泉の述べる皇道振起とはなんであるか。平泉は「歴史に徴し[67]」て、皇道振起の事例を挙げた。例えば、吉田松陰の「武は即ち忠孝なり、忠孝を心に存して体とし、武を以て行を発し、用とすると云ふて可なり。武は所謂戈止の武にして、文武の統名なり、彼の偏武にあらず、又腐儒の知る所にあらず[68]」という言葉を取り上げ、

「是に於て武道の振興と云ふことが遂に皇道振起の一点を目標とすることは極めて明瞭」と述べた。[69]平泉にとり武道の本体は、天皇への「忠孝」精神に基づいて「行を発」するところにあり、天皇に「順はざる者」の反抗を止めて「順はしめる」ことに武道の目的があったと考えられる。「順はしめる」とは「順はざる者」にも天皇への「忠孝」精神を持たせることで個人主義を打破することと考えられ、これが皇道振起であると考えられる。

平泉が日本歴史の中から武道の意義を説いたのは彼が歴史家であったところに因るところが大きい。平泉は日本中世史学の研究者であった（図16）。日本思想史研究者の昆野伸幸によれば、平泉の日本中世史学は東大の芳賀矢一の思想を引き継いでいたといわれる。芳賀は「国体」の本質を明らめることを目的とした日本の「国学」が古代史に偏し過ぎたことを反省し、「足利時代」まで拡張して国学を説くべきと主張した人物であり、平泉はこうした芳賀の思想を引き継いだのである。[70]

第一次世界大戦後の「唯物論」や「デモクラシー」の台頭は国内の「労働運動」や「普選運動」などの「社会運動」を活発化させ、日本中世史の中でも親鸞の他力本願をデモクラシーと結び付けて解釈する鎌倉仏教の研究が台頭した。[71]平泉はそうした「社会運動」を「国体」にとって好ましくない現象と考え、鎌倉仏教ではなく武士道とその思想的基盤である禅宗を取り上げつつ、その具体的事例として織田信長や源頼朝といった「偉大なる個人」が「自己の力」によって民衆を領導する歴史を描き出し、「上からの」国民統合を主張したのである。[72]

しかし、「国体」思想が日本国内において統一されない中、昭和八（一九三三）年に起きた国際連盟脱退という日本の対外的危機は平泉に「内の分裂」の可能性を感じさせた。[73]平泉の憂慮は青年将校らが起こした昭和一一（一九三六）年の二・二六事件によってさらに強まっていく。二・二六事件までの平泉は、日本国民は生まれながらにして「真の日本人」であると「楽観」していたが、二・二六事件以後に平泉は、日本国民は日本に生まれたという事実だけでは「真の日本人」にはなれないことを痛感したのである。[74]

平泉が武道に期待したのは、武道の修練を通じて国民が「真の日本人」へと育成されると考えたためではない

図16　平泉澄（平泉澄『国家の命脈』内外情勢調査会、1970年）

か。昆野によれば、二・二六事件以後の平泉は、「現下の「日本精神」論の流行に対して（中略）一時しのぎにしかならないことを苦々しく感じていた」といい、「より実践的な方向に自らの「日本精神」論を再編することを決意」したと指摘される。[75] つまり、平泉が武道と国防との一体性を主張する軍部に対して「皇道振起」を主張したのは、「真の日本人」を育成するためだったのではないだろうか。二・二六事件が陸軍皇道派の影響を受けた青年将校が起こしたクーデターであったということも、平泉が陸軍の主張する国防に対していささか批判的立場をとったことに影響していると考えられ、さらに、平泉が一貫して国外の問題よりも「内の分裂」を問題にしていたことも皇道振起を国防よりも重視する姿勢につながっていたものと解釈できる。

では平泉はどのような武道を実践すれば「真の日本人」を育成できると考えたのだろうか。平泉は武道の範囲について、まずは「古くより我国に存したものでなければならぬ[76]」と主張する。何故ならば、「古いと申しますことは先祖が永い間に亙りまして此の道を修練し体得して来たものであると云ふことでありまして、茲に吾々は古くより存した武道を学ぶことに依りまして、吾々の先祖の心構、其の深き心構より発しました所の数々の妙諦を会得することが出来るものである[77]」ためである。平泉は「藤生委員は特に此の点を強調されまして、古来我国に発達したる武道、之以て本体とすると云ふことを申されたさうでありますが（中略）是は洵に深い意味を持つたものであると思ふ[78]」と藤生の意見に賛同した。つまり、平泉は武道の範囲を日本古来の種目に限定して議論を進めるよう提言したのである。

さらに平泉は奨励すべき具体的な武道種目を挙げる。

武道とは「直接に相手を持ちまして、自分が相手を斬らなければ相手が自分を斬る[79]」というような「必死の態勢に立つもの[80]」であり、「茲に武道の真剣さと云ふことが出て来る[81]」のである。そのため、「剣道、柔道是が依然として武道の基本を成す[82]」のである。この武道の真剣さは「一般の運動乃至競技或は体操と云ふものと全然其の性質を異にするところ[83]」なのである。

平泉は「外国より入り来ったものと古くより我国に存したるものとの間に重大なる差別[84]」があると考え、剣道と柔道を「武道の基本」と見なし、スポーツ及び体操と武道を峻別し、武道に「真剣」という独自の価値を見出したのである。しかし、平泉は武道の本質を「必死の態勢に立つもの」と規定することで、国防という目的に対し「一面に偏する」と批判しつつも全面的には批判できなかったのである。結果的に平泉は軍事的種目を容認せざるをえなくなってしまったのではないだろうか。

第四項　国家への貢献——南郷次郎の武道論

平泉の主張は武道の国防との一体化には消極的だったが、政府の統制を批判するものではなかった。しかし、委員会には国防のみならず政府の武道への介入自体に懸念を表明した人物がいた。それが二代目講道館館長の南郷であった（図17）。ここでは南郷の武道への政府介入批判を取り上げる前に、南郷がどのように武道の本質を考え、どのように武道と国防との一体性を批判していたのかを検討したい。

南郷は「武道振興の根本方策に関する意見」と題した意見書を第二回委員会時に提出している。まず、南郷の考える武道の本義について検討しよう。南郷は、自身の武道論を次のように主張している。

武道は日本伝統の精神を助長作興する要道にして、武士道は君国のため死を惧れざる献身報公《ママ》の道なり。而して斯の道を実行達成せんには、武術を鍛練し、課程《ママ》に於て所謂「行精しからざれば、胆大ならず」の修

行を為すこと須要なり。(85)

南郷にとり、武道が助長作興する日本伝統の精神の一つに武士道があったものと考えられる。武士道は死を惧れず国に殉じる献身奉公の道であり、武術鍛錬の目的はこうした武士道を実行達成することにあった。しかし南郷によれば、現状の武道はこのような道に悖る状況にあるという。

古より武術を主として其の強きにのみ駛せ、俗に乱暴狼藉の徒に堕落し、人を害し世を毒すものあるは、時の古今を問はざるなり（中略）然るところ今日尚ほ此の弊風往々にて、吾人の聞くことあるは洵に遺憾とするところなり。(86)

図17　南郷次郎（上村春樹篇『講道館百三十年沿革史』講道館、2012年）

南郷はこうした「乱暴狼藉」を働く武道の修行者が多いことを憂い、これを矯正するには、「学を以て心を制するの道義心を養成すること、武道には欠くべからざるの要件」とし、「日本固有の道義心の養成と武術の修練とは相俟って武道を完成す」と述べた。(87)そして、「吾人武道の振興を計らんとするものは、無私公正の士其の人格を以て衆を率い(88)」るべきと主張するのである。南郷は武道国策の最重要課題として、武道家に無私公正なる道義心の養成を求めたのであるが、これは第九章で検討した講道館破門事件が影響していると考えられる。また、南郷は「昭和五年倫敦会議を一大転機として、日本精神の高唱」される時代となったが、「今次事変に於て、民心稍々倦怠不安の風を徴し、政治的にも思想的にも大いに警戒を要すべき時代」に入り、指導者にも道義心を求めて次のように述べた。[89]

武道振興に名を藉り、或は自己勢力の扶植に、或は伝統を無視して現状を破壊し一時の風潮に乗ぜんとし、或は己の不徳を顧みずして自己の名を成さんことを企図し、己の位置を利用して一時の快を叫ぶの徒輩あるは、武道振興上痛恨の至りに堪へず。[90]

南郷は、時局に便乗して「武道振興」を唱え、「自己勢力の扶植」をしたり、「伝統を無視して現状を破壊し一時の風潮に乗ぜん」としたりする者に注意を促している。この主張には、明示的でないものの軍部が武道を戦技化することに対する懸念が含まれていたと考えられる。

一方で、南郷は武道の範囲について、「武道の種類多くして且つ復興を要するものありと思考す（中略）其の種類により、其の伝統・作法・作術・流派並に現状に於て多岐多端、衆議を以て一致すべきにあらず」との見解を示し、「政府は宜しく分科を起し、武術振興に関する議題を課し、以て其の答申を求むる必要なりと認む」と主張した。[91]南郷は復興を必要とする種目として具体的には「鎗術」を例に挙げているが、このことから日本古来の武術諸流にも注意を向けているといえる。

また、南郷は武道振興の方策として「政府は宜しく武道を体操・スポーツと断然分離し、生徒の心身錬成の第一課程として武道を奨励すべし[92]」と主張し、体操及びスポーツと武道とを峻別することを主張していた。南郷が武道と体操・スポーツを分ける理由は、この意見書及び委員会中の審議ではみられないが、雑誌『柔道』上では次のように述べている。

スポーツは其の効果につき幾多の議論はあるが、要するに興味を以て其の出発点とし、日本の武道は命の遣り取りを以て其の出発点とするところに、絶対の特異性が存することを判識せねばならぬ（中略）日本固有の武道までも、スポーツと称するものの一種であるかの如く誤解される向が多く感じられる。外国には武道という言葉がないからにも因るが、スポーツなる言葉の内に柔道を包含せる文章は非常に多い。のみならず柔道修行者そのものの中にもこれを取扱い、又は修行、試合する上に於て、スポーツ同様の気分が多量に漂へることは拒み難い事実なることを遺憾とする。[93]

南郷はスポーツと武道の違いを、興味を出発点とするか命のやり取りを出発点にするかに見出していたのである。しかし、実態としては〈武道（柔道）のスポーツ化〉が進み、「命の遣り取り」を出発点とせず、専ら「スポーツ同様の気分」で武道を行う状況になってしまったと南郷は嘆いている。こうした〈武道のスポーツ化〉あるいは、〈柔道のスポーツ化〉の影響は競技者の戦い方にも影響し、「スポーツの興味を深める、競技気分たる（勝たう負けまい）の気分が専らとなり、柔道の試合に於ても「勝てばよい」といふ結論から、技のうちに力を専らにする傾向が多分に見られることは、柔道の本質からして憂ふべき現象である」[94]と南郷は述べている。また、スポーツの「「勝てばよい」思想より観れば、戦死者は敗者」[95]とみなされてしまう。これに対して南郷は、「人は真に生死の岐路に立つ時、己を超越せる崇高なる目標に信委」するようになると考え、武道の「試合は技術の試合にあらずして、生死を賭けた精神そのものの試験」であるとの心構えで臨むことを説いた。[96]それによって「「勝てばよい」思想は払拭せられ、ここに柔道本来の技術に練達し、人格崇高の修行者は輩出し、国家に貢献すること更に更に多大」[97]になると主張した。

南郷にとり武道（柔道）とスポーツを峻別する目的は、武道を「興味」本位のものから「命の遣り取り」を根本とする営みへと回帰させ、国家に貢献する人格崇高な修行者を輩出することにあったのである。南郷のいう無私公正な道義心の養成にはこうしたことが含まれていたと考えられる。しかし、「命の遣り取り」を武道修行の根本に据える南郷の主張は、戦場で「国家」のために命を投げ出して戦う兵士の姿勢を否定するものではなかった。南郷もまた軍部の国防と武道の一体化を否定する武道論は提示できなかったのである。

第三節 武道振興の課題と方策

次に委員会で審議された武道振興の主な課題は、①武道教師の質と待遇、②武道教師養成機関の設置、③武道の政府内機関の設置と民間武道の位置づけの三つに分けられる。これらの課題点は藤生の第七三回議会での建議と同様の問題を扱っているが、ここでは藤生の提起した問題がいかに他の委員に受け止められ、展開されたのかを把握したい。「要旨集」中の南郷の意見書には武道振興上の課題が詳細に指摘されている。以下、武道振興上の課題と振興方策についての南郷の意見書を軸に各委員の意見を突き合わせて、どのような議論が展開されたのかを考察する。

第一項 武道教師の質と待遇と武道教師養成機関の設置

まず武道教師の待遇について、南郷は次のように述べている。

> 武道家傭入の官衙・学校が其の任用誤れること、及び薄給を以て事を弁ぜんとすること等の弊風を剪除することは、武道振興の最大要点なり。[98]

南郷は武道嘱託教師の薄給の是正を「最大要点」と位置付けていた。武道嘱託教師は「優遇するの道開かれて、初めて其の人格を向上し、社会の師表たるの人物発現を期待し得[99]」るのであり、武道嘱託教師の質を向上させるためにも給与の向上は最大の課題と位置付けられた。

南郷を武道嘱託教師の待遇改善に向かわせた理由は何であったか。南郷は現状の武道嘱託教師の質について「教養の不備欠陥」[100]があるとし、その置かれた状況を次のように捉えていた。

現在、官立学校其の他の諸官衙に於ては、主として雇傭又は嘱託制度にして、其の給与極めて少なく、其の要望するところは之に反す、殊に有数の高段者にして主として試合に於ける優秀者を傭入せんとす、此に於て強者は数校に兼勤し其の綜合給与を以て生活費に充て、而も漸く其の術力衰へ体力亦年の如くならざるに至るや、已は稽古すること少なくして、已の後輩を傭入しめ、此に朋党を生じ、俗に受持学校の縄張を固守するに至る、又修行せる母校の縄張拡大工作を惹起し、時に官憲の力を利用するに至る事例頻々たるものあり。[101]

このように南郷も藤生同様、武道嘱託教師の薄給とそれに伴う数校掛持ちの弊害を指摘していた。こうした事態に対処すべく、南郷は講道館内に「高等柔道教員養成所」を設置し、「武道教員に必要なる各種の学術を人格・学術共に優秀なる学者を招聘し、且つ、最高級の柔道家を配して、術力を向上統制するの計画を」[102]立てているという。南郷のいう「高等柔道教員養成所」は昭和一五（一九四〇）年四月に設置され、南郷自身が所長を務めた。[103]

また南郷は、武道嘱託教師の悪化は民間武道団体の経済力の乏しさにも原因があると述べる。

武道の発達並に普及概説に述べたるが如く、今日まで主として民間の努力に依りしことを回想するとき、武道教育を完成するための経済力の欠乏に在りと断定せざるを得ず。而して武道家（今日までの武術指導者並に其の門弟）間に批難すべき幾多の実例あるも亦此に基因す[104]。

こうした「民間の努力」では経済的に如何ともしがたい武道教育事業の現状に対し、南郷は「政府が思ひを武道に対する施設の不備に致し、武道の振興を企画せられたるは時機已に大いに遅れたりと雖も此に吾人の意を強うするものあり[105]」と政府の政策に期待したのである。では、南郷はどのような政策を期待しているのか。南郷は二つの政策を挙げている。

一、北海道、東北、関西、九州、台湾、朝鮮に少くも一校づつの武道専門学校を設立し、主として中等学校の教師を養成すること。

二、少くも官立学校に於ては、柔道師範を専属し、他校に兼務することを禁ずの制度あるを要す[106]。

南郷もまた藤生同様、武道教師の養成機関を増設するよう提案したのである。南郷はこれに加えて武道教師の質を向上するための具体案を三つ提示する。一つ目は「小学校以上の総ての学校に対し、体操・スポーツと同等以下に武道を列せしめたるは事実なり[107]」と指摘し「地方官憲に其の主旨を公達し、学校修行時数を増加[108]」するべきだと主張した。武道の授業時数の増加は藤生にはみられなかった具体案である。二つ目は「武道教育に対し、視学（地方で学事の監督指導をする行政官：筆者注）と同様、武道監奨官（仮称）を新設し、武道の常識ある廉潔にして剛健の人を配し、各地方諸学校を巡察して武道の奨励監督に任ぜしめ、地方官憲と連絡（地方官憲官吏の粛正を含む）して、武道教師の性行・教授の現状を審にし、殊に廉潔に重きを置くべし。蓋し廉潔を欠ける教師は、武道教師の資格なきものなり。物欲は武士道の最も誡むべき根本同義なり[109]」というものであった。そして三つ目に「武道教師の給与を其の生活安定を得せしむべく監査するを要す[110]」と述べた。

その他、委員の中で学校の武道教師に言及したのは、永岡秀一と西村房太郎であった。永岡は「武道教師不足す。殊に中等学校教師に有資格者不足にして一人数校兼務の者多し」[111]と述べ南郷に同調する。西村は「中等学校の武道教育の効果不良なり。其の原因は、優良なる武道教師少なきに在り。之はそ待遇の非薄にも因れど、武道教師としての修養、多くは人間としての修養不足に因る処多し」[112]と述べ、武道嘱託教師の薄給を問題とする以前に彼ら・彼女らの「修養不足」を問題視していた。西村は東京府立一中の校長であり、学校現場を見ているだけにその指摘には説得力がある。西村は武道に「礼儀正しく、国民各層の儀表となるべき人物を錬成する」[113]ことを求めていたが、日頃から現場の武道嘱託教師の「修養不足」を目の当たりにしていたのであろう。

これら、武道教師の質量に関する課題は、どの委員にも理解されやすかったものとみられ、議論が錯綜する様子はみられなかった。議論が激しく交わされたのは、次にみる武道の政府機関設置に関する是非についてであった。

第二項　南郷次郎の政府統制批判

当委員会において武道教師の問題と並んで主要な議論となったのが、武道の政府機関を設置することと、それに関連した民間武道団体の立場についてであった。武道の政府機関を設置することについてはほとんどの委員が賛同の意を示していたが、その方針については物議を醸した。まず、議論の争点になった軍部の主張を取り上げたい。

海軍は武道について「国家機関にて保育奨励するを当然とし、現時の如く私設団体の手に委すべきものにあらず」[114]と主張し、民間武道団体の活動を否定した。そして、「内閣に中央武道振興会を設置し、武道教師の審査・研究・調査・振興の事務を行はしむること」[115]と述べた。海軍は、学校武道の改善を目指し、内閣直属の武道関連機関を設置せよと主張したのである。

次に陸軍は「武道教育と国防とは不可分」[116]であると述べ、「内閣直属の一院若しくは厚生省所属の一課を新設」[117]し、その「職員中には現役陸海軍将校を加ふること」[118]を要望した。ここには政府内に設置される武道関連機関に軍部が関わる意志が明確に示されている。陸軍は内閣もしくは厚生省内に武道関連機関を置き、そこの軍部の人材を送り込むことで軍部以外の政府機関へ干渉しようとしていたものと考えられる。そして、軍部は行政上、武道を掌握し、武道の戦技化を速やかに推し進めようとしたのではないだろうか。ただし、陸軍は民間武道団体の存廃については言及しなかった。

このように軍部は軍人による武道行政の掌握を狙っていた。軍部は武道の統制に向かって本格的に乗り出し始めたのである。これは官民一体の武道国策を標榜した藤生とは立場を異にする主張であった。

この軍部の主張に同調する意見として武徳会弓道範士の千葉胤次の意見がある。千葉は、「武道は本来国営なりしものなり」[119]と述べ、「政府に於て武道省、或は厚生省武道局乃至武道院を設置し、国家により（中略）武道団体の統一或は統制をなし」[120]ていくべきだと主張した。

一方で、政府が武道を統制すべきとする主張に対しては反論もあった。武徳会会長の林は「武道奨励に官が大に力を入れること。但し、干渉或は不要の統制を行い、之が為に民の熱意に欠かしむるが如きことあるべからず」[121]と述べていた。林は政府の武道振興には積極的に賛同したが、政府の民間武道団体への干渉や統制に対しては消極的な態度を示した。また全日本学生剣道連盟を代表した大塚は「武道振興の為、官庁に相当の機構を設くること」[122]を要望したが、同時に「民間の武道奨励機関に活を入れ、活動を促すこと」[123]をも主張していた。

こうしたなか、民間武道団体の存続を最も強く主張したのは南郷であった。南郷は意見書のなかで、民間武道団体への政府の介入には消極的な姿勢を示していた。南郷はいう。

武道の振興に関し、武道が主として民間に発達せることとは、徳川時代に最も隆盛を極め、其の以前に遡りて歴史の蹟を温ぬるも亦誤りなきところとす（中略）国家が武道を統制して其の振興を計らんとする、固より時宜を得たるが如しと雖も、伝統は武道の最も重んじるところにして、美風も亦此に存す。之を破壊して余りに急に、又余りに新しきに改めんか、国帑を費やすこと莫大にして、而も生気此に衰へ、其の永続を保持し難きを虞る。(124)

南郷は、政府による武道の統制が急に進むと、民間武道団体が保持してきた伝統が「破壊」されかねないことに懸念を表したのだ。軍事は国家事業であることから、ここでの南郷の懸念には軍部が推し進めようとしていた武道と国防との一体化も含まれていたと考えられる。

ただし、南郷は武道の政府の存在を全面的に否定したのではなかった。南郷によれば、「世の慈善公共諸団体に対する援助に比し、政府が、武道を援助する経費に至りては洵に九牛の一毛」であるが「武道は物欲を賤しむ」ため、これまで政府に援助を請うてこなかった。(125) そのため、「政府は宜しく民間施設に思ひを致し、武道以外の民間施設と其の奨励補助点を比較し、国民の体力並に精神修養の重大使命に鑑み、政府に頼らざるの苦衷を察し、之を援助奨励しつつ、政府の希望するが如く誘導し、監督することを最も賢明にして且つ経済的の方途(126)」であると主張したのである。南郷は他の公共団体と比べて武道団体への経済的援助が少ないことへ不満があり、他の公共団体と同程度の政府の援助がなされるならば、政府が望むように民間の武道団体を誘導・監督することは拒否しなかったのだ。ただし、他の公共団体と比較して、武道団体が政府の誘導・監督を受けるべき理由は、国民の体力向上及び精神修養に資する点にあると南郷は主張している。ここからも南郷が、政府による武道と国防との一体化を望んでいなかったことが窺えるのである。また、政府の監督にしても、民間武道団体が維持してきた伝統を破壊しないことを望んでいたと考えられる。つまり、南郷は政府の民間武道団体の援助は許すが、維持までは許さなかったのである。

論者	スポーツ	体育（体操）	ナショナリズム	戦技	民間武道の統制
藤生安太郎	×	×	○	△	△
平泉澄	×	×	○	△	？
南郷次郎	×	×	○	△	×
陸軍	？	？	○	○	△
海軍	？	×	○	○	○

表10 委員会での主な論者の意見（著者作成。「○・△・×」は各項目における各論者間の相対的な賛意の度合いを示す。○は賛成、×は反対である。△は賛成と反対の間にある多様な立場を示す。また「？」は言及がみられなかったことを示す。）

南郷は政府による民間武道団体の解体もしくは統制に批判的であり、政府には「民間の施設を大に援助監督[127]」を求め、「官民協力[128]」を訴えた。ただし、南郷は経済的援助を訴える以上、政府が民間武道団体を「誘導」することについては否定しきれなかったのである。

このように、当委員会における各委員の主張は様々であったが藤生、平泉、南郷及び軍部の意見を中心にまとめると表10のようになるだろう。では、第四回以後の特別委員会を経て提出された答申はどのような内容に仕上がったのか。次に諮問事項への答申について検討する。

第四節 「武道振興ノ根本方策如何」答申

昭和一五（一九四〇）年七月三〇日の第五回の委員会では答申「武道振興ノ根本方策如何」が厚生・文部両大臣に提出された。答申は冒頭に武道の定義が示され、①武道振興の基調と②武道振興の実行要目の二つに分かれている。では、以上のような藤生、平泉、南郷の主張と武道の戦技化を謳った答申の内容がどのように接合されているのかをみてみたい。

第一項 武道振興の基調

まず、藤生、平泉、南郷らの主張のひとつは武道の本義が誤解されてスポーツと同一視されている当時の社会状況を批判するものであった。この点は、武道振興の基調として次の文言に反映されたとみられる。

武道は国民皆兵たる日本国民の当然の責務として常に之を修練すべきものなるが、現下の状況を見るに一般国民の武道に対する関心と認識とは未だ低調にして、中には武道に対する誤解又は疑惑の念を有する者無きに非ざるの実情なり。依て今政府に於て修練せしむべき内容と手段方法とは、右実情をも照合し緩急軽重其の宜しきを制せざれば実効を挙ぐること至難なるを以て慎重考究を要す。(129)

「武道は国民皆兵たる日本国民の当然の責務」とする文言には武士道を軍人勅諭的に解釈する藤生の主張が反映されているとみられる。他方、ここでは、ただ国民が武道に触れる機会を増やすだけでは武道への誤解が解けず、武道振興の成果が挙がらないことが懸念されている。ここでの「誤解」には、藤生が批判した武道とスポーツとの同一視が含められていると考えられる。また、「疑惑の念」については、南郷が挙げた乱暴狼藉する者や己の不徳を顧みずして自己の名を成さんとする武道家が社会に振りまく武道のイメージを示していると考えられる。答申をまとめた特別委員会では、藤生や南郷の主張は武道振興の成果を得るうえで重大な指摘と捉えられたのではないか。

では、武道への誤解を解く方法として実行要目にはどのようなことが示されただろうか。まず、「政府に於ては武道に関する調査研究及指導者の養成訓練、並に武道に関する最高の教育を実施する為夫夫適当なる施設を為すこと」(130)が決められた。つまり、政府の側で武道の指導者をしっかり養成し、指導に当たらせることになったのである。また、実際に振興する武道種目としては「従来の各種武道の基本的なるものを緯とし、現時の武道に対する国家的要求を経として決定すること」(131)とされた。すなわち従来の各種武道の奨励のみならず軍事的種目も同様に重視することが明示されたのである。藤生、平泉、南郷は軍事的種目に比して日本古来の武道を重視していたが、こうした思惑は答申には反映されなかったといえるだろう。

また平泉の主張であるが、武道振興の基調において次のように反映された。

武道が皇道を振起し皇国の護持発展を目標とする以上、之が修練は単に個人の人格錬成のみに止まるべきものにあらずして、直接国力の充実を主眼とし、国家本位、団体的訓錬本位に重きを置くべきものとす。[132]

ここでは皇道振起のほか、「直接国力の充実を主眼」とした「国家本位」、「団体的訓錬本位」の武道を重視する旨が示されているが、個人主義打破を目指す平泉の主張が反映されているといえよう。

しかし、平泉が批判した武道と国防との一体性という論点は、次のように答申に反映された。

武道が対敵攻防の必死の態勢に立つことを要件の一とするものなる以上、之が修錬の手段方法は、実戦兵法の推移に即応し、常に新なる工夫を加へ、進化すべきは当然のことなり。[133]

つまり、日本固有の武道種目の戦技化が推奨されたのである。ここでは、平泉が述べた「必死の態勢に立つ」という文言は「実戦兵法の推移に即応」する戦技化にまで拡大解釈されたのである。平泉が「必死の態勢」を良しとしたのは、あくまで「真の日本人」を育成し皇道振起することにあったが、こうした平泉の思いまでは、反映されなかったのである。

最後に南郷であるが、彼が主張した民間の武道団体に対する国家統制への懸念は武道振興の基調へ次のように反映された。

従来の武道は主として民間に於ける有志又は団体等の多大なる苦心と努力とに依り発達し来りたるものなるが、之が実情を見るに其の修練の内容及び手段方法等に於て幾多改善を要するものあり。之が刷新向上は真に官民一致協力して之に当るを要す。(134)

ここで南郷が主張したように、民間武道団体の努力へ一定の評価がなされるも、従来の修練の内容及びその教授方法、すなわち伝統的側面に関して改善の必要が述べられている。答申では「官民一致協力」という表現が用いられているが、南郷が懸念していた民間武道団体に国家が介入することを宣言するものであったことは間違いないだろう。この官民一致協力を実施するために政府は「綜合統制団体を組織し、政府は之が監督指導を強化すると共に、適当なる助成の途を講じ其の刷新向上を図ること(135)」を示したが、ここに昭和一七（一九四二）年三月に設置されることとなる新武徳会の端緒がみられるのである。南郷が希望した民間武道団体の自立性は政策のなかに位置を占めることはできなかったのである。

最後に、委員会においては政府による武道振興の要として学校武道の改善が審議されていたが、これについては、「政府に於ては、武道に関する調査研究及指導者の養成訓練並に武道に関する最高の教育を実施する為、夫々適当なる施設を為すこと(136)」と示された。このように本答申における学校武道の扱いについては具体的な方針が示されることはなく、その後の課題とされた感がある。

第二項　政府の武道統制

続けて答申の内容を見ていこう。政府は具体的にどのように武道と関わることが提案されたのか。答申では「政府に於ては、武道振興の企画及武道の調査、指導奨励、施設等の事務を執行する為、中央に強力なる部局を設くると共に、之に順応して地方に於ける行政機構を整備すること(137)」が示され、昭和一六（一九四一）年一一月一七日に厚生省人口局に練武課が設置される。これについては多くの要望者がいたが、ここでは藤生の建議案の一つが練武課の設置によって実現したことを改めて確認しておきたい。

また、練武課設置の過程で作成されたとみられる資料『武道振興に要する経費』では、練武課が行う事業と予算について概略が述べられているが、武道奨励事業について「団体所属の武道指導者に対する俸給手当其の他給与少額なる為、本来高潔なるべき武道家の面目を失墜するが如き、許多の醜弊を生ずると共に、他面之が収入の大部分を入門料・階級允許料に俟てる為、或は地方警察官・武道教師を会員募集に奔命せしめ、或は又収入を図りて昇段試験を頻りに行ひ、濫りに階級を允許する等弊害真に甚しく、武道の振興を阻害すること夥しきものあるに依り、之に相当の助成を為し、収入方法に関する禍害を一掃すると共に施設事業を充実し給与を適正化し、以て民間武道団体の活動を活潑にし武道振興に寄与せんとす[138]」とあり、練武課事業計画の予算一〇万円のうち、七万円の予算が武道奨励費として見込まれていた[139]。このように練武課は講道館や武徳会での段位称号の乱発については民間武道団体へ助成金を交付することで解決を図り、また武道教師の待遇についても給与の適正化というかたちで是正していこうという姿勢がみられた。この練武課の資料からは民間武道団体へ経済的に援助をし、その活動を盛り上げていく姿勢が窺われる。練武課が設置された時点ではまだ民間武道団体への統制の動きはみられなかったのである。

しかし、練武課では厚生省内に「大日本武道会」なる組織を設置し、武道講習会を行う予定を立てていた。練武課が設置しようとした大日本武道会は各種武道の内容を検討し、「之が統制を図る使命を有する[140]」ことを目的とした組織であった。大日本武道会の設置案は武徳会改組の案に発展的に解消されたものと考えられる。

昭和一六（一九四一）年一二月二六日から昭和一七（一九四二）年三月二五日の間開かれた第七九回帝国議会に向けて練武課が用意した答弁資料には次のように記された。

問　武道を統制する意志なきや。

答　従来の武道は、主として民間に於ける有志、又は団体等の多大なる苦心と努力とに依り発達し来ったものでありまするが、之が実情を観るに、其の修練の内容及手段方法等に於て、幾多改善を要するものがありますので、政府に於きましては此等の点に関し調査研究を進めると共に、指導監督の適正を期し、之れが為必要なる武道界の統制に付ても、篤と研究して居る次第であります。[141]

このように練武課は第七九回議会においては官民協力というよりも政府による民間武道団体の統制を強調したのである。この答申中の実行要目は委員会終了後に設置された武道部会においても審議された。武道部会は昭和一六（一九四一）年九月三日付で委員会と国民体力審議会が合併して厚生省大臣の監督の下に設置されたが、同年一二月二〇日に当部会に対して厚生・文部両大臣から「現下の時局に鑑み武道綜合団体に関する具体的方策如何」と諮問された。武道部会では昭和一七（一九四二）年二月二五日に答申を作成し、三月二一日、第七九回帝国議会で武徳会を新武徳会へ改組する決定が出されたのである。[142]結果的に武徳会以外の民間武道団体は解体され無かったものの、各民間武道団体の活動に政府が介入する仕組みは整えられていったのである。

しかし、政府による民間武道団体の統制は、政府側からの要請によってのみなされたわけではなかった。次章では、この点について藤生の武徳会批判に焦点をあてて検討していきたい。

第一二章 新武徳会の成立と武徳会薙刀問題

本章では昭和一七（一九四二）年一月三〇日の第七九回議会における、武徳会の薙刀問題に対する藤生の追及を終着点とし、新武徳会の成立過程を明らかにしたい。武徳会の薙刀問題とは、昭和一一（一九三六）年の『学校体操教授要目』改正以降、女子師範学校、高等女学校及び女子の実業学校の体操科において扱われる薙刀教材を作成する過程で起きた武徳会の不祥事である。藤生はある講演で薙刀問題が「原因の一つとなりまして、今回各方面から総攻撃を受けてゐた腐敗堕落せる武徳会も、遂に解消するの止むなきに立到りまして、茲に政府の機関として新に大日本武徳会といふものが誕生する様に相成つた[1]」のだと述べ、「薙刀問題は今の処、吾々の勝利とは言へないにしても、決して吾々の失敗ではなかつたといふ信念を持つて居るのであります[2]」と述べている。また昭和一七（一九四二）年五月六日、京都府岡崎公会堂で行われた「武道と新武徳会を語る座談会」において海軍機関学校の高山政吉は「武道界における事件、問題というものは殆ど徳義上の問題」であり、「一例を申しますと詰りこの間世間を騒がし或いは武徳会の倒れる原因になりました薙刀問題」がそれだと述べている[3]。このように藤生や高山は武徳会を改組に追い込んだ事件として薙刀問題を位置づけているのである。

藤生が批判した武徳会の薙刀問題は、元来、「武士道」や「武徳」といったナショナリスティックな理念を持ち、警察や軍部とのつながりも強かった武徳会が、何故に政府から統制を受けなければならなくなったのかといった疑問に一つの解答を与えてくれる出来事である。

武徳会会長の林は、新武徳会の構想を論議した武道部会の答申作成委員の一人であった。[4] 林は委員会の時点では武徳会の改組には否定的であった。それは、林が南郷らとともに政府による民間武道団体への干渉及び統制に消極的であったことから理解される。しかし、林は武徳会改組の流れを止められなかった。では武徳会の意向を知りながら、政府が武徳会の改組に向かっていったのはなぜだろうか。本章では、まず武徳会をめぐる昭和一五（一九四〇）年頃の時評から検討し、次いで武徳会の薙刀問題の経緯を検討することで、武徳会が新武徳会へ改組される過程を明らかにしたい。[5]

第一節　昭和一六（一九四一）年における武道界への時評

昭和一五（一九四〇）年代に入ると武道の国家統制の是非を問う議論は一般にまで及んだ。昭和一六（一九四一）年七月に発行された『新武道』では、「武道の新体制を輿論に問ふ」と題した特集を組んだ。本特集では「全国武道家有志」[6]に質問用紙を配布し、その回答結果を記事にするものであった。質問用紙は次のようなものであった。

一、武徳会大会につき、改めたい点はございませんか。
二、武道修行の目標を、国家的に確立する必要はないでせうか。（現状を視るに、かなり不徹底のやうに思はれます）
三、武道家（指導者）の再教育といふことを言はれていますが、どういふ風に行ふべきでせうか。
四、武道の段、称号といふものが、乱れてはゐないでせうか。如何に改正すべきでせうか。

五、段級は国家に於て管理すべきでせうか。
六、実戦価値から考へた武道の研究並に指導といふことについて、如何に御考へですか。
七、武道にも、現在では保存的価値しかないものと、国防上一般に振興すべきものがありはしないでせうか。これを同一に扱つてゐる傾きはないでせうか。
八、武道団体の活動が要求されてゐると思ひます。武道団体は何を為すべきでせうか。右についての御意見を特にお願ひいたします。
九、時局下に於ける武道家として、各位の現に為されつつあること、或は御抱負等について。
十、その他、具体的な御意見。(7)

これらの質問項目は武道が不健全な状態にあるという認識を前提に国家統制の是非を問う形式になっている。調査項目をみれば、武道の目的を「国家的に確立」すること、「国防」的な種目を重視すること、あるいは段級称号を「国家」の管理下に置くことなどの是非が問われている。また、段級称号の授与の在り方が乱れていることや「武道家」は再教育される必要があることが自明なこととして挙げられている。さらには武道の「実戦価値」が重視されていることなど、第七三回議会から委員会の答申までの議論が政府内にとどまらず、人々が目にする雑誌の調査にも反映されたのである。

この質問項目に答えた剣道範士斎村五郎は、大正期以降の武徳会は創設当初の信念を失い、武道振興の総本山としての意気を失ったと述べている。斎村はいう。

我国武道の綜合団体と云へば、武徳会である。故に武徳会は我国武道の総本山とも云へる。この武徳会が、明治武道の振興に多大の功績があつたことは云ふまでもない。しかし大正期以降の武徳会は、創設当初の意気と信念を失ひ、現状維持に汲々として、武徳会の使命本分を充分に尽し得なかつたやうに思ふ。今次の事変に際して武道の各団体が連盟又は強化を目論んで、所謂武道の新体制確立に奔走しているのも、畢竟するに武徳会の現状にあきたらないためではないだらうか。近々厚生省に武道課が新設されて国家として斯道の指導と向上発展に乗り出すとのことである。国家が積極的に武道行政に働きかけることは、斯道のために洵に結構なことである（中略）我々は同課が武徳会の過去の功績と現在の武道総本山たる存在を認め同会に活を入れ充分に活動の出来るやうに仕向けらるることが最も効果的ではないかと思ふ。武徳会としても、かくあるべきことを望んで待機中であるとのことを仄聞している。(8)

斎村は現状の武徳会がその使命を果たしていない以上、「武道課」すなわち厚生省練武課の働きかけによって武徳会には創設当初の意気と信念を取り戻して欲しいと願っていたのである。

次に第一〇章でも言及した武専出身の剣道家島村は、昭和一五（一九四〇）年に『武徳会革新論（附）武道家に告ぐ』という書物を発行し、武徳会について次のように述べた。島村はいう。「各方面に亙って新体制に確立せられ、国防国家建設に協力邁進しつつある現下の国内情勢下にあって、武徳会としても必ず考慮断行する処があらうと、私《ひそ》かに期待する次第である」(9)。そもそも、「武道家の再教育は監督官聴《ママ》に於てなすべきであって、武徳会は委嘱されたる時のみ之に協力するなどと、独善的消極的態度を持しているべき時勢ではない」(10)のであり、「先づ武道家自身が自覚勉励して、武道教育の徹底を期するならば、待遇問題も自然に解消するであらうと思ふ」(11)。

このように島村は政府による武徳会の統制を支持し、武道家自身の自覚と勉励とともに監督官庁による再教育によって武道教師の質を向上させるべきと考えたのである。

また、評論家の本山佐久良は武徳会の組織のあり方に疑義を呈していた。

日本の武道界に武徳会といふ大きな中心的存在がありながら、他に各種の武道団体が生れ、更にその統合が武徳会を別にして叫ばれている現象は、一般から見てかなり不思議なものに見えると思ふ（中略）然し現下の要望に応えて、（武徳会が：筆者注）日本武道界の中心的機関として存在して行くためには、当局者に余程の覚悟がなければ、遠からず改組更新の問題が現実化することは、今日予想して間違ひないと思ふ。(12)

武徳会とは直接関係のない本山がこのように述べたのは、新武徳会設立前年の昭和一六（一九四一）年四月のことであった。本山が述べる「現下の要望」とは、「時局下あらゆる方面に、一億一心の協同結束が叫ばれる折柄ではあり、剣道方面にも、強力な中心団体が新たに結成されてよい情勢(13)」の中で実際に剣道の中心団体を作ろうとするものである。そして、本山はこうした情勢下にあって綜合武道団体である武徳会が果たして剣道のみならず、武道全体をまとめあげられるのか疑いをもったのである。そうした疑念は本山に武徳会の改組の展望まで抱かせた。本山は武徳会の組織の体質を「保守的であって、国家の情勢の発展について来ることが出来なかった(14)」と分析し、武徳会の組織体制について具体的な批判を投げかける。

武徳会の現在の組織は、事業団体としての形態を殆んど具へていない。専門技術の研究部もなければ、普及事業に当る部もない。企画をなし、宣伝を行ふ部もない。小数の理事者と、事務部があるだけだ。これでは、日本武道界の本山であり、武道振興の中枢団体であると言っても、事実、仕事は出来ない。(15)

本山は武徳会に求められているのは時局下の「国民の体力問題(16)」、「実戦剣道(17)」の「組織的、科学的な研究(18)」、武徳会の組織の補強などであり、「これらの問題は、武徳会がやらぬといふことになれば、結局、これに代る機関を設けても、遂行しなければならぬ国家的要求に迫られつつあると思ふ(19)」と主張した。

武徳会の改組に関わって、もう一つ新武徳会設立直後の議論をみておきたい。

高野：綜合武道団体といふ形で、武徳会を改組した経路は、結局元の武徳会が無能だつたからでせう。これではいかぬといふ与論に、武徳会幹部が従つて、武徳会を当局の処理に任せたいといふわけでせう。然らば新武徳会たるものは、与論の期待に応へて、即時活動の体制に入るべきです。
武田：こゝで仮初にも足踏をしてゐるやうな印象を与へてはいかんですね。
本山：役所関係の仕事は、とかく予算を費《つ》かふことに終り勝《ママ》でネ、予算に関しないことはやらぬ。又やらなくともいゝ、かういふ建前だから、一年の間の予定を、順次コツやつて行けばいゝ。周囲の状況がどうでも、要望がどうでも、決めたことさへやればそれでいゝといふ性格になり勝ちだ。今度の武徳会が又それになつてはいかぬと思ふ。[20]（傍点、筆者）

高野弘正が「鼎談「新武徳会」を語る」と題された座談会において武徳会を「無能」と評したのは、新武徳会設立から間もない昭和一七（一九四二）年四月一〇日のことであった。高野や本山の指摘は従来の武徳会の体質を「無能」と評するものだった。高野や本山は新武徳会の設立要因の一つは武徳会の組織体質に問題があったと考えたのである。

このように藤生のみならず、武徳会の組織体質の不健全さは様々な立場から指摘されていた。こうした武徳会に対する時評が悪化する中で起きた不祥事、薙刀問題は武徳会を改組に追い込んでいったのである。

第二節 大日本武徳会『薙刀道基本動作』の制定

藤生が批判した薙刀問題はどのように発生したのか。その経緯を把握するために、まず武徳会で『薙刀基本動作』（以下、『薙刀動作』と略）が制定される経緯を検討することから始めよう。薙刀が学校教育に正課として採り入れられるのは、昭和一一（一九三六）年の学校体操教授要目の改正以降である。この改正以前には、明治四四（一九一一）年七月より奈良女子高等師範学校が薙刀を課外授業として採り入れる事例などもみられるが[21]、明治・大正期を通じて薙刀が体操科の正課教材として女子の学校教育の間に広がることはなかった[22]。

武徳会では明治三七（一九〇四）年より薙刀の講習会を開いていたが、昭和期に入ると、国民精神作興に女子の薙刀教育は有益であるとの見解から薙刀の指導者養成が図られた。その結果、昭和九（一九三四）年六月には武徳会内に修業期間一年の薙刀教員養成所が設置される。薙刀教員養成所では、「生徒は、高等女学校及び女子師範学校の卒業者中の志願者から選抜採用され、入所して、薙刀術・修身・国語・漢文・教育心理・運動生理・武道史等の授業[23]」が行われた。

昭和一一（一九三六）年に学校体操教授要目が改正され、「女子の師範学校、高等女学校及女子の実業学校に在りては弓道、薙刀を加ふることを得[24]」たことにより、学校教育の現場で薙刀教師の増加及び薙刀の指導法の確立が求められるようになった。さらに、昭和一三（一九三八）年の体育運動主事会議では「弓道薙刀の教授要目を制定すること[25]」が答申され、学校教育での薙刀の指導法の確立が急がれたのである。

昭和一四（一九三九）年五月には小学校武道指導要目が全国の地方長官及び各学校長に通達されるが、同年一二月一七日付の『東京朝日新聞』によれば、この小学校武道は「その実績が極めて良好[26]」であるため、文部省はさらに翌年四月から第五学年以上の女子児童に対して「薙刀を準正課にする事に内定[27]」したと報じている。続けて『東京朝日新聞』では文部省が「新春早々を期して薙刀界の権威を招いて懇談し、教授要目や、女の子に適した「標準薙刀」の制定にとりかかる事になった(28)」と報じている。『東京朝日新聞』の報道によれば、「標準薙刀」の制定とは具体的には以下の事態を指していた。

真《ママ》神影流範士東京成蹊高女園部ひでを女史、天道流からは第十五代当主、京都武術専門学校教授実《ママ》田村千代女史を招きそれに武道の権威で文部省学校体育参与員大塚惟晴氏などを中心に協議し両派の長所を採り、新に近代体操の原理を入れて「標準薙刀」を作りこれによって時局下にふさはしい天晴れ日本女子を養成しようといふものである(29)。

このように小学校の女子生徒・児童用の薙刀教材の策定は文部省と薙刀諸流の間で進められようとしていたのである。この小学校女子児童への薙刀教材の導入案は、昭和一六（一九四一）年四月以降は、国民学校の体錬科武道に引き継がれ、初等科及び高等科の「女児に在りては薙刀を課するを得ること(30)」になった。

こうした教育制度の変化に伴い、昭和一五（一九四〇）年一月より武徳会は『薙刀動作』の作成にとりかかった。武徳会は、薙刀を教授する学校が増えたもののいまだ薙刀の統一会派は存在せず、学校においては薙刀諸流派間で「用具から、其持ち方、又礼儀動作等違って居て、之を学校の教材とするには不便少からざる状態(31)」であるとの見解を示している。武徳会は諸流派各々の教授法では「学校教材として取り扱ふには非常な障碍が有る(32)」ため、「理事会に於て薙刀学校形を制定することを決議し、武道考査委員会に其の研究調査を託した(33)」のである。武道考査委員会（以下、「考査委員会」と略）は一月に表11の特別調査委員を嘱託し、研究調査を委託した。武徳会が作成した資料『薙刀動作』によれば、武徳会副会長の膳鉦次郎が調査会を統轄し、清水儀六が事務を管掌し、丸山軏玄が記録を担当した(34)。

名前	肩書
小川金之助	剣道範士
園部正利	剣道範士
園部秀雄	薙刀術範士
美田村千代	薙刀術範士
吉村セキ	薙刀術範士
美田村邦彦	剣道教士
園部繁八	薙刀術教士
西垣きん	薙刀術教士
園部朝野	薙刀術教士
守屋くの	薙刀術教士
森寿	武徳会理事　武道専門学校長
小西新右衛門	武徳会理事　剣道教士
関本幸太郎	武道専門学校主事
膳鉦次郎	武徳会副会長
細川長平	武徳会専務理事
清水儀六	武徳会主事
丸山軏玄	武徳会書記

表11　武道考査委員会特別調査委員（渡辺一郎編『近代武道史研究資料Ⅳ　昭和11年―17年第二次改正学校体操教授要目（剣道及柔道）・小学校武道指導要目・国民学校体錬科教授要項・同実施細目・薙刀道基本動作』朝日印刷、1983年、82頁より摘出・作成）

第一回の調査会は二月二七日に行われたが、それに先だって全国各支部に照会して由緒正しく広い範囲で実施されている薙刀諸流派について情報収集したところ、宮城県に鈴鹿流と穴沢流、福島県に常山流、鳥取県に新陰疋田流、山口県に大石真影流、熊本県に肥後古流の存在がそれぞれ確認された(35)。しかしそのいずれも直心影流と天道流ほど広範に普及していなかったため、考査委員会はこの二つの流派に絞って調査することに決定した。かくして薙刀研究調査会（以下、「調査会」と略）は始まるが、調査会について武徳会は機関紙『武徳』の中で次のように報じている。これをみれば、武徳会では当初、学校教材としての「薙刀術形」のみならずそれを奨励するための「段級審査制」の導入まで考えていたことが窺われる。

> 此頃薙刀術の普及につれて学校教材として採用せらるゝ所多く、斯道の非常に隆盛となりつゝ有るは頗る喜ぶべきことである（中略）武徳会本部では少くとも学校教材としての薙刀術は統一し度しとの見地から学校教材としての薙刀術形の制定を企て、同時に其普及奨励の為に段級審査制をも設定せんとして之が調査研究会を開催すること《ママ》し、去二月二十七日其の第一回を開いた。尚回を重ねて漸次調査研究の歩を進める筈で

ある。[36]

第二回以降については日程しかわからないが、第二回は五月八日、第三回は九月一二日、第四回は一〇月五・六日、第五回は一二月二三日であり、この五回の会議を通じて特別委員らは成案を作成した。翌昭和一六（一九四二）年一月二一日に成案が考査委員会に提出され、それに基づき、『薙刀動作』は作成されたのである。[37]

武徳会が調査会を開催した時期は国民学校令の策定過程と同時期であった。そのため武徳会は文部省の動向を見据えて国民学校用に『薙刀動作』を作成し、薙刀の寸法も国民学校用に取り決められた。[38]この件について武徳会は「本案作成と同時に女子中等学校用のをも作成すべきで有ったが、本案に依りて薙刀を学習したものが中等学校に進み来るのは一二ヶ年後であるから、国民学校に於ける本案実施の結果を見た上に於て作成するを可なりとして今は差控へたるのである[39]」と述べている。

第三節　薙刀問題の顕在化

こうして『薙刀動作』は作成されたのであるが、この作成過程へ藤生を中心とした『武道公論』同人は批判を投げかけた。藤生ら『武道公論』の同人が武徳会の『薙刀動作』の作成過程に疑義を唱えたのは、昭和一六（一九四二）年二月のことである。昭和一六（一九四二）年の『武道公論』二月号には「大日本武徳会薙刀術学校形制定を繞る〝武道界の奇怪事〟」と題して薙刀問題が取り上げられた。この論考を記した『武道公論』編集長の岩野謹助は、「日本女性の言葉の真の意義に於ての日本的性格の回復強化を念願とする者は斉しく、全国女子武道の普及発展に対して深甚な関心を持たざるを得ない」と述べ、武徳会の『薙刀動作』の制定を「洵に機宜を得た企図として慶賀し、私かにその成功を祈り、その成行については多大の関心を寄せざるを得なかった」と高く

名前	役職
小川金之助	武徳会常議員　剣道範士
園部正利	剣道範士
園部秀雄	薙刀術範士
美田村千代	薙刀術範士
吉村セキ	薙刀術範士
美田村邦彦	剣道教士
園部繁八	薙刀術教士
園部朝野	薙刀術教士
森寿	武徳会理事　武道専門学校長
小西新右衛門	武徳会理事　剣道教士
関本幸太郎	武道専門学校主事
膳鉦次郎	武徳会副会長
高倉永則	武徳会理事　子爵
磯貝一	武徳会常議員　柔道範士
田畑昇太郎	柔道範士
宮崎茂三郎	剣道範士
栗原民雄	武道専門学校　柔道教授
佐藤忠蔵	武道専門学校　剣道教授
津崎兼敬	武道専門学校　剣道教授
越智茂	武徳会常議員
千代間寅之助	武徳会常議員
平野晴次郎	武徳会常議員
隠明寺敬治	武徳会常議員
四戸泰助	剣道教士
田中常憲	武徳会理事
堀田義太郎	武徳会常議員
森下勇	武道専門学校　柔道教授
遠藤清	武道専門学校　柔道教授
守屋リク	薙刀術教士

表12　『武道公論』に示された武道考査委員会委員（岩野謹助『武道公論』第３巻第１号、大日本清風会、1941年、49―50頁より摘出・作成）

評価していた[40]。

岩野は女子武道の発展に寄与するであろう『薙刀動作』の「重要性に鑑み、第一回考査委員会開催以来、問題の成行を注視し、各方面の情報並に資料の蒐集に努めてゐた[41]」と述べて、考査委員会の委員を掲載した（表12）。先に武徳会の『薙刀動作』を元に作成した表11と比べると、岩野の提示した委員の中には西垣きん、細川長平、清水儀六、丸山軏玄の名前がみえない。また『武道公論』に提示された守屋リクと『薙刀動作』に提示された守屋くのは同一人物であると考えられるが、正しい名称は「守屋くの」の方である[42]。また、表12の高倉永則以下、遠藤清までの委員は表11にはみられない。岩野はさらに園部正利（ただし、委員会直前に死去）、園部秀雄、園部繁八、園部朝野、吉村セキ、美田村邦彦、守屋くのらを特別調査委員ではなく、臨時委員と位置づけている。

このように岩野は武徳会の考査委員会について詳細に追跡していたが、そうした中で「武徳会当局の不可解な態度並に考査委員中に薙刀術学校形制定に絡む唾棄すべき悖徳行為あるを発見した」[43]のだという。岩野は武徳会に不可解な態度の反省を促すため、林宛に武道公論社の名義で手紙を郵送した。日付が昭和一六（一九四一）年の一月一八日となっていることから考査委員会最終日の三日前のことである。

本事業はその性質上、国家百年の長計に候日本女子武道教育の基礎確立に至大の関係を持ち一団体或は一個人の事業に非ず、朝令暮改の如きは当事者の不見識は兎も角、その影響する処甚大且広範囲と被存候間天地の公道に立ち、自是自私を去り虚心坦懐に衆智を集め、慎重審議以て斯道の興隆発展に対し正しき指向を御決定あらんこと熱望に不堪。[44]

しかし、こうした手紙によっても、武徳会の不可解な態度は改められなかったと岩野は述べている。では、『薙刀動作』の制定過程における武徳会の「不可解な態度」、「悖徳行為」とはどのような事態を指しているのだろうか。

一つ目は考査委員会の審議の進め方における不手際である。岩野はいう。「今回の考査委員会の審議に対して、最初から一回も速記を附けなかつた[45]」のはなぜなのか。幾度にわたる審議において「何が議せられたか、誰が如何いふ意見を述べたか、それに対する詳細な議事録が存しないとは実に驚き入つた暴挙である[46]」。議事録を記さなかった弊害は「審議に当つて或会議の席で決議した若干の事項に対して、次の会議には委員中の或者の手によって加筆されたものが前回の決議事項として発表され、しかもそれが殆ど毎回の例であつたといふ」ところに現れているが、これは「実に驚き入つた乱暴な考査振りである（中略）前回の決議事項以外のものを加筆して、それ前回の決議事項として発表するのは、審議法を無視したばかりでなく、議事録の偽造である[47]」。

こうした杜撰な審議過程については後述の美田村千代の声明書でも述べられているため、実際に不手際はあったものと考えられる。

二つ目は特別調査委員の委員構成についてである。武徳会は特別調査委員のメンバーを膳、小川金之助、森寿、関本幸太郎、美田村、小西新右衛門としたが、岩野はこの委員構成は適切ではないと指摘した。岩野はいう。「特別調査委員は「委員会に於て問題を考査審議し、その到達した結論を成案として総会の審議に諮るのを原則とするものと解する」[48]ことができるが、「特別委員の顔触れを検討して見ると、失礼ながら薙刀術の権威としては美田村千代範士只一人ではないか」[49]。また剣道の範士教士がいるとはいえ、「その本質に於ては試合剣術者或は竹刀術家であつて「形」としては、初心者を対象として制定せられた帝国剣道形の練習――それも只所作の手数を覚えて儀式か何かの席上で演ずる程度の練習――以外に筋目正しい本格の流儀の極意に達した人々とも考へられない。しかも斯る人々が審議上重要な発言権又は決定権を持つてゐるとしたら、その結果は言はずして明白であらう」[50]。

こうした特別調査委員の構成に岩野が言及したのは、薙刀の形を制定するという作業に薙刀の専門家が美田村以外にも複数いなければ、極めて困難な作業になると考えたためである。

体操の如きも、その創案者或は改良者が科学と研究と体験とに基き相当の苦心を払つた成果である、況や武道の形の制定に至つては難事中の至難事である。各流の流祖が一流を編み出すまでには、幾度か真剣勝負や之に類する仕合を行ひ、或は深山幽谷に隠れ、或は神仏に祈願する等凡ゆる苦難を経て居り、斯くして武道の真理を把握し之を自己の人格個性を通して組織体系化したものが所謂流儀の形であり、只漫然と各種の所作を寄木細工的に集めただけでは形にはならない[51]。

岩野は、形というのはいろんな流派から寄せ集めるのでは意味がなく、「道統の正しい流儀の中より一組となっているものを選定する」[52]方が良いと主張する。したがって美田村の天道流のみならず、各地に残る「各流を真の識者に比較研究して貰った上で、何れなりと決定採用しても遅くはない」[53]というのが岩野の見解であった。こうした見解から特別調査委員の構成をみるとき、学校教材としての「形の制定は天下の公事であって、一団体又は一身一家の私事を議するのではないから、当事者には至公至明の襟度を以て全国武徳会関係者中の識者を委員に選任すべきではなかったか」[54]と岩野は指摘するのであった。

しかしながら、考査委員会には天道流の美田村以外にも、臨時委員としてではあるが（武徳会は特別調査委員に含めている）、直心影流の園部一派もあったはずである。つまり考査委員会の委員に全く薙刀の専門家がいなかったわけではなかったのである。にもかかわらず、まるで意図的に直心影流に触れないようにしているともみえる。このような疑義を岩野に呈することもできるが、岩野の第三の批判はまさにその直心影流の園部の不正を追及するものであった。

第四節　直心影流・園部秀雄と不正行為

直心影流は剣術流派として江戸期に成立している。しかし、園部の直心影流は薙刀である。このことに岩野は、「園部範士一派の直心影流の流名使用に対しては疑問を懐き、道統の純粋性と名誉との護持の点からも不快に思つてゐた」[55]という。ただ流名を偽るだけならば、「昔と今とは時勢や制度も異つてゐるし、特に自由主義の風靡せる武道界では、有名無実の古流名を名乗つた処で、その流派の家元から抗議の出る心配もなし、百鬼画行に放任されて」いても構わないが、「今回薙刀術学校形制定に際して同範士一家の謀略を発見し、この流名もこの問題に相当重大な関係を持っているから、改めて問題とする」というのである。[56]では、岩野が問題とする点とはなんであったか。岩野はいう。

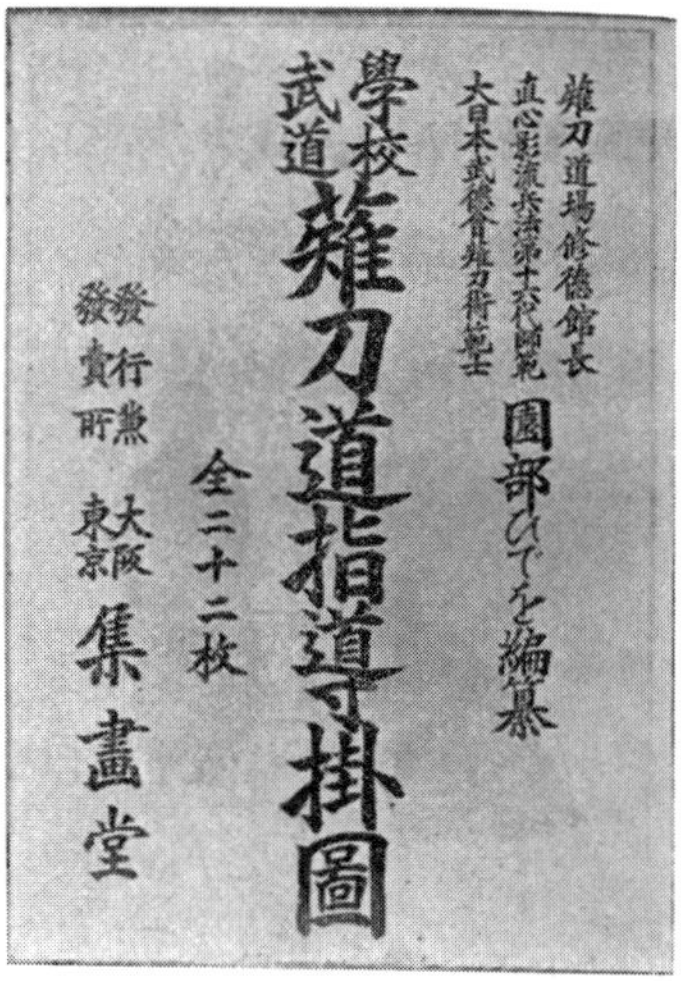

図18 『学校武道薙刀道指導掛図』の表紙（岩野謹助編『武道公論』第3巻第1号、大日本清風会、1941年、56頁）

問題の発端は、昨年十二月三十日附で大阪市西区江戸堀下通の集画堂書店から次の写真に見る学校用掛図が発行された。写真の示す如く、編纂者園部ひでおの肩書中「直心影流兵法第十六代師範」と麗々しく加へてあるのが目につくであらう[57]。

岩野が示した写真とは図18のことである。しかし、園部が「直心影流兵法第十六代師範」であることの何が問題なのか。

中村によれば、園部の直心影流は明治期の撃剣興行で名声を得ていた佐竹貫龍斎の弟子であった日下秀子が「直心影流薙刀術」として創始したのが始まりである[58]。そしてこの日下秀子は後に園部秀雄と名乗り、関東地方を中心に「直心影流薙刀術」を広めていく。したがって、秀雄は剣術の直心影流を継いで「直心影流兵法十六代師範」となったのではない。しかし秀雄が「直心影流薙刀術」を創始したのであれば、秀雄自身が直心影流薙刀術初代宗家のはずである。岩野は「永年日本武道史を専門外の専門として研究している[59]」といい、そのために直心影流の系譜に秀雄の名称が無いことに疑問を感じていたのではないだろうか。岩野は秀雄の経歴について次のように問い質している。

園部範士は、直心影流兵法第十六代を名乗つているが何人によって同流の印可を授けられたか、といふことを第一に訊ねたい。詳しく言へば直心影流は幕末に長沼派、藤川派、男谷派の三派に分れ、この三派以外にはないのであるから、何派の第十五代から、的伝の正統を印可されたか[60]。

第二に岩野は秀雄が「直心影流兵法第十六代師範と名乗をあげられる以上は、同流の形の蘊奥を極めて伝書も悉く附与せられていることも当然であらう。従つて直心影流兵法の形には、法定、小太刀、韜之形、刃挽、丸橋及び附属の居合だけであり、薙刀の形の無いことも御承知でなければならぬ[61]」と迫る。しかし秀雄が「同流に無い薙刀の形を使ひ、これを教授し、同流にはなくてはならない前記の形を一度も公開の席上で示されたこともなければ、それを門下に教授されてゐるといふ事実も聞かない[62]」ことは「前代未聞[63]」の事態であると指摘した。

岩野の追及はさらに続く。第三に岩野は過去の武徳会における秀雄の演武会記録をもち出し、「明治三十二年の第四回大会には「直神柳影流」日下秀雄（日下は旧姓）同三十八年第十回大会には「直心柳影流」日下秀雄、同三十九年第十一回大会には「直心影流」園部秀雄として出場されたことが明白である。爾來直心影流を名乗られている（中略）直神柳影流を直心影流に変へたのは、名の知られてゐない直神柳影流では重味がないから、之に箔をつけるための児戯に類する虚栄心から出たものであらう[64]」と指摘する。さらに、「直心影流十六代の名乗を堂々とあげるに至つた動機は、恐らく美田村家が真正正銘紛れもない天道流兵法十五代であるところから、之に対抗するための小策と思ふがあくまで直心影流十六代であることを主張するならば、既に述べた如く直心影流の本体に立つて、その然る所以を立証する責は、園部範士に在る[65]」と流派名についての説明責任を秀雄に迫ったのである。岩野がこうした秀雄の直心影流の流名と形にこだわるのは、彼自身が東京商科大学（現一橋大学）在学中に山田次朗吉から直心影流を学んだためであるという[66]。

しかし、流派の名称にのみ岩野は批判をしたのではなかった。先にも述べたように考査委員会には臨時委員（特別調査委員）として繁八、朝野らが選ばれていた。繁八は秀雄の女婿で大阪市生魂小学校長であり、朝野はその妻であった。つまり、考査委員会には秀雄ら直心影流の一派が一丸となって出席していたのである。岩野は

「確聞する所に依ると園部派はその意見を固執して、委員会の大勢を制したもののやうに思はれる。勿論、かかる場合自流を主張するのは人情として免れない所であり、またそれが正しい主張であれば、千万人と雖も吾往かんである。しかし、不純な動機から例へば一身一家或は一団体の私利私欲のために、公事に関して自説を固執し或はその貫徹に策動することの極力排撃さるべきであることは言ふまでもない[67]」と秀雄らの一派が不純な動機をもって考査委員会で自説を展開したかのように述べる。では、具体的にどのような点で岩野は秀雄らを不純とみなしたのか。

『薙刀動作』をみると、上段、中段、下段、八相、脇構の五つの構えを中心として五つの形が制定されている[68]。岩野が指摘するところ「園部範士の指導掛図を検討すると、その中にまだ武徳会の考査委員会で審議中の五本の形が、既に採入れてあり、その説明の字句も一々比較対照すれば、武徳会で決定されたものと全く同一或は殆ど同一であることが、一目瞭然[69]」であり、「考査委員会は本年一月二十一日を最後としているが、問題の指導掛図は昨年十二月三十日附で発行され、しかも前述の如く武徳会案の内容と同一内容のものが発表されている事実は特に注意すべき要点[70]」と指摘し、四つの注意点を挙げる。

一つ目は、「審議中に属する事項を、その通過を見越して図書に刊行することは商人的立場からいへば商機を摑むに敏といへるが、審議に当る考査委員が自ら斯る行動に出ることは、徳義上容すべからざる厚顔無恥の大胆な所業[71]」だという点である。もし『薙刀動作』が文部省に提出され、それが国民学校の体錬科武道における薙刀の指導法上の典拠になれば、「同一内容」の秀雄の図書が体錬科教員の需要を満たすことは想像に難くない。秀雄の図書の先行販売はそうした事態を見越した営利活動であると、岩野は指摘するのである。

しかし、秀雄はいかにして一月の最終の考査委員会で決定した『薙刀動作』の内容が一二月の審議内容から変わらないことを見越せたのだろうか。これが二つ目の注意点である。この点について岩野は「園部派が何故に事前に昨年中考査委員会で決定した事項が、最後の委員会で可決通過される見透しをつけたか、頗る微妙な問題である[72]」としながらもその理由を次のように推理する。

考査委員会設置の当初、武徳会理事である委員会の座長をした小西新右衛門氏が、東京の石井三郎氏に相談しなければならぬといふことを漏らしている（中略）石井三郎氏とは皇道義会の会長であり、その女子部には永年園部範士が師範を勤めている、そして園部範士は山内侯爵夫人へ薙刀の指南をしたことは周知のことである勿論その縁故でもそら《ママ》う、山内家から皇道義会へ対して多額の金を寄附されたと巷間では伝へている。かかる事情の下に、石井氏と園部範士とが相互依存の密接な関係にあることは明瞭であらう。石井氏は毎年その武道大会には、武徳本部から審判員として小川、宮崎其他の人々を招聘するのが常で、今回考査委員としてそ削《ママ》道部から出席した人々とは勿論親善な間柄といはねばならぬ。しかも皇道義会の総裁は荒木大将であり、そして同大将はまた、武徳会剣道部の会である右武会の会長でもある。この関係から石井氏は武徳会本部剣道部に対して多少の睨みは利く筈である。要するに石井三郎氏――園部範士――武徳会幹部の三角関係を知つてゐる程の人ならば、直観的に問題の根底に絡む綾を補足し得られる筈である[73]。

つまり岩野によれば、秀雄及び考査委員会の委員に名を連ねる小川や小西や宮崎などは皇道義会の荒木や石井三郎を媒介にして相互に結託していたというのである。それ故、考査委員会は秀雄らとの関係を考慮し、秀雄らの主張を受け入れざるを得なかったのではないか、岩野はそのように推理した。

三つ目は、「指導掛図は定価九円で相当に高価なものである、従って営利を目的とする出版者は、武徳会の形制定の委員会の成行に対する確実な見透し、言ひ換ゆれば編纂者側からの信頼するに足る言質を得ない限り、出版を引受る筈がない、蓋し将来の考査委員会で、従来の成案に重大な修正が加へられた場合、事前に刊行した図書は廃物となるからである[74]」というものであった。この推理は秀雄が考査委員会における『薙刀動作』の制定内

図19　学校薙刀指導掛図（岩野謹助編『武道公論』第３巻第１号、大日本清風会、1941年、61頁）

容について一二月の時点から変更しないことを確信していたことを示している。また秀雄の「指導掛図」の「定価九円」が高価であると指摘するのも、例えば藤生の『四股をふんで国策へ』が当時二―三円[75]で販売されていたのと比べるとうなずける。

こうして岩野は、「園部派が自説に固執した重大原因は斯る謀略的事情に在りと断じても大過ないと思料せられる[76]」と主張したのである。岩野の推理にある秀雄と武徳会幹部の信頼関係を考慮すればこうした指摘がなされることにもうなずけるだろう。かくして岩野は秀雄の不正を暴いたのであった。

しかし岩野の追及はこれで終わらず、さらに続く。岩野が集めた情報によると、秀雄の図書を実際に編纂したのは「園部範士の女婿といはれる大阪市生魂小学校校長で薙刀教士園部繁八氏である[77]」という。

昨年の十二月十日附で三重県松坂市の日本出版株式会社から左記の（学校薙刀指導掛図のこと。図19を参照：筆者注）を発行してゐる、之は所謂直心影流形の指導掛図であるこれに今回審議中の五本の形を挿入した改訂版が、最初に示した大阪の集画堂出版の指導掛図である、二十日を隔てて二種の出版、実に伝撃《ママ》的出版振りである。勿論二者は編纂者を異にして居り、内容に於ても相違点があるから、一見出版道徳には反してゐないと云へる。だが、編纂者は母子――実は同一人――であり、而も殆と時を同じうして出版されたので、出版側で同業者の道徳を無視するものだと憤慨してゐるもの、至極尤もな言分と認めねばならない[78]。

岩野はこのように秀雄と繁八の行為を明らかにし、「園部一家の悖徳行為は、今や歴然として掩ふべくもない。特に小学校々長であり且つ武道家である園部繁八氏の謀略譎詐に至つては、苟も士を以て任ずべき人の所業とは考へられない(79)」と批判した。

岩野が暴露した薙刀問題の真偽は定かではない部分もある。秀雄と武徳会の信頼関係は岩野の推理であり、確かな物的証拠を示しているわけではない。本来であれば園部側の言い分やアリバイも検討すべきことではある。しかし、本書では園部側の資料をほとんど収集できなかった。ただし、このような武徳会批判が大々的に雑誌上で展開されたという点において、武道界に与えるインパクトは少なからずあったとみられる。

岩野は薙刀問題を武徳会の体質に関連付けて次のように主張した。武徳会の「範士教士といへば、自分でも世間でも一廉の剣道家と認めてゐるかも知れぬが、その本質に於ては俗悪な筋肉労働者であり、精々竹刀術家に過ぎない(80)」のだ。そして「武徳会が先人の憂国憂道の赤誠から誕生したものであることは言を俟たない（中略）然るに武徳会の現状は、果してその創立の精神を顕揚するものであらうか（中略）世上では、以上の如き武徳会内の至らざるなきの邪恣放辟、無為無気力に対して愛憎《ママ》をつかし、武徳会を解散すべしといふ意見すら漸次台頭しつつある(81)」のだ。

武徳会を解散すべし――岩野はこう主張した。薙刀問題は武徳会の幹部が公正な判断を欠いていることを社会に露呈する事件だったのである。

第五節　天道流・美田村千代の反論

一方、武徳会は武道公論社の武徳会薙刀問題発言に対して何の応答もしなかった。しかも、昭和一六（一九四一）年五月の武徳祭演武会では『薙刀動作』の公開演武まで催された。五月八日付の『読売新聞』によれば、五月七日の大会四日目には「国民学校女児童の薙刀の型も公開されて銃後女性の意気潑剌たるものがあった」[82]と報じられている。

ところが、同月二七日の『朝日新聞』では、「大日本武徳会では、二十四日三十八年にわたり同会と関係をもつ薙刀術講習所主任美田村千代範士(五七)を免職処分に附したが、美田村範士は二十六日免職辞令を同会に返却し問題を生んでいる武徳会の新基本動作の教授を拒否したのが事の○りである[83](○は脱字。「始」か。:筆者注)」と報道された。この報道をみると、美田村は『薙刀動作』の教授を拒否したことになる。そしてそのために美田村は武徳会から免職処分をうけ、これと対立しているというのである。

美田村と武徳会の対立については、同年五月に美田村側からの「声明書[84]」が発表された。この声明書は昭和一六(一九四一)年の『武道公論』七月号に掲載される。この声明書をみれば、美田村が武徳会から免職処分を言い渡されたいきさつは次のとおりである。

五月八日山本鶴一副会長より私共に対し林会長の意思として「今回の制定形を実施するか、左もなければ免職することに決定したが、猶一応自分から話をするから二者孰れかに態度を決める様に」との申渡しを受けましたものの問題が重大であるだけに即答も成りかね、翌九日実施不可能の旨を回答しました。其後二三の人々から私共に翻意或は辞表提出の勧告を受けましたが、私共は信念上折角の勧告にも拘らず、五月二十日上京林会長に面会の上、新制定形の実施不可能なること及び辞職すべき正当の理由なく会長より理非曲直に対し公明なる裁断を仰ぐ旨上申書を提出しました。其際会長は私共の提出した確実な証拠書類を見て、「之は武徳会当局の措置が矛盾して居る、形制定の審議を遣り直さなくてはなるまい。然し此の問題は山本副会長に一任してある為め、自分の一存で決定する訳に行かぬから、山本副会長と会見して貰ひたい。自分は二十二日鳥取方面に旅行することになって居るから、必要の場合には同日午後副会長と会見するから其旨副会長へ伝られたし」とのことで二十日午後私共は山本副会長を訪問し、会長の意向を伝へました所同氏は「会長が此の問題を僕に一任してあるなどと云つて僕に全責任を負はされることは実に迷惑千万である、君等は理屈抜きにして辞表を出せば可い。僕自身も武徳会の遣り方には大に不満がある、君等の問題の為ではないが、自分も辞表を提出せうと考へて居る位だ」と話されました。処が二十三日に至って武徳会本部から都合に依り免職するとの辞令が私共に届けられました(85)。

このように美田村は『薙刀動作』の教授拒否に対して免職処分を受けるのは不当として、会長と副会長に免職処分取り消しを要求した。しかし美田村が会長と副会長に会うと彼等は互いに免職処分決定の責任転嫁をしあい、果ては副会長から理屈抜きに辞表を出せ、とまで言われることとなる。そして直後に一方的な免職処分が美田村へ下ったである。

第一項　『薙刀道基本動作』の身体技法上の問題

こうした経緯を公表した美田村は、『薙刀動作』の教授を拒否した理由についても述べている。まず、『薙刀動作』に載せられている身体技法の問題点についてである。『薙刀動作』には「初めから完全は望み得ないのであるから今後実施の経験に徴し或は広く大方の批判によりて改正を加へ漸次完璧たらしむことを期して居る(86)」と記されているように、武徳会は考査委員会で制定された形を完成形とはみていなかった。美田村はこのことについて「今回の形は初心者向であり、事物は初めから完全を期し得ないから、完璧を他日に期すると釈明するのでありますが、初心者向であるから出鱈目で差支ないと云ふ論は成立しません（中略）事物は最初から完全を望み得ないことは明白でありますが、余りに私共の理想から懸け離れたものを実施することは私共の良心が許さない所であります(87)」と『薙刀動作』の内容が「出鱈目」であることを主張し、その欠陥を次のように示した。

一つ目は礼法、特に最敬礼の姿勢についてである。『薙刀動作』では最敬礼について「左手を添へ刃を前より右へ返し左手は前より摺り下ろし指先を膝頭の辺迄下け其度合に於て上体を前に傾け頭は自然に垂る(88)」とある。これに対し、美田村は「最敬礼の場合薙刀を片手に持ち立て刃を外に向け上体を前に屈するに従ひ右手をずらすことになって居りますが、刃を外に向けることは礼法に反するものであり、薙刀を杖の如くして上体を屈することも礼法上如何にも無様と考へられます(89)」と指摘する。

二つ目は薙刀の持ち方である。薙刀を構えた時の持ち方について『薙刀動作』では「薙刀は石突を余して持つを本則とす(90)」としているが、これに対して美田村は「極めて曖昧な規定でありますが、元来長柄道具即ち槍、薙刀の如きは柄の中央部を執ることが原則であります、蓋し真剣の薙刀の石突を握ったのでは重いために操縦に困難であり且つ長い柄を差し延べて構へては敵に手許に入り込まれる危険があり、長柄道具の構とはならないのであります(91)」と述べる。

三つ目に構えについて美田村は、「新形の構では薙刀以外の構が混入し或は不統一の部分が存在することは否定し得ない事実であります。薙刀本来の構に他の武道の構を加味することは薙刀の構を無視するのみならず実施上不可能の場合があります(92)」と述べる。美田村の指摘する箇所が具体的にどこなのかはわからない。ただし、『薙刀動作』の形では受太刀は木刀であり、太刀の扱い方は「帝国剣道形に準ず(93)」とあるため、この点は他の武道、つまり剣道の構えが加味されている。美田村の批判はこれに対するものと考えられる。

四つ目は発声についてである。美田村は『薙刀動作』では「武道で肝要な発声に就ては何等の規定もありませんが、五月七日武徳会大会に於きまして実演せられた所を見ますと受と仕とが打合せる度にエイエイと発声されたのでありますが、妄りに発声することは大に気勢を殺ぐものであり、元来発声は業の極る所で発すべきものと考へます、この事は古流と比較対照すれば明白であります(94)」と述べている。実際に「武徳会大会」の薙刀演武でどのような発声がなされたのかは不明であるが、『薙刀動作』では「懸声は自然にまかせ特に最後の発声に力を籠めしむ[95]」と記されており、美田村の「業の極る所」と『薙刀動作』の「最後の発声に力を籠め」る点は同じ内容を述べていると考えられる。また、美田村が指摘した「打合せる度にエイエイと発声された」点は予定調和的で不自然にみえたかもしれないが、これは演武者が普段の習慣で「エイエイ」と発声した可能性もあり、その場合は「自然にまかせ」て発声したとみることもできるので、発声への批判に関しては美田村の主観的な判断が大きいのではないだろうか。

最後に斬撃法について、美田村は上段八相に構えた時の薙刀の振り方について「上段八相の如き構は、構の儘で打出すのが原則[96]」と述べるが、『薙刀動作』では「（一）八相に構えて二歩前進間合をとる（二）振挙げて右足より進んで左面を撃つ[97]（傍点、筆者）」とある。美田村は「新形では一々振り冠って斬撃する即ち二段モーションとなり、敵に自分の起りを示すことは武道の上から忌むべきこと[98]」だと述べ、『薙刀動作』の八相からの斬撃法について武道的な身体技法の観点で批判した。

最後に美田村は「此等は武道の本質から見まして当然是正されなければならない要点であると信ずるのであります[98]」と『薙刀動作』への批判をまとめた。

第二項　『薙刀道基本動作』の審議過程の問題点

次に考査委員会の審議過程について、まず美田村は「私共は会議の速記録を附すことを提議しました所この案は採用にならず、会議が進行し本年一月二十一日第六回委員会を以て終了しました為め、今日に至っては各自の意見を証すべき詳細確実なる記録を欠き、概ね水掛論に終って居ることは誠に遺憾であります[100]」と現状を述べ、速記録が付されなかったことを明らかにしている。実際、こうした審議の内情を明らかにするにあたって速記録・議事録は一次資料として有効であるが、そうした資料を欠いた状況ではどのような批判や内部告発も決定性を欠いてしまう。

美田村は審議方法の粗雑さをさらに追及する。

　或る会議の席上で決議せられた事項以外の事項が次回の会議に於ては前回の決議事項として書き加へてあることであります。斯る附加事項が決議事項として無効であることは勿論であります、このことは私共の手許に保存して居ります武徳会本部より配布せられた会議録を一々比較対照すれば明白であります。極言すれば会議録の偽造が公然と行はれたことになります。(101)

このように議事録の捏造が行われていたことを美田村は告発した。考査委員会中、委員は審議の決定がいつ、どのように行われたのかも判然としなかったという。

　審議中決定事項に対して一々採決せられなかったことは、全く審議法を無視したのであります。清水儀六氏は此の事につき往訪の記者達に対し「一々採録はしなかったが、御異議はありませんかと委員に諮り、答がなかったので異議なきものと認めた」と語って居られるが、柔道部の某委員は会議の席上採決又は之に類する意思表示は全然行はれなかったと証言せられ居る如く、私共は何日議事が確定されたものか全く不可解であります。(102)

さらに、美田村は自身の発言が捏造されたと告発する。

　武徳会当局はこの新形は昨年十二月二十三日の委員会で決定したのであり、私は（千代）が「結構な形が出来、永年の念願を達し、こんな嬉しいことはない、厚く御礼申上げます」と理事者に語ったと盛んに宣伝せられて居りますが、私は当日病気の為め欠席して居りましたので、斯ることの有り得べき筈はありません。之は為めにせんとする当局の捏造であります[103]。

ここで美田村が述べる「宣伝」の一つとして、例えば昭和一六（一九四一）年二月二一日付の『読売新聞』には美田村の発言として次の記事が載せられている。

今の時代は心影流がどうの天道流がどうのと自流を固執する時ではないので旧臘（昨年の一二月のこと…筆者注）二十三日に東京から園部範士に京都へ来ていたゞいて共に研究し新しい形を作らうと協議した[104]（傍点、筆者）。

この記事では、考査委員会の調査会が開かれた一二月二三日に秀雄と協議したと報じられているが、二三日は病気で委員会を欠席したと美田村は主張していることから、彼女が秀雄と話せたとは考えられない。美田村の批判は、一二月二三日の考査委員会をめぐって美田村が参加していたかのように報道する新聞記事が出回ったことに対するものであったと考えられる。

さらに、美田村は『薙刀動作』が完成した時期が一二月二三日なのか、一月二一日なのかも判然としていなかったという。美田村は清水から一月一三日付で「先日御目に懸け候薙刀術学校形研究調査会記録につき御意見の有る所は御修正若くは御附箋下され[105]」と『薙刀動作』の修正意見を求める書類を受けていたが、「若し昨年十二月二十三日に決定したとすれば之に対し後日修正意見を求むることは矛盾も甚だしい（中略）この事に関し山本副会長は本年一月二十一日の第六委員会で決定したと明言されたのでありますが、全く当局者の意見が区々であって私共は迷はざるを得ないのであります[106]」と述べている。

考査委員会は審議内容のみならず、委員の出欠もいいかげんであったという。美田村は、「考査委員として発表された委員中には最初から全然会議開催の通知すら受けなかった人もあり、或時は通知に接し或時は接せず等実に不統一不検束なことが平然として行はれて[107]」いたと指摘する。こうして考査委員会の審議過程での問題点を列挙した後、美田村は「私共は尽すべきを尽し、冷々水の如き心境を以て極めて不可解な免職理由の下に従容として当局の処断を受けました。然し私共が投じましたさゝやかな一投石が若し武徳会延いては皇国武道界革新に聊かにても役立つならば望外の幸であります[108]」と述べ、声明書を締めくくった。

第六節　大日本武徳会改組の動き

この薙刀問題は、武徳会及び武道公論社以外の立場からも注目されていた。本山は昭和一六（一九四一）年五月一日発行の『新武道』で、『薙刀動作』の「制定に当つて、某流派に不満の如きものがあるやうに、説を成すものがあるが、吾らはそれを信じない。今日の時局に於て、武道の普及といふ大局に立つ時、何れの流派も、それほど自己に捉はれてゐる筈はない[109]」と薙刀問題の存在自体を否定した。本山は『薙刀動作』の制定を「慶賀すべきだ[110]」と述べ、考査委員会の審議の在り方を問うべきではないと発言した。また、渦中の秀雄は薙刀問題が表面化した直後の同年六月に「わたくしの修行道[111]」という論考を『新武道』に寄せているが、薙刀問題には全く触れていない。

薙刀問題をめぐる時評は武徳会の人事刷新の問題にまで進展した。昭和一六（一九四一）六月六日付の『読売新聞』では「爆発した薙刀問題　林会長の決断や如何に？　武徳会機構再検討の要[112]」と報じられ、美田村による『薙刀動作』の身体技法への批判が載せられた。また、同記事では「問題は天道流の三《ママ》田村範士と心《ママ》影流の園部秀雄範士との対立にからみ、武徳会副会長山本鶴一氏の措置が波紋を描いた[113]」と報道している。さらに『薙刀動作』の位置づけを「女子の薙刀は武徳会が形を制定しても文部省はすぐ採用する筈はない、しかし参考にはなるのだが、こゝに到っては却て混乱させた結末となった(114)」と指摘した。そして「三田《ママ》村範士の免職をめぐって会長林大将が如何なる決断をするか知れないが薙刀の問題ばかりでなく武徳会の機構や人事も一新、再出発しなければならぬ(115)」と武徳会会長の林に改組を迫る主張がなされていた。

こうしたなか、藤生は林の考査委員会への応対を次のように評し、林の武徳会会長としての無責任さを批判した。

林会長は理事者の具申を何等自ら調査することもなく、誤りなき正しいものとして決裁した、換言すれば盲判を捺したことになる。然し会長は、この決定事項の審議の経緯を省みて若し重大欠陥を発見した場合、その決議を無効として決裁を拒否し、或は取消し得る筈である。美田村範士より、形実施の不当乃至不可能を上申した以上、会長はその理非曲直に対して断乎公明なる裁断を下すべきではなかつたか。然るに当事者の非違を何等糾明することなく、非常手段に即決を与へたことは軽挙妄動として吾人の最も遺憾とし、理解に苦しむ所である(116)。

さらに藤生は誌上で林を批判するのみならず、自身が組織した議員武道連盟名義で林へ武徳会の人事刷新を要望した。議員武道連盟（以下、「議員連盟」と略）は次のような経緯で設立された。第七六回帝国議会が開会されるおよそ一週間前の一二月二〇日に、大政翼賛会の下部組織で衆議院統一会派である議員倶楽部結成の議員総会が行われた。その中で「役員選挙に際しては大政翼賛会議当局の幹部たるものが、議会運営の中心団体たるべき議員倶楽部の幹部を兼任する事は、議会と翼賛会との間に紛淆を醸し、議会が翼賛会に左右されるが如き疑惑と危険とを生じ易いから、これを兼任する事は避ける事が至当であるとの説を為すものがあった(117)」が、「翼賛会幹部である本倶楽部の提唱者達は、予め用意したる筋書通りに賛否を起立に問ふ事なく前例なき不明確なる拍手によって決定した[118]」という。こうした「翼賛会幹部」らの強行的態度を受けて議員総会の雰囲気は険悪になった。藤生は「斯くては内憂外患交々到る一大危局に処せんとする議会の使命を果し得ざるは勿論、内は議会否認の空気を激成し延いては憲法の尊厳をも危殆に陥らしめ、外国論の分裂不統一を暴露し、敵国の侮慢を買ひ百害あって一利なければ、議会の円満運営こそは刻下の緊急重大事と考へ茲に幹部半幹部の両者間に立って中庸正道を踏む調停役の出現の必要を痛感し[119]」、議員連盟を結成した。

議員連盟は「柔道、剣道等の武道修行者にして有段者のもの八十一名」を擁し、昭和一六（一九四一）年一月二三日に結成発起人会を開いた。結成に当たって武道家の議員を集めたのは、藤生が「調停の任に当たらんとするものは常に至公至平にして（中略）利義正邪を峻別し道義の靡く処欣然として死地に赴く底の武道精神の体得者こそ適任なりと考へ[120]」たためであった。議員連盟の主な活動は議員倶楽部の紛糾の責任につき幹部に警告すること、大政翼賛会の人事に対して厳重監視し厳選を申入れること、その他に軍部に対して所謂親軍派なるものに警戒すべきを要望すること、また共産主義者の徹底的排撃を期することなどであった[121]。

議員連盟は、昭和一六（一九四一）年五月及び六月二五日には薙刀問題を「我国武道界の重大問題である[122]」として武徳会の是正に乗り出し、実行委員会を開催した。実行委員会は協議の結果、武徳会会長の林に武徳会の人事を刷新する要望書を提出した。藤生は議員連盟名義で薙刀問題を機に武徳会の人事を刷新するよう要求したのであった。

> 最近武徳会内に惹起されたる所謂薙刀問題は日本武道健全なる発展を念願せる吾等の痛恨に堪へざる処なり。吾等は過般来問題の真相及びその影響につき調査検討したる結果不幸にもその原因が武徳会の要枢にある人的要素に遺憾の点あるを痛感す（中略）武徳会の使命に省みその大本山としての自他共に認容する武徳

会の職責は極めて大なりと信ずるが故に敢へて会長閣下の勇断を以て人事の刷新を敢行し積年の情弊を一掃せられんことを望む。[123]

薙刀問題を契機に『武道公論』、議員連盟及び新聞各社によって武徳会改組の主張がなされたのち、同年一二月に第一回武道部会が開始される。武道部会の委員は表13のとおりであり藤生も選ばれている。しかし表14をみれば、具体的な答申作成のための特別委員に藤生は入っていなかった。一方、人事刷新を迫られていた林は特別委員に名を連ねた。

第一回武道部会では厚生省、文部省の両大臣から「現下の時局に鑑み武道綜合団体に関する具体的方策如何」が諮問された。[124]武道部会では「武徳会を武道綜合団体に帰一せしむることに関係者の意見が纏」[125]った。武徳会が武道綜合団体に関する政府の方針を聞いたのは昭和一七（一九四二）年一月中旬であり、その際政府からは二月一一日の紀元節までに解散するよう要求されたという。[126]そして、二月二五日の武道部会において答申「武道綜合団体組織要綱」が可決された。

この間に武徳会が作成したとみられる『武道綜合団体設立に対し本会の取るべき態度（大日本武徳会）』[127]（以下、『態度』と略）では、武徳会は武道綜合団体の設立に対して取るべき態度を三つ挙げた。

イ、本会を解散し、新団体に融合すること。
ロ、内容を縮小し、別紙要綱に抵触せざる範囲に於て存続すること。
ハ、本会を拡大強化し改組して、本会を中心として新団体設立を政府に要望し、本会は解散さゞること。[128]

そしてこの中から武徳会が選びとったのは「ハ」であり、理事会、常議員会を開催して武徳会拡大強化にあた

委員名	役職	臨時委員名	臨時委員役職
村瀬直養	法制局長官	入江俊郎	法制局参事官
宮本武之輔	企画院次長	中島清二	企画院部長
萱場軍蔵	内務次官	岡村勝実	陸軍戸山学校長
橋本清吉	内務省警保局長	入船直三郎	海軍砲術学校長
宮本才一郎	神祇院教務局長	高野佐三郎	
木内四郎	大蔵省主計局長	永岡秀一	
児玉九一	厚生次官	植芝盛平	
武井群嗣	厚生省人口局長	伊東精司	銃剣道範士
田中隆吉	陸軍省兵務局長		
徳永栄	海軍省教育局長		
菊池豊三郎	文部次官		
小笠原道生	文部省体育局長		
藤生安太郎	衆議院議員		
信田儀右衛門			
河原春作	東京文理科大学長		
安倍能成	第一高等学校長		
羽生隆	中等学校長代表		
久富達夫	大日本体育協会常務理事		
川西実三	東京府知事		
渡辺汀	貴族院議員		
高木正得	貴族院議員		
湯沢三千男			
大塚惟晴			
石渡荘太郎	大政翼賛会事務総長		
朝比奈策太郎	大日本青少年団副団長		
千葉胤次			
林銑十郎	大日本武徳会会長		
荒木貞夫			
菱刈隆			
東龍太郎	東京高等体育学校校長		
平泉澄	東京帝国大学教授		
南郷次郎	講道館館長		
小山松吉			
沢木興道			
井上幾太郎	大日本銃剣道振興会会長		

表13 国民体力審議会武道部会委員（渡辺一郎編『近代武道史研究資料Ⅰ 武道振興委員会並ビニ審議経過』朝日印刷、1980年、31—33頁より摘出・作成）

り次の条件を決め、林から厚生大臣に意見を具申する内容を決めた。

イ、新武道綜合団体の名称は、大日本武徳会と為すこと。

氏名	主な肩書
林銑十郎	大日本武徳会会長、元内閣総理大臣
菱刈隆	全日本学生剣道連盟会長、陸軍大将
大塚惟精	全日本学生剣道連盟副会長、剣道教士、貴族院議員、元内務省警保局長
荒木貞夫	右武会会長、皇道義会総裁、元陸軍大臣、元文部大臣
南郷次郎	講道館館長、海軍少将
小山松吉	日本学生弓道連盟会長、弓道範士、日本古武道振興会会長、法政大学総長、元司法大臣
久富達夫	大日本体育協会常務理事、柔道五段
奈良武次	大日本射撃協会会長、前大日本武徳会会長、陸軍大将
井上幾太郎	大日本銃剣道振興会会長、帝国在郷軍人会会長、陸軍大将
田中隆吉	陸軍省兵務局長
徳永栄	海軍省教育局長
小笠原道生	文部省体育局長
中村敬之進	厚生省人口局長

表14　国民体力審議会武道部会の答申作成のための特別委員（坂上康博「武道界の戦時体制化―武道綜合団体「大日本武徳会」の成立―」、坂上康博・高岡裕之編『幻の東京オリンピックとその時代　戦時期のスポーツ・都市・身体』青弓社、2009年、261頁より摘出・作成）

ロ、本会の伝統歴史を尊重し、本会を改組して新団体を設立すること(129)。

林は武道部会の特別委員会において、武道綜合団体設立案の一つとして『態度』の意見を主張したのではないかと考えられる。その際、『態度』には「本会の伝統歴史を尊重」しつつ改組することが示され、武徳会の諸事業を存続する意志が表明されていた。これは国家の統制に対して、武徳会の事業については自立性を示したものといえよう。つまり、武徳会では人事刷新を要求する世論に合わせつつ、武道綜合団体設立の国策を武徳会の人事刷新の機会へと流用したのである。

さらに昭和一七（一九四二）年一月三〇日の第七九回帝国議会衆議院国民体力法改正委員会に関連して、藤生は薙刀問題を再度取り上げ、武徳会の人事を追及した。藤生は六月に武徳会と議員連盟との間でなされた薙刀問題のやりとりについて次のように述べた。

御承知のやうに武徳会には去年薙刀問題が起りました、今此の薙刀問題の内容に付ては申上げませぬが、是は明かに武徳会当局の失態だと信じて居るのであります、随て吾々議員武道連盟の実行委員は林仙十《ママ》郎会長、山本副会長の所を訪問しまして、此の薙刀問題に付ては明かに是は武徳会当局の失態である、併し是以上論議はしない、斯う云ふ問題が起ると云ふことは、結局武徳会の内部が腐敗して居るからだ、此の腐敗を革新せぬ限りに於ては斯う云ふ問題が再び起る、だから武徳会の改革を断行する意思があるかどうかと云ふ趣旨で会見致したのであります、時に会長も副会長も武徳会を改革する意思がある、それに付て名案があるならば案を出して呉れと云ふやうな話がありまして、吾々は案を出したのです、其の案の中に今御尋ねせんとする一項目が入つて居るのであります、吾々案を出したにも拘らず今日に至るまで何等の沙汰がないのであります[130](傍点、筆者)。

ここで藤生らが林に提案した改善策の一つは、武徳殿という名称を改称するというものであった。藤生は元々武徳殿とは桓武天皇が平安京の遷都をした際に尚武の気風を盛んにするために宮中に武徳殿を造り、諸国より武芸者を招いて天覧したということを歴史的に回顧した名称であるという[131]。したがって武徳殿とは演武場ではなく、一宮殿の名称であり、「天皇親しく臨御遊ばさるゝ御殿であって、漫りに其の名称を冒すことは許されざる所と思ふ[132]」と藤生は述べた。

これに対し、厚生大臣の小泉親彦は次のように応答した。

武徳殿の名称の問題に関連しましての御尋ねでございます、御答へを申上げます、武徳会其そのものの本部が京都に置かれました理由等に関しましても、今日色々研究もされ居るやうに承知致して居ります、随ひまして私共は只今期待致して居りまする新武道団体の結成の時までに、武徳会に於かれまして此の本部の位置、又武徳会内の改組、或はそれに伴ひまして武徳殿と云ふやうなものに対しまする錬武の意味と、一般の錬武場との差異と云ふものにはっきりけじめを付けられるものと実は武徳会に御期待申上げて、寄り寄り御話も致して居るやうな次第でございまして、厚生省と致しまして斯う云ふ風にしろと云ふ原案を只今は示さない、武徳会自身の改組と共に新武道団体結成の時までに是等が解決するやうに致したい[133]（傍点、筆者）。

藤生と小泉のやりとりの中で見るべきは、武徳殿の名称問題もさることながら、武徳会の改組についての論議であろう。第七九回議会においても藤生は薙刀問題を取り上げ、武徳会内部の「腐敗」を指摘し、武徳会改組の必要性を主張した。さらに藤生の発言をうけた厚生大臣の小泉もまた武徳会の改組の必要性を認めたのである。

このように第七九回議会が行われている間に、武徳会が新武道団体へ改組される動きが加速化し、武徳会が新武徳会へと改組されるのは時間の問題であった。かくして、三月一三日の閣議決定を経て同二一日には皇族梨本宮守正を総裁、内閣総理大臣東条英機を会長とし、陸軍省、海軍省、文部省、厚生省、内務省の五省の各大臣と奈良武次陸軍大将の計六人を副会長とする武道綜合団体、新武徳会が設立された。

前章で確認したように、委員会での林は武徳会に対する政府の統制に消極的な姿勢をみせていた。しかし、薙刀問題を通して露呈された武徳会の組織的な不健全さが世論を武徳会改組へと導き、新武徳会結成の要因を形成したのである。武徳会としては世論に抗することができず、さらに武道部会での武道綜合団体設立案とも相まって人事の刷新を図ることでこの難局をしのぐかたちとなった。このような武徳会改組の検討から、先にみた委員会の答申の意味を探れば、南郷や林ら民間武道団体の代表者が官民協力を主張しつつも、武徳会への政府介入を許したのは、武徳会が組織の健全化を図る自浄能力を失っており、組織の健全化については国家に委ねるほかないと判断したためではないだろうか。

こうした武徳会の改組にあたって武専教授の佐藤忠三は「これ迄台所で働かされて居たものが、急に座敷に請じられたやうなもので（中略）武道の将来飛躍的発展を齎すことを希うて止まぬ感激の心境に置かれ[134]」ながらも

「反対する的確なる理由を持たぬながらも、何か自分の大切にしてゐたものを傍から因縁づかれて持つて行かれるやうな、やる瀬ない心持でいつぱいであつた」[135]と述べていた。武徳会の会員は、改組はやむを得ないが、だからといってそれを快く受け容れられるわけではないという、複雑な心境で新武徳会の成立を迎えたのである。

ではこうした過程を経て成立した新武徳会が日米開戦以降、どのような活動を展開したのか。そして、それはどのような成果を挙げたのか。次章では新武徳会結成後の新武徳会の動向と、藤生が衆議院で主張した武道論を突き合わせながら、昭和一七（一九四二）年以降、武道がどのような展開をしたのかを考察したい。

第一三章　藤生安太郎の武道行政批判

昭和一九（一九四四）年三月一五日、衆議院では藤生とその他二一名により、「厚生省の武道行政を文部省に移管統一に関する建議書」（図20）及び「大日本武徳会の運営改善に関する建議書」（図21）という二つの建議案が提出され(1)、同月二三日の建議の結果二つとも可決された(2)。このうち後者については六月九日に閣議決定された(3)。

二つの建議案をみてみると、前者では「文は徒に功利的智育に偏し武も亦技術的の体育に墜す是れ真に道の興らざる所以なり仍て政府は時局に監《ママ》み速に日本武道の本質に則り文武不岐を本旨とする神武の原理に即し厚生省の武道行政を文部省に移管し以て皇国教学の刷新と日本武道振興の為文武行政の一元化を期せられんことを望む(4)」と記されている。これには「健民施策の眼目は文武不二、心身一体の健民育成に在り。我国伝統の修錬道たる武道の普及徹底を図ることは其の方策の根幹にして健民行政を主管する厚生省より之を分離することを得ず(5)」という厚生省の武道行政に批判的な意見が付されている。

一方、後者は「曩に新らしき理念と構想の下に結成せられたる大日本武徳会は我が国唯一最高の武道綜合団体なり然るに其の結成後の運営に於て頗る妥当を欠くの憾なしとせざるは日本武道振興の弥々緊急なる秋洵に遺憾に堪へず仍て政府は速に武徳会の現状に鑑み其の機構、人事、運営等に関し再検討の上徹底的改善を加へ以て其の機能を十全に発揮せしめられむことを望む(6)」と建議され、「速かに之が改善を為し以て遺憾なきを期せんと

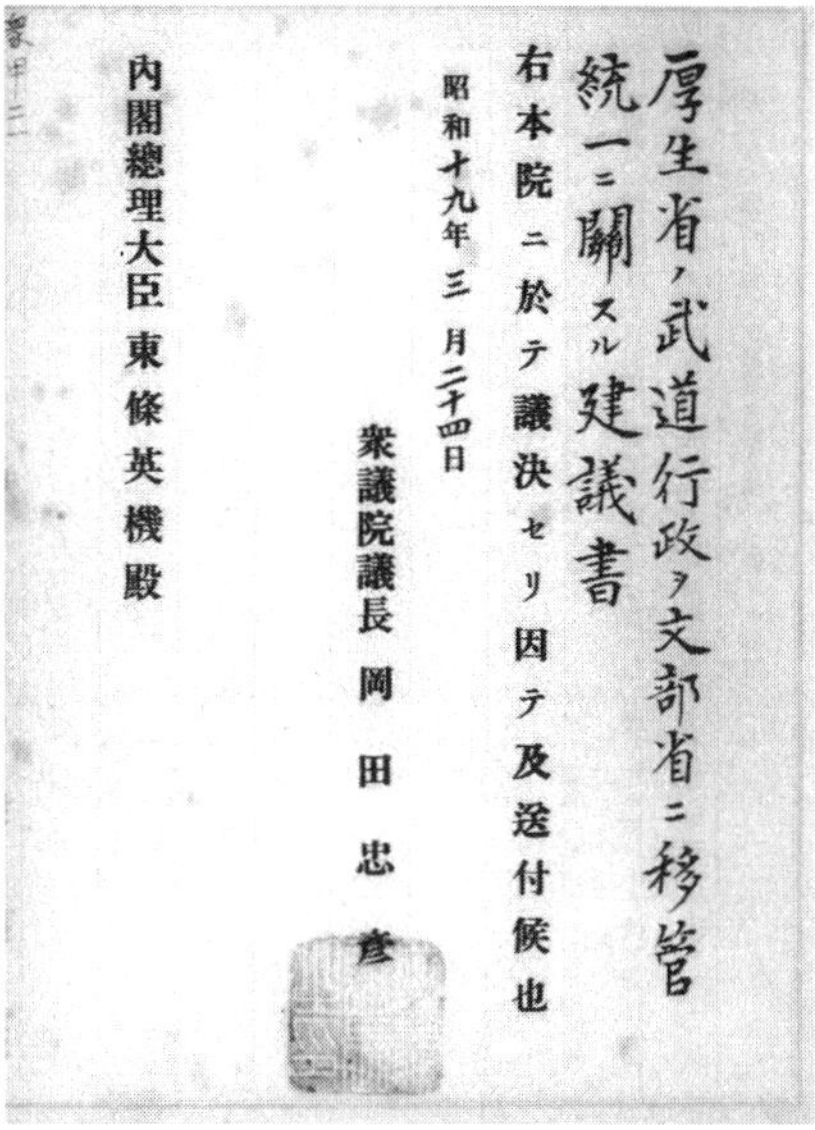
厚生省ノ武道行政ヲ文部省ニ移管統一ニ關スル建議書
右本院ニ於テ議決セリ因テ及送付候也
昭和十九年三月二十四日
衆議院議長 岡田忠彦
内閣總理大臣 東條英機殿

図20 「厚生省の武道行政を文部省に移管統一に関する建議書」（『公文雑纂昭和十九年』第70巻、国立公文書館所蔵）

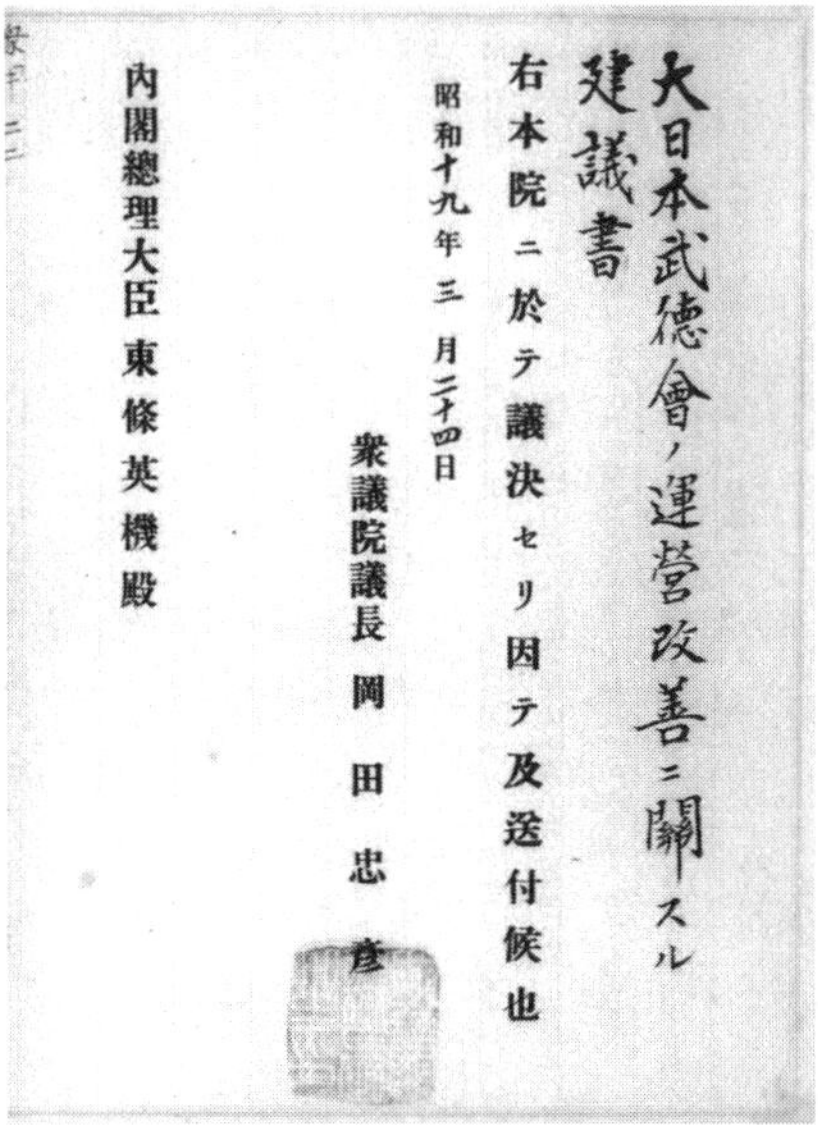
大日本武徳會ノ運營改善ニ關スル建議書
右本院ニ於テ議決セリ因テ及送付候也
昭和十九年三月二十四日
衆議院議長 岡田忠彦
内閣總理大臣 東條英機殿

図21 「大日本武徳会の運営改善に関する建議書」（『公文雑纂昭和十九年』第70巻、国立公文書館所蔵）

す[7]」と新武徳会の組織改革にむけた意志が示されている。

新武徳会は設立後わずか二年で組織改革の必要性が叫ばれたのである。こうした戦時下の武道行政とは一体、どのようなものであったか。これを先の二つの建議案を提出した藤生の帝国議会での質疑応答を通して検討するのが本章の課題である。

坂上の研究では、新武徳会の成立以降についてはその人事機構をめぐる軍部と非軍人らの対立及び新武徳会の包摂団体への統制の緩やかさが指摘されている。[8]しかし、坂上は新武徳会及び厚生省と文部省の武道行政の実態、またそれらに対する藤生が下した評価については扱っていない。したがって、まずは昭和一七（一九四二）年三月以降の武道行政の実態について明らかにし、次いで政府の武道行政に対する藤生の批判を検討する。

この間の藤生に着目する意義は、彼が政府の立場として武道をどのように捉えるべきかを追及したためである。そして、〈武道のスポーツ化〉に批判的対応をした藤生の行動は結果的にどのような結末を迎えたのかを考察するためである。

藤生は武徳会薙刀問題を突破口にして武徳会に改組を迫った。そうして昭和一七（一九四二）年三月に結成された新武徳会は、武徳会の人事を刷新することで設立されたことは第一二章で明らかにした。その中で武徳会はこれまで行ってきた活動事業をそのまま引き継ぐことを条件としていた。その条件は次の通りである。

改組に際し、政府に希望する主なる事項。

一　京都に於て武徳祭五月大会を従来通り開催すること。

二　武道専門学校を維持経営すること。

三　其他現に本部に於て行ひつつある各種事業（薙刀教員養成所、各種武道の講習等）は継承施行すること。

四　京都に事務局（仮称）の類を設置すること。

五　本会々員の取扱方につき考慮すること。(9)

次に新武徳会の寄附行為に示された事業は次のとおりである。

一　武道の普及徹底に関する事項

二　武道指導者の養成並に地位の向上に関する事項

参　武道の称号、階級及資格の審査に関する事項

四　武道専門学校の経営に関する事項

五　武道の諸行事の開催、統制及指導に関する事項

六　京都に於ける武徳祭挙行に関する事項

七 武道の調査研究に関する事項
八 古武道の保存並に振興に関する事項
九 武道施設並に振興に関する事項
一〇 武道功労者の表彰に関する事項
一一 其の他本会の目的達成に必要なる事項[10]

武徳会が要求した事業のうち、「一」と「二」が、新武徳会の事業の「六」と「四」にそれぞれ対応する。また新武徳会の「二」と「参」と「五」の事業も委員会で審議された事項が反映されている。さらに武徳会の「三」については、新武徳会の寄附行為に明記されていないが、薙刀術教員養成所は昭和二〇（一九四五）年まで続くため、これも新武徳会は受け継いだと考えられる。「各種武道の講習」も昭和一八（一九四三）年度の新武徳会の事業計画をみれば中央講習会、地方別講習会、支部講習会、種目講習会などが予定されているため、武徳会の要求を取り入れているといえよう。また、武徳会の「四」の要求も新武徳会の寄附行為に「出張所を京都市平安神宮境内に置く」[11]ことが規定され、実現している。また武徳会の「五」については新武徳会の会員に関する規程の中で「国民一般に武道を普及するの趣旨に鑑み、入会金を要せずして、皇国民たる者何人に対しても武道修練の道を開いた」[12]とされているため、武徳会の会員も新武徳会の会員として存続したものと考えられる。すなわち、新武徳会になって武徳会の時代から変わったのは人事機構のみであり、諸事業については武徳会時代の事業を引き継いだのである。

以下、新武徳会の事業活動を昭和一九（一九四四）年まで明らかにし、できる限り当時の武道行政の実態に迫りたい。次いで藤生の帝国議会での発言に注目したい。また武道教師の問題については中村の先行研究[13]に依拠しつつ論じていく。

第一節　新武徳会の事業活動

新武徳会の活動は①毎年五月に京都で行われる武徳祭であった。昭和一八（一九四三）年四月から②段級制度に代わる等級制度が発表され、国家的な統一が図られた。同年一一月には③武道章検定の導入を発表、翌年三月に実施された。また、④昭和一八（一九四三）年一一月には各武道種目の指導方針並びに審判規定の改正が行われた。以下では、新武徳会及び厚生省の諸活動を中心に検討する。

第一項　武徳祭

新武徳会設立後、最初の武徳祭は昭和一七（一九四二）年五月四日から八日まで京都の平安神宮で行われた。五月五日の『朝日新聞』によれば、「全国各地ならびに満洲国、北支、中支、蒙古の大陸方面から馳せ参じた五千余名の選士も参列して、平安神宮の厳かな武徳祭ならびに武徳殿における開会の後、午前十一時から柔道、弓道の奉納演武が開始された[14]」と報じられている。二日目には新武徳会総裁の梨本宮が台臨している[15]。三日目には剣道と銃剣道、さらに薙刀、槍術、各種武道の演武が催され、剣道試合は最終日まで行われた。

雑誌『新武道』主管の高野弘正は、この大会を評して「準備不充分[16]」と述べ、「余り香しいものではなかった[17]」と述べた。それは新武徳会が設立されて間もないこともあり、「急速な事業遂行の必要もあつたことであらうし、不充分な新機構[18]」であったためである。そのため、「ともかくも改善されつゝある方向の一端を示されたことは、敬意を表さねばならぬ[19]」と今後改善されるべき課題が示されたという評価を下した。

翌昭和一八（一九四三）年の武徳祭は五月四日と五日に京都の武徳殿で行われた。『読売新聞』の報道では、「大演武会は畏くも梨本総裁宮殿下台臨の下に全国各地からの練達強剛の選士一千二百名を集め、四日京都岡崎の武徳殿を中心に演武の幕を切つて落した」[20]とある。大陸からの参加者を含め前年五〇〇〇人の参加者があったのに対し、当年は一二〇〇人しか集まっていないのは、大会規模が縮小していることを示している。これはアジア・太平洋戦争のさなか、船舶被害の増加により昭和一七（一九四二）年一〇月に「内地沿岸海上輸送の貨物は極力之を陸上輸送に転移」することを主軸とした「戦時陸運非常体制」が布かれたことによって、一時的に一般の旅客輸送が制限されたためと考えられる。[21]演武種目は試合が行われたものが柔道、剣道、弓道、銃剣道であり、その他射撃道及び各種武道の形が行われている。当大会では演武出場資格に後述する等級制度が導入され、「剣道、柔道、弓道、銃剣道、形及各種武道出演者は前項に示したる称号等位の受有者」[22]とされ、その内訳は「称号受有者、標準は達士又は教士一名錬士二名、銃剣道は参等以上」[23]とある。これをみれば従来の段級を有する者が参加できるのかと疑問が浮かぶが、こうした等級制度の制定とそれに対する藤生の意見については後述する。

当大会においては大会参加者の服装が定められ、武道具を身につける時以外は「服装は、軍服、制服制帽、国民服又は洋服、已むを得ざる場合は和服に羽織、袴着用のこと、射撃道演武者の服装は軍服、団服、教練服其他之に準ずる服装、執銃、帯剣（薬盒）、巻脚袢着用のこと」[24]とされ、なおかつ「防空警報（警戒、空襲）発令ありたる場合は行事を中止すること」とあるように、武徳祭の規定にも戦時下の状況が反映された。しかし高野によれば実際には「相変らず紋付、羽織、袴、白足袋が多」[25]く、「京都には敵機が来ないなぞとは誰も予断は下せないし、何も空襲のみに備へる意味からかかることを口にするのではなく、要はいかなる奇変にも対処し得る決戦下の覚悟が武道家に必要なことを言ひたい」[26]のであり、「武道が本質的によくとも、決戦下の覚悟とそれに伴ふ運動がなければ、決戦下には用をなさず、武道本来の性質より見てこれにもとる結果となる」[27]と酷評された。そして「今年の武徳祭と昨年のそれとを比較検討して見ると、本年よりも昨年の方がまだしも戦時下の決意の片鱗を見ることが出来た」[28]と批評されたのである。このように武徳祭参加者の「決戦」の自覚は年々低下していると高野に批判されたわけだが、新武徳会は戦時下においても旧態依然とした事業活動を展開していたのである。

昭和一九（一九四四）年は五月四日から二日間の日程で実施された。[29] 五月四日付の『読売新聞』では「本年は特に全国各府県選士を代表して近畿二府四県から選ばれた精鋭四百六十名が参加、会期も僅か二日限りの快速演武を行ひ専ら戦技武道の真髄を発揮する」[30] と記されている。『読売新聞』では五月五日にも「大阪、京都、奈良、和歌山、滋賀、兵庫の二府四県下から選ばれた武の精鋭四百六十余名が参加」[31] したと報道している。『朝日新聞』には五月五日付で「剣、柔、弓、銃剣道、射撃の五武道、二府四県選抜出場選士四百五十名ならびに関係役員、武道専門学校生徒百五十名が平安神宮応天門前に集結」[32] したとある。これら新聞各紙をみれば大会規模が近畿地方に限られ、参加人数も四五〇—四六〇人と前年の三七・五—三七・九パーセントの規模にまで縮小していることがわかる。この時期になると戦争の激化に伴う勤労動員の本格化や生活物資の統制強化など国民生活のあらゆる面で余裕がなくなっていたこともあって京都近隣の近畿地方に限り「快速演武」が行われたものと考えられる。さらに大会においては「戦技武道」が行われたとあるが、後述するように昭和一八（一九四三）年一一月に確立した新武徳会の武道修練の指導方針が白兵戦を意識した内容であり、そうした指導方針が大会に反映されたものと考えられる。

昭和二〇（一九四五）年の武徳祭については要綱が示されている。期日は五月四日のみであり、「参加区域」として、「京都市在住者を主とするも希望あらば京都市を中心とし私鉄電車等を利用なし得る近接の大阪、兵庫、奈良、滋賀、和歌山の各支部内居住者」に限られていた。[33] 出演者数も限定され、剣道、柔道、弓道、銃剣道、射撃道では、「京都市四名」とされ、その他「近接支部」からの出場者は「各道二名以内」とされ、どの府県も「成るべく称号受有者」から出場者を派遣することが求められた。[34] また「薙刀、居合、槍、棒、杖、合気、空手等」は「各種武道」とされたが、これについては京都市からは「称号を受有する者一種目に付二名以内」とされ近接支部からは「称号受有者にして本部に於て指定したる者」のほかは「適任者あらば一支部一種目に付称号受有者一名」が出場できた。[35] 昭和二〇（一九四五）年の武徳祭が開催されたかどうかまでは確認できなかったが、このように要綱からは戦争の激化とともに大会規模の縮小が余儀なくされたことがみてとれる。

第二項　等位称号制度

段位称号の問題は第七三回議会以来、国策化の課題となっていたが新武徳会に改組された当初は従来の段位称号を授与していた。武徳会では大正七（一九一八）年以降、武徳祭における優秀者な技能者に精錬証を授与する審査会が設けられ[36]、昭和九（一九三四）年には精練証に代わり錬士の称号が武徳祭における審査対象となっていた[37]。この武徳会時代の制度は昭和一七（一九四二）年五月の新武徳会の武徳祭でも適用され、「昭和十七年武徳祭大演武会に於ける第一部審査に合格したる者は本規程による範士の称号を、第二部審査に合格したる者は達士の称号を、第三部審査に合格したる者は錬士の称号を夫々授与す[38]」ることが取り決められていた。錬士や範士は従来から使用されていた称号だった。達士については後述する。新武徳会が段位称号制度の改正に乗り出すのは昭和一七（一九四二）年一二月以降のことと考えられる。同年一〇月三日の『朝日新聞』では「段級移動審査学術試験に重点[39]」と題された記事が掲載され、次のように述べられている。

大日本武徳会では武道家の質的向上を目指し、段級本部の移動審査を実施することとなったが、今回の審査は術課以外学術試験に重点を置き指導の精神をよび方針等につき審査の範囲を充実せしめることとなつた、十月十一日渋谷区衆楽町の武道館ならびに同区長谷戸国民学校で弓道五段受験者は本部審査が行はれるが柔道、剣道、銃剣道の審査も随時全国に行はれるはずである[40]。

『朝日新聞』によれば、新武徳会では学術試験に重点を置いた審査が実施されると報道されているが、一〇月の間は依然として「段級」制度が採用されていた。また、学術試験を重視するところに、第一一章で取り上げた委員会が答申した文武一如の方針が反映されているといえる。

新武徳会が称号段級の統制に動き出したのは、同年一二月のことである。一二月三一日の『朝日新聞』には「全国武道人の栄誉たる範士、錬士などの称号授与規定の改正につきかねて慎重研究中のところ次のごとき画期的な「称号審査要綱」を決定参十日発表した[41]」と報じられている。

「称号審査要綱」とは同年一二月一七日に発表された『大日本武徳会称号審査要綱』のことである。この称号規程の改正によって従来の教士号は達士号と改称された。つまり、昭和一七（一九四二）年五月に取り決められた武徳祭での達士称号の授与は、称号審査制定前の試験運用だったのではないかと考えられる。また従来の称号は改正後の規程においても同一の称号として扱われる[42]。また当要綱では剣道、柔道、弓道、銃剣道に適用されることが記されており、「射道（射撃道：筆者注）に関しては右に準ず[43]」とされている。

同じく一二月には段級に関する改正が行われ、『大日本武徳会階級審査規定』[44]が作成された。この段級改正では、「階級は五等より一等とし当該武道の名称を冠[45]」し、「五等に達せざる者に対しては若干の等外階級を設く[46]」ると制定された。従来の段位は初段を五等、二段を四等、参段を参等、四段を二等、五段を一等の受有者と見做された[47]。また、一月二〇日付の『朝日新聞』によれば新武徳会の審査形態としては「階級の審査は同会本部で行ふ一方、地方武道家の便宜をはかるため本部から審査員が出張しいはゆる「移動審査」を行ふ[48]」こととなり、さらに「従来弊害の多かった無試験審査制を廃し[49]」たという。ここで段級制は等級制へと移り変わり始めたのである。

これら称号と等級の二つの規程がまとめあげられるかたちで昭和一八（一九四三）年三月二八日に『大日本武徳会称号等級審査規程[50]』が発表された。まず、これら称号等級が適用される武道種目として剣道、柔道、弓道、銃剣道、射撃道が選定された[51]。これは新武徳会が取り扱う武道種目と同一である[52]。さらに、当審査規程では「錬士の称号は一等の等位を有する者[53]」とされ、一等合格者から錬士が選ばれることになった。新武徳会の段位称号改正では称号の下位に等位が位置づけられたのである。当審査規程では「会長の指定したる学校又は包摂団体に於ける審査に関しては別に之を定む[54]」とあり、包摂団体や学校においては別個の規程を設けることが明記された。このうち会長が指定する学校は武専、国士館専門学校、大日本武徳会薙刀道教員養成所と定められた[55]。昭和一九(一九四四)年四月一〇日には、会長が指定した学校用に審査規程『学校等に於ける等級審査規程』が制定された[56]。

さらに昭和二〇(一九四五)年三月には『勤労動員中の学徒に対する等級審査の臨時措置に関する件』が定められ、「等級の審査を受くる機会極めて少き[57]」勤労動員中の学徒に対して臨時の等級允許の措置が図られたのである。

このように新武徳会は着々と段級制を廃止し等級制への移行を進めていたが、これが失敗した例もある。昭和一八(一九四三)年三月時点では東京高師、東京高等体育学校も会長の指定をうけたが、東京高師が昭和一八(一九四三)年三月に得士、秀士、達士という独自の称号を制定したことから新武徳会との関係が拗れ、新武徳会の会長がこの二校を先に挙げた『学校等に於ける等級審査規程』を適用する学校から外したという[58]。また、称号等級制度の制定後に講道館の段級制度との間にも軋轢が生じたが、この点は後述する。

昭和一八(一九四三)年五月五・六日の武徳祭に合わせて称号審査会が行われた[59]。審査される種目は剣道、柔道、弓道、銃剣道、射撃道、各種武道であり、達士と範士に限定した審査であった。審査方法について範士称号審査会は「部会長又は支部長より推薦せられたる者に付審議[60]」されたが、達士称号審査会では「第一次考査(術科)第二次考査(指導能力、学科[61])」が課せられた。達士の考査方法は剣道、柔道、各種武道では試合、形、指導能力、学科が、弓道では演武、指導能力、学科が、銃剣道では試合、基本動作、応用動作、仮標刺突、指導能力、学科が、射撃道では基本及び実包、学科が課された[62]。指導能力の考査では口頭試問または実地指導法が課された[63]。中村によれば、戦時下の剣道範士授与者は昭和一八(一九四三)年七月と昭和一九(一九四四)年七月の二回のみでその後は死亡した者への追授を除けば、規程に則った授与は行われなかったようである[64]。

昭和一八（一九四三）年における武徳祭以降の錬士、等級以下の審査については、表15のように予定された。昭和一八（一九四三）年度は剣道、柔道、弓道は錬士及び一等、銃剣道は錬士及び参等以上、射撃道は等位全部の審査が予定されていた。ただし錬士の審査は当年度に限り二等からの受験も部会長もしくは支部長の推薦があれば認められた。これら七つの地域を新武徳会の等級称号審査の委員は「移動審査[65]」することが予定されたのであった。

地域別	実施都市	実施期日	種目
関東	東京	6月下旬	剣道、柔道、弓道、銃剣道
		11月上旬	射撃道
樺太・北海道	札幌	7月中旬	剣道
		8月上旬	柔道
		8月中旬	弓道、銃剣道、射撃道
東北	仙台	6月中旬	剣道
		7月下旬	柔道
		8月上旬	弓道、射撃道
		8月下旬	銃剣道
中部	名古屋	6月上旬	剣道、柔道
		7月上旬	弓道
		7月中旬	銃剣道
		9月上旬	射撃道
近畿	大阪	9月中旬	剣道、柔道
		10月下旬	銃剣道
	京都	10月上旬	弓道
中国・四国	善通寺	7月上旬	射撃道
	広島	7月上旬	射撃道
		9月中旬	柔道、弓道、銃剣道
		9月下旬	剣道
九州	鹿児島	6月下旬	射撃道
	福岡	6月上旬	射撃道
		9月中旬	弓道
		10月上旬	剣道
		10月中旬	柔道
	熊本	10月中旬	銃剣道

表15　本部並本部移動審査実施予定表（昭和18（1943）年7月現在）（武田武編『新武道』第3巻第7号、国防武道協会、1943年、76頁より摘出・作成）

ところで、従来の武徳会では武徳祭と称号審査とは日程を重複させて実施されていたが、この慣習は新武徳会にも引き継がれていた。これについては審査会に対して「なぜ武徳祭と審査とを、しかも本年の如く短い切りつめられた期間に開かねばならないのであらうか。武徳祭は飽くまで武徳祭として、決戦下にふさはしい形態を整へて開催すべきではなかつたか[66]」との批判が雑誌『新武道』からなされ、日程を分け、各事業を戦時下に適応させることが提言されていた。

また従来の称号・段級制度は、民間武道団体の不正行為の温床になっており、新武徳会による称号等級制の確立はその是正のためにとられた措置であった。しかし、時局が切迫するなか称号等級を授与するために審査すること自体が時局に適ったことなのかどうかが疑問視されるようになり、是正が求められた当初の目的は、その意義を急速に失っていったのである。

　現在審査がそれほど大切なものであらうか。称号問題がなければ、どうしても武道家が蹶起できないやうなものであらうか[67]。

第三項　武道章検定

武道章検定（以下、「武検」と略）は厚生省が昭和一八（一九四三）年一一月に制定した検定である。武検の狙いは、「平素から武道を修練させ、烈々たる尽忠報国の気魄と逞しい体力を培ひ、一朝有事に際しては見敵必殺の実戦能力を存分に発揮させようといふ[68]」ところにあると『朝日新聞』は報じている。武検の目的は戦技武道の普及にあったのである。

厚生省においては昭和一七（一九四二）年一二月頃より武検の制定が企画され[69]、翌年一一月一一日に武検の実施要綱を各地方長官宛通牒が発し即日実施をみることになった[70]。検定にあたっては「大日本武徳会都道府県支部

部＼級	初　級	中　級	上　級
第一部	銃剣道　基本科目	銃剣道　基本科目・試合	銃剣道　基本科目・試合
第二部	射撃道　基本科目	射撃道　基本科目・試合	射撃道　基本科目・試合
第三部	剣道、柔道、相撲	四種目の中一種目を選択 剣道（試合）柔道（試合） 弓道（行射）相撲（試合）	同左
備　考	検定基準は第一部、第二部にありては初級は大日本武徳会等級三級、中級は一、二級、上級を五等程度となし第三部にありては中級及上級は三級以上の程度とす。相撲も之に準ず。		

表16　武道章検定の種類（武田寅男「武道章の制定とその綜合性」武田武編『新武道』第４巻第１号、国防武道協会、1944年、９頁より摘出・作成）

に於て委嘱[71]」され、「初級、中級にありては市（区）町村又は大日本武徳会都道府県支部に於て特に指定したる団体、工場会社等を単位として実施するものと[72]」された。つまり厚生省で作成された武検は新武徳会に委嘱され、実施されたのである。

武検の受験資格者は「数へ年十五歳より二十五歳迄の男子となす但し二十六歳以上の者にして特に希望するものあるときは受験せしむることを得[73]」るとされたが、これは主に学徒を対象としていたものと考えられる。検定には初級、中級、上級の三種（表16）があり、合格する条件として体力章検定初級以上に合格していなければならず、そうでない場合、武検に合格しても「準級合格者[74]」という扱いとなった。検定は「初級にありては銃剣道、射撃道の外に剣道、柔道、相撲の基本動作による一斉訓練を行ふ。上級、中級にありては銃剣道、射撃道の外に剣道、柔道、弓道、相撲の中一種目を選び検定[75]」された。

『朝日新聞』によれば、「「銃剣道」をよび「射撃道」実戦即応の戦技を中軸とし、これにわが国古来の基礎武道である「剣道」「柔道」「弓道」「相撲」を加へ[76]」られたとされ、検定の主眼は銃剣道と射撃道に置かれていた。相撲以外は新武徳会の対象とする武道種目であるが、相撲は大日本体育会にて取り扱われる種目であった。ここには新武徳会と厚生省の想定する武道種目範囲の相違がみられ、武道行政各組織間の齟齬が露呈されていた。

武検は昭和一九（一九四四）年二月以降に実施が予定された。実施に先立ち昭和一九（一九四四）年一月には地域別に検定員の講習会が開催された。『朝日新聞』では「東京都をはじめ千葉、茨城、栃木、群馬、埼玉、神奈川、山梨、長野、新潟、静岡各県検定員の参日間にわたる講習会が十一日にはじまった[77]」と報じている。

こうして始まった武検の初年度の成果は表17のとおりである。

武検の成果について新武徳会理事長の藤沼庄平が戦後に出版した回顧録『私の一生』で次のように述べている。藤沼によると厚生省が作成した武検を「各府県及び会（新武徳会：筆者注）に通知[78]」したところ、「文部省はこれに不服[79]」を申し立て、「武道章の検定には、学生は厚生省決定の標準以上を修得し居るとの故を以て、受験を否定する意を各府県に通じ[80]」たといわれる。表17で東京の受験者数が極端に低いのはこれによるものだと思われる。武検は学徒を主な受験者と見込んでいたが、文部省によって学徒の検定は閉ざされたのである。武検はこうした厚生省と文部省との対立した状況のなか実施されたのであった。戦後の藤沼はこうした両省間の対立に加えて、「実施第一年の十九年以後、青年は召集せられ、学徒は勤労生活に入り、受験者は年を逐うて少く[81]」なったことなどによる「武道章施行の不十分[82]」さを回顧している。結果的に武検の戦争が激化し受験者が縮小していくなかで、先の等級問題同様、その意義は薄らいでいったのではないだろうか。

では武検は制定当初、どのように評価されていたのだろうか。このことについては後に藤生の帝国議会での論議を検討するが、ここでは昭和一九（一九四四）年の雑誌『新武道』一月号に掲載された『新武道』編集主幹・武田寅男の武検の評価をみておきたい。武田は武検について比較的まとまった意見を述べており、当時の武検に対する期待を概観するに適した発言と考えられるのである。

武田はいう。政府によって「国民皆武の言葉が唱へられて既に久しく、その声は単なる掛声ではなかつたと思ふが、とかく基準が判然とせぬ漠然とした武道奨励に終始してゐた[83]」が、厚生省に練武課が設置されたことで、「国家が国民武道の振興に乗り出す以上は、修錬の対象を具体的に決めて、斯く斯くの武道種目を、この程度まで修錬すべしといふ基準を示す必要[84]」性が出てきた。そのため、各種武道の修練基準が「今回発表された「武道

支部名	開催地区数	受験該当者数	受験者数	初級		中級		上級
				合格者	準級合格	合格者	準級合格	
北海道	150	150,000	15,961	6,496		351		1
青森	156	38,720	18,327	5,455	4,639	434	92	30
岩手	24	10,517	3,100	921				
宮城	11	5,793	1,293	276	170	4		
秋田	11	2,366	1,393	1,109				
山形	10	3,604	3,092	703		259		
福島	420	51,301	36,649	5,774	6,203	487	186	9
茨城	91	30,000	6,453	2,961		109		
栃木	17	31,258	18,014					
群馬	93	51,759	18,005	2,717	4,054	120	12	
埼玉	10	2,334	2,334	1,892	46			
千葉	44	24,360	5,013	3,306		347		2
東京	4	800,000	227	78		5		
神奈川	46	19,807	5,011	1,200	1,402	238	71	
新潟	283	69,634	45,768	6,186	9,213	924	499	28
富山		8,474	5,654	1,361	1,110	98	26	
石川	39	96,575	5,024	1,575		787		
福井	257	14,276	11,119	1,472	4,593	425	198	5
山梨	66	15,656	7,108	3,735		158		
長野	52	14,900	9,928	4,333	2,213	479		
岐阜	180	54,040	30,456	3,767		794		
静岡	16	2,346	1,289	264	123	55	8	
愛知	51	19,942	3,961	1,424	694	85	23	
三重	252	26,555	16,517	2,692	4,668	445	205	
滋賀	191	25,512	20,725	3,405				
京都	14	81,241	2,288	1,405				
大阪	9	269,871	1,123	794				
兵庫	12	3,460	1,903	1,486	435	3		
奈良	12	2,215	1,004	143		48		
和歌山	11	1,182	575	214				
鳥取	29	19,004	4,800	2,553				
島根	57	9,742	4,126	3,181		109		
岡山	168	24,573	17,354	8,495		1,144	65	
広島	229	63,387	33,280	11,215		1,968	61	
山口	13	113,450	2,222	1,661				
徳島	16	63,737	2,193	942		45		
香川	9	7,000	1,113	835				
愛媛	258	47,290	31,285	17,249				
高知	10	5,704	1,104	524		26		
福岡	231	50,842	32,387	17,949	9,435	207		
佐賀	16	27,418	3,513	1,117	1,137	4		
長崎	100	42,313	9,036	2,671		394	20	
熊本	100	59,230	33,460	6,720		145		
鹿児島	2	38,632	652	45				
計	3,804	2,550,119	482,649	144,244	52,165	10,695	1,466	75

表17　昭和18年度武道章検定成績表（1944年6月20日現在）（中村民雄編『大日本武徳会研究資料集成第七巻』島津書房、2010年、162―164頁より摘出・作成。なお本報告書の末に「樺太、宮崎、沖縄等報告未着」と記載されており、本表にこれらの地域の状況は反映させられなかった）

章検定制」となって実現したのは喜ばしい[85]ことである。「国民武道」の修練の度合いを図る基準が武検によって制定されたのであり、それは厚生省の武道行政が成した成果の一つだったのである。

武田は武検の特徴を三つ挙げた。一つ目は既に述べた体力章検定との関わりである。二つ目は「各種の武道が綜合的に取り上げられてゐること[86]」であり、従来の武道振興との相違を述べた。すなわち、これまでの武道振興は「柔道、剣道、或は銃剣道、射撃道等が、個々に奨励され、各々その必要が関連なく力説されてゐた傾向にあつた」のであり「各種の武道に手を出すことは、寧ろ武道上達の上に障碍となる邪道と考へられ」ていたため、「支那事変が進展する以前まで」は、「武道の師範は一技に限るといふのが常例となり、又一般の修錬者も柔道若くは剣道の何れか一方を選択して学ぶことが普通になつてゐた」のである。[87]しかしながら、「戦闘における武力の行使は、常に多岐多端であつて（中略）武力行使の前提としては、重装備に堪へて長途の行軍をなし、或は敵と渡り合って遺憾なき戦闘力を発揮するに足る体力の充実が要求されてゐる。現代の武道は、これらの要求の悉くを充足せしむるところのものでなければならぬ」のであり、「武道章検定制の内容は、即ち以上のものをそのまま反映してゐるものと解さなければならない」のである。[88]すなわち武検は戦闘を前提として各種武道の上達の度合いを評価する検定であるため、そこでは種目横断的な武道の稽古が求められたのである。

武田は武検に求められる武道の総合性について、戦闘という目前の課題としてのみならず、その歴史的な意義についても言及している。武田はいう。そもそも、「我が国の武道が、その修練において、常に戦場各種の要求に即応する武技の綜合であつたことは、今日始めての要求ではなく、永い過去においてもさうであつた[89]」のである。上代から源平時代まで武人があらゆる武事に通じていたことは「戦記文学[90]」に数々挙げられている。また、「徳川期の武士の教育においても、武道は常に綜合的に扱はれてゐた[91]」のであり、「各藩共、大同小異、各種各流の武道を綜合して自藩武術の強化を図つた[92]」のである。

武田はこうした戦闘のための総合的な訓練が行われなくなったのが「今日」であり、それは「徳川期」までみられた「武道の概念が崩壊したまま今日に至つたのは、武士制度の崩壊に代る国民皆兵の思想が、その事実における不徹底を反映し、延いては国民武道のかくあるべき姿を永く未完成のままに曝した」[93]ためであると批判した。

武田にとってアジア・太平洋戦争のさなかにある「今日」はまさに武道の総合性が再評価される時機であった。武田は「武士制度」にみられた「武道の概念」の復活を期待したが、その期待の反面には明治期以降における「武道の概念」の崩壊が前提とされていたのであった。武田は明治期以降の武道を次のように捉えた。

本来、戦場実用を純一の目的とすべき武道も、滔々たる明治の文明開化思潮に遇つては、戦場の用を唱へることから逃避して、平時の修養、体育、護身といふ範囲において僅かにその効用を説かねばならぬ立場に在つた。[94]

つまり、明治期以降の武道は「平時」における心身の練磨や護身術という範囲に閉じ込められたというのである。さらに武田は「明治以来の個人的武道思想が、今や国民武道の標準に照らして、更生一新すべきことは幾度か述べた。「武道章検定」の制度は、ここに争ふ余地のない確固たる基準を示してゐる。即ち、趣味や、修養や、護身といった個人的なものを超脱して、大君の御為に生命を捧げ、戦場の勝利を獲得せんがための武道はかくあるべしとの具体的な要請が示されてゐるのである」[95]と述べたのであった。

武田は武道の修養、体育、護身、趣味といった価値は明治期の「文明開化思潮」によって創られた「個人的武道思想」であるとして批判的に位置づけ、戦場で「大君」のために命懸けで戦う戦時下の武道の復権を主張したのである。武田は明治期以降の武道を批判的に相対化した後、明治期以前の戦技としての武道を正統とし、その理念を復権することで現状の武道を改革していくことを武検に期待したのである。

それでは武田が戦技としての武道の復権を期待した武検とはどのような内容であったか。武検は武道の総合性を重視しているが、「その中に一つの重点が判然としてゐる」[96]という。武田が武検に見出した「一つの重点」とは銃剣道と射撃道を重視していることである。武田は「銃剣道が戦場必須の武道であり、更に射撃が必須の武道である所以は（中略）事新しく言ふまでもない。十五歳から廿五歳までの青少年に対して、第一に望む武道の修練はこれである。武道章の重点はここにある」[97]と述べ、武検の制定を「日本の武道史における一大画期」[98]と評価した。かくして、武検には明治期以前の戦技としての武道の総合性と銃剣道や射撃道といった近代的な軍事的種目を主体とすることで、明治期から日中戦争までの「個人的武道」を廃し、「国民武道」へと革新する意義が見出されたのである。これが武田の考える武検の三つ目の特徴であった。

このように武検の評価から垣間見えるのは、西久保が作り上げた武道概念が根本から覆されていることである。西久保は明治期以前の殺傷目的の武道を退け、心身の練磨を武道の第一義に挙げたが、武田の主張はこれに真っ向から反対するものであった。武田は〈武道のスポーツ化〉論については言及しなかったが、明治期以降において体育や趣味といった「平時」の価値を増大させたところに武道の堕落を見て、武道の本来的な価値として明治期以前よりある「戦場実用」を対置させたのである。

武田の武道論は戦時下での武道の戦技化の文脈でなされたものであるが、戦技化は次項の柔道試合審判規定の制定過程でも起きていた。

第四項　柔道試合審判規定の制定

新武徳会では取り扱う武道種目毎に修練の指導方針が定められ、それに伴い審判規定の制定が行われた。ここでは柔道に着目して、新武徳会の制定した指導方針及び審判規定について検討したい[99]。

新武徳会による柔道の指導方針が発表されたのは、昭和一八（一九四三）年一一月のことといわれる[100]。新武徳会の柔道部会会長である新井源水は「兎角、試合に勝つことのみを主眼とする乱取練習に走り、漸く実戦的伝統から離れる傾向を示すに至つた」と柔道の現況を整理し、今後の柔道の指導方針は「実戦的修錬を目標とし、白兵戦間に実効を挙げ得る短時日の修錬」を旨とした「柔道の決戦態勢とも言ふべき」内容であると述べた[101]。

柔道の実戦性についての再検討は、嘉納が存命中の頃より始まっていた。嘉納は乱取を中心に柔道を普及させる一方で「本来柔道は乱取だけでは全きものでない。真剣勝負では当身や突いたり切つたりすることを必要とする。それだから形の練習を怠り乱取のみをして居ると、さういふ方面に欠陥が生じて来る[102]」と「真剣勝負」の重要性を述べていた。また嘉納は昭和三（一九二八）年に精力善用国民体育を創作し、「武術としての当身術は、私の考案した「精力善用国民体育」に当身術を用ひた為、大に其の効果を増すやうになつた[103]」と述べている。嘉納は真剣勝負を柔道に欠かすことのできない目的と考え、晩年に至るまで真剣勝負の意義を説いた。嘉納の主張は、戦時下における柔道の戦技化の方向性と矛盾するものではなかったのである。

新武徳会の柔道範士栗原民雄は、昭和一七（一九四二）年一二月発行の『新武道』に論考を寄せ、戦闘としての柔道が、明治期に捨てられた関節技や当身技の復活によって成立するとの主張をしている。柔道は明治一五（一八八二）年に創立以来、世界中に広まったが、栗原は「柔道は現在の形に於て完全であらうか。技術上改善すべきところは無からうか[104]」と読者に疑問を投げかけた。栗原はいう。「我国の歴史を回顧するに、文物、制度、思想等の大転換を来たした時には、柔道も他の武道と共にその術理や術技の上に大なる変化を招来している[105]」のだ。そもそも柔道は「王朝時代の力競べに発し、この力競べが源平の戦を経て鎌倉時代に至り、戦場組討の術として隆盛を見る」ようになり、戦国時代には武士によって「組討の術」が洗練され、「徳川の初期に至って柔能く剛を制するの術理を発明して「柔」の術を創始するに至った而して徳川時代参百年の間は、一朝有事の日に備へるが為に武術的要素を重んじた」のである[106]。それが、「明治維新を経て平和時代になると、柔道の武術的要素は閑却されて、修心的体育的方面に主力が注がるに至つた[107]」のである。このように時代の転換点において変化してきた柔道は、「現在」において転換しなければならない。

そして、栗原は次のように主張した。

今や振古未曽有の世界的大転換期に際し、独り柔道のみその圏外に超然たることを得るものではない。柔道界も亦革新の気運が滔々として漲りつつある（中略）国民皆武の今日、時局即応の意味に於ても、将た東亜十億の民の指導者としての威厳を維持する上に於ても、現在の柔道を改善して、より強い武力を持たしめることは喫緊の要事である。[108]

栗原は「世界的大転換期」にあって「現在の柔道」は「強い武力」に「改善」されるべきであると主張する。では「現在の柔道」は具体的にどのように「改善」される必要があったのか。まず、栗原は「現在の柔道」の欠陥を「明治の末期より昭和に至る平和時代の時勢の要求上、体育を主眼として、いかに真剣勝負上有効な技でも、危険な技は之を禁止した為に、真剣勝負上の威力を減殺した」と分析し、「関節技に於ては、肘関節以外の総ての関節技を、絞技に於ては、胴絞を禁じたるが如きは、その適例」であると述べる。[109]また戦闘において「最有効の当身技の練習を等閑に附してゐることは、武術的に見て柔道の大きな欠陥であつて、之等の欠陥を有することは柔道を競技化し、往々修行者をして死に直面したる行たるの自覚を失はしめ、延いては敢然として死地に突入する烈々たる気魄の錬成に万全を期し難き憾を存してゐる」[110]と当身技の軽視が柔道の「競技化」を推し進め、それがために武術として「死に直面」する「自覚」が失われたことを栗原は批判した。

栗原は「現在の柔道」における体育化及び競技化の進行と「武術的」な欠陥を同時に改善するため、柔道を相手と「離れた場合」・「組んだ場合」の二つに分けて改善策を提案する。まず、相手と離れた場合には「極の形に躱攻動作を応用し、起り得べき種々なる場合を想定し、その組み手を多くして之を練習し、相当習熟した場合は防具を使用して乱捕程度に至るまで修練すればよからう（中略）相手を単に一人と仮想せず、常に数人と仮想して研究することを怠つてはならない[111]」と述べた。次に組んだ場合には「指関節や腕関節を取ることは、明治時代に不可として一旦捨てられたものである。之を今更復活研究するに及ばないといふ論者もあるが、之は時勢の推移並に武道の本質を省みざる主張として筆者は賛成し難い。明治時代に鳴を静めていた腕関節を挫くことを主体とした武道が、柔道の弱点を衝いて台頭し、或る階級に歓迎せられてゐる時代の色彩を刮目しなければならない。武道の本質を没却することは、何れの時代に於ても極力避くべきことであるから、筆者は一日も早く柔道の明治時代に於ける過誤を是正したい[112]」と述べた。

さらに栗原は、「古流」の研究も必要であると説き、「古流には真剣勝負を主眼として組織せられた形が多い。之等の研究とその応用に留意することも必要で、温故知新は千古不磨の格言である[113]」と提案していた。

栗原の提案には明治期以降の武道の歴史を批判的に相対化する視点が織り込まれていたが、その視点は武道の戦技化という文脈のなかで形成されたのであった。戦時下においては戦闘に向けた武道の改革が必要だったのであり、そうした機運が明治期以降、急速に体育化し、競技化した柔道への反省を促したのである。具体的には栗原は武道の正統性を実戦性に求めることで柔道体育法や体育法乱取を基にした競技化への反省を主張したのである。栗原の主張からは武道の競技化を問題にしつつ、競技化されていない武道を本来の武道として、戦技的な技術を見直す視点が見出されるのである。

このように柔道の戦技化を推奨した栗原は体育法としての柔道を批判しつつも、他方では嘉納が講道館を創始したことについては敬意を表している。むしろ「故嘉納師範の糟粕を嘗め、之を金科玉条としてそれ以上に出ようと努めないのは、門弟子の怠慢である[114]」とすら述べていた。そして、「武道界の総元締たる、古くして若き武徳会の柔道部会は一日も早く人的機構を整備し、専門委員を設置して之等の研究に当らしめ、且つ民間の研究者を支援してその大成を遂げしめ、以て理想的柔道の確立に寄与せられんことを切望[115]」すると述べて論考を締めくくった。かくして栗原の切望する「理想的柔道」は、この論考の翌年、昭和一八（一九四三）年一一月頃に新たな審判規定の制定というかたちで達成されるのであった。

新武徳会は指導方針の提唱とともに新しい柔道の審判規定を作成した。作成にあたっては「久富、工藤、安達、橋本、栗原、高広、石黒、黒山、早川の各部会常任幹事諸氏[116]」らが審議に当たった。この審判規定の作成過程に栗原も参加していることから前述した栗原の主張も新しい審判規定には反映されたと考えられる。

講道館では明治三三（一九〇〇）年に初めて審判規定を制定した。第八章でも確認したように、講道館は大正一三（一九二四）年に高専柔道などで「寝技試合の弊が起るに及んで[117]」、寝技への引き込みを禁止する改正審判規定を作成した。昭和一六（一九四一）年には「試合は立技からはじめるとあるのを、投技からはじめると改正、また固技に関して、従来立技からかけることを禁止されていたのを「立ちたるまま絞技、関節技を掛け、技が相当の効果を収めた場合に限り」寝技に移れる旨改正され[118]」、立った状態からの固技を認めるようになった。昭和一六（一九四一）年の審判規定の改正理由や審議過程は定かではないが、立ち姿勢における固技の容認は、戦技としての実用性が意識されたためと考えられる。いずれにせよ、新武徳会による柔道試合の審判規定作成以前においては立技から寝技への移行のしかた、立技における固技の位置づけが審判規定改正の争点だったのである。

しかし、新武徳会で新たに作成された柔道試合審判規定では「第二条　試合は当身技、投技、固技を以て決せしむ但し普通の試合に於ては当身技は用ひしめざるものとす[119]」と条件付きではあるが、当身技の使用を認める条項が追加されたのである。また審判規定の解説では「当身技を用いて行ふ試合は特殊の場合を除く外防具を着用せしむるものとす[120]」るとされ、防具着用によって当身技のある試合の安全性に配慮しながらも、特殊なケースとして防具を使用しない試合の実施も示唆されていた。

さらに従来の柔道では肘以外を攻める関節技は規制されていたが、これも緩和された。

第十一条　関節技は左の基準により之を行はしむ

（一）等外者は肘関節
（二）有等者は肘関節、手首関節、足首関節
（参）称号受有者は脊柱関節を除く全関節[121]

このように、等級称号によって制限はあるが、脊柱以外の全ての関節への攻撃が許されている。新井は当身技や関節技について「白兵戦闘においてはむしろかういつた禁止されてゐる危険な業こそ最も役立つ（中略）この見地からも柔道の決戦態勢の確立が要望されてゐたのである」[122]と述べた。危険な技こそ最も役立つ――このような見地に立って、新武徳会は審判規定を作成し、柔道試合の戦技化を図ったのである。

技術以外の面でも柔道の戦技化は図られた。柔道修練の指導方針に沿ってまず稽古場であるが、「柔道は戸外に於ても亦如何なる服装にても実施し得るやう工夫し砂場芝生等を道場として活用せしむること」[123]とされた。また、稽古においては「特に青少年に重点を置き野外戦技を併習せしむること」とされ、稽古の形態は「従来個人的修錬のみに傾き易きに鑑み特に団体的訓練を教習せしむること」とされた。[124]さらに「錬士以上の者にありては当身技を併用して試合せしめ又各種武道（空手道合気道、捕縄又は柔道形）の修行者に於ても必ず乱取を修錬せしむるやう指導すること」[125]が定められ、柔道以外に空手道や合気道にも乱取が課せられた。ただし、乱取ばかり行うことは戒められ、「修錬は短時日に於て白兵戦闘に実効を挙げ得るやう基本動作及び技術（形を含む）を修得せしむること」[126]になり、「基本動作」、「形」といった稽古法の価値が戦闘訓練の文脈で再評価された。さらに柔道指導者に対しては「己が任務の遂行を期すると共に剣道銃剣道を始め武道各般につき努めて研修すべきこと」[127]と、あらゆる武道を総合的に稽古することが求められた。

このような柔道の在り方は、例えば、国民学校の体錬科武道の授業に反映された。昭和一八（一九四三）年の『新武道』一月号の巻頭口絵には東京高師付属国民学校での体錬科武道の様子が写真で載せられているが、柔道

図22　柔道の授業で当身技の訓練をする国民学校の生徒（「体錬科柔道を観る」、『新武道』第３巻第１号、国防武道協会、1943年）

の授業中、運動場で道着を着ずに木柱に当身を入れている児童の姿や、複数人で自由に攻防を行う自由掛の様子がみられる（図22・23参照）。

新井は「従来の柔道は、主として柔道愛好者を目標にして居り、従って立派な体軀の持主相手を主眼としていた[128]」が今回の新武徳会の指導方針では「筋骨薄弱者、婦女子に対しても適応する形又は乱取を指導し、より大きく視野を展開して普及奨励すること[129]」になり、「国民総力を結集しなければならぬ今日、当然の措置[130]」が図られたのだと述べた。このように新武徳会は柔道で使用される技術の幅を広げ、より実戦的な武道へと改編しつつ、「青少年」以外にも広範な国民を対象として実戦的な柔道を普及しようと試みたのである。

第二節　武道行政の不一致

前節でみたように新武徳会の活動は昭和一八（一九四三）年に入ってから本格的な動きをみせる。昭和一七（一九四二）年の間は各武道部会の会長の決定など人事の配置に時間がかかり[131]、主だった活動を展開していなかった。

藤生は新武徳会設立以降の活動が遅々として進まないことを不満に思い、昭和一八（一九四三）年二月の第八

図23　複数人で攻防する自由掛（「体錬科柔道を観る」、『新武道』第３巻第１号、国防武道協会、1943年）

一回帝国議会衆議院と昭和一九（一九四四）年一月の第八四回帝国議会衆議院において、厚生省及び文部省の武道行政について質疑を行った。第八一回議会で藤生が質疑したのは二月二三日と二四日の二日間であり、第八四回議会では一月二四日、二七日、二八日の三日間であった。

藤生は第八一回議会で問題にしたことの一つは、武徳会と新武徳会の相違点についてであった。新武徳会の諸活動は武徳会から引き継いでおり、果して新武徳会の新しさはどこにあるのかと藤生は厚生省次官の武井に問い質した。

○藤生委員　（前略）大日本武徳会は新なる団体であるか、或は旧武徳会の延長の団体であるかと云ふことに付て御当局の御意見を承はりたいと思ひます。

○武井政府委員　御尋ねの点は法律上は同一人格の継続であると思ひますが、実質に於きましては新たに結成された団体であると解釈致して居ります（後略）。

○藤生委員　実質上は新たな団体である、私もさう思ふのです、大日本武徳会は新団体でなくてはならない（中略）併しながら寧ろ新たな団体であるとすれば（中略）旧武徳会の唯一の行事であった武徳祭大会は本部が東京に新武徳会として設置されたのにも拘らず、其の武徳祭大会が依然として京都に於て行はれたと云ふ事実、それから又新しい団体ならば、何も旧団体と同じやうな大日本武徳会と云ふ名前を使はなくても宜さそうに思ふが、然るにも拘らず、同じ大日本武徳会と云ふ名前を使はれた（中略）又現に旧武徳会幹部は武徳会関係者に、今度の団体は新しい団体ではないんだ、あれは旧武徳会の延長だと云ふやうなことを言って居ります、それからもう一つは旧武徳会の段位称号を其の儘新武徳会が認めた、是等の事実を綜合して考へますと、新団体と云ふものは名のみであって、其の実質、実権は依然として旧武徳会にあるもののやうに誤解される、此の誤解から大日本武徳会と云ふものは新団体であるか、旧団体の延長であるかと云ふやうな疑問が生じて来るのでありますから、是等の点に付て明快なる御説明を承りたいのであります。

○武井政府委員 （前略）新団体にありましても、従来のものを直ちに掌を返す如く皆改めると云ふやうなことは中々難しいと云ふ実情は、是は多年武道に蘊蓄を持って居られる藤生議員は能く御承知だと思ふのであります。[132]

このように藤生の追及に対して武井は新武徳会の体制は直ぐには変わらないと述べた。この点については厚生省事務官の中川淳も武井同様に「まださう大きな活動の実施は致して居りませぬ、是は第一年度と致しまして内部組織にどうしても重点が置かれたと云ふ理由に基きまして已むを得ないことかと存じて居ります[133]」と藤生に応答していたが、藤生は「大日本武徳会が、斯う云ふ一日も急いで決戦をしなければならぬやうな時に、唯機構或は段取りにのみ没頭して、本格的の活動をまだ展開して居ないと云ふことは洵に遺憾であります、只今の説明もありましたが、具体的の内容と云ふものは皆旧武徳会がやつて居つた仕事ばかりである（中略）武道振興問題に対して吾々の期待に反して、当局にはどうも熱意がないのではないかと云ふことを疑はざるを得ぬのであります[134]」と新武徳会の旧態依然とした態度に不信感を示した。

藤生は武道部会の委員であったため、武徳会が新武徳会へ改組されることは承知していたが、第八一回議会における藤生の発言をみれば、彼は新武徳会が武徳会の事業活動まで引き継ぐことには納得していなかったとみられる。

ここでは①藤生が武道国策に乗り出した当初から提起していた段位称号問題、②武道教師養成の問題、③新武徳会が成立し新たに作成された武検について、④柔道の試合審判規定の時局下における意義の所在、⑤これら①―④の問題に跨る政府の武道観への追及を中心に藤生の武道行政に対する批判を検討したい。

第一項　段級称号をめぐる新武徳会と講道館の対立

前節第二項で検討したように新武徳会では昭和一七（一九四二）年一二月から翌年三月にかけて等級称号を制定したが、藤生によれば「武道界の中には非常に評判が悪い[135]」のだという。藤生は新武徳会の等級制度の導入について「従来段制度を採って居る民間の武道団体が、多年孜々営々、苦心経営して来た此の武道界の武道振興に対する功績を御認めになって、更に是等の団体の将来の発展を促す意味に於て、摩擦相剋を避けたいと云ふ心持から、段を民間の団体の方に委ねて、さうして等制を御採りになつた、斯う云ふやうに解釈するのであつて、是は洵に結構であります[136]」と称賛している。藤生は、新武徳会の等級は講道館をはじめとする民間武道団体の段級制度の伝統を破壊せずに国家的統一を図る良策と捉えたのである。

一方で藤生は、「大日本武徳会東京府支部なんですが、審査要綱に五等の所に初段、一等の所に五段、斯う云ふやうに等を段に代へてある、一体どう云ふ訳で等を段に御代へになったのか[137]」と厚生大臣の小泉に迫った。藤生はいう。まず、「苟も皇族殿下を総裁に奉戴して居る団体が民間団体と対立し相剋し、競争するやうな立場に立って段とか、等とか出すと云ふこと即ち一流一派的に偏してさう云ふものを取扱ふと云ふことは是は宜しくない[138]」ことである。そして「段と云ふのは御承知のやうに講道館が之を始めた、嘉納先生が御始めになった（中略）京都の武徳会は総裁を奉戴して居るのであるから称号だけにして居つた、範士、教士、錬士と云ふ称号だけで、段は出して居なかつたやうに記憶して居ります、それが本当である、それが段々勢ひを得て来て、講道館と対抗的になつて、講道館と始終問題が起きた、問題を起すばかりでなく、競争するものであるから、段の値打が段々下つて来た、だから段と云ふものは講道館に取つては既得権[139]」なのだ。そのため、新武徳会では「段とか、等とか一切を取扱はないで、称号だけを大日本武徳会に於て其の大きな機構、大きな陣容に相応しい大なる見地から大なる称号を範士、教士、錬士と云ふやうなものだけを取扱[140]」うべきである。このように藤生は主張した。

これについては小泉も「段位称号に対する御話は、御話の通りの次第で今回等制と致したのであります、只今御指摘になりましたやうな、支部に於て等を段位に代へたと云ふやうなことは、是は甚だ変なことだと私は思ひます（中略）誤りがありますれば適当に是正して行きたいと考へて居ります[141]」と述べ、さらに「只今の御意見は洵に御尤もに感ずる点が多々ございます、今後十分研究してやりたいと思つて居ります[142]」と同意を示した。

藤生の懸念した新武徳会と講道館にみられる等位と段位の対抗関係は戦時下に始まった話ではない。講道館と武徳会の段位認定権をめぐる「対抗的」な関係は、少なくとも武徳会が段級制度を採用した大正六（一九一七）年から始まっているとみられる。井上俊は、西久保が武徳会の副会長を務めていた間、講道館との申し合わせにより武徳会が独自に発行できる柔道の段位は参段までであったが、西久保は四段以上も武徳会の判断で出せるようにするべきだと主張しており、大正一五（一九二六）年に彼が東京市長となって武徳会を去るまで、武徳会と講道館はしばしば衝突していたと指摘している[143]。

第八章でも確認したとおり、講道館は地方においても昇段審査ができるように、大正一一（一九二二）年五月二八日にまず東京柔道有段者会を設置し、これを皮切りにして各道府県に一つ以上の柔道有段者会を設置していった[144]。また、昭和一一（一九三六）年の『柔道年鑑』の「柔道有段者会規則」をみれば、一九三〇年代半ばには地方柔道有段者会では講道館員だけでなく、武徳会会員の柔道有段者も公認されるようになったようである[145]。

ただし、新武徳会が設立される昭和一七（一九四二）年頃には「武専あたりの実力が講道館段を凌ぐこととなり、武徳会段が講道館段より以上の重味を加へて来たのである。そして八段までも武徳会で允許することになつた」[146]という。

このように武徳会と講道館の段位認定権をめぐる摩擦は四半世紀続く問題であった。そして、新武徳会の地方会員には旧態依然とした雰囲気が残っていたのか、昭和一八（一九四三）年五月になっても新武徳会は、「段級の代わりに等級を設け、各県支部は依然審査機構を設け、有段者会と対抗してやる」[147]という状況だったのである。

こうしたなか、昭和一八（一九四三）年四月二日には柔道有段者会の定期総会が東京で行われたが、総会で南郷は次のように訓告をした。

> 段は嘉納先生が創められたもので、先生・柔道・段位とは参位一体で、之れ講道館の教育の徹底を期する根基であるから、之を堅持し大日本武徳会に加入し、大に協力して武徳会の事業を揚ぐることに努める方針なる事には毫も変りはない。それ故講道館より段を放つが如きは絶対にない（中略）大日本武徳会は吾等の予期に反し大綱統御せずに非常な小さい段級の如きものにまで力を及ぼして、自ら統制しようとして、等位制を樹てた為、各地方に於て相剋摩擦を起すに至つた。洵に遺憾千万である（中略）有段者会に委任している段位の審査推薦が減少するが如き事なき様奮励せらる事を諸君に私は切望する[148]（傍点：筆者）。

新武徳会は等級制度を布くことで講道館の段級制度を「統制」しようとしている、と南郷は主張した。先行研究では「包摂」[149]というゆるやかな統制を布いたといわれる新武徳会だが、新武徳会による段級制度の統制とは具体的にどのような事態だったのだろうか。

藤生によれば、地方柔道有段者会に段級制度へ統制を布こうとしていたのは新武徳会理事長の藤沼であった。

昭和一九（一九四四）年一月二四日の第八四回議会では藤生は藤沼の行動を問い質した。藤生はいう。

藤沼理事長は、私は個人的に非常に懇意であつて尊敬も致して居るのでありますが、最近自分から各地に出張されて、さうして包摂団体である講道館の地方組織であり地方支部である有段者会に対して、之を否認或は解散を慫慂し或は強要して居られるやうに聞いて居るのであります。[150]

藤沼は前出の回顧録『私の一生』のなかで新武徳会の理事長時代について言及し、「支部の活動を促す為、全国の支部視察を始めました。愛知県支部結成の昭和十八年参月より、翌十九年一月の四国一周を以てその使命を終わりました[151]」と述べていた。藤沼は支部視察中の具体的な活動については述べていないが、「支部の活動を促す」という目的の中には各地の柔道有段者会へ圧力をかけることが含まれていたと考えられる。

藤生は自身で集めた資料によって藤沼の行動を追及した。例えば、藤沼は福井県を視察した際に次のような発言を残していたという。

例へば茲に私が調査して得た資材を御紹介致しますが、福井県に於きまして斯う云ふことを藤沼理事長は言つて居られます、講道館は将来解散することにならう、講道館が現存する所以は、嘉納先生の御功績もあり、情に於て忍びないからである、併しいつまでも此の儘であると云ふことは許されない、講道館に対しては恐らく自分が最も同情を寄せて居るものである、講道館は今日大いに反省せねばならぬ時である、ものには限度がある、幾ら言つても聴かぬ場合は断あるのみである、自分は蛮勇の持合せもあるが、此の蛮勇を揮はせないことを願ふものである。[152]

藤生の紹介した藤沼の発言では藤沼が講道館へ「同情」を寄せているだけに苦渋の決断を迫られた様子がみてとれるが、一方で講道館に対して「蛮勇」を揮うことも辞さない姿勢をもみせている。藤生の発言をうけた厚生大臣の小泉は「さう云ふ事実を実は承知致して居らないのでありまして、若しそれが事実だと致しますれば、監督官庁と致しまして篤と考へなければならぬものと考へます、共管の各省とも能く協議も遂げなければならぬと思ひます[153]」と述べるに留まった。小泉は藤沼の行動を関知していなかったため、共管各省とも協議し考えなければならない問題とした。

しかし小泉の新武徳会の調査が進まないうちに、一月二七日の第八四回議会で藤生は小泉をさらに追及した。藤生は新たな資料を用いて次のように述べた。

第五百十参号、昭和十八年九月十五日、大日本武徳会理事長藤沼庄平の名に於て全国の武徳会の支部に発送した通知なんです、其の通知の文句に「本会承認の四包摂団体（講道館、大日本射撃協会、古武道振興会、大日本剣道会）に関しては大日本武徳会包摂団体規定により承認致し居り候へ共各支部に在りては当分の間之等団体の地方支部は勿論、其他に就ても包摂団体としての承認を差控へられたし」明かに包摂団体としての承認を差控へろと通牒に示されて居る訳なんです。[154]

このように藤生は新武徳会が包摂団体の地方支部を排除しようとしていることを指摘した。現在、藤生がここで挙げた通牒と同様の資料「包摂団体の承認及其の審査に関する疑義の件」が見つかっている（図24）。図24は昭和一八（一九四三）年九月一五日に武発第五一三号として藤沼の名義で新武徳会三重県支部長に通牒されたものであるが、この通牒の一つ目の事項は藤生が挙げた文言と一致している。[155] さらに、三番目の事項をみれば、「団体、学校、道場等に於て実施する段、級、免許等に関しては只其の学校及道場に於て修行する者に対しての

武發[illegible]五一三號

昭和十八年九月十五日

大日本武德會理事長　藤沼庄平

大日本武德會三重縣支部長　殿

包攝團体ノ承認及其ノ審査ニ關スル疑義ノ件

八月十八日附三武發第第八四號照會ニ係ル標記ノ件左ノ通及回答候

一、本會承認ノ四包攝團体（講道館、大日本射擊協會、古武道振興會、大日本劍道會）ニ關シテハ大日本武德會包攝武道團体規程ニ據リ承認致居候ヘ共各支部ニ在リテハ當分ノ間之等團体ノ地方支部ハ勿論其ノ他ニ就テモ包攝團体トシテノ承認ヲ差控ヘラレ度

二、包攝團体ノ審査ニ就テハ大日本武德會稱號等級審査規程ニ別ニ定ムル旨規程シアルモ目下審議中ニ有之

三、又團体、學校、道場等ニ於テ實施スル段、級、免許等ニ關シテハ只其ノ學校及道場ニ於テ修行スル者ニ對シテノミ之ヲ允稱シ得ルモ他ノ一般人ニ之ヲ施行スルハ本會成立ノ本旨ニ反スル儀ニ有之又其ノ道場外（對抗試合等）ニ於テ使用スルコトヲ得サル次第ニ有之

図24　「包摂団体の承認及其の審査に関する疑義の件」（中村民雄編『大日本武徳会研究資料集成第七巻』島津書房、2010年、22―23頁）

み之を允称し得るも他の一般人に之を施行するは本会成立の本旨に反する儀に有之又其の道場外（対抗試合等）に於て使用することを得ざる次第[156]」であると述べられている。つまり、新武徳会以外で発行される段級などは非公式な資格であるため、従来の各武道団体が発行する段級は、今後、一般的には認めないとしたのだ。

さらに藤生は新武徳会兵庫支部の理事長が作成した手紙を用いて、講道館の昇段審査を含めた諸々の活動に対して新武徳会が圧力をかけていることを主張した。

兵庫県支部に於きまして兵庫県支部の理事長から、各講道館関係の柔道家、さう云ふ者に配付せられた手紙があるのです（中略）之を一寸読んで見ます、昭和十八年十月二十七日附ですが、全部読むと長くなりますから、要点だけを読みますが、斯う云ふことが書いてある、「県下柔道界の現状を静視するに修練中には往々にして武徳会と講道館との組織を判然区別するの認識を欠き、講道館御執行の昇段試験応試者にして当支部に受験申込をなすが如き者も少からざる状況に有之、斯かる錯誤を生ずる云々」と書いてあります、講道館の試験を受けた者は武徳会の試験を受ける資格なしと言ふのです、それから更に「当支部に於ては県下柔道修練者に対し武徳会と講道館に対する認識を深め少くとも両者を同一視せざるやう致度」「勿論弊支部に於ても爾今一切支部所属建物は兵庫県柔道有段者会の昇段試験大会講習等には貸与致さざると共に同関係向御主催の行事に審査、審判員として御活動の諸賢に対しては当支部主催の是等行事に後関与なきやう取運ぶ方針に有之候、若し将来当方事務取扱者等にして誤って講道館筋の高段者諸賢に対し審査、審判員を御依頼致すが如きこともあらば御本人より速かに御拒絶相成度、万一を慮り斯くは申添に及び候」斯う云ふやうな手紙が廻はって居るのです[157]

藤生は新武徳会兵庫支部の理事長が作成した手紙の内容から「講道館の試験を受けた者は武徳会の試験を受け

る資格なし」[158]とはどういうことかと小泉を追及した。さらに藤生は昇段資格の件のみならず、「講道館関係者は武徳会支部の役員にはしない、講道館有段者会には武徳会支部の道場或は色々な道具、さう云ふものは一切使用させないと云ふやうなことでありまして、私は是れ位明確、的確な有段者会圧迫の証拠事実はないと斯様に思ふのであります」[159]と主張し、このような「兵庫県に現はれた現象は各県共に、藤沼理事長が廻はられたり、又廻はられぬ支部に於ても之に似た現象が現はれて居る」[160]と述べた。

このように藤生が挙げた資料と前述の南郷や尾形らの発言を突き合せれば、新武徳会が講道館の段級制度を廃止し、地方有段者会の活動を制限しようとしたことは事実だったと考えられる。

藤生に追及された小泉は、「私は事実を存じませぬが、監督を致しまする上に於て、又武徳会の副会長として、さう云ふ詰らないことをやつちゃならぬと云ふ強い考へは持つて居るのです（中略）今後は斯う云ふことは厳に是正して行きたいと、斯う私は思つて居ります」[161]と述べた。だが、藤生は「要するに大臣も、次官も、局長も知らぬ内に斯う云ふことが行はれて居る、是は単り厚生省だけの問題でなくて、やはり斯う云ふことが官界に広く行はれて居る、是は私は官界の一つの通有性ではないかと思ひます（中略）是はやはり大臣、次官、局長の手抜かりと云へば手抜かりで、下ばかり責められねではないかと思ふのであります（中略）斯う云ふ問題が苟くも議会に於て論ぜられて、武道界の不面目になるやうなことのないやうに、一層御注意を願ひたい」[162]と政府の武道行政に対する「手抜かり」を批判したのであった。

また、一月二八日の第八四回議会で藤生は「武徳会当局は此の厚生大臣の議会に於ける言明を無視して、武徳会支部の役員が警察部長を初めとして、警察関係の人々が沢山支部の役員をして居られる、さう云ふ関係から武徳会支部の言ふことを聞かなければ警察権を発動するぞと云ふやうなことを言ふて、さうして段を圧迫し支部の解散を強要すると云ふやうなことが各地に於て頻々と行はれて居るのであります」[163]と述べた。新武徳会の警察の動員も警察に気脈を通じて組織を拡大していた武徳会時代からの旧態依然とした組織基盤に頼っている様子がみてとれる内容である。

このように藤生は段位称号をめぐる講道館と新武徳会の軋轢を問い質す中で新武徳会の旧態依然とした態度を糾弾したのである。こうした議論が藤生に「大日本武徳会の運営改善に関する建議書」の作成を促すことにつながったと考えられる。

第二項　武道教師問題

第七三回議会以降、委員会でも議論された武道教師の問題についてはどのような進展がみられたのだろうか。昭和一八（一九四三）年二月二三日の第八一回議会で藤生は第七三回議会以降、「其の後どうも是と言って宜しいやうな武道教師待遇の途が講ぜられたやうに私は聞いて居りませぬ[164]」と述べている。藤生は低水準の俸給による数校掛持ちの弊害が依然としてなくなっていないことを指摘し、「武道教育を不徹底ならしめ、さうして武道界に諸種の弊害を惹起するやうな此の掛持主義と云ふものを絶対に厳禁して、一校一人主義を是非実現して戴きたい[165]」と文部省に対して改めて主張した。

同議会に出席していた当時文部省体育局長であった小笠原道生は「武道の教師の人員等がまだ甚だ不足致して居る今日でございますので、直ぐさま之を実現すると云ふ訳には参り兼ねると存じますが努めて早い機会に左様な状態に相成るやうに、一層努力致したいと考へて居ります[166]」と応答した。しかし、続けて小笠原は「決して武道の教師なるが故に、他の教師よりも待遇が悪いと云ふ差別がある訳ではないのでございます[167]」と藤生に反論した。

第七三回議会において藤生が問題視した武道教師とは主に嘱託の教師であった。つまり、教員免許を有していない無資格教員が多く、特に藤生が質疑した直後の昭和一三（一九三八）年度の私立中等学校の武道教師の無資格者は七割以上にものぼっていたことは第一〇章でも確認したとおりである。小笠原が問題にしたのも、武道の無資格者教員の割合であった。小笠原は次のように述べている。

御承知のやうに武道の教員の中には、学校教師としての有資格の教師が割合に少い、教師としての免状を持って居ませぬが、武道の技術の方で優秀な人であるが故に、嘱託されて居ると云ふやうな人が比較的多いのでございます、自然有資格者と然らざる者の待遇の差異と云ふことはございますので、結局武道の教員全般として見ます時は、他の教員よりは待遇が稍々劣って居ると云ふ実情のございますことは、是は否み得ませぬ。[168]

小笠原は教員免許を保持しない者でも実力者であれば武道教師になれる状況を問題にした。したがって、有資格者の武道教師を増やすには武道の教員免許をとるための学校を設立しなければならない。政府は武道及び体操科の教師を増員するために既に昭和一六（一九四一）年三月に東京高等体育学校を新設していたが、最初の卒業生が出るのは昭和一九（一九四四）年であった。[169] 第八一回議会開催時は、東京高等体育学校の卒業生が出る前年だったのである。政府は教員免許対策を講じていなかったわけではなかったが、成果はまだ出ていなかったのだ。

第八一回議会での藤生の質疑は第七三回議会の建議案をなぞるものであった。そして藤生は再度、「武道教師養成機関」の拡充を提案した。

私の知つて居る所では、官立の指導者養成機関と云ふものはたつた二つしかない、さう云ふやうな状態でありますから、折角一校一人主義に御賛成になつて居つても、それを直ちに実現することが出来ないと云ふやうなことに相成るのでありますから、政府に於かれましては速かに武道教師養成機関の新設拡充と云ふことに、一層御尽力を願ひたいと思ひます。[170]

また、続けて藤生は「武道教師養成機関」の拡充に関わって新たな問題を提示した。それは武道の教員免許の保持者が武道教師の道に進まないという問題であった。

最近高等師範学校、或は武道専門学校等を卒業して、武道教師になる所の者は、学科と武道と二つの資格を持って居るのでありますが、それが愈々教師になる場合は、学科の方であると教諭になれると云ふことから、学科を主として武道の方を従にすると云ふやうなものが非常に多いと云ふことを聞いて居ります、是は折角武道教師たらんとして、武道専門学校を出て居る者としましては、其の素志にも反することであります、又其の武道教師たらんとする者をして、武道を附属物扱ひにさせると云ふことは、甚だ是は私は宜しくないと思ふ、斯う云ふ風に武道専門学校を出た者が、武道を従にして学科を主にすると云ふやうなことは、即ち其の勤務が非常に楽である、さうして俸給が高い、資格が良いと云ふやうな所に基因すると私は考へます[171]。

こうした職業としての「武道教師」の不人気の原因を俸給の低さに求める藤生は武道教師の平均俸給について第七三回議会以来、再度、言及した。

政府から御渡しになった教師の平均給を見ますと、東京府立の中等学校に於きましては、学科の教師は百十八円、武道教師は百円、実業学校の方は学科の方が百十八円で武道の方は百円になって居る、私立の中等学校になると、学科の方は百十九円、武道の方は九十五円、私立の実業学校の方は百五円に対して武道の教師は八十五円、斯う云ふ風に非常な開きがあるのであります[172]。

武道教師よりも他の教科の教師の方が、一八―二四円ほど俸給は高い。藤生は武道よりも「楽」で俸給の高い学科の先生になろうとする武道の教員免許保持者に対して「待遇を向上して戴くのが至当[173]」と提案したのである。

これに応えて小笠原は次のように述べた。武道教師は確かに「他の学科たるの資格[174]」も有しているが、これは「教育全般の関係から見ましても、他の学科の免状をも併せて持つことが望ましい[175]」と考えるためである。また武道の専門学校を卒業した者の「殆ど大部分が武道教員として活動して居ります、学科の教員をやつて武道の方の教諭を致して居らないと云ふ者は殆ど僅少[176]」である。勿論、藤生が述べるような「楽」をとる武道の教員免許保持者がいたとすれば「十分是は是正致し[177]」たい。

藤生は小笠原の答弁に対して「極力向上の途を講ぜられんことを希望致して置く[178]」とだけ述べた。このように武道教師の質的向上と量的拡大は依然として課題のままであった。昭和一九（一九四四）年の第八四回帝国議会においても再度、藤生は「政府の武道教師養成機関は極めて弱体なものなのです[179]」と批判した。さらに、昭和一八（一九四三）年から昭和一九（一九四四）年にかけて新武徳会によって確立された等級制度が武道教師の俸給問題を深刻にしていた。藤生は第八四回帝国議会においてこの点を問題にした。

> 非常に不愉快に思つたのですが武徳会が、諸学校の武道教師になるに付ては、等が武道教師たる所の資格条件になつて、段は武道教師たるの資格条件にならないのだ、文部省に既に其のことは交渉をして通知して居る、だから武徳会の等を持つて居らなければ、学校の武道教師になれないのだ、斯う云ふことを云ふて、さうして所謂生活問題の弱点を利用して、利を以て我が方に誘ひ、誘惑せんとするやうな態度を執られて居ると云ふことを聞いた（中略）斯う云ふやうに義と利とを弁じないで、さうして利を以て武道教師たらんとする者を誘つて、我が方に吸収せんとするが如き行動を執ると云ふことは、断じて武道教育の指導者の地位に居る者の執るべき態度ではない[180]。

藤生は新武徳会が、講道館などの段級制度を統制して新武徳会の等級制度を普及するために、武道教師の資格条件には段級ではなく等級が必要であると吹聴していると述べた。この時答弁にあたった厚生省の小泉は「武徳会で等、級を新たに定めましたのは、今日の諸情勢に鑑みて作りましたので、段は認めないと云ふやうな気持は毛頭持たないのであります[181]」と応答していた。

また、一月二八日の第八四回帝国議会では文部省の小笠原が武道教師に対する等級の強要について「学校の教員たるの資格は、是は文部省に於て定めた規定に依りまして文部省が附与を致しますので、現在武道の教師に付きましては所定の学校を卒業した者と、それから学校は出て居りませぬが、実力を持つて居つて検定試験を受けて合格した者、此の二つの種類がございます（中略）段に致しましても等級に致しましても、それがあるからとかないからとか、さう云ふやうなことは全く関係がございませぬ[182]」と武徳会の等級の強要については制度として無意味であることを強調していた。続けて小笠原は、「尚ほ武徳会の方から何か申込があつたかと云ふ御尋ねでございましたが、武徳会の方では、武徳会が定めて居ります等級等を文部省が教員の資格を与へる際に之を有力な参考とするやうにしてほしいと云ふ希望は聴いたことがあります、勿論私共は従来からも武徳会、講道館等で与へて居りました段と云ふものを参考に致して居つたのでありますから、同様な意味で将来も参考に致して行きたいとは思つて居りますが、併し是があるから無条件で教員にするとか、或は是がないから教員にはなれないとか、さう云ふ絶対条件には致し得ませぬ[183]」と述べ、新武徳会が文部省に対して等級制度を教員免許の資格を与える際の「参考」にするよう申し出ていたことを明らかにした。

しかしこのような新武徳会の文部省へのはたらきかけも、昭和一九（一九四四）年以降は徒労に終わってしまう。昭和一九（一九四四）年二月一七日に発せられた「国民学校、青年学校及中等学校の教員の検定及資格に関する臨時特例」によって、武道の経歴を相当有している者で「中等学校」武道教師に、三年以上「体錬科武道」

の教授を担任している者には無試験検定が適用されるようになった。[184]この臨時特例は来るべき本土決戦に備え総力戦体制を強化するため、「体錬科教練」と「体錬科武道」の教師の確保を目的としていた。[185]つまり官立の専門学校や高等学校を卒業しなくとも、そして新武徳会、講道館などで教員養成の過程を経なくとも、それまで嘱託で武道教師に三年間従事していた者に対して教員免許を取得する機会が与えられたのである。[186]

第八四回帝国議会以降に藤生が武道教師について言及した資料が見当たらないため、この臨時特例を藤生がどう思ったのか追跡できない。ただし、藤生の文部省及び厚生省への質疑により、文部省による武道教師関連の施策が新武徳会の事業とは別に行われていたことが判明した。それは新武徳会を利用した武道行政の一元化が上手く図られなかったことを示す出来事であったと考えられる。五省共管とはいっても、新武徳会の監督省庁は厚生省練武課だったのであり、厳然とした縦割り行政のなか、厚生省以外の各省に新武徳会の事業活動を事前に周知し、各省の武道行政を調整することは挙国一致が叫ばれた戦時下においても困難なことだったのである。

第三項　武道章検定に対する藤生の反応

藤生は昭和一八（一九四三）年二月二四日の第八一回帝国議会で、その時点では制定されていなかった武検について「今度厚生省は武道章と云ふものを御作りになるやうに聞いて居りますが、武道章に付て一応大臣の御説明を承ります」[187]と質問している。小泉は「武道の振興を期する為」[188]と述べたが、藤生はさらに武検の中身について追及した。藤生はいう、「聞く所に依ると軍部の方では柔道と剣道の武道章を戴く試験に合格しても、基本的に銃剣道と射撃道に合格して居なければ武道章は得られないと云ふ風に軍部の方の意向が決められてあるやうに聞きますが、それは本当ですか」[189]と。武検は制定後、銃剣道と射撃道を重視することにはなっていたが、藤生にとって武道とは日本固有の種目でなくてはならなかった。したがって戦地で天皇のために討ち死する態度は武道精神として賞賛したが、銃後における武道の普及は日本固有の種目を優先させることを望んでいた。

小泉は藤生の質疑に対して「恐らくさう云ふ細かい小さな考へから出発したものはないと思つて居ります[190]」と述べた。これに続いて藤生は次のように発言した。

基礎的なものは、銃剣道、射撃道、即ち武器を持つ所の武術よりも、武器を持たざる相撲とか柔道、特に体捌きを修練する為には最も理想的の柔道の如きものが、寧ろ基礎的な条件の武道として適当である、斯様に考へて居ります、私は私の体験に照らして、基礎目的の体捌きが出来て居れば、是は基礎工事が出来たやうなもので、其の上には如何なる建築をやっても立派に建築出来る、それは事実です（中略）一つ大臣から特に柔道を御主張下さるやうに、特に此の機会に御願ひして置きます[191]。

藤生は武道の基本は体捌きにあり、体捌きを身につけるには柔道が理想的であると主張した。藤生は銃剣道や射撃道を否定しなかったが、それらを訓練する前に在来の武道の基礎を身につけることが銃後の武道実践には必要だと考えたのである。しかし、こうした藤生の主張も虚しく、昭和一八（一九四三）年一一月に制定された武検では銃剣道と射撃道が重視されたのであった。

武検で重視される武道種目については昭和一九（一九四四）年一月二七日の第八四回議会でも議論された。第八四回議会において藤生は前回の第八一回議会に引き続き銃剣道、射撃道ではなく柔道及び剣道を基本種目にすることを主張する。

武道章検定の基本種目として銃剣道、射撃道に必ず及第しなければ、柔道或は剣道等或は段を持って居っても、それは武道章が貰ひ得ないのだ、斯う云ふやうに解釈し、又事実さうなって居りますが、是は順序顚倒です、是は寧ろ第一線的武技である所の銃剣道射撃道に対して近視眼的な態度であって、真に是が軍部の要望であるとするならば、軍部の要望を充たす所以ではないと云ふことを此の前も申し上げたのであります[192]。

さらに続けて藤生は「武道章の検定をするのに対は《ママ》して、皆術であり、技である、即ち技と術の方面のみに偏して居ります所の、又さうでなくてはならぬ所の学であり、道である、即ち学的要素、道としての要素の方面に於ては閑却されて居るやうに考へます、是では武道章と云ふことは出来ない、武術章と言はなければならぬやうに考へられ[193]」ると述べ、武検が銃剣道や射撃道といった直接戦闘に役立つ種目が重視され、「学的要素」の閑却が著しいことを危惧したのであった。藤生は武検への「学的要素」の導入の一例として「学徒に対して、お前は弾がなくなり刀が折れたら一体どうするか、それに対して学生は魂魄を以て戦ひますと答へた、斯様なことは正に武道精神の粋でありまして、さう云ふ風な質問とか、或は国体と武道の関係はどうか、武士道精神とは何ぞやと云つたやうな武士道の基本的な知識の理解を持たせる意味に於きましてもさう云ふ風な試験をして、さうして術と道と相並行して、真の武道章と云ふやうな内容を形作られる方が、私は武道章の面目の為にも宜くはないかと存じます[194]」と述べた。

これに答えて小泉は、「今まで武道と云はれましても、術を競ひ、技に趨つて居ると云ふ嫌ひが多分にありまして、私の目に触れ耳に接しましたことに付ては、それはどんどん是正しつつある次第であります[195]」と述べた。さらに、藤生は「武道章の検定を受ける者は、武徳会の等級を持って居らなければ受けられない、講道館の段級を持って居つても、それでは武道章を受ける資格にはならないのだ、斯う云ふ風にも噂されて居ります[196]」と述べたところ厚生省健民局長の小林尋次が「さう云ふ規定は致して居りませぬ[197]」と応答した。

第八四回議会では藤生だけでなく、山中義貞も武検について意見を述べていた。山中は武検に設けられた基準について次のように質疑した。

武道章検定実施要綱を見ますと、各府県支部に御通牒になつて居りまするが、其の中に武士《ママ》道検定科目として標準と云ふものがありまして、それに第一部、第二部、第参部と分けられまして、第一部は銃剣道、基本は銃剣道に置かれて居ります、第二部が射撃道であります、第参部が従来ありまする所の剣道、柔道、角力斯う云ふものが入れられて居るやうな次第であります、所が此の試験の検定を致しまするのに第一部、第二部たる銃剣道、射撃道と云ふものに対しては、初級は大日本武徳会等級の参級、中級の検定を受けますのには一級二級、第一部、第二部に対しては斯うあるのであります、然るに第参部の剣道、柔道、に於きましては、中級及び上級を受けるのに其の最下級である参級を以て之に宛ててあると云ふことは、私は一寸解釈に苦しむのであります、凡そ等級制度が決まりまして、参級と申しまするとと各道の最下級であります、剣道で申しますならば竹刀を持つて稍々基本が出来掛つたと云ふ位を以て参級と致します、柔道に於ては漸く其の基本が出来掛つたと云ふ所が参級であります、然るに此の参級の者を検定章の中級、上級に持つて行くと云ふことは、而も銃剣道及び射撃道に於ては一級、二級或は五等以上を以て之に当てる、斯う云ふことになつて居ります、さうすると五等以上を以て銃剣道、射撃道の中級、上級に当てるに拘はらず、剣道、柔道に於ては最下底の参級以上を以て当てる、斯う云ふことになつて居る、是は私は甚だ此の点に於て銃剣道と剣道、柔道に差を付けられて居る。(198)

山中は武検における銃剣道及び射撃道の重視と剣道、柔道、相撲の軽視とを等級制度の側面から批判的に分析してみせたのである。対して小泉は「銃剣道等の方が重く見られて、古来の剣道、柔道と云ふものが軽いと云ふやうな事実があれば、是は飛んでもないことだと思ひます、此の点は篤と其の経緯を更に調べまして、はつきり致すやうにしたい(199)」と応答した。小泉は藤生や山中の意見に賛成する立場から武検の改正を示唆した。

しかし藤生や山中らの意に沿う武検の改正はなされなかった。昭和一九（一九四四）年四月に「武道章検定実施要綱」は改正され、昭和一八（一九四三）年一一月の時点には無かった規定が追記された。その規定は藤生の主張と反する内容であった。すなわち昭和一九（一九四四）年四月の改正によって「武道章検定標準に該当する者に付ては書類審査を以て検定に代ふることを得」[200]られるという規定が追加されたのである。これは、三六九頁に掲載した表16の備考に示された武検の初級―上級のそれぞれにあたる新武徳会の等級を有する者を、書類審査のみの検定にするものであった。武検と新武徳会の等級制度は連動することになり、等級を持たなくても受験できる武検の制度は作られなかったのである。

改正された武検は七月一日から翌年二月末まで実施が予定されたが、結局改正された武検がどのように実施されたのかどうか不明である。ただ、少なくとも武検をめぐっては藤生の主張が政府に挫かれたかたちになったのである。

第三節　柔道の審判規定をめぐる大日本学徒体育振興会と新武徳会の関係

新武徳会をめぐって厚生省と文部省の対立が目立ったことは前節第三項の武検を検討した際にも触れたが、新武徳会は文部省の管轄した大日本学徒体育振興会（以下、「学体振」と略）とも柔道の審判規定をめぐって対立をみせていた。以下、学体振について概観しておこう。

第一項　大日本学徒体育振興会

昭和一六（一九四一）年七月の南部仏印進駐がアメリカの対日石油全面禁輸を招き寄せ対米戦争の危機が高まった。このような状況下で日本国内の臨戦態勢の確立が叫ばれる中、体育・スポーツ界の「臨戦態勢」に向けた再編の機運が高まった。[201]この機運に乗じたのが文部省であった。九月初旬、文部省は学生・生徒の体育・競技の振興に関する中央団体、学体振の設立方針を発表する。日本のスポーツ界が学生層を中心にしていることからも『朝日新聞』は「学生体育の組織を強化し、これによって、学生以外の社会人競技の無力を暴露し、もって文部省への一元化を実現せしめるといふやうな権道[202]」であると、学体振の狙いを文部省による体育行政の一元化への布石だと報道した。これに対し厚生省は一〇月に入り「総合体育団体」設立に向けて動き出す。文部省の学体振の設立過程は厚生省の大日本体育会の設立に向けた動きと体育行政の主導権を争いながら進行したのであった[203]。

結局、学体振は「総合体育団体の内部組織とすることを前提に[204]」、学生の体育・スポーツを統括するために昭和一六（一九四一）年一二月二四日に文部省によって設立されることとなる。学体振をその内部組織に持つこととなった「総合体育団体」とは昭和一七（一九四二）年四月八日に設立される大日本体育会のことであり、体育行政の主導権は表面上、厚生省に握られたかたちとなった。他方で昭和一七（一九四二）年四月一日に発表された新武徳会の「財団法人大日本武徳会寄附行為」をみれば、「第参〇条　本会は大日本学徒体育振興会を其の内部組織とし、学徒の武道に関する事項を掌らしむ[205]」とされている。したがって、学体振は武道に関わる行政については建前上、新武徳会に任せていたのである。

新武徳会と学体振が連動をみせるのは例えば、昭和一七（一九四二）年一一月一八日に「前線に立つかも知れぬ学徒のうちに戦技を知らぬ者があってはならぬと、大日本学徒体育振興会は大日本体育会並に大日本武徳会と協同して全国大学高等専門学校の幹部学徒に戦技訓練の実施方法を授け、学内の皆武皆訓に資するための錬成講習会を全国七ヶ所[206]」に開いたことにみられる。『朝日新聞』は「綜合戦技、陸上運動、銃剣道、射撃、剣道、柔道を実施指導、まず十八日午後一時から関東地方七十参校、学徒千二百名の講習会が陸軍戸山学校で行はれた[207]」と講習内容を報じている。

学体振は地方支部の拡大を目指し、昭和一七（一九四二）年一〇月には「北海道支部の設立を見、次いで東北支部が今月下旬、その他も関東、関西両支部を除いては大体一月中には発足する運び[208]」となり、翌昭和一八（一九四三）年一月には「大学、高専校を中心とする支部組織は既に北海道、東北、東海、中国、四国、九州の五《ママ》支部が北大、東北大、名古屋大、広島文大、九大の中に結成を見、関西は二月一日京大内に北陸は二月十四日金沢医大内に各発会式を行ふ予定で関東も二月中には具体化の見込[209]」となった。関東支部は同年三月一一日に発会式を迎えた[210]。

こうして学体振の組織的拡大が進行する中、昭和一八（一九四三）年三月二九日には文部省から『戦時学徒体育訓練実施要綱[211]』（以下、『要綱』と略）が発表され、学体振の各支部に通牒された。『要綱』には学体振の基本方針が打ち出され、「戦力増強、聖戦目的完遂を目標とし、強靭なる体力と不撓の精神力との育成に力むること[212]」が定められた。『要綱』では課外の体育訓練として「い、戦技訓練　行軍、戦場運動、銃剣道、射撃　ろ、基礎訓練　体操、陸上運動、剣道、柔道、相撲、水泳、雪滑、球技（闘球其他適切なるもの）　は、特技訓練　海洋訓練（撓櫓漕等を含む）、航空訓練、機甲訓練、馬事訓練[213]」を重視することが記された。この『要綱』に基づき、同年五月二三日には関東支部では「綜合戦技大会」が開催されている[214]。

さらに同年七月の『新武道』には「学徒武道の試合綱領について[215]」、「学徒柔道試合規定の解説[216]」と題され、『要綱』の方針に沿った柔道の審判規定が文部省より発表された。文部省体育局訓練課の田中喜雄によれば、文部省作成の審判規定は「青少年学徒に対し、特に戦力増強の強化徹底を期待[217]」されて作成されたのだという。また文部省が作成した柔道の審判規定は、新武徳会の審判規定と大きく異なる点が二つあった。一つは、文部省作成の審判規定では「試合は投技又は固技を以て決しむ但当身技に対する気構を堅持せしめ投技・固技を一体とし攻撃を主眼として行はしむ[218]」と規定されていることであった。つまり当身技への気構えは求められるものの、当身技の使用は認められなかったのである。二つ目に禁止事項として「肘関節以外の関節技を施さざること[219]」と定められていた。新武徳会が全ての関節への攻撃を認めていたことと比べると、文部省は試合に出る者の身体の安全に配慮していたことが窺われるのである。

この文部省の武道行政は新武徳会を通して実施されたものではなかった。つまり、新武徳会が同年一一月に作成した審判規定とは別に文部省は審判規定を作成し、学体振によって実施しようとしたのであった。学体振の武道事業は新武徳会によって管掌されることとなっていたにも関わらず、新武徳会の管理から逸脱した行動をとっていたのである。しかし、新武徳会が一一月に制定した各種武道の審判規定は制度上、学体振においても施行されねばならなかった。そのため学体振においては、学体振の作成した審判規定と新武徳会の作成した審判規定が一時的に並存状態となった。昭和一九（一九四四）年の第八四回議会ではこの新武徳会と学体振の入りくんだ組織体制と、新武徳会の作成した審判規定とをめぐって議論されたのである。

第二項　武道における実戦性と訓育的意義の位置関係

学体振においては学体振で定めた審判規定を用いればよいのか、それとも新武徳会の作成した審判規定に従えばよいのか。昭和一九（一九四四）年の第八四回議会で、こうした審判規定の並立の煩雑さについて最初に質疑したのは武検の実施についても発言していた山中であった[220]。山中は小泉に対して、昭和一八（一九四三）年八月頃の学校での武道の審判規定の混乱及び新武徳会の見解がどのようなものであったかを述べた。

去る八月頃だったと思ひます、八月頃に先ず第一に文部省に於ての発表がありました、さうして各学校所属の武道専門の先生に対して審判規定の改正の御通知がありました、然るに其の後何等武徳会としての御改正の御通知に支部としては接せぬのであります、そこで或る時に、あの文部省に於て発表せられた武徳会に於ける武道の審判規定と云ふものが御改正になられたことになるが、今日地方に於ての武道家は殆ど其の職を学校に奉じて居ります、其の方々が学校に於て学童の武道の審判規定と、一般武徳会に於ける武道の試合に於ける審判方法とを異にすると云ふやうなことは、是は統制上甚だ困難です、故に之を一定にして貰はなければならぬが、一日も早く武徳会としても審判規定を発表して戴きたい、斯う云ふことを申したのであります、所がそれは文部省に於て発表した通りでございます、斯う言はれる。[221]

山中によれば、各地の学校では新武徳会と文部省が定めた審判規定が「一定」しないため「統制」が困難な状況にあるという。一方で新武徳会は各地の学校の武道教師に対して文部省が定めた審判規定に従えばよい、と述べたというのである。こうした状況に対して山中は次のように意見した。

文部省に於て発表した通りでありますと云ふことは、極めて無責任なことであると思ふ、凡そ武徳会を主として、武徳会から発表があつて後に文部省が之を採用せられると云ふことなら宜しうございますが、文部省でやられた通りを武徳会が其の通りだと云ふことで敢て発表せられなんだと云ふことは、甚だ遺憾であると思ひます、所が十月の終り頃になりまして、初めて武徳会から各支部に改正の御通知がありました、それに依って漸く決定は致したのでありますが、斯う云ふことは前後顚倒した行き方ではないか、斯う考へます（中略）苟くも武道に関する改革事は、武徳会を主として、武徳会から先ず発表あつて、然る後に各支部に於て発表されると云ふことが最も至当だと考へます。[222]

山中の主張は、新武徳会が武道行政を主導出来ていないことを批判するものであった。山中は新武徳会主導で武道行政が展開されることが望ましいと考えていたため、無責任な新武徳会の態度を批判したのである。これに対して小泉は、「武徳会は政府の唯一の武道に関する外郭団体でありますから、御意見のやうに行くのが当然だと思ひます、今後左様にやりたいと考へます」[223]と応答した。

さらに翌日の第八四回議会では、今度は藤生が新武徳会の武道行政の失敗を指摘した。藤生はまず、学体振と新武徳会の組織的な関係について文部省の小笠原に確認した。

武徳会の財団法人寄附行為の中の第参十条に「本会は大日本学徒体育振興会を其の内部組織とし学徒の武道に関する事項を掌らしむ」とありますが、さうすると学徒の武道に関する色々の根本方針とか、或は武道に関係する行事、是等のことは武徳会が決定して、さうして命令して行はせるもののやうに此の条文からは考へられますが、さう云ふ風に了解して置いて宜しいでせうか。(224)

これに対して、小笠原は次のように述べた。

組織としては其の内部に入つて居るには相違ないのでありますが、純然たる武徳会の一部であると云ふ訳でもないのであります、要するに大日本学徒体育振興会は学徒の武道のことをやって行く、併し武道に関する団体が色々ありまして、それ等が区々にばらばらの行動をすることは思はしいことではない、随てそれ等の間に一致した一貫した行動をさせたい、それで武道に関しましては此の間十分密接な連絡を取つて、何れのものも足並を揃へて同じやうな方針で動くやうに致したい、それでは一本にしてしまへば宜しいではないかとも考へられますが、一本にしたのでは運営上巧く行かない点もございます、それで形としては独立して居るが、大きな意味では一つのもので（中略）大日本学徒体育振興会に於ける学徒武道のやり方に付きましても、武道其のものの大綱の根本的な点は、大日本武徳会に於て考へて居ることと同じ方針を基礎として行く訳であります、併し学徒の武道の実施と云ふことに付きましては、又学徒と云ふ見地から色々考へまして、之に従って適切な運営をしなければならぬ点もございますから、斯う云ふ点は大日本学徒体育振興会の武道の部の方で責任を持って考へて行く、斯う云ふ関係になって居るのでございます。(225)

藤生は小笠原の応答に「大体分りました[226]」と一応の理解を示し、今度は新武徳会と学体振の審判規定の位置関係について次のように意見した。

今度武徳会は、従来の柔道を一擲してと前提して、さうして審判規定を改正した、即ち当身を行ふ、全面の逆、指でも腕関節でも一切逆をやつて宜しいと云ふ風に審判法を改正したのでありますが、之に対しては私共非常な意見がある、是は改善ではない、私は却つて改悪ではないかと考へて居るのであります[227]。

ここで藤生が述べた「改悪」については説明を要するであろう。藤生は昭和一九（一九四四）年の『武道公論』一月号で新武徳会の審判規定を批判している。藤生はいう。もし新武徳会が作成したように当身技や関節技の使用を認めるならば、「完全なる防具なくしてはその徹底的修練は不可能[228]」である。つまり、「若し防具なくして之を実施せんか、その効果は極めて不徹底に終るか、然らざれば非常な危険を冒して或程度の所謂人的資源の犠牲を覚悟しなくてはならない[229]」のである。すなわち藤生の述べる「改悪」とは、新武徳会の審判規定に従えば、戦場へ赴く前に怪我人が続出して、多くの「学徒」は任務を全うできない身体になってしまうという安全性の観点からなされた批判であった。これに対し、文部省が作成した審判規定は当身技と肘以外への関節技を禁じていた。そのため、新武徳会の審判規定と比べれば、文部省のそれは藤生の柔道に対する考え方に近かったといえよう。

続けて藤生は、銃剣道や射撃道のような軍事的種目が登場した時代にあって柔道が「武術的要素を如何に充実強化しても、戦闘法の還元が不可能なる限り、その戦場武道としての復活は到底[230]」なし得ないのであり、日本固有の武道は「今日の如く進歩発展し絶大の威力を有する近代的火器兵器に対して敵すべくもない、只武道に依り鍛練せる水火を意とせざる大和魂の発揮のみであることは明瞭[231]」であると述べた。

藤生は一貫して武道の価値は「大和魂の発揮」あるいは「武士道精神の実践道[232]」にあるという立場をとっていたのである。藤生にとって武道による大和魂や武士道、すなわち日本精神の養成は、彼が武道国策に乗り出すきっかけとなった講道館の制裁審議会以来の主題であった。藤生は〈武道のスポーツ化〉に対して批判的な立場をとり、明治維新以前からの目的とされた実戦性の徹底によって〈武道のスポーツ化〉を矯正しようと企んだが、それはアジア・太平洋戦争において求められた戦技化を図るためではなく、あくまで日本固有の武道によって日本精神を養成するためだった。戦時下においては、武道の実戦性を強調する論者の間でもその理由は分かれるところであった。すなわち、実戦性によって明治維新以前から続く武道の伝統的な精神性を伝えたいのか、実戦性に二〇世紀の戦争で有効な戦技を求めているのかは論者によって異なったのである。

こうした意見を持っていた藤生からみれば、怪我をする可能性の高い危険な柔道を学徒に行わせることは「改悪」以外のなにものでもなかった[233]。小笠原は藤生の「改悪」という主張に対して次のように応答した。


　中等学校以下の学徒のものに付きましては、既に細部に亙つて文部省に於て定めた教授要目がございまして、之に従つてやつて参るのでございます、専門学校以上の学徒に対しましては、細かい点までの教授要目はまだ示されて居りませぬが、試合要項と云ふものを昨年文部省で定めまして、之に基いて試合を行つて居ります（中略）是は或は学徒体育振興会に於て定めても宜かつたのでありますけれども、相当是は重要な問題でありますから、外郭団体よりは寧ろ文部省として定めて、各学校へ之を通牒した方が宜からうと存じまして、文部省で定めた試合規定がございます、是で現在行つて居りまして、今後も是で行つて参るのであります[234]。

つまり、小笠原はあくまで学校における柔道は新武徳会の審判規定ではなく、文部省作成の審判規定を実施すると強調したのであった。そしてここでも問題となったのは、武道行政の主導権はどこが握っているのかということであった。そして藤生はこうした武道行政の主導権問題の解決策を提示するのであった。

第三項　新武徳会監督省庁の移管問題

藤生は第七三回議会において文部省にも練武課のような部局の設置を要請していたことは第一〇章でも確認したが、この主張が再度第八四回議会でなされるのであった。藤生は文部大臣の岡部長景に向かって次のように述べた。

> 日本武道と云ふものは、是は陸軍省も言つて居るやうに、武道と云ふものの主目的は徳育である、其の対象は学校、社会一般に対する教育である、故に是は文部省に所属せしむることが適当であると云ふことがはっきり公文書に書いてあるのです（中略）武道は正に徳育である、精神訓育が其の第一義であつて、体育的の意義と云ふものは、是は第二義、第参義的のものでありますことは最早議論の余地はありませぬ（中略）随て私は厚生省の今主管致して居ります所の武道行政は、少くとも是は文部省に移管することが妥当であると私は考へるのであります。[235]

このように、藤生は厚生省の武道行政を文部省へ移管することを提案したのである。しかし、文部省へ武道行政を一任するにしても「文部省の体育局は実際は武道の面を非常に多く指揮支配をして居るのでありますから、即ち名は実の賓なりで、武道をやって居る其の局が体育局と云ふやうな名前で呼ばれて居ると云ふ其のことが、既に日本武道の振興を阻碍するものである」[236]という。文部省の体育局の下に武道行政が一任されると武道の「第二義」的意味の体育に武道が包含されるイメージがつきまとうため、藤生は文部省の「体育局を武道局と云ふ風に改称[237]」するべきであると主張した。さらに厚生省の武道行政の努力にも「同情の念がそこに起きて来る[238]」ため、「厚生省の方は第二義、第参義の武道の行政[239]」を任せ、「文部省は第一義的武道、本質的の武道、即ち崇高厳粛なる倫理、道徳、徳育、精神訓育と云ふ面を大いに拡大する行政機構として、私は体育局を武道局と改称して行かれると云ふことが、此の際行政機構とか何とか時局下喧しい問題を起すことなくして、極めて簡単に行はれるのではないかと考へます[240]」と述べた。

岡部は慎重に見解を示し、明確な答えは避けた。

文部省としては他の各省の所管事項との間に分界の立てにくい場合が多々あると思ひます、思想指導と云ふやうなことに付きましてはどうしても全般的に亙らなければならぬ問題であり、其の根本の点に付ては文部省がやはり所管事項として扱つて行かなければならぬのでありますが、是等に付きましては更に又文教の問題を一つ根本的に検討も致しまして、さう云ふ点に付ても十分考慮したいと考へて居る訳であります[241]。

このように藤生や山中らは柔道の審判規定の問題を通して厚生省の武道行政を文部省へ移管することを政府へ要求したのであった。ここに本章冒頭で示した「厚生省の武道行政を文部省に移管統一に関する建議書」成立の発端がみられるのである。

第四節　「武道観」をめぐる齟齬

第二節及び第三節で検討してきたように、藤生と政府の間で議論されてきたことの争点は、武道行政の責任の所在と、武道行政を遂行する主たる省はどこなのか、という武道行政における主体の所在であったと考えられる。藤生は第八一回議会以降、度々政府の「武道観」を問い質していた。それは政府内で統一された「武道観」が共有されることなくしては武道行政の方針が定まらないと考えたためであった。政府における「武道観」の成立は委員会でも議論されてきたことであった。しかし、ここまでみてきたように各省間においては武道行政の齟齬がみられた。五省共管の新武徳会が上手く機能していなかったことは、武検をめぐる文部省と厚生省の対立や、柔道の審判規定をめぐる学体振と新武徳会の間の齟齬を見ても明らかである。また、新武徳会は各省に諮らずに独断で講道館の地方柔道有段者会の解体を迫っていたという議論も噴出していた。そもそも新武徳会は武徳会から事業活動を引き継いだのであり、旧態依然とした側面を遺していたのである。そのため、新武徳会の活動に不備があれば何度でも改組の意義は問われざるを得なかった。

このように武道行政は錯綜し、武道界内部に対立を抱えた状況にあった。こうした状況では武道振興が進まないと考えた藤生は、昭和一八（一九四三）年二月二四日の第八一回議会において小泉に対し、武道が「高く評価もされなければ、振興もされないと云ふやうな根本の原因は何処にあるかと云ふと、武道行政の指導的立場にあられる所の政府役人諸公に於て、或は武道に対して熱意を欠いて居るのではないか」と批判し、「武道行政に携はる所の役人諸公は勿論のこと、一般国民に対して武道に対する所の理解、武道観と云ふものを此の際確立すると云ふことが極めて必要であるからして、どうか其の点に付て大臣から御答弁を御願ひしたい」と迫った[242]。

小泉は次のように答えた。

肇国以来の色々の時勢の変遷に伴ひまして、武道の技術的面には、色々の形の違ひはありまするが、根本の日本武道と云ふものの真髄、精神に於きましては国肇まつて以来微動もしない、確乎不抜なるものだと考へて居ります（中略）兎に角明治御一新後、殊に十五年明治大帝より陸海軍人に賜りました御勅諭の中には、此の点に付て洵に明かに御示し、御諭しがる次第でございます（中略）決戦体制下に於ける今日の日本武道は（中略）根本に於きましては全く今日の時局に即応するやうな武道の昂揚と云ふことが願はしいことであると云ふことに依りまして、新しく構成致しましたる大日本武徳会としては、取敢へず日本武道として取上げましたものは、御承知の通り先ず手近く取上げられるものを取上げた次第であります、随て銃剣道と云ふやうな新しいものすら此の中に取上げられて居る次第であります。[243]

この応答は軍人勅諭に顕れた肇国以来の精神と、時局に即応する軍事的種目の採用という点で委員会の武道振興の方針を踏襲していると考えられる。しかし、藤生は小泉の応答を「御尋ね致しました質問の「ピント」に合ってない[244]」というのである。「ピント」に合わないとはどういうことか。以下、藤生と小泉の議論を詳細に検討してみよう。

第一項　神武と国体

藤生は小泉の応答に対してピントがずれていると述べた。それは小泉の「只今のやうな御説明では何だか隔靴搔痒の感があって、余りに観念的な抽象論のやうな気持がする[245]」ためであった。したがって藤生は「只今大臣が御述べになりましたやうに、武道は正しく日本の国体に淵源を発して居ると云ふことをはっきりしなければならぬのじゃないか[246]」と述べ、「武道がどう云ふ風に我が国体に淵源を発して居るかと云ふことを明かにしたい[247]」と小泉の前で自身の「武道観」を述べるのであった。

藤生はいう。北畠親房の『神皇正統記』に記されているように「大日本は神国である、神国であると云ふことは日本人は誰も知らない者はない[248]」だろう。しかし日本が「神国」であると言っただけでは「我国体性は明徴にはならない[249]」。ここで藤生が持ち出すのが、江戸期の儒学者にして兵学者であった山鹿素行の『中朝事実』であった。

『中朝事実』は寛文九（一六六九）年の著作である。近世思想史家の前田勉によれば、永らく「研究史においては、素行の『中朝事実』は日本型華夷観念の典型の一つとしてとらえられてきた[250]」。しかし、近世日本の対外意識を問題とする場合、『中朝事実』には中国の華夷思想と「日本型華夷観念」の二面性が見出される。両者ともエスノセントリズムであって、自己を起点として諸国家・諸民族の関係を位階制的にとらえる秩序観念である。ただし、前者がその秩序の規準を「礼教」文明に置くのに対して、後者は皇統の「一系性」と「武威」を規準にしている点で異なる[251]。もちろんこの区分は理念型であって、江戸期における個々の思想史家のテクストを詳細に検討すればそれほど明瞭に区分けできない。今日の研究水準からみれば、『中朝事実』もまたこの二つの理念型の間を揺れ動くテクストの一つなのである。

おそらく藤生が『中朝事実』に注目したのも、『中朝事実』が日本型華夷観念の典型であると捉えていたためと考えられる。藤生が『中朝事実』から引用した箇所は、今日の近世思想史の研究者が日本型華夷観念を端的に示す箇所として注目する箇所と同一であった[252]。すなわち、藤生は「中朝事実に於て「大八洲のなること天の瓊矛に似たり、故に細戈千足国と号く、宜なる哉、中国の雄武なるをや、凡そ開闢より神器霊物甚だ多し、而して天の瓊矛を以て初となす、是乃ち武徳を尊び以て雄義を顕す也」と斯う言って、日本の国が正しく武の国であると云ふことを立派に闡明して居られるのであります[253]」と『中朝事実』の中で皇統の武威の正統性を主張する箇所を引用し、日本が神国であるのみならず、「武の国」であることを主張するのである。さらに「日本の国を肇められた所の神々は、只管武に依って国を建てられたのであります、儒教とか、仏教が渡来する前は、治乱共に神々が武に依って治められて居った[254]」ことからも「神と武と云ふものは、肇国以来切離すことの出来ない密切不可分の、一元一如の関係[255]」にあるのであり、「武道が国体に淵源を発して居ると云ふことが明徴になって来る[256]」と主張した。

またこの神と武の不可分性を象徴しているのが「天照大神様の御尊像[257]」であり、「現人神として神にを在ますと同時に、大元帥陛下として武の最高の地位[258]」にいる天皇なのである。そして、国民も戦場で「武に死する場合は護国の神として靖国神社[259]」に祀られるのである。そのため神と武は密接不可分であり、武は「昔から神ながらの道[260]」と称され、「武の精神は其の儘是が神の御心である（中略）天皇の御仁慈の御精神を積極的に発動する道が武道である[261]」と藤生は武道を位置づけた。

第二項　武道の応用

さらに藤生は武道の稽古が「道場から一歩も出ない、即ち実生活に実践されぬと云ふやうなものであったならば、それは決して真の武道と云ふことは出来ない[262]」と主張する。すなわち、「道場と云ふものは謂はば楽屋である、舞台ではない、其の楽屋だけの武道を一般に武道だと言ふものですから、武道の品位が高く考へられないのであり、「政治生活、或は経済生活、文化生活、此の生活舞台其のものが舞台であるのでありまして、此の舞台に於て演ぜられる武道が私は真の武道であると考へて居る」と武道は道場外で通用してこそ真価を発揮することを述べた[263]。そして、藤生は従来の道場内に留まっている武道を批判し、次のように述べた。

従来の武道は唯技術的に又精神的に道場にのみ局蹐して、随て仕合第一義に解され、勝ちさへすれば宜い、勝てば段が上り、段が上れば自分の生活が保障される、だから勝星を稼ぎさへすれば宜いと云ふ試合第一主義に堕してしまつて、精神の修練とか、人格の陶冶と云ふことは第二義的、第参義的にしか取扱はれて居なかつたのであります、それであるから従来の武道が「スポーツ」武道とか、体育武道とか云ふやうな非難まで受けるやうに相成り、或は一般の体育運動と対等視され、或はそれ以下に取扱はれるやうになつたのであります、武道家も武道団体も亦政府の指導的立場に居られる人々も挙げて此の流弊に陥つて居る。[264]

ここでも藤生は「「スポーツ」武道」、「体育武道」、または「試合第一主義」などが武道の「精神の修練」的価値を後退させている原因であると指摘している。さらに「体育武道」は教育制度上にもみられることであり、「たった二つしかない政府の武道教師養成機関でさへも、高等師範学校の体育部の中の一部としてある、今度出来た東京高等体育専門学校の中に武道養成機関もありますが、同じく東京高等体育専門学校の如く体育の名に包容されて居る[265]」のであった。藤生にとって武道を体育やスポーツと同一視する政府の政策は「断じて日本主義的ではない、皇道を振起する所以ではない[266]」のである。藤生が武道を日本精神の養成法と位置づけたのは、〈武道のスポーツ化〉に抵抗するためであったが、そのことがここでも貫かれていたのである。

第三項 体道――厚生省の武道観

藤生は「厚生省と云ふものは国民の衛生、保健を専ら主管する所の役所である[267]」ため、「其の厚生省に於て精神訓育を第一義とする武道行政を御取扱ひになると云ふことは（中略）甚だ不合理[268]」と主張し、「宜しく厚生省の武道行政に関する所の事務と云ふものは、内閣若しくは文部省に返上或は移管すべきことが当然である[269]」と小泉に提言した。

これに対し、小泉は「体育運動の実際面に於きましては、国体或は日本の姿に相応しくないものが過去に於て多々あつたと云ふことは事実[270]」であり、「武道が其の下のものであると云ふやうな風に考へられるやうな節が多々あつたことはも甚だ遺憾に存じて居ります[271]」と藤生の主張に譲歩した。ただし、「今日武道は先程来御話の通り、又体育運動に於きましても、「アメリカ」或は其の他の外国が考へて居りまするやうに、唯単に身体の教育、肉体的教育と云ふやうな意味のものから蟬脱《せんだつ》致しまして、茲に日本精神に立脚し、基調を求めたる、而も刻下の要請に即応するやうな一つの体育運動と云ふものが茲に生れて来なければならない[272]」というのである。つまり武道を宣揚するのみならず、「日本精神」に立脚した「体育運動」を発案することもまた時局に求められているというのが小泉の答えであった。では、日本精神に立脚した体育とは何か。小泉はそれを「体道」と述べる。「体道」とは「従来の体育運動を更に日本的にし、日本化すると云ふ御国振りの明かなる体育運動[274]」であり、小泉は「健民、健兵、此の本は精神と肉体、全く一如の発達育成に依って初めて全うすることが出来る次第であり（中略）厚生省に於て武道の一課あり、又将来の体道への一課ありと云ふ風にして、政府部内に於て、教育としての文部当局との間に茲に緊密なる一体的の行政の運営を全うして行きたい[275]」と、主張した。

小泉は「体道」という日本精神に立脚した体育によって「健民」、「健兵」を養成することを提案した。それは精神的意義も含まれる体育の構想だったのであり、厚生省は保健や衛生だけを扱う機関ではなく精神的な側面をも取り扱う機関であることを強調したものであった。また小泉は、厚生省の「健民」行政と武道行政を文部省の学校武道行政と緊密に連関させることを主張したのである。厚生省は日本精神に立脚した体育・武道行政を実施していると強調することで、武道行政を手放さない意志を示したのである。

第四項　武道行政の主体

しかし、このような小泉の「体道」のアイデアは、藤生が委員会において批判したスポーツの武道化と同様の論理であった。そのため、藤生は小泉の発案を受け入れることは出来なかったのである。藤生は小泉が述べた日本的体育、「体道」の構想へ次のように批判した。すなわち、いくら名称を「体道」と称しても「本当の武道の水準にまで引上げることは出来ない[276]」。そしてまた山鹿素行は「「本朝武を以て先と為す」と言はれて居る[277]」のであり、体育と武道ならば、武道を優先的に扱うべきである。そして「体道」のような「曖昧なる言葉を以て、体育運動と武道、其の奨励の先後緩急の度をどうするかと云ふことに対して、私は不明確にしてはいけない[278]」と反論した。そして厚生省に武道に対する「熱意があれば当然厚生省で扱ふ所の武道行政と云ふものは武道の本質に照らして、内閣なり、文部省なりに移管し、返上することが本当の処置ではないか[279]」と再度問いかけた。

このように藤生は厚生省の武道行政には不満があり、文部省に武道行政を移管した方がよいと考えていたことはここまでの検討で明らかだが、それは文部省における「武道観」が藤生の「武道観」とも重なり合うものであったためである。藤生が「体道」をめぐり小泉と論争する前日、つまり昭和一八（一九四三）年二月二三日の第八一回議会で文部省の小笠原は文部省の考える「武道観」について次のように述べていた。

技を修得させると云ふばかりが目的ではございませぬ、勿論術技の習得と云ふことも目的の一つではございます、又之を通じて身体を強健ならしめることも目的の一つではございます、併し更に是等の修練を通して旺盛なる精神力を養ふ、剛健不屈の気魄を養ふ、進取の気象を養ふ、必勝の信念を養成する、或は又正義、廉恥、仁義と云ふやうな徳性を之を通じて涵養すると云ふやうな大きな意味も含めまして、随て是が心身共に強健にして、有為なる日本国民、皇国民の錬成と云ふことを目指して居ります、我が国の教育に於て、其の教材として洵に好適なものである[280]。

この発言をうけた翌日の、すなわち小泉との質疑応答中に藤生は「全く文部当局の御答弁に対しては全幅の同意を表する次第であります[281]」と述べていた。

ところが翌年の第八四回議会で藤生は、厚生省から文部省への武道行政の移管すらも最早「満足しない[282]」と述べるようになる。藤生は「私の理想はもっと高い[283]」として「日本の国体性から考へましても、日本の武道行政の機構というのは（中略）内務省の神祇院と合体せしめた神武院と云ふものにして、内閣の直属とする程の行政機構を以て、初めて日本の国体に相応しい武道行政、教育行政の機構にしなければならぬと私は思ふのでありま す[284]」と述べた。

各省間で対立していては、武道行政の一元化は図られない。そのため、藤生は各省間が個々に展開する武道行政を内閣直属の行政機関に一元化することで、各省間の対立を克服しようとしたのではないだろうか。ただし、藤生自身が述べるようにこれは理想論であった。そのため、厚生省から文部省へ武道行政を移管することが現実的な案として主張されたのである。しかし、厚生省の武道行政を文部省へ移管することが叶わなかったのは本章冒頭で述べたとおりである。かくして武道とは何かという問いに対して、政府は一元的な回答を与えることが出来ないまま終戦を迎えたのであった。

【第四部　小括】

序章で述べたように、一九三〇年代以降になるとあらゆる場面で明治維新以来の近代化過程への見直しが起った。第一三章で検討したように、戦時下においては、明治期から日中戦争までの歴史を批判的に相対化する言説が武道の戦技化を推進する者たちによって形成されたのであった。戦技化を推進する武道論は、武道本来の目的は軍事的実用性にあるとの信念から生み出されたものであり、近代的な軍事兵器の扱いも武道の一種として取り込もうとしたのである。これは武道の軍事的実用性を論拠とした近代化過程の見直しであったといえるだろう。

対して藤生は、武道が西洋外来のスポーツと同一ではないことを主張し、特に柔道の国際化に反対したのである。藤生の武道論は日本精神に立脚した〈武道のスポーツ化〉への批判と反国際化を唱える排外主義的な言説と位置づけることが出来る。そして、こうした藤生の〈武道のスポーツ化〉への批判が昭和一三（一九三八）年二月の第七三回議会における武道の国策化を導いたのである。この点でいえば、戦時下の武道史において藤生の果たした役割は、その是非はともかくとして、大きいのである。

しかしこうした、〈武道のスポーツ化〉への批判を展開した藤生には、近代化過程の見直しという観点から明治期以降の武道の価値を相対化する視点がなかったことは注目される。藤生は現行の柔道や剣道も「歴史的日本的香りの高い」日本固有の武道と考えていたのである。藤生は柔道も剣道もその日本固有の性格は、死活的攻防手段という技術的な側面に備わっていると考えていた。藤生の主張する死活的攻防手段は、その文言だけみれば戦技化を推進する武道論と異なるところがない。また戦技化を推進する武道論の立場からすれば死活的攻防手段は明治期以前の武道の特徴であり、明治期以降の柔道や剣道にはみられなくなったものである。しかし藤生にとって死活的攻防手段は現行の柔道や剣道にも備わっている特質である以上、彼の立論の上では武道を歴史的に批判する論拠にはならなかったのである。また、そのために藤生は〈武道のスポーツ化〉肯定論に死活的攻防手段の立場から抗しえても、近代的な軍事兵器の扱いを武道に含める戦技化に対しては、明確に否定する論理を構築することは出来なかったのである。

また、こうした藤生の武道論は新武徳会成立以降の武道行政を一元化する原理としては機能しなかった。例えば新武徳会を管轄する監督省庁間の対立、特に厚生省と文部省が別個に柔道の審判規定を作成したり、あるいは段級制を等級制に変えることに講道館が抗したりするなかで、武道行政が遅々として進まなかったことは、藤生の衆議院での議論を見ても明らかである。また、文部省においても国民学校の体錬科武道の授業では、柔道でも当身技の習得が目指され、運動場で複数人入り乱れて攻防することなど戦技化がなされたのである。それは藤生の本意とするところではなかったのではないだろうか。

藤生の〈武道のスポーツ化〉批判から見えてくる問題は、江戸期から競技化を進め、体育的な価値（体錬性）を強調してきた武道が、文化的独自性を主張することの難しさである。その難しさは、武道の内に向かう独自性の探求にはなく、むしろ元々武道の歴史の中で発生していた試合の在り様《よう》や体育的な価値をどこまで西洋的なものとして捨象するのか、その判断にあっただろう。勝敗に拘泥する選手の態度や武道の体育的な価値を捨象した藤生が最終的に行き着いたのは、死活的攻防手段と軍人勅諭を基にした武士道であった。しかし一方で、藤生は新武徳会が作成した柔道の審判規定については、身体の安全性が損なわれないように試合を運営すべきと主張し、新武徳会の実戦的な審判規定を批判したのである。その批判の根拠は学徒を健全なまま戦地に送り込むことにあったが、その際、学徒の身体をまなざす藤生の視点は体育的ではなかったか。藤生の武道論は理想と現実の狭間で齟齬をきたしていたのである。

藤生の齟齬は、一九三〇年代に台頭する排外主義的な日本精神に立脚して武道とスポーツとを差異化しようとすることから起きた問題である。では戦後、こうした藤生の日本精神は途絶えたのだろうか。第四部の締め括りとして、最後に戦後の藤生の柔道についての主張をみてみよう。

戦後、藤生は国政審議調査会理事長を務めるかたわら雑誌『道義』を発行し、自身の思想を細々と主張していた。昭和三六（一九六一）年にパリで開かれた第三回世界柔道選手権大会では、アントン・ヘーシンクが外国人選手として初めて優勝したが、これについて昭和三七（一九六二）年の『道義』二月号で藤生は次のようなコメントを残している。

ヘーシンクのおかげで日本柔道が世界の柔道になったと喜び、いまごろ道だとか武道などを語る時勢ではないなどと放言する人もあるが、一体いまの時勢を何と考えているのか、大いに道を語り道義タイハイの時勢を悲しむ心にはならないのだろうか。そんな人達は自分の都合だけを考え、当世流行のスポーツだけをありがたがって柔道も武道もわからない人々で道を語る資格はないと思う。
「講道館」とは読んで字の如く道を講ずることだ。私が嘉納治五郎先生に、師、師たらずば、弟これをもって足らしむとの意気込で、あえて段位を返上して反省を求めたのも、道としての柔道をスポーツ化から阻止せんがためであった（中略）講道館柔道は日本の柔道であって日本を無視し、日本をすててまで世界に持ち廻り世界の柔道にせねばならぬものではなく、日本のために日本人を育てる柔道であればよいのだ、従って柔道の真価を改めて世界に示すべく努力せよといっても、それは柔道をスポーツにして世界と争うのではなく、日本人が柔道を道として学び、その精神をもって世界の平和に貢献するにある。[285]

戦後も藤生は柔道の国際化には強く反対していた。そして藤生は、あくまで日本人を育成するために柔道をするべきと主張していたのである。藤生の主張は戦前に彼自身が展開した〈柔道のスポーツ化〉批判と変わるところはなかった。

柔道がオリンピック正式種目として行われるのはこの発言の二年後のことである。後戻りの出来ない国際化の道を進んだ戦後の日本柔道界に藤生の言葉はどれほど届いただろうか。藤生ほど徹底した排外主義的な〈柔道のスポーツ化〉論は、今日みることはない。しかし、〈柔道のスポーツ化〉論は、本書冒頭でみたように研究者やジャーナリストによって今日も続けられている。

第五部　〈武道のスポーツ化〉問題への対応　その②——古武道の誕生

第一四章　武術諸流の近代――日本古武道振興会成立以前

前章でみたように、戦時下に明治期以降の武道を近代化過程の見直しという立場に立って批判的に相対化したのは、戦技化を推進した者たちであった。しかし、戦技化の推進者のみがそうした批判的な相対化をしたのではなかった。第五部では、明治期以降の武道を近代化過程の見直しという点から批判したもう一つの系統として古武道を挙げたい。第五部は松本が設立した日本古武道振興会（以下、「振興会」と略）の諸活動及び、松本自身の言論を一九三〇年代以降の近代化過程の見直しの思潮に位置づけて検討する。

古武道の意味内容については、例えば平成六（一九九四）年に発刊された『日本史小百科〈武道〉』が一つの目安となる。『日本史小百科〈武道〉』は武道史家、歴史学者が集って作成したアカデミックな武道事典であり、そのなかで古武道も言及されている。

現代武道が、古武道を源流としながらも、一定のルールのもとで、主として勝敗を争う競技となっているのに対し、古武道は、概ね明治期以前に必殺の技として生まれた武技を、それぞれの流儀のもとで独特な形として大切にながく継承して来た古流と考えられよう（中略）そこには長い歴史のなかで思想的にも、行動・表現様式においても、また信仰や教育法などにも日本の伝統・文化が色濃く残存しているのである。(1)

すなわち古武道とは、「現代武道」[2]に対して近現代日本に残る明治期以前に成立をみた「古流」であると理解される。ただし管見の限りでは古武道という語が江戸期に使われた形跡は見当たらず、大正期以降になってようやく散見されるようになることから、近現代に特有な武道を表象する概念であるといえよう。

振興会に関する先行研究では政治史の分野で日本文化連盟（以下、「日文連」と略）傘下組織として設立されたことが紹介されているが、[3]会がどのような活動をしたのかその実態は詳述されない。また、中村は『剣道事典』において振興会が古武道を主唱し始めたと指摘している。[4]その背景として中村は「「古武道」という語は、『武道』という語の普及に刺激され、従来「古武術」と称して保存措置がとられてきた流派武芸の多くを、もっと積極的に国民の文化財として奨励していこうとする考えから生れてきたことば[5]」であるという。中村は振興会が武道を「スポーツ化・競技化」したものとして批判した点に着目し、さらに、古武道振興会の活動が「プロレタリア文化連盟に対抗して（中略）日本精神による大衆の意識改革（思想善導という）を謀ろうとした[6]」ものであるとも指摘している。振興会について扱った研究が少ないなかで中村の論考は貴重である。

しかし、中村は「文化財」という概念を用いて振興会の成立背景を捉えているが、振興会が成立時点で古武道を文化財として奨励しようとした形跡はみられず、適切な説明ではない。また、振興会が提唱する古武道が概念上、〝古武術〟を前身としているという指摘も歴史を見誤っている。つまり、中村の論考では振興会が設立された経緯や、どのように古武道という概念が成立したのか、振興会がどのようなかたちで古武道を取り扱ったのかを十分に知ることができない。

そこで第五部では、①明治期以降、武術諸流はどのような道を辿ったのか、その様子をできる限り明らかにし、②振興会の成立過程、活動実態、及び古武道概念の諸相を明らかにする。そして③新武徳会成立以降の振興会の活動及び日中戦争以降の古武道をめぐる言説を検討したい。

本章では課題①を取り扱う。具体的にはまず、振興会設立以前の武術諸流の状況を概観し、次いで松本とともに振興会を組織したとみられる大島辰次郎の役割について検討し、最後に松本の思想に影響を与えた安岡正篤《まさひろ》の武道論を検討する。

第一節　明治期以降の武術諸流の状況

まず、古武道という名称に類似した「古武術」や「古武芸」の初出について検討する。古武術という語は明治一七（一八八四）年五月三日の読売新聞に「騎射犬追物勝弓」(7)といった弓術を指す用語として登場している。また古武芸については明治三一（一八九八）年一月に武徳会が作成した『大日本武徳会規則』では「現今実用に供せさる武芸と雖も保存の必要あるものは其方法を設くる事」(8)と規定され、第四章で検討したように武徳会では軍事的実用性が低いと判断された武術を「古武芸」と名付けていた。その際、古武芸とは主に弓術を指していた。武徳会では大正八（一九一九）年の武道改称論議の中で古武芸を武道概念の範疇に含め、大正九（一九二〇）年の明治神宮鎮座祭などで柔道、剣道とともに弓道の演武がなされたことを第六章で論じた。またこのとき、柔術や剣術などの武術諸流は、柔道、剣道の範疇で演武されていたことも明らかにした。

次に古武道であるが、管見の限り、古武道という語が使用された最も早い事例は大正一五（一九二六）年四月に文部省普通学務局が製作した映画『我国の古武道』全五巻である(9)。この映画の製作動機は「我国に古来伝はる各種の武道は、実に我国精神の精華である（中略）民心の作興に資すると共に、漸く頽れんとする之等武道の型を保存して、之を後世に伝ふるは、国民教育上甚だ緊要とする所である」(10)というものであった。しかし、この映画で古武道の語が使われる種目の範囲は、第一巻「槍術、砲術」、第四巻「弓術」、第五巻「薙刀術、鎖鎌術」だけではなく、第二巻「剣道」、第三巻「柔道」といった明治期以降に成立した武道も含まれていた。さらに、文部省は形の保存を目的として本映画を製作したが、実のところ第三巻「柔道」では乱取も収められていた。[11]このように大正期末の古武道の用法は、明治期以降に成立した講道館の柔道や武徳会の剣道と、明治期以前から続く武術諸流を区別しておらず、本章冒頭で引用した小百科事典のような古武道の理解はまだ形成されていなかった。

昭和に入ると、古武道の用法が次第に武道から独立していく。昭和二（一九二七）年一二月一二日の『読売新聞』夕刊に「武術の粋を伝ふ古武道の型　恒例警視庁の表彰演武大会　全国から集った剣士」と題された記事が掲載された。剣道の試合の後、「此の日特に宮田総監の所望により日本古来の武道を、今に伝ふる各流の権威を全国から招き午後一時から余興として開演された」[12]とある。演武した武術各流の継承者は「佐分利流槍術の倉橋誠太氏、同平野泰雄氏、鎖鎌園部正利氏、薙刀園部秀雄女史、捕縄高山喜六氏、鎖鎌清水隆治氏、棒術中山博道氏の七氏」[13]であると伝えられている。この演武会には、試合稽古を中核にした柔道や剣道は出ていない。また、『読売新聞』は「古武道の型」を「武術の粋」であると報じている。無論、これだけの記事内容では、読売新聞社が古武道に独自の意味を持たせて、武道と対をなす概念として自覚的に使用していたのかどうかは分からない。ただし、古武道という用語を用いることで、明治期以前に成立をみたような武術諸流に焦点が当てられ始めたことをここでは確認しておきたい。

第一項　明治期以降の武術状況①——熊本県の事例

一九三〇年代に入ると講道館において勝負法を再検討する動きの中から武術諸流に注目する運動が起る。それは嘉納が主体となって行われたものであった。そうした講道館の動きの中で一九三〇年代には武術諸流に関する記事を雑誌『柔道』が取り上げる。例えば、昭和七（一九三二）年一月の『柔道』では、「天覧記念のため古流を保存せよ」と題して次の記事を掲載した。ここには熊本県の「古流」の事情が簡潔にまとめられている。

聖上陛下には、去る十一月十八日、武徳会熊本支部に臨御あらせられ、辱なくも肥後古流武道天覧の光栄を賜ひて、奉仕者は勿論、武道関係者一統の感激措く能はざる所であるが、右につき当日片野、吉田、藤芳、松前、篠田五氏と共に、柔道竹内三統流の古式を天覧に供し奉つた。同流師範黒川秀義氏は、この天覧演武の光栄を永久に記念すべく、此際現今衰微に瀕せる古流を先づ復興して、肥後武道の真の充実発達に資すべく、新運動に着手することゝなつた。[14]

天覧演武に出場した竹内三統流の黒川秀義は次のように熊本における武術諸流の衰退を語っている。

その昔、肥後武道の旺盛時代熊本の武徳会支部には、今はないが、其当時は武道監督といふ役割があつて、武徳会行事の実際的統率をなし、財津志満記、宇野友雄、吉弘鑑徳三氏それぞれ監督に任じて、よく肥後武道の権威を保持し、次で沼田団太徹氏の監督時代に入り、私は監督輔佐の役に廻って相当勤める所はあつたが、事情あつて其内沼田氏が監督を辞任した為、私も輔佐役をやめて了つた。以来監督制度は消滅して今日に及び、以前盛んに鼓吹されてゐた古流式も廃れ、武道の真髄に遠ざかり、他府県に取残されるの状態に立ち至つたものである。[15]

『肥後武道史』には「大正も既に中葉に至つた頃[16]」の「武術監督は吉弘鑑徳氏[17]」であることが記されており、吉弘鑑徳以後に沼田団太徹や黒川が監督及び監督輔佐に就いていることから、少なくとも大正期にはまだ熊本の武術諸流の活動は衰退をみせていなかったと考えられる。黒川は竹内三統流を矢野広次（大正八（一九一九）年没）から学んだが、「先師没後、嗣子正雄氏は職を他に奉じて家居されることが出来ないため、其の不在中不肖私が矢野道場の師範を勤めている訳で、既に十年以上にもなるが、三統流の古式に至つては、既に古老たる私等少数者が先師の衣鉢を継承しているだけで、今日後継者を作つて置かないと絶滅の恐れがある」[18]と道統の行く末を危惧している。そのため、黒川は「古文書を渉猟して、流儀の形につき目録五十五個條を取纏め、目下皆伝の記録を執筆中であるが、尚お同流の居合術に関しても記述したいと思う」[19]と述べている。黒川の述べるところからも、昭和期に入り、武術諸流の中には自流派の衰退を感じるようになったものたちもいたとみられる。

また、竹内三統流の盛衰について『肥後武道史』によれば、明治一五（一八八二）年に「振武会（相撲町旧済々黌の跡）の創設せらるるや他流稽古等も盛に行はれ、我が竹内三統流は全盛を極めしと雖も、弘道流の創設せらるるや稍々衰へ、武徳会の起るに及び其の影響益々甚しく、独り我流のみならず他の二流の如きも同一の運命に逢着し明治を経大正、昭和の現代に至りては古流は又た顧みるものなきに至れり」[20]と述べられている。ここに「弘道流」とあるのは講道館のことと考えられるが、講道館や武徳会が普及した結果、地元の「古流」は衰退していったのである。

第二項　明治期以降の武術状況②――島根県の事例

ところで、『肥後武道史』のような県史レベルの武道の歴史書はいくつかみられるが、明治期以降の流派武術の動向を詳細に扱うものは多くない。その中で福田明正著『島根県剣道概史』は島根県の講道館や武徳会のみならず、「古流」にも目配りが行き届いた労作である。これによって明治維新から昭和期までの島根県の武道を概観してみよう。『島根県剣道概史』では島根県の剣術諸流のみならず柔術諸流にも焦点を当てており、包括的である。また当時の新聞、雑誌、文献、松江市誌などの一次資料や、現在では所在が確認できない明治年間に島根県で活躍した剣術家甲田元治郎の遺稿などを用いて島根県武術史の再構成を試みているため、『島根県剣道概史』の資料的価値は高いのである。

島根県、旧松江藩は武術の盛んな地域であった。明治維新直前の元治元（一八六四）年に修道館という藩校が造られ、直信流柔道をはじめ、一指流管槍、不伝流居合、樫原流鍵槍、新当流剣術兵法、一覚流拳法、鹿島流棒術、寄藤流杖術、中道流三つ道具捕手、日置流（弓術）、大坪流馬術、八条流馬術などが主に行われていた。[21]

しかしながら、廃藩置県、廃刀令以降、旧松江藩の武術諸流は急激に廃れていく。例えば、旧松江藩では形稽古による心法の修養を目的とする「天真正伝神道流剣術」が盛んであったが、廃刀令以降は稽古が許可されなかった。こうしたなか柔術流派の直信流は「廃刀令のこともあり、長生保育の伝ある柔道は気体を調育して身体を強壮に[22]」するとして、剣術流派ではないことや身体を強壮にすることから稽古することが許された。この直信流の道統一三代目である松下善之丞栄道は明治三四（一九〇一）年、旧藩武術を取りまとめて「講武会」という組織を作り、同士を募って稽古を行った。[23]松下栄道は大正一〇（一九二一）年に没するまで講武会の活動を継続した。

一方、明治二〇（一八八七）年に開かれた島根県警察主催の武道大会では荒木新流の高橋八治が活躍し、島根県の警察界では形稽古中心の直信流ではなく、乱取稽古が盛んな荒木新流が風靡する。[24]荒木新流の台頭は、荒木新流が捕手術を基本とし、警察官の職務上に適した柔術流派であったことにも因る。また明治三二（一八九九）年には荒木新流の森鐘太郎によって「制剛舎」が開設され、警察官だけでなく松江中学の寄宿舎生への指導も行われるようになった。[25]こうして島根県では警察に加え、学校でも柔術が行われるようになったのである。森は明治四二（一九〇九）年に病没するが、その後、直信流の門人大賀美隆利など、武徳会に派遣されていた者たちが帰省し、警察及び学校では講道館の柔道が普及されることとなる。[26]

一方、剣術諸流では形稽古ではなく、撃剣を中心に行う八幡一刀流の中村力之助源正義が廃藩置県後、興雲社という剣術団体を作り、剣術諸流の復興を目指した。中村は松江警察署から撃剣訓導として招かれ、撃剣の振興に努めた。[27]また、島根県の撃剣の拡がりは、明治一八（一八八五）年に島根県知事として着任してきた籠手田安定の影響も大きい。籠手田は西久保と同じ無刀流の門人であり、電風館という道場を開設して無刀流の稽古を開始した。そこには八幡一刀流の中村も招かれている。また明治二二（一八八九）年には籠手田の協力によって中村の興雲社の道場を開設し、新たに興雲館の名で開館したことにより島根県に撃剣が急速に普及する。[28] 明治二二（一八八九）年三月一七日には興雲館で「興雲館開館式撃剣」（図25）と呼ばれる撃剣試合が行われているが、開館式という特別な日に撃剣が行われていることは、その後島根県剣術界が撃剣を中心に展開することを象徴していた。

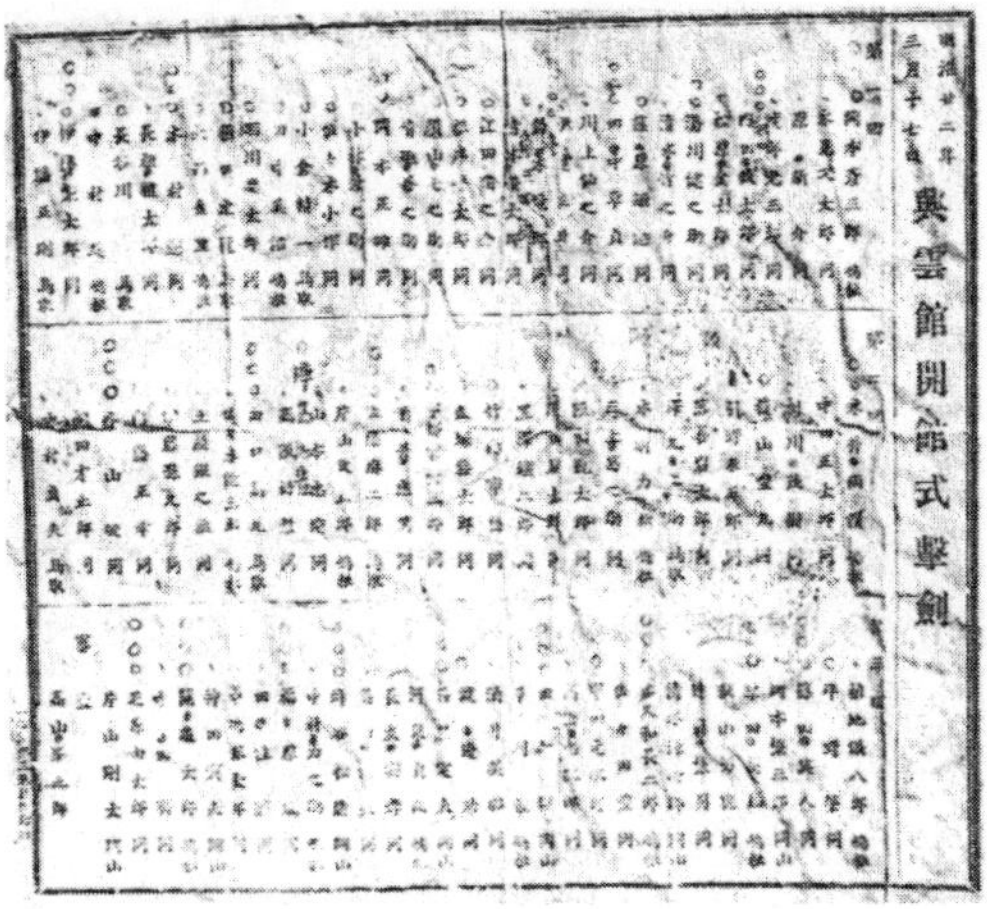

図25　興雲館開館式撃剣の番付表（福田明正『島根県剣道概史』今井書店、1984年、10頁）

松江警察署、電風館、興雲館、といった撃剣中心の道場の出現により、島根県の剣術諸流の傾向は天真正伝神道流のような形稽古中心の剣術から八幡一刀流や無刀流のような試合中心の撃剣へと変わっていった。明治三四（一九〇一）年に島根県武徳会支部が発足すると武徳会本部に派遣されていた芦田長一の帰省によって、島根県武徳会は武徳会流の撃剣を中心に活動していくことになる。[29] こうして明治期以降は島根県武徳会、学校、警察を中心に撃剣や柔道といった試合中心の武道が台頭するようになる。一方で江戸期以来の形稽古中心の武術は伝承の危機に瀕していく。直信流を事例にみてみよう。

直信流一三代目の松下栄道が組織した講武会は修道館中学校の仮道場で稽古していた。その後、講武会は一四代大賀美、一五代松下弘に引き継がれる。昭和六（一九三一）年に弘は講武会の道場を設立し、講武館と称した。講武館では、直信流だけでなく柔道の稽古も行っていたという。[30]

直信流は嘉納が学んだ起倒流の前身の一つとして知られ、

講道館の淵源の一つにあたる柔術の一流派であった。[31]直信流は元来、直心流柔術と称し、松江藩の藩士の家であある寺田家が家伝として伝承していたが、享保九（一七二四）年に至って門人らの手が加えられ、直信流柔道に改称され、今日に至るまで島根県を中心に存続している。[32]

昭和一二（一九三七）年、松下弘は『雲藩武術直信流柔道』という四〇〇字詰め原稿用紙三四枚にまとめられた伝書を作成している。『雲藩武術直信流柔道』の道統の系譜に関する記述は大賀美が大正四（一九一五）年に作成したとみられる『直信流柔道統々伝記』[33]の筆写と思われる。『雲藩武術直信流柔道』は直信流の系譜と教授体系が記されているが、柔道との関係を強調している点が特徴的である。すなわち、松下弘は直信流で「柔道」の名称が使われた理由として、「延宝二年（一六七四年：筆者注）より柔道と呼ばれしは、今日の柔道と同じく修心、体育、勝負の三目的を持ち単に術を教へるものでなく、術も教へるが主とする所は学問、原理であることが直信流の各師が其の門下に教へた伝授目録、口伝等によりて察せられるのである」[34]と、直信流が講道館成立以前から柔道の三つの目的を有していることを強調するのである。また、「現今柔道の段級に相当するものにして免状伝及皆伝を受けて始めて教授し得るものである」[35]として「直信流柔道格位」[36]が示され、柔道の段位制度になぞらえて直信流の「格位」を解説しているところに柔道との関係を主張する意図がみえる。昭和期の直信流は講道館の柔道を引き合いに自流を解説し、当時隆盛していた講道館の柔道に対して直信流の教授内容が歴史的に先行していると強調することで流派の正統性を主張し、流派の存在意義を主張したものと考えられる。しかしながら松下弘は本文末尾を「直信流は大正十一年迄十三代も続いて光輝ある歴史をつくつたに対して吾々後進が之を研究再興を謀ることは当然の使命であり且つ又深く責任を感ずるところである」[37]と締めくくっている。大正一一（一九二二）年に松下栄道が死去したのち、直信流は「再興」を意識しなければならないほど、活気が無くなっていたものと考えられる。

以上から、当時の武術界の概況を考察すると、明治期にはまだ活発に学校や警察において武術諸流は行われていた。しかし講道館や武徳会の組織拡大により、武術諸流は低迷し、昭和期になると各流で後継者不足が目立つようになり、各流存続の危機が意識されたものと考えられる。

第二節　大島辰次郎と明治神宮鎮座十年祭奉納武道形大会の開催

振興会の設立者は松本であるが、日文連の機構図[38]（図26）に従えば、昭和九（一九三四）年に協調会常務理事に就任した大島も設立者として名を連ねている。[39] 歴史学者の小田部雄次によれば日文連傘下団体は「その設立にあたっては、酒井（忠正）、吉田（茂）、松本をはじめとして、安岡正篤、岡部長景、大島辰次郎、香坂昌康、町田辰次郎、富田亥之七、橋本清之助ら国維会の理事・幹事がオルガナイザーとして中心的な役割を果たしていた[40]」という。大島は松本と同僚の内務官僚であり、松本、吉田茂、町田辰次郎といった新官僚らとともに政治団体国維会を創立した経緯があり、親交も深かったと考えられる。[41] また大島は振興会設立以前に日本各地の武術諸流を集めて全国大会を開いた実績がある。武道関係の人脈があまりなかった松本が振興会を設立できたのも大島の協力によるものと考えられる。

そこで振興会の成立過程を検討するために、本節では大島の武道との関わりを考察する。それによって振興会が成立し得た人脈的前程を明らかにしたい。

第一項　大島辰次郎の来歴

大島の経歴や大島と交流のあった諸人の追想録が昭和一四（一九三九）年に『大島辰次郎君追想録』（以下『追想録』と略）としてまとめられている。この追想録では官僚としての大島を偲ぶ追想が多いが大島の武道歴に関する追想も散見される。本章ではこれによって大島の武道歴を検討したい。

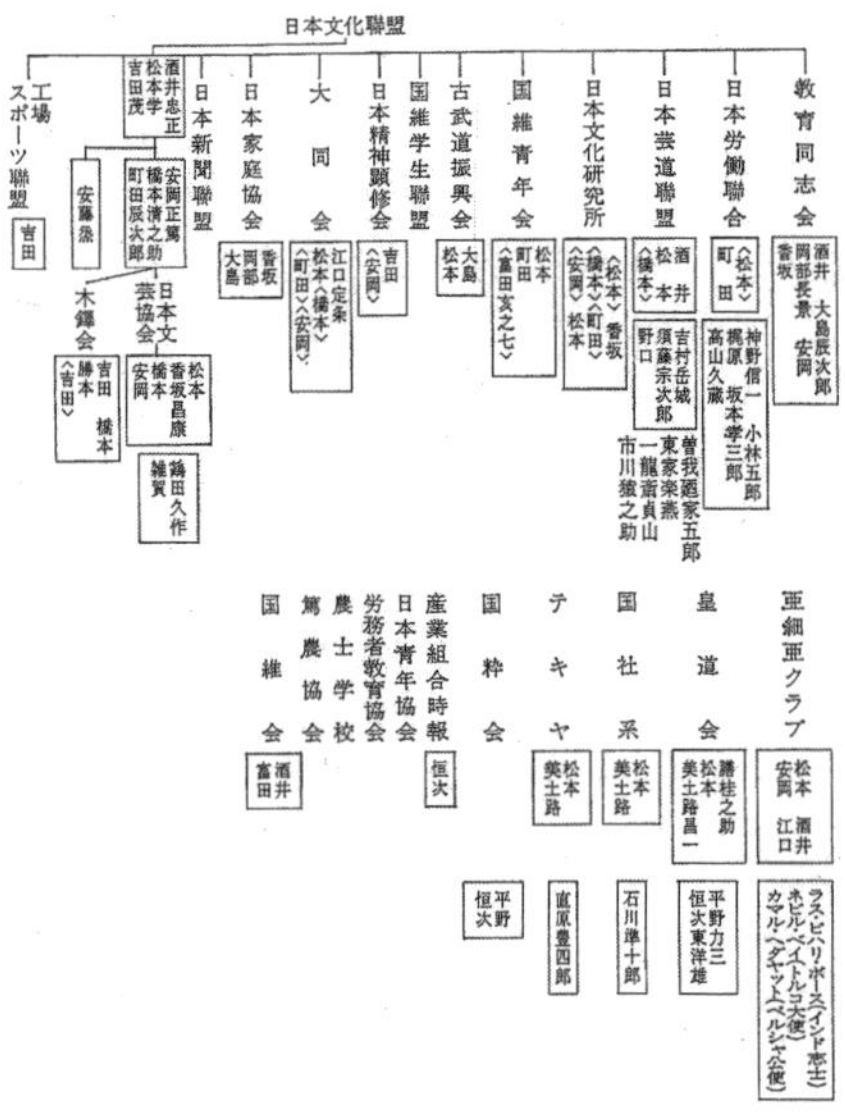

図26 日本文化連盟機構図（粟屋憲太郎・小田部雄次編『資料日本現代史９』大月書店、1984年、89頁）

大島は明治二五（一八九二）年に神戸諏訪山で生まれる。明治三八（一九〇五）年に麻布中学校へ入学、明治四三（一九一〇）年に一高へ入学する。この間、剣道部に入部し中山博道に剣道を学んでいる。(42) 大島は一高剣道部時代に武者修行の一環として熊本県に赴いている。一高剣道部が熊本県で武者修行をするにあたって、その当時熊本県の警察部長であった香坂昌康が受け入れを担当したが、彼は「此の武道国たる熊本では白髪の老翁連が毎日武徳殿で竹刀を取って稽古をして居り、又種々の古武道もよく保存されて居るといふ様に、此の地に気風は洵に剛健で、実に愉快に思って当時武徳会支部の事に就ては私は相当力を入れて居た時であったから、一高の剣道部を此の地に迎へる事は真に心から喜ばしい事であった(43)」と『追想録』の中で回顧している。おそらく大島はこの時初めて武術諸流を目の当たりにしたのではないかと思われる。

大島は一高卒業後、大正二（一九一三）年に東京帝国大学法科大学政治学科に入学する。大正六（一九一七）年に内務省に入省し、衛生局に配属される。大正一三（一九二四）年に警保局へ移り、昭和二（一九二七）年以降は内務大臣秘書官大臣官房文書課長、昭和六（一九三一）年には衛生局長などを歴任する。この間、大島は昭和五（一九三〇）年一〇月三一日から一一月四日の五日間行われた明治神宮鎮座十年祭の一環として奉納武道形大会を開催している。そして、奉納武道形大会の開催こそ大島が全国の武術諸流と交流するきっかけになったのである。では、奉納武道形大会とはどのような大会だったのか。

第二項　明治神宮鎮座十年祭奉納武道形大会

大島が奉納武道形大会の着想を得るにあたって東京市無料宿泊所所長（昭和一四（一九三九）年現在）の須藤宗次郎の助言は決定的だったとみられる。須藤はいう。

先生は一高時代から剣道をやられ、特に武道に深い理解がお有りになつた。自分は三十年間も柔道を修業した関係から、お逢ひをする度に国家と武道と云ふ事について論義するのが常であつたが、私は年来考へて居る事は日本には古来立派な武道がある、然るに今日剣道は武徳会、乃至二三の勢力家の手におさめられ、柔道は講道館にと云ふ様に、兎角偏せられて折角の立派なる古武道もこの儘にしておいては全く亡びてしまうであらう。何とかよい機会に、日本全国に隠れ居る立派な古流の型が存するであらうから、これを一度一堂に集めて保存したいものだ、とお話した事があつた、先生には非常に共鳴せられてこれは是非やらうと云ふ訳で終に一決し、直ちに時の神社局長池田清氏に相談し賛同を得、当時役を引かれて静養中であつた後藤文夫先生の御出馬を懇請したところ、快諾を得て初めて画期的一大事業を完成するに到ったのであつた。(44)

つまり、武徳会や講道館のような基盤のしっかりした「古武道」の組織を作らねば、「古武道」は消滅してしまうという危機感が彼らを奉納武道形大会の開催に導いたのである。かくして奉納武道形大会は一一月三日に内務省神社局主催で日比谷公会堂で開催された。当大会は午前七時半に演武者二〇〇有余名が集まり、演壇に設けられた神壇の前で修祓式を行い、大会委員長後藤文夫の開会の辞をもって開始した。(45) 須藤の回顧によれば当日は約三〇〇〇名の観衆が集ったという。(46) 当大会は翌日一一月四日の『東京朝日新聞』で「我国武士道の伝統が烈しい気合と火花の散るやうな意気込みをもつて順々に展開されてゆく(47)」と報じられている。

大島は当大会を実行するにあたり「各地長官の推薦[48]」を頼りにして「弓術、馬術、鎗術、剣道、居合術、長刀術、杖術、手裡剣術、棒術、捕縄術、鎖鎌術、陳太鎌術、柔道、唐手術、水泳術、陣太鼓、陣具、銃剣術、短剣術、片手剣術等の中より選定[49]」された武術諸流を集めた。ただし、明治期以前から存在する武術諸流だけが集められたのではなく、明治期以降に成立した柔道や剣道なども参加している点に注目したい。また、各地長官は武徳会の支部長を兼ねるため、日本各地の武徳会支部の人脈が大いに利用されたと考えられる。『岡山県柔道史』によれば、当大会に招集された柔術家は「武徳会の教士、範士、或は五段以上の人ばかり」だったといい、そうした柔術流派を選定した人物として「嘉納治五郎先生や永岡十段、山下十段」らが挙げられており、大会開催にあたっては武徳会のみならず講道館が持つ人脈も大いに利用されたのである。[50]

ところで、当大会名は「奉納武道形大会」とされ、古武道という名称は使用されなかった。つまり、武術諸流は武道という名称に含まれていた。いずれにせよ、先述した『読売新聞』のような用例もあるが、昭和五（一九三〇）年時点では、まだ武道と古武道との間に概念的な区分は明確ではなかったのである。

しかし、第一回昭和天覧試合を経て武道が隆盛する時期に、このような武術諸流を集めた全国大会が開かれていたことは注目してよい。須藤の回顧にもあるように、武術諸流の形の演武を主体とした全国規模の大会は奉納演武形大会が初めてだと考えられるためである。大島は雑誌『柔道』の取材に応じて当大会の意義を次のように述べている。

まことに有意義なそして、一大盛事です。なるべく広く一般の人士に見せたいと思つています。日本武道は剣・槍・棒・柔術・馬・弓・鎌・杖・陣鼓・陣貝・薙刀・長巻その他武芸十八般とその他にもいろいろあつて、なおその一武術の中でも例へば剣道だけに三百幾種の流儀があり、その他のものにも夫々幾百流の形があるから、大変なものが発見され、飛んでもない老人や美しい娘やが、山奥や津々浦々から現れようといふものです。浮浪人の中から宝蔵院流の達人が現れたり、寄席芸人の中からくさり鎌の名人が飛び出したり、陋巷にうらぶれて果てた婆あさんが、吹き針をやりますなどとはひ出して来るといふやうなことになると、裨益する所極めて大きいと思ひます(51)。

この大島の発言で武術諸流は多様な人々、すなわち「飛んでもない老人」、「浮浪人」、「寄席芸人」などと結びついて対象化されており、「一般の人士」はそれを見る主体として位置づけられている。また当大会には「今日の世にだんだんすたれ忘れられて行きつゝある日本特有の武芸十八般のあらゆる流儀を伝承してる人々を草を分けても探し出し（中略）奉納演技を催し、これを記録と映画に撮影して資料を後世に残さうといふ計画(52)」があると『柔道』は報じている。これらのことから大島や内務省神社局は武術諸流の保存を目的にしていたと考えられる。当大会について報じた同年一一月の『柔道』は、「明治、大正、昭和に亙って、武道に関する催し中、最も意義深き最も有効なる事業(53)」と改めて当大会を絶賛した。また大会当日は「観衆場に満ちて、全く立錐の余地がなかった(54)」ほど盛況であり、「我が国古来の武術は凡て網羅して居て、日本武術の博物館が突如として展開されたいふ有様であった(55)」と感想が述べられていた。

一方で、講道館雑誌『柔道』では武徳会の武術諸流に対する処遇については批判的であった。

若し武徳会に於て、之れを実行する熱意なしとすれば、団体の何たるを問はず主催となつて適当なる機会に、時々之れを開催することは日本の文化に貢献したる歴史ある武術を保存するばかりでなく、将来の武道武術の発展上其の効果の少なからざることを信じ、之れが実現を冀望《きぼう》して止まざる次第である(56)。

大島は昭和一一（一九三六）年四月に逝去したが、生前は剣道や柔道を批判するようなことは述べていなかった。例えば大島を偲ぶ子息は「父はいつも剣道のことを語り「剣道をすると頭がよくなって丈が高くなるぞ」と言って居た」と回顧している[57]。大島は武術諸流にも剣道や柔道にも分け隔てなく接していたのではないだろうか。このように振興会設立の一翼を担った大島が柔道剣道を含む様々な武術に関心をもち、振興会設立以前に日本各地の武術家を集めて全国大会を開催したことは注目される出来事である。振興会設立にあたっては、大島がこの時招集した武術家の人脈が大いに利用されたものと考えられる。

第三節　安岡正篤と『日本精神の研究』

一九三〇年代以降の松本の活動を把握する上で安岡からの影響は無視できない。国維会の先導者であった安岡は松本の思想形成に大きな影響を及ぼした人物であるためである。松本が武術諸流に着目したのも安岡の影響が大きい。安岡の主著『日本精神の研究』（以下、『日本精神』と略）では後述するように宮本武蔵など剣豪の足跡を辿りながら武道論を展開している。この『日本精神』によって松本は自身の古武道論を形成したと考えられるため、『日本精神』の読解を中心に安岡の松本への影響を考察したい。

安岡の経歴については、安岡の功績や意志を継承し、安岡思想の研究と啓蒙を旨とする財団法人郷学研修所・安岡正篤記念館から発行された『安岡正篤先生年譜』（以下、『年譜』と略）を基盤にする。『年譜』は安岡正篤記念館（埼玉県比企郡嵐山町）に所蔵される安岡関係の文献を使用し、安岡の年譜と安岡の著述年表が編集されている。『年譜』では年譜記載事項に関わる文献について参考文献が示されているため、年譜の信頼性は高い。『近現代日本人物史料辞典』に「大正・昭和史を研究する者にとって、この年譜は逸することのできない[58]」と指摘されていることからも『年譜』の資料価値が高いことがわかる。

『年譜』では『日本精神』を「震災後の精神復興の先駆[59]」として、大正一二（一九二三）年一一月の「国民精神作興の詔書」と軌を一にする文献として位置づけているが、ここでは安岡の来歴を概観し、彼の思想遍歴を追う中から『日本精神』の成立背景を検討したい。

第一項　安岡正篤の来歴

安岡は明治三一（一八九八）年二月一三日、大阪市旧順慶町で父堀田喜一、母悦子の四男として生まれる（図27）。明治三七（一九〇四）年四月に小学校入学、四書のひとつ『大学』の素読を始め、「幼少の頃から四書五経を教えられ日本外史や十八史略を読まされた。それは今日我々青年や、それ以下の子弟にとっては全く真実とは思われぬほど時代錯誤的な事実かも知れないが、少くも私はその時代錯誤的な教育を受けた[60]」と自身の教育歴が時代錯誤的であったと回想している。安岡と同級生との教育歴にギャップが存在していたことを表すエピソードとして小学生の時分、安岡は「教師不在のときは屢々代講[61]」を行っていたという。

図27　安岡正篤（安岡正篤先生年譜編纂委員会編『安岡正篤先生年譜』財団法人郷学研修所・安岡正篤記念館、1997年）

明治四三（一九一〇）年四月に大阪府立四条畷中学校に入学。安岡は剣道部に入部するが、ここで後の安岡の剣道観に決定的な影響を与える監督・絹川清三郎と出会う。絹川は「維新前は小倉藩の剣術指南役で剣禅一味の風格[62]」を持つ人物であり、安岡は絹川より剣道の形をよく指導されたという[63]。

安岡が剣道部に入部した時期は第五章で述べた武徳会周辺で紀律の乱れが問題化した時期と重なるが、そうした時期に旧藩の武士の剣術を学んだことは、のちの安岡の剣道論にも影響を与えたものと思われる。安岡は絹川の剣道に傾倒していき、「いよいよ剣道にも出精、飯盛山中、道場での稽古、菊水の流れを写した黒胴に紺の長袴は四条畷剣道を府下に有名にした」[64]。また大正四（一九一五）年一月二五日剣道寒稽古で賞状授与され、そののちに四条畷中学校、全関西中学校大会に出場し、優勝している[65]。このように中学生だった安岡は剣道の修業に励み、関西地区の大会で優勝するほどの実力があった。しかし、中学校を卒業後、安岡が剣道やその他の武道を修業した記録はない。

安岡は中学校で剣道に熱中するが、その他に東洋の学問にも熱心になる。例えば、春日神社の神官浅見晏斎から漢詩の手ほどきをうけ、柳生藩権大参事であった陽明学者の岡村達から感化をうけ、さらに音楽家で禅にも造詣が深かった島長代について参禅も行ったという[66]。大正一一（一九二二）年に発表された論考「新時代を創造すべき東洋人の自覚」では、「これらの人々の前に出ると、不思議にも私は特に中学時代の青年などに免れがたい増上慢の心、巫山戯た心、色つぽい心などが朝日の前の露霜のやうに消えて、何ともいへない清々しさを覚え、水のやうな一味の懐しさに浸るのであつた。そして健やかな勇気が身内に漲ることを感じた。その頃絹川先生のお蔭でほんとの剣道を学んだ。晏斎翁によって漢詩にも夢中になつた。達翁の薫化で陽明や中斎を景慕した[67]」と、その学恩を述べている。

安岡は大正五（一九一六）年三月に四条畷中学校を卒業し、同年九月には一高に入学する。一高入学後、安岡は「一番痛切に意識したのはいはゆる一高生の案外浅薄な虚偽生活と、昔の想像に反して意外に先生たちに人格者の少いこととであつた。それかあらぬか私は亡き人々が真に偉かつたようにしみじみと思はれた[68]」ことを述懐している。そして、一高時代に安岡は「近代の文明」に疑惑を抱き、「西洋哲学」を学びつつもそれへの反省として東洋思想に回帰した。安岡はいう。

哲学や政治学の本を手当りまかせに読み耽つた（中略）そして自分はできるだけ学校を休んで読書に耽った。その間に私ははじめて近代の文明と人間生活とに対して深い疑惑を懐きはじめたのである（中略）さうして専ら西洋哲学に心を潜めているうちに、私は期せずして深い反省を、多年親しんできた支那哲学について触発せられることが、しばく〵であつた（中略）こゝにおいて果然、老儒の言に大いなる真理の存したことを私は深く感悟した。[69]

岡村は一高入学直前の安岡に「これからの若いものは一つうんと先づ西洋思想を研究して、新しく東洋思想を普請する覚悟がなければならない」[70]と説いたが、安岡はこの岡村の忠告の意味を一高時代に悟ったのである。東洋思想への回帰は大正八（一九一九）年に東大へ進学したあとも変わらず、安岡の東洋研究者としての土台は学生時代にほぼ固まっていたのである。

東大卒業直後、安岡は北一輝、大川周明、満川亀太郎らの猶存社に入社する。[71]猶存社では満川の紹介で酒井忠正と出会う。酒井との縁で酒井邸の庭である金雞園に東洋思想研究所を設立し、所長に就任する。大正一一（一九二二）年一〇月のことである。

金雞園には後藤文夫や大塚惟精といった内務官僚も参加していた。同年一二月、東洋思想研究所内に陽明学研究会を発足する。陽明学研究会にはさらに外務省官僚の広田弘毅が発起人として参加している。こうして安岡は官僚らと結びつくことで、政府の中枢にパイプをもつことになる。[72]

大正一二（一九二三）年四月に安岡は社会教育研究所（以下、「社研」と略）に出講する。社研は、「社会教育、社会事業、農村更生、労務者教育の調査研究及び実地指導を為し、之が指導者並に中堅者を養成し、其の振興を図る」[73]ことを目的とした団体であった。社研には猶存社以来の知人である大川も出講していた。大正一三（一九二四）年一月の社研の学生募集要項では、「本所は東洋伝統の思想に拠り、濃かに日本精神を修め、以て邦家の柱石たるへき国士の養成に努め、特に左の方針に従つて之を薫陶す（中略）心術の鍛錬　武道、調息、其他の実習により力を精神の練磨に傾倒せしむ[74]」ると示された。ここには日本精神を修めることと、武道の実習が課せられることが示されている。大正一四（一九二五）年の社研講師をみると、剣道の講師として柳生厳長が出講していることから、社研で行われた武道とは柳生新陰流のことと考えられる。[75]このように安岡は中学校以来、久しぶりに武道に接する機会を得たのである。

安岡は社研で「日本精神」という表現を盛んに用いたという。昭和一〇（一九三五）年に文部省思想局が提出した『日本精神論の調査』では、「日本精神」が盛んに用いられていくようになる時期を次のように分析している。

扨、「日本精神」の語が何時何人によつて初めて用ひられたかを正確に知ることは不可能であるし、又本調査に於てはその必要もないが、それが多少なりとも社会的影響を齎らせるものとして、いはゞ一つの刊行物の名として用ひらるるに至つたのは大正十二、三年以前のことではない様である。即ち当時小尾晴敏氏の「社会教育研究所」に関係してゐた大川周明氏は、大正十三年一月同所より「日本精神研究第一、横井小楠の思想及信仰」と題せる小冊子を刊行し、引き続いて第二、第三を続刊して第九に及んだのであつた。これが日本精神の語が独立の刊行物の題名に用ひられた最初ではなからうかと思ふ（中略）而して又同年三月には大川氏と共に社会教育研究所に関係してゐた安岡正篤氏は「日本精神の研究」なる著作を公にしてゐるのであるから、恐らく日本精神なる語は同研究所の関係者の間にはそれ以前より談話或は講演等の機会に屢々用ゐられてゐたと見るべきであらう。[76]

大正一二（一九二三）年の社研募集要項には日本精神の修養も武道の練磨も明記されていないため、社研が明確に日本精神を唱え始めたのは大正一二―一三（一九二三―一九二四）年以降とする文部省の指摘は妥当であったと考えられる。また、文部省思想局の調査では安岡は日本精神主唱者の一人であると指摘され、その発端の一つが『日本精神』であったとされている。第九章でも確認したとおり、一九三〇年代に入ると日本精神が日本社会に浸透するが、その端緒を開いたのが安岡の『日本精神』だったのである。

『日本精神』刊行後、安岡は大川と別の道を歩み、大正一五（一九二六）年に酒井邸の金雞園内に金雞学院を設立し、学監となる。金雞学院は安岡の『日本精神』の思想を実現するための私塾であった。金雞学院に集まった人々は松本のほか、後藤文夫、町田辰次郎、吉田茂、大島辰次郎といった後に昭和七（一九三二）年に国維会を結成する新官僚らが中心であり、その他に小説家の吉川英治や民俗学者の折口信夫、大日本青年団理事長で内務官僚の田沢義鋪なども参加していた[77]。武道関係では、唐手家の富名越義珍も通っていた。彼らは塾生ではなく、講師として出講していた。

金雞学院では日本精神の研究や日本国体の研究、日本文化史、陽明学、説文学、農村経済及び風教振興の研究、経史詩文の素読、その他東洋思想講話、亜細亜諸問題及び国際事情、現代思潮の解説、法制経済の時務的解説など、政治経済法律のみならず、アジア関係の学問、研究が行われた[78]。しかし本書において重要なのは、金雞学院では剣術や柔術の稽古がなされていたことである。柔術は昭和四（一九二九）年五月から大月流柔術が金雞学院内で稽古され、剣道は必須ではなかったが「柳生道場」に行って稽古することが奨励されていた[79]。数ある武術の中でも新陰流を採用したのは安岡が剣道経験者であったことに因ると考えられる。また、安岡が出講していた時期の社研では柳生厳長が新陰流を講じていたことから、柳生家とは親交があったのである。松本が金雞学院と関わるのは昭和六（一九三一）年五月頃といわれるが[80]、彼は武術諸流と金雞学院の中で初めて出会ったものと考えられる。

第二項『日本精神の研究』について

さて安岡の『日本精神』であるが、これは大正一三（一九二四）年三月に玄黄社より刊行されている。『日本精神』はもともと東洋思想研究所で作成していた安岡の諸論文を一冊にまとめた書籍である。『日本精神』は次のような構成になっている。

序論　日本民族の自覚
第一章　自覚の世界に於る根本的態度
第二章　宗厳なる自由
第三章　人格と生活
第四章　学問と義憤
第五章　日本精神より観たる無抵抗主義的境地
第六章　剣道の人格主義
第七章　二天宮本武蔵の剣道と心法
第八章　武士道より観たる念仏と禅
第九章　敬と知と勇（行為と直観）
第十章　行蔵と節義
第十一章　永遠の今を愛する心
第十二章　日本の婦道
第十三章　日本と天皇

跋二題　八代六郎　大川周明

これが昭和二（一九二七）年に安岡が設立する私塾、金雞学院の主要テキストになり、金雞学院に出入りする内務省官僚を中心とした新官僚たちにも大きな影響を与えることとなる。ここでは『日本精神』の第六章「剣道の人格主義」、第七章「二天宮本武蔵の剣道と心法」、第一三章「日本と天皇」、で述べられた安岡の剣道論について考察したい。

第六章「剣道の人格主義」に注目するのは後述する松本の古武道概念形成に影響を与えていると考えられるためである。また、第七章「二天宮本武蔵の剣道と心法」は日中戦争以降における武道の精神文化の大衆化に大きな役割を果たしている。すなわち、吉川英治は安岡の『日本精神』に触発されて、小説『宮本武蔵』を執筆したのである。(81)そして吉川版『宮本武蔵』は戦場へ赴く心構えを説く小説として広く若者に受容されたといわれる。(82)なお、昭和六（一九三一）年に安岡は『日本武道と宮本武蔵』という書籍を金雞学院から刊行しているが、内容は『日本精神』から第六章と第七章を抜粋して再編集したものである。

第一三章「日本と天皇」は、安岡の述べる「人格主義」の意味と日本精神論における国民、国家、天皇相互の関係を述べたものであり、内務官僚だった松本の思想にも影響を与えたと考えられる。安岡はたびたび「人格」という言葉を用いて、個々人の修養の意義を説く。しかし『日本精神』の中で人格に関する定義がなされた箇所はみられず、第一三章で人格の意味内容について言及された箇所が一箇所だけある。したがって、『日本精神』における趣旨を理解するためにはまず第一三章「日本と天皇」を考察した後に各章の考察を行うことが妥当と考えられる。

第一三章では冒頭で「従来私は多くの紆余曲折を経て、漸く茲に日本精神の最も宗厳な国家及び天皇の自覚に到達した(83)」と述べられているように、国家と天皇の関係とそれを自覚する個人について述べたものであり、安岡の日本精神論の根本が把握される。

まず安岡はイザナギとイザナミの建国神話を引き合いに日本の国土とその精神が一体であることを説く。

大八洲と天照大神とは御兄弟である。同じ親神から先づ大八洲生まれ、後天照大神が生まれられたといふ此の神話に私は不尽の理趣を覚える（中略）要するに万物は一霊源の限りなき支派であつて、物と心と決して根本的に相違したところの二元的存在ではない。物心本来一であつて二ではない（中略）人間の生まれてはまだ塊然たる肉体である。それから次第に複雑な精神作用が始まり、崇高な理想も生ずる（中略）それはまさに日本国土成立の神話に現れて居るではないか。[84]

ここには日本の国土である大八洲が物の象徴であり、その後に心の象徴として皇室の祖先とされる天照大神が挙げられている。まず大八洲が後に天照大神が生じる過程は、人間の体と心の発達過程と同様であるとされる。また、大八洲と皇室は一体であり大八洲自体が目的をもった存在として意義付けられている。

大八洲国は決して単なる物質ではない。其の本質を探る時、私はそこに神の人格的な根底を発見するのである。天照大神を以て代表せられるわが炎々たる理想精神を無窮に発揚すべき必然的條件として先づこの大八洲の島々が生まれたのであつて、日本国土は理想実現の神聖なる使命を有する。[85]

したがって、天照大神の理想精神が発揚される神聖な使命をもつ日本国土は日本国民にとっても侵略されてはならないのである。

国家の光輝ある未来を期するには、是非ともこの崇厳なる国土の人格的意義を自覚せねばならぬ。個人の場合でも、天地の御稜威の中に立つ身なることを悟つて、始めて、この身もあやに尊く感ぜられるのである。身体髪膚是れ祖先英霊の係る所なればこそ、之を毀損せぬのが孝の始なのである。大志を有する者は其の身を愛惜せねばならぬ。若し自分達の生活をさへ保障して呉れるならば、国土を何国の支配に委ねても構はぬといふ様な考は、娼婦の卑劣と何の異るところはない(86)。

ここで個人は「天地の御稜威」、すなわち皇室と日本国土のおかげで存在していることを悟らねばならないとされている。これは個人が神話の次元にある天照大神や大八洲との一体感を持つことを意味していると考えられる。このように安岡は天皇と国土と個人の一体感を主張する。しかし、これだけでは安岡の述べる人格と国家の意味はまだ不明瞭である。

安岡は人格について次のように述べている。すなわち、「人格とは性（我）の自己発展である。それは渾沌より道徳的意識を創造し、善を善とし、悪を悪たらしめる(87)」と。安岡のこの言にしたがえば、人格とは善悪を決定する道徳的意識である。善悪を決定する「道徳的意識」とは端的にいえば価値基準のことである。安岡はこの価値基準の根底に天皇が存在すると考える。「天皇は是の如き最深最奥の意味に於ける性（我）である。それは渾沌の社会より政府を創造し、「乱を撥めて正に反さ」しめる(88)」のである。つまり、天皇は道徳的意識の源泉として存在し、善悪の決定において最も重要な価値基準になるのである。そしてこの天皇の道徳的意識を反映するのが国家である。安岡は国家について「天皇の威徳に依って政治の世界（真正の意味に於ける国家）が存立する。政治は正し治めること――歪乱の整斉を表す文字で道徳的意義を持つて居る。政治の世界――国家は、達徳の世界――人格に外ならない(89)」と述べる。つまり、政府は天皇の道徳的意識を最も純粋に反映する善悪の決定機関でなければならないのである。

さらに安岡は、政府は「其の本質上人間の良心に当らねばならぬ。民衆は之に対して一般欲求を表象するものである」[90]とする。ここで安岡は「民衆」を欲求のままに生きる存在として位置づけ政府に対置する。これは政府が天皇という絶対的な価値基準の反映であるにも関わらず、民衆との相対的な関係を築く中でその価値基準が揺れ動く機関であることを示している。

民衆の教養が発達して、各自の意志行為がそのままに全体の調和発展を破らぬ様な高い自由の境地に在ればば（真の自由は外より与へらるべきものではなくて、自己の中に存するのである）、政府は次第に簡約になつて、「王者の正統」の下に無為自然の社会を現出するに至るであらう。之に反して民衆の道徳的段階が低ければ低い程、政府の規範的意義は強からざるを得ない。けれども無為自然の化は要するに限り無い理想であって、現実は飽迄も善悪の葛藤に依る不断の道徳的進歩でなければならぬ。故に政府は文字通り常に規範的制約的性質を有する相対的存在である。[91]

安岡は、民衆の教養が天皇及び日本国土という道徳的意識の源泉との調和を乱さずに自由の境地へと発展するのならば、政府は無くても良いと述べているのである。ただし実際には民衆の教養の程度が政府を不要とするまでに高まることは無く、政府不要論はあくまで理想であり、その理想実現に向けて不断の進歩を遂げるために政府が天皇と民衆との間を媒介し調整しているのである。安岡において政府とはそのような民衆の教養の程度を高め、低俗に陥らないようにするための道徳的機関である。

また、天皇は政府に対して絶対的な立場であり、「善悪を超越すると同時に、善を善とし、悪を悪とする威徳である。そこに日本以外に観ることの出来ない深遠な革命の哲理を弁へねばならぬ[92]」というのである。もちろん天皇以外にも世界各国には君主が存在した。しかし『日本精神』が書かれた第一次世界大戦後の世界では次々に君主制が倒れ、共和政が台頭する時期であった。君主制の危機にあって日本は天皇が存続したこともあり、安岡が主張するまでもなく、日本人にとって天皇制の生命力は各国の君主制と比して高いものと感じられたのではないだろうか。安岡はいう。

　然るに一般国家に在つては、その政治生活上政府より以上の位——創造的自由我を表現する天皇の様な至位が無い為に、革命はいつも政府若しくは主権者たる皇帝を倒すことになるのである。つまり国位の最深最奥の性（我）がまだ政府組織の上に表現されて居ない。その表現されて居るのは独りわが天皇あるのみである。之を以てしても日本が国際間に於て最高の道徳的国体を有することが判明するであらう。(93)

　ここには天皇の絶対的な存在感が表れている。そして他国にあっては政府もしくは主権者たる皇帝を打倒することが革命となるが、これは政府組織以上の「最深最奥の性」がないためであるという。他方、日本における人々の堕落は天皇の「創造的自由我」からの乖離であるため、これを是正することが民衆を自由へと向かわせる革命になるのである。安岡は「政府の頽廃が革命を惹起するは見易い道理であらう革命といふと恐ろしく且よこしまな事の様に思ふ人も多いが、本来からいへば、革命の程度なものが綱紀振粛である(94)」と考えていた。したがって安岡は、日本における革命は破壊的な戦闘活動を伴う必要がない「綱紀振粛」で事足りると考えたのである。

　こうして日本では人々が自由を求めて政府を打倒する類の革命は成功せず、「創造的自由我」の源泉である天皇によって革命が成功するという。

　国家が政府の頽廃に依つて危殆に瀕する時、革命を遂行して新なる局面を新開するは天徳である、天皇の御威徳である。日本に於て、革命は政府が天意に叛いた廉を以て天譴を蒙ることである（中略）天皇の内容は即ち国家で、此の意味にてまさしく「朕即国家」といふことが出来る。(95)

安岡は北や大川と異なり、武力行使のクーデターとは縁の無い思想家であった。それは革命とは市井の思想家が下から起こすものではなく、天皇の上からの「綱紀振粛」によって起こるものである、という安岡の思想的立場のあらわれなのであった。

安岡の天皇崇拝と人々の人格向上による政府の無力化という目標は昭和七（一九三二）年に成立する国維会の活動にも影響を与え、そこに参加した松本にも影響を与えた。人々は道徳的進歩のために日々教養を磨き、人格を高めなくてはならない。そのための方法を安岡は様々提示するが、その一つに剣道修行があったのである。安岡は人々の教養、人格を高める一方策として剣道を勧めたのである。では、安岡の剣道論とはどのようなものか、次に検討したい。

第四項　剣道と真剣味

安岡は人々の教養を高め人格の向上を目指す上で剣道の稽古が必要であると説いた。近代日本における教養主義の成立過程を明らかにしてきた筒井清忠によれば、明治後期に形成された教養主義は努力や習得という過程を経て「人格の完成」を目指す態度であり、修養主義（bildung）の系譜をひくものであった。(96)筒井によれば、教養主義が修養の意味を以て修養主義から独立するのは和辻哲郎においてであり、具体的には大正六（一九一七）年四月の『中央公論』に掲載された和辻の論考「すべての芽を培え」に教養主義の確立がみられるのである。(97)

安岡が一高に入学した年が大正五（一九一六）年だったことを考慮すれば、安岡は教養主義の只中にいたといえよう。ただし、安岡は読書や芸術だけではなく、剣道の稽古もまた人格の完成を導くと考えたのである。

安岡はなぜ剣道に人格の完成をみたのか。安岡はいう、「所謂剣が武道と謂はれるやうになつては、そこに非常に深遠な霊的意味が発展して往つた。此れは確かに東洋人の民族精神を表す一証左である」[98]と。安岡は武道が霊的な意味を含む東洋の民族精神であるとしている。ここで安岡は武道の霊的な意味を日本に限定していない。それは、「欧州諸国では歴史的に民族移動が頻繁に行はれ、生活の安定を始終脅かされた為、概して内観の生活、心霊的生活の深く展開する余裕が無かつた。彼等は常に実生活を一分でも安易にしようといふ物質的功利的傾向に趨った。西洋今日の物質文明の偉観は確に此の傾向の所産と云ふことも出来る」[99]と西洋の「物質文明」、「物質的功利的傾向」に「東洋人の民族精神」である「心霊的生活」を対置するためであった。

では安岡の述べる「東洋人の民族精神」とは何か。それは、「人生に対する真剣味、無限の人格躍進にあると。真剣味！私は説明せなければならぬ筈の剣といふ言葉を覚えず此処に使つて了つた。此の「真剣味」なる語の味識が剣道を有する東洋人ならでは覚束ないのである」[100]という。安岡において剣道が有する真剣味こそ東洋の民族精神であった。では、真剣味とは何か。それは、「白刃を執つて敵に臨んだ時の心持」[101]であり、これを安岡は剣道の形稽古から学んだという。安岡はいう。

十六七の時分から二三年が間、始終白刃を以て、剣法の型を学んだ事がある。其の経験から言つても、決して今お互に生命のやりとりをするのではない。唯剣法の型を練習するに過ぎないといふ場合でさへ、さて白刃の尖を交えて睨み合つて見ると、忽ち総身がきりりと引き緊まつて、覚えず呼吸が凝つて来る。[102]

安岡は白刃を前にしているとき、日々の煩悩、弛緩、妄想やそれに伴う倦怠感、焦燥感などが「ぱつと其の影を収めて、緊張した我に還ることが出来」[103]るといい、「まざまざとわが生命の直流を感じた」[104]という。ここには安岡の剣道論の根底に、絹川の下で稽古した剣道の原体験があることがみてとれるだろう。続けて、安岡は「生命の直流を感じた」体験を次のように描写する。

改めて白刃を取つて相対する。対手が上段にふり被つて私の面上にえいと切り下す。それを一歩下つてカチンと払ふ、払ふと同時に一歩進んで対手の面を発矢と切る。それをすばやく退つて再び互に正眼の位置に復する。それは型の一の順路であるが、しかも型とはいへ一つ間違へば真剣である。頭は忽ち柘榴と為ると思ふと、否思はんでも潜在意識で心が騒ぐ。それで始の中は如何にしても気が後れる。身体が進まぬ。ただ剣だけがふらふらと動く。けれども精神は異常に緊張して居る。此の時はつまり互の人格の内的統一がまだ高められて居ないのであつて、散漫なままに硬直しているのである。(105)

安岡の描写から察するに彼の修行した形稽古は今日の日本剣道形の基となる大日本帝国剣道形の一本目だと思われるが、安岡は形稽古のことを、真剣味を養成する稽古であると考えていた。真剣味の心持とは「頭は忽ち柘榴と為る」という表現に象徴されるように、死と向き合う緊張感である。安岡は相手の刃の下に敢えて身を置き、自らの死に際に直面する事で、己の心が動揺し、自身の「人格」がいかに統一されていないかを実感したのである。こうした形稽古を通じて人格の内的統一が高められていく様子を安岡は次のように述べる。

然し眼前に閃く白刃は猶予なく人に迫つて、解脱の道を直往せしめる。いつか回数を重ねる中に、相当竹刀(撓刀)の鍛錬を積んで居る者なれば、自然気剣体(心・気・力)の三位が一致して、気剣体三位の活動が実は唯一者の唯一活動と為つて来る。無意識者の合目的的自穉活動と為つて来る。そこで始めて間隙の無い人格の純粋統一が現前するのである。哲学上に純粋経験の状態といふのは当に是れである。つまり純粋経験的状態といふのは何等知情意の葛藤も無い、主客の対立も無い、渾然として統一せる意識本然の流行をい

ふのであって、所謂無とか誠とかいふのは此の境地をさすのである。(106)

安岡は形稽古を積んでいくことで人格の純粋統一が現前し、「哲学上に純粋経験」の状態に入るという。「純粋経験」は哲学者、西田幾多郎の用いる用語であり、他の箇所では剣道の純粋経験の境地をフランスの哲学者ベルクソンが用いた概念「純粋持続」の状態とも述べている。(107) 安岡は自身の剣道体験に哲学的解釈を施すことで、東洋の民族精神、真剣味の普遍性を主張するのである。そして真剣味は西洋文明に対する批判とそれに代わる「東洋人の民族精神」を兼ね備える。

現代のやうに、けばけばしい色彩、騒々しい雑音に絶えず神経を刺戟せられて、とりとめのない機械的生活をしなければならぬ為に、一層その精神が荒んで了つて、日に日に人格を傷けてゆく危期に在つては、特に深く此の精神の集注、純粋経験の意義を考へる必要があると思ふ。(108)

現代の生活には全くこの真剣味がない。現に私なども始終感ずることであるが、如何にも生活が引き緊まらない。(109)

現代の学生などを通観するに、これは如何も僻目かも知れないが、目に何等の精彩が無く、態度もふらふらして、よくいふ喪家の犬のやうに思はれる。文芸家にも此の種の人間が多い。それでは、真実の学問が出来る筈もなければ、立派な文芸も生まれるわけがない。おしてこれが特に現代の通弊ではあるまいか。劣弱な唯物的心情、感傷的生活凡て皆真剣味を欠く頽廃期の自然的現象である。故に是の如き思想は真に人格を実現せんとする者乃至青年亜細亜を樹立すべき天職ある我々民族の一般に唾棄せねばならぬものである。

（中略）全く剣道は先づ人間を直接地獄に立たしめて、そこから真の解脱を得しめんとする武術である。故に剣道は厳粛である。[110]

白刃の下に立つ心持、懸崖から手を拡げて飛び下りる覚悟なくしては、東洋精神の真骨頂を体得することは出来ない。いかにも東洋精神はあまいものではない。寧ろ冷厳なものである。其の学芸は白雲の迷ふ峻峯であつて、肉や白粉の香のむせ返るカフェーとは違ふ（中略）何等観るに足る鍛錬も思想もなくて、人生を説き、道徳や宗教を断じ去るのは余りに浅ましい所業と云はねばならぬ。[111]

このように安岡は日本人の人格を確立するために剣道によって真剣味を涵養しようとした。特に「機械的生活」、学生の「唯物的心情」、「頽廃」、「カフェー」など一九二〇年代に台頭する大衆社会の生活様式に対して批判的である。その全てが『日本精神』が書かれた当時の「現代」への批判である。安岡が西洋から輸入した学問や芸術ではなく、剣道によって民族精神を喚起しようとしたのは、大正期以降、日本に浸透した西洋的な感傷的生活を排除するために必要だったのである。

また、『日本精神』の発刊が関東大震災（大正一二（一九二三）年九月）の翌年であることを考えると、執筆の背景には天皇による「国民精神作興の詔書」の渙発が少なからず影響していたと考えられる。安岡ならば詔書の渙発を天皇直々の革命だと考えただろう。そのような天皇側の働きかけをうけて、安岡は剣道の形稽古によって日本人の真剣味を涵養し、西洋の物質文明に由来する「唯物的心情」や「感傷的生活」を克服しようと考えたのではないだろうか。

安岡の述べる武道の真剣味は、西洋の物質文明を克服する「東洋人の民族精神」を表象したものであった。そして安岡の真剣味の思想は松本に継承されたのである。

次章では、本章で検討したことを踏まえて振興会の成立と展開、及び松本の古武道概念の形成過程とその内容について考察する。

第一五章　日本古武道振興会の成立と展開

本章では、前章の冒頭で掲げた課題②を扱う。具体的には、まず振興会の成立過程を明らかにし、次いで新武徳会に包摂される昭和一七（一九四二）年四月までの振興会の活動実態を詳細に明らかにし、最後に古武道概念の諸相を詳細に検討する。

第一節　日本古武道振興会の成立と古武道の提唱

まず振興会成立以前の松本の経歴を概観しよう。松本は明治一九（一八八六）年岡山県に生まれる（図28）。関西中学校を卒業して明治三七（一九〇四）年に第六高等学校に入学する。六高卒業後、明治四〇（一九〇七）年に東京帝国大学法科大学政治学科に入学する。

松本は六高時代に柔道部に所属していた。明治三九（一九〇六）年九月五日の松本の日記をみると、「朝六時頃に起きた。常になく早い。此間の横業の御陰で身体中痛い（中略）今日は柔道の稽古日だけれど、身体が痛いので御休みとした[1]」と記されており、それほど厳しい部活動ではなかったことが窺える。また松本は六高時代に柔道で左足の大腿部を打撲し、それが原因で大学の頃から足が悪かったという[2]。松本はこの足の怪我を機に柔道から離れた。

明治四四（一九一一）年七月に東大を卒業し、高等文官試験に合格して同年一一月に内務省へ入省する。入省後の主な役職としては大正一四（一九二五）年九月に内務省神社局長、大正一五（一九二六）年九月には静岡県知事、昭和二（一九二七）年五月に鹿児島県知事などを歴任。昭和六（一九三一）年五月に社会局長、昭和七（一九三二）年五月に警保局長へ就任している(3)。昭和九（一九三四）年一一月には貴族院議員に勅撰される。

松本は大正一一―一二（一九二二―二三）年の間、中国や欧米を視察している。松本にとってこの視察は日本を外から見つめ直すきっかけになった。松本は欧米視察から帰国した後、大正一三（一九二四）年五月に雑誌『斯民』のなかで次のように述べている。

図28　松本 学（伊藤 隆・広瀬順皓編『松本学日記』山川出版社、1995年）

物質文明の就ては西洋の長所を採つて日本の短所を補ふといふことは、議論の余地なく賛成してよいことであるが生活とか社会生活とか思想等の如き精神的方面に就ては、直に西洋を模倣するを以て文化生活であると考へることは、日本の如く固有の長き精神文明の歴史を有する国民としては、余程考慮しなければならぬことを痛切に感じた次第である（中略）日本独特の文明を保つ為には欧米心酔に陥らず、吾々固有の思想、国民精神を発揮することが、今後に処する日本のとるべき道ではないかと思ふ(4)。

政治学者の黒澤良によれば、松本は禁酒法下のアメリカ国民の飲酒の横行ぶりを目の当たりにし、欧米人の「公徳心」が乱れていることに西洋文明の行き詰まりをみたという[5]。ここに松本が日文連を組織化していく思想的な発端がみられる。

振興会は日文連傘下の組織であったが、日文連創立の背景には当時活発化する共産党運動に対抗するねらいもあった。内務省警保局長であった昭和八（一九三三）年当時、松本は「共産党弾圧、思想対策、急進ファシズム運動などの内偵視察などを積極的に行った[6]」という。特に昭和八（一九三三）年には共産党を壊滅的な状態にまで弾圧した。しかしその後、こうした共産党の弾圧だけでは思想対策に限界があると考えた。

昭和八（一九三三）年四月、斎藤内閣のもとに内務、司法、文部、陸・海軍、逓信各省の思想統制行政を統合する思想対策協議会が設置された[7]。小田部によれば、松本はこの協議会委員に名を連ね、「内務省案として『思想問題対策案』を作成、提出し、日本精神の確立と普及を主張した。そして同案の具現化のために松本は金雞学院系の「新官僚」とともに日本文化連盟運動を展開[8]」したという。かくして松本は昭和八（一九三三）年七月に日文連を設立した。そしてその二年後に振興会は設立された。

振興会設立の過程で古武道の名称が初出するのは昭和一〇（一九三五）年一月二一日である。その日の松本の日記には「午後二時国井、川内を招き、古武道振興会の件につき相談す。最初に会合する人々を極める[9]」と記されている。そして翌二月三日に松本は芝紅葉館で創立発起人会を開いた。そこで松本は「念流、香取神道流、高木流、揚心流、示現流、新陰流其他の人々[10]」を招き、「日本古武道振興会を設立することを決[11]」した。この時点で組織の役員などは決定していないが、ともあれ振興会は松本によって創立されたのである。

こうして振興会を創立した松本だが、彼の提唱する古武道概念は安岡をはじめとして様々な人物と交流するなかで形成されたと考えられる。例えば、振興会設立直前の一月二一日に松本が会合した「川内」とは後に幹事となる川内鐵三郎のことである。その川内は昭和九（一九三四）年一〇月に発行された雑誌『改造』に同年五月に行われた「皇太子殿下御誕生奉祝」天覧試合（以下、「第二回昭和天覧試合」）に対する感想を述べている。そこで川内は強い武道批判を展開している。

今日の武道が、其の技に於て末技に流れ其の精神に於て堕落せりとは、識者の等しく口にする所であるが、本春五月の天覧試合を拝観せる者は、異口同音に此の叫びをなしている（中略）今日の審判規定に基く勝負は剣術の一面であって全部ではない。審判規定による勝負の一面を全部なるかの如く誤信して勝負にのみ捉はれる結果、剣道の全面に基本をなす原理原則を没却することゝなる。延いて如上の如き醜態を暴露するのである。今日の柔道界の場合にも同様のことが言ひ得ると思ふ。今日こそ真の武道に立ち返へらなければ、遂に日本の正しい武道は廃り、真の武術は滅してしまふ[12]。

ここにみられるように、川内は「今日の武道」の試合の勝敗に拘わる傾向を批判的に捉え、それを是正するためには「真の武道」、「正しい武道」へ立ち返らなければならないと考えたのである。

松本もまた、昭和九（一九三四）年五月の第二回昭和天覧試合を観覧していた。松本は第二回昭和天覧試合の感想を「柔道にしても剣道にしても其無作法なること、卑怯なこと恐惶に堪へぬものがあった[13]」と日記につけている。松本は川内同様、第二回昭和天覧試合を見て、武道が堕落していると感じたのである。かくして松本は川内の主張に共鳴し、明治期以前から続く武術諸流の復権を決意したのだ。昭和一四（一九三九）年に作成された『日本古武道振興会概要』によれば、創立発起人会で松本は挨拶を兼ねた演説を行い、「現代武道の弊風を挙げ、古武道振興の必要を力説せられたるに対し、武道家交々起つて共鳴し之が振興の為に有力なる団体の実現を要望する所となり、会名を「日本古武道振興会」と称することを決定[14]」したという。

昭和一〇（一九三五）年三月三日には第二回創立発起人会が開かれた。そこには「元司法大臣貴族院議員小山松吉、竹下海軍大将、浅野海軍中将[15]」と武術三〇余流が集まった。この第二回の発起人会で小山松吉、浅野正恭、竹下勇といった振興会の役員になる人物が集まる。この会議では「発会式を兼ね各流派の流祖祭並古武道各流型大会を挙行することに決議散会[16]」した。「流祖祭並古武道各流型大会」は四月一日に挙行されたが、松本の日記によれば三月一六日に「午後一時古武道振興会の委員会を開く。此間梨本宮邸に参向、事務官に殿下台臨のことを願っておいた。四月一日日比谷公会堂で流祖祭、奉納仕合を催すこととす[17]」と日比谷公会堂での開催決定と梨本宮へ台臨を打診していた。この打診をうけて梨本宮は台臨することになり、大会前日三月三一日に松本は「古武道振興会の奉納試合の場所を見分の為公会堂に行き、梨本の宮殿下を迎ふる入口等のことを指示す[18]」と入念な会場確認をしている。

四月一日、振興会初の奉納演武となる「流祖祭並古武道各流型大会」が開かれた。およそ四〇流派が全国から集まり奉納演武を行った。観覧者はおよそ二五〇〇人が集まった[19]。この大会を振興会は「我が国最初の各流派を網羅せる綜合的流祖祭並各流古武道型大会[20]」と評しているが、前述のとおり大島が開催した奉納武道形大会が実際は先行している。

当日の日程は次のようなものだった。まず会場には祭壇が設けられ香取、鹿島の両大神を奉斎し各流祖を合祀した[21]。午前九時に大会は開始され日枝神社宮司が斎主となり修祓式執行、松本が祭主として祭文を読みあげ、次いで小山、浅野らが祭文を読みあげた。最後に小山が玉串奉奠し祭典は終わる。そして午前一〇時梨本宮が台臨し、各流派の奉納演武が開始された。午後にも梨本宮は台臨し、「主催者初め参列者一同其の光栄に感激[22]」したという。午後は松本から振興会の趣旨についての挨拶があり、その後再び奉納演武が行われ、午後四時をもって閉会した。このように振興会は皇族の権威を背景に武術諸流のみの全国規模の大会を行ったのである。また、当大会では日枝神社の神式や皇族の台臨によって神道的儀礼が行われたが、これ以降、神道的儀礼は振興会の奉納演武に欠かせない行事となった。

昭和一〇（一九三五）年八月、振興会は「流祖祭並古武道各流型大会」を記念して『日本武道流祖伝』（以下、『流祖伝』と略）を発行した。『流祖伝』は振興会の川内が編集したもので、主な内容は振興会の開催した大会に参加した各流儀の沿革を述べたものである。その『流祖伝』の序文で松本は武道の現状を次のように批判した。

> 今日一般に行はれている武道といふものが、動もすると技の末に走り、或は単なる勝敗にのみ拘泥するの傾向があるやに見受けられ、所謂スポーツ化して、武道の真髄たる精神が、漸次廃れつゝあるのではなからうか。(23)

松本は、「今日」における武道は試合の勝敗に拘泥しすぎて「スポーツ化」が進んでおり、精神性が廃れていると批判するのである。また松本は、「斯かる傾向は、独り武道に於てのみあらずして、我が国社会の各方面についても、同様のことがいひ得らるゝのであつて、我が民族が三千年来伝承し来つた尊いものが、我々国民一般の精神の中より溌剌たる力を喪つて、徒らに形骸を止むるに過ぎざるように見受けらるる」(24)と述べ、武道にみられた衰退は当時の日本社会全般にもみられる傾向だと主張したのである。松本は安岡同様、西洋文明が日本社会に頽廃的な雰囲気をもたらしたと考えた。そして武道においてはそれが「スポーツ化」というかたちで進行していると考えたのである。

松本は当時の武道や日本社会を退廃的なものと捉え、その復興を古武道に求める。「云ふまでもなく、武道は我が国民精神の発露であつて、而も代表的なものであり、従つて武道精神の復興といふことは、単に武道の問題たるのみならず、汎く国民の精神生活の上に、大なる意義が存するのである。仍ち、我々が真の武道精神を古武道に求めんとして、茲に同人に語らひ、本春二月『日本古武道振興会』を結成したのである(25)（傍点、筆者）」。かくして松本は「今日」の〈武道のスポーツ化〉は武道の衰退であると批判し、その衰退は古武道の復権によって克服されると主張したのである。

第二節　日本古武道振興会の組織体制

ここまで振興会の成立と古武道提唱の経緯を考察したが、では振興会はどのような組織だったのか。またどのような活動を展開したのだろうか。本節では振興会の事業展開の基盤となる組織体制について考察する。

第一項　日本古武道振興会の組織体制

振興会の設立は昭和一〇（一九三五）年二月三日のことであるが、後の昭和一五（一九四〇）年四月四日に財団法人となる。この財団法人化が組織体制面での転換点と考えられるため、本章では振興会の組織体制を財団法人化以前と以後に分けて考察したい。

財団法人化以前の振興会の体制については昭和一三（一九三八）年に財団法人日本文化中央連盟が発行した『日本文化団体年鑑』に詳しい。振興会の事務所は東京市麴町区内幸町二丁目（大阪ビルディング内）に設置された。振興会設立当初の役員は、世話役に松本、小山、陸軍大将尾野実信、陸軍中将佐田武彦、海軍大将竹下、海軍中将浅野の六人が挙げられている。[26]幹事は川内と国井道之が担っている。会員数は昭和一二—一三（一九三七—一九三八）年の間は一五〇〇名とされる。[27]

世話役のうち松本と尾野以外は何らかの流派の門人である。小山は元司法大臣で振興会設立時には貴族院議員であったが、日置流の弓道家でもあり、武徳会から昭和六（一九三一）年に弓道範士の称号を授与されている。小山は昭和一〇（一九三五）年一二月一四日の「赤穂義士慰霊古武道大会」において「講演並日置流弓術」を披露している。[28]さらに、昭和一〇（一九三五）年四月一日の「流祖祭並古武道各流型大会」では「竹下海軍大将の

	第一期 1933.7～1934.6	第二期 1934.7～1935.6	第三期 1935.7～1936.6	第四期 1936.7～1937.6	第五期 1937.7～1938.6	第六期 1938.7～1939.4	計
本部	9,787.47	28,853.16	55,338.62	52,728.83	46,963.04	18,377.42	212,048.54
国際部	4,662.46	18,759.46	21,382.46	24,544.43	4,084.12	663.42	74,096.35
日本芸道聯盟	13,592.78	21,336.38	14,207.23	11,555.53	1,910.85	—	62,602.77
国維会	21,656.05	20,574.03	—	—	—	—	42,230.08
国維青年部	3,910.00	300.00	—	—	—	—	4,210.00
教育同志会	24,920.09	31,150.00	33,267.07	23,890.00	—	—	113,227.16
日本文化研究所	7,027.70	4,177.10	—	—	—	—	11,204.80
日本労働聯合	9,470.00	9,196.58	10,327.00	8,646.92	1,291.66	753.00	39,685.16
日本精神顕修会	5,385.00	5,390.00	3,000.00	2,000.00	—	—	15,775.00
工場スポーツ聯盟	2,760.00	3,615.00	3,000.00	2,000.00	—	—	11,375.00
木鐸会	3,950.00	3,150.00	3,000.00	3,000.00	—	—	13,100.00
大同会	8,388.81	9,707.65	11,743.00	15,350.00	8,550.00	1,450.00	55,189.46
文芸懇話会	924.82	5,204.44	11,870.62	8,106.26	2,392.24	—	28,498.38
日本古武道振興会	—	2,111.38	9,691.44	8,846.95	2,625.17	2,222.84	25,497.78
伝記学会	—	2,448.44	11,061.86	8,287.68	1,346.12	142.15	23,286.25
日本医道協会	—	152.24	99.85	31,437.27	10,538.42	5,779.32	48,007.10
邦人社	—	11,938.57	34,503.38	28,477.97	5,108.54	1,467.72	81,496.18
詩歌懇話会	—	—	—	1,034.62	2,000.80	—	3,035.42
日本民俗協会	—	47.20	5,671.80	3,901.48	1,137.40	86.15	10,844.03
日本体育保健協会	—	—	—	5,722.09	1,182.83	1,770.40	8,675.32
全国青年学校振興会	—	—	—	1,300.49	520.00	—	1,820.49
新日本文化の会	—	—	—	—	3,698.80	1,800.00	5,498.80
日本児童文化の会	—	—	—	—	12.00	974.50	986.50
綜合科学協会	—	—	776.00	1,500.00	—	—	2,276.00
計	116,435.18	178,111.63	228,940.33	242,330.52	93,361.99	35,486.92	894,666.57
収入	250,000.00	250,000.00	250,000.00	250,000.00(内150,000.00ハ日本文化中央聯盟寄附金ニ充当セラル，差引）100,000.00			850,000.00

単位は銭

表18　日本文化連盟支出概計書（6期6カ年間）（粟屋憲太郎・小田部雄次『資料日本現代史九』大月書店、1984年、90頁）

大東流、浅野中将の柳生流、佐田（武彦）陸軍中将の示現流の奉納[29]」がなされたという。将官クラスの軍人が幹部を占めているのも振興会の特徴であろう。浅野は大正一五（一九二六）年三月にマル秘文書『大本教の叛逆思想[30]』という冊子を松本に提出していることから、浅野と松本はこの頃から交流があったものと思われる。また、竹下は浅野に合気道の植芝盛平を紹介された関係から互いに交流があったとみられる。

財団法人化以前の振興会の活動資金は日文連から支出されていた。表18をみると振興会設立初年（第二期）はおよそ二一一一円三八銭、二年目（第三期）ではおよそ九六九一円四四銭、三年目（第四期）はおよそ八八四六円九三銭、四年目（第五期）はおよそ二六二五円一七銭、五年目（第六期）ではおよそ二二二二円八四銭が日文連から支出されている。昭和八―一一（一九三三―一九三六）年の間、日文連は毎年「三井、三菱、住友の三大財閥から計二五万円の資金援助がなされ、三六年七月以降も三年間分一〇万円の資金が渡されていた[31]」という。

昭和一二（一九三七）年九月一七日には財団法人日本文化中央連盟（以下、「文中連」と略）が設立され、しばらく日文連と傘下組織を共有した[32]。文中連の活動資金は「文部省補助金と（中略）三大財閥のほか、日本郵船、鐘淵紡績、日本鋼管などの大手企業はじめ各種会社から集められた。また、小口ながら島崎藤村、曽我廼家五郎らの個人的寄附もあった[33]」という。表18に記されているとおり、昭和一二―一四（一九三七―一九三九）年までの三年間は日文連の活動資金が二五万円となり、そのうち一五万円が文中連への寄付金に充られていた。そのため、日文連全体の活動資金総額は三年間で実質一〇万円に減額していた。表18の「第四期」は日文連の活動資金面で画期であり、「第五期」「第六期」に活動資金が支給されなくなる団体が増加している。そうした中、振興会はその設立から日文連が解散するまで活動資金が支給され続けていることから、日文連傘下の組織としても比較的重視されていたのではないかと考えられる。

次に財団法人化後の振興会の組織体制についてみていく。振興会内での財団法人化に向けた話し合いは昭和一二（一九三七）年頃からみられ、同年一二月二〇日の松本の日記には「古武道の連中が来て、古武道振興会を組織化したいと云ふ。自分に会長になれと云ふ[34]」と記されている。財団法人化に向けた具体的な動きがあらわれるのは昭和一四（一九三九）年一二月のことであり、昭和一五（一九四〇）年六月に作成された『財団法人日本古武道振興会要覧』には「昭和十四年十二月二十三日大阪ビルディングに、赤星陸治、新井源水、田中丸祐厚、木村篤太郎、除野康雄、金井佐久、中村明人、佐々木芳遠（公用の為め欠席）、斉藤俊平、二荒芳徳（公用の為め欠席）、中野善敦、小笠原道生、朝倉虎次郎、高草朴介、小山松吉、松本学の諸氏相集り、本財団法人設立発起人会を開催し、小山松吉氏を座長に推し其の司会の下に満場一致財団法人日本古武道振興会寄附行為、同設立趣意書、同事業要綱、会長、理事長、監事等の役員其他一切の議案を可決確定し同時に本財団法人の設立を決定し、財団法人許可申請の手続を進むることとせり[35]」とある。したがって、昭和一四（一九三九）年一二月二三日時点でほぼ財団法人化に向けた準備は終えている。昭和一五（一九四〇）年一月二六日の松本の日記に「五時古武道振興会を財団法人にするについて会員総会を開く[36]」とあり、会員各位へ財団法人化の決定が報告された。そして、昭和一五（一九四〇）年四月四日に正式に財団法人の設立認可がおりた[37]。その後、振興会が新武徳会に包摂されるのは、昭和一七年（一九四二）年七月一八日のことである。[38]

振興会が財団法人化に向けて設立発起人会を開いた日は、第一一章で取り上げた委員会が設置された日でもある。当初、委員会委員候補者には松本と小山の名が挙がっていたが、結果的には小山のみが委員会委員に選ばれた。[39]また、財団法人化後の振興会役員には佐々木芳遠、石本寅三、中村明人、中野善敦、小笠原道生といった委員会のメンバーが理事に就いている。

財団法人化以降は組織の性格に幾分変化がみられる。財団法人化以降はそれ以前と異なり、役員の役割が明確になる。財団法人化直後に財団法人化以降も役員を継続しているのは小山と松本の二人であり、会長に小山が就き副会長兼理事長に松本が就いている。[40]川内と国井も引き続き幹事を担当しているが、幹部であった軍部関係者四名の名前は見当たらない。[41]ただし、委員会に参加していた兵務局の石本及び中村や海軍省教育局の草鹿らが理事に就任していることから、戦技化を推進する軍部勢力が参入していることが分かる。表19は財団法人化以降の振興会の役員について一覧にしたものだが、財団法人化以降、常に陸軍省兵務局長及び海軍省教育局長が一人ずつ理事に就任しているのである。また、文部省と厚生省の局長クラスの人物も概ね二人ずつ就任している。振興会は、新武徳会の包摂団体に組み込まれた結果、その役員は武道の戦時体制化を進めた陸軍省、海軍省、文部省、厚生省の官僚らに占められたと考えられる。ただし、表19のなかで最も多いのは「その他」に分類される役員である。「その他」の役員がどのような形で会の活動に参加したのかは不明であるが、新武徳会の本部理事会では木村篤太郎や新井源水ら民間人が軍部の役員に対抗していたことを坂上が明らかにしている。[42]つまり、軍部は民間人の存在によって振興会の実権を掌握しきれなかったものと考えられる。そのため、振興会の活動が戦技化一辺倒になったとは考えにくい。新武徳会包摂以後の振興会の活動状況については、次章で検討する。

次に経費と会員についてである。財団法人化直後の資産総額は「一万四千五百円[43]」である。経費について『財団法人日本古武道振興会要覧』の第三一条によれば、収入は「一、寄付金　二、会費　三、基本財産より生ずる

役職	在任期間と氏名、主な肩書
会長 理事	1940. 4 . 4 —46. 1 .17小山松吉（日本学生弓道連盟会長、法政大学総長、元司法大臣）
副会長 理事長 理事	1940. 4 . 4 —46. 1 .17松本学（貴族院議員）
理事	・文部省 1940. 4 . 4 —46. 1 .17中野善敦（普通学務局長） 1940. 4 . 4 —46. 1 .17小笠原道生（体育局長） ・厚生省 1940. 4 . 4 —42. 1 .10佐々木芳遠（体力局長） 1942. 2 . 9 —46. 1 .17中村敬之進（人口局長） 1944. 1 .23—46. 1 .17小林尋次（健民局長） ・陸軍省 1940. 4 . 4 —40. 6 .21中村明人（陸軍省兵務局長）→1940. 7 .17—41. 2 .12石本寅三（同）→1941. 2 .15—43. 1 .22田中隆吉（同）→1943. 1 .23—46. 1 .17那須義雄（同） ・海軍省 1941. 2 .15—41.12.29草鹿任一（海軍省教育局長）→1942. 2 . 6 —43. 1 .22徳永栄（同）→1943. 1 .23—46. 1 .17矢野志加三（同） ・その他 1940. 4 . 4 —46. 1 .17新井源水（ジーゼル機器株式会社社長、新武徳会柔道部会長） 1940. 4 . 4 —46. 1 .17木村篤太郎（全日本学生剣道連盟理事長、新武徳会剣道部会長） 1940. 4 . 4 —46. 1 .17二荒芳徳（日本体育専門学校長） 1940. 4 . 4 —46. 1 .17除野康雄（元内務省） 1940. 4 . 4 —46. 1 .17田中丸祐厚（不明） 1940. 4 . 4 —46. 1 .17金井佐久（不明） 1940. 4 . 4 —42. 5 .28赤星陸治（三菱地所社長）在任中死亡 1943. 1 .23千葉胤次（弓道範士）
監事	1940. 4 . 4 —46. 1 .17朝倉虎次郎 1940. 4 . 4 —46. 1 .17高草朴介

表19　財団法人日本古武道振興会の役員（塚田『登記謄本写』国立国会図書館憲政資料室松本学文書516、1946年。及び「財団法人日本古武道振興会要覧」1940年、中村民雄『史料近代剣道史』島津書房、1985年、71—72頁より摘出・作成。各人の肩書については、坂上康博「武道界の戦時体制化」、坂上康博・高岡裕之編『幻の東京オリンピックとその時代　戦時期のスポーツ・都市・身体』青弓社、009年、243—278頁。及び本書の表８「武道振興委員会名簿」、表13「国民体力審議会武道部会委員」を参照した）

果実　四、前年度の繰越金　五、其の他の収入[44]」である。ここでは会費に注目する。会費を納入する会員には三種類あり「一、正会員　年額会費一円を納付するもの　二、特別会員　年額五円を一口とし年額会費一口以上を納付するもの　三、賛助会員　年額会費五百円以上を納付するもの」と規定され「一千円以上の寄附」をした者には理事会の議決を経て名誉会員に推薦されることとなっていた[45]。つまり、会員になるためには年会費を払うか寄付をすればよいため、会員は武術諸流の門人に限らないのである。また、名誉会員以外の会員には年会費が課せられていることから毎年一定の収入が見込まれたと考えられる。『日本文化団体年鑑』の昭和一八（一九四三）年版をみれば昭和一七（一九四二）年には会員数五〇〇〇余名とあるため[46]、毎年五〇〇〇円以上の収入は見込まれたものと考えられる。

ただし、松本の昭和一七（一九四二）年四月一〇日の日記によれば、「午前十時から二時までレーンボーで古武道振興会の理事会を開く。財部のことを御話す。大日本武徳会の包摂団体として予算は本会から配布されるから寄附募集はせぬようにして呉れとのことなり[47]」と記されていることから、新武徳会設立後はそこから補助金が下りていたようである。新武徳会の包摂団体の規定が発表されるのは昭和一七（一九四二）年七月であり、新武徳会から振興会への予算の配布は昭和一八（一九四三）年度から始まったものと考えられる。

ところで、振興会は財団法人化前後で組織体制を変えているが、活動事業に関してはさしたる変化はみられない。以下、振興会の事業について普及活動をみていく。

第三節　日本古武道振興会の事業活動

本節では、振興会が行った事業活動に焦点を当て、振興会がいかなる古武道の振興を展開したのか、その諸相を明らかにしていく。具体的には奉納演武、小中学校への古武道普及、建国体操の創作と古武道の関係の三つを取り上げる。

昭和一三（一九三八）年の『日本文化団体年鑑』によると、振興会の目的、事業は「（一）古武道各流派に関する調査研究、並に練磨普及（二）神前奉納各流型大会、講演会、其他の集合（三）古武道に関する図書、文献の蒐集、及び出版（四）古代より伝来せる武器、武具の保存（五）古武道型を小学校、中学校、其他に普及奨励（六）其他必要なりと認むる事項[48]」の六項目が挙げられている。財団法人化以降の事業も財団法人化以前とほとんど変わらず、唯一財団法人化以降はそれ以前の事業（一）から「古武道各流武術の練磨及普及[49]」が独立させられているのみであるため、振興会の事業方針はほぼ一貫している。

本項で扱う各事業項目について検討したい。事業中、（四）に関しては資料不足のため、本書ではこれに触れず別の機会に譲りたい。（一）と（三）については『流祖伝』の出版が主な成果とみられる。『流祖伝』には各流の流儀や系譜が紹介されている点で（一）の事業成果が組み込まれた書籍であること、加えて、『流祖伝』は振興会から刊行されているため、（三）の事業成果に相当するとみてよい。ただし、（一）については各流派と振興会とが協力して形の元来の仕様や、精神文化の研究をしていることが予想され、彼らの研究成果物の発掘は今後の課題である。さらに（三）については古武道を広報するための重要な事業とみられるが、これについても本書では『流祖伝』以外に有益な史資料の発掘には至っていない。

したがってここでは、（二）と（五）の事業を中心に考察をすすめていくこととなる。これら二つの事業は振興会が社会と直接関わる部分であり、当時の日本社会において古武道がどのように振興されたのかを把握するために有益だと考えられる。

第一項　奉納演武大会

振興会の活動の中でも盛んだったのが奉納演武である。松本は古武道の形の特色を「いつも神に捧げ奉ると云ふ心持で修行もするし、演武もするしまた実戦にも臨むところに」[50]求めている。実戦に関して松本の考えるところは明らかでないが、神に捧げ奉る奉納演武は振興会の主要な事業の一つであった。表20は昭和一〇―一六（一九三五―一九四一）年までの各奉納演武大会に関して大会日、大会地域、参列者数、参加流派数についてまとめたものである。表20から奉納演武が行われた地域も関東・東海・関西・中国・九州地方に亘り、多くの場合、数千人規模の大会が開かれたとされている。管見の限り同時代の他の武道イベントでどれだけの観客が動員されたのか、信頼性の高い資料は見当たらなかったが、昭和六（一九三一）年に開かれた柔道の「公開紅白試合」では「二千八百拾一人」[51]の観客を動員したと報告されている。つまり、振興会の奉納演武は当時の武道大会としてはそれほど際立った盛況を示したわけではないが、全国各地で奉納演武をすることで地道に古武道のアピールの場を広げていったものと考えられる。その際、「奉納演武大会案内書」という大会プログラムを作成することで、会場の人々に奉納演武の趣旨が伝わるよう工夫がされた（図29）。

また、古武道の名の下に振興される武術諸流の種目を『流祖伝』に収められた昭和一〇（一九三五）年四月から七月にかけて行われた演武種目から摘出すると、剣術、柔術、弓術、槍術、薙刀、居合術、杖術、棒術、鎖鎌術、長柄之鎌、捕縄術、十手術、矢留術、管矢術、打根術、手裏剣術、合気柔術、拳法、空手術、水術などであった[52]。

松本は各奉納演武会で度々講演を行っている。表20をみれば、昭和一〇―一六（一九三五―一九四一）年の間に五六回の奉納演武大会が開かれているが、そのうち四二回は講演を実施している。各講演の演説内容の詳細は定かでないが、昭和一二（一九三七）年二月一〇日に開かれた「紀元節奉祝全国古武道型大会」で松本が講演した講演録は、同年四月発行の雑誌『雄弁』に掲載され、松本の主著『文化と政治』に再録されている。このことから松本の奉納演武大会における講演の典型例は「紀元節奉祝全国古武道型大会」の講演録に見出せるだろう。

松本は振興会設立当初から「我々は今日此の古い武技に接する時、何ともいい難い尊い精神に打たれる」[53]と述

大会名	演武会場	都道府県	日付	参加流派数	参列者数(人)
1935年					
流祖祭並奉納古武道各流型大会○	日比谷公会堂	東京	4月1日	40	2500
横浜伊勢山皇大神宮奉納型大会○	横浜市音楽堂	神奈川	5月5日	20	5000
官幣鹿島神宮奉納大会■○	鹿島神宮	茨城	7月11日	20	1500
官幣香取神宮奉納大会■○	香取神宮	千葉	7月12日	20	2900
官幣大社氷川神社奉納大会■	氷川神社	埼玉	8月5日	30	2000
済寧館に於ける古武道大会○	宮城内済寧館	東京	10月15日	20	600
明治神宮奉納全国古武道各流大会■○	明治神宮	東京	10月25日	40	10000
赤穂義士慰霊古武道大会■	高輪学園校庭	東京	12月14日	20	5000
1936年					
官幣中社貫前神社・山名八幡神社奉納大会○	念流宗家樋口道場	群馬	1月17日	20	2000
官幣吉備津神社奉納大会■○	岡山市公会堂	岡山	4月24日	30	2000
官幣筥崎宮奉納大会○	筥崎八幡宮	福岡	4月26日	30	2000
第二回明治神宮奉納大会挙行■○	明治神宮外苑相撲場	東京	10月31日	50	30000
浅間神社奉納東海地方大会■○	浅間神社	静岡	11月23日	50	2000
1937年					
紀元節奉祝全国古武道型大会■○	両国国技館	東京	2月10日	59	20000
千葉県古武道振興会創立●○	香取神宮	千葉	4月4日	不明	不明
浅間神社奉納第二回関東東海地方古武道大会■○	静岡市公会堂	静岡	5月3日	30	4500
神奈川県古武道振興会創立記念大会■○	県立武道館	神奈川	6月6日	30	3000
東京各区教育会主催古武道型大会■○	牛込区津久土小学校	東京	6月23日	20	1000
品川区主催諸葛神社奉納古武道型大会■○	御殿山小学校	東京	7月12日	20	1000
松陰神社奉納古武道各流型大会■○	松陰神社	東京	9月27日	20	2000
川崎市稲毛神社奉納古武道型大会■○	宮前小学校	神奈川	不明(19日)	20	不明
明治神宮奉納古武道各流型生徒大会●○	明治神宮外苑相撲場	東京	10月25日	35	不明
品川青年団主催古武道大会■○	品川区役所	東京	10月29日	10	700
浅草区内高騰小学校主催古武道型大会■○	蔵前小学校	東京	11月10日	15	2000
千葉神社奉納古武道型大会■○	千葉県立運動場	千葉	11月20日	15	11000

大会名	演武会場	都道府県	日付	参加流派数	参列者数(人)
本所区教育会主催牛島神社奉納型大会■○	言問小学校	東京	11月27日	10	1500
牛込区教育会主催古武道大会■○	早稲田尋常小学校講堂	東京	12月4日	不明	1500
1938年					
深川区教育会主催古武道大会■○	猿江恩賜公園	東京	3月11日	18	5000
千葉県古武道振興会主催香取神宮奉納古武道型大会●○	香取神宮	千葉	4月14日	10	1000
芝大神宮奉納古武道各流型大会●○	赤十字博物館	東京	5月28日／6月7	日20	不明
久能山東照宮奉納関東・東海地方古武道各流型大会■○	久能山東照宮	静岡	不明	20	500
靖国神社遥拝所奉納全国古武道各流型大会○	西宮球場外苑内靖国神社遥拝所大前	兵庫	6月2・3・4日	30	2000（1日目）
獨逸青少年使節歓迎日本古武道型大会	厚生省国民体育館	東京	9月15	10	400（使節団31名含）
潮田神社奉納古武道型大会■	潮田神社	神奈川	10月2日	20	1000
氷川神社奉納古武道各流型大会■○	落合第一尋常高等小学校講堂	東京	10月21日	15	500
第四回明治神宮奉納全国古道各流型大会■○	明治神宮外苑相撲場	東京	10月24日	48	10000
熊野神社奉納関東地方古武道各流型大会■○	熊野神社大前	関東地方	11月13日	24	1000
城東区主催の古武道型大会■○	城東区香取尋常小学校広場	東京	11月18日	13	5000
川崎市主催関東地方古武道各流型大会	川崎幸町尋常小学校校庭	神奈川	11月20日	22	不明
1939年					
児童文化祭古武道型生徒大会●	日本橋三越ホール	東京	1月24日	10	600
官幣大社三島神社奉納関東・東海地方古武道型大会■	三島神社大前・	静岡	4月8日	20	1500
官幣大社熱田神宮奉納関東東海地方古武道各流型大会○	名古屋市公会堂	愛知	6月5日	30	2500
支那事変護國英霊奉納全国古武道各流型大会■○	阪急西宮球場外苑表忠塔大前	兵庫	6月6・7日	30	10000（1日目）
第二回稲毛神社奉納関東地方古武道型大会■	稲毛神社大前	神奈川	7月9日	15	1000
第五回明治神宮奉納全国古武道各流型大会■○	明治神宮外苑相撲場	東京	10月25日	50	1000
川口神社奉納古武道各流型大会○	川口市公会堂	埼玉	11月18日	22	不明

大会名	演武会場	都道府県	日付	参加流派数	参列者数(人)
(財団法人化以降)					
1940年					
紀元二千六百年奉祝橿原神宮奉納全国古武道各流型大会■○	橿原神宮外苑建国会館	奈良	5月27日	50	1500
紀元二千六百年奉祝全国古武道各流型大会（東京）○	日比谷公会堂	東京	9月30日	45	不明
紀元二千六百年奉祝熱田神宮奉納全國古武道各流型大会○	名古屋市公会堂	愛知	10月19日	40	不明
平安神宮御遷座並御鎮座奉祝奉納全国古武道各流型大会○	京都武徳殿	京都	10月21日	45	不明
香取神宮御遷座奉祝奉納関東地方古武道各流型大会●	香取神宮神苑	千葉	10月30日	20	不明
明治神宮御鎮座二十年奉祝奉納関東地方古武道各流型大会	明治神宮内苑旧御殿	東京	11月15日	18	不明
紀元二千六百年奉祝官幣大社宮崎神宮奉納全国古武道各流型大会	宮崎神宮神苑広場	宮崎	12月1日	50	2000
紀元二千六百年奉祝官幣大社霧島神宮奉納全国古武道各流型大会■	照国神社神苑	鹿児島	12月3日	55	不明
1941年					
護国英霊奉納九州地方古武道各流型大会	藤崎神社神苑	熊本	4月20日	不明	不明
護國英霊奉納全国古武道各流型大会	明治神宮外苑相撲場	東京	5月24日	50	不明

表20　昭和10—16（1935—1941）年の奉納演武大会の記録（○は松本が挨拶、講演を行ったことを示す。●は生徒・学生が奉納演武を行ったことを示す。■は生徒・学生が参列したことを示す。本表は国立国会図書館憲政資料室松本学文書所収の『日本古武道振興会概要』（昭和14年）と『日本古武道振興会第55回大会記念誌』に所収された昭和16年6月1日発行「日本古武道振興会会報」の各大会記事より摘出・作成

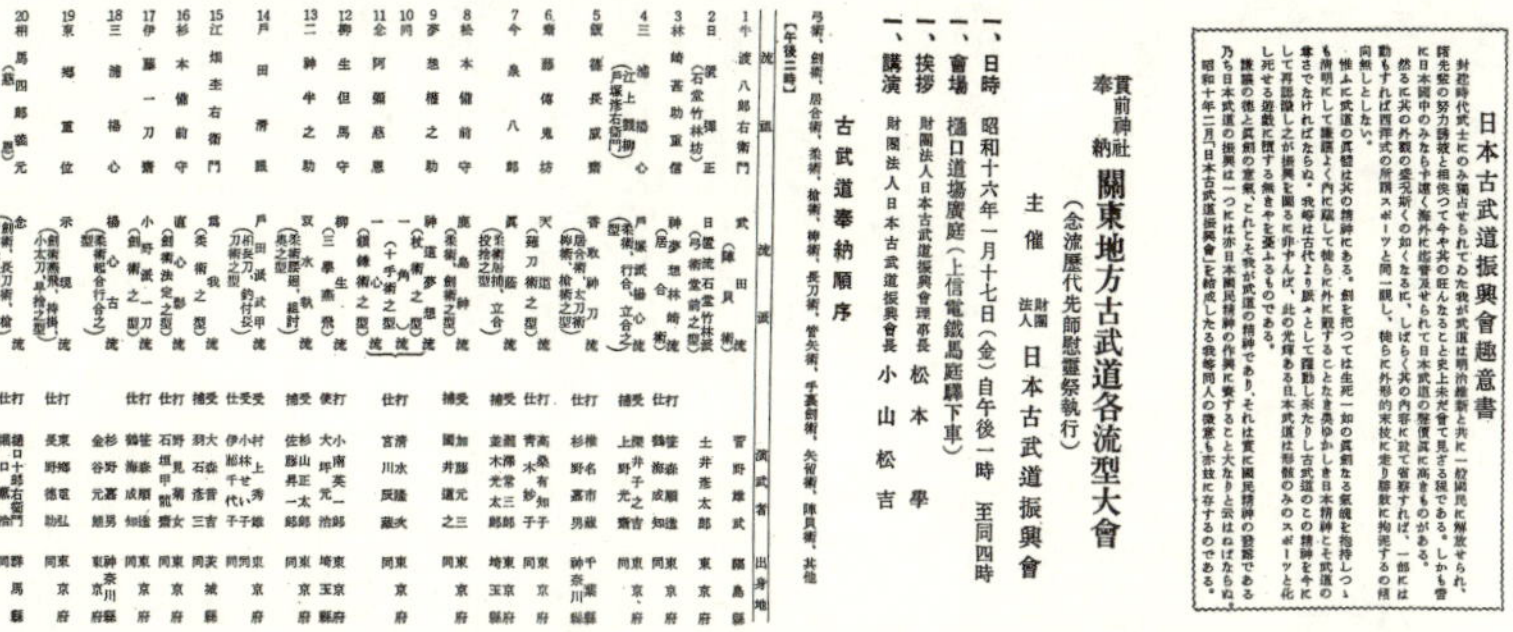
日本古武道振興會趣意書

封建時代武士にのみ獨占せられてゐた我が武道は明治維新と共に一般國民に解放せられ、諸先輩の努力精進と相俟つて今や其の旺んなること史上未だ曾て見ざる程である。しかも啻に日本國中のみならず遠く海外に迄普及せられて日本武道の聲價頗る高きものがある。

然るに其の外觀の盛況斯くの如くなるに、しばらく其の內容に就て省察すれば、一部には動もすれば西洋式の所謂スポーツと同一視し、徒らに外形的末技に走り勝敗に拘泥するの傾向無しとしない。

惟ふに武道の眞髄は其の精神にある。劍を把つては生死一如の眞劍なる氣魄を抱持しつゝも淸明にして謙譲よく內に藏して徒らに外に誇示することなき奥ゆかしき日本精神こそ武道の尊さでなければならぬ。我等は古代より脈々として躍動し來たりし古武道のこの精神を今にして再認識し之が振興を圖るに非ずんば、此の光輝ある日本武道は形骸のみのスポーツと化し死せる遊戯に類する無きやを憂ふるものである。

謙譲の徳と眞劍の意氣、これこそ我が武道の精神であり、それは實に國民精神の發露である乃ち日本武道の振興は一つには亦日本國民精神の作興に資すること大なりと云はねばならぬ。

昭和十年二月「日本古武道振興會」を結成したる我等同人の微衷も亦茲に存するのである。

貫前神社奉納　關東地方古武道各流型大會
（念流歷代先師慰靈祭執行）
主催　財團法人　日本古武道振興會

一、日時　昭和十六年一月十七日（金）自午後一時　至同四時
一、會場　樋口道場廣庭（上信電鐵馬庭驛下車）
一、挨拶　財團法人日本古武道振興會理事長　松本學
一、講演　財團法人日本古武道振興會長　小山松吉

古武道奉納順序

弓術、劍術、居合術、柔術、槍術、棒術、長刀術、管矢術、手裏劍術、矢留術、陣貝術、其他

【午後二時】

図29　昭和16（1941）年1月17日の奉納演武大会案内書（「貫前神社奉納　関東地方古武道各流型大会」国立国家図書館憲政資料室松本学文書蔵、1941年）

べていた。これは古武道の実修者ではない松本の感想であるが、松本の古武道論は見る者の立場から構築されていた。松本は観覧者に対して次のように心得を説いている。「紀元節奉祝全国古武道型大会」における講演では「如何なる場合でも神前に奉納するのでありまして、人に見物させるのではありません。神慮を慰め奉り神様に奉納する意味合でありますから、諸君も其のおつもりで神様のおそばで陪観するお気持ちであつてほしいのであります」[54]と。松本は、演武は人々に対する見世物ではなく神に奉納するために実施されていることを強調するのである。

しかし松本は、奉納演武は見世物ではないと観覧者へ主張する一方で、「武道に存してをる本当の精神、あの気魄、あの意気、あの気合というものを今日我々現代人の生活の中に活かして行こう、こういうことを十分御諒解の上で御覧を願ひたいのであります」[55]と、奉納演武の見かたを啓発するのである。そして、松本が述べる古武道の精神性は演武を見ることで了解され、観覧者は生活の中で応用することを迫られるのである。これは古武道の演武が観覧者の日本精神を発露させる役割を担っていたことによると考えられる。こうして形稽古は武術諸流の実修者の修養のためのみならず、日本精神を顕現したものとして見られる目的が付与されていくのである。そして奉納演武は演武者と参列者との共同によって日本精神を可視化する空間となる。昭和一二（一九三七）年二月一一日の『都新聞』は「紀元節奉祝全国古武道型大会」の演武について「徳川末期の堕落腐敗や明治

初期の欧化万能の古式武道の受難時代にも枯れる事なく、脈々として伝え来つた古武道の型及び精神は日本主義の華開く御時勢に逢つてパッと大鉄傘下に甦つた形だった」[56]と報じており、「古武道の型」と「日本主義」が密接に結びついていることを報じていた。

さらに、松本は古武道の正統性を武道の退廃と対比させて次のように述べる。すなわち、「武道の精神に徹するには古武道の型の修業から入るの外はなく、依つて以て日本精神の真髄を摑むことが出来る」[57]と述べ、古武道は形稽古を主にするものであり、形稽古によって「日本精神」が修養されるのである。松本は「日本の武道は唯勝負を争うものでもなければ、体育、競技でもありません（中略）然るに近時往々にして此の祖先伝来の尊い武道が、勝負を争ふ運動、競技に堕し、或は単純に体育の目的として考えられるのではなからうか」[58]と述べ、祖先伝来の尊い武道が「近時」、競技化もしくは体育化されて堕していると批判するのである。松本は古武道が競技化されて堕した武道に対して、「古武道の型」は日本精神の正統を遵守しているというのである。ここでは、武道と古武道とを差異化するために武道（体育・競技）対古武道（形）という対立図式が明確に示されている。

次に演武の観覧者について検討する。全ての奉納演武ではないが、度々皇族を招いて演武会を開いている。例えば、昭和一二（一九三七）年二月一〇日に行われた「紀元節奉祝全国古武道型大会」では秩父宮と梨本宮が台臨し、「終始御熱心に台覧、小山元法相等に一々御質問あらせられた」[59]と両皇族が古武道へ関心を示している様子が伝えられている。このように皇族を背景に奉納演武がなされることで、振興会の活動は権威付けされていったと考えられる。さらに昭和一三（一九三八）年九月一五日の「独逸青少年使節歓迎　日本古武道型大会」では、ヒットラーユーゲントを厚生省国民体育館へ招待し、古武道の演武を披露している[60]。この大会を振り返り、振興会は「内外参列者諸員一同多大の感銘裡に午後四時閉会した」[61]と評しているが、ヒットラーユーゲント一行がどのように演武を受け止めたのかは不明である。しかしながら、本演武会は海外からの来賓に向けて演武されたことに意味があると考えられる。すなわち柔道などは既に海外で普及が進んでおり、江戸期から続く柔術も一九〇〇年代初頭には欧米に伝播していたが[62]、古武道を海外からの来賓に対して見せるという行為は日本精神を表象する日本文化としての古武道の位置づけを強化することにつながったものと考えられるのである。松本はこの日の日記に「秋晴れやお国自慢を見せ申す[63]」と書き綴っている。

第二項　日本古武道振興会の地方的展開――松本学の文化活動の根本理念

振興会の奉納演武は主に関東地方で開かれ、参加する武術流派も関東に所在する流派が多かったが、徐々に全国各地でも開催されるようになった。振興会が全国各地で奉納演武を行う背景には愛郷心の作興に目的があった。松本は昭和一三（一九三八）年一〇月二三日の『東京朝日新聞』の取材に対して次のように答えている。

> 全国各地にはその地方で独自の武道を残している処が少くない、それでその地方の人人が郷土の創んだ武道として感激をもつて行へるやう郷土の武道といふことを我々は重視して作興を計って居ります[64]。

松本が「郷土の武道」にこだわることには理由があった。松本は昭和一三（一九三八）年四月一八日に「郷土と文化」と題した講演を山梨県甲府市で行っている。この講演は文中連主催の「国民自覚講演会」という大会の中で行われたものである。数ある松本の論考の中でも「郷土と文化」の原稿には松本の文化活動の根本理念が明確に主張されている。

松本は聴衆に問いかける。「明治時代に於て非常に躍進して、僅か五十年で世界の一等国になつた（中略）原因は一体何処にあるのでありませうか[65]」と。松本はその原因をこう説明した。

> それは徳川幕政二百五十年の間、全国は各藩に分れておりまして、各地に明君賢章が輩出して、之等の

人々の力で其の藩独特の文化を培養して、或は学問を盛んにし、或は産業を興し、各地方の特色を発揮して中央政府である江戸幕府がどんなに腐敗して秕政を行っても、少しも之に煩ひさるることなく却つて江戸を尻目にかけて、自分の藩にはこんな立派な学者がおる、こんな産業が盛んになっておるぞと、大自負心を堅持して各藩が其の固有の文化を確立し、民力を涵養し、民生を充実しておりました為め、各地方に大なり小なりの文化中心が確立しておつたことによつて、根強い精神文化が潜勢力として地方に蓄へられたのでありま す。(66)

松本は明治維新以降の日本の躍進は日本の「各地方」がもつ「根強い精神文化」に因るものだというのである。しかし、「明治政府の施政方針は凡ゆる制度を中央集権化したのでありまして、其の余弊が今日にも及び、其の極点に達しておると申してよからうと思ひます。其の為めに地方の特色は没却せられ、経済、産業の特殊性がなくなって、何でも中央に頼ることとなり、地方経済の不振や、農村の疲弊が訴へられるやうになつた(67)」という。

松本の述べる「地方経済の不振」や「農村の疲弊」は一九三〇年代の政府の世界恐慌への対策を批判したものと考えられる。歴史学者の粟屋憲太郎は日本への世界恐慌の影響は「折からの金解禁準備のための浜口内閣の緊縮財政によるデフレ効果と相乗しあって、未曽有の経済恐慌をもたらした。政府の恐慌克服策は、三一年の重要産業統制法などによる大企業のカルテル奨励策が中心であり、産業合理化政策と相まって、資本の独占化、独占資本の制覇が急速に進展した。政府の独占資本優位の恐慌切りぬけ策により、そのしわよせは、労働者、農民、俸給生活者、中小・零細商工業者に転嫁され、国民諸階層はかつてない緊迫状態に陥った(68)」と指摘している。

松本はこうした地方経済の不振や農村の疲弊が進む中において「地方民心は萎微して、活力気魄がなくなり、郷土の誇を失って何でも東京のものまねをする有様となったのであります。即ち地方文化が中央都市文化の為めに、完全に征服せられたと云つてよからう(69)」と主張した。松本は、日本のこれまでの躍進は地方の精神文化が支えてきたと考えており、地方が「中央都市文化」に染まることは地方の活力を失うことになり、ひいては日本全体の衰退につながる考えたのである。

松本は地方の「中央都市文化」化の典型として日本が取り入れようとしていたドイツの「全体主義」を挙げた。そして松本は全体主義の性質とその限界を次のように指摘している。

今日盛んに提唱せられておる議論の多くは新しい独乙の全体主義をとり入れて一層中央集権を強化しようとしておるようでありますが、之は吾国の庶政一新には直ちに通用しないことであります。何となれば独乙のやうな極端な地方分権、否な、数々の独立国とも云ふべき国が集つて出来ておる連邦組織の国柄に於ては、一国独乙としての国家革新をするには全体主義によることが、其の建前をかへるモットーとして最も適切であったに相違ありません。現在ナチス政権の基調として当然のことと考へられますけれども、之をすぐ日本の庶政一新に応用しようとするが如きことは見当違いも甚だしい。(70)

すなわち全体主義は、「数々の独立国」というべき地方分権が集ってできている「連邦組織」ドイツならではの政策であるという。しかし一九三〇年代の日本政府が布こうとする全体主義的な政策は松本にとって「国柄」を考慮しない「見当違い」の政策方針であった。松本にとって日本の「国柄」に適した「庶政一新の指導原理は実に文化の地方分権(71)」にあったのである。

「中央都市文化」が地方へ流入することに対する危惧は、松本が欧米諸国を視察したことと、彼が安岡の西洋文明批判に影響を受けたことに因ると考えられる。つまり、松本にとって西洋文明に染まりきっていない地方の郷土文化を振興することは日本の「国柄」を喪失しないためにも必要だったのである。松本はいう。

各地方に夫々特色のある文化が培はれて、国民の精神生活の内容を充実すると云ふことは、所謂文化の「根」を養ふことであります。各地方の文化中心が健全なる発達をなすことによつて、初めて国運繁昌の実を結ぶことが出来ると思ふ。(72)

このように松本は日本社会の躍進は各地方における特色ある文化の発展によると考え、各地に残る文化を保存奨励しようとするのであった。(73)ここから、松本が武術諸流に注目したのは、古武道が柔道や剣道のように全国的に統一化された武徳会や講道館のような団体をもたず、地域に根ざしたローカルな活動に留まっていたためではないかと考えられる。

そして各地の古武道振興の一貫として行われたのが、奉納演武の地方開催であった。例えば、昭和一一（一九三六）年四月二四日に岡山県で開かれた「官幣吉備津神社奉納大会」では「群馬、千葉、神奈川、東京各地の外、中国、四国各県に現存する三十流派六十余名の武道家を網羅(74)」し、続く四月二六日に福岡県で開催された「官幣筥崎宮奉納大会」では「九州地方並に関東地方を合して三十余流を網羅(75)」したとされる。さらに昭和一三（一九三八）年六月二一―四日の三日間大阪朝日新聞社と共同主催で行われた「靖国神社遥拝所奉納全国古武道各流型大会」は、「大阪市の渋川流、大東流を初め、各府県より参加せる三十余流派八十余名の古武道型を奉納した(76)」（図30）。昭和一四（一九三九）年六月五日の「官幣大社熱田神宮奉納関東東海地方古武道各流型大会」は名古屋市で開催されたが、「同市現存の柳生流、貫流、力信流、卜音流を初め関東、東海、関西地方より参加せる三十流派の古武道を奉納(77)」したとされる。こうして着々と全国各地の武術流派に振興会の存在を知らしめ、各地の武術流派から参加の合意を取り付けていくことで振興会は組織を拡大させていったのである。そして振興会は、昭和一四（一九三九）年末までに青森県、岩手県、宮城県、福島県、群馬県、栃木県、茨城県、千葉県、埼玉県、神奈川県、静岡県、愛知県、福井県、大阪府、和歌山県、徳島県、高知県、兵庫県、岡山県、広島県、福岡県、熊本

図30　古武道の演武（昭和13（1938）年当時）（『週刊朝日』 6 月26日号、朝日新聞社、1938年、20—21頁）

県、鹿児島県、東京府の二四府県に会員を持つ組織へと成長したのである。(78)

また、各地の武術諸流振興と振興会の存在を広める両方の活動につながったのが、各県レベルの振興会の設立である。『日本古武道振興会概要』によれば、昭和一二（一九三七）年五月三日に「静岡市公会堂に於ける大会の終るや各武道家は直ちに大東館に参集、地元より尾崎市長、本会より松本学氏出席、静岡県古武道振興会の発会式を挙げ、尾崎市長を会長に推戴することとなった(79)」が、松本が大正一五（一九二六）九月に静岡県知事に就任していたことも静岡県古武道振興会が成立した一因だと考えられる。続いて、昭和一二（一九三七）年六月六日には「神奈川県下に現存する古流各派の有志並民間有力者等の発議に基き、神奈川県古武道振興会結成の気熟したるを以て、横浜市長青木周三氏を会長に推戴することとなり、忝くも高松宮殿下の台臨を仰ぎ、六月六日正午より県立武道館に於て横浜市並日本古武道振興会主催の下に、伊瀬山皇太神宮奉納第二回古武道各流型大会を挙行した」[80]。さらに同年七月には「日本古武道振興会に於ては前年千葉県香取神宮例祭をトし（中略）此の大会奉納を機に千葉県古武道振興会の創立を見ることとなり、杉香楼に於て神刀流立身流関係者の外、学校長約三十名参集発会式を挙げた。越えて七月千葉市長永井準一郎氏を会長に推戴することとなった」[81]という。こうした各県レベルでの振興会の設置は静岡、神奈川、千葉の三県でしか確認されないが、東京の本部に近い関東地方近辺から組織の地盤を固めていったものと考えられる。

こうして奉納演武会を日本各地で開催することで振興会は武術諸流の振興に努めたが、全ての奉納演武が成功したわけではなかった。昭和一二（一九三七）年一一月二〇日の「千葉神社奉納古武道型大会」について松本の日記によれば「午后一時古武道型奉納演武大会に出席した。県営のグラウンドで小学生等が数万出て来てワイワイ騒ぎまわつて少しも落付いた気分ではない。今日の大会は大失敗と云ふべし」[82]と奉納演武の厳粛な雰囲気を保てなかったことを悔やみ「将来決してかやうな催をすべきではない。川内君によく注意する要あり」[83]と戒めている。この大会を松本は失敗としたが、このように小学生など青少年を振興会の活動に参加させる試みは会の特色であった。次に、そうした青少年への古武道普及について考察する。

第三項　日本古武道生徒連盟

振興会は奉納演武だけをしていたのではなかった。振興会は古武道の存在を人々にアピールするとともにその保存や普及を企図していたのである。先の「紀元節奉祝全国古武道型大会」の講演で松本は「どうにかしてこれを永く保存し、この尊い型と精神とを後の世までも遺したい。而も唯これを骨董品のやうに保存愛玩するのではなく、この古いものの中に新しいものを見出す、即ちこの古い武道の精神を現代日本人の精神の中に生かして行くといふことが、我々日本古武道振興会の務めとするところであります」[84]と述べていた。ここでは古武道を「保存愛玩」するのではない、「現代日本人」の精神に生かす活動の一つとして学校への古武道の普及に着目したい。前出の『日本文化団体年鑑』では、「昭和十一年、本会の別働隊たる「日本古武道生徒連盟」の結成を見たことである。同連盟の加盟校現在二〇校」(85)とあり、振興会は日本古武道生徒連盟を設置していた。これは振興会の(五)の事業に相当する。『日本古武道振興会概要』では、古武道実施中の各学校について記載している(図31)。これをみると全国的に各学校種で古武道が実施されていたわけではないが、東京・群馬・千葉・静岡といった関東地方から東海地方の各府県にかけて(五)の事業が展開されていることがわかる。

さらに前出の表20では昭和一〇―一六(一九三五―四一)年の間に行われた奉納演武大会の中で生徒・児童を見学させている大会が、全五六回中三三回あり、生徒・児童が演武に参加した大会は六大会ある。昭和一四(一九三九)年には「児童文化祭古武道型生徒大会」と銘打った小学生児童のみの古武道大会まで開かれている。

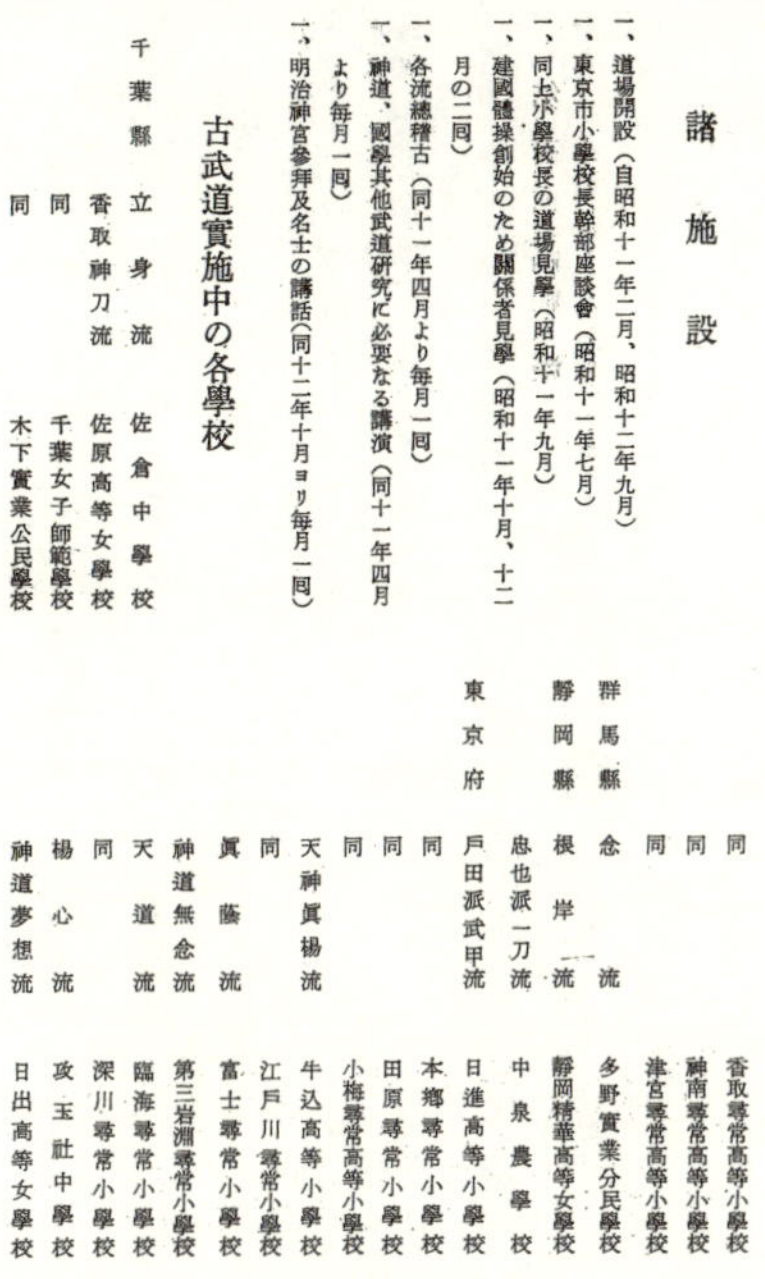

諸施設

一、道場開設（自昭和十一年二月、昭和十二年九月）
一、東京市小學校長幹部座談會（昭和十一年七月）
一、同上小學校長の道場見學（昭和十一年九月）
一、建國體操創始のため關係者見學（昭和十一年十月、十二月の二回）
一、各流總稽古（同十一年四月より毎月一回）
一、神道、國學其他武道研究に必要なる講演（同十一年四月より毎月一回）
一、明治神宮參拜及名士の講話（同十二年十月ヨリ毎月一回）

古武道實施中の各學校

千葉縣	立身流	佐倉中學校
	香取神刀流	佐原高等女學校
	同	千葉女子師範學校
	同	木下實業公民學校
	同	香取尋常高等小學校
	同	神南尋常高等小學校
	同	津宮尋常高等小學校
群馬縣	念流	多野實業分民學校
靜岡縣	根岸流	靜岡精華高等女學校
	忠也派一刀流	中泉農學校
東京府	戸田派武甲流	日進高等小學校
	同	本郷尋常小學校
	同	田原尋常小學校
	同	小梅尋常高等小學校
	天神眞楊流	牛込高等小學校
	同	江戸川尋常小學校
	眞藤流	富士尋常小學校
	神道無念流	第三岩淵尋常小學校
	天道流	臨海尋常小學校
	同	深川尋常小學校
	楊心流	攻玉社中學校
	神道夢想流	日出高等女學校

（16）

図31　古武道実施中の各学校について（日本古武道振興会『日本古武道振興会概要』国立国会図書館憲政資料室松本学文書所収、1939年、16頁）

こうした小学校や中学校への古武道の普及は、振興会が各学校長から同意を得ることで実施された。昭和一一(一九三六)年七月一七日の松本の日記には「晩山水楼で古武道振興会主催で東京市内小学校長連を招いて小学校へ古武道を入れることを懇談す。小山、浅野両氏も出席した」(86)と記されている。この日以降、松本の日記には学校における武術稽古や演武の記述が散見されるようになる。同年九月一五日には

「小学校長三十名許集って古武道の型を見学す。小学生の型の試合が面白かった[87]」と記されている。昭和一二（一九三七）年一月二三日には「香取小学校にて古武道の大会[88]」が開かれている。五月二七日「攻玉舎中学にて、建国体操と古武道の会あり。出かけて一場の講演[89]」、六月二三日には「午后二時牛込築土小学校にて古武道型大会を開く[90]」、七月一二日、「品川区長熱心で古武道を大崎小学校で催す[91]」、一〇月一日「本郷小学校で武甲流薙刀を入れるので出かけて話をした[92]」という。一〇月二五日、「古武道振興会と日本古武道生徒連盟との主催で外苑相撲場で奉納大会[93]」を開いている。一一月一〇日、「午后一時から浅草蔵前小学校で古武道大会を開く。区内の高等小学生全部集まる[94]」。一一月二七日、「午后一時言問小学校にて古武道振興会あり、行って講演[95]」し、一二月四日「午后一時牛込、早稲田小学校で古武道の会あり。出かけて講演した[96]」。昭和一三（一九三八）年五月七日には「午后一時浅草田原小学校で古武道薙刀を見る。生徒に話してやる[97]」と枚挙にいとまがない。

さらに松本が直接各校へ赴き古武道の実施を交渉することもあった。昭和一二（一九三七）年一月二五日には「午后浅草富士小学校に古武道を入れる為め講演に行[98]」き、四月一三日に「浅草富士小学校に出かけて真陰流を入れることとなって、今日が稽古初式なり。児童に訓話をしておいた[99]」という。

また女子教育への古武道の普及も行われた。松本は昭和一一（一九三六）年一〇月六日の日記に「十一時の汽車で両国から千葉県佐原に行く。高女の薙刀の稽古を見る。実によく出来た[100]」と記している。さらに一〇月一二日には「午后一時本所区の日進高等小学校（女子許りにて高等女学校も併置さる）に行き薙刀の発会式に望む。小山松吉氏も一緒なり。武甲流の薙刀を修行させることとす[101]」と記されている。また昭和一三（一九三八）年一月三一日には「午后千葉女師校に行き、長刀修行の初め式に参列して講演[102]」したと記している。

こうした女学校への薙刀の紹介と実施は、振興会が財団法人化した後の昭和一六（一九四一）年三月に始動する「女子薙刀指導者講習会」へと発展していった[103]。この薙刀講習会の狙いは女性小学教員を同年四月からの「国民学校体錬科に備へしめ[104]」ることにあった。振興会は千葉県において三月一―五日の間「千葉県下に四百五十余年来脈々として光輝ある伝統を有する香取神刀流薙刀道を講授するの外、主催者、講師並講習員が渾然一体となり行的修行に精進し、講習者をして学行一致の錬成修養を積みて武道精神の真髄を体得せしめ、以て指導者たるの任務を全うせしめんことを期する」[105]という目的から千葉県立女子師範学校で千葉県の女性小学教員に限って薙刀講習を実施した。また振興会は同月二六—三〇日の間、東京の帝国教育会館で東京市女性小学教員に限って「戸田清眼以来四百有余年の歴史を有し、江戸期より今日に至るまで東都に脈々と光輝ある伝統を保持する戸田派武甲流薙刀道を講授[106]」した。千葉県と東京市で講習される薙刀流派が異なるのは、地域毎の古武道振興を目指す松本の愛郷心作興によるものと考えられる。この後、東京市では同年七月二一—二五日及び九月八—一二日に京橋区泰明国民学校で同様の女性教員への薙刀指導者講習会を開いている[107]。

こうした学校への古武道普及は古武道を次世代の国民に継承しようとする試みであり、古武道を振興する意図がみてとれる。松本は学校への古武道普及とともに積極的に生徒・児童へ訓話をしていたが、その訓話の趣旨は次のようなものだったと松本は述べている。

> あなた方はこの古武道を習うが何のために習ふのか、体育のために習ふのではありませぬ。古武道の中にある精神即ち気合を習はなければならぬ。これをあなた方の現在の生活に活かしてゆかなければならぬ[108]。

かくして松本は大島にあっては「一般の人士」に眼差される対象であった武術諸流を、その「一般の人士」である国民が実践主体となる古武道としてリバイバルすることを目指したのである。そしてここでも古武道の正当性は、国民文化へリバイバルする手段として体育化した武道との差異が強調されるかたちで主張されたのであった。

第四項　古武道の体操化——建国体操の身心論

さて、古武道の気合や日本精神は何も武術流派を通してのみ普及されたのではなかった。前出の図31の諸施設の項には「建国体操創始のため関係者見学（昭和十一年十月、十二月の二回）」とある。これは振興会の事業の一環として建国体操の制作が目的とされていたことを意味する。次に体操化された古武道である建国体操についてみていきたい。建国体操については既に藤野豊『強制された健康　日本ファシズム下の生命と身体』[110]や佐々木浩雄の研究[111]が提出されているが、それら先行研究では建国体操の形成過程やその普及にあたった日本体育保健協会（以下、「体保協」と略）について論じられている。そして建国体操が皇紀二千六百年奉祝関連の国家的イベントにむけて全国的な普及が進んだこと[112]、また神奈川県横浜市伊勢崎町や静岡県清水市などの地域で盛んに行われたこと、さらに横浜小学校で行われた建国体操指導者講習会には会社員、教員、医師、警察官、商店経営者、飲食店経営者、商店員、飲食店員、芸妓など様々な職種の人々が受講していたこと、そして神奈川県下の「華僑」や「在日朝鮮人」にも積極的に普及したことなどが明らかにされている[113]。

これら先行研究では建国体操が昭和一一（一九三六）年に発案され、振興会と同じく日文連—文中連傘下組織であった体保協によって主導されていたこともあり、振興会が建国体操とどう関係していたのかについては詳しく述べられていない。またこれまでは建国体操による「日本精神」の発揚やその「可視化」[114]といった建国体操の精神性に注目が集まっていたが、身体技法を含めた建国体操の内容については議論の余地が残されている。したがって本章では古武道が建国体操とどのような影響関係にあったのかを、身心論に着目して考察したい。

さて、図31では昭和一一（一九三六）年一〇月・一二月の二回に亘って建国体操の制作活動が行われたとされているが、この二回の制作活動を松本の日記を中心に追ってみよう。松本の日記によれば建国体操は昭和一一（一九三六）年一〇月七日に「二時半から金井良太郎博士と古武道の人々と折口博士、小寺氏等に体操の専門人を加へて相談会を開く。「建国体操」を創造しようと云ふ訳なり[115]」と記されており、これが建国体操の発端であると考えられる。建国体操は「大谷先生その他二、三の先生方、主として大谷先生がお創作になったのでありますが、古武道の諸先生方がいろいろの型を実演されるのをよく数回に亘って研究されて、出来上がったのがあの体操[116]」なのであり、文部省体育研究所技師の大谷が中心となって制作されたといわれる[117]。

建国体操は、突く・打つ・切るの動作を基本とした前操・後操・終操の一五動作から構成される（図32）。さらに、体操の前後に建国体操前奏歌と建国体操賛歌を歌うことになっていた。建国体操歌の制定には北原白秋と山田耕作らがあたり、一二月二四日には「四時小石川茗渓会館で建国体操の発表会あり。大谷教授、金井博士、古武道家連中、北原白秋、山田耕作等の諸君なり[118]」と建国体操の発表会を行っている。こうして各界名士が結集し作り上げた建国体操が初めて公表されたのは翌年の紀元節（二月一一日）に行われた建国祭であり、松本は「芝公園の運動上で産労の連中約千名が建国体操を実施した。之が建国体操の最初の試なり。一場の挨拶をした。晩は青年館で文理大の連中が建国体操を実演した[119]」と日記に記している。

さて、松本によれば古武道の普及は「ただに古いが故に愛玩したり保存に努めようといふのではない、古きものの中にある精神——気合——この気合といふものは日本精神の凝り固ったものだ、これを引出して来て新らしい生命を与へ現在の生活の中に生かすといふことを目的としている[120]」のであって、古武道の気合を現代生活へ応用することが目指されていた。そして松本は古武道の現代生活への応用について「その具体的な現はれが建国体操であつて、自分の前にある障碍を打破るといつた気合を、近代的な体操の形式の中に盛つたものだ[121]」と述べている。松本によれば建国体操は「我国民の具体的生活に根ざす而かも老若男女、強弱を問はず実行可能の体操[122]」として案出された。さらに松本は昭和一五（一九四〇）年七月二四日に文部省体育研究所で行った第四回建国体操指導者講習会において「僅か五分間、この五分間の建国体操をやつてゐるという、あの僅かの時間だけ、一日の間お割き下さい（中略）どんな忙しい人でも、朝顔を洗つた後とか、夜寝る前とか、或は食事をした後とか、何か旅行をして汽車汽船の中に居つたとしましても、ブリッヂへ出て五分間くらいの間は、建国体操をやる[123]」こ

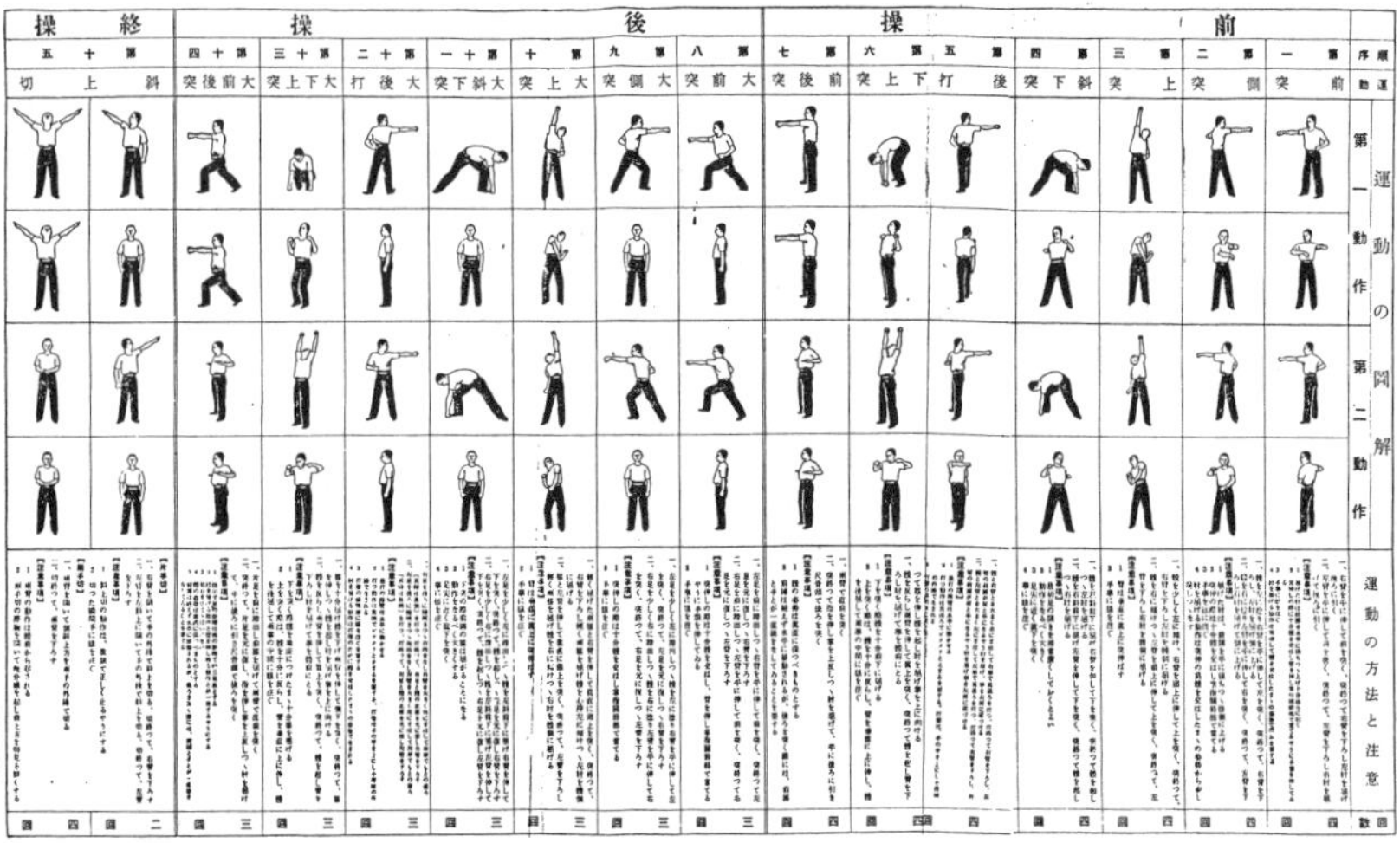

図32　建国体操の図解（酒井巌『建国体操　図解及び伴奏楽譜』日本体育保健協会、1937年）

とを勧め、個々人が「毎日やれる行[124]」として建国体操を推奨したのである。そして松本は建国体操を行うこと自体が「古武道の型をやるといふ結果に相成ると思ふ[125]」と述べる。すなわち建国体操は習得し難くかつ学ぶ環境が少ない「古武道の型」を簡便に実践できる体操として再構成されたものであった。

ところで、建国体操の動作は「古武道の型」が基になっているというが、どういった点に古武道が反映されているのだろうか。例えば、前述の講習会では松本は建国体操の動作を他の体操と比較して説明している。すなわち、「これは皆さんも既に御承知でありませうが、或は敵を突くとか、或は手刀で以て斬るとか、これは斬る型であります。ラヂオ体操のやうに手を振るのではない、斬り上げるといふ形であります。手刀は非常によく古武道では使ふのであります（中略）ただ無意味に手足を動かすのではない、ただ号令が掛かるから、それで巫山戯半分に手足を動かしてゐるといふのではない[126]」と。さらにそうした建国体操の動作は当事者の精神の在り方を象徴的に示しているという。

建国の精神を凝《じ》つと頭に念じながら、あの動作をする。それがいちばん大切なことなのである（中略）例えば前に在るもの、障碍物を打破る、この意気でやる、これは無論のことであります。型そのものが前にあるものを突き破る型であります。前に在る障碍物、国で言ふならば国難、自分の立場であるならばいろいろな煩悶、いろいろな障碍、心の中の蟠り、有ゆるものを突き破るという動作であります。動作々々に一つのさうゐう目標を置いて動作をする。これは無論申す迄もないといふことであります。[127]

建国体操では動作中、「気合」をかけることが重要とされる。建国体操における気合については大谷が詳しく述べている。大谷は建国体操の特徴を「武術の所謂気合を取入れた点であります（中略）之に依りまして、一層旺盛な精神力、特に剛い意志力を練る上に、特異の効用を発揮し得る[128]」と述べている。そして気合は他の体操で行われる発声と次のように比較され、特徴付けられる。

一般に行はれてゐる体操でも、よく「一！」「二！」を発声してやらせます。しかし、これは調律を整へるための、所謂呼称でありまして、日本流の「気合」とは甚だしくその趣を異にせるものであります。調律を整えるために、発声されるのでありますから各動作毎に発声させることになり、自然、吸気の時にも、発声を余儀なくされるのでありますが、建国体操の場合は、調律を整へるためではありませんから、吸気の際に発声させる如きことは全然なく、気合の表現であるこのかけ声は、専ら呼気の際に発せられます。然かもこれは、動作の終決に集注される全精神が渾一的な気合となり、一部が音声として外部に表はれるのでありますが、これは、我が武術に独特のもので、体操の呼称とは、全然異る性質のものであります。[129]

調律を整えること、すなわちラジオ体操のように一定のリズムに同調して各種運動を行うことは、近代的な時間感覚を育むはたらきがあったといわれる。[130]だが、大谷が建国体操の気合にかけた期待は他の体操にみられる調律のための掛声ではなく、「日本流」の気合によって強い意志力を練ることにあったのである。そして建国体操の目的は気合によって「腹をつくる」[131]ことなのである。大谷はいう。

動作の終決が、呼気によって統一されるために、各動作毎に腹に力が集中し、所謂丹田に力がこもる結果になります。我が国の武道は所謂「腹をつくる」ことを以てその主眼とし、西洋流の体操は、「立派な胸郭をつくる」ことに重点をおいてをります。随って、吾々が、所謂腹をつくるためには、武道を修行する他に道が無かったわけであります。所謂、腹のある、腹の据わった、確かりした人間に対する要望が、一層その切実さを加へる際、建国体操を行ふことで腹の練られることは、建国体操にとって、大きな特徴と申さねばなりません。[132]

ここで西洋の体操が胸郭を発育させるのに対して、日本の気合は「腹をつくる」のであり、発育させる身体部位に差をつけている。また発育といってもそれは肉体上のことのみならず「腹をつくる」ことには精神への作用も含まれている。こうした気合や丹田に関する事項は建国体操の図解に付されている実施上の注意書にもみられる。それは「建国体操の開始に際しては、数回調息し、丹田に十分気を充たした上、小足に一歩前進するものとする」[133]というもので、調息や気合といった身心技法が建国体操を行う上でいかに重視されていたのかが把握されるのである。そして建国体操における日本精神は形而上の思想ではなく、気合や突きといった形而下の活動を意義づけるものであったため概して人々に理解されやすかったのではないかと考える。このように建国体操は、古武道の気や丹田といった東洋的な身心論や、気合や突きといった古武道一般にみられる身体技法を基盤に「日本流」の身心形成を目指す大衆化された古武道として創出されたのであった。

第四節　古武道概念の諸相

本節では松本がいかに古武道という〝明治期以前の武道〟像を創りだしたのかを考察する。ここまで、振興会が提唱する古武道概念には武道に対抗する含意があったことが検討された。例えば『流祖伝』刊行から五年後に出された昭和一五（一九四〇）年の『財団法人日本古武道振興会要覧』では明治維新の影響を次のように述べている。

明治維新以来欧米の制度文物盛に輸入せられ、百事之に模倣し文化は大に進歩し、国運の隆昌を致し、方今武道も亦社会の各階級に渉り盛に行わるるに至りたるも、熟々その状態を観察するに、動もすれば西洋の競技と同一視し徒に勝負を争うを以てその目的とし、武技の形式に流れつつあるやの傾向がある（中略）これ神聖なる武道を冒瀆するものと謂はねばならぬ。[134]

ここにみられるように、松本及び振興会における古武道と武道の歴史的位相の区分は、明治維新を境として、それ以前に誕生しているものを古武道とし、明治維新後に「西洋の競技と同一視」されたものを武道と捉えていることがわかる。もっとも松本が古武道と総称する武術諸流もまた明治期以降の社会変動の中で存続しているため、各流を通時的に検討すれば、その流儀の形や稽古法などに変化が認められる場合も少なくないと考えられる。しかし松本の唱える古武道概念においては個々の流派の明治期以降の変化は隠蔽されるのである。そして西洋文明に侵されていない純粋で正統な武道像を昭和期に召喚するために古武道概念は創出されたのであった。ただし、古武道概念には昭和期の人々が納得する武道の真正性を表象しなければならないという課題もあった。

そこで本節では古武道概念の諸相を①古武道が過去に結びついていた身分、②古武道と型、③古武道の精神文化の三つに分けて考察する。松本及び振興会関連文献の古武道に関する諸言説をこの三点からまとめることで、武道と古武道がいかに差異化されているのか提示し、「古武道」概念がわれわれにとってどういう意味を持つのかが明らかになると考えられるためである。

第一項　古武道が過去に結びついていた身分

本項では古武道が過去にどのような身分と結びついていたとされるのか、という視点から考察していく。まず『流祖伝』の次の説明をみてみよう。

往時封建時代に在つては、武技は武士階級のみが独占して居り、百姓、町人等一般の者は之に親しむといふことが出来なかつた。然るに明治維新と共に国民皆兵の制度が布かれ、茲に、国民全体が武道に親しむことが出来得るやうになり我々の先輩諸賢が非常に尽力せられて、柔道、剣道等を研究し、奨励せられた結果、今日に於ては国民全般に行き亘り、恐らく歴史上未だ曽て見ない程の盛況を呈している。[135]

『流祖伝』において、封建時代とは鎌倉時代から明治維新までの中近世を指し、武士が日本を実質統治していた時代を指す。松本は武士階級という言葉を用いているところから、いわゆる武士、町人、農民といった身分制が出来上がった江戸期を主に念頭に置いていると考えられる。つまり江戸期においては武士以外の身分において武道は行われず、明治期以降に国民全般に広まり史上最も盛況していると主張している。また、昭和一四（一九三九）年の『日本古武道振興会概要』においても、「武士にのみ独占せられてゐた我が武道は明治維新と共に一般国民に解放せられ[136]」たとしている。ここで武道は武士から解放されて国民に浸透したものとする背景には、おそらく明治期の天皇制が江戸期の武士による幕藩体制を克服することで成立したものという意識があると考えられる。すなわち、昭和一〇—一四（一九三五—三九）年の間では、元来、古武道は武士に独占されていたが、明治維新を経て、国民全般に武道として普及していったものと主張されるのである。

昭和一五（一九四〇）年の『財団法人日本古武道振興会要覧』をみると、それ以前に述べてきた武道の社会基盤について若干解釈が変化している。

日本人は古来尚武の国民である、畏くも、列聖は武道を奨励し給い、臣民は武事をその務とし常にその練習を怠らなかつた（中略）その中でも世々武職を掌つた物部、大伴、佐伯の一族は克く聖訓を奉し班下を訓練したのであつた。[137]

ここでは、古武道の起源を日本古代に求め、列聖、つまり天皇が奨励していたという。天皇の臣民の中でも「武職」を担ったのは物部氏、大伴氏、佐伯氏といった古代の豪族であるとされるが、古武道の起源を武士が台頭する以前にまでさかのぼり、近世の武士から天皇の下で活躍した古代の豪族へと担い手の起源をさかのぼみせたのである。これによって古武道と武道を区分する明治維新の意義が変化することはないが、松本は古武道が古代にまでさかのぼれる伝統であることを強調することで古武道は「欧米の制度文物」と混合していない天皇制下の真正な文化であることを強調するのである。

ところで、古武道は江戸期において武士に独占されていたとする松本及び振興会の歴史観はどのように成立したのだろうか。この点に関して第一章の冒頭で示したように近年の武道史の成果では、江戸期の村落においては武士以外でも武術が行われていたことが明らかにされている。[138]例えば、現在、群馬県多野郡吉井町馬庭という地域には樋口家という中世より続く家が残っている。樋口家が百姓身分であったことは慶安三（一六五〇）年に作られた『御縄名寄帳』から確認されているか、[139]その一方で、樋口家は代々馬庭念流の道統として剣術の道場を開いていたことが明らかとなっている。[140]

江戸期に武士以外の人々が武術を実践していたことは、明治期の人々にとっては、周知の事実であった。例えば、日露戦争の最中である明治三七（一九〇四）年一二月に発行された高島平三郎の『体育原理』によれば、日本では、記紀の時代より武術が行われていたと述べられている。まず、記紀の時代における「日本武尊の西征には、射を善くする者を得て従わしめ給いしを見れば、当時民間に於ても、一般に武を尚びしことを察す」[141]とあり、民間でも武術が行われていたと認識されている。続けて、「源平二氏の興起と共に、所謂武門武士の階級が生じ」[142]、以後源平合戦や南北朝の動乱、応仁の乱以後の戦国時代と「爾後引続きて争乱止む時なかりければ、武芸は特り《ママ》武人の業に止まらず、農夫商売も亦護身の必要に迫られて之を学習し、常に双刀を帯ぶるに至」[143]ったという。さらに、「徳川氏の将軍たるに及びても、武術は一般に之を奨励し、武士は勿論平民も亦武技に熟する者少なからず」[144]いたとされる。ただし、「貞享元禄の頃に及びては、世上自ら懦弱の風に傾き」[145]、江戸期中頃から徐々に武術が顧みられなくなり、再び武術が盛んになるのは、「嘉永安政」[146]の幕末であったという。高島の歴史叙述は歴史資料に基づいて述べたものではない。ただ少なくとも、高島の描く歴史像は、現在の江戸期の研究者の研究蓄積と照らし合わせても、大局的には逸脱していない。つまり、江戸期を含めた前近代の日本社会においては、武士以外の身分でも武術が行われていたとする歴史観が日露戦争の頃までは存在していたのである。

こうした高島の提示する歴史像がその後どのように忘却されていったのか。決定的な契機は見当たらないが、少なくとも歴史学の動向をみれば、一九二〇年代の百姓一揆の研究がこれに影響していると考えられる。例えば、社会主義者であった佐野学は百姓一揆研究の最初期の人物の一人であるが、彼が大正一一（一九二二）年にまとめた『日本社会史序論』では、豊臣秀吉が刀狩令を通じて「民間殊に農民の武器を没収し」、「民間の騒擾の種を絶つと共に、他方には没収した武器を以て一層その武備を厳重にした」[147]と指摘されている。この秀吉の刀狩令は徳川幕府に引き継がれ、「文化二年（＝一八〇五年：筆者注）には農民が武術の練習することを禁じ「近歳関左の民往々遊士を招集し専ら武技を講じ或は結党して怨家を毀ち俗を傷り、農を懈る其害細にあらず」となし、若し「轍を改めずば厳裁を加へん」と威嚇している」[148]と述べている。佐野の指摘によれば、農民が武術を実践していた実態が一九世紀の江戸期に認められることとなる。ただし、佐野は一九世紀の農民武術への禁令を幕藩体制の中で農民武術が禁圧されていたことの例証として挙げている。また、京大の教員であった黒正巌は昭和三（一九二八）年に上梓した『百姓一揆の研究』のなかで「天正十六年豊臣秀吉は全国的に刀狩を断行し、郷村の農民が武器を携ふることを禁止した。この方策は徳川氏も亦踏襲する事となり、一尺八寸以下の護身用の脇差を用ふる事を許したのみで、その他の精鋭なる武器を携ふること幷に武術を修練する事を厳禁した[149]（傍点、筆者）」と述べている。黒正の『百姓一揆の研究』は当時の学界でも影響力のある実証的な歴史研究であったが、そこでは明確に武術の禁止が刀狩りの一環として行われたと述べられているのである。

このように一九二〇年代以降の歴史学においては、秀吉の刀狩令から江戸期の終焉まで、農民を武術の担い手とは考えなくなっていったのではないだろうか。

また、教育史の観点からも江戸期の「平民」の武術は黙殺されていく。昭和一〇（一九三五）年五月に刊行された『岩波講座日本歴史　第一八巻』には、春山作樹による「江戸時代の教育」という論文が載せられているが、彼は、江戸期の武士の教育手段として「武芸」を取りあげている。春山論文の中では、「棒術といふものもあったが、これは武士よりも平民の間に学ばれた」とある以外は、「刀法」、「弓術」、「鉄砲」、「柔術又は体術」、「馬術」、「水練」などが武士の教育手段として扱われている[150]。また、富裕な町人においては、「町道場に通つて武芸を習ひ大名に仕を求め、武士として身を立てる志願者も極少数ないでもなかつたが、父兄が喜ばなかつたばかりでなく、多くの教訓書は之を身分不相応な考として非難してゐる」と述べている[151]。春山は武士以外の身分の者が武術を習っていた事例があることを認めつつも、そうした事例については例外的かつ消極的に扱っている。

このように一九二〇—一九三〇年代の歴史学における百姓一揆研究及び教育史研究は、江戸期においては武士が武術を独占していた、という松本の古武道概念が形成される前提を用意したものと考えられる。

第二項　古武道と「型」

次に古武道の技術的側面、つまり形についてである。前節でもみてきたように、松本は古武道では試合ではなく「型」が重要であると述べた。競技化された武道について松本は昭和一四（一九三九）年の『日本古武道振興会概要』の中で、「西洋式の所謂スポーツと同一視[152]」した結果であると述べ、競技化は〈スポーツ化〉であり、西洋化でもある、と主張するのである。また柔道の乱取に対して次のような批判を加えている。

唯表面的な武技の優劣とか勝負の末に拘泥して安易な乱取から入つて所謂道場武道に終り、或は其目的は体育にありなどと公言して恥とせず、而も甚しきに至つては、スポーツと同じに取扱ってリーグ戦を行うものあるに至ったのである。[153]

一九三〇年代前半は各種武道の選手権大会が著しく展開された時期であり、消費スポーツ化が進んだことは第八章で検討したとおりである。松本はここでリーグ戦を批判しているが、松本が振興会設立以前に観覧し、批判した昭和九（一九三四）年の第二回昭和天覧試合がまさにリーグ戦を行った試合であった。[154]

さらに松本は「型」といっても明治期以降に創られた「型」に対しては否定的である。第一二章で検討した武徳会の薙刀問題に関わって松本は武道公論社から執筆の依頼を受け、次のような主張をしていた。[155]

近来武道の型を容易に作り得るものと誤認して而も数人が協議して決議によつて型を作るが如きことのあ

るのは、神武とも云ふべき日本武道を冒瀆するものと云っても過言ではなからう。武の型は人の作るものではなく、自《おのずか》ら生れるものである。(156)

松本は、「武道の型」が人々の協議によって容易に制作されることを批判する。松本は「武道の型」が人為ではなく、「神から授か」(157)ったものであると説くのである。「型」はすべて人間の創作であるはずだが、古武道の「型」を神からの授かりものと説き、人為を排除することは「型」の不変性を強調することになる。そのことで古武道の「型」は保存そのものに価値が置かれるようになったのではないだろうか。

松本は武道における試合の伝統及び明治期以降に作成された「型」を古武道概念から除外することで〈スポーツ化〉された武道との差異化を図ったのである。

第三項　古武道の精神文化

次に古武道の精神文化についてみていく。これまでみてきたように日本精神、あるいは国民精神の発露が古武道の精神文化の大枠であると考えてよいが、ここで問題なのは古武道の精神文化の中身である。『流祖伝』において松本は古武道の精神文化を二つの側面から取り上げている。一つ目は「武の徳」である。松本は、「強剛必ずしも真の武夫ではない。もし此の謙譲の徳にして失はれむか、其処に顕はれて来るものは、単なる暴力である。徒らに自己の力を恃んで外に現はす時、真の武は失はるゝ。即ち自己の持つ強い力を内に藏して外に示さゞる所に武の徳がある」(158)とし、無暗に自己顕示しない謙虚なところに「武の徳」なる精神文化を見出すのである。また、「熟々今日の世相を観るに、深く内に藏して外に現はさないといふ武道の精神が影を潜めている如く考へられる。己の五の力を十にも示さんとし、極端なるものに至つては、暴力を以て我執を貫かんとするの有様である。己に内省して他を立てゝ行くといふが如き、謙虚な心持がなく、人を責むることに急であつて、己を省りみるゆとりなきものゝ如くである」[159]として日本中で個人主義が台頭し、「己に内省して他を立てゝ行く」[160]という「武の徳」が影を潜めているというのである。

二つ目は、「真剣味」である。松本が述べる「真剣味」は安岡の『日本精神』から影響を受けたものであると考えられる。松本は「剣を把つて起つ時、生死一如の境に立つといふ偉大なる精神気魄を抱持せねばならぬ。此の真剣味こそ、武の根本精神である」[161]と説き、剣を交える生死の境に真剣味という「生命も捧げて起ち、或は勇気を振ひ起して断行しやうという」[162]心持で立つことを説く。この「真剣味」が一九三〇年代の人々にはみられないと松本は嘆いていた。そして松本は古武道に当時の人々の「真剣味」を作興する働きを期待したのである。

こうした古武道の精神文化は個人の心の在りようを問題にしている点で江戸期における武術諸流の心法と通じるものがある。心法とは、「われわれの現にある心の状態をあるべき状態へと高め深めてゆくことをめざして心の修練をすること」[163]であり、個人の心の在り様を修練することである。これは個人の心の在り様を問題にする点で松本の述べる「武の徳」や「真剣味」と相通ずるものがある。ただし、松本は「真剣味」や「武の徳」を個人の心の問題を超えて国民精神、日本精神などの集団心理へと拡大解釈していったのである。

古武道概念はこのように、一九二〇年代の百姓一揆研究及び教育史研究から登場した江戸期における武士の武術独占史観や、安岡の『日本精神』、そして〈武道のスポーツ化〉問題などが交錯するところに成立した概念なのであった。

第五節　戦後の武道論を規定するもの

こうして古武道は、江戸期から連綿と受け継がれてきた武士の身体文化であり、神から授かった形稽古を通して「真剣味」や「武の徳」を中核とした日本精神を涵養する、という姿を表象することになる。古武道には近代社会においても変化しない〝明治期以前の武道〟像を表象し続けることが求められたのであった。

一方で松本は明治維新以降、「今日」に至る武道を「西洋化」、「スポーツ化」の過程として批判的に捉え、その原因を明治期の「欧米の制度文物」の輸入に求めていた。それは第一四章冒頭で取り上げた『日本史小百科〈武道〉』が描いた武道像の創出過程でもあった。もちろんこうした武道像が、日本社会に浸透する過程を明らかにすることは今後の課題として残るが、今日の我々の武道史観の祖型は、振興会及び松本の古武道概念の成立を機に生まれたといえる。

こうした古武道概念は戦間期以降、〈武道のスポーツ化〉問題が浮上した柔道や剣道との歴史的な差異化が図られる中で創出されたのであった。古武道概念の誕生によって、それまで伝統としての性格を強調していた武道は、概念上、近代の位置へと押し上げられてしまったのである。

本書が序章で示した疑問、すなわち武道の試合がいかに〈武道のスポーツ化〉の結果と認識されるようになったのかについて、ここでようやく回答を与えることができるだろう。それは戦間期における〈武道のスポーツ化〉問題の台頭と一九三〇年代における古武道概念の成立という二つの出来事が重なって成立したのである。

では、振興会は戦時下にどのような活動を展開し、どのように古武道は捉えられたのか、最後にこの点を確認して本論を終えたい。

第一六章　戦時下の古武道

本章では、第一四章で挙げた課題③について検討する。前章では、松本の発言及び振興会関連資料をもとに、振興会の活動及び古武道概念の創出過程を考察した。そうした振興会の動向に加え、振興会が始動した昭和一〇（一九三五）年以降において、古武道が武道界の中でどのように捉えられていたのかを明らかにすることは有益であろう。ここでは、①講道館及び武徳会の反応、②振興会会員による古武道への評価、③新武徳会以降の振興会の活動状況、④雑誌『新武道』における新武道と古武道との位置関係をめぐる議論、⑤新武徳会と古武道の関係についての議論について考察したい。

第一節　日本古武道振興会への反応

古武道は〈スポーツ化〉された武道と対置されることで意味をもつ概念であることをこれまで述べてきた。では、振興会が批判した当の武道を組織する講道館や武徳会は振興会に対してどのような反応を示しただろうか。また、振興会に参加する武術各流を継ぐ会員はどのように古武道を捉えていたのか。ここでは、振興会の内外における古武道への評価について検討したい。

第一項　講道館及び武徳会による古武道への評価

まず講道館であるが、比較的好意的な反応を示していた。昭和一二（一九三七）年の『柔道』七月号では「精力善用国民体育を簡略化した建国体操の紹介」[1]と題した特集を組み、「関東地方古武道大会」[2]という記事を載せている。前者は建国体操の図解説明であり、後者は大会の報道である。この時期、講道館では柔道の勝負法を再興する動きが嘉納を中心に起こっており、古武道への関心が高まっていたためだと思われる。同雑誌には嘉納の論考「近く講道館に設けんとする特別練習科に就いて」が載せられ、例えば、「柔道の乱取は、体育と武術を兼ねたものであって、その体育といふ方は誰にも分り易いが、武術の方はどうすればよいのか鳥渡《ちょっと》分り難い」が、乱取における武術的性格については当身技に対する心構えを持って「出来るなら自然体、然らざるも何時でも体を交はし得る程度の自護体で、対手と相対することが願はしい」と嘉納は主張している[3]。また、振興会にさきがけて行われた昭和五（一九三〇）年の奉納武道形大会においても、出場者の選定に嘉納、永岡、山下らが関わっていたことは第一四章で述べた。振興会は柔道の試合に対して批判を投げかけていたが、一九三〇年代の講道館内では振興会の批判を真摯に受けとめる雰囲気が嘉納をはじめとして形成されつつあったのである。

一方、武徳会においても奉納演武形大会には演武者を派遣していたので、振興会の活動には理解があったと考えられる。昭和一〇（一九三五）年九月に雑誌『武徳』において「武神香取の神苑に古武道の絵巻展開さる」[4]と題した記事が掲載されている。また、昭和一二（一九三七）年九月には振興会の小中学校への古武道の普及活動を取り上げ、古武道実施校を取材した記者から「愉快に感じたことは小学校の五年以上に男生《ママ》には全部剣道を教へ女生《ママ》には全部薙刀を教へて居つた」[5]と好意的な感想が述べられていた。さらに、昭和一五（一九四〇）年一〇月には「豪華古武道講習」と題された振興会の記事を掲載していた。

ただし、武徳会は事業の一つである古武術の保存にはあまり力を入れていなかった。昭和一五（一九四〇）年に武専出身者でありながら武徳会批判を展開した島村は「会則第五条中にも、「古武術を保存する事」と明記されてゐるのであるが、今日迄の本部に於ては、かゝる方面の研究が等閑視されていたのであつて、遺憾ながら真剣に研究せる跡を見ることが出来ない。古武道振興会設立の原因も此処に在ると想像される」(6)と述べている。

振興会には会長の小山をはじめ小野派一刀流の笹森順造や天神真楊流の戸張瀧三郎など武徳会の会員や講道館の館員も加入している。(7)これは武徳会が古武道に関心を示さないことへの反発と、講道館側の古武道への関心が交差した結果であると考えられる。

このように振興会は外部の武道団体から比較的好意的に受け止められていたのである。では、振興会の会員はどのような姿勢で自流派及び会の活動に臨んでいたのであろうか。

第二項　座談会「古武道を語る夕」

振興会は昭和一三（一九三八）年六月二一―四日の間、大阪朝日新聞社と共同主催で「靖国神社遥拝所奉納全国古武道各流型大会」を開催した。『大阪朝日新聞』は大会開催期間中に「流祖の正統な流れを汲む粒選りの剣客達人たちが全国から馳せ参じているのを好機として参日午後七時半から朝日ビルＡＢＣ集会室で「古武道を語る夕」を開き古武道の奥伝秘技にからまる興味深い話を聴くことができた」(8)と報じた。座談会「古武道を語る夕」の模様は六月二六日発行の『週刊朝日』に収載された（図33）。本書では、当座談会の会話内容を検討することで振興会会員がどのように自流派及び会の活動を捉えていたのかを探りたい。

この座談会には松本のほか、大阪朝日新聞社編集局長の原田譲二、香取神刀流の杉野嘉男、鹿島神流の国井、竹内流の竹内藤十郎、力信流の大長九郎、戸塚派楊心流の上野光斉、新陰流の和田喜伝、二天一流の古賀栄信、双水執流の杉山正太郎、示現流の市来政芳、念流の増尾寅次郎、武田流の菅野雄武といった面々が出席していた。(9)

当座談会においてはまず、主催者の原田が「昨日も聖戦博の会場でいろいろと武芸を拝見致しまして洵に襟を

図33　「古武道を語る夕」記事『週刊朝日』6月26日号、朝日新聞社、1938年、12―13頁）

正してこの日本精神に響くところのものを感じたのであります[10]」などと述べたあとに、松本が「古武道の各流の形を拝見して私自身でつかみましたことは攻防一如といふと《ママ》を私は痛感してゐるのであります（中略）どの形を見ましても攻めて、自分の身を棄てゝ飛込んで行ってそれが、同時にまた防ぐことになるのであります。攻防一如といふやうなことを私は感得してゐるのであります。これが私は日本精神だらうと思ひます[11]」と自身の古武道観を述べた。松本は攻防一如という、死中に飛び込むことが結果的に自らの命を守ることになるという古武道の技法に日本精神をみたのである。

　松本の発言に続き、各流の継承者による流派の起源及び系譜が語られた。そうした中で注目しておきたいのが、武術各流の継承者自身の体験談である。なぜなら、昭和一三（一九三八）年時点における各流の継承者による古武道の捉え方が明らかになるためである。

まず香取神刀流の杉野であるが、彼はもともと「新しい武道」をやっていたという。

私は学生時代から武道を今の所謂新らしい武道を研究してをりまして、半《なかば》から古武道を習ひ初めたのでありますが、神刀流は非常に古く五百年近くも経ちました古武道でありますが、これに非常に私の感心したことは古武道精神であります。(12)

杉野が述べる古武道精神とは、流儀の秘匿性と形の階梯のことであった。

自分が仮りに初伝、中伝、中奥伝或は奥伝、その上の階段になりましてもそれは絶対親兄弟は勿論同門の方には一切これを語らない、さうしますと自分の先輩、自分より一年も二年も前に初《マ》め《マ》た先輩の方はいつまで経っても先輩としてお仕へする、また先輩も自分より後輩はいつまでも可愛がって導いて行かう、或は武道以外のことにもやって行かう、さういふ点が非常に考へられるやうに思ふ（中略）それからまた形によって初から終まで修行致しますのですが、表の形と裏の形で表の形をいくら修めた方でも裏の形を修めた人にはどうしてもこれは敵はない、それで先生はその人の心底を見届けません内は、慢心が強い或は素行が修まらない門人には、絶対その裏の術を授けなかったので、かういふことが私共新しい武道を学んで来たものとして本当にいいところだなといふことを自分で感得致しました。(13)

杉野は武道と古武道とを対比することで武道の「新しい」性格を把握することができたという。「新しい武道」と古武道のどちらも稽古している杉野は両方を対比することによって古武道の「いいところ」を把握しているが、ここには武道と古武道という二つの概念を用いることで武道総体を理解する視点が確立されていることが確認される。

力信流の大長もまた武道と古武道の間を揺れ動くように修行を積んでいる。

私は十四の時に入門しまして、形の方ばかり二十才位まで致しました。そのころ今の剣道柔道といふやうなものが非常に盛になりましたので形の方を習ふのを止めて、現在の柔道剣道といふ方に傾きまして形は子供の時に習ったことだけを覚えていて、そして今の柔道、剣道が出来るやうになるとその方が面白いものですからその方に傾いて暫く柔剣道を教へることにしたのでありますが、段々年をとつて来ますとまたいろいろの考へから今の柔道といふものには欠点がある。自然々々に退歩といふ傾になつていけない、こゝをかうしてはいけないと色々と禁じられています、私共の仕合から見ますと今のは、私共のやる時分は押込なんか絶対なかったのにあゝいふことも出来ますし、或は逆でも只腕の関節でなければいかんとか、その時分には首を捻ることはいかんとか、足首を握つてはいかんとかいふやうに段々なりまして、私共仕合をする時分には或程度の範囲においては相当咽喉を手で握るとか或は苦しい時には肘で当るとかいふ位のことはやつたのでございますがそれが段々とさういふことはいけないといふやうになり、それも審判規定といふものによつてさういふ風にやつて来たのでありますけれども、段々考へて見ると矢張りどうしてもこれは本当に自分の流儀で、これから自分の習つたそれによらなければならぬといふことを痛感致してその方を研究してをりますが、何分にも今ごろの青年は型など余り習ひません。で投形締形とか新らしいことを致しますがそれは何故かといふとそれによつて階級の段を受けるとかいふことを好みますのが通例で、さういふ方面に走つて本当の昔の流儀を教へようとしても習ふものが少い。漸くにして松本先生の古武道振興会が生れ、それによつて研究して自分もやりつゝあるのでありますが、何分にもこの年になりましてもまだ本当のことが出来てをりません。(14)

大長は柔道で使用できる技の範囲が審判規定よって制限されていることを批判している。そして、大長は柔道から再び力信流へと回帰したものの、「今ごろ」の「青年」たちがもはや柔術や形稽古を省みなくなってしまったことを嘆いている。ここには古武道の後継者不足という問題も関わっているだろう。しかし、そうした後継者不足の要因の一つを大長は柔道剣道の試合の面白さに惹かれて、人々が各流の稽古から離れたことにあると考えたのだ。大長の発言から、彼が力信流を再評価し始めたのは随分と年齢を重ねた後であることが窺える。また、振興会の登場によって「昔の流儀」を稽古するモチベーションが高まったことも述べられている。

次に楊心流の上野である。上野の発言からは仕事と楊心流とを両立する難しさが窺える。

自分は父に早く別れまして何でも身体を丈夫にして置かなければならぬといふ処から昼間は銀行に出てをりますので夜分帰りまして身体を鍛えるべくやつてをりました。そのうちに怪我をして柔道の先生の処へ行って治らないのが治つた、終ひには銀行に出てをつても、どうも患者が朝来るので痛いといふ手足をもつて来るのに帰つて下さいといふ訳にも行きませぬ、ついそれが為に銀行の方も遅刻を致します(15)。

上野は、楊心流に伝わる接骨術によって施術することと銀行員としての仕事の両立に苦労していると述べている。ここには昭和期を生きる武術家の日常生活が表れている。また、上野が楊心流を志した理由は身体を丈夫にしたいというものであったが、このことは柔術が実戦性のみならず体力増進の方法として認識されていたことが窺える。

このように武術諸流の継承者たちは武道にない古武道の価値を再発見する一方、仕事との両立の困難、後継者不足などの悩みを述べていた。これらは武術諸流が昭和期に直面していた現実的な問題であった。一方で座談会に参加した武術諸流の継承者たちが日本精神という言葉を発したのが振興会幹事の国井のみであったことも注目される。座談会に出席した武術家らは武道の競技化には懸念を示していたが、武道の西洋化を危惧して各流の稽古に励んでいたのではないのである。

第二節　昭和一七（一九四二）年以降における日本古武道振興会の活動状況

第一五章でも確認したように、昭和一五（一九四〇）年に振興会は財団法人化し、役員には委員会の委員らが数多く就任し、武道行政とも深くつながっていくことになる。図34は振興会が新武徳会に包摂される直前の昭和一七（一九四二）年二月二〇日に行われた「紀元節奉祝古武道各流大会」の案内書である。これをみれば当大会は東京市、東京市総動員団体連盟のみならず、文部省と厚生省との共同主催で開かれている。

昭和一七（一九四二）年から昭和二〇（一九四五）年までの振興会の事業を挙げると、表21のようになる。昭和一七（一九四二）年以降もそれ以前と同様、奉納演武が中心である。昭和一七（一九四二）年一一月二九日の明治神宮奉納演武大会も「陸、海軍、厚生、文部各省、大政翼賛会後援のもと[16]」開催されたと報道されている。昭和一九（一九四四）年一月二三日に日比谷公会堂で行われた「流祖祭古武道各流大会」には各流一〇〇人余り、観衆三〇〇〇人が集ったと『読売新聞』は報じている。[17]松本もこの大会について日記を付けており、日比谷公会堂の「二階も一ぱいになっている古武道への歓心《ママ》が高まったといえる[18]」と述べている。戦争が激化し、国民の生活に余裕がなくなるなかでも古武道の注目度は増していったのである。

また、新武徳会は事業の一つに「古武道の保存並に振興に関する事項[19]」を挙げているが、この事業に関する活動として昭和一八（一九四三）年七月に開かれた古武道保存振興委員会が挙げられる。[20]古武道保存振興委員会では古武道保存と振興の事業を松本、金井佐久、田中丸祐厚、笹森など振興会の役員、会員に嘱託している。[21]昭和

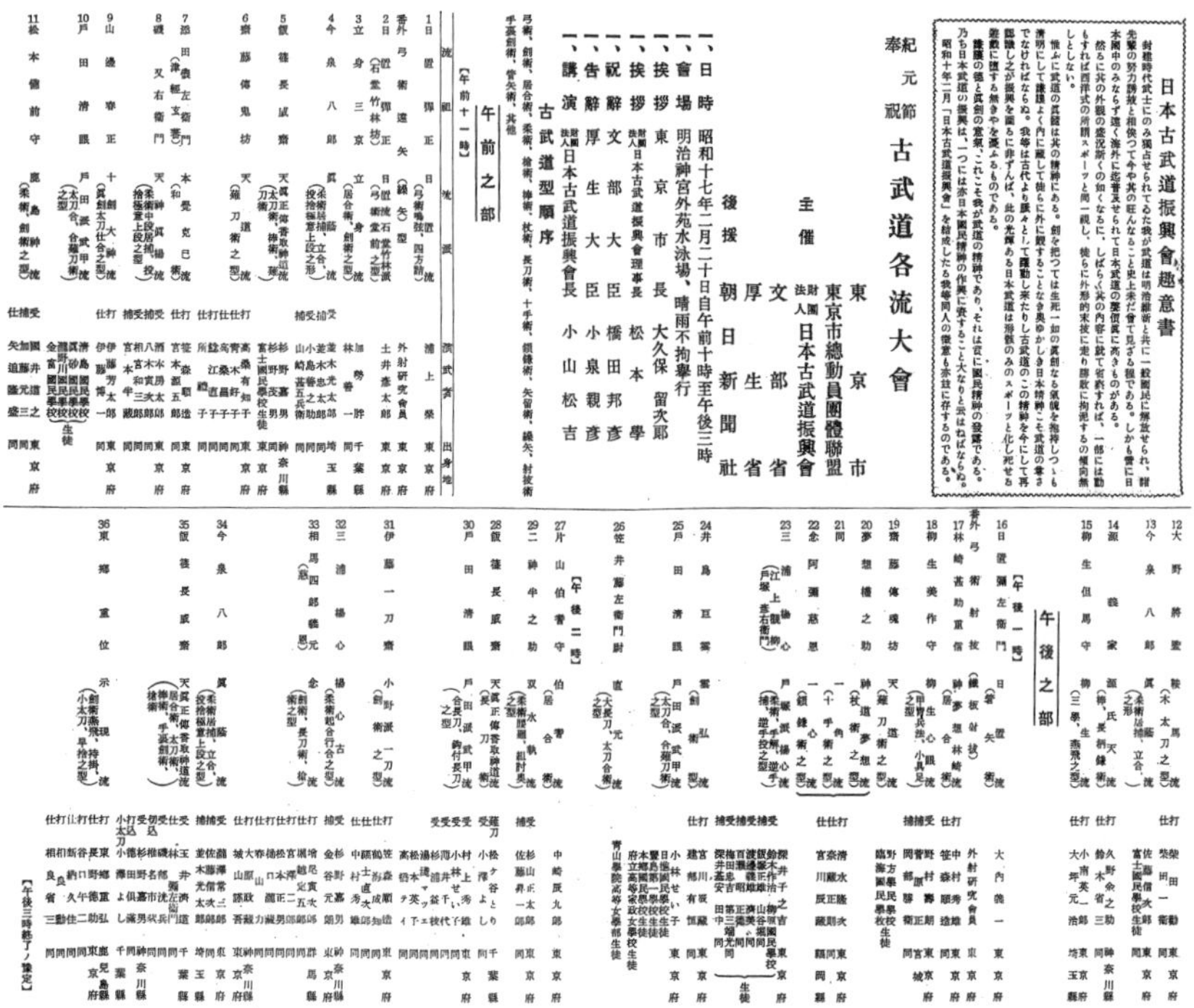

日本古武道振興會趣意書

封建時代武士にのみ獨占せられてゐた我が武道は明治維新と共に一般國民に解放せられ、諸先輩の努力誘掖と相俟つて今や其の旺んなること史上未だ曾て見ざる程である。しかも啻に日本國中のみならず遠く海外に迄普及せられて日本武道の聲價眞に高きものがある。

然るに其の外觀の盛況斯くの如くなるに、しばらく其の内容に就て省察すれば、一部には動もすれば西洋式の所謂スポーツと同一視し、徒らに外形的末技に走り勝敗に拘泥するの傾向無しとしない。

惟ふに武道の眞髄は其の精神にある。劍を把つては生死一如の眞劍なる氣魄を抱持しつゝも清明にして謙讓よく内に藏して徒らに外に衒することなき奥ゆかしき日本精神こそ武道の眞さでなければならぬ。我等は古代より脈々として躍動し來たりし古武道のこの精神を今にして再認識し之が振興を圖るに非ずんば、此の光輝ある日本武道は形骸のみのスポーツと化し死せる遊戲に墮する無きやを憂ふるものである。

謙讓の德と眞劍の意氣、これこそ我が武道の精神であり、それは實に國民精神の發露である。乃ち日本武道の振興は、一つには亦日本國民精神の作興に資すること大なりと云はねばならぬ。

昭和十年二月「日本古武道振興會」を結成したる我等同人の微意も亦茲に存するのである。

紀元節奉祝　古武道各流大會

主催　東京市／東京市總動員團體聯盟／財團法人日本古武道振興會

後援　文部省／厚生省／朝日新聞社

一、日時　昭和十七年二月二十日自午前十時至午後三時
一、會場　明治神宮外苑水泳場、晴雨不拘擧行
一、挨拶　東京市長　大久保留次郎
一、挨拶　財團法人日本古武道振興會理事長　松本學
一、祝辭　文部大臣　橋田邦彦
一、告辭　厚生大臣　小泉親彦
一、講演　財團法人日本古武道振興會長　小山松吉

古武道型順序

弓術、劍術、居合術、柔術、槍術、棒術、杖術、長刀術、十手術、鎖鎌術、矢留術、繰矢、射技術、手裏劍術、管矢術、其他

午前之部【午前十一時】

午後之部【午後一時】【午後二時】

【午後三時終了ノ豫定】

図34　昭和17（1942）年2月20日の奉納演武大会案内書（「紀元節奉祝古武道各流大会」国立国会図書館憲政資料室松本学文書蔵、1942年）

一九（一九四四）年五月には「古武道振興会の理事会と古武道保存振興委員会を開く。文部省の小笠原体育課長、厚生省の小林健民局長も理事として出席した[22]」と松本が日記を記しているため、活動はしていたようである。ただし、古武道保存振興委員会が新武徳会の活動として実際にどのように展開したのかは不明である。

このように振興会の主な活動は演武会であり、新武徳会に包摂される以前と以後でもそれは変わらなかった。ただし、包摂後に特徴的な活動として、昭和一七（一九四二）年以降に振興会が始めた「寄せ勝」という稽古の普及があった。「寄せ勝」は昭和一四（一九三九）年から横浜市視学の山口という人物によって復興された山口県の旧毛利藩に伝わる剣術の稽古法である[23]。振興会神奈川支部の会長であり、横浜市長でもあった青木周

事業活動	月日	場所
1942年		
年始古武道各流仕合	1月6日	深井道場
紀元節奉祝古武道各流大会	2月20日	明治神宮外苑水泳場
香取神宮奉納演武大会	4月16日	大前
戦捷祈願戦歿將士慰霊	5月8日	明治神宮外苑相撲場
女子薙刀指導者講習会	8月1－5日	千葉県女子師範学校一
〃	8月24—31日	神田一橋国民学校
満洲事変戦歿將士慰霊	9月26日	横浜鶴見市民館
武道史蹟指定記念念流十八世 樋口定伊墓東京府史蹟指定(1月13日)	10月24日	日比谷大音楽堂
護国神社奉納演武大会	11月21日	岡山市東山会館
済寧館古武道各流仕合	11月28日	宮中済寧館
明治神宮奉納演武大会	11月29日	日比谷大音楽堂
1943年		
貫前神社奉納演武大会	1月17日	樋口道場広場
香取神刀流始祖飯篠長威斎墓 千葉県史蹟指定 (2月22日)	4月14日	大前
靖国神社奉納演武大会	4月28日	日比谷大音楽堂
武田神社奉納演武大会	5月22日	甲府市甲宝劇場
武道史蹟指定記念小野派一刀流 始祖小野忠明・二代忠常墓千葉県史蹟指定(4月30日)	6月19日	成田町国民学校講堂
古武道保存振興委員嘱託	7月	
念流兵法大会	10月16日	日比谷公会堂
1944年		
流祖祭古武道各流大会	1月23日	日比谷公会堂
古武道奉納祭典	3月22日	筥崎八幡宮 (福岡)
1945年		
演武大会	1月24日	明治神宮外苑

表21　1942－1945年における日本古武道振興会の活動（日本古武道振興会「創立以来奉納せる神社と其の他の主要行事一覧（昭和18年6月末現在)」、国立国会図書館憲政資料室松本学文書、1943年、武田武編『新武道』第3巻第11号、国防武道協会、1943年76頁。松本学「日誌」国立国会図書館憲政資料室松本学文書647、1944年。松本学「日誌」国立国会図書館憲政資料室松本学文書648、1945年より摘出・作成）

参は時局即応の教育を要望し、自身の出身地である山口県の「寄せ勝」によって児童の心身を錬磨せんとする決意を固め、山口に「寄せ勝」の調査を命じた[24]。青木市長から命令をうけた山口は昭和一四（一九三九）年一〇月七日に山口市水ノ江の藤田陸軍中将を訪ね、「寄せ勝」について口授を受ける[25]。さらに山口は後日、藤田より「寄せ」に関する文献を送ってもらい、それに基いて「大岡、稲荷台、参吉の参小学校に実施研究を命ずることゝなった[26]」のである。

「寄せ勝」とは一対複数人の集団訓練であり、「寄せ手」一人に対して「寄せ子」は一五―六〇人で対決する。「寄せ手」「寄せ子」とも防具をつけない。「寄せ手」は「中帯にして裾を高く後ろにからげ、赤い矢搦を以て襷をし、白布の鉢巻」をする。また、「寄せ子」は中帯にして裾をからげない。「寄せ手」は二尺五寸（約七五センチメートル）の「韜」を持ち、「寄せ子」は二尺三寸（約六九センチメートル）の「韜」で戦う。「寄せ手」と「寄せ子」は互いに「十五間」（約二七メートル）離れて対座し、試合の合図を待って開始する。ルールは「寄せ手」は「寄せ子」の身体のどこを「韜」で叩いても勝ちになるが、「寄せ子」は「寄せ手」の面を打たなければ勝ちにはならない[27]。

昭和一四（一九三九）年一〇月三〇日には大岡小学校での実施研究を行い、その成果を積極的に捉え、一一月二〇日に宮田高等小学校において実施した。宮田高等小学校での「寄せ勝」実施に際しては松本も視察に訪れ、「時局下適切なる武技にして、全国的に普及せしむるべきものなり[28]」と評した。また、横浜市長の青木は「寄せ勝」を「「寄せ運動」と命名せられて、横浜小学校の特技として[29]」奨励した。横浜市は「寄せ運動」を小学校の準正課となった剣道に応用するよう奨励したのである[30]。

「寄せ運動」は「寄せ勝」と大きな違いはないが、「寄せ運動」の特徴を挙げると、まず服装においては剣道衣や袴でもよく、また運動服でもよい。運動服の場合、「寄せ子」は鉢巻をする。また試合の前に敬礼をし、「戦闘始め」の号令と太鼓の打ち鳴らしを以て開始する。号令をする指揮者は試合中、法螺貝を鳴らして気勢を高め、試合終了後は選手を元の位置に戻し、敬礼させた後に終了する。[31]

また、「寄せ運動」の効用としては、「一、此競技は所謂武道が剣術を教へるに対し戦術を教へるを目的とする。二、防具を用ひずして真剣味を涵養し得ること。参、韜は我が国に於て如何なる地方にても容易に而も安価に製作し得ること。四、韜を以て型をなすは柳生流に限るらしきも、本市としては剣道要目の型を教授し、更に応用として「寄せ運動」を実施するが、故に児童の興味を増し、武道振興上多大の効果がある。五、人数の増減が自由であって且つ短時間内に於て運動量が大である。六、二人乃至参人共同して大敵に当る訓練をなすに非常に好都合である。七、戦の駈引を不知不識の間に訓練することが出来る。八、強敵を倒す工夫をなさしむることが出来る」[32]の八つを挙げている。

この「寄せ運動」を振興会では「古武道寄勢」と称して取り入れ、昭和一八（一九四三）年五月に「古武道寄勢要項」[33]を作成している。振興会は学校への古武道普及を目指していたこともあり、「古武道寄勢は現下の重大時局に鑑み国民学校、中等学校及青年学校等を対象として心身鍛練及集団訓練に適したものである」[34]と「古武道寄勢」の意義を述べている。「古武道寄勢」は委員会の答申で示された「団体訓練本位」の集団訓練に該当すると考えられ、古武道の戦技化が図られた事業であったといえる。

振興会の「古武道寄勢」は試合の形式をとるため、〈スポーツ化〉の側面があった。それは古武道の意義が揺らぐ事態だったはずである。それにも関わらず、古武道の〈スポーツ化〉が危惧されていないのは、振興会がこれを「戦術」すなわち戦技と捉えていたためであった。では、古武道と戦技化の流れはどのような関係にあったのか。次に雑誌『新武道』における古武道の扱いについて検討したい。

第三節　雑誌『新武道』における古武道の位置付け

振興会と各省との関係が深まる昭和一五（一九四〇）年の財団法人化以降は武道の戦時体制化が進展する時期であった。また武道の戦時体制化を反映した雑誌として『新武道』が昭和一六（一九四一）年四月より刊行される。『新武道』とは武道に「新」という接頭語がついており、一見したところ古武道の対極にある概念である。では新武道とはどのような概念なのか。新武道という名称の由来について創刊号では次のように述べられている。

我々は国防国家体制に於ける武道の使命が、単にその伝統の継承に止まるべきではなく、寧ろその拡大発展にあることを考へました。例へば今日までの武道は、殆んど一般体育競技と交渉を絶してゐる形でありましたが、然し日本の体育は何等かの意味で、「武」でなければならぬ筈だ、武道の伝統と接触なき日本体育は有り得ないと考へる。この意味で、我々は一般体育競技が、一日も早く日本的性格に徹し、武道精神を基調とする日本体育として完成することを望む者であり、一方、武道と一般競技との盛んな交流を計らなければならぬと思ひます。本誌が新武道と称するのは、新武道といふ武道の一種が存在するといふ意味ではなく、このやうな国防国家体制に即する、新しい武道の観念を標榜するに他ならないのであります。武道そのものも、この新しい武道の観念によつて国防的検討に応へなければならぬ。又、一般体育競技も、日本的性格の精華たる武道に呼応して、現代武道たるの新位地《マ マ》を占めなければならぬ。この両方面から呼応し結成されたものこそ、国防国家日本が此の秋に於て、最も要望してゐる武道に他ならぬことを、痛感するのであります。(35)

つまり「国防国家体制」に即応する武道の「観念」を標榜し、そうした「観念」の下に武道のみならず、体育、スポーツをも含めて再検討を施すこと、これが新武道のコンセプトであった。では「国防国家」に即応する「観念」とは何か。創刊号では次のように述べている。

国防国家の建設は、何よりも先づ「人」の問題、国民各自の質の問題であると思ひます。国民の一人々々が、能く世界新秩序建設の戦ひに打克ち得る、強靭な精神と肉体の所有者でなければ、いかに膨大な組織や施設があつても、真の国防国家が出来てゐるとは申されないでせう（中略）我が日本には、世界に比類のない武道の伝統があります。国民士気の作興にも、青少年の錬成にも、此の国民精神に深く根差してゐる武道から出発せずして、この目的を達成することは出来ないと思ひます。(36)

つまり、戦争に打ち勝つための国民の心身の鍛練、国民士気の作興を標榜することこそが「国防国家」に即応する「新しい武道の観念」なのである。新武道とは、武道・体育・スポーツの戦技化を推進するために創られた言葉なのだ。

『新武道』創刊号では新武道という名称をめぐる座談会、「〝国防武道体育を語る〞座談会」が開かれている（出席者は表22）。この座談会の内容をみると、前半が国民の体力問題であり、後半は新武道と従来の武道、古武道がどのような関係にあるのかを問題にした座談会であったということができる。新武道

名前	肩書
北沢清	大政翼賛会組織局連絡部
佐久間敬参	文部省体育官
笹森順造	青山学院院長・剣道教士
中川淳	厚生事務官
浜田尚友	厚生秘書官
引地俊二	陸軍戸山学校剣術科長・陸軍中佐
外園進	陸軍戸山学校体操科長・陸軍中佐
森永清	陸軍戸山学校教官・陸軍少佐
吉田章雄	陸軍省兵務局・陸軍中佐
高野弘正	新武道刊行会
武田寅男	新武道刊行会

表22　「〝国防武道体育を語る〞座談会」の出席者（武田寅男編『新武道』第１巻第１号、新武道刊行会、1941年、32—33頁より摘出・作成）

の名称をめぐる問題は古武道との関わりで提起されていた。座談会は『新武道』創刊前の、昭和一六（一九四一）年二月一〇日に行われた。

この座談会において古武道はどのように議論されたのか。『新武道』編集者の武田は笹森に次のような問いを投げかけた。

笹森先生、私共の雑誌、「新武道」といふ名前を付けまして、武道と体育の一元化を標榜致して居ります。武道体育の一元化、その目標は国防にあります。古来の武道は勿論中心になりますが、時代の要求に依つて又色々な武術の範囲もある、さういふものを打つて一丸とした一つの体系がなくちやならないと思ふのですが、古来の純粋な武道といふ方向から御考へ下さいまして、どの辺までそれが拡大出来るのか、武道と称し得るかといふことに付て、御意見を御願ひします[37]。

武田は新武道のコンセプトを国防に向けて武道と体育を一元化することと簡潔に述べている。その上で武田の問いかけは、古武道はどこまで国防に有益かというものであった。

戸山学校などで盛んに研究なされて居ります銃剣術、その他いろいろ白兵に用ひる武術（中略）或は馬術、グライダー、飛行機、又手榴弾を投げることにせよ、さうしたものを引くるめて広い意味に於ける新武道とすることが適当ではないか。そこで過去に拘泥せず、又新しいものを考へて綜合的な大きな観点から御考へ下されて、当局の方なり、軍の武道を嗜む方がそこに応ずることが本当のものではないか[38]。

こうした軍事的種目を武道に含めることについて、笹森は軍部の武道奨励に「敬服を致して居ります[39]」と述べつつ、次のような回答をした。

日本の古来の武道といふものが、我が民族の血を流し、骨を削つて作り上げた体験を通しての尊いものであるが故に、之こそ本当の日本的のものである（中略）昔の極意といふものを分析し綜合して見るならば、この尊い日本哲学、日本精神、或は日本の真の国民性が一つ一つその中にある。若しくは日本精神たる清浄潔白、公明正大、或は又闊達明朗、或は隠忍自重、或は質朴剛健といふやうなものがある（中略）さういふやうなところのものをもつと研究して、而して新時代にこれを当嵌めなければならん。(40)

続けて笹森は「竹刀で打合ふだけの所謂道場稽古では私は不満足(41)」と述べ、「何うしてもこゝに一つ新しい形のものが生れて来なければこの時代の要求に適しない。綜合的、編隊的武道の一つの練磨といふものが是非こゝに生れて来なければならん(42)」と、あらゆる武道を綜合し戦技化することが必要であると述べた。笹森は武道の戦技化を肯定しつつ、古武道が顕現する日本精神を軍事的種目にも生かすことを主張したのである。

こうした古武道の精神性を国防に生かそうとする笹森の主張に乗じて、陸軍の吉田章雄は武道の精神は「捨身の精神(43)」であり、捨身の精神を戦闘飛行機の操縦などに生かすべきだと発言した。また厚生省の浜田尚友は「問題はその古武道の中に織込まれて居る日本主義的な哲学だと思ふ（中略）身を捨てて軍艦に打突つて行く、この精神が前提になつて居なければ、単に技術ばかりを教へても意味がない。従つて新武道の狙所はさういふ風にして真の古武道といふものを益々振興し時代に生かすことでなければならん(44)」と古武道の捨身の精神を新武道に生かすべきだと述べた。

また、国防的見地からして新武道の第一義的な目的は実戦性に置かなければならないが、その場合、古武道と新武道は峻別されなければならないと主張するものもいた。例えば委員会の委員であった厚生省事務官の中川は委員会で問題となった武道の範囲について吉田に質問されて、こう述べている。

古武道といふものを尊重しないとか、貶すとかいふのはいかんと思ふんです。古武道といふものは古来の武士が鍛練したあれですね、それに依つて昔の武士といふものは立派な人間が出来たのですから、時代は違ひませうが、古武道といふものは捨てなくつても宜い。唯しかし実用武道といっては言葉が悪いかも知れませんが、国防と直接関連あるといふ所に於ては、或る程度の筋が引かれよう、そこで古武道と新武道といふ意味がある。決して古武道といふものは、弓は鉄砲にはかなはないといふ思想から行くんでなくつて、精神を鍛練する、日本人として立派な人間になるんですから、それはそれとして存置してやつて行つて宜いと思ふ。(45)

中川は「実用武道」としての新武道と立派な日本人を作る古武道とは分けなければならないと主張した。これは第一一章で検証したように、藤生や平泉らが委員会で武道の奨励範囲を「日本固有の武術」に限定すべきと述べていたことを意識したのではないだろうか。ただし、藤生や平泉は古武道には言及しておらず、さらに柔道や剣道を明治期以前から続く「日本固有の武術」と捉えていた。しかし、軍事的種目を意味する「実用武道」の観点からみれば武道も古武道も日本在来であることには変わりなかったのである。

さらに委員会での論議が「実用武道」に偏っていたのではないかと浜田から指摘された中川は、「浜田さんの仰しやつたやうな傾向が全然なかつたこともございません」(46)と述べ、委員会において「古武道、何故それが論議の中心になつたかと申しますと、昔の対敵攻防の手段であるあの総ての武道といふものが、現在の日本人の国民としての修練上欠くべからざるものである。然るに現在それは極めて面白からん情勢にある。そこでこれを是非正しい姿に復して振興しなければならんといふ事が、最も具体的な大きな問題として民間に考へられて居り、それが論議の中心となつた[47]」と応答した。委員会で武道の「面白からん情勢」とされたのは藤生が批判した〈武道のスポーツ化〉あるいは体育化のことであった。委員会の議論が戦技化一辺倒ではなかったことが中川の発言からも窺える。ただし、ここで中川が議論の中心が古武道にあったと発言している点には注目したい。中川の発言においては武道と古武道とが「実用武道」の前で一緒くたにされていたのである。

新武道は武道のみならず体育、スポーツをも国防的見地からまとめ上げる概念である。中川も座談会の主催者に配慮してか、「新武道の内容は先程来お話のありました通り、現時の戦闘手段のその指導精神が正しければ、現在の凡ての体育は私は或る意味に於て広義の武道といふことになる、左様に考へて居ります[48]」と述べ、新武道にも積極的な評価をした。

一方、中川とは逆に陸軍戸山学校剣術科長であった引地俊二は「私は古武道新武道と分けたくないのですがね[49]」と前置きして次のように主張した。

私の調べた所に依りますと銃剣術は西洋よりも四十年日本が早い。そして天文二十年の頃にはもう銃剣術があったのでありますから、古武道と言っていらつしやるけれども、何処からが古武道であるかわからない。徳川時代のものが若し古武道に入つてゐるのであるなら、銃剣術は古武道であるのです[50]。

この座談会当時、「銃剣術」は明治期以降に西洋から輸入された軍事的種目であると考えられており、新武道とみなされていた。実際、明治期以降の「銃剣術」は西洋から輸入したものである。しかし引地によれば、銃剣術は天文年間（一五三二―一五五五年）より日本に存する立派な古武道である。では銃剣術は古武道なのか、あるいは新武道なのか、そもそもそうした区別が可能なのか。引地の主張はそのようなものであった。引地の主張は「銃剣術」を事例に古武道と新武道の歴史的区分をどのように設定するべきかを問うものであった。新武道や古武道といった概念は「新」や「古」という時間性を帯びる以上、各種目の起源が問われなければならないことを引地は指摘していたのである。引地の指摘は、古武道概念の恣意性を暴く本質的な指摘であり、問われる側としては答えに窮するものがあった。

武田は引地の指摘を受けて「私共の考へます新武道といふのは、唯新しい武道と云ふのではなく、真の武道、詰り真武道といふ意味なんですね。唯新しいといふものでなくて、伝統武道の真価を益々発揚し、それを時局に役立てて行く。勢ひ新生面を開いて行く。そこをどうぞ御諒解願ひたいと思ひます。（笑声）[51]」と概括した。武田の発言を受けて座談会メンバーは笑声を挙げているが、そこには座談会のメンバーが引地の指摘に対して適切な答えがみつからないため、笑ってごまかそうとする心情が表れていたのではないだろうか。

第四節　古武道と新武徳会

新武徳会は古武道振興会を包摂団体にしたが、具体的にどのような統制があったのかは資料的制約もあり、窺い知ることが出来ない。一つは第一三章でも検討した包摂団体の段級制度に対する圧力や、地方支部の排除などであろう。しかし、振興会は独自の段級制度を持ち合わせておらず、また地方支部も資料から確認できるのは静岡、神奈川、千葉の三県のみであり、奉納演武などは、振興会自体が地方に赴いて地元の武術諸流の人々に直接出演の打診をすることが多かったため、講道館に比べれば統制の影響はなかったと考えられる。

では、日米開戦から新武徳会の設立を経て、武道界が戦時体制の基盤を固めた昭和一七（一九四二）年以降、古武道をめぐる議論はどのように展開したのであろうか。

ここでは新武徳会が設立されたおよそ二カ月後の昭和一七（一九四二）年五月一四日に開かれた「これからの武道を語る座談会[52]」に注目し、当座談会出席者が新武徳会に求める振興会への働きかけについて検討したい。この座談会は雑誌『新武道』の主催で行われた。座談会の趣旨は「大東亜戦下、挙国一致の武道体制として、大日本武徳会の結成を見、同機構下における最初の武徳祭大会も盛大に挙行された。さて、今後の武道はいかに導かるべきであるかといふ具体的な問題が、誰の頭脳にも往来する。武徳祭大会終了直後、本誌は斯道関係の権威に乞うて、演武会に現れた武道の姿につき、今後の武道に対する根本方針につき、或は強調すべき武道精神につき等々、各種の問題を語[53]」るというものであった（出席者は表23）。

座談会では、新武徳会の古武道の取り扱い方について話し合われた。話しを切りだしたのは、笹森であった。笹森は今後の古武道振興の在り方として、明治神宮鎮座十年祭での、奉納武道形大会を見習うべきことを指摘する。

名前	役職
朝倉章	大日本武徳会・陸軍少将
大宅由耿	海軍省嘱託・海軍大佐
笹森順造	青山学院院長・剣道教士
佐藤卯吉	東京高等師範学校教授・剣道教士
玉利参之助	学連剣友会理事・剣道教士
林田敏貞	文部省嘱託・剣道教士
深沢文夫	大日本学生剣道連盟理事・剣道教士
宮脇倫	厚生省練武課長
森永清	陸軍戸山学校剣道科長・陸軍中佐
高野正弘	『新武道』主幹
武田寅男	『新武道』編集長

表23　「これからの武道を語る座談会」出席者（武田武編『新武道』第２巻第６号、国防武道協会、1942年、35頁より摘出・作成）

今度の新しい武徳会の存在といふもの見ますと、元の武徳会、或ひは講道館とか、或ひは古武道振興会等に関連して、今日まで世間に余り認められていないもので、各地に残つてゐる古武道のいいものは沢山ある。これはかつて内務省が、明治神宮鎮座十年祭の時に、全国から集めて行つたことがありますが、古い文献なり、実際残つてゐるよいものを引上げて、数百年来日本が持って来たよいものを振興して、来るべき時代に適合して行くのがいいのぢやないかと考へてゐるのです[54]。

これに乗じて、森永清は「現在の武道を分類して見ると、手取早く国民全部に普及すべきものと、将来の為めに保存すべきものと、二通りあると思ひますね[55]」と述べ、玉利参之助は「いはゆる奥行と間口ですね。間口は現実に処する武道、奥行は伝統の武道、結局かうなるのぢやないですか[56]」と述べた。笹森らの会話では武道と古武道は明確に分けて考えられている。

また新武徳会設立後、最初の武徳祭では古武道の演武も行われたが、これについて宮脇は「古武道といふものは、所謂試合剣道、試合柔道に対して、本当の真剣とか、或ひは相手を倒すといふやうな気持が、最近の国家的な気分によつて、強く作用して来ると思ふのです[57]」と述べた。ただ、昭和一七（一九四二）年の武徳祭は新機構となって間もないことから準備不足が目立ち、従来の武徳祭と比べて「日数が半分なのです。それに演武の方は例年よりも多いのでありまして、それを短い日数でやらうといふのですから、当事者はなかなか大変なのです[58]」とスケジュールの組み方が難しかったことを吐露していた。

笹森はこれに提案して、「明年あたりは、一日古武道だけを顕はすものを拵へまして、これを各流各派の武道の人、各種の武道家の人が、皆御覧になるといふ工合になされると、非常に奨励になり研究になると思ふ。たゞこれは各種各流のものをよく選択されて、同じ種類のものばかりにならないやうにして、一日古武道だけをやるといふことにしたならば、非常に古武道振興の上に効果を齎すことと思ひます[59]」と述べた。また玉利は古武道演武の際は「全部場内にアナウンスしましてやつたら、効果が非常にあると思ひますね。古武道の型なんかでも、細かく説明がついて、これはどういふ系統でどうである、といふことにして行つたら、ただボーッと見てゐないで、本当に何か心に触れるところがあると思ひますね[60]」と演武の解説を場内アナウンスで流すことを提案していた。武田は、「古武道振興会の催しなんかは、さういふ適当な解説があつて拝見してをれば、確かにもつともつと得るところがあると思ひますが、主催者の御話を伺って見ると、あれは靖国の英霊に奉納するもので、われわれは陪観するのだ、見せるものではない、といふ意味を強調されてをりましたが、あれは靖国の英霊とともに、大いに見せて下すって、解説して下さった方がいいのぢゃないかと思ひますね[61]」と述べていた。武田は古武道を見世物にしたくない松本の意思は尊重しつつも、観覧者への見せ方を工夫することの重要性を主張し、演武中の解説があると尚良いことを提案したのである。このように笹森、玉利、武田らは古武道の見せ方を工夫すべきだと考えた。それは観覧者の五感や想像力に訴えかけるような見せ方の工夫でなければならない。武道同様、古武道においても大衆化の方法が模索されたのだ。

次に笹森によれば、振興会が設立されたことで武術諸流の奉納演武の機会が増えた結果、各流の門人の技能は高まったという。

最初に古武道振興会が名乗りを挙げた当時は方々から出て来た武道の技術は、さう見事なものは余りございませんでしたね。古武道振興会が名乗りを挙げてから、すでに七、八年になりますが、その間各先生方は非常に鍛練を積みましたですね。ですからその技術も以前より進んで来てゐることは、確かでありますが、しかし果して今、古武道振興会でやっておいでになる方々が、その流の真技を技術の上において本当に伝へてゐるかどうかといふことは——先生方も謙遜していらっしゃるから、自信があるとは仰っしゃいますまいでせうが、しかし、七、八年この方、非常に研究を積んで、技が出来て来てゐます[62]。

このように奉納演武への出場は武術諸流の門人にとって稽古に励み、技能を高めるモチベーションになっていたのである。そして武術諸流の門人の中には、自身の流儀への理解を深めようとして歴史研究を志す者も現れ始めたという。

流派の人が、自分で続けて来た流祖以来の文献、所謂目録、秘伝書といふものに対する研究が、非常に盛んになって参つたやうでございます。これは昔から、決して他言を致さないやうに、神名に誓って、一子相伝をして来たものでありますから、これを公開するといふことは、みな喜ばないかも知りませんけれども、私が考へますのに、これからは皆、文部省なり厚生省なり何処でもいいから、一定の研究をする団体が、日本全国の貴重なる文献は、そこへ行つたら何時でも判るといふやうに、全国で系統づけてお集めなさる。しかも単にこれを文献として集めただけで、意味は判らないのでは困るから、この技はどういふ精神によるものであるか、この精神は何時頃誰によつて顕現されたか、さういった道を作って頂いて、斯ういふ精神によって斯うなるのだ、といふ研究を、もつともつとして行かなければならないと思ひます。(63)

笹森は古武道を歴史的に研究する必要性を説いた。これは各流の秘伝に公開を迫るという倫理的問題も孕んでいたが、武術諸流の垣根を越えた研究が必要であると笹森は考えたのである。そして笹森は新武徳会による振興会の包摂に乗じて、古武道研究の機運を高めようとしたのである。また続けて笹森は次のように述べた。

五、六百年この方、生死の裡に血を流して築き上げたものですから、これは古臭いものだ、捨てるべきものだと思はないで、──この血液の中に流れてゐるものが、尚武の気性となつて現はれて来るのだと思ひますから、それらの技に徹して、初めて実も花もあるものが出来るのぢやないかと思ひます。古武道振興会でもやってをられますけれども、これらを統合して、古武道振興会のやうなものが、全国的にやるやうにする。(64)

このように笹森が新武徳会に期待したのは、振興会を全国規模の組織へと再編することにあったと考えられる。笹森の提案は、従来の振興会の組織規模拡大方針とは立場を異にしていた。従来の振興会の組織拡大の方法は中央集権的な政府の権力を嫌い、地方分権的な自治や郷土文化の作興を望んだ松本の意向を反映するものであった。振興会の組織拡大は、日本各地に散在している武術諸流や学校長から活動趣旨への同意を得ることでなされる地道な活動であった。それは振興会の目的が日本各地に住む人々の自発的な日本精神の発揚にあったためである。前章で検討したように、神奈川県では同県有志の発議を基に振興会支部が設立されたのである。品川区長は古武道実施に熱心な人であった。

振興会が己のモットーに基づいて組織拡大のために採った方法は、日本各地の人々と向き合い地道な説得や講演を続けることだった。そのため振興会は各学校での古武道実施や各県レベルの振興会設立には成功したが、全国的な組織展開をすることができなかったのである。

かくして、笹森が希望するような振興会の全国的な組織化は具体的な進展をみせないまま、終戦を迎えることとなったのである。

［第五部　小括］

第五部では古武道概念の誕生について検討してきた。古武道とは、〈武道のスポーツ化〉を危惧した振興会設立者の松本によって創られた概念であった。古武道概念創出の背景にも藤生と同様、〈武道のスポーツ化〉批判があり、その批判の根底にも排外主義的な日本精神の思潮があったのである。ただし、松本は藤生以上に徹底して武道から体育・スポーツ的な要素を排除しようとしたのである。松本の試みからも窺えるのは、武道の文化的独自性を主張する際に重要な作業となったのは、体育・スポーツとの差異化だったのである。

こうして古武道という概念が誕生したことで、試合を行う柔道や剣道といった武道は〈スポーツ化〉の所産として、捉えられることとなった。つまり、古武道という概念と比較されるかたちで武道は競技化、あるいは西洋化の観点から捉え直されるようになったのである。現代の武道の大局的な歴史認識が昭和一〇（一九三五）年の振興会設立を期に成立したことは強調しておきたい。

終戦をうけて、振興会は昭和二一（一九四六）年一月二七日に一旦財団法人を解散するも、昭和二七（一九五二）年一〇月には再び民間の任意団体として再出発している。戦後、松本は振興会会長に就き、その活動をリードした。昭和四一（一九六六）年一〇月一六日、名古屋で行われた日本古武道大会のパンフレットに松本は次のようなあいさつを載せている。

日本古武道振興会が三十余年前昭和十年に発足したのは、その当時本来の武道の心を忘れ、単に競技とか勝負におわれる武道の流行に対して、鎌倉期以降日夜練成に練成を重ね、工夫に工夫を重ね、戦場の生死の中にそのエキスとして見出されたる技法、心の在り方、そしてそれに到達する身体の鍛錬、この様な伝統的日本文化の精髄である武術の魂を忘れた新武道に対して伝統の武術の心にかえれと云う心のよびかけであったのです。

現在スポーツの中に武道の魂を入れろと云う世論が聞えています。それは明治以降のスポーツ武道ではなく、生死の間に鍛えられ、工夫された先人の知と行の業績であるところの古武道の魂を云うのです[65]。

このように、松本の主張は戦後も変わることはなかった。昭和四九（一九七四）年に松本は逝去するが、振興会は彼の意志を引き継いで、各流派の奉納演武を毎年定期的に開催し、今日に至っている。

結章

本書では、いかにして〈武道のスポーツ化〉問題が出現したのか、そして〈武道のスポーツ化〉問題の登場に対して武道に関わる人々はいかに対応したのかという二つの課題に取り組んで、〈武道のスポーツ化〉問題の成立と展開について考察した。以下、各部の内容を要約しつつ結論を述べたい。

第一節　まとめ

〈武道のスポーツ化〉問題の成立過程については第一部から第三部まで紙幅を費やし検討した。まず、武道概念が確立する前提として〈術から道へ〉というスローガンがどのように成立したのかを第一部で検討した。その結果、〈術から道へ〉が唱えられた原因には撃剣興行の存在があると指摘した。ただでさえ江戸期以来の旧弊とみられがちな明治期の武術は撃剣興行を通してさらに低俗なイメージを形成した。そのため、武術を存続しようとする人々は旧弊的で低俗な武術のイメージを刷新すべくあらゆる方策を練った。そうしたなか、柔術を柔道と改称した嘉納が現れる。嘉納は柔術に潜在していた体育法及び修心法という目的を前景化し、これを中等教育以上のエリートの子弟に教授することを提唱した。その一方で〝術〟がまとう低俗なイメージを刷新するために、また嘉納は撃剣興行のなかで柔術も興行していたことを低俗であるとして否定しつつも、殺傷捕縛術としての側面は柔術元来の目的として継承したのである。

こうして嘉納は〈術から道へ〉というスローガンを掲げたが、それは柔術から柔道へという一種目の改称に留まったのである。

第二部では武徳会と武道概念の形成過程を明らかにした。日清戦争と日露戦争での勝利を通して日本社会では武士道がリバイバルされた。武士道の復興は武術再評価の機運にもなった。武徳会は武士道や大和魂などを包含する武徳という精神文化の発揚を会の理念として活動を始めたのである。武徳会では公明正大で衆人の模範たるべき操行を身につけることで武術家の武徳が涵養されるものとされた。しかし、実態としては武徳会では操行不良の武術家が多数存在し、試合に勝つために不正行為をなす選手や、興行を開く会員などが存在していた。

こうした状況において武道という名称の徹底を提案したのは時の警視総監である西久保であった。西久保は武術という名称が醸す実戦的で勝敗にこだわるイメージを改善し、心身の練磨という目的を強調するために武道という名称を用いることを提案した。西久保は大正八（一九一九）年に武徳会副会長に就任すると、武徳会が制度上使用する総称としての武術を武道へと改称するのみならず、武徳会における柔術、剣術、弓術などの各種目名称についてもそれぞれ柔道、剣道、弓道と改称した。西久保が提案した武道は柔道、剣道、弓道のみならず薙刀術や銃剣術といった「〜術」と称される種目についても包含する総称であったことを本書では指摘した。その過程で従来の軍事的実用性という基準から除外された弓道は武道種目として復権し、射撃術などは行われなくなったのである。

西久保にしても嘉納にしても〈術から道へ〉を掲げた時には、術と道は各種目における貴賤の実態を各概念に振り分けるものであり、そこには歴史的な変化を表す意味合いは見て取れなかった。むしろ、〝道〟という語を使用することで各種目の本来的な在り方を再興しようとする意図が込められていたのである。例えば、大正九

（一九二〇）年明治神宮鎮座祭では武徳会は明治神宮外苑での余興娯楽のイベントと一線を画すために内苑での演武をすることとなる。内苑での演武は本来の武道は余興娯楽とは異なる、という意図を示すパフォーマンスだったのである。

第三部では〈武道のスポーツ化〉問題の成立過程を考察した。武道概念の主唱者である西久保は大正一五（一九二六）年の第三回明治神宮競技大会での武徳会参加問題で大会当局と衝突することとなる。明治神宮競技大会では柔道や剣道の競技会も行われる予定だったが、競技やスポーツの名の下に武道が行われること、そして撃剣興行を彷彿とさせる観衆から入場料を徴収することなど、大会当局の方針に西久保は対立したのであった。一方大会当局は、武道によって養成される武士道もスポーツによって養成されるスポーツマン・シップも同様の意義を有すると主張した。これは、精神面から武道とスポーツを重ね合わせていくものだった。結果として明治神宮競技大会当局では大会名を明治神宮体育大会とし、武道観戦者からは入場料をとらないことが決定された。これにより、武徳会は大会に参加することになったが、明治神宮競技大会を契機に〈武道のスポーツ化〉問題が台頭するようになる。

第三回明治神宮競技大会が契機となり、戦間期には武道各種目の大衆化が進展した。武道にさきがけて、戦間期においては観覧者が試合の勝敗の行方を楽しむ消費スポーツ化が進展したのである。そうした同時代のスポーツの変容を模倣するかたちで、武道の大衆化は図られたのである。その結果、〈武道のスポーツ化〉問題が成立したのである。

〈武道のスポーツ化〉問題が出現するのに伴い、各種目の〈スポーツ化〉も随時進められた。まず剣道であるが、従来の武徳会は他の剣道関係団体と交流していなかったが、昭和四（一九二九）年の第一回昭和天覧試合に武徳会が種々の剣道関係団体の選手と同じ試合場に立つこととなり、これを機に〈剣道のスポーツ化〉が起きて、「社会化」「民衆化」が始まったといわれるようになった。

柔道の場合は嘉納が大正一二（一九二三）年に柔道を「民衆化」するために「競技運動」の方面を工夫することを表明した。嘉納は入場料をとって武術を見世物にする撃剣興行の弊から距離を置いていたが、明治神宮競技大会が開催されることになったのちには入場料徴収にも肯定的な態度を示すようになったのである。昭和五（一九三〇）年から鏡開式は日比谷公会堂で、昭和六（一九三一）年には春期紅白試合も日比谷公会堂で行うことになり、いずれも昭和六（一九三一）年から入場料を観客からとるようになる。また昭和五（一九三〇）年より始まる全日本柔道選士権大会では柔道の専門家のみならず、様々な人たちに参加してもらうよう、細かく出場カテゴリーが分けられ、「民衆化」が図られた。他方で「柔道の本領」を固守するために、講道館は当時流行していた寝技を主流とした高専柔道大会の戦い方を規制し、実戦を念頭においた改正審判規定を策定するようになる。しかし、これに高専柔道大会を主催する帝大柔道会は反発し、〈柔道のスポーツ化〉こそが学生柔道の求める方向性であることを主張したのであった。

弓道では学生弓道界が先導して従来の弓術から脱却するために〈術から道へ〉の改称が図られた。その際、科学的考究やスポーツマンシップといった意図が〈弓道のスポーツ化〉に込められた。

〈武道のスポーツ化〉問題は主として武道の大衆化を指していたのであり、消費スポーツの在り様《よう》を模倣する動きだった。こうした〈武道のスポーツ化〉の流れの中で、勝敗に拘わることを戒められていた、講道館及び武徳会の武道実修者の中にも勝敗に拘わっても良いのではないか、という雰囲気が芽生えてきたのである。

一方、武道の伝統を固守しようとする人々にとって〈武道のスポーツ化〉問題は大衆化や競技化のみならず、西洋化という武道の真正性が犯される危機としても受け止められた。そしてこの危機感は本書二つ目の課題、すなわち〈武道のスポーツ化〉問題に人々はいかに対応したのかという課題と大きく関わりながら、一九三〇年代以降、終戦までの武道の歴史を方向付けていった。

〈武道のスポーツ化〉問題に人々はいかに対応したのか。この二つ目の課題を解くために本書では、武道国策推進者の藤生と振興会設立者の松本の二人に焦点を当てた。まず第四部では日本精神に基づいて〈武道のスポーツ化〉を克服しようとした藤生の武道国策の展開に着目した。戦時下のスポーツ排撃論と相俟って〈武道のスポーツ化〉問題は斥きつつあったが、他方で武道の戦技化が叫ばれるようになった。武道の戦技化に対して藤生は「日本固有の武術」は訓育的意義が第一義であるため、戦技化までは必要ないと考えていた。しかし、藤生が〈武道のスポーツ化〉を批判する際に武道の本来の目的として取り上げたのは「死活的攻防手段」や軍人勅諭・武士道といった戦時下の軍国主義に沿うようなものばかりであった。そのため藤生は武道の戦技化に消極的であったが、それに抵抗する明確な反論が出来なかったのである。

また、昭和一四（一九三九）年一二月に設置された委員会は、翌一五（一九四〇）年七月に武道の国策化の方針を文部・厚生両省へ答申した。委員会の審議では藤生の〈武道のスポーツ化〉批判や平泉の皇道振起が議論されたが、結果的には軍部をはじめとして何人かの委員が主張した戦技化の方向へと答申の内容は収斂されたのである。それは各省の武道行政を戦技化の方向へ一元化させ、民間武道団体を政府が統制しようとするものであった。

しかし、実際には各省は独自に武道行政を進め、昭和一七（一九四二）年四月に政府が武徳会を五省共管の政府外郭団体・新武徳会へと改組し、武道行政の一元化を図ったのちも厚生省と文部省の間では武道行政の不一致が目立っていた。まず、武検の参加資格をめぐって厚生省と文部省の間で学徒の参加不参加問題が起きていた。また、新武徳会は厚生省を監督官庁としていたが、文部省管轄下の学体振を傘下に包摂し、学体振の武道関連事業の統制も行なっていた。ところが、新武徳会と学体振では柔道の審判規定を双方独自に作成しており、厚生省と文部省はここでも一致できなかったのである。

先行研究では新武徳会は講道館を始めとして振興会などを包摂する団体であったが、その統制はゆるやかだったと指摘されていた。しかし実際には、新武徳会は講道館など各武道団体の段級制度の停止及び地方支部の廃止を迫っていたのであり、ゆるやかな統制とは言い切れない実態があったのである。ただし講道館が新武徳会の段級制度解体や講道館の地方支部（有段者会）の活動に制限を加えることに抵抗していたことからも分かるように、新武徳会の統制は他の武道団体に対して強制力をもっていたのではなかった。

また、武検の成立や新武徳会における柔道の審判規定の成立過程においては、明治維新から日中戦争までの武道は体育、娯楽、競技と同一視されてきたと批判し、日中戦争以後の戦時下にある今こそ明治期以前に存した武道本来の目的である戦技に回帰すべきとの主張も見受けられた。戦時下においては戦技化を推進する人々から武道の近代化過程を問い直す議論が登場したのである。これに対して、藤生は柔道や剣道などは明治期以前より続く武道と考えていた。藤生は嘉納が柔道の一目的として掲げた柔術以来の勝負法の伝統を重視していたのではないだろうか。そのため、明治期から戦時下に至るまでの武道の歴史を近代化過程の問い直しの観点に立って批判することはなかったのである。

第五部では〈武道のスポーツ化〉に反対した団体及び人物として、振興会とその設立者松本の古武道提唱に注目した。本書では振興会設立前史として大島が開催した昭和五（一九三〇）年一一月三日の奉納武道形大会を取り上げた。この大会に古武道という名称は用いられなかったが、明治期以降初めて武術諸流の形の演武を主体とした全国大会であった。また、本書では松本は大島が奉納武道形大会で招集した武術家の人脈を利用して、昭和一〇（一九三五）年に振興会を設立したことを指摘した。

松本の古武道概念は、様々な人物から影響をうけて創られていったのである。その一人に安岡がおり、彼から日本精神論及び真剣味の思想を受け継いでいることを指摘した。また松本は昭和九（一九三四）年五月の第二回昭和天覧試合における柔剣道の選手の勝敗に拘り礼を失した試合態度に落胆し、川内が主張する「真の武道」への復古に共鳴した。こうした周囲の人々の武道論及び武道批判をうけて、松本は試合志向の武道に対してそれは明治期以降の西洋化、〈スポーツ化〉の影響だと批判を浴びせるようになる。その一方で松本は日本各地に残る武術諸流が明治期以前より続く武道の正統性及び真正性を保持していると主張し、その復興を唱えた。松本は武術諸流の総称として古武道を提唱し、武道の試合に対する古武道の形稽古の正統性を主張し、明治維新が古武道から武道への変容の転換点となったことを強調した。

松本もまた日本の近代化過程を問い直す時代の流れに身を置き、日本精神に立脚して〈武道のスポーツ化〉批判を展開し、古武道概念を創出したのであった。戦間期の〈スポーツ化〉が消費スポーツ化を意味していたのに対して、松本は〈スポーツ化〉を試合の発生と捉え、試合の発生は明治期以降の西洋化の結果であると考えた。明治期以降、競技化によって発展した武道に対して、明治期以前には武道の競技化は行われず、専ら形稽古によって修練する古武道のみが存在したという武道史の図式は戦後の武道史観にも引継がれているが、この図式を明確に提示したのは振興会の松本だったのである。武道の試合をいつ頃、どのようにして近代化の所産とみなすようになったのかという本書の問題意識に対しては、昭和一〇（一九三五）年の古武道の誕生がそのきっかけになったという回答を与えたい。

振興会は各地域に存在する武術諸流を作興し、地方での奉納演武、各県での振興会の設立を通して古武道が各地域住民の愛郷心の拠り所となるように企てた。また、松本は学校への古武道導入を図り、古武道を発育途上の生徒に普及し、国民文化としての定着を図ったのであった。さらに松本は大谷や折口らとともに古武道の体操化を試み、建国体操を作成した。松本は建国体操によって習得に時間のかかる古武道を簡便な形式に整え、国民に広く普及させることを目指した。こうした営みの成否はともかく、〈武道のスポーツ化〉批判から生まれた振興会は武術諸流の文化的意義を発信する拠点となった。元来、個性の強い武術諸流を古武道の名の下にまとめることができたのは、〈武道のスポーツ化〉問題が期せずして生み出した出来事の一つである。〈武道のスポーツ化〉批判が各流存続のモチベーションになっていた事例も第五部では見受けられた。武術諸流の存続を支えたという点で振興会の活動は積極的に評価されてよいと思われる。

一九四〇年代に入ると古武道は武道の戦技化問題とも関わるようになる。武道・体育の戦技化を標榜する用語として昭和一六（一九四一）年には新武道という概念が登場する。戦時下の国防座談会では古武道と新武道との関係性が取り上げられた。実用性の面で古武道は射撃道などには劣るとみなされたが精神性の面は新武道に「役立つ」と主張された。

しかし古武道は昭和期武術諸流の実態を反映した概念ではなかった。そのため古武道概念は成立当初から矛盾を露にしていたのである。振興会は古武道による日本精神の顕現を目的としていた。しかし、当の武術の担い手たちは近代社会と折り合いをつけながら生きていたのである。例えば、銀行員の仕事と楊心流の稽古を両立していた上野は、身体を丈夫にするという目的で稽古をしていた。つまり、日本精神の発揚を目的とする振興会と昭和戦前期の武術諸流の担い手たちの稽古の目的とは必ずしも一致していなかったのである。また、昭和一六（一九四一）年に行われた「〝国防武道体育を語る〟座談会」では近代的な軍事的種目とみなされる「銃剣術」が西洋由来ではなく、戦国時代より続く日本古来の武技であるとの主張もなされ、古武道と新武道との線引きをどのようにすればよいかが問われていた。しかし、不変的な〝明治期以前の武道〟像を表象することが求められた古武道はこうした歴史的検証に耐えられず、座談会参加者も適切な回答はできなかったのである。

第二節　展望と課題

最後にこれまでの論述を踏まえた展望を述べ、残された課題を確認したい。

〈武道のスポーツ化〉という言説をうけて、明治期以降の武道の歴史を近代化過程の問い直しの枠組みで相対化する視点は、近代化という概念こそ当時はまだ用いられなかったものの、戦間期から戦時下にかけて形成されたといえる。本書では戦間期を現代への転形期と捉える視点を歴史学から援用し、〈武道のスポーツ化〉問題の成立と展開とを資料に即して跡付けた。こうした視点に立って本書が跡付けてきたことは、今日の我々が戦前に形成された言説から未だ脱却しきれていないことを示しているのではないだろうか。〈武道のスポーツ化〉が大衆化を目的として消費スポーツ化に向かう動きだったことは何度も述べてきたが、これは武道が大衆の享楽的な感性に合わせて変化する動きでもあった。それに対して〈術から道へ〉の動きは、その是非はともかくとして、武道の担い手をよりよい人格へと育成するため、〝武道家（柔道家）はこうあるべき〟という指針を示す狙いがあった。

武道が大衆の興味に合わせるのか、大衆が武道の教えに教化されるのか。つまるところ、本書はこうした二つの在り方の間で揺れ動く武道の様子を描いてきたのだといえる。明治前半期の撃剣興行が戦間期の消費スポーツと極めて類似した性格を備えていたにもかかわらず退けられたのは、〈術から道へ〉が唱えられていた時期に、人々を育成するのではなく、人々を楽しませるために撃剣・柔術などを見世物にしたためである。つまりこの時期にはまだ武術の大衆化は志向されていなかったのである。また、戦間期から戦時期にかけての人々が〈武道のスポーツ化〉を推進したのは、それによってより多くの人々に武道を広めたかったためである。その一方で藤生や松本らが〈武道のスポーツ化〉によって武道の本質が損なわれるように感じたのは、育成されるべき大衆の感性に迎合することが武道を伝える人々にとって本末転倒のように思われたからである。さらにいえば彼らは〈スポーツ化〉に西洋を読み込むことで、人々が江戸期から育んできた試合を楽しむ習慣を隠蔽し、それを西洋から入ってきた習慣として日本の外部に原因を転嫁したのである。

そして今でも〈武道のスポーツ化〉に対して人々が違和感を持つとき、〈術から道へ〉という言説が顔を出すのではないか。すなわち、武道の特質はその修養性や伝統性（礼儀作法など）にあり、〈スポーツ化〉とは相容れないとする主張である。あるいは、武道の特質は殺傷目的のために洗練された技術そのものにあり、〈スポーツ化〉はそうした武道本来の実戦性を削いでしまうという主張もあるだろう。こうした〈スポーツ化〉との関係から武道概念は今日においても再生産され続けているのである。

戦間期以降の〈武道のスポーツ化〉問題への応対を乗り越えられないでいるのは研究者も同様である。〈武道のスポーツ化〉を検討するにあたり、研究者が競技化という意味を前景化させたのは、ＧＨＱの影響もあるが、それだけではなく無自覚に武道／古武道の区分を踏襲し、試合をスポーツ側の要素として振り分けてきたためではないだろうか。本書で〈武道のスポーツ化〉問題の歴史を検討したわれわれは、スポーツと出会う前から武道には試合が存在していたことを思い起こすべきであろう。少なくとも研究者は武道文化の問題として試合の意義を問い直す必要があるのではないか。例えば、本当に武道の修養性と競技化は相容れないのかと問うこと。そして、何のために試合を行うのか、その根拠を近代化の問題としてではなく、実践現場の問題として問うこと。このような問いから武道についての思索を深めることも武道論としては必要なことではないだろうか。

また、古武道は衰退していく運命にあると思われがちだが、むしろ各流派は古武道という民俗的な表象の向こう側でしたたかに今日も活動している。中にはグローバル化に成功した武術流派も存在するのである。[1]明治期以降における武術諸流の展開は、競技化以外の要因によっても近現代社会に適応する可能性を示唆している。こうした現象と正面から向き合うためには、〈武道のスポーツ化〉問題を背景として成立した武道／古武道という二項対立的な図式から自由になり、再度、明治期以降の武道史を練り直すことが必要だろう。それは武道の近代化論を再考することにつながるはずだ。

残された課題はいくつもある。まず本書ではジェンダーの観点から〈武道のスポーツ化〉問題に踏み込むことができなかった。今後、〈武道のスポーツ化〉問題が女性の武道実践や男性性に与えた影響なども扱わなければならないだろう。

戦時下における武道の実態もまだまだ未解決なまま残された課題がたくさん残っている。特に軍部がどのように武道に関与したのかも、掘り下げるべき課題であった。学校武道の実態もほとんど手つかずで終えてしまった。

植民地や満洲国における武道の実態もその全貌が明らかではない。これらの課題に取り組むには戦時下の武道を担った人々の声を丹念に拾い上げていかなければならないだろう。

これは戦後の武道史にも関わる課題である。本書の関心に即していうならば、戦後の〈武道のスポーツ化〉は主に学校で武道を復活させるための方便であり、戦中の武道との断絶を強調する言説であったが、他方で、戦前から〈武道のスポーツ化〉を唱えていた学生武道の担い手たちが戦中どのように活動し、戦後どのように武道を支えていったのかは具体的な検討を要する課題であろう。

戦間期以降の武道史研究はまだまだ未着手の部分を残した領域である。戦間期以降の武道史を研究することは、今日の武道の課題と展望を探るうえで有益な知見をもたらすだろう。本書では戦間期及び戦時下の武道史と向き合うことで、結果的に今日においても議論になる〈武道のスポーツ化〉問題の成立と展開を追跡することにつながった。

今後、〈術から道へ〉、〈武道のスポーツ化〉に続く、新たな武道の語りが創られる時が来るだろう。そのとき、本書が少しでも役立つことがあれば幸いである。

注

はじめに

（1）永木耕介「〝柔道〟と〝スポーツ〟の相克—嘉納が求めた武術性という課題—」、公益財団法人日本体育協会監修『現代スポーツは嘉納治五郎から何を学ぶのか—オリンピック・体育・柔道の新たなビジョン—』ミネルヴァ書房、二〇一四年、一五六頁。

（2）前掲書（1）、一八二頁。

（3）前掲書（1）、一五七頁。

（4）菊幸一「嘉納治五郎に学ぶ日本のスポーツのこれから」、前掲書（1）、三〇八頁。

（5）関本照夫「序論」、『国民文化が生れる時—アジア・太平洋の現代とその伝統』、リブロポート、一九九四年、九—一一頁。

（6）前掲書（5）、一八頁。

序章

（1）志々田文明「一九六五年前後の「武道の現代化」論について」、早稲田大学体育研究紀要編集委員会『早稲田大学体育研究紀要』第二〇号、早稲田大学体育局、一九八八年。

（2）昭和三三（一九五八）年の『中学校学習指導要領』以降、武道の体育教材化が始まる。柔剣道教員資格試験制度の制定（昭和三九（一九六四）年）、東京教育大学と日本体育大学に武道学科がそれぞれ昭和四〇（一九六五）年、昭和四二（一九六七）年に設置され、同年一一月には採用試験が実施された（前掲書（1）、一一七頁）。

（3）井上俊『武道の誕生』吉川弘文館、二〇〇四年、一七九—一八八頁。

（4）前掲書（1）、一一六頁。ただし、当時は近代化のみならず「武道の現代化」という名目で議論されることも多かったという。志々田が検討した「武道の現代化」論のシンポジウムでは現代化の場合、その前段階に近代化が位置づけられるか、近代化と同義で現代化という概念が用いられていたという。しかし、どちらの場合でも近代化段階に〈スポーツ化〉、競技化という変化を認める論者が多数を占めたと志々田は指摘している。

（5）「競技」と類似の用語に「試合」がある。本書では資料上の文言はその資料に即して意味を把握していくが、筆者の観点から、二者間で何らかの取り決めにしたがって勝敗を競い合う身体運動について述べる場合は、これを「試合」と呼ぶことにする。競技もほぼ同義だが、こちらは「スポーツ」の和訳としても使われているため（松村明『大辞林　第三版』三省堂、二〇〇六年、六四七頁）使用しない。また、研究者の間では武道における試合の形式上の発展については競技化という用語を用いている。本書は先行研究に倣い、試合の形式上の発展については、それを競技化と呼ぶことにする。

（6）中村民雄『剣道事典』島津書房、一九九四年、一九—二〇頁。

『剣術六十八手』は中村によれば弘化・嘉永年間（一八四四—一八五四）にはその骨子が出来上がっていると指摘されている。

(7) 中村民雄「はしがき」前掲書（6）。『剣道事典』には近代日本の武道の歴史が通史的に概観されている。本書も多くの場面で本書に依拠する。しかし、同書は事典という体裁をとったが故に一つ一つの事項を詳細に明らかにすることや、各事項の歴史的意味を考察しきれていない。

(8) 同前。

(9) 榎本鐘司「幕末剣術の変質過程に関する研究—特に田宮流・窪田清音の剣術観を中心として—」、『アカデミア』第二八号、南山大学、一九七八年、二八四頁。

(10) 同前。

(11) 榎本鐘司「幕末剣道における二重的性格の形成過程」、入江康平・杉江正敏編『日本武道学研究　渡邊一郎教授退官記念論集』一九八八年、三四四—三七一頁。

(12) 前掲書（9）、二八四頁。前掲書（11）、三四四—三四五頁。

(13) 前掲書（11）、三四五頁。

(14) 木下秀明『スポーツの近代日本史』杏林書院、一九七〇年、三二頁。

(15) 前掲書（14）、三四頁。

(16) 寒川恒夫「「柔道一班並ニ其教育上ノ価値」講演にみる嘉納治五郎の柔道体系論」、『講道館柔道科学研究会紀要』第Ⅶ輯、講道館、一九九四年、六頁。

(17) 前掲書（3）、五三—五四頁。

(18) 前掲書（3）、九頁。

(19) 前掲書（3）、九—一〇頁。

(20) 高津勝『日本近代スポーツ史の底流』創文企画、一九九四年、一一七頁。

(21) 坂上康博『にっぽん野球の系譜学』青弓社、二〇〇一年、一五三—一六二頁。

(22) 永木耕介『嘉納柔道思想の成立と変容』風間書房、二〇〇八年、一八〇—一八三頁。

(23) 日本中世史研究者の新田一郎は、平成一八（二〇〇六）年九月七日に行われた日本武道学会の学会フォーラム「現代における武道の概念を探る〜まとめ」において、「「武道」という言葉は、近世には「武士道」と互換的に用いられ近代には「武技」「武術」に対する言い換えとして用いられている」と、指摘している（新田一郎「現代に於ける武道の概念を探る—相撲の立場から—」『武道学研究』第三九巻第三号、二〇〇七年、一九頁）。また、社会学者の井上俊も前掲書（3）において、新田一郎と同様の指摘をしている。

(24) 寒川恒夫『日本武道と東洋思想』平凡社、二〇一四年、二二七頁。

(25) 前掲書（24）、二八〇頁。

(26) 前掲書（14）の他、木下の武道に関する研究は、「第二編日本体育史　V近代社会」、水野忠文・渡辺融・木村吉次・木下秀明『体育史概説—西洋・日本—』杏林書院、一九六一年。『日本体育史研究序説』不昧堂、一九七一年。「「術」から「道」へ—日本の〝martial arts〟の近代化とは—」、大道等・頼住一昭編『近代武道の系譜』杏林書院、二〇〇三年。「「撃剣」「剣術」から「剣道」への移行過程に関する検討：『文部省第一回撃剣講習録』の分析」、体育学研究、第五〇巻三号、二〇〇五年。「「撃剣」「剣術」から「剣道」への移行に関する史的考察」体育学研究、第五一巻一号、二〇〇六年。「「撃剣「剣術」から「剣道」への移行過程に関する検討：永井道明の場合」体育学研究、第五一巻二号、二〇〇六年がある。また、木下の武道国粋論の形成過程をより厳密に検討した研究として林隆敏の論文が挙げられる（林隆敏「大日本武徳会の性格と特徴について」体育・スポーツ社会学研究会編『体育・スポーツ社会学研究Ｉ』道和書院、一九八二年）。ただし、林論文の提出する知見は結局のところ木下の議論の内に留まるものである。

(27) 坂上の武道に関する一連の研究は第四章の注（2）で触れる。
(28) 前掲書（14）、一〇〇頁。
(29) 同前。
(30) 木下秀明「「撃剣」「剣術」から「剣道」への移行過程に関する検討：永井道明の場合」、体育学研究、第五一巻二号、二〇〇六年。
(31) 坂上康博「大正期における大日本武徳会―その政治的・軍事的機能の検討を中心として―」、『体育史研究』第七号、一九九〇年、三八頁。
(32) 前掲書（31）、四八頁。
(33) 同前。
(34) 前掲書（31）、四九頁。
(35) 坂上康博「国民統合装置としてのスポーツ―一九二八～一九三二年を中心に―」、歴史学研究、六二二号、一九九一年、一五頁。
(36) 坂上康博『権力装置としてのスポーツ　帝国日本の国家戦略』講談社選書メチエ、一九九八年、二四七頁。
(37) 田崎宣義「都市文化と国民意識」、『講座日本歴史一〇　近代四』東京大学出版会、一九八五年、一七九頁。
(38) 同前。
(39) 前掲書（37）、一七八頁。
(40) 前掲書（3）、一三八頁。
(41) 赤澤史朗・北川賢三編『文化とファシズム』日本経済評論社、一九九三年、四頁。
(42) 赤澤史朗「戦中・戦後文化論」、朝尾直弘・網野善彦・石井進・鹿野政直・早川庄八・安丸良夫編『岩波講座　日本通史近代四』第一九巻、岩波書店、一九九五年。
(43) 前掲書（42）、二八四頁。
(44) 同前。
(45) 前掲書（20）、一八〇頁。
(46) 高嶋航「菊と星と五輪―一九二〇年代における日本陸海軍のスポーツ熱」、『京都大学文学部研究紀要』第五二号、二〇一三年、二七七頁。

第一部〈術から道へ〉
――嘉納治五郎と講道館柔道の成立

第一章　撃剣興行と警察武術

(1) 撃剣興行では後述するように撃剣以外の、例えば柔術の試合なども行われていた。そのため「武術興行」などと述べた方が実態をよく表すことができると思われるが、これまでの研究史においては撃剣興行という名称が通例となっているため、本書では撃剣興行という名称によって武術全般の興行も包含した。
(2) 榎本鐘司・和田哲也「近世村落における武術史研究の現状と課題」、入江康平編『武道文化の研究』第一書房、一九九五年、一三六頁。
(3)　前掲書（2）、一三八―一四二頁。
(4)　藤木久志『刀狩り』岩波書店、二〇〇五年、一五五頁。
(5)　前掲書（4）、一三四―一六〇頁。
(6)　高橋敏「幕藩制下村落における「武」の伝承―農民剣術の虚と実」、『季刊日本思想史』二九号、一九八七年、五九頁。
(7)　本段落は、前掲書（6）、六〇―六一頁。
(8)　宮本常一『忘れられた日本人』岩波書店、一九八四年、一九四―一九五頁。
(9)　榎本鐘司「幕末剣道における二重的性格の形成過程」、入江康平・杉江正敏編『日本武道学研究　渡邊一郎教授退官記念論集』島津書房、一九八八年、三五八―三五九頁。
(10)　渡辺一郎『史料明治武道史』新人物往来社、一九七一年。
(11)　長谷川昇『博徒と自由民権　名古屋事件始末記』平凡社、一九九五年。
(12)　湯浅晃「自由民権運動と武術についての一考察」、『武道学研究』第三二巻第二号、日本武道学会、二〇〇〇年。「自由民権期における警察武術についての一考察―民権結社の活動と警察武術」、『天理大学学報』第六二巻第三号、天理大学、二〇一一年。
(13)　『新聞雑誌』第八七号、一八七三年三月、前掲書（10）、七二五頁。
(14)　同前。
(15)　中村民雄『剣道事典』島津書房、一九九四年、一五七頁。
(16)　前掲書（13）。
(17)　斉藤月岑（金子光晴校訂）『増訂武江年表二　東洋文庫一一八』平凡社、一九六八年、二五六頁。
(18)　同前。
(19)　『新聞雑誌』第一〇三号、前掲書（10）、七二五頁。
(20)　榊原鍵吉『撃剣会興行ニ付概略仕法奉申上候』一八七三年、中村民雄『史料近代剣道史』島津書房、一九八五年、二二二頁。
(21)　前掲書（15）、一六〇頁。
(22)　前掲書（17）、二五六頁。
(23)　内閣官報局『法令全書』博聞社、一八八七年、九三四頁。
(24)　前掲書（15）、一六一―一六二頁。
(25)　『朝日新聞』三六〇号、四月一三日、一八八〇年。
(26)　槇村正直「撃剣技術ハ無用ニ付論達ノ件」一八八一年、前掲書（10）、七二六頁。
(27)　本段落は、前掲書（11）、一二六―一三三頁。
(28)　前掲書（4）、一九九頁。
(29)　前掲書（4）、一九九―二〇〇頁。
(30)　前掲書（4）、二〇八頁。
(31)　前掲書（15）、一五六頁。前掲書（11）、一三一頁。『朝日新聞』三三九号、一八八〇年三月一七日などを参照。
(32)　エリク・ダニング／ケネス・シャド（大西鉄之祐・大沼賢治訳）『ラグビーとイギリス人』ベースボールマガジン社、一九八三年、三八―四〇頁。
(33)　本段落は、前掲書（11）、九八―一〇六頁、一三七頁。
(34)　本段落は、前掲書（11）、一三七―一三八頁。
(35)　湯浅晃「自由民権運動と武術についての一考察」、『武道学研究』第三二巻第二号、日本武道学会、二〇〇〇年、一―二頁。
(36)　前掲書（35）、八―一〇頁。
(37)　安丸良夫・深谷克己『民衆運動　日本近代思想大系二一』岩

波書店、一九八九年、二二六―二二九頁。

(38) 前掲書（37）、二二七頁。

(39) 前掲書（37）、二二八頁。

(40) 同前。

(41) 前掲書（37）、二二六頁。

(42) 遠山茂樹・佐藤誠朗校訂『自由党史　中』岩波書店、一九五八年、三七九頁。

(43) 長谷川昇「明治十七年の自由党―内藤魯一日誌を中心として―」、明治史料研究連絡会編『民権運動の展開　明治史研究叢書第三巻』御茶の水書房、一七二頁。

(44) 前掲書（42）、三八四頁。また『自由党史　中』では、有一館のように武術が盛んになった地域として信州小諸の文武館、常州下館の有為館、土佐高知の連合各社があげられている。

(45) この方面の研究としては前掲書（11）のほか、森山軍次郎『民衆蜂起と祭り』筑摩書房、一九八一年。木村直恵『〈青年〉の誕生　明治日本における政治的実践の転換』新曜社、一九九八年などにも学んだ。

(46) 石垣安造『撃剣会始末』島津書房、二〇〇〇年、二七五―二七六頁。

(47) 前掲書（46）、二七六頁。

(48) 警視庁警務部教養課『警視庁武道九十年史』東京印刷株式会社、一九六五年、四六六頁。

(49) 前掲書（15）、一六六頁。

(50) 前掲書（15）、一六七頁。

(51) 前掲書（15）、一六四頁。

(52) 同前。

(53) 『朝日新聞』二〇二号、一八七九年九月二六日。

(54) 同前。

(55) 同前。

(56) 『朝日新聞』三二二号、一八八〇年二月一四日。

(57) 『朝日新聞』三三一号、一八八〇年三月七日。

(58) 『朝日新聞』三三九号、一八八〇年三月一七日。『朝日新聞』三四〇号、一八八〇年三月一八日。

(59) 稲田雅洋「自由民権運動」、朝尾直弘・網野善彦・石井進・鹿野政直・早川庄八・安丸良夫編『日本通史　近代二』第一七巻、岩波書店、一九九四年、九七―一〇三頁。

(60) 『朝日新聞』三三九号、一八八〇年三月一七日。

(61) 『朝日新聞』一〇一〇号、一八八二年一〇月三一日。

(62) 『朝日新聞』二〇五一号、一八八四年一二月一九日。

(63) 同前。

(64) 同前。

(65) 綿谷雪・山田忠史編『増補大改訂　武芸流派大事典』東京コピイ出版部、一九七八年、二二五頁。

(66) 『朝日新聞』四八五号、一八八〇年九月七日。

(67) 『朝日新聞』七一七号、一八八一年七月六日。

(68) 『朝日新聞』八八四号、一八八二年二月三日。

(69) 『朝日新聞』九一四号、一八八二年三月一一日。

(70) 本段落は、中村徳五郎『川路大警視』日本警察新聞社、一九三二年。

(71) 前掲書（15）、一六六頁。

(72) 川路利良「撃剣再興論」、前掲書（70）、三〇〇頁。

(73) 前掲書（72）、三〇一頁。

(74) 福沢諭吉（松沢弘陽校注）『文明論之概略』岩波書店、一九九五年、一一九―一六四頁。

(75) 前掲書(72)、三〇二頁。
(76) 大日方純夫「日本近代警察の確立課程とその思想」、『官僚制　警察　日本近代思想大系三』岩波書店、一九九〇年、四七一頁。
(77) 前掲書(76)、四六六頁。
(78) 前掲書(72)、三〇二頁。
(79) 前掲書(72)、三〇一頁。
(80) 前掲書(72)、三〇二頁。
(81) 同前。
(82) 前掲書(72)、三〇三頁。
(83) 前掲書(72)、三〇二頁。
(84) 前掲書(4)、一七三頁。
(85) 前掲書(72)、三〇二頁。
(86) 前掲書(72)、三〇一頁。
(87) 前掲書(76)、四七八頁。
(88) 前掲書(76)、四八〇頁。
(89) 前掲書(72)、三〇三頁。
(90) 同前。
(91) 同前。
(92) 前掲書(72)、三〇二頁。
(93) 前掲書(15)、一六五頁。
(94) 湯浅晃「自由民権期における警察武術についての一考察—民権結社の活動と警察武術—」、『天理大学学報』第六二巻第三号、天理大学、二〇一一年。

第二章　実戦から教育へ

(1) 本段落は、鈴木敏夫「近代学校における武術採用論—阪谷素の場合—」『日本武道学研究　渡邊一郎教授退官記念論集』島津書房、一九八八年、五九二—五九三頁、六〇四—六〇五頁。鈴木論文は阪谷素の武道論の基礎研究であり、本節執筆に際し、同論文に多く学んだ。
(2) 阪谷素「養精神一説」、山室信一・中野目徹校注『明六雑誌(下)』岩波書店、二〇〇九年、三三七頁。
(3) 前掲書(2)、三三七頁。
(4) 前掲書(2)、三三九頁。
(5) 前掲書(2)、一一三頁。
(6) 中谷猛「近代日本における軍制と「国民」の創出」、西川長夫・松宮秀治編『幕末・明治期の国民国家形成と文化変容』新曜社、一九九五年、二四〇—二四二頁。
(7) 由井正臣「明治初期の建軍構想」、由井正臣・藤原彰・吉田裕校注『軍隊　兵士　日本近代思想大系四』岩波書店、一九八九年、四四〇頁。
(8) 前掲書(7)、四四一頁。
(9) 松下芳男『明治軍制史論—明治初年より西南戦争まで—　上巻』有斐閣、一九五六年、二五九頁。
(10) 前掲書(9)、二五八頁。
(11) 吉田裕「「国民皆兵」の理念と徴兵制」、由井正臣・藤原彰・吉田裕校注『軍隊　兵士　日本近代思想大系四』岩波書店、一九八九年、四六五頁。
(12) 前掲書(2)、三四〇頁。
(13) 同前。
(14) 前掲書(2)、三三九頁。
(15) 同前。
(16) 同前。

(17) 前掲書（2）、三三八―三三九頁。また、阪谷はドイツの教育に言及し、「婦女といえども体操、武芸を講じ、国家危急の用に供せしむ（傍点、筆者）」と述べている。阪谷の武芸の用法は日本に限定されていなかった。
(18) 前掲書（2）、三四〇頁。
(19) 前掲書（2）、三四〇―三四一頁。
(20) 前掲書（2）、三四一頁。
(21) 同前。
(22) 前掲書（2）、三三六頁。
(23) 前掲書（2）、三四一頁。
(24) 岸野雄三・竹之下休蔵『近代日本学校体育史』日本図書センター、一九八三年、二二頁。
(25) 木村匡『森先生伝』、金港堂書籍、一八九九年、一三頁。
(26) 前掲書（24）、二二頁。
(27) 園田英弘『西洋化の構造―黒船・武士・国家―』思文閣出版、一九九三年、一三四頁。
(28) 同前。
(29) 前掲書（27）、一三五頁。
(30) 大久保利謙編『森有礼全集　第一巻』宣文堂、一九七二年、一三頁。
(31) 本段落は、吉野作造編『明治文化全集　第四巻』日本評論社、一九二八年、一一〇―一一二頁。
(32) 森有礼「福島県若松小学校において教員村会議員及び日新館員に對する演説」、大久保利謙編『森有礼全集　第一巻』宣文堂、一九七二年、五五一頁。
(33) 森有礼「教育論　身体ノ能力」、大久保利謙編『森有礼全集第一巻』宣文堂、一九七二年。
(34) 兵式体操は歩兵操練などと呼ばれていたが、明治一九（一八八六）年三月の帝国大学令、四月の師範学校令、中学校令、小学校令といった各種学校令において体操科の教材として兵式体操が配当された。これが教育制度上で兵式体操という名称が確立した年代時期とされている（能勢修一『明治期学校体育の研究』不昧堂、一九九五年、二三五―二四〇頁）。
(35) 木村吉次「兵式体操の成立過程に関する一考察」、『中京体育学論叢』第五巻第一号、中京大学、一九六四年、三七―三八頁。
(36) 安東由則「身体訓練（兵式体操）による「国民」の形成―森有礼に注目して―」武庫川女子大紀要、第五〇号、二〇〇二年、九二頁。
(37) 前掲書（33）、三三五頁。
(38) 同前。
(39) 前掲書（33）、三三六頁。
(40) 前掲書（33）、三三八頁。
(41) 同前。
(42) 同前。
(43) 同前。
(44) 前掲書（2）、三四一頁。
(45) 阪谷素「森学士調練ヲ体操ニ組合セ教課ト為ス説ノ後ニ附録ス」、『東京学士会院雑誌』第一編第七冊、東京学士会院。
(46) 前掲書（45）、一三三頁。
(47) 前掲書（45）、一三四頁。
(48) 同前。
(49) 同前。
(50) 前掲書（45）、一三六―一三七頁。

(51) 前掲書（45）、一三五頁。
(52) 同前。
(53) 前掲書（45）、一三六頁。
(54) 同前。
(55) 前掲書（45）、一三七頁。
(56) 菅野覚明『武士道の逆襲』講談社現代新書、二〇〇四年、一三頁。
(57) 前掲書（56）、二七〇—二七一頁。
(58) 著者不明「阪谷素君剣術ヲ主張スルノ説ヲ駁ス」、『教育新誌』第七〇号、汎愛社、一八八〇年、三頁。
(59) 前掲書（58）、二頁。
(60) 前掲書（45）、一三五—一三六頁。
(61) 前掲書（58）、三頁。
(62) 本段落は、兼坂弘道編『銃剣道百年史』全日本銃剣道連盟事務局、二〇〇七年、四四—四八頁。
(63) 前掲書（62）、六七—七二頁。
(64) 先行研究として木村吉次の論文「兵式体操の成立過程に関する一考察」が挙げられる（木村吉次「兵式体操の成立過程に関する一考察」、『中京体育学論叢』第五巻第一号、中京大学、一九六四年）。木村論文は当会議前後の政治状況を踏まえて、当会議が体操科の成立過程においてどのような意義を持つか考察しているが、本書では当会議における「武技」の位置付けがどのように議論されたのかを中心に考察するものである。
(65)「元老院会議二百十七号議案教育令改正案」一八八〇年、渡辺一郎編『史料明治武道史』新人物往来社、一九七一年、七六一頁。
(66) 同前。
(67) 同前。
(68) 前掲書（65）、七六一—七六二頁。
(69) 前掲書（65）、七六二頁。
(70) 同前。
(71) 同前。
(72) 同前。ここで河野が「本院第二七号意見書」と述べているのは、号外第二七号「公立学校に於て兵隊教練の課程を設くる意見書」のことである。これは明治一二（一八七九）年に行われた徴兵令改正案議の際に元老院で学校教練の論議がなされ、そこで提案された意見書である。詳細は次の文献を参照のこと。奥野武志『兵式体操成立史研究—近代日本の学校教育と教練—』早稲田大学出版部、二〇一一年。
(73) 同前。
(74) 前掲書（65）、七六三頁。
(75) 同前。
(76) 同前。
(77) 同前。
(78) 同前。
(79) 前掲書（65）、七六四頁。
(80) 同前。
(81) 同前。
(82) 同前。
(83) 前掲書（65）、七六三頁。
(84) 前掲書（65）、七六四—七六五頁。
(85) 前掲書（65）、七六五頁。
(86) 同前。
(87) 同前。

(88) 前掲書（65）、七七〇頁。
(89) 上沼八郎「伊沢修二と「新設体操」—主として「新設体操着手方按」（草案）について—」『東京女子体育大学紀要』第四巻、東京女子体育大学、一九六九年。
(90) 本段落は、信濃教育会『伊沢修二選集』信濃教育会出版部、一九五八年、一〇六〇—一〇九一頁。
(91) 前掲書（89）、一九九—二〇二頁。前掲書（90）、二二六—二三一頁。なお、本書では、前掲書（89）に依拠した。上沼によれば、前掲書（90）の該当箇所には脱字が見られ、前掲書（89）にて訂正を施していると述べているためである。
(92) 前掲書（89）、一九九頁。
(93) 同前。
(94) 伊澤修二「新設体操法の成績」、『教育雑誌』文部省、一八七九年、二六頁。
(95) 前掲書（93）、二六—二七頁。
(96) ここで「練兵」とはおそらく兵式体操や歩兵操練、縦隊訓練などとよばれる、陸軍の体操法であると考えられる。能勢によれば、当初、体操伝習所は軍隊体操を小中学校の体操法として用いることは不適切であるとの見解を示していたという（前掲書（34）、一〇四—一〇八頁）。そして学校体操には軽体操（普通体操）が適切であるとの判断を下す。したがって、体操伝習所の意向は当初、森の兵式体操論とも相容れないものであった。
(97) 伊澤修二「今日我輩か所謂教育とは何そや」、『大日本教育会雑誌』大日本教育会、第一号、一八八三年、二五—二六頁。
(98) 前掲書（97）、二六頁。
(99) 前掲書（97）、二八—二九頁。
(100) 前掲書（97）、二九頁。
(101) 前掲書（97）、三〇頁。
(102) 同前。
(103) 同前。
(104) 同前。
(105) 前掲書（97）、三一頁。
(106) 同前。
(107) 伊澤修二「今日我輩か所謂教育とは何そや（第一号の続き）」、『大日本教育会雑誌』、大日本教育会、第二号、一八八三年、一九頁。
(108) 永山盛輝「新潟県年報」、一八八〇年。『文部省第七年報』、一八八一年、九五頁。なお、文部省年報は刊行年の二年前までのデータを収録しているため、府県の年報が提出された時期と当年報が発刊された日時には一—二年のタイムラグがある。
(109) 「新潟県年報」、『文部省第八年報』一八八二年、九八頁。ただし、本年報においては「体操鎗剣術等を盛んにし以て管内子弟の気象を濶達剛毅ならしむること是れなり」と、体操と武術の両方を行うことを望んでいる。
(110) 北垣國道「京都府年報」一八八二年、『文部省第九年報』一八八四年、七三頁。
(111) 北垣國道「京都府年報」一八八三年、『文部省第十年報』一八八四年、一三八頁。
(112) 藤村紫朗「山梨県年報」一八八四年、『文部省第十一年報』一八八六年、三二五頁。
(113) 赤司欽一「福島県年報」一八八五年、『文部省第十二年報』一八八七年、二二四頁。
(114) 本段落は寒川恒夫「『柔道一班並二其教育上ノ価値』講演に見

る嘉納治五郎の柔道体系論」、『講道館柔道科学研究会紀要第Ⅶ輯』講道館、一九九四年、五頁を間接引用した。ただし、調査対象たる剣術流派については、「体操傳習所第五報（抄）」一八八四年、渡辺一郎編『史料明治武道史』新人物往来社、一九七一年、七七〇—七七一頁により補った。

(115)「文部省「本邦学校体操科施設沿革略」（抄）」、一八九〇年、渡辺一郎編『史料明治武道史』、新人物往来社、一九七一年、七七二頁。

(116)中村によれば、明治一七（一八八四）年には大日本私立衛生会において、明治二九（一八九六）年には文部省に設置された学校衛生顧問会において、再び撃剣柔術適否調査は行われたが、やはり教材としては適しないことが発表された。ただし、学校衛生顧問会では「遊戯」としてならば行ってもよいとする見解が示された（中村民雄『剣道事典』島津書房、一九九四年、一七七—一八〇頁）。

(117)前掲書（33）、一四二—一五一頁。

第三章　嘉納治五郎と講道館柔道の成立

(1)高木博志「「郷土愛」と「愛国心」をつなぐもの」、歴史科学協議会編『歴史評論』第六五九号、二〇〇五年。

(2)永木耕介『嘉納柔道思想の継承と変容』風間書房、二〇〇八年、四四頁。

(3)著者不明「柔術形体操」、『教育時論』二九六号、一八九三年、三四頁。

(4)Thomas Lindsay, Jigoro Kano (1888), *JIUJUTSU.THE OLD SAMURAI ART OF FIGHTING WITHOUT WEAPONS*, TRANSACTIONS OF THE ASIATIC SOCIETY OF JAPAN, Vol.16, part2, p.192.

(5)『読売新聞』一八八八年五月一五日、三頁。

(6)渡辺一郎『幕末関東剣術英名録の研究』、渡辺書店、一九六七年、一頁。

(7)嘉納治五郎「柔道一班並ニ其ノ教育上ノ価値」、『大日本教育会雑誌』大日本教育会、第八七号、一八八九年、四五六頁。

(8)前掲書（7）、四四六—四四七頁。

(9)前掲書七、四五六頁。

(10)寒川恒夫「「柔道一班並ニ其ノ教育上ノ価値」講演にみる嘉納治五郎の柔道体系論」、『講道館柔道科学研究会紀要』第Ⅶ輯、一九九四年、八頁。

(11)前掲書（7）、四五八頁。

(12)同前。

(13)同前。

(14)前掲書（7）、四五九頁。

(15)同前。

(16)前掲書（7）、四五七頁。

(17)前掲書（7）、四六一—四六二頁。

(18)前掲書（7）、四六二頁。

(19)池田拓人「嘉納治五郎による柔道教材化の試み：「体操の形」を中心に」、『北海道大学大学院教育学研究科紀要』第一〇一号、二〇〇七年、七四—七五頁。

(20)前掲書（10）、八頁。

(21)前掲書（19）、七九頁。

(22)前掲書（7）、四五七頁。

(23)同前。

(24)嘉納治五郎「柔術及び其起原」、『日本文学』第三号、一八八八八年、三〇—三一頁。
(25) 詳しくは、拙稿「幕末における柔術試合の台頭とその実態：天神真楊流・磯道場『他流試合性名控』を手がかりに」、『講道館科学研究会紀要』第一六輯、二〇一七年参照のこと。
(26)『読売新聞』一八八九年五月一六日、二頁。
(27)『読売新聞』一八八九年五月一七日、二頁。
(28) 前掲書（26）、二頁。
(29) 前掲書（7）、四五三頁。
(30) 前掲書（7）、四六四頁。
(31) 前掲書（7）、四四九頁。
(32) 井上俊『武道の誕生』吉川弘文館、二〇〇四年、三八—三九頁。
(33) 前掲書（7）、四六八頁。
(34) 前掲書（7）、四六二頁。
(35) 前掲書（7）、四七〇頁。
(36) 前掲書（7）、四七八頁。
(37) 前掲書（7）、四七〇—四七一頁。
(38) 前掲書（7）、四七一頁。
(39) 前掲書（7）、四七二頁。
(40) 同前。
(41) 同前。
(42) 前掲書（7）、四八〇—四八一頁。
(43) 打越孝明「嘉納治五郎の教育意見について—初等教育を中心にして—」、『皇学館論叢』第二三巻第三号、一九九〇年、八頁。
(44) 天野郁夫『学歴の社会史—教育と日本の近代—』新潮選書、一九九二年、一五九頁。
(45) 前掲書（44）、一五九—一六〇頁。
(46) 嘉納治五郎「講道館柔道講義」、富田常次郎編『国士』第一巻第三号、一八九八年、一六頁。
(47) 前掲書（7）、四七一頁。
(48) 同前。
(49) 前掲書（7）、四七三頁。
(50) 前掲書（7）、四七四—四七五頁。
(51) 鈴木康史「経験・言語・宣伝　思想史からの嘉納治五郎」、『体育思想研究』第一号、一九九七年、二二頁。
(52) 前掲書（7）、四七一頁。
(53) 同前。
(54) 前掲書（7）、四五七頁。
(55) 前掲書（32）、一四頁。
(56) 藤堂良明・村田直樹「直信流柔道について—流名・術理及びその思想—」、『武道学研究』第二二巻第三号、日本武道学会、一九九〇年、九—一五頁。
(57) 山室信一『思想課題としてのアジア』岩波書店、二〇〇一年、一四五—一五四頁。
(58) 寒川恒夫「近代語としての武道の概念形成」、『現代スポーツ評論』第二一号、創文企画、二〇〇九年、四二頁。
(59) 池田拓人・中村民雄「近代における体操科教材史（一）—明治一〇年代の柔術採用論—」、『福島大学教育実践研究紀要』第三七号、一九九九年、九九頁。
(60) 大沢謙二「柔術死活之弁」、『学芸志林』第八七号、一八八四年、三八五頁。
(61) 前掲書（7）、四四七—四四九頁。
(62) 前掲書（44）、一六〇—一六一頁。

(63) 前掲書（46）、一四頁。
(64) 寒川恒夫『日本武道と東洋思想』、平凡社、二〇一四年。

第二部　武道概念の成立
——大日本武徳会の成立と西久保弘道の武道論

第四章　大日本武徳会の成立

(1) 中村民雄『史料近代剣道史』島津書房、一九八五年。「大日本武徳会設立過程の研究―組織の形成と財政基盤について―」、『日本武道学研究　渡邊一郎教授退官記念論集』島津書房、一九八八年。『剣道事典』、島津書房、一九九四年。
(2) 坂上康博「大日本武徳会の成立過程と構造―一八九五～一九〇四年―」、『行政社会論集』第一巻第三・四号、一九八九年。「大正期における大日本武徳会―その政治的・軍事的機能の検討を中心として―」、『体育史研究』第七号、一九九〇年。「国民統合装置としてのスポーツ―一九二八～一九三二年を中心に―」、『歴史学研究』№六二二、一九九一年。「剣道の近代化とその底流―三本勝負を中心に―」、『日本文化の独自性　スポーツ文化論シリーズ⑨』創文企画、一九九八年。『権力装置としてのスポーツ　帝国日本の国家選略』講談社選書メチエ、一九九八年。また、坂上康博『にっぽん野球の系譜学』青弓社、二〇〇一年は武徳会を対象とした文献ではないが、日露戦争後から第一次世界大戦直後までの武術とスポーツの社会的位置づけについて考察された研究である。
(3) 山本礼子『米国対日占領政策と武道教育―大日本武徳会の興亡―』日本図書センター、二〇〇三年。
(4) 坂上康博「大日本武徳会の成立過程と構造―一八九五～一九〇四年―」『行政社会論集』第一巻第三・四号、一九八九年、五九頁。
(5) 前掲書（4）、六五頁。中村民雄『剣道事典』島津書房、一九九四年、一九一頁。なお中村は武徳会設立経緯について、これ以前の明治二五（一八九二）年に京都市会が平安遷都一一〇〇年紀念祭を計画したところに端を発すると述べる。本書では、坂上、中村両者が設立経緯上の重要なポイントとして三者（鳥海、佐々、丹羽）の会談をあげているため、この会談を武徳会設立の起点と考える。
(6) 鳥海弘毅「武徳会創立起原及沿革」、『武徳誌』第一篇三号、一九〇六年、四一頁。
(7) 前掲書（4）、六六頁。
(8) 中村民雄『史料近代剣道史』島津書房、一九八五年、二七頁。
(9) 中村民雄編『大日本武徳会研究資料集成　第一巻』本の友社、二〇〇五年、一四頁。
(10) 前掲書（4）、六六頁。
(11) 前掲書（9）、一四―一五頁。
(12) 前掲書（8）、三五頁。
(13) 前掲書（4）、八〇頁。
(14) 前掲書（4）、八〇―八一頁。
(15) 前掲書（4）、六九頁。また、武徳会は明治三一（一八九八）年に皇太子を迎えた台覧演武会を開き皇族との親密さを社会にアピールし、社会的権威を増していったという。
(16) 前掲書（4）、六八―六九頁。
(17) 本段落は前掲書（4）、七五―七六頁。
(18) 前掲書（4）、七二頁。
(19) 前掲書（9）、一五頁。
(20) 中村民雄「大日本武徳会設立過程の研究―組織の形成と財政

基盤について―」、『日本武道学研究 渡邊一郎教授退官記念論集』島津書房、一九八八年、四一一―四一二頁。
(21) 前掲書(20)、四二二頁。
(22) 本段落は前掲書(4)八二―八四頁。
(23) 寒川恒夫『日本武道と東洋思想』平凡社、二〇一四年、一五六―一五七頁。
(24) 前掲書(8)、一七頁。
(25) 前掲書(8)、四〇頁。
(26) 前掲書(4)、八九頁。
(27) 同前。
(28) 前掲書(4)、九〇頁。
(29) 前掲書(8)、四〇頁。
(30) 同前。
(31) 前掲書(8)、四一頁。
(32) 同前。
(33) 同前。
(34) 同前。
(35) 同前。
(36) 前掲書(8)、四二頁。
(37) 吉野裕『日本の軍隊―兵士たちの近代史―』岩波書店、二〇〇二年、一八三―一八四頁。
(38) 前掲書(37)、一八四頁。
(39) 前掲書(37)、一八三頁。
(40) 明治二一(一八八八)年以降、財部彪や広瀬武夫の尽力によって海軍兵学校で柔道が行われるようになった(武道専門学校剣道同窓会編『大日本武徳会武道専門学校史』渓水社、一九八四年、二一三―二一四頁。嘉納治五郎『嘉納治五郎「私の生涯と柔道」』日本図書センター、一九九七年、六八頁)。ちなみに、陸軍では剣術、海軍では柔道の訓練が重視されており、陸軍と海軍の間で奨励される武術が異なっていたといわれる。
(41) 前掲書(8)、四二頁。
(42) 同前。
(43) 同前。
(44) 同前。
(45) 坂上康博『にっぽん野球の系譜学』青弓社、二〇〇一年、三七―三八頁。
(46) 前掲書(8)、四二頁。
(47) 同前。
(48) 本段落は、前掲書(4)、八九頁。
(49) 前掲書(8)、四三頁。
(50) 同前。
(51) 同前。
(52) 同前。
(53) 同前。
(54) 前掲書(8)、三五頁。
(55)『史料近代剣道史』には大正期の武徳会資料が数多く収められているが、同書中にここで用いた『趣意書』の大正期以降の版が確認されなかったことから「武徳」の内容は明治三九(一九〇六)年以来、特に変更はなかったものと考える。
(56) 前掲書(4)、八六頁。
(57) 前掲書(4)、八七頁。
(58) 前掲書(4)、八八頁。
(59) 吉野耕作『文化ナショナリズムの社会学』名古屋大学出版会、

一九九七年、二六―二七頁。
(60) 前掲書（60）、二五頁。
(61) 前掲書（4）、八八頁。
(62) 前掲書（4）、八九頁。
(63) 菅野覚明『武士道の逆襲』講談社現代新書、二〇〇四年、二五八―二五九頁。
(64) 前掲書（63）、二六一頁。
(65) 前掲書（63）、二七〇頁。
(66)「大日本武徳会趣意書」一九〇六年、渡辺一郎『史料明治武道史』新人物往来社、一九七一年、七四〇頁。
(67) 同前。
(68) エリック・ホブズボウム、テレンス・レンジャー編（前川啓治・梶原景昭他訳）『創られた伝統』紀伊國屋書店、一九九二年、一三頁。
(69) 井上哲次郎「武士道と将来の道徳」『現代大家武士道叢論』博文館、一九〇五年、一一七頁。
(70) 前掲書（69）、一一八頁。
(71) 前掲書（66）、七四〇頁。
(72) 同前。
(73) 同前。
(74) 前掲書（4）、八八頁。
(75) 井上哲次郎「勅語と武士道」、『現代大家武士道叢論』博文館、一九〇五年、一四二頁。
(76) 前掲書（66）、七四〇頁。
(77) 同前。
(78) 明治天皇は度々、済寧館で武術試合を天覧している（『読売新聞』二六一四号、一八八三年一〇月五日。『読売新聞』二六三七号、一八八三年一一月二日。『読売新聞』三三二三号、一八八五年一〇月一一日）。
(79) 鵜沢尚信『陸軍戸山学校略史』長田印刷、一九六九年、九二頁。
(80) 例えば明治四〇（一九〇七）年五月二六日付の『山陰新聞』には、「松江御旅館前庭に於て松平伯代理松平子爵の催しに係かる旧松江藩士の武術を殿下の御慰みに奉りし」として演武内容が記されている（『山陰新聞』六七一〇号、一九〇七年五月二六日）。

第五章　西久保弘道の武道論
(1) 坂上康博「大日本武徳会の政治的機能」、『研究年報』一橋大学、一九八九年、二八頁。
(2) 本段落は、坂上康博「大日本武徳会の地域的展開―日清戦後における熊本・山形・宮城の事例―」、『日本体育学会大会号』一一六号、一九九二年。『河北新報』も当論考からの重引である。
(3) 二宮久「演武服装に關する建議」、『武徳誌』第一篇第二号、武徳誌発行所、一九〇六年、七二頁。
(4) 柳多元次郎「青年ノ演武ニ関スル意見書」、『武徳会誌』第一号、大日本武徳会本部、一九一〇年、七〇頁。
(5) 内藤高治「剣道修業に就ての心得」、『武徳会誌』第九号、大日本武徳会本部、一九一〇年、五八頁。
(6) 楠正位「学剣の要旨」、『武徳会誌』第一一号、大日本武徳会本部、一九一〇年、六三―六七頁。
(7)『京都日出新聞』六八一三号、一九〇六年五月一〇日。
(8) 前掲書（1）。

（9）中村民雄『大日本武徳会研究資料集成　第三巻』本の友社、二〇〇五年、五—六頁。
（10）前掲書（9）五頁。
（11）中村民雄『史料近代剣道史』、島津書房、一九八五年、三六頁。
（12）村上晋編『武徳会誌』第九号、大日本武徳会本部、一九一〇年、一三一頁。
（13）杉本善郎編『武徳誌』第四編第一号、武徳誌発行所、一九〇九年、一頁。
（14）前掲書（13）、三頁。
（15）杉本善郎編『武徳誌』第三編第四号、武徳誌発行所、一九〇九年、六〇—六一頁。
（16）杉本善郎編『武徳誌』第三編第五号、武徳誌発行所、一九〇九年、六一—六三頁。
（17）前掲書（16）、六一頁。
（18）杉本善郎編『武徳誌』第四編第六号、武徳誌発行所、一九〇九年、七三頁。
（19）同前。
（20）杉本善郎編『武徳誌』第四編第一号、武徳誌発行所、一九〇九年、六三頁。
（21）市川阿蘇次郎編『武徳会誌』第一六号、武徳会誌発売所、一九一一年、九七頁。
（22）杉本善郎編『武徳誌』第一編第四号、一九〇六年、五七頁。
（23）前掲書（22）、五七—五八頁。
（24）前掲書（20）、六四頁。
（25）前掲書（21）、九七頁。
（26）前掲書（11）、二二七—二二八頁。
（27）市川阿蘇次郎編『武徳会誌』第一二号、大日本武徳会本部、一九一〇年、七四頁。秋田県教育委員会『秋田県教育史　第二巻』第一法規出版、一九八二年、一六四—一六五頁。
（28）市川阿蘇次郎編『武徳会誌』第一二号、大日本武徳会本部、一九一〇年、七二頁。
（29）本段落は、牛島栄治『西久保弘道の一生』春風館、一九六九年、一四—一五頁。
（30）中村民雄編『大日本武徳会研究資料集成　第二巻』本の友社、二〇〇五年、五一頁。
（31）市川阿蘇次郎編『武徳会誌』第二七号、大日本武徳会本部、一九一二年、八八—八九頁。
（32）西久保については筑波大学の有田祐二が精力的に研究発表を行っている。平成一三（二〇〇一）年の日本武道学会で「近代剣道の理念形成過程について—西久保弘道の武道観・剣道観を中心に—」が発表され、翌年同学会において「近代剣道の理念形成過程における柔道の影響について—西久保弘道と嘉納治五郎—」が、更に平成一九（二〇〇七）年の同学会では「近代における「剣道」への名辞移行の検討」が発表されている。また、寒川恒夫『日本武道と東洋思想』（平凡社、二〇一四年）でも、西久保の武道論が検討されている。
（33）福島県教育会「凡例」、西久保弘道『武道』福島県教育会、一九一二年。なお、本資料は民和スポーツ文庫所蔵（二〇一〇年当時。現在は日本体育大学所蔵）のものを使用した。民和スポーツ文庫運営者である中村民雄氏には多大なご厚意をいただいた。ここに記して感謝の意を表したい。
（34）同前。
（35）地方長官（県知事）は各府県警察部の警察部長を指揮監督する地位にあったことなどから、警察においても発言力をもっていた（大日方純夫『日本近代国家の成立と警察』校倉書房、一九九二年、一五九頁）。
(36) 大日方純夫「統治機構の再編―首都警察機構を中心として―」、鹿野政直・由井正臣編『近代日本の統合と抵抗　三』日本評論社、一九八二年、八〇頁、八四―八五頁。
(37) 前掲書（36）、八五頁。
(38) 前掲書（11）、一八頁。
(39) 本西憲勝編『運動と趣味』第一巻第一号、臺灣體育奬勵会、一九一六年、一頁。
(40) 西久保弘道「武道講話（一）」、『警察協会雑誌』，第一七一号、一九一四年、二〇頁。
(41) 前掲書（40）、二二頁。
(42) 同前。
(43) 前掲書（40）、二三頁。
(44) 西久保弘道「武道講話（二）」、『警察協会雑誌』第一七二号、一九一四年、一八頁。
(45) 西久保弘道『武道』、福島県教育会、一九一二年、一三頁。
(46) 前掲書（44）、二二頁。
(47) 前掲書（45）、二二頁。
(48) 前掲書（44）、一三頁。
(49) 前掲書（44）、一六頁。
(50) 前掲書（44）、一三頁。
(51) 同前。
(52) 同前。
(53) 前掲書（45）、一二頁。
(54) 前掲書（44）、一一頁。
(55) 前掲書（44）、一二頁。
(56) 前掲書（44）、一〇頁。
(57) 前掲書（45）、一三頁。
(58) 前掲書（44）、一一頁。
(59) 西久保弘道「武道講話（三）」、『警察協会雑誌』第一七三号、一九一四年、五頁。
(60) 同前。
(61) 前掲書（59）、六頁。
(62) 同前。
(63) 前掲書（59）、六―七頁。
(64) 前掲書（45）、三七頁。
(65) 前掲書（59）、七頁。
(66) 前掲書（59）、九頁。
(67) 前掲書（59）、七頁。
(68) 同前。
(69) 嘉納治五郎「講道館柔道概説」、小田勝太郎編『柔道』第一巻第二号、柔道会本部事務所、一九一五年、二五―二六頁。
(70) 前掲書（59）、一〇頁。
(71) 前掲書（59）、一一頁。
(72) 同前。
(73) 前掲書（59）、五頁。
(74) 前掲書（45）、四一頁。
(75) 前掲書（59）、一一頁。
(76) 前掲書（59）、一二頁。
(77) 同前。
(78) 前掲書（45）、四二―四三頁。
(79) ノルベルト・エリアス（赤井慧爾・中村元保・吉田正勝訳）『文明化の過程　上』法政大学出版局、一九七七年、一三六頁。

(80) 前掲書（45）、四四頁。
(81) 前掲書（59）、一三頁。
(82) 前掲書（45）、四四頁。
(83) 前掲書（59）、一三頁。
(84) 前掲書（45）、四五頁。
(85) 前掲書（59）、一四頁。
(86) 前掲書（45）、四五―四六頁。
(87) 前掲書（59）、一四頁。
(88) 前掲書（45）、四六頁。
(89) 前掲書（59）、一四頁。
(90) 西久保弘道「武道講話（五）」、『警察協会雑誌』第一七五号、一九一四年、九頁。
(91) ハイカラとは明治三二（一八九九）年頃から流行しだす言葉で、西洋かぶれは生意気だとする意味で用いられた。逆に文明的で清く高い人物を表すこともあったという。西久保は前者の意味で用いている（石井研堂『明治事物起原』橋南堂、一九〇八年、六七―六九頁）。
(92) 前掲書（90）、九頁。
(93) 同前。
(94) 菅野覚明『武士道の逆襲』講談社現代新書、二〇〇四年、二四九頁。
(95) 植手通有、『日本の名著三四　西周　加藤弘之』中央公論社、一九七二年、一二一頁。
(96) 前掲書（95）、一二二頁。
(97) 前掲書（95）、一二一頁。
(98) 同前。
(99) 前掲書（94）、二五四頁。
(100) 前掲書（45）、五九頁。
(101) 前掲書（90）、一〇頁。
(102) 前掲書（90）、一〇―一一頁。
(103) 前掲書（90）、一二頁。
(104) 前掲書（90）、一〇頁。
(105) 前掲書（90）、一三頁。
(106) 前掲書（45）、七二頁。
(107) 西久保弘道「武道講話（七）」、『警察協会雑誌』第一七八号、一九一五年、一五頁。
(108) 前掲書（45）、七〇頁。
(109) 前掲書（107）、一三頁。
(110) 同前。
(111) 西久保弘道「武道講話（六）」、『警察協会雑誌』第一七七号、一九一五年、一七―一八頁。
(112) 同前。
(113) 前掲書（45）、七二頁。
(114) 前掲書（107）、一二頁。
(115) 前掲書（111）、一八頁。
(116) 前掲書（45）、七一頁。
(117) 前掲書（107）、一四頁。
(118) 同前。
(119) 坂上康博『にっぽん野球の系譜学』青弓社、二〇〇一年、一三六―一七一頁。
(120) 『東京朝日新聞』、九〇一六号、一九一一年九月一二日。
(121) 秋田県教育委員会『秋田県教育史　第二巻』第一法規出版、一九八二年、一六六頁。
(122) 中村民雄『剣道事典』島津書房、一九九四年、二一一―二一二頁。
(123) 西久保弘道「剣道を以て世界に雄飛せよ（上）」、本西憲勝編『運動と趣味』第三巻第一号、一九一八年、八頁。
(124) 西久保弘道「剣道を以て世界に雄飛せよ（下）」、本西憲勝編『運動と趣味』第三巻第二号、一九一八年、七頁。
(125) 同前。
(126) 同前。
(127) 同前。
(128) 前掲書（123）、八頁。
(129) 前掲書（124）、七頁。
(130) 同前。
(131) 同前。
(132) 坂上康博「大正期における大日本武徳会―その政治的・軍事的機能の検討を中心として―」、『体育史研究』第七号日本体育学会体育史専門分科会、一九九〇年、四三―四五頁。
(133) 思想善導とは第一次世界大戦期頃に端を発した政府の一連の国民思想対策である。特に昭和三（一九二八）年の三・一五事件を皮切りに、政府主導で左翼的な思想の取り締まりが強化される一方、四月一七日の文部省訓令第五号で「広く青年子弟の思想を善導し国体観念を鞏固ならし」めることを目指した教化運動である（相川仁童編『文部省法令年纂　昭和三年版』大空社、一九九五年、一五頁）。
(134) 寒川恒夫『日本武道と東洋思想』平凡社、二〇一四年、一四六―二八〇頁。
(135) とはいえ『武道講話』以降、西久保が貶めた武術が西久保以外の人々にとっても精神的に無内容な言葉として使用されたかといえば、必ずしもそうではないだろう。西久保にとっても議論の比重は武道概念の確立にあり、西久保の武術に対する考え方はあくまで武道概念が形成される途上で、副産物的に出来上がったものと考えられる。

第六章　大日本武徳会における武道概念の普及活動

(1) 中村民雄『剣道事典』島津書房、一九九四年、一四頁。
(2) 坂上康博「剣道の近代化とその底流―三本勝負を中心に―」、『スポーツ文化論シリーズ⑨　日本文化の独自性』創文企画、一九九八年。
(3)『東京朝日新聞』第一二三四〇号、一九二〇年一〇月二二日、五頁。
(4) 前掲書（2）、一八〇頁。
(5) 本段落は、武道専門学校剣道同窓会『大日本武徳会武道専門学校史』渓水社、一九八四年、六八―一〇七頁。
(6) 中村民雄編『大日本武徳会研究資料集成　第三巻』本の友社、二〇〇五年、二八一―二八二頁。
(7) 中村民雄編『大日本武徳会研究資料集成　第二巻』本の友社、二〇〇五年、一八八頁。
(8) 中村民雄編『大日本武徳会研究資料集成　第四巻』本の友社、二〇〇五年、九一―九二頁。
(9) 前掲書（6）、二八六―二八七頁。
(10) 山口輝臣『明治神宮の出現』吉川弘文館、二〇〇五年、一八八―一八九頁。
(11) 前掲書（10）、一八九頁。
(12) 東京商業会議所「明治神宮鎮座祭東京実業奉祝ニ関スル報告書」、『明治神宮叢書　第十七巻　資料編（一）』国書刊行会、二〇〇六年、二九三―二九四頁。

(13) 前掲書（3）。
(14) 前掲書（10）、八三頁。
(15) 前掲書（10）、一九〇―一九二頁。
(16) 前掲書（10）、一九三頁。
(17) 前掲書（10）、一九二―一九五頁。
(18) 前掲書（10）、八三頁。
(19) 前掲書（10）、一八一頁。
(20) 前掲書（10）、二〇五頁。
(21) 前掲書（3）。
(22) 同前。
(23) 西久保弘道「武道講話（二）」、『警察協会雑誌』第一七二号、一九一四年、一八頁。
(24) 前掲書（7）、二〇九―二一〇頁。
(25) 大日本武徳会本部「明治神宮鎮座祭奉納演武記事」一九二〇年、中村民雄編『大日本武徳会研究資料集成　第五巻』本の友社、二〇〇五年、四四二頁。
(26) 同前。
(27) 前掲書（25）、四四三頁。
(28) 前掲書（7）、二一〇頁。
(29) 前掲書（7）、二〇八頁。
(30) 前掲書（25）、四四三頁。
(31) 前掲書（25）、四四二頁。
(32) 前掲書（25）、四五八頁、四六一頁。
(33) 『東京朝日新聞』第一二三五二号、一九二〇年一一月三日。
(34) 前掲書（33）。
(35) 前掲書（25）、四六二頁。
(36) 前掲書（25）、四四三頁。
(37) 前掲書（25）、四五一頁。
(38) 前掲書（7）、二二一頁。精錬証は武徳会が初めて定めた武術家の称号であり、一八九五年の『大日本武徳会規則』の第二三条「武勲の顕著なる者には評議員会（後の常議員会：筆者注）の議決を経て顕勲章を贈与する事あるへし」（中村民雄『史料近代剣道史』島津書房、三〇頁）に基づいて授与が行われたことに始まる。これは古武芸や剣術、柔術の区別なく与えられた勲章であった。また、明治三五（一九〇二）年に制定された『武術家優遇例』では、範士、教士といった称号が新たに設けられた。
(39) 中村民雄『史料近代剣道史』島津書房、三三九頁。
(40) 前掲書（39）、四三頁。
(41) 前掲書（25）、四六三頁。
(42) 吉見俊哉『メディア文化論』、有斐閣、二〇〇四年、六頁。
(43) 前掲書（25）、四五一頁。
(44) 前掲書（25）、四四八頁。
(45) 同前。
(46) 同前。
(47) 『東京日日新聞』第一五八二九号、一九二〇年一〇月三一日。
(48) 同前。
(49) 『東京日日新聞』第一五八三一号、一九二〇年一一月二日。
(50) 同前。
(51) 『東京日日新聞』第一五八三二号、一九二〇年一一月三日。
(52) 同前。
(53) 前掲書（33）。
(54) 『都新聞』第一一七八六号、一九二〇年一〇月三一日。
(55) 『都新聞』第一一七八九号、一九二〇年一一月三日。

(56) 前掲書（7）、二三九頁。
(57) 前掲書（7）、二七九頁。
(58) 前掲書（6）、三二六頁。
(59) 前掲書（8）。
(60) 前掲書（8）、二二七頁。
(61) 同前。
(62) 前掲書（8）、六頁。
(63) 前掲書（8）、二四一頁。
(64) ただし、台湾支部では大正四（一九一五）年以降に台北体育倶楽部の経営状況の悪化から馬術部を継承している。
(65) 前掲書（8）、二三七頁。
(66) 前掲書（7）、四八―四九頁。
(67) 前掲書（6）、五四―五五頁。
(68) 前掲書（7）、一七二頁。
(69) 前掲書（7）、一七四頁。
(70) 前掲書（7）、一九〇頁。
(71) 前掲書（7）、二一六頁。
(72) 前掲書（8）、二四二頁。
(73) 同前。
(74) 同前。
(75) 前掲書（8）、二四三頁。
(76) 前掲書（8）、二四五頁。
(77) 同前。
(78) 前掲書（7）、二二四頁。
(79) 前掲書（7）、二二四―二二五頁。
(80) 前掲書（6）、三三五頁。
(81) 前掲書（6）、三三五―三三六頁。
(82) 兼坂弘道編『銃剣道百年史』、全日本銃剣道連盟事務局、二〇〇七年、一〇六―一〇七頁。
(83) 前掲書（82）、一〇七頁。
(84) 同前。
(85) 前掲書（82）、一〇七頁。
(86) 前掲書（6）、三四六頁。
(87) 前掲書（6）、四〇五頁。
(88) 前掲書（6）、三四六頁、四〇五頁。
(89) 平岡勇三『昭和十二年武道範士教士練士名鑑』大日本武徳会本部雑誌部、一九三七年、二五八―二六八頁。
(90) 前掲書（8）、三三二―三三三頁。
(91) 前掲書（6）、四五六頁。
(92) 前掲書（8）、三三四―三三七頁。
(93) 鈴木荘六「弓道要則」前掲書（25）、四六六―四七一頁。
(94) 村川清「弓道要則詳解」前掲書（25）、四七三―五一七頁。

第三部　〈武道のスポーツ化〉問題の出現
――戦間期における武道の大衆化

第七章　〈武道のスポーツ化〉問題の出現

(1) 中村隆英『昭和経済史』岩波現代文庫、二〇〇七年、四頁。
(2) 伊藤彰浩『戦間期日本の高等教育』玉川大学出版、一九九九年、九頁。
(3) 天野郁夫『学歴の社会史―教育と日本の近代―』新潮選書、一九九二年、一六一頁。
(4) 天野郁夫『大学の誕生（下）』中央公論新社、二〇〇九年、七頁。
(5) 前掲書（4）、三八―四二頁。

(6) 川田稔『原敬と山県有朋』中公新書、一九九八年、一五八—一五九頁。
(7) 新中間層の成立過程については、浜口晴彦「新中間階級の発生と展開」、早稲田大学社会科学研究所プレ・ファシズム研究部会編『日本のファシズム—形成期の研究—』早稲田大学出版部、一九七〇年、二五七—三一七頁が統計資料を駆使して詳細に分析している。新中間層とは、商工業、公務員、自由業において俸給によって衣食する人々及びその予備軍としての中等・高等教育機関に所属する学生を指し示す概念である。
(8) 安田浩「総論」、坂野潤治・宮地正人・高村直助・安田浩・渡辺治編『日本近現代史3　現代社会への転形』岩波書店、一九九三年、三頁。
(9) 入江克己『昭和スポーツ史論—明治神宮競技大会と国民精神総動員運動—』不昧堂、一九九一年、四二頁。
(10) 津金澤聰廣「大阪毎日新聞社の「事業活動」と地域生活・文化—本山彦一の時代を中心に—」、津金澤聰廣編『近代日本のメディア・イベント』同文舘、一九九六年、二四三頁。
(11) 石津秀實「各部大会優勝旗」、『以文会誌』第六号、一九一二年、五六—五八頁。
(12) 拙稿「四帝大大会成立過程における『柔道のスポーツ化』論の出現とその歴史的意味：一九一八—一九二八年における学生柔道と講道館の関係に着目して」、『体育学研究』第五九巻第二号、二〇一四年、七二一—七四四頁。
(13) 庄子宗光『剣道百年』時事通信社、一九七〇年、一四五—一四八頁。
(14) 鈴木楓太「戦時期のスポーツとジェンダー—文部省の「重点主義」政策の検討を中心に—」、『一橋大学スポーツ研究』第三一号、二〇一二年、四八頁。
(15) 渡辺融「明治期の中学校におけるスポーツ活動」、『東京大学教養学部体育学紀要』第一二号、一九七八年、七頁。
(16) 前掲書（15）、八頁。ただし、渡辺論文において陸上競技にあたるのは「競走」、水上競技にあたるのは「水泳」と筆者の方で判断した。
(17) 安原清太郎編『青年』第九巻第七号、日本青年館、一九二四年、一四八頁。
(18) 高津勝「民衆スポーツ史の可能性：伝統と近代を問う」、定本朋子編『体育学研究』第五五巻第二号、日本体育学会、二〇一〇年、三一三—三三一頁。
(19) 吉本陽亮『近代日本における民衆武道についての一考察—青年団における武道実践の萌芽とその変容』天理大学大学院体育学研究科提出修士論文、二〇一七年。
(20) 前掲書（17）、一四八頁。
(21) 同前。
(22) 林芳典編『昭和思想史への証言　改訂新版』毎日新聞社、一九七二年、九頁。
(23) 前掲書（9）、四七頁。
(24) 阿部生雄「辞書に見る〝スポーツ〟概念の日本的受容」、中村敏雄編『外来スポーツの理解と普及　スポーツ文化論シリーズ⑤』創文企画、一九九五年、四四頁。
(25) 前掲書（24）、五四頁。
(26) 吉見俊哉「メディア・イベント概念の諸相」、津金澤聰廣編『近代日本のメディア・イベント』同文舘、一九九六年、四—五頁。
(27) 前掲書（9）、四七頁。

(28) 中村三春「モダニズム文芸とスポーツ―「日独対抗競技」の文化史的コンテクスト―」、『山形大学紀要（人文科学）』第一二巻第二号、一九九一年、五六頁。
(29) 前掲書（28）、七〇―七一頁。
(30) 桜庭武『柔道史攷』目黒書店、一九三五年、一九一頁。
(31) 坂上康博「大正期における大日本武徳会―その政治的・軍事的機能の検討を中心として―」、『体育史研究』第七号、一九九〇年、四一―四五頁。
(32) なお大会名は第一回と第二回が明治神宮競技大会で、第三回から第九回までが明治神宮体育大会、第一〇回からは明治神宮国民体育大会、そして昭和一七年の第一三回大会以後は、明治神宮国民練成大会に変更されている（前掲書（9）、三頁）。本書では全大会の総称として明治神宮競技大会と呼ぶ。
(33) 第二回大会を事例にみれば水上競技、アソシエーション・フットボール（サッカー）、ラグビー・フットボール、ホッケー、バレーボール、バスケットボール、陸上競技、青年団競技、柔道、剣道、弓道、相撲、野球、庭球（テニス）、端艇（ボート）、馬術、射撃、マス・ゲームといった種目が行われている（内務省衛生局「目次」、『第二回明治神宮競技大会報告書』金洪舎川崎工場、一九二六年、一―二頁）。
(34) 坂上康博『権力装置としてのスポーツ　帝国日本の国家戦略』講談社選書メチエ、一九九八年、一〇八頁。
(35) 中村民雄編『大日本武徳会研究資料集成　第三巻』本の友社、二〇〇五年、四〇九―四一〇頁。
(36) 佐藤卯吉「明治神宮競技大会に武徳会の不参加に就て古き衣を脱ぎすてよ」、『アサヒ・スポーツ』第三巻第二二号、東京朝日新聞社、一九二五年、二五頁。
(37) 同前。
(38) 同前。
(39) 同前。
(40) 同前。
(41) 同前。
(42) 同前。
(43) 同前。
(44) 内務省衛生局『第二回明治神宮競技大会報告書』金洪舎川崎工場、一九二六年、一四〇―一四一頁。
(45) 前掲書（34）、六四頁。
(46) 前掲書（34）、七八頁。
(47) 同前。
(48) 前掲書（34）、七七―七八頁。
(49) 前掲書（35）、四三五頁。
(50) 中村民雄編『大日本武徳会研究資料集成　第二巻』本の友社、二〇〇五年、二九二頁。

第八章　剣道・柔道・弓道における〈スポーツ化〉問題の展開

(1) 文部省官房体育課『自大正十三年度至昭和十四年度体育運動主事会議要録』不二印刷、一九四〇年、七九頁（木下秀明監修『社会体育スポーツ基本史料集成』第一九巻、大空社、一九九三年の復刻版を使用した）。
(2) 前掲書（1）、八〇頁。
(3) 本段落は、坂上康博『権力装置としてのスポーツ　帝国日本の国家戦略』講談社選書メチエ、一九九八年、一〇一頁。
(4) 井上俊『武道の誕生』吉川弘文館、二〇〇四年、一四三―一四四頁。

(5) 前掲書（3）、一〇四―一〇五頁。
(6) 相川仁童編『文部省法令年纂　昭和六年版　上』大空社、一九九四年、四頁。
(7) 前掲書（3）、一〇五頁。
(8) 産業労働調査所編『無産者政治必携』同人社、一九二八年、四三二―四三三頁。産業労働調査所とは大正一三（一九二四）年に労働運動への合理的資料の提供を目的とした設立された調査研究機関であり、共産党関係者を主体としたマルクス主義的であったといわれる（浅尾直弘・宇野俊一・田中琢編『新版　日本史辞典』角川書店、一九九六年、四五一頁）。
(9) 有段者数については、坂上康博「武道界の戦時体制化」、『幻の東京オリンピックとその時代　戦時期のスポーツ・都市・身体』青弓社、二〇〇九年、二四五頁、二四八頁。講道館の入門者数については前掲書（4）、一五〇―一五一頁などを参照。
(10) 寒川恒夫『日本武道と東洋思想』平凡社、二〇一四年、二六五頁。
(11) 武道専門学校剣道同窓会編『大日本武徳会武道専門学校史』渓水社、一九八四年、一五六頁。
(12) 野間清治『昭和天覧試合』大日本雄弁会講談社、一九三〇年、四一一頁。
(13) 前掲書（12）、四〇七―四〇八頁。
(14) 前掲書（12）、四〇八頁。
(15) 同前。
(16) 赤木敦「剣道界」、大道弘雄編『運動年鑑』朝日新聞社、一九三二年、二八九頁。
(17) 以下、本節における武徳会の剣道及び柔道の出自については、坂上康博「一九三〇年における剣道家の実態分析―剣道の近代史再考―」スポーツ史学会第一六回大会報告資料、二〇〇二年に拠った。
(18) 天野郁夫『学歴の社会史―教育と日本の近代―』新潮選書、一九九二年、一六〇頁。
(19) 大野久磨夫「方法で生かし精神に生く」、東口眞平編『アサヒ・スポーツ』第六巻第一号、朝日新聞社、一九二八年、一九頁。
(20) 前掲書（11）、一四四―一四九頁。
(21) 坂上康博「剣道の近代化とその底流―三本勝負を中心に―」、中村敏雄編『日本文化の独自性　スポーツ文化論シリーズ⑨』創文企画、一九九八年、一八二頁。
(22) 本段落の以上の内容は前掲書（11）、五七頁。なお年代以外のカッコ（　）書きの注釈は、庄子宗光『剣道五十年』時事通信社、一九五六年、一六〇―一六二頁に拠った。
(23) 戦間期に用いられる「民衆」という概念には、「新たに登場してきた無産的知識階層＝中間階級を中核とする階層概念として、人びとの口にのぼり、ジャーナリズムが日常用語化して、使われた」といわれる。山本明は「民衆」とは本書が述べるところの大衆と同義であったと主張している。（山本明「社会生活の変化と大衆文化」、臼井勝美・水沼知一・松尾尊兊・中村政則・岡本宏・中塚明・生松敬三・山本明『岩波講座　日本歴史一九　近代六』岩波書店、一九八一年、三〇五頁）。
(24) 前掲書（11）、六一頁。
(25) 成田龍一『増補　〈歴史〉はいかに語られるか　一九三〇年代「国民の物語」批判』ちくま学芸文庫、二〇一〇年、一六一―一七頁。

(26) 長谷川如是閑「流行としての映画とスポーツ」、牧野武夫編『中央公論』新年特輯号、中央公論社、一九三二年。
(27) 前掲書（26）、一一五頁。
(28) 前掲書（26）、一一九頁。
(29) 前掲書（26）、一一八頁。
(30) 前掲書（26）、一一九頁。
(31) 同前。
(32) 嘉納治五郎「第三回柔道聯合勝負の前後に於ける講話」、富田常次郎編、『国士』第九号、造士会、一八九九年、五九―六〇頁。
(33) 吉見俊哉「ネーションの儀礼としての運動会」、吉見俊哉編『運動会と日本近代』青弓社、一九九九年、三五頁。
(34) 嘉納治五郎「見世物体育」、『帝国教育』三三二号、帝国教育会、一九一〇年、九四頁。
(35) 同前。
(36) 同前。
(37) 嘉納治五郎「本邦運動競技の国際間に於ける位置」、『柔道』第三巻第五号、一九一七年、五―六頁。
(38) 嘉納治五郎「柔道より見たる極東選手権競技大会」、『柔道』第三巻第六号、一九一七年、六頁。
(39) A記者「中央講道館有段者会の記」、野村寛一編『柔道』第二巻第八号、講道館文化会、一九二三年、四七頁。
(40) 前掲書（39）、四七―四八頁。
(41) 野村寛一編『講道館師範嘉納治五郎講述　攻防式国民体育』講道館文化会、一九二八年、一三―二〇頁。
(42) 前掲書（39）、四八頁。
(43) 同前。
(44) 同前。
(45) 前掲書（12）、四四三―四四四頁。
(46) 嘉納治五郎「柔道と競技運動」、野村寛一編『作興』第八巻第一一号、講道館文化会、一九二九年、三―四頁。
(47) 前掲書（46）、四頁。
(48) 同前。
(49) 同前。
(50) 前掲書（46）、五頁。
(51) 前掲書（46）、三頁。
(52) 前掲書（46）、二―五頁。
(53) 前掲書（4）、一四四―一四六頁。
(54) 前掲書（4）、一四八―一四九頁。
(55) 前掲書（4）、一四九頁。
(56) 野村寛一「講道館審判規程の改正」、『作興』第三巻第七号、一九二四年、八六―八七頁。
(57) 野村寛一編『柔道年鑑（大正十四年）』講道館文化会、一九二五年、三四頁。
(58) 嘉納治五郎「講道館柔道修行者の進級昇段の方針を述べて東京仙台両高等学校柔道試合に関する世評に及ぶ」、『柔道』第四巻第六号、一九一八年、七―八頁。
(59) 拙稿「四帝大大会成立過程における「柔道のスポーツ化」論の出現とその歴史的意味：一九一八―一九二八年における学生柔道と講道館の関係に着目して」、『体育学研究』第五九巻第一号、二〇一四年を参照のこと。
(60) 前掲書（57）、五七頁。
(61) 二本先取という意味。場合によっては三本目までいくこともあったという。老松信一『柔道百年』時事通信社、一九七六年、七五―七八頁。
(62) 嘉納治五郎「講道館柔道乱捕審判規程」、『柔道』第四巻第一号、一九一八年、九七頁。
(63) 村上邦夫「審判法の研究」、『有効の活動』第七巻第一号、一九二一年、二八頁。
(64) 佐々木吉備三郎「柔道審判規定に就いて講堂館規定を弾ず」、『帝国大学新聞』第一八〇号、一九二六年、四頁。
(65) 同前。
(66) 同前。
(67) 同前。
(68) 同前。
(69) 同前。
(70) 丸山三造『大日本柔道史』講道館、一九三九年、八二五頁。
(71) 詳しくは、前掲書（59）を参照のこと。
(72) ただし同じ学生柔道でも、大正一二（一九二三）年三月に発足した東京学生柔道連合会は講道館の意志に従い、改正審判規定を基にした東京学生柔道連合会柔道対抗試合審判規定を制定している（高廣三郎『東京学生柔道史』大日本印刷、一九四〇年、九―一三頁）。
(73) 成田成壽「外から観た柔道」、野村寛一編『柔道』第二巻第七号、講道館文化会、一九三一年、二〇頁。
(74) 前掲書（73）、二〇―二一頁。
(75) 前掲書（73）、二一頁。
(76) 前掲書（73）、二二頁。
(77) 同前。
(78) 同前。
(79) 前掲書（73）、二三頁。
(80) 嘉納治五郎「帰一斎漫話」、野村寛一編『柔道』第一巻第八号、講道館文化会、一九三〇年、九頁。
(81) 嘉納治五郎「愈々近づいた全日本選士権大会」、野村寛一編『柔道』第一巻第八号、講道館文化会、一九三〇年、二頁。
(82) 本段落は、前掲書（4）、一四四―一四六頁。
(83) 尾形源治「専門成年前期優勝選士の感想」、野村寛一編『柔道』第二巻第一号、講道館文化会、一九三一年、一五頁。
(84) 磯貝一・永岡秀一・飯塚国三郎・三船久蔵・佐村嘉一郎・飯塚茂・植村睦男・香月保「全日本選士権大会座談会　下」、東口眞平編『アサヒ・スポーツ』第八巻第二七号、朝日新聞社、一九三〇年、一一頁。
(85) 野村寛一編『柔道』第一巻第一号、講道館文化会、一九三〇年、三七頁。
(86) 体育研究所は大正一三（一九二四）年一一月に始動した文部省管轄の組織であり、「世界列強中最も不良なる状態に在る我が国民の体位を向上し、其の心身の平均能率を高め、其の元気を振作する為、国民体育を根本に研究し其の改善を図るは、一時も忽にすべからざる問題」という認識から大正五（一九一六）年に文部省が計画し、大正一三（一九二四）年に「東京市渋谷区代々木西原町」に「体操研究室」（男女浴室、更衣室、器具室など）とその付属館が設立された。昭和五（一九三〇）年七月一八日に体育研究所の処務規程が制定されるが、その規程中、第二章第六条には「武道に関する調査研究及指導教授」が所務の一つとして掲げられている。『柔道』で取り上げられた指針草案は体育研究所の所務にある「調査研究」や「指導教授」のことと考えられる（体育研究所『体育研究所概要』秀工社、一九三五年）。

(87) 野村寛一編『柔道』第三巻第三号、講道館文化会、一九三二年、七頁。
(88) 中村哲也『学生野球憲章とはなにか　自治から見る日本野球史』青弓社、二〇一〇年、四〇―四二頁。
(89) 深澤生「早慶弓道競技」、東口眞平編『アサヒ・スポーツ』第七巻第一二号、朝日新聞社、一九二九年、二七頁。
(90) 深澤甲子男「早慶弓道対抗試合　附＝日本学生連盟の成立」、東口眞平編『アサヒ・スポーツ』第八巻第一三号、一九三〇年、一四頁。
(91) 同前。
(92) 同前。
(93) 同前。
(94) 入江康平「「弓道要則」の普及に関する研究」、東京教育大学体育学部編『東京教育大学体育学部紀要』第一五巻、東京教育大学体育学部、一九七六年、六二頁。なお、日本学生弓道連盟加盟校における『弓道要則』実施の割合については、入江論文に提示された「流派系統分布」の表より割り出した。
(95) 橋本元二郎「学生弓道に就て」、平岡勇三編『武徳』第八七号、大日本武徳会本部、一九三九年、三頁。
(96) 村上禿童生「武道の進展」、岩野謹助編『武道公論』第一巻第三号、大日本清風会、一九四〇年、四二頁。

第四部　〈武道のスポーツ化〉問題への対応　その①
――藤生安太郎と武道の国策化

第九章　〈武道のスポーツ化〉批判
――藤生安太郎による講道館批判

(1) 野村寛一代表『柔道年鑑（昭和十二年）』講道館、一九三六年、三七頁。
(2) 野村寛一代表『柔道年鑑（大正十四年）』講道館文化会、一九二五年、二八頁。『東京朝日新聞』一六四五三号、一九三二年二月一七日、前掲書（1）、一〇三―一〇四頁。藤生安太郎「嘉納先生と私」、小森田一記編『中央公論』五月号、中央公論社、一九三八年。小橋一太「序」、藤生安太郎『四股をふんで国策へ』大日本清風会創立事務所、一九三八年、三―四頁。衆議院参議院編『議会制度百年史　衆議院議員名鑑』大蔵省印刷、一九九〇年、五五三頁を参照した。
(3) 『時事新報』一七九〇一号、一九三三年四月六日。
(4) 同前。
(5) 同前。
(6) 同前。
(7) 同前。
(8) 同前。
(9) 同前。
(10) 『時事新報』一七九〇三号、一九三三年四月八日。
(11) 同前。
(12) 同前。
(13) 『時事新報』一七九一四号、一九三三年四月一九日。
(14) 野村寛一編『柔道』第四巻第五号、講道館文化会、一九三三年、一二頁。
(15) 同前。
(16) 同前。
(17) 同前。
(18) 前掲書（14）、一七頁。
(19) 早艮猪一郎「柔道界の革新を促す講〇館の指導原理を排撃せ

よ」、康啓楷『昭和柔道史』康特許法律著述出版事務所、一九三九年、一三〇頁（本論考は一九三八年四月二二日発行の『大極』からの再録である）。

(20) 鵜澤「昭和八年度中央柔道有段者会定期会合並に夏季講習会記事」、野村寛一編『柔道』第四巻第九号、講道館文化会、一九三三年、二七頁。

(21) 三澤「昭和十年度中央柔道有段者会定期会合」、野村寛一編『柔道』第六巻第九号、一九三五年、一五頁。

(22) 杉村嘉久治編『昭和拾年運動年鑑』静岡県体育協会、一九三五年、五九—六〇頁。

(23) 前掲書（21）。

(24) 吉本陽亮『近代日本における民衆武道についての一考察—青年団における武道実践の萌芽とその変容—』天理大学大学院体育学研究科提出修士論文、二〇一七年、三五—三八頁。

(25) 前掲書（24）、六三頁。

(26) 前掲書（21）。

(27) 同前。

(28) 中村民雄「武道場と神棚（二）」、『福島大学教育学部論集』第四二号、一九八七年、九頁。

(29) 中村民雄「武道場と神棚（一）」、『福島大学教育学部論集』第三九号、一九八六年、三九—四〇頁。

(30) 前掲書（29）、四三頁。

(31) 前掲書（29）、四四頁。

(32) 前掲書（28）、八頁。

(33) 前掲書（29）、四六頁。

(34) 前掲書（28）、七頁。

(35) 文部省官房体育課『自大正十三年度至昭和十四年度体育運動主事会議要録』不二印刷、一九四〇年、二〇六頁。

(36) 前掲書（29）、四七頁。

(37) 前掲書（28）、七頁。

(38) 嘉納治五郎「口絵」、小野勝太郎編『柔道』第八巻第三号、講道館文化会、一九三七年。

(39) 同前。

(40) 高田直人「神社を中心として全国武道化を計れ」、長島孝有編『武徳』第一一五号、大日本武徳会本部、一九四一年。なお、昭和七—一六（一九三二—一九四一）年に発行された武徳会機関誌『武徳』については全日本剣道連盟が所蔵している。本書で用いる『武徳』は全て全日本剣道連盟所蔵のものである。全日本剣道連盟の皆様には多大なるご協力をうけ賜った。ここに記して感謝の意を表したい。

(41) 前掲書（19）、一三〇頁。

(42) 同前。

(43) ただし講道館における段位剥奪については前例がある。大正一一（一九二二）年三月五日靖国神社でレスラーのアド・サンテルと「興行と見做さるる方法に於て」試合を行ったとして、七人の二段から四段の柔道家が「有段者として待遇せざるものとす」として講道館から段位剥奪の処分を受けている。それでも稲葉らの破門については異例の事態であった（嘉納治五郎「サンテル事件の結末」、小田勝太郎編『有効乃活動』第七巻第五号、柔道会本部、一九二〇年、二一—三頁）。

(44) 『読売新聞』二一八七七号、一九三七年一二月二六日。

(45) 同前。

(46) 同前。

(47) 同前。

(48) 同前。
(49) 康啓楷『昭和柔道史』康特許法律著述出版事務所、一九三九年。
(50) 前掲書（49）、三頁。
(51) 前掲書（49）、九頁。
(52) 同前。
(53) 前掲書（49）、一〇頁。
(54) 前掲書（49）、一三頁。
(55) 同前。
(56) 同前。
(57) 同前。
(58) 前掲書（49）、一四頁。
(59) 同前。
(60) 同前。
(61) 前掲書（49）、二八―二九頁。本文では「〇貝一」、「〇田昇太郎」、「栗民雄」、「村上七段」「川〇正之」など伏せ字、脱字、略称などがあるが、稲葉と会見した人物は概ね磯貝一、田畑昇太郎、栗原民雄、村上邦夫、川勝正之であることがわかる。
(62) 前掲書（49）、四五頁。
(63) 前掲書（49）、五五頁。ただし、神棚については昭和一二（一九三七）一月一〇日に講道館の道場内に設置しているため（前掲書（28）、七―八頁）、稲葉の指摘は誤っている。また中村は嘉納が神棚を設置した要因に稲葉らの圧力を挙げているが、実際に稲葉が自身の会を結成し、講道館退会を表明したのは講道館内に神棚が設置された後のことなので、この点は時系列的にみて誤った指摘である。
(64) 同前。
(65) 同前。
(66) 同前。
(67) 同前。
(68) 同前。
(69) 前掲書（44）。
(70) 同前。
(71) 藤生安太郎『四股をふんで国策へ』大日本清風会創立事務所、一九三八年、一七四頁。
(72) 同前。
(73) 前掲書（71）、一九二頁。
(74) 前掲書（71）、一八四頁。
(75) 同前。
(76) 同前。
(77) 前掲書（71）、一九六頁。
(78) 前掲書（71）、一八五頁。
(79) 前掲書（71）、一九二頁。
(80) 前掲書（71）、一九三頁。
(81) 前掲書（71）、一九四頁。
(82) 同前。
(83) 同前。
(84) 前掲書（71）、一九五頁。
(85) 同前。
(86) 前掲書（71）、一九六頁。
(87) 前掲書（71）、一九七頁。
(88) 前掲書（71）、一九八頁。
(89) 同前。
(90) 工藤雷介によれば、稲葉は後に自称一〇段、一一段と名乗り、接骨師の段位まで発行していたという。また戦後は、大日本武徳会を名乗って自ら家元になろうとしていたといわれる（工藤雷介「まえがき」、『秘録日本柔道』東京スポーツ新聞社、一九七二年）。
(91) 前掲書（71）、一九七―一九八頁。
(92)『読売新聞』二一九二二号、一九三八年二月一〇日。
(93) 同前。
(94) 同前。
(95) 同前。
(96) 同前。
(97) 同前。
(98) 同前。
(99) 藤生安太郎『武教を提げて政府と国民の覚醒を促す』一戦社、一九三八年。
(100) 前掲書（71）、六頁。
(101) 前掲書（71）、二二四頁。
(102) 前掲書（92）。
(103) 藤生安太郎『武道としての相撲と国策』大日本清風会創立事務所、一九三九年、一七頁。
(104) 前掲書（71）、一八七頁。
(105) 同前。
(106) 同前。
(107) 同前。
(108) 同前。
(109) 同前。
(110) 島村武志『武徳会革新論（附）武道家に告ぐ』国立国会図書館所蔵、一九四〇年、三七頁。
(111) 前掲書（71）、一八八頁。
(112) 前掲書（71）、二〇二頁。
(113) 同前。
(114) 同前。
(115) 前掲書（71）、二〇四頁。
(116) 前掲書（71）、一九一頁。
(117) 前掲書（71）、一九二頁。
(118) 前掲書（71）、一九一頁。
(119) 前掲書（71）、一九二頁。
(120) 前掲書（71）、一八六頁。
(121) 前掲書（71）、一九一頁。
(122) 同前。
(123) 竹内洋『丸山眞男の時代　大学・知識人・ジャーナリズム』中央公論新社、二〇〇五年、四四―四八頁。
(124) 本書では、吉野耕作の定義に従っている。吉野は、文化ナショナリズムを「ネーションの文化的アイデンティティが欠如していたり、不安定であったり、脅威にさらされている時に、その創造、維持、強化を通してナショナルな共同体の再生をめざす活動」（吉野耕作『文化ナショナリズムの社会学』名古屋大学出版会、一九九七年、一一頁）と定義している。
(125) 嘉納治五郎「講道館柔道概説」、小田勝太郎編『柔道』第一巻第二号、柔道会本部事務所、一九一五年、二六頁。
(126) 嘉納治五郎「講道館柔道概説」、小田勝太郎編『柔道』第一巻第二号、柔道会本部事務所、一九一五年、二六―二七頁。
(127) 嘉納治五郎「武道篇　柔道」、武井文夫『新日本史　第四巻』万朝報社、一九二六年、六五三頁。
(128) 同前。

(129) 前掲書（127）、六五三―六五四頁。
(130) 前掲書（127）、六五四頁。
(131) 井上俊『武道の誕生』吉川弘文館、二〇〇四年、一一〇―一一一頁。
(132) 嘉納治五郎「大正十一年を迎へて会員諸子に告ぐ」、小田勝太郎編『有効乃活動』第八巻第一号、柔道会本部、一九二二年、六頁。
(133) 嘉納治五郎「男女の中等学校年齢の生徒に望む」、野村寛一編『柔道』第一巻第九号、講道館文化会、一九二二年。
(134)『朝日新聞』一二八六五号、一九二二年三月三一日。
(135) 嘉納治五郎「本誌発行の趣旨」、野村寛一編『大勢』第一巻第一号、講道館文化会、一九二二年、六頁。
(136) 永木は、嘉納は明治二二（一八八九年）の『柔道一班』講演において「自他の関係をみるべし」という発言に注目し、それは「自他の関係の理論は、商業、政治、教育などあらゆる場面で応用できる」という趣旨であったとし、これを自他共栄の萌芽形態とみている（永木耕介『嘉納柔道思想の継承と変容』風間書房、二〇〇八年、一二〇頁）。永木もまた、そうした「自他の関係の理論」が嘉納のＩＯＣ委員としての活動や第一次世界大戦後の世界情勢を嘉納が憂慮した結果として国際的展望をもった自他共栄という理念に結実したと指摘をしている（同書、一二四―一三〇頁）。
(137) 前掲書（133）、三頁。
(138) 同前。
(139) 前掲書（133）、四頁。
(140) 同前。
(141) 小野勝敏訳「嘉納治五郎による二編の柔道講演［二］「柔道の教育への貢献」［三］「柔道の原理とその人間活動のすべての面への応用」」、岐阜経済大学論集、第四二巻第一号、二〇〇八年、一三頁。
(142) 嘉納治五郎「広く柔道の修行者に告ぐ」、『柔道』第八巻第八号、講道館文化会、一九三七年、二―四頁。
(143) 前掲書（142）、四―五頁。
(144) 前掲書（142）、五頁。
(145) 同前。
(146) 前掲書（71）、一九九頁。
(147) 前掲書（71）、二一二頁。
(148) 前掲書（71）、二〇〇頁。
(149) 同前。
(150) 前掲書（71）、二一三頁。
(151) 前掲書（71）、二〇一―二〇二頁。
(152) 前掲書（71）、二〇二頁。
(153) 嘉納治五郎「支那事変と講道館」、野村寛一編『柔道』第八巻第九号、一九三七年、二頁。
(154) 前掲書（71）、二〇九頁。
(155) 前掲書（71）、二一〇頁。
(156) 同前。
(157) 前掲書（71）、二一五頁。
(158) 前掲書（71）、二一二頁。
(159) 前掲書（71）、二一三頁。
(160) 前掲書（71）、二三〇頁。
(161) 前掲書（71）、二一六―二一七頁。
(162) 前掲書（71）、二一七頁。
(163) 前掲書（71）、二一八頁。

(164) 同前。
(165) 前掲書（71）、二二〇―二二一頁。
(166) 前掲書（92）。
(167) 衆議院事務局「第七十三回帝国議会衆議院建議委員会議録（速記）第十回」、西尾勝代表『帝国議会衆議院委員会議録八八昭和篇』東京大学出版会、一九九五年、三〇七―三〇八頁。
(168) 本段落は、「巻頭写真」、野村寛一編『柔道』第九巻第三号、講道館文化会、一九三八年。
(169) 嘉納治五郎「報国更生団の結成につき講道館員に告ぐ」、野村寛一編『柔道』第九巻第三号、講道館文化会、一九三八年、一頁。
(170) 同前。
(171) 同前。
(172) 同前。

第一〇章 第七三回帝国議会衆議院議会における武道関連建議案

(1) 中村民雄『剣道事典』島津書房、一九九四年、二四〇―二六一頁。坂上康博「武道界の戦時体制化―武道綜合団体「大日本武徳会」の成立―」、坂上康博・高岡裕之編『幻の東京オリンピックとその時代 戦時期のスポーツ・都市・身体』青弓社、二〇〇九年。
(2) 藤生安太郎『四股をふんで国策へ』大日本清風会、一九三八年、二二一―二二三頁。
(3) 前掲書（2）、二二三頁。
(4) 同前。
(5) 前掲書（2）、二二四―二二五頁。
(6) 前掲書（2）、二二九―二三〇頁。
(7) 井上寿一『日中戦争下の日本』講談社、二〇〇七年、九七―九八頁。
(8) 前掲書（7）九八―九九頁。
(9) 前掲書（7）、一〇〇頁。
(10) 前掲書（2）、二二九頁。
(11) 衆議院事務局「第七十三回帝国議会衆議院建議委員会議録（速記）第十回」、西尾勝代表『帝国議会衆議院委員会議録八八昭和篇』東京大学出版会、一九九五年、三三七頁。
(12) 同前。
(13) 同前。
(14) 同前。
(15) 同前。
(16) 同前。
(17) 同前。
(18) 同前。また、『東京朝日新聞』一八六二八号、一九三八年二月一七日にも同様の記事がみられる。
(19) 同前。
(20) 坂上康博「武道界の戦時体制化―武道綜合団体「大日本武徳会」の成立―」、坂上康博・高岡裕之編『幻の東京オリンピックとその時代 戦時期のスポーツ・都市・身体』青弓社、二〇〇九年、二四三―二四四頁、二五五―二五九頁。
(21) 坂上康博「標的としての都市―厚生省による運動施設拡充政策の展開」、前掲書（20）。
(22) 前掲書（11）、三四五頁。
(23) 同前。
(24) 同前。
(25) 前掲書（11）、三四五―三四六頁。

(26) 前掲書（11）、三四八頁。
(27) 同前。
(28) 同前。
(29) 前掲書（11）、三四五頁。
(30) 前掲書（11）、三四四頁。
(31) 前掲書（11）、三四六頁。
(32) 藤生が述べる「武道教師」とは大正五（一九一六）年三月の文部省令第八号により体操教員免許状が「体操は体操、撃剣、柔術の三部」に分けられることになり、制度的に独立した武術教員が誕生したことに始まる（中村民雄「大正期における体操教員資格制度の研究」、『福島大学教育学部論集』第三七号、福島大学、一九八五年、八頁）。
(33) 前掲書（11）、三四六頁。
(34) 前掲書（2）、二六三頁。
(35) 藤生安太郎「武道教師の待遇改善―一校一人制の確立―」、岩野謹助編『武道公論』第二巻第四号、大日本清風会、一九四〇年、一〇頁。
(36) 野村寛一編『柔道』第四巻第三号、講道館文化会、一九三三年、一五頁。
(37) 同前。
(38) 山田浩之『教師の歴史社会学―戦前における中等教員の階層構造―』晃洋書房、二〇〇二年、八〇頁。
(39) 前掲書（11）、三四六頁。
(40) 同前。
(41) 大野熊雄「附録」、『剣士内藤高治』日本武教社、一九三〇年、九―一〇頁。
(42) 前掲書（11）、三四六―三四七頁。
(43) 前掲書（11）、三四七頁。
(44) 同前。
(45) 同前。
(46) 同前。
(47) 同前。
(48) 同前。
(49) 同前。
(50) 同前。
(51) 文部省官房体育課『自大正十三年度至昭和十四年度体育運動主事会議要録』不二印刷、一九四〇年、二三五頁。
(52) 前掲書（51）、二三六頁。
(53) 前掲書（11）、三四八頁。
(54) 前掲書（11）、三四七頁。
(55) 前掲書（11）、三四八頁。
(56) 前掲書（11）、三四七頁。
(57) 中村民雄「戦前における体操教員資格制度の研究」、『福島大学教育学部論集』第四六号、福島大学、一九八九年、三七頁。
(58) 前掲書（11）、三四七―三四八頁。
(59) 同前。
(60) 前掲書（57）、三七―三八頁。
(61) 前掲書（11）、三四七―三四八頁。
(62) 同前。
(63) 同前。
(64) 同前。
(65) 前掲書（11）、三四九頁。
(66) 同前。
(67) 同前。

(68) 大谷仁兵衛編『文部時報』第五七七号、帝国地方行政学会、一九三七年、一三六頁。
(69) 高野邦夫『新版　天皇制国家の教育論―教学刷新評議会の研究―』芙蓉書房出版、二〇〇六年、二五頁。
(70) 前掲書（69）、五六九頁。
(71) 平澤公裕代表『教学刷新評議会資料　下巻』芙蓉書房出版、二〇〇六年、四六二頁。
(72) 大日本武徳会「青少年武道奨励ニ関スル件」、『武徳』第七三号、大日本武徳会本部、一九三八年（中村民雄『史料近代剣道史』島津書房、一九八五年、一九七―一九八頁）。
(73) 相川仁童編『文部省法令年纂　昭和十七年　下』大空社、一九九三年、五一頁。
(74) 相川仁童編『文部省法令年纂　昭和十一年版』大空社、一九九四年、六九頁。
(75) 赤澤史朗「戦時下の相撲界」、山口定編『立命館大学人文科学研究所紀要』第七五号、二〇〇〇年、一〇七―一〇九頁。
(76) 前掲書（2）、四二頁。
(77) 前掲書（2）、五六頁。
(78) 前掲書（2）、四二頁。
(79) 前掲書（2）、四四頁。
(80) 前掲書（2）、四五頁。
(81) 前掲書（2）、四六頁。
(82) 前掲書（11）、六八頁。
(83) 前掲書（11）、七〇―七一頁。
(84) 前掲書（11）、七四頁。
(85) 衆議院事務局「第七十四回帝国議会衆議院建議委員会議録第八回」、西尾勝代表『帝国議会衆議院委員会議録一〇四昭和篇』東京大学出版会、一九九六年、四二九頁。
(86) 前掲書（85）、四三二―四三六頁。
(87) 前掲書（75）、一三三―一三四頁。

第一二章　武道振興委員会と戦時下武道界の基調

(1) 中村民雄『剣道事典』島津書房、一九九四年、二四〇―二六一頁。大塚忠義『日本剣道の歴史』窓社、一九九五年、一〇九―一五三頁。大道等・頼住一昭『近代武道の系譜』杏林書院、二〇〇三年、七六―七九頁。坂上康博「武道界の戦時体制化―武道綜合団体「大日本武徳会」の成立―」、坂上康博・高岡裕之編『幻の東京オリンピックとその時代　戦時期のスポーツ・都市・身体』青弓社、二〇〇九年、二四三―二七八頁を参照せよ。
(2) 坂上康博「武道界の戦時体制化―武道綜合団体「大日本武徳会」の成立―」、『幻の東京オリンピックとその時代　戦時期のスポーツ・都市・身体』青弓社、二〇〇九年、二五六―二五七頁。
(3) 前掲書（2）、二五七頁。
(4) 前掲書（2）、二五〇―二五五頁。
(5) 渡辺一郎編『近代武道史研究資料Ⅰ　武道振興委員会並ビニ審議経過』朝日印刷、一九八〇年、一七頁。
(6) 前掲書（5）、一一頁、一七頁。
(7) 前掲書（5）、七頁。
(8) 前掲書（5）、六―七頁。
(9) 「練武課の誕生を繞る座談会」武田武編、『新武道』第二巻第一号、国防武道協会、一九四二年、四九頁。
(10) 前掲書（5）、一〇頁。

(11) 同前。
(12) 同前。
(13) 同前。
(14) 前掲書（5）、一一頁。
(15) 「自第一回至第四回武道振興委員会ニ於ケル各委員意見ノ事項別要旨集」前掲書（5）、一八頁。
(16) 藤生安太郎「武道とは何ぞ」、岩野謹助編『武道公論』第二巻第三号、大日本清風会、一九四〇年、一七頁。当論考は第一回で宿題とされた「武道の本質如何」について第二回の委員会で藤生が開陳した意見の要旨である。
(17) 前掲書（16）、一九頁。
(18) 同前。
(19) 前掲書（16）、一九—二〇頁。
(20) 前掲書（16）、二〇頁。
(21) 同前。
(22) 同前。
(23) 同前。
(24) 前掲書（16）、二二頁。
(25) 前掲書（16）、二三頁。
(26) 鳩山一郎『スポーツを語る』三省堂、一九三二年、一二頁。
(27) 前掲書（16）、二二頁。
(28) 同前。
(29) 同前。
(30) 前掲書（16）、二五頁。
(31) 大谷武一「スポーツ道の考察」、芹澤宏編『体育論文集』目黒書店、一九三三年、一〇三—一二六頁。前掲書（16）には「体育界の権威」としか述べられていないが、大谷の主張であることは間違いない。藤生は主著『四股をふんで国策へ』の中で「文理科大学の大谷講師の「スポーツ道考察」と題する論文中に」（藤生安太郎『四股をふんで国策へ』大日本清風会、一九三八年、五九頁）と述べ、前掲書（16）、二四—二五頁に引用された文章と同様の文章が載せられている。
(32) 前掲書（16）、二四—二五頁。
(33) 前掲書（16）、二五頁。これと同様の意見として小山松吉は「武は文（日本固有の精神文化）と不可分なり。文武合一して武道精神となる。軍人勅諭の御精神、即ち武道精神と解す」と述べていた（前掲書（6）、一九頁）。
(34) 前掲書（16）、二六頁。
(35) 前掲書（16）、二八頁。
(36) 前掲書（16）、二一頁。
(37) 同前。
(38) 同前。
(39) 前掲書（15）、二八頁。
(40) 前掲書（15）、二九頁。
(41) 前掲書（5）、六頁。
(42) 同前。
(43) 前掲書（5）、七頁。
(44) 前掲書（5）、二二頁。
(45) 射撃は当時、武道ではなくスポーツであるという認識が強く、昭和一二（一九三七）年には学生を中心とした大日本射撃協会という組織が設立され、大日本体育協会への加盟及び国際射撃連合への加盟を通して東京オリンピックに向けて準備していた（前掲書（2）、二六〇頁）。ただし、陸軍が要望する射撃は軍事目的であったと考えられる。

(46) 前掲書（16）、二一頁。
(47)「武道界四方山座談会」、武田寅男編『新武道』第一巻第一号、新武道刊行会、一九四一年、八八頁。
(48) 前掲書（2）、二四九頁。
(49) 前掲書（5）、一八頁。
(50) 同前。
(51) 前掲書（5）、二二頁。
(52) 大木健次郎「日本銃剣術に就いて」、野間清治『昭和天覧試合』大日本雄弁会講談社、一九三〇年、五〇八頁。
(53) 志々田文明「『満洲国』建国大学における騎道教育」、『武道学研究』第三四巻第三号、日本武道学会、二〇〇二年。
(54) 佐藤卯朔「馬術競技」、岸野雄三監修『最新スポーツ大事典』大修館書店、一九八七年、九七一頁。
(55) 前掲書（5）、一八頁。
(56) 前掲書（5）、二二頁。
(57) 同前。
(58) 同前。
(59) 同前。
(60) 前掲書（5）、二三頁。
(61) 平泉澄「武道振興の範囲・基本及び目標に就て」、岩野譲助編『武道公論』第三巻第一号、大日本清風会、一九四一年。
(62) 前掲書（61）、一頁。
(63) 前掲書（61）、六頁。
(64) 同前。
(65) 前掲書（61）、七頁。
(66) 前掲書（61）、六—七頁。
(67) 前掲書（61）、七頁。
(68) 前掲書（61）、一〇頁。
(69) 同前。
(70) 昆野伸幸『近代日本の国体論〈皇国史観〉再考』ぺりかん社、二〇〇八年、九二—九三頁。
(71) 前掲書（70）、八六—八七頁。
(72) 前掲書（70）、一〇〇—一〇三頁。
(73) 前掲書（70）、一〇五頁。
(74) 前掲書（70）、一三六—一三八頁。
(75) 前掲書（70）、一三六頁。
(76) 前掲書（61）、五頁。
(77) 同前。
(78) 前掲書（61）、六頁。
(79) 前掲書（61）、四頁。
(80) 前掲書（61）、五頁。
(81) 同前。
(82) 前掲書（61）、六頁。
(83) 前掲書（61）、五頁。
(84) 前掲書（61）、五—六頁。
(85) 南郷次郎「武道振興の根本方策に関する意見」、前掲書（5）、一六頁。
(86) 同前。
(87) 同前。
(88) 前掲書（85）、一七頁。
(89) 前掲書（85）、一六頁。
(90) 前掲書（85）、一六—一七頁。
(91) 前掲書（85）、一七頁。
(92) 前掲書（85）、一五頁。

(93)南郷次郎「武道とスポーツ」、野間寛一編『柔道』第一〇巻第六号、講道館、一九三九年、二頁。
(94)同前。
(95)前掲書（93）、三頁。
(96)同前。
(97)同前。
(98)前掲書（85）、一五頁。
(99)同前。
(100)前掲書（85）、一四頁。
(101)同前。
(102)同前。
(103)「高等柔道教員養成所入所式」、野村寛一編『柔道』第一一巻第五号、講道館、一九四〇年、三〇―三一頁。なお、初年度の入所者は四段から七段の中高段者四四名（正科一八名、特修科二六名）であった。
(104)前掲書（85）、一四頁。
(105)同前。
(106)同前。
(107)前掲書（5）、一五頁。
(108)同前。
(109)同前。
(110)同前。
(111)前掲書（5）、二二頁。
(112)前掲書（5）、二一頁。
(113)前掲書（5）、一九頁。
(114)前掲書（5）、二四頁。
(115)同前。
(116)前掲書（5）、二三頁。
(117)同前。
(118)同前。
(119)前掲書（5）、二五頁。
(120)同前。
(121)同前。
(122)同前。
(123)同前。
(124)前掲書（85）、一五頁。
(125)前掲書（85）、一六頁。
(126)同前。
(127)前掲書（5）、二四頁。
(128)同前。
(129)前掲書（5）、二七頁。
(130)前掲書（5）、二八頁。
(131)同前。
(132)前掲書（5）、二七頁。
(133)前掲書（5）、二七―二八頁。
(134)前掲書（5）、二八頁。
(135)同前。
(136)同前。
(137)同前。
(138)前掲書（5）、三〇頁。
(139)前掲書（5）、二九頁。
(140)前掲書（5）、三〇頁。
(141)前掲書（5）、三六頁。
(142)前掲書（2）二五九頁。

第一二章　新武徳会の成立と武徳会薙刀問題

(1) 藤生安太郎「神武日本と女子武道」、岩野謹助編『武道公論』第四巻第三号、大日本清風会、一九四二年、二頁。
(2) 同前。
(3)「武道と新武徳会を語る座談会」、岩野謹助編『武道公論』、第四巻第五号、大日本清風会、一九四二年、二六頁。
(4) 坂上康博「武道界の戦時体制化―武道綜合団体「大日本武徳会」の成立―」、坂上康博・高岡裕之編『幻の東京オリンピックとその時代　戦時期のスポーツ・都市・身体』青弓社、二〇〇九年、二六一頁。また武道部会における武道綜合団体設置の答申作成には、南郷、大塚、小山、荒木、菱刈隆など民間武道団体の長たちが特別委員として名を連ねていた。
(5) 武徳会から新武徳会への改組の過程は、前掲書（4）、二五八―二六八頁も参照のこと。
(6)「武道の新体制を輿論に問ふ」、武田武編『新武道』第一巻第四号、新武道刊行会、一九四一年。
(7) 前掲書（6）、四四―四五頁。
(8) 前掲書（6）五二頁。
(9) 島村武志『武徳会革新論（附）武道家に告ぐ』国立国会図書館所蔵、一九四〇年、二頁。
(10) 前掲書（9）、三三頁。
(11) 前掲書（9）、三六頁。
(12) 本山佐久良「武道時評」、武田寅男編『新武道』第一巻第一号、新武道刊行会、一九四一年、四八頁。
(13) 同前。
(14) 同前。
(15) 本山佐久良「武道時評」、武田寅男編『新武道』第一巻第二号、新武道刊行会、一九四一年、六八頁。
(16) 同前。
(17) 同前。
(18) 同前。
(19) 同前。
(20)「鼎談「新武徳会」を語る」、武田武編『新武道』第二巻第五号、国防武道協会、一九四二年、六一頁。
(21) 福田啓子「奈良女子高等師範学校における薙刀教育―薙刀教師および指導内容の変遷に注目して―」、定本朋子編『体育学研究』第五四巻第一号、日本体育学会、二〇〇九年、一二四頁。
(22) 前掲書（21）、一三二頁。
(23) 武道専門学校剣道同窓会編『大日本武徳会武道専門学校史』渓水社、一九八四年、一七六―一七八頁。
(24) 相川仁童編『文部省法令年纂　昭和十一年版』大空社、一九九四年、六〇頁。
(25) 文部省官房体育課『自大正十三年度至昭和十四年度体育運動主事会議要録』不二印刷、一九四〇年、二三六頁。
(26)『東京朝日新聞』一九二九一号、一九三九年一二月一七日。
(27) 前掲書（26）。
(28) 同前。
(29) 同前。
(30) 大谷仁兵衛編『文部時報』六九九号、帝国地方行政学会、一九四〇年、六四頁。
(31) 渡辺一郎編『近代武道史研究資料Ⅳ　昭和一一年～一七年第二次改正学校体操教授要目（剣道及柔道）・小学校武道指導要

目・国民学校体錬科教授要項・同実施細目・薙刀道基本動作』朝日印刷、一九八三年、八二頁。
(32) 同前。
(33) 同前。
(34) 前掲書（31）、八二―八三頁。
(35) 前掲書（31）、八三頁。
(36) 「薙刀術研究調査会開催」、平岡勇三編『武徳』第九九号、大日本武徳会本部、一九四〇年、五頁。
(37) 前掲書（31）、八三頁。
(38) 同前。なお、国民学校の薙刀の寸法は「柄の長さを定めず総尺約五尺五寸（一・六五米）より六尺（一・八〇米）とす」とある。
(39) 同前。
(40) 岩野謹助「大日本武徳会薙刀術学校形制定を繞る〝武道界の奇怪事〟」、岩野謹助編『武道公論』第三巻第一号、一九四一年、四九頁。
(41) 前掲書（40）、五〇頁。
(42) 長島孝有編『大日本武徳会範士教士練士名鑑』大日本武徳会本部雑誌部、一九四一年、三六一頁。
(43) 前掲書（40）、五〇頁。
(44) 前掲書（40）、五一頁。
(45) 前掲書（40）、五四頁。
(46) 同前。
(47) 同前。
(48) 前掲書（40）、五一頁。
(49) 前掲書（40）、五〇―五一頁。
(50) 前掲書（40）、五二頁。
(51) 同前。
(52) 前掲書（40）、五三頁。
(53) 同前。
(54) 前掲書（40）、五二頁。
(55) 前掲書（40）、五五頁。
(56) 同前。
(57) 前掲書（40）、五五―五六頁。
(58) 中村民雄『剣道事典』島津書房、一九九四年、一五六頁。
(59) 前掲書（40）、五五頁。
(60) 前掲書（40）、五六頁。
(61) 同前。
(62) 同前。
(63) 同前。
(64) 前掲書（40）、五八頁。
(65) 前掲書（40）、六一頁。
(66) 前掲書（40）、五七頁。ただし、岩野がどういったかたちで山田次朗吉から直心影流を学んだのかは分からない。『一橋剣道部八十年史』には明治三二（一八九九）年から昭和五七（一九八二）年までの一橋大学剣道部出身者の名簿が載せられているが、岩野の名前がみられないためである（大倉徳治『一橋剣道部八十年史』、東京コピイ、一九八三年、五四六―五五九頁）。
(67) 前掲書（40）、五九頁。
(68) 前掲書（40）、八四頁。
(69) 前掲書（40）、五九頁。
(70) 同前。
(71) 前掲書（40）、五九頁。

(72) 前掲書（40）、六〇頁。
(73) 同前。
(74) 前掲書（40）、五九頁。
(75) 筆者が入手した『四股をふんで国策へ』の奥付には「定価三円」、函には「定価弐円」とある。
(76) 前掲書（40）、五九頁。
(77) 前掲書（40）、六〇頁。
(78) 前掲書（40）、六〇―六一頁。
(79) 前掲書（40）、六一頁。
(80) 前掲書（40）、六三頁。
(81) 前掲書（40）、六三―六四頁。
(82)『読売新聞』二三〇九五号、一九四一年五月八日。
(83)『朝日新聞』一九八一三号、一九四一年五月二七日。
(84)「武徳会を去る美田村氏の声明書」、岩野謹助編『武道公論』第三巻第六号、大日本清風会、一九四一年、五七―六二頁。
(85) 前掲書（84）、五七―五八頁。
(86) 前掲書（31）、八三頁。
(87) 前掲書（84）、五九頁。
(88) 前掲書（31）、八四頁。
(89) 前掲書（84）、五九頁。
(90) 前掲書（31）、八四頁。
(91) 前掲書（84）、五九頁。
(92) 前掲書（84）、六〇頁。
(93) 前掲書（31）、八八頁。
(94) 前掲書（84）、六〇頁。
(95) 前掲書（31）、八八頁。
(96) 前掲書（84）、六〇頁。
(97) 前掲書（31）、八九頁。
(98) 前掲書（84）、六〇頁。
(99) 同前。
(100) 同前。
(101) 前掲書（84）、六〇頁。
(102) 前掲書（84）、六一頁。
(103) 前掲書（84）、六〇―六一頁。
(104)『読売新聞』二三〇二〇号、一九四一年二月二一日。
(105) 前掲書（84）、六一頁。
(106) 同前。
(107) 同前。
(108) 前掲書（84）、六二頁。
(109) 前掲書（15）、六八頁。
(110) 同前。
(111) 園部ひでを「わたくしの修行道」、武田武編『新武道』第一巻第三号、新武道刊行会、一九四一年、五八―六一頁。
(112)『読売新聞』二三二二四号、一九四一年六月六日。
(113) 同前。
(114) 同前。
(115) 同前。
(116) 藤生安太郎「林会長に望む＝武徳会の薙刀問題を衝く＝」、前掲書（84）、六頁。ただし、一方で藤生は「審議の内容が、林会長へ正しく報告されなかった。即ち会長は虚位を擁するのみであって、ロボット扱ひにされ」（同書、六頁）たと同情の意も表していた。
(117) 藤生安太郎「議員武道聯盟の誕生」、齋藤幸蔵編『刀と剣道』第三巻第四号、雄山閣、一九四一年、一一頁。

（118）同前。

（119）前掲書（117）、一二頁。

（120）同前。

（121）「議員武道聯盟の結成と活動＝武道党の出現＝」、岩野謹助編『武道公論』第三巻第二号、大日本清風会、一九四一年、三六―三七頁。

（122）「武徳会問題に議員武道聯盟起つ」、前掲書（84）、四四頁。

（123）同前。

（124）前掲書（4）、二五九頁。

（125）「武道綜合団体結成式次第」、渡辺一郎編『近代武道史研究資料II　武道綜合団体大日本武徳会の設立とその解散』朝日印刷、一九八一年、一九頁。

（126）前掲書（4）、二六二頁。

（127）「武道綜合団体設立ニ対シ本会ノ取ルベキ態度（大日本武徳会）」、渡辺一郎編『近代武道史研究資料II　武道綜合団体大日本武徳会の設立とその解散』朝日印刷、一九八一年、一六頁。

（128）同前。

（129）同前。

（130）衆議院事務局「第七十九回帝国議会衆議院国民体力法改正法律案外四件委員会議録（速記）第六回」、西尾勝代表『帝国議会衆議院委員会議録一三八昭和篇』、東京大学出版会、一九九八年、一四八頁。

（131）同前。

（132）同前。

（133）同前。

（134）佐藤忠三「武徳会の解消と剣道団体」、武田武編『新武道』、第二巻第七号、国防武道協会、一九四二年、五六頁。

（135）同前。

第一三章　藤生安太郎の武道行政批判

（1）『官報号外』内閣印刷局、一九四四年三月二三日。

（2）衆議院事務局『第八四回帝国議会衆議院建議委員会議録（速記）第五回』内閣印刷局、一九四四年、五三頁、六五頁。

（3）坂上康博「武道界の戦時体制化―武道綜合団体「大日本武徳会」の成立―」、坂上康博・高岡裕之編『幻の東京オリンピックとその時代　戦時期のスポーツ・都市・身体』青弓社、二〇〇九年、二七七―二七八頁。

（4）「厚生省の武道行政を文部省に移管統一に関する建議書」、『公文雑纂昭和十九年』第七〇巻、国立公文書館所蔵（https://www.digital.archives.go.jp/DAS/meta/MetSearch.cgi?DEF_XSL=default&SUM_KIND=summary_normal&META_KIND=NOFRAME&IS_KIND=detail&IS_SCH=META&IS_STYLE=default&IS_TYPE=meta&DB_ID=G9100001EXTERNAL&GRP_ID=G9100001&IS_START=2&IS_EXTSCH=&IS_TAG_S1=InD&IS_KEY_S1=%E6%AD%A6%E9%81%93%E8%A1%8C%E6%94%BF&IS_TMP_S6=d_t_search_0&IS_KEY_S6=&IS_TAG_S6=d_t&IS_LGC_S6=AND&IS_TMP_S7=c_t_search_3&IS_KEY_S7=SRG+BST+KNM&IS_TAG_S7=c_t&IS_LGC_S7=AND&DIS_CHK_OR_S7=SRG&DIS_CHK_OR_S7=BST&DIS_CHK_OR_S7=KNM&IS_TMP_S8=cont_flg_search_0&IS_LGC_S8=AND&IS_TAG_S8=cont_flg&IS_KEY_S8=&LIST_TYPE=default&IS_LIST_ON_

OF=off&LIST_VIEW=&ON_LYD=on&IS_NUMBER=1&SUM_NUMBER=100&SUM_START=1&IS_LYD_DIV=&LIST_VIEW=&_SHOW_EAD_ID=M0000000000000307731&ON_LYD=on　二〇一七年二月二日閲覧）。

（5）同前。

（6）「大日本武徳会の運営改善に関する建議書」、『公文雑纂昭和十九年』第七〇巻、国立公文書館所蔵（URLは前掲書（4）と同様。二〇一七年二月二日閲覧）。

（7）同前。

（8）前掲書（3）。

（9）「武道綜合団体設立に対し本会の取るべき態度（大日本武徳会）」、渡辺一郎編『近代武道史研究資料Ⅱ　武道綜合団体大日本武徳会の設立とその解散』朝日印刷、一九八一年、一六頁。

（10）井上信虎「武道綜合団体の全貌―大日本武徳会の結成とその内容について―」、武田武編『新武道』第二巻第五号、国防武道協会、一九四二年、三二―三三頁。

（11）前掲書（10）、三〇頁。

（12）前掲書（10）、三四頁。

（13）中村民雄「戦前における体操教員資格制度の研究」、『福島大学教育学部論集』第四六号、福島大学、一九八九年。

（14）『朝日新聞』二〇一五四号、一九四二年五月五日。

（15）『朝日新聞』二〇一五五号、一九四二年五月六日。

（16）高野弘正「武徳祭大会を見る」、武田武編『新武道』第二巻第六号国防武道協会、一九四二年、五二頁。

（17）同前。

（18）同前。

（19）同前。

（20）『読売新聞』二三八一八号、一九四三年五月五日。

（21）高岡裕之「観光・厚生・旅行―ファシズム期のツーリズム―」、赤澤史朗・北川賢三編『文化とファシズム』日本経済評論社、一九九三年、四七頁。

（22）前掲書（10）、三〇頁。

（23）同前。

（24）前掲書（10）、三一頁。

（25）高野弘正「武徳祭大演武会を観て」、武田武編『新武道』第三巻第七号、国防武道協会、一九四三年、七五頁。

（26）同前。

（27）前掲書（25）、七四頁。

（28）同前。

（29）『読売新聞』二四一八二号、一九四四年五月四日。

（30）同前。

（31）『読売新聞』二四一八三号、一九四四年五月五日。

（32）『朝日新聞』二〇八八〇号、一九四四年五月五日。

（33）「昭和二十年武徳祭必勝祈願奉納演武要綱」、中村民雄編『大日本武徳会研究資料集成第七巻』島津書房、二〇一〇年、一七三頁。

（34）前掲書（33）、一七三―一七四頁。

（35）同前。

（36）中村民雄『史料近代剣道史』島津書房、一九八五年、三三七頁。

（37）前掲書（36）、三五一頁。

（38）前掲書（36）、三六三頁。

(39)『朝日新聞』二〇三〇四号、一九四二年一〇月三日。
(40) 前掲書（39）。
(41)『朝日新聞』二〇三九三号、一九四二年一二月三一日。
(42) 前掲書（36）、三六三頁。
(43) 前掲書（36）、三六二頁。
(44) 前掲書（36）、三六七頁。前掲書（41）では「段、級の審査規程は研究中で来春一月中旬決定の筈」と報道されているため、公式発表は翌年に持ち越されたようである。
(45) 前掲書（36）、三六五頁。
(46) 同前。
(47) 前掲書（36）、三六七頁。
(48)『朝日新聞』二〇四一二号、一九四三年一月二〇日。
(49) 同前。
(50) 前掲書（36）、三六七頁。
(51) 同前。
(52) 前掲書（3）、二五九頁。また坂上は「剣道には薙刀および居合、杖術、棒術、手裏剣、鎖鎌、槍術の古武道が、柔道にも空手や捕縄術などが含まれ」（前掲書（3）、二六一頁）、馬術、水泳、相撲については懸案事項として保留されたことを明らかにしている。
(53) 前掲書（36）、三六八頁。
(54) 前掲書（36）、三七〇頁。
(55) 前掲書（36）、三二五頁。
(56) 前掲書（36）、三七三頁。
(57) 前掲書（36）、三七四頁。
(58) 前掲書（36）、三二五頁。
(59) 前掲書（36）、三七一頁。
(60) ただし、範士の推薦を受ける条件は武徳祭で「特別試合（又は形）」（前掲書（36）、三七三頁）に出場したものに限られた。
(61) 前掲書（36）、三七二頁。
(62) 同前。
(63) 同前。
(64) 前掲書（36）、三二五頁。
(65) 武田武編『新武道』第三巻第七号、国防武道協会、一九四三年、七六頁。
(66) 前掲書（65）、七四頁。
(67) 同前。
(68)『朝日新聞』二〇七〇六号、一九四三年一一月一二日。
(69)『朝日新聞』二〇三七四号、一九四二年一二月一二日。
(70) 厚生省「武道章検定実施要綱」、武田武編『新武道』第四巻第一号、一九四四年、四〇頁。
(71) 同前。
(72) 同前。
(73) 武田寅男「武道章の制定とその綜合性」、武田武編『新武道』第四巻第一号、一九四四年、九頁。
(74) 同前。
(75) 同前。
(76) 前掲書（68）。
(77)『朝日新聞』、二〇七六六号、一九四四年一月一二日。
(78) 藤沼庄平『私の一生』、「私の一生」刊行会、一九五七年、二七五頁。
(79) 同前。
(80) 前掲書（78）、二七九頁。
(81) 前掲書（78）、二七五頁。

(82) 同前。
(83) 前掲書（73）、九頁。
(84) 同前。
(85) 同前。
(86) 前掲書（73）、一〇頁。
(87) 同前。
(88) 同前。
(89) 同前。
(90) 同前。
(91) 同前。
(92) 前掲書（73）、一一頁。
(93) 同前。
(94) 前掲書（73）、一〇頁。
(95) 同前。
(96) 同前。
(97) 前掲書（73）、一二頁。
(98) 同前。
(99) 剣道については、大塚忠義の論考（大塚忠義「近代の戦争と剣道ルール」、中村敏雄編『スポーツ技術・ルールの変化と社会Ⅱ　スポーツ文化論シリーズ⑧』創文企画、一九九七年）を参照のこと。
(100) 老松信一『改定新版　柔道百年』時事通信社、一九七六年、三二八頁。
(101) 新井源水「柔道修練の方針竝に審判規定に就て」、武田武編『新武道』第四巻第一号、一九四四年、四二頁。
(102) 嘉納治五郎「道場に於ける形乱取練習の目的を論ず（其の一）」、野村寛一編『柔道』第一巻第二号、講道館文化会、一九三〇年、三頁。
(103) 嘉納治五郎「講道館が有志に棒術を練習せしむるに至った理由」、野村寛一編『柔道』、第六巻第四号、講道館文化会、一九三五年、四―五頁。同論考には講道館では棒術の稽古を八年間継続していることを述べており、勝負法としての柔道を多角的に研究している様子が窺える。
(104) 栗原民雄「柔道の新しい方向」、武田武編『新武道』第二巻第一一号、国防武道協会、一九四二年、一六頁。
(105) 同前。
(106) 同前。
(107) 同前。
(108) 前掲書（104）、一六―一七頁。
(109) 前掲書（104）、一七頁。
(110) 同前。
(111) 前掲書（104）、一八頁。
(112) 同前。
(113) 同前。
(114) 前掲書（104）、一八―一九頁。
(115) 前掲書（104）、一九頁。
(116) 前掲書（101）、四三頁。
(117) 前掲書（101）、四二頁。
(118) 武田武編『新武道』第一巻第二号、新武道刊行会、一九四一年、一三四頁。
(119) 大日本武徳会「大日本武徳会柔道修錬に関する指導方針」、武田武編『新武道』第四巻第一号、一九四四年、四四頁。
(120) 同前。
(121) 同前。

(122) 前掲書（101）、四二頁。
(123) 前掲書（101）、四三頁。
(124) 同前。
(125) 同前。
(126) 同前。
(127) 同前。
(128) 同前。
(129) 同前。
(130) 同前。
(131) 前掲書（3）、二六五―二六六頁。
(132) 衆議院事務局「第八十一回帝国議会衆議院薬事法案外二件委員会議録（速記）第七回」、『帝国議会衆議院委員会議録一四七昭和篇』東京大学出版会、一九九九年、一〇頁。
(133) 前掲書（132）、六頁。
(134) 前掲書（132）、六―七頁。
(135) 衆議院事務局、「第八十一回帝国議会衆議院薬事法案外二件委員会議録（速記）第八回」、『帝国議会衆議院委員会議録一四七昭和篇』東京大学出版会、一九九九年、四七頁。
(136) 同前。
(137) 同前。
(138) 前掲書（135）、四八頁。
(139) 同前。
(140) 同前。
(141) 前掲書（135）、四七頁。
(142) 前掲書（135）、四八頁。
(143) 井上俊『武道の誕生』吉川弘文館、二〇〇四年、一一七頁。
(144) 野村寛一編『柔道年鑑（大正十四年）』講道館文化会、一九二五年、七四頁。
(145) 野村寛一代表『柔道年鑑（昭和十一年）』講道館、一九三六年、四七頁。
(146) 尾形源治「決戦下の柔道界を語る」、武田武編『新武道』第三巻第五号、国防武道協会、一九四三年、七二頁。
(147) 前掲書（146）、七三頁。
(148) 平賀仙三郎「柔道有段者会十八年度総会記―段位・等位に関する記事を含む―」、野村寛一編『柔道』第一四巻第五号、講道館、一九四三年、二一頁。
(149) 前掲書（3）、二六三―二六五頁。
(150) 衆議院印刷局「第八十四回帝国議会衆議院予算委員会議録（速記）第四回」、『帝国議会衆議院委員会議録一四九昭和篇』東京大学出版会、一九九九年、一四五頁。
(151) 前掲書（78）、二八七頁。
(152) 前掲書（150）、一四六頁。
(153) 同前。
(154) 衆議院事務局「第八十四回帝国議会衆議院予算委員第二分科（内務省及厚生省所管）会議録（速記）第一回」、『帝国議会衆議院委員会議録一四九昭和篇』東京大学出版会、一九九九年、二六八頁。
(155) 藤沼庄平「包摂団体の承認及其の審査に関する疑義の件」、中村民雄編『大日本武徳会研究資料集成第七巻』島津書房、二〇一〇年、二二一―二二三頁。
(156) 同前。
(157) 前掲書（154）、二六八頁。
(158) 同前。
(159) 同前。

(160) 同前。
(161) 前掲書（154）、二六九頁。
(162) 同前。
(163) 衆議院事務局「第八十四回帝国議会衆議院予算委員第三分科（大蔵省及文部省所管）会議録（速記）第二回」、『帝国議会衆議院委員会議録一四九昭和篇』東京大学出版会、一九九九年、三四一頁。
(164) 前掲書（132）、一頁。
(165) 前掲書（132）、二頁。
(166) 同前。
(167) 同前。
(168) 同前。
(169) 前掲書（13）、三七頁。
(170) 前掲書（132）、二頁。
(171) 同前。
(172) 同前。この答弁資料の俸給の数値は若干低く見積もられている。例えば、東京府立第一中学校の「平均月俸」は昭和一七（一九四二）年度については不明だが、昭和一六（一九四一）年度には一二四・七九円と昭和一八（一九四三）年には一二六・八九円とある（門脇厚司『東京教員生活史研究』学文社、二〇〇四年、二一二頁）。そのため帝国議会での答弁資料の方が一〇円弱低く見積もっている。ただし、武道教師と他学科の教師の俸給の格差に関して記された資料及び文献は管見のところ見当たらない。そのため、藤生の答弁資料は数値が低く見積もられていることを差し引いても貴重な資料である。
(173) 同前。
(174) 同前。
(175) 同前。
(176) 前掲書（132）、三頁。
(177) 同前。
(178) 同前。
(179) 衆議院事務局「第八十四回帝国議会衆議院予算委員会議録（速記）第四回」、『帝国議会衆議院委員会議録一四九昭和篇』東京大学出版会、一九九九年、一五〇頁。
(180) 前掲書（154）、二六九頁。
(181) 同前。
(182) 前掲書（163）、三四一―三四二頁。
(183) 前掲書（163）、三四二頁。
(184) 前掲書（13）、三九頁。
(185) 同前。
(186) 無試験検定は文部大臣が指定した学校（大学および官立の専門学校や高等学校など）や許可した学校（公立私立専門学校など）の卒業者に対して行われていた（久保義三・米田俊彦・駒込武・児美川孝一郎編『現代教育史事典』東京書籍、二〇〇一年、一九一頁）。
(187) 前掲書（135）、四六頁。
(188) 同前。
(189) 同前。
(190) 同前。
(191) 同前。
(192) 前掲書（154）、二七〇頁。
(193) 同前。
(194) 同前。
(195) 同前。

(196) 同前。
(197) 同前。
(198) 前掲書（154）、二七二―二七三頁。
(199) 前掲書（154）、二七三頁。
(200) 「武道章検定実施要綱」、渡辺一郎編『近代武道史研究資料Ⅲ　昭和十八～十九年　戦時学徒体育訓練実施要項・中等学校体錬科教授要目・武道章検定実施要綱・国民戦技武道基本訓練要項（抄）』朝日印刷、一九八二年、四一頁。
(201) 高岡裕之「大日本体育会の成立」前掲書（3）、二二八頁。
(202) 『朝日新聞』一九九一六号、一九四一年九月七日。
(203) 前掲書（201）、二二八―二三一頁。
(204) 前掲書（201）、二三一頁。
(205) 「財団法人大日本武徳会規程」、渡辺一郎編『近代武道史研究資料Ⅱ　武道綜合団体大日本武徳会の設立とその解散』朝日印刷、一九八一年、二二頁。
(206) 『朝日新聞』二〇六五三号、一九四三年九月一九日。
(207) 同前。
(208) 『朝日新聞』二〇三〇八号、一九四二年一〇月七日。
(209) 『朝日新聞』二〇四一九号、一九四三年一月二七日。
(210) 『朝日新聞』二〇四六〇号、一九四三年三月九日。
(211) 「戦時学徒体育訓練実施要綱」、渡辺一郎編『近代武道史研究資料Ⅱ　武道綜合団体大日本武徳会の設立とその解散』、朝日印刷、一九八一年。
(212) 前掲書（211）、一頁。
(213) 前掲書（211）、一―二頁。
(214) 『朝日新聞』二〇五三六号、一九四三年、五月二五日。
(215) 「学徒武道の試合綱領について」、武田武編『新武道』第三巻第七号、国防武道協会、一九四三年。
(216) 「学徒柔道試合規定の解説」、武田武編『新武道』第三巻第七号、国防武道協会、一九四三年。
(217) 前掲書（216）、五七頁。
(218) 同前。
(219) 前掲書（216）、五九頁。
(220) 前掲書（154）では、当発言は「中山委員」のものとされているが、本会議に中山という人物は見当たらない。また前後の文脈からみてもこれは山中委員の発言である。
(221) 前掲書（154）、二七三頁。
(222) 同前。
(223) 同前。
(224) 前掲書（163）、三四二頁。
(225) 同前。
(226) 同前。
(227) 同前。
(228) 藤生安太郎「武徳会と柔道界の緊急問題」、岩野謹助編『武道公論』第五巻第一二号、大日本清風会、一九四四年、一二頁。
(229) 同前。
(230) 前掲書（228）、二四頁。
(231) 前掲書（228）、二六頁。
(232) 同前。
(233) 同様のことは剣道でも起きていた。厚生省は米軍との本土決戦を考慮し、昭和一九（一九四四）年に『国民戦技武道基本訓練要領』を制定するが、それには剣道の「刀の運用」として袈裟斬りが採用されていた。これに対し、陸軍戸山学校剣道教授の江口卯吉は実戦的な袈裟斬りに反対し、教育剣道と戦技剣道を区分けするよう主張していた（大道等・頼住一昭編『近代武道の系譜』杏林書院、二〇〇三年、七九頁）。戦時下における武道界は戦技化をめぐって様々な種目で意見が衝突していたのである。
(234) 前掲書（163）、三四三頁。
(235) 同前。
(236) 同前。
(237) 同前。
(238) 同前。
(239) 同前。
(240) 同前。
(241) 同前。
(242) 前掲書（135）、四〇頁。
(243) 同前。
(244) 同前。
(245) 前掲書（135）、四一頁。
(246) 同前。
(247) 同前。
(248) 同前。
(249) 同前。
(250) 前田勉「山鹿素行『中朝事実』における華夷観念」、『愛知教育大学研究報告』第五九号、愛知教育大学、二〇一〇年、四七頁。
(251) 同前。
(252) 前田論文でも藤生が引用した箇所と全く同一箇所を引き合いにして『中朝事実』が日本型華夷観念の典型とされてきたことを述べている（前掲書（250）、五〇頁）。
(253) 前掲書（135）、四一頁。
(254) 同前。
(255) 同前。
(256) 同前。
(257) 同前。
(258) 同前。
(259) 同前。
(260) 同前。
(261) 同前。
(262) 前掲書（135）、四二頁。
(263) 同前。
(264) 同前。
(265) 前掲書（135）、四三頁。
(266) 同前。
(267) 同前。
(268) 同前。
(269) 同前。
(270) 同前。
(271) 同前。
(272) 同前。
(273) 同前。
(274) 同前。
(275) 同前。
(276) 同前。
(277) 同前。
(278) 同前。
(279) 同前。

(280) 前掲書（132）、三―四頁。
(281) 前掲書（135）、四二頁。
(282) 前掲書（179）、一四九頁。
(283) 同前。
(284) 同前。
(285) 藤生安太郎「再び日本柔道の敗北について」、『道義』国政審議調査会、一九六五年、七四〇頁。本書は定期刊行されていた雑誌『道義』を一冊の書に編集したものである。

第五部　〈武道のスポーツ化〉問題への対応　その②
――古武道の誕生

第一四章　武術諸流の近代――日本古武道振興会成立以前

(1) 入江康平・加藤寛・二木謙一編『日本史小百科〈武道〉』東京堂出版、一九九四年、二一六頁。
(2) 同前。
(3) 小田部雄次「日本ファシズムの形成と「新官僚」―松本学と日本文化聯盟―」日本現代史研究会『日本ファシズム（一）国家と社会』大月書店、一九八一年。
(4) 藤堂良明の『柔道の歴史と文化』によれば、昭和三（一九二八）年に既に講道館で「古武道研究会」という研究会が設置されたと指摘している（藤堂良明『柔道の歴史と文化』、不昧堂、二〇〇七年、一二五―一三四頁）。しかし、永木耕介の研究によって、嘉納の著述、講道館関係資料に「古武道研究会」という名称が見当たらないことが指摘されている（永木耕介「嘉納治五郎が求めた「武術としての柔道」―柔術との連続性と海外普及―」、『スポーツ人類学研究』第一〇・一一合併号、二〇〇九年、一三頁）。
(5) 中村民雄『剣道事典』島津書房、一九九四年、二三二頁。
(6) 前掲書（5）、二三三頁。
(7) 『読売新聞』号数不明、一八八四年五月三日。
(8) 中村民雄『史料近代剣道史』島津書房、一九八五年、三五頁。
(9) 文部省『我国の古武道　文部省製作映画』国立国会図書館蔵、一九二六年。
(10) 同前。
(11) 同前。
(12) 『読売新聞』夕刊、一八二三九号、一九二七年一二月一二日。
(13) 同前。
(14) 野村寛一編『柔道』第三巻第一号、講道館文化会、一九三二年、四八頁。
(15) 同前。
(16) 熊本県体育協会『肥後武道史』青潮社、一九七四年、一〇八頁。
(17) 前掲書（16）、一一三頁。
(18) 前掲書（16）、四八―四九頁。
(19) 前掲書（16）、四九頁。
(20) 前掲書（16）、二二五頁。
(21) 福田明正『島根県剣道概史』今井書店、一九八四年、三頁。
(22) 前掲書（21）、六頁。
(23) 前掲書（21）、一九頁。
(24) 同前。
(25) 前掲書（21）、二〇―二一頁。
(26) 前掲書（21）、二一頁。
(27) 前掲書（21）、六―七頁。
(28) 前掲書（21）、一〇頁。

(29) 前掲書（21）、二六頁。

(30) 松江地区柔道連盟編『松江地区柔道連盟六十周年記念誌』松江地区柔道連盟、二〇〇八年、二五頁。

(31) 拙稿「直心流柔術の系譜検証：『直心流柔序』の読解を通して」、『武道学研究』第四三巻第一号、日本武道学会、二〇一〇年。

(32) 江戸時代の直信流及び直心流の包括的な研究については、藤堂良明・村田直樹「直信流柔道について―流名・術技及びその思想―」、『武道学研究』第二二巻第三号、日本武道学会、一九九〇年を参照。

(33) 大賀美隆利『直信流柔道統々伝記』鈴鹿家文書、一九二二年。

(34) 松下弘『雲藩武術直信流柔道』島根県立図書館所蔵、一九三七年、六―七頁（頁はこの場合は六―七枚目の原稿という意味である）。

(35) 前掲書（34）、三頁。

(36) 格位は格表、本直格、本立伝、内稽古、翌内伝、神妙伝、内々格伝、内々伝、目録伝、免状伝、皆伝という順序で構成されている。

(37) 前掲書（34）、三四頁。

(38) この機構図の原本（松本学文書二五九―八）は松本の手書きメモであるが、そこに作成日時は記されていない。原本には昭和九（一九三四）年一二月に解散する国維会について表記されている。そのため、この機構図は日文連の組織体制完成予定図の可能性もある。本書では、日文連が設立された昭和八（一九三三）年七月から昭和九（一九三四）年一二月の間に作成されたと考えている。

(39) 粟屋憲太郎・小田部雄次編『資料日本現代史九』大月書店、一九八四年、八九頁。

(40) 前掲書（3）、九四頁。

(41) 前掲書（3）、八五―八六頁。

(42) 根本善春『大島辰次郎君追想録』凸版印刷、一九三九年、一一一頁。

(43) 前掲書（42）、一五九頁。

(44) 前掲書（42）、二〇九―二一〇頁。

(45) 前掲書（42）、二二一頁。

(46) 同前。

(47)『東京朝日新聞』第一五九八七号、一九三〇年一一月四日。

(48) 明治神宮祭奉祝会「明治神宮鎮座十年祭奉祝事業概要」一九三〇年、明治神宮編『明治神宮叢書　第十七巻　資料編（一）』国書刊行会、二〇〇六年、四七二頁。

(49) 前掲書（48）、四七二―四七三頁。

(50) 金光弥一兵衛『岡山県柔道史』山陽印刷株式会社、一九五八年、一五七頁。

(51)「武道幾百流の形を全国から募る」、野村寛一編『柔道』第一巻第八号、講道館文化会、一九三〇年、一七頁。

(52) 同前。

(53) 松岡辰三郎「明治神宮鎮座十年祭奉納武道形大会」、野村寛一編『柔道』第一巻第九号、講道館文化会、一九三〇年、四五頁。

(54) 前掲書（53）、四六頁。

(55) 同前。

(56) 同前。

(57) 前掲書（42）、三〇〇頁。

(58) 吉田宏成「安岡正篤」、『近現代日本人物史料辞典』吉川弘文館、二〇〇四年、四一一頁。
(59) 安岡正篤先生年譜編纂委員会編『安岡正篤先生年譜』財団法人郷学研修所・安岡正篤記念館、一九九七年、二七頁。
(60) 前掲書（59）、一六頁。
(61) 前掲書（59）、一七頁。
(62) 同前。
(63) 前掲書（59）、一〇頁。
(64) 前掲書（59）、一八頁。
(65) 前掲書（59）、一九頁。
(66) 前掲書（59）、一八頁。
(67) 安岡正篤『東洋の心』黎明書房、一九八七年、一四頁。
(68) 前掲書（67）、一五頁。
(69) 前掲書（67）、一五―一六頁。
(70) 前掲書（59）、一五頁。
(71) 前掲書（59）、二三頁。
(72) 本段落は、片山杜秀『近代日本の右翼思想』講談社選書メチエ、二〇〇七年、八〇頁。
(73) 大塚健洋『大川周明』講談社学術文庫、二〇〇九年、一三三頁。
(74) 亀井俊郎『金雞学院の風景』邑心文庫、二〇〇三年、四〇頁。なお同書は安岡が昭和二（一九二七）年に設立した私塾、金雞学院の学生であった亀井一雄の昭和三―一四（一九二八―一九三九）年までの日記を基にしているが、金雞学院に連なる社研や修養団、国維会についても資料が載せられている。これら資料は郷学研修所安岡記念館の金子泰作、田中一三、両津市若宮八幡社宮司の宮川豊、石原バイオサイエンス株式会社の大橋英雄らによって教示されたといい、資料的価値の高い文献である。
(75) 前掲書（74）、四三頁。
(76) 文部省思想局『日本精神論の調査』文部省、一九三五年、一―二頁。
(77) 前掲書（74）、六〇―六七頁。
(78) 前掲書（74）、五七頁。
(79) 前掲書（74）、六二頁。
(80) 前掲書（3）、八七頁。
(81) 小島毅『近代日本の陽明学』講談社選書メチエ、二〇〇六年、一六一―一六二頁。
(82) 井上俊『武道の誕生』吉川弘文館、二〇〇四年、一六三―一六四頁。松本健一『日本の失敗―「第二の開国」と「大東亜戦争」―』岩波現代文庫、二〇〇六年、三三一―三三三頁。
(83) 安岡正篤『日本精神の研究』、玄黄社、一九二四年、三六八頁。
(84) 前掲書（83）、三七〇―三七一頁。
(85) 前掲書（83）、三七一頁。
(86) 前掲書（83）、三七二―三七三頁。
(87) 前掲書（83）、三七五頁。
(88) 同前。
(89) 同前。
(90) 同前。
(91) 前掲書（83）、三七五―三七六頁。
(92) 前掲書（83）、三七六頁。
(93) 前掲書（83）、三七七頁。
(94) 同前。
(95) 前掲書（83）、三七七―三七九頁。
(96) 筒井清忠『日本型「教養」の運命』、岩波書店、一九九五年、三二―三六頁。

(97) 前掲書（96）、八四―九〇頁。
(98) 前掲書（83）、一九三頁。
(99) 同前。
(100) 前掲書（83）、一九四頁。
(101) 同前。
(102) 前掲書（83）、一九四―一九五頁。
(103) 前掲書（83）、一九五頁。
(104) 同前。
(105) 前掲書（83）、一九五―一九六頁。
(106) 前掲書（83）、一九六頁。
(107) 前掲書（83）、一九八頁。
(108) 前掲書（83）、一九七頁。
(109) 前掲書（83）、一九八頁。
(110) 前掲書（83）、二〇六頁。
(111) 前掲書（83）、二〇七頁。

第一五章　日本古武道振興会の成立と展開

(1) 松本学『旬日日誌』国立国会図書館憲政資料室松本学文書六一八、一九〇六年。
(2) 伊藤隆監修『現代史を語る④松本学―内政史研究会談話速記録―』現代史料出版、二〇〇六年、二八頁。
(3) 小田部雄次「日本ファシズムの形成と「新官僚」―松本学と日本文化連盟―」、日本現代史研究会編『日本ファシズム（一）国家と社会』大月書店、一九八一年、八〇頁。
(4) 松本学「戒むべき欧米心酔の傾向」、『斯民』第一九編第五号、一九二四年、四二頁。
(5) 黒澤良「【解説】松本学―内務官僚・運動の組織者―」、前掲書（2）、二〇頁。
(6) 前掲書（3）、九〇頁。
(7) 掛川トミ子編『現代史資料四二　思想統制』みすず書房、一九七六年、二六頁。
(8) 前掲書（3）、九〇頁。
(9) 伊藤隆・広瀬順晧編『松本学日記』山川出版社、一九九五年、八二頁。
(10) 前掲書（9）、八五頁。
(11) 同前。
(12) 川内鐵三郎「日本武道と念流の奥義」、山本三生編『改造』改造社、一九三四年、一四七―一四八頁。
(13) 前掲書（9）、六五頁。
(14) 日本古武道振興会『日本古武道振興会概要』国立国会図書館憲政資料室松本学文書所蔵五〇四、一九三九年、一頁。
(15) 前掲書（9）、九一頁。
(16) 前掲書（14）、二頁。
(17) 前掲書（9）、九四頁。
(18) 前掲書（9）、九七頁。
(19) 前掲書（14）、二頁。
(20) 同前。
(21) 同前。
(22) 同前。
(23) 川内鐵三郎『日本武道流祖伝』日本古武道振興会、一九三五年、一頁。
(24) 前掲書（23）、二頁。
(25) 同前。

(26) 田口章太『日本文化団体年鑑　昭和十三年版』財団法人日本文化中央連盟、一九三八年、三〇八頁。
(27) 前掲書（26）、三〇八頁。
(28) 前掲書（14）、四頁。
(29) 前掲書（14）、二頁。
(30) 浅野正恭『大本教の叛逆思想』国立国会図書館松本学文書所蔵一九九、一九二六年。
(31) 前掲書（14）、九四頁。
(32) 前掲書（14）、一〇一頁。
(33) 同前。
(34) 前掲書（9）、二五五頁。
(35)「財団法人日本古武道振興会要覧」一九四〇年、中村民雄『史料近代剣道史』島津書房、一九八五年、六六―六七頁。
(36) 松本学『日誌』国立国会図書館憲政資料室松本学文書六四三、一九四〇年。
(37) 塚田『登記謄本写』国立国会図書館憲政資料室松本学文書五一六、一九四六年。なお、当登記謄本は昭和三八（一九六三）年三月三〇日に会員の杉山正太郎から松本学へと送付されたものである。送付状に「古武道振興会が昭和二十一年一月十七日解散致した事は右登記謄本写し通り記載してあります。先生が永い間御苦心記念にお送り申し上げます」と記されている。昭和二一（一九四六）年一月二三日に塚田という人物が登記して終わっているが、彼は振興会の財団法人解散にあたって最後の登記を行った人物とみられるため、本資料の作者とみなした。
(38) 渡辺一郎編『近代武道史研究資料Ⅱ　武道綜合団体大日本武徳会の設立とその解散』朝日印刷、一九八一年、二四頁。
(39)「はしがき」渡辺一郎編『近代武道史研究資料Ⅰ　武道振興委員会並ビニ審議経過』朝日印刷、一九八〇年。
(40) 前掲書（35）、七一頁。
(41) 新井恒易『日本文化団体年鑑　昭和十八年版』財団法人日本文化中央連盟、一九四三年、二九九―三〇〇頁。
(42) 坂上康博「武道界の戦時体制化」、坂上康博・高岡裕之編『幻の東京オリンピックとその時代　戦時期のスポーツ・都市・身体』青弓社、二〇〇九年、二六五―二六八頁。
(43) 前掲書（41）、二九九頁。
(44) 前掲書（35）、七〇頁。
(45) 前掲書（35）、六九頁。
(46) 前掲書（41）、三〇〇頁。
(47) 松本学『日誌』国立国会図書館憲政資料室松本学文書六四五、一九四二年。
(48) 前掲書（26）、三〇八頁。
(49) 前掲書（35）、六七頁。
(50) 松本学「我武」、『武道公論』第三巻第八号、大日本清風会、一九四一年、二頁。
(51) 田口利吉郎「鏡開式の感想と報告」、野村寛一編『柔道』第二巻第四号、講道館文化会、一九三一年、三六頁。
(52) 前掲書（23）、一七七―一八七頁。
(53) 前掲書（23）、二頁。
(54) 松本学「日本古武道の真精神―建国祭全国古武道各派型大会に於て―」、『雄弁』第二八巻第三号、大日本雄弁会講談社、一九三七年、三二七頁。
(55) 同前。
(56)『都新聞』一七一九五号、一九三七年二月一一日。

(57) 前掲書（54）、三二七頁。
(58) 前掲書（54）、三三六頁。
(59) 前掲書（14）、六頁。
(60) 前掲書（14）、一二頁。
(61) 同前。
(62) 坂上康博編『海を渡った柔術と柔道―日本武道のダイナミズム―』青弓社、二〇一〇年。
(63) 前掲書（9）、二九四頁。
(64) 『東京朝日新聞』第一八八七四号、一九三八年一〇月二三日。
(65) 松本学「郷土と文化」国立国会図書館憲政資料室松本学文書二五〇、一九三八年、一頁。
(66) 前掲書（65）、二―三頁。
(67) 前掲書（65）、四―五頁。
(68) 粟屋憲太郎「ファッショ化と民衆意識」、江口圭一編『体系・日本現代史　日本ファシズムの形成』日本評論社、一九七八年、二五四―二五五頁。
(69) 前掲書（65）、五頁。
(70) 前掲書（65）、一一―一二頁。
(71) 前掲書（65）、一三―一四頁。
(72) 前掲書（65）、三―四頁。
(73) もちろん、松本が中央都市文化を危惧する背景にはマルクス主義の地方への流入を懸念していたことも考えられる。ただし、粟野は世界恐慌後の地方の窮乏は「結果的には、左翼陣営が期待していた労働者・農民大衆の革命化、急進化という事態をもたらさずに終った。むしろ労働者、農民の多くは、不断の窮乏のなかで明確な展望のないままぎりぎりの生活防衛に追いまくられていたというのが実態であろう」と分析している（前掲書（68）、二五六頁。）。したがって、結果的に左翼陣営の情勢認識の誤りの隙をつくかたちで日文連の活動は展開されたと考えられる。
　また、松本が文化活動を推進したのは彼がイタリアのドポラヴォーロの活動に感化されていたことにも因る。ドポラヴォーロ（「労働の後」という意味）はイタリアのファシスト党が労働後の余暇を組織的に掌握し、勤労者統制に利用したものである。松本は昭和一一（一九三六）年九月一日の日記の中で「午前十時五十三分上野発で布鎌村全村学校一周年紀念祭に参列の為め行く。安藤、須藤両君一緒なり。村会議員白石氏の宅で少憩、昼食。午後一時から水神社頭で祭あり。後で東京から芸道連盟からつれて行った芸人の余興あり。数百人の村人等が今日を楽しみに打興じており。晩はPCEにたのんでトーキーを写してやることとした。挙村大喜びである。農村振興の運動もこの手段まで行かねばうそだ。伊太利のドホラポーロが羨ましくてならぬ」（前掲書（9）、一八〇頁）とドポラヴォーロへの羨望を述べている。また、国立国会図書館憲政資料室松本学文書には「一九二九年十二月三十一日迄の全国「ドポラヴォーロ」連盟の活動」と題した一五五ページに及ぶ報告書が収蔵されている。松本はこの報告書を読んでドポラヴォーロへの理解を深めたものと考えられる。

　ドポラヴォーロに関する学術書としては、ヴィクトリア・デ・グラチィア（豊下楢彦・高橋進・後房雄・森川貞夫訳）『柔らかいファシズム』（有斐閣、一九八九年）がある。
(74) 前掲書（14）、五頁。
(75) 同前。
(76) 前掲書（14）、一二頁。

(77) 前掲書（14）、一四頁。
(78) 前掲書（14）、一七―二二頁。
(79) 前掲書（14）、七頁。また翌日の『東京日日静岡版』にも古武道振興会静岡支部の創設が報道されている（『東京日日静岡版』、二一八二八号、一九三八年五月四日）。
(80) 同前。
(81) 前掲書（14）、九頁。
(82) 前掲書（9）、二四九頁。
(83) 同前。
(84) 前掲書（54）三二七頁。
(85) 前掲書（26）、三〇九頁。
(86) 前掲書（9）、一六八頁。
(87) 前掲書（9）、一八二頁。
(88) 前掲書（9）、二〇五頁。
(89) 前掲書（9）、二一九頁。
(90) 前掲書（9）、二三六頁。
(91) 前掲書（9）、二三九頁。
(92) 前掲書（9）、二四〇頁。
(93) 前掲書（9）、二四三頁。
(94) 前掲書（9）、二四七頁。
(95) 前掲書（9）、二五〇頁。
(96) 前掲書（9）、二五一頁。
(97) 前掲書（9）、二七五頁。
(98) 前掲書（9）、二〇六頁。
(99) 前掲書（9）、二一四頁。
(100) 前掲書（9）、一八五頁。
(101) 前掲書（9）、一八六頁。
(102) 前掲書（9）、二六〇頁。
(103) 前掲書（26）、三〇一頁。
(104) 財団法人日本古武道振興会『第一回女子薙刀道指導者講習会要項』国立国会図書館憲政資料室松本学文書所蔵五〇六、一九四一年。
(105) 財団法人日本古武道振興会『第一回女子長刀道指導者講習会要項』国立国会図書館憲政資料室松本学文書所蔵五〇六、一九四一年。
(106) 前掲書（104）。
(107) 『朝日新聞』一九八六〇号、一九四一年七月一三日、『朝日新聞』一九九一四号、一九四一年九月五日。
(108) 松本学『新日本文化の建設　実業界の人への講話』国立国会図書館憲政資料室松本学文書所蔵五九三、一九三七年、九頁。
(109) 前掲書（14）、一六頁。
(110) 藤野豊『強制された健康　日本ファシズム下の生命と身体』吉川弘文館、二〇〇〇年。
(111) 佐々木浩雄「量産される集団体操―国民精神総動員と集団体操の国家イベント化―」、坂上康博・高岡裕之編『幻の東京オリンピックとその時代　戦時期のスポーツ・都市・身体』青弓社、二〇〇九年。
(112) 前掲書（111）、四一七―四二二頁、四三〇―四三八頁。
(113) 前掲書（110）、五六―六二頁、一二一―一二六頁。
(114) 前掲書（111）、四三八―四三九頁。
(115) 前掲書（9）、一八六頁。
(116) 松本学『第四回建国体操指導者講習会』国立国会図書館憲政資料室松本学文書三九一、一九四〇年、一七頁。
(117) ただし、柔道の精力善用国民体育が「基となって、大谷武一君が発表せられた建国体操も生れ出づるに至った」（松岡大童「着のみ着のまま稽古が出来る柔道修行法（二）」、『柔道』第一〇巻第九号、講道館、一九三九年、二二頁）という指摘が当時からなされていた。実際、動作の上でも精力善用国民体育と建国体操は良く似ている。古武道から建国体操を創り上げたというのは建前で、実は大谷が精力善用国民体育をモデルに制作したものと考えられる。

(118) 前掲書（9）、一九八頁。
(119) 前掲書（9）、二〇八頁。
(120) 『東京朝日新聞』一八八七四号、一九三八年一〇月二三日。
(121) 同前。
(122) 松本学「建国体操の意義」、酒井厳『建国体操　図解及び伴奏楽譜』日本体育保健協会、一九三七年。本資料は早稲田大学の志々田文明教授より頂いたものである。ここに記して感謝いたします。
(123) 前掲書（116）、一四―一五頁。
(124) 前掲書（116）、二〇頁。
(125) 前掲書（116）、一八頁。
(126) 前掲書（116）、一六―一七頁。
(127) 前掲書（116）一八頁。
(128) 大谷武一「建団体操」、前掲書（122）。
(129) 同前。
(130) 黒田勇『ラジオ体操の誕生』青弓社、一九九九年、一一四―一一六頁。
(131) 前掲書（128）。
(132) 同前。
(133) 酒井厳、前掲書（122）。
(134) 前掲書（35）、六五頁。
(135) 前掲書（23）、一頁。
(136) 前掲書（14）、一頁。
(137) 前掲書（35）、六五頁。
(138) 高橋敏『近世村落生活文化史序説』未來社、一九九〇年、二五七―二八二頁。
(139) 高橋敏『国定忠治の時代―読み書きと剣術―』平凡社、一九九一年、二四四頁。『御縄名寄帳』は馬庭のある地域が検地によって近世村・馬庭村と確定される際に作成された。
(140) 前掲書（139）、二四一―二四四頁。
(141) 高島平三郎『体育原理』育英舎、一九〇四年、三三七頁。
(142) 前掲書（141）、三四二頁。
(143) 前掲書（141）、三四三頁。
(144) 前掲書（141）、三四六頁。
(145) 同前。
(146) 同前。
(147) 佐野学『日本社会史序論』同人社書店、一九二二年、一八八―一九〇頁。
(148) 前掲書（147）、一九二頁。
(149) 黒正巌『百姓一揆の研究』岩波書店、一九二八年、二四二頁。
(150) 春山作樹「江戸時代の教育」、『岩波講座日本歴史　第一八巻』岩波書店、一九三五年、一一頁。なお「薙刀鎖鎌は女子の武器」（一一頁）とある。
(151) 前掲書（150）、二七頁。
(152) 前掲書（14）、一頁。
(153) 前掲書（50）、二頁。
(154) 宮内省監修『昭和天覧試合・武道宝鑑皇太子殿下御誕生奉

祝』講談社、一九三四年、四五頁。

（155）松本の一九四一年八月三〇日の日記には「武道公論社から頼まれた原稿をかく「我武」と題す」（松本学『日誌』、国立国会図書館憲政資料室松本学文書六四四、一九四一年）とある。

（156）前掲書（50）、二頁。

（157）同前。

（158）前掲書（23）、三頁。

（159）同前。

（160）同前。

（161）同前。

（162）同前。

（163）源了圓『型』創文社、一九八九年、一六五頁。

第一六章　戦時下の古武道

（1）野村寛一編『柔道』第八巻第七号、講道館文化会、一九三七年、五頁。

（2）前掲書（1）、二六頁。

（3）嘉納治五郎「近く講道館に設けんとする特別練習科に就いて」前掲書（1）、二―三頁。

（4）大日本武徳会『武徳』第四五号、大日本武徳会、一九三五年、五頁。

（5）大日本武徳会『武徳』第六九号、大日本武徳会、一九三七年、三頁。

（6）島村武志『武徳会革新論　（附）武道家に告ぐ』一九四〇年、二八頁。

（7）戸張と笹森の所属先については、日本古武道振興会『日本古武道振興会概要』国立国会図書館憲政資料室松本学文書所蔵五〇四、一九三九年、一七頁、一九頁。野村寛一代表『柔道年鑑（昭和十二年）』講道館、一九三六年、三四八頁。長島孝有編『大日本武徳会範士教士練士名鑑』大日本武徳会本部雑誌部、一九四一年、九頁を照合した。

（8）『大阪朝日新聞』二〇三一九号、一九三八年六月四日。

（9）『週刊朝日』六月二六日号、朝日新聞社、一九三八年、一三頁。

（10）前掲書（9）、一二頁。

（11）同前。

（12）同前。

（13）同前。

（14）前掲書（9）、一三―一四頁。

（15）前掲書（9）、一四頁。

（16）『朝日新聞』二〇三六二号、一九四二年一一月三〇日。

（17）『読売新聞』二四〇八一号、一九四四年一月二四日。

（18）松本学『日誌』国立国会図書館憲政資料室松本学文書六四七、一九四四年。

（19）井上信虎「武道綜合団体の全貌―大日本武徳会の結成とその内容について―」、武田武編『新武道』第二巻第五号、国防武道協会、一九四二年、三四頁。

（20）武田武編『新武道』第三巻第一一号、国防武道協会、一九四三年、七六頁。

（21）同前。

（22）松本学『日誌』国立国会図書館憲政資料室松本学文書六四七、一九四四年。

（23）横浜市教育部「寄せ運動」国立国会図書館憲政資料室松本学文書五一五、一九四〇年、二頁―三頁。

（24）前掲書（23）、一頁。

(25) 前掲書（23）、二頁。
(26) 前掲書（23）、三頁。
(27) 前掲書（23）、四―五頁。
(28) 同前。
(29) 同前。
(30) 前掲書（23）、一二頁。
(31) 前掲書（23）、八―九頁。
(32) 前掲書（23）、六頁。
(33) 日本古武道振興会「古武道寄勢要項」国立国会図書館憲政資料室松本学文書五一五、一九四三年。
(34) 同前。
(35) 武田寅男編『新武道』第一巻第一号、新武道刊行会、一九四一年、一二―一三頁。
(36)「〝国防武道体育を語る〟座談会」前掲書（35）、一二頁。
(37) 前掲書（36）、三八頁。
(38) 同前。
(39) 同前。
(40) 前掲書（36）、三八―三九頁。
(41) 前掲書（36）、三九頁。
(42) 同前。
(43) 前掲書（36）、四〇頁。
(44) 前掲書（36）、四一頁。
(45) 同前。
(46) 前掲書（36）、四二頁。
(47) 同前。
(48) 同前。
(49) 前掲書（36）、四五頁。
(50) 前掲書（36）、四五―四六頁。
(51) 前掲書（36）、四六頁。
(52)「これからの武道を語る座談会」、武田武編『新武道』、第二巻第六号、国防武道協会、一九四二年。
(53) 前掲書（52）、三四頁。
(54) 前掲書（52）、四〇頁。
(55) 同前。
(56) 同前。
(57) 前掲書（52）、四一頁。
(58) 同前。
(59) 前掲書（52）、四二頁。
(60) 同前。
(61) 同前。なお、武田の名前は引用箇所では「記者」と表記されているが、これは武田であると考えてよいだろう。武田以外の話者の名前は各発言の冒頭に表記されているのに対し、座談会出席者の中で「記者」に該当するのは『新武道』編集者である武田以外には考えられない。
(62) 前掲書（52）、四一頁。
(63) 前掲書（52）、四一―四二頁。
(64) 前掲書（52）、四一頁。
(65) 松本学「ご挨拶」、『日本古武道大会』国立国会図書館憲政資料室松本学文書五〇七、一九六六年。

結章

(1) 坂上康博編著『海を渡った柔術と柔道―日本武道のダイナミズム―』青弓社、二〇一〇年。

引用参考文献

雑誌記事・書籍（五十音順）

相川仁童編『文部省法令年纂　昭和三年版』大空社、一九九五年
——『文部省法令年纂　昭和六年版　上』大空社、一九九四年
——『文部省法令年纂　昭和十一年版』大空社、一九九四年
——『文部省法令年纂　昭和十七年　下』大空社、一九九三年
赤木敦「剣道界」、大道弘雄編『運動年鑑』朝日新聞社、一九三二年
赤澤史朗「戦時下の相撲界」『立命館大学人文科学研究所紀要』第七五号、二〇〇〇年
赤澤史朗・北川賢三編『文化とファシズム』日本経済評論社、一九九三年
赤司欽一「福島県年報」一八八五年『文部省第十二年報』、一八八七年
秋田県教育委員会『秋田県教育史　第二巻』第一法規出版、一九八二年
朝尾直弘・網野善彦・石井進・鹿野政直・早川庄八・安丸良夫編『岩波講座日本通史第一九巻　近代４』岩波書店、一九九五年
——『大学の誕生（下）』中央公論新社、二〇〇九年
新井源水「柔道修練の方針竝に審判規定に就て」、武田武編『新武道』第四巻第一号、一九四四年
新井恒易『日本文化団体年鑑　昭和十八年版』財団法人日本文化中央聯盟、一九四三年
有田祐二「近代剣道の理念形成過程について—西久保弘道の武道観・剣道観を中心に—」、『武道学研究』第三四巻大会号、二〇〇一年
——「近代剣道の理念形成過程における柔道の影響について—西久保弘道と嘉納治五郎—」、『武道学研究』第三五巻大会号、二〇〇二年
——「近代における「剣道」への名辞移行の検討」、『武道学研究』第四〇巻大会号、二〇〇七年
浅野正恭『大本教の叛逆思想』国立国会図書館松本学文書所蔵199、一九二六年
天野郁夫『学歴の社会史—教育と日本の近代—』新潮選書、一九九二年
粟屋憲太郎「ファッショ化と民衆意識」、江口圭一編『体系・日本現代史　日本ファシズムの形成』日本評論社、一九七八年
粟屋憲太郎・小田部雄次『資料日本現代史九』大月書店、一九八四年
安東由則「身体訓練（兵式体操）による「国民」の形成—森有礼に注目して—」『武庫川女子大紀要』第五〇号、二〇〇二年
池田拓人「嘉納治五郎による柔道教材化の試み：「体操の形」を中心に」、『北海道大学大学院教育学研究科紀要』第一〇一号、二〇〇七年

池田拓人・中村民雄「近代における体操科教材史（一）―明治一〇年代の柔術採用論―」、『福島大学教育実践研究紀要』第三七号、一九九九年
池田拓人・中村民雄・秋山秀博「明治期における『乱捕』の成立過程に関する研究」、『武道学研究』第三二巻第二号日本武道学会、二〇〇〇年
伊沢修二「新設体操法ノ成績」、『教育雑誌』一八七九年
――「今日我輩カ所謂教育トハ何ソヤ」、『大日本教育会雑誌』大日本教育会第一号、一八八三年
――「今日我輩カ所謂教育トハ何ソヤ（第一号ノ続キ）」『大日本教育会雑誌』大日本教育会第二号、一八八三年
石井研堂『明治事物起原』橋南堂、一九〇八年
石垣安造『撃剣会始末』島津書房、二〇〇〇年
石津秀實「各部大会優勝旗」、『以文会誌』第六号、一九一二年
磯貝一・永岡秀一・飯塚国三郎・三船久蔵・佐村嘉一郎・飯塚茂・植村睦男・香月保「全日本選士権大会座談会　下」、東口眞平編『アサヒ・スポーツ』第八巻第二七号、朝日新聞社、一九三〇年
伊藤彰浩『戦間期日本の高等教育』玉川大学出版、一九九九年
伊藤隆・広瀬順皓編『松本学日記』山川出版社、一九九五年
伊藤隆監修『現代史を語る④松本学―内政史研究会談話速記録―』現代史料出版、二〇〇六年
稲田雅洋「自由民権運動」、朝尾直弘・網野善彦・石井進・鹿野政直・早川庄八・安丸良夫編『岩波講座日本通史第一七巻　近代2』岩波書店、一九九四年
井上俊『武道の誕生』吉川弘文館、二〇〇四年
井上哲次郎「武士道と将来の道徳」、『現代大家武士道叢論』博文館、一九〇五年
――「勅語と武士道」、『現代大家武士道叢論』博文館、一九〇五年
井上寿一『日中戦争下の日本』講談社選書メチエ、二〇〇七年
井上信虎「武道綜合団体の全貌―大日本武徳会の結成とその内容について―」、武田武編『新武道』第二巻第五号国防武道協会、一九四二年
入江克己『昭和スポーツ史論』不昧堂、一九九一年
入江康平「「弓道要則」の普及に関する研究」、東京教育大学体育学部編『東京教育大学体育学部紀要』第一五巻、東京教育大学体育学部、一九七六年
入江康平編『武道文化の研究』第一書房、一九九五年
入江康平・杉江正敏編『日本武道学研究　渡邉一郎教授退官記念論集』島津書房、一九八八年
入江康平・加藤寛・二木謙一編『日本史小百科〈武道〉』東京堂出版、一九九四年
色川大吉編『三多摩自由民権史料集　上巻』大和書房、一九七九年
岩野謹助「大日本武徳会薙刀術学校形制定を続る〝武道界の奇怪事〟」、岩野謹助編『武道公論』第三巻第一号、一九四一年
植手通有『日本の名著三四　西周　加藤弘之』中央公論社、一九七二年
鵜澤「昭和八年度中央柔道有段者会定期会合並に夏季講習会記事」、野村寛一編『柔道』第四巻第九号講道館文化会、一九三三年
鵜沢尚信『陸軍戸山学校略史』長田印刷、一九六九年
牛島栄治『西久保弘道の一生』春風館、一九六九年
打越孝明「嘉納治五郎の教育意見について―初等教育を中心にして―」、『皇学館論叢』第二三巻第三号、一九九〇年
A記者「中央講道館有段者会の記」、野村寛一編『柔道』第二巻第

八号講道館文化会、一九二三年
江口圭一編『体系・日本現代史　日本ファシズムの形成』日本評論社、一九七八年
榎本鐘司「幕末剣術の変質過程に関する研究—特に田宮流・窪田清音の剣術観を中心として—」、『アカデミア』第二八号、南山大学、一九七八年
老松信一『改定新版　柔道百年』時事通信社、一九七六年
大賀美隆利『直信流柔道続々伝記』鈴鹿家文書、一九二二年
大久保利謙編『森有礼全集　第一巻』宣文堂、一九七二年
大倉徳治『一橋剣道部八十年史』東京コピイ、一九八三年
大沢謙二「柔術死活之弁」、『学芸志林』第八七号、一八八四年
大塚健洋『大川周明』講談社学術文庫、二〇〇九年
大野久磨夫「方法で生かし精神に生く」、東口眞平編『アサヒ・スポーツ』第六巻第一号、朝日新聞社、一九二八年
大野熊雄『剣士　内藤高治』日本武教社、一九三〇年
大日方純夫「統治機構の再編—首都警察機構を中心として—」、鹿野政直・由井正臣編『近代日本の統合と抵抗3』日本評論社、一九八二年
——『日本近代国家の成立と警察』校倉書房、一九九二年
大道等・頼住一昭偏『近代武道の系譜』杏林書院、二〇〇三年
尾形源治「専門成年前期優勝選士の感想」、野村寛一編『柔道』第二巻第一号、講道館文化会、一九三一年
小野勝敏訳「嘉納治五郎による二編の柔道講演［1］「柔道の教育への貢献」［2］「柔道の原理とその人間活動のすべての面への応用」」、『岐阜経済大学論集』第四二巻第一号、二〇〇八年
奥野武志『兵式体操成立史研究—近代日本の学校教育と教練—』早稲田大学出版部、二〇一一年
掛川トミ子編『現代史資料42　思想統制』みすず書房、一九七六年
片山杜秀『近代日本の右翼思想』講談社選書メチエ、二〇〇七年
門脇厚司『東京教員生活史研究』学文社、二〇〇四年
兼坂弘道編『銃剣道百年史』全日本銃剣道連盟事務局、二〇〇七年
金光弥一兵衛『岡山県柔道史』山陽印刷株式会社、一九五八年
嘉納治五郎『嘉納治五郎「私の生涯と柔道」』日本図書センター、一九九七年
——「柔術及び其起原」、『日本文学』第三号、一八八八年
——「柔道一班並ニ其ノ教育上ノ価値」、『大日本教育会雑誌』大日本教育会、一八八九年
——「講道館柔道講義」、富田常次郎編『国士』第一巻第三号、一八九八年
——「第三回柔道聯合勝負の前後に於ける講話」、富田常次郎編『国士』第九号、造士会、一八九九年
——「見世物体育」、『帝国教育』三三二号帝国教育会、一九一〇年
——「講道館柔道概説」、小田勝太郎編『柔道』第一巻第二号、柔道会本部事務所、一九一五年
——「本邦運動競技の国際間に於ける位置」、『柔道』第三巻第五号、一九一七年
——「柔道より見たる極東選手権競技大会」、『柔道』第三巻第六号、一九一七年
——「講道館柔道乱捕審判規程」、小田勝太郎編『柔道』第四巻第一号、一九一八年
——「講道館柔道修行者の進級昇段の方針を述べて東京仙台両高等学校柔道試合に関する世評に及ぶ」、『柔道』第四巻第六号、一九一八年

――「柔道家に是非持つて居て貰ひたい精神」、小田勝太郎編『有効乃活動』第六巻第五号、柔道会本部、一九二〇年
――「サンテル事件の結末」、小田勝太郎編『有効乃活動』、第七巻第五号、柔道会本部、一九二〇年
――「大正十一年を迎へて会員諸子に告ぐ」、小田勝太郎編『有効乃活動』第八巻第一号、柔道会本部、一九二二年
――「男女の中等学校年齢の生徒に望む」、野村寛一編『柔道』第一巻第九号、講道館文化会、一九二二年
――「本誌発行の趣旨」、野村寛一編『大勢』第一巻第一号、講道館文化会、一九二二年
――「柔道と競技運動」、野村寛一編『作興』第八巻第一号、講道館文化会、一九二九年
――「道場に於ける形乱取練習の目的を論ず（其の一）」、野村寛一編『柔道』第一巻第二号、一九三〇年
――「愈々近づいた全日本選士権大会」、野村寛一編『柔道』第一巻第八号、講道館文化会、一九三〇年
――「帰一斎漫話」、野村寛一編『柔道』第一巻第八号、講道館文化会、一九三〇年
――「今日は我が同志が蹶起すべき時である」、野村寛一編『柔道』第六巻第五号、講道館文化会、一九三五年
――「講道館が有志に棒術を練習せしむるに至った理由」、野村寛一編『柔道』第六巻第四号、講道館文化会、一九三五年
――「近く講道館に設けんとする特別練習科に就いて」、野村寛一編『柔道』第八巻第七号、講道館文化会、一九三七年
――「広く柔道の修行者に告ぐ」、野村寛一編『柔道』第八巻第八号、講道館文化会、一九三七年
――「支那事変と講道館」、野村寛一編『柔道』第八巻第九号、一九三七年
――「報国更生団の結成につき講道館員に告ぐ」、野村寛一編『柔道』第九巻第三号、講道館文化会、一九三八年
上沼八郎「伊沢修二と「新設体操」―主として「新設体操着手方按」（草案）について―」『東京女子体育大学紀要』第四巻、東京女子体育大学、一九六九年
亀井俊郎『金雞学院の風景』邑心文庫、二〇〇三年
川内鐵三郎「日本武道と念流の奥義」、山本三生編『改造』改造社、一九三四年
――『日本武道流祖伝』日本古武道振興会、一九三五年
川田稔『原敬と山県有朋』中公新書、一九九八年。
菅野覚明『武士道の逆襲』講談社現代新書、二〇〇四年
岸野雄三・竹之下休蔵『近代日本学校体育史』日本図書センター、一九八三年
北垣國道「京都府年報」、一八八二年『文部省第九年報』、一八八四年
北垣國道「京都府年報」、一八八三年『文部省第十年報』、一八八四年
木下秀明『スポーツの近代日本史』杏林書院、一九七〇年
――『日本体育史研究序説』不昧堂、一九七一年
――「いわゆる「運動能力テスト」の系譜と「体力章検定」」、有吉保編『研究紀要』第四九号、日本大学文理学部人文科学研究所、一九九五年
――「いわゆる「運動能力テスト」に関する陸軍戸山学校の系譜と体力章検定」、有吉保編『研究紀要』第五一号、日本大学文理学部人文科学研究所、一九九六年
――「「術」から「道」へ―日本の〝martial arts〟の近代化と

は―」、大道等・頼住一昭編『近代武道の系譜』杏林書院、二〇〇三年
――「「撃剣」「剣術」から「剣道」への移行過程に関する検討：『文部省第一回撃剣講習録』の分析」、『体育学研究』第五〇巻三号、二〇〇五年
――「「撃剣」「剣術」から「剣道」への移行に関する史的考察」、『体育学研究』第五一巻一号、二〇〇六年
――「「撃剣」「剣術」から「剣道」への移行過程に関する検討：永井道明の場合」、『体育学研究』第五一巻二号、二〇〇六年
木村吉次「兵式体操の成立過程に関する一考察」、『中京体育学論叢』五巻一号、中京大学、一九六四年
木村匡『森先生伝』金港堂書籍、一八九九年
木村直恵『〈青年〉の誕生　明治日本における政治的実践の転換』新曜社、一九九八年
楠正位「学剣の要旨」、『武徳会誌』第一一号、大日本武徳会本部、一九一〇年
工藤雷介『秘録日本柔道』東京スポーツ新聞社、一九七二年
宮内省監修『昭和天覧試合・武道宝鑑皇太子殿下御誕生奉祝』講談社、一九三四年
熊本県体育協会『肥後武道史』青潮社、一九七四年
黒田勇『ラジオ体操の誕生』青弓社、一九九九年
栗原民雄「柔道の新しい方向」、武田武編『新武道』第二巻第一一号、国防武道協会、一九四二年
警視庁警務部教養課『警視庁武道九十年史』東京印刷株式会社、一九六五年
康啓楷『昭和柔道史』康特許法律著述出版事務所、一九三九年
厚生省「武道章検定実施要綱」、武田武編『新武道』第四巻第一号、一九四四年
高津勝『日本近代スポーツ史の底流』創文企画、一九九四年
――「民衆スポーツ史の可能性：伝統と近代を問う」、定本朋子編『体育学研究』第五五巻第二号日本体育学会、二〇一〇年
黒正巌『百姓一揆の研究』岩波書店、一九二八年
小島毅『近代日本の陽明学』講談社選書メチエ、二〇〇六年
昆野伸幸『近代日本の国体論〈皇国史観〉再考』ぺりかん社、二〇〇八年
斉藤月岑（金子光晴校訂）『増訂武江年表二　東洋文庫一一八』平凡社、一九六八年
酒井巌『建国体操　図解及び伴奏楽譜』日本体育保健協会、一九三七年
坂上康博「大日本武徳会の政治的機能」、『研究年報』一橋大学、一九八九年
――「大日本武徳会の成立過程と構造―一八九五～一九〇四年―」、『行政社会論集』第一巻第三・四号、一九八九年
――「大正期における大日本武徳会―その政治的・軍事的機能の検討を中心として―」、『体育史研究』第七号、一九九〇年
――「国民統合装置としてのスポーツ―一九二八～一九三二年を中心に―」、『歴史学研究』六二二号、一九九一年
――、「大日本武徳会の地域的展開―日清戦後における熊本・山形・宮城の事例」、『日本体育学会大会号』、一一六号、一九九二年
――『権力装置としてのスポーツ　帝国日本の国家戦略』講談社選書メチエ、一九九八年
――『にっぽん野球の系譜学』青弓社、二〇〇一年
――「一九三〇年における剣道家の実態分析―剣道の近代史再

考―」スポーツ史学会第一六回大会報告資料、二〇〇二年
坂上康博編『海を渡った柔術と柔道』青弓社、二〇一〇年
坂上康博・高岡裕之編『幻の東京オリンピックとその時代　戦時期のスポーツ・都市・身体』、青弓社、二〇〇九年
阪谷素「森学士調練ヲ体操ニ組合セ教課ト為ス説ノ後ニ附録ス」、『東京学士会院雑誌』第一編第七冊、東京学士会院
桜庭武『柔道史攷』目黒書店、一九三五年
佐々木吉備三郎「柔道審判規定に就いて講堂館規定を弾ず」、『帝国大学新聞』第一八〇号、一九二六年
佐々木浩雄「量産される集団体操―国民精神総動員と集団体操の国家イベント化―」、坂上康博・高岡裕之編『幻の東京オリンピックとその時代　戦時期のスポーツ・都市・身体』青弓社、二〇〇九年
佐藤卯吉「明治神宮競技大会に武徳会の不参加に就て古き衣を脱ぎすてよ」、『アサヒ・スポーツ』第三巻第二二号、東京朝日新聞社、一九二五年
佐藤忠三「武徳会の解消と剣道団体」、武田武編『新武道』第二巻第七号、国防武道協会、一九四二年
佐野学『日本社会史序論』同人社書店、一九二二年
産業労働調査所編『無産者政治必携』同人社、一九二八年
志々田文明「一九六五年前後の「武道の現代化」論について」、早稲田大学体育研究紀要編集委員会『早稲田大学体育研究紀要』第二〇号、早稲田大学体育局、一九八八年
――「「満洲国」建国大学における騎道教育」、『武道学研究』第三四巻第三号、日本武道学会、二〇〇二年
信濃教育会『伊沢修二選集』信濃教育会出版部、一九五八年
島村武志『武徳会革新論（附）武道家に告ぐ』国立国会図書館所蔵、一九四〇年
衆議院参議院編『議会制度百年史　衆議院議員名鑑』大蔵省印刷、一九九〇年
庄子宗光『剣道五十年』時事通信社、一九五六年
――『剣道百年』時事通信社、一九七〇年
鈴木康史「経験・言語・宣伝　思想史からの嘉納治五郎」、『体育思想研究』第一号、一九九七年
鈴木楓太「戦時期のスポーツとジェンダー―文部省の「重点主義」政策の検討を中心に―」、『一橋大学スポーツ研究』第三一号、二〇一二年
杉村嘉久治編『昭和拾年運動年鑑』静岡県体育協会、一九三五年
関本照夫・船曳建夫編『国民文化が生れる時―アジア・太平洋の現代とその伝統』、リブロポート、一九九四年
芹澤宏編『体育論文集』目黒書店、一九三三年
寒川恒夫「「柔道一班並ニ其教育上ノ価値」講演にみる嘉納治五郎の柔道体系論」、『講道館柔道科学研究会紀要　第Ⅶ輯』講道館、一九九四年
――「近代語としての武道の概念形成」、『現代スポーツ評論』第二一号、創文企画、二〇〇九年
――『日本武道と東洋思想』平凡社、二〇一四年
園田英弘『西洋化の構造―黒船・武士・国家―』思文閣出版、一九九三年
園部ひでを「わたくしの修行道」、武田武編『新武道』第一巻第三号、新武道刊行会、一九四一年
体育研究所『体育研究所概要』秀工社、一九三五年
大日本武徳会「大日本武徳会柔道修練に関する指導方針」武田武編『新武道』、第四巻第一号、一九四四年

高木博志「「郷土愛」と「愛国心」をつなぐもの」、歴史科学協議会編『歴史評論』六五九号、二〇〇五年
高嶋航「菊と星と五輪―一九二〇年代における日本陸海軍のスポーツ熱」、『京都大学文学部研究紀要』第五二号、二〇一三年
高島平三郎『体育原理』育英舎、一九〇四年
高田直人「神社を中心として全国武道化を計れ」、長島孝有編『武徳』第一一五号、大日本武徳会本部、一九四一年
高野邦夫『新版天皇制国家の教育論―教学刷新評議会の研究―』芙蓉書房、二〇〇六年
高野弘正「武徳祭大会を見る」、武田武編『新武道』第二巻第六号、国防武道協会、一九四二年
――「武徳祭大演武会を観て」、武田武編『新武道』第三巻第七号、国防武道協会、一九四三年
高橋敏「幕藩制下村落における「武」の伝承―農民剣術の虚と実」、『季刊日本思想史』二九号、一九八七年
――『近世村落生活文化史序説』未來社、一九九〇年
――『国定忠治の時代―読み書きと剣術―』平凡社、一九九一年
高廣三郎『東京学生柔道史』大日本印刷、一九四〇年
田口章太『日本文化団体年鑑　昭和十三年版』財団法人日本文化中央聯盟、一九三八年
田口利吉郎「鏡開式の感想と報告」、野村寛一編『柔道』第二巻第四号、講道館文化会、一九三一年
武井文夫『新日本史　第四巻』万朝報社、一九二六年
竹内洋『丸山眞男の時代　大学・知識人・ジャーナリズム』中央公論新社、二〇〇五年
武田寅男「武道章の制定とその整合性」、武田武編『新武道』第四号第一号、一九四四年
塚田『登記謄本写』国立国会図書館憲政資料室松本学文書五一六、一九四六年
津金澤聰廣「大阪毎日新聞社の「事業活動」と地域生活・文化―本山彦一の時代を中心に」、津金澤聰廣編『近代日本のメディア・イベント』同文舘、一九九六年
筒井清忠『日本型「教養」の運命』岩波書店、一九九五年
藤堂良明『柔道の歴史と文化』不昧堂、二〇〇七年
藤堂良明・村田直樹「直信流柔道について―流名・術技及びその思想―」、『武道学研究』第二二巻第三号、日本武道学会、一九九〇年
遠山茂樹・佐藤誠朗校訂『自由党史　中』岩波書店、一九五八年
鳥海弘毅「武徳会創立起原及沿革」、『武徳誌』第一巻第三号、一九〇六年
内閣官報局『法令全書』博聞社、一八八七年
内藤高治「剣道修業に就ての心得」、『武徳会誌』第九号、大日本武徳会本部、一九一〇年
内務省衛生局『第二回明治神宮競技大会報告書』金洪舎川崎工場、一九二六年
永木耕介『嘉納柔道思想の継承と変容』風間書房、二〇〇八年
――「嘉納治五郎が求めた「武術としての柔道」―柔術との連続性と海外普及―」、『スポーツ人類学研究』第一〇・一一合併号、二〇〇九年
中嶋哲也「直心流柔術の系譜検証：『直心流柔序』の読解を通して」、『武道学研究』第四三巻第一号、日本武道学会、二〇一〇年
――「四帝大大会成立過程における『柔道のスポーツ化』論の出現とその歴史的意味：一九一八―一九二八年における学生柔道と講道館の関係に着目して」、『体育学研究』第五九巻第二号、二

〇一四年

――「幕末における柔術試合の台頭とその実態：天神真楊流・磯道場『他流試合性名控』を手がかりに」、『講道館科学研究会紀要』第一六輯、二〇一七年

長島孝有編『大日本武徳会範士教士練士名鑑』大日本武徳会本部雑誌部、一九四一年

中村隆英『昭和経済史』岩波現代文庫、二〇〇七年

中村民雄『史料近代剣道史』島津書房、一九八五年

――「大正期における体操教員資格制度の研究」、『福島大学教育学部論集』第三七号、福島大学、一九八五年

――「武道場と神棚（一）」、『福島大学教育学部論集』第三九号、一九八六年

――「武道場と神棚（二）」、『福島大学教育学部論集』第四二号、一九八七年

――「大日本武徳会設立過程の研究―組織の形成と財政基盤について10」、『日本武道学研究　渡邊一郎教授退官記念論集』島津書房、一九八八年

――「戦前における体操教員資格制度の研究」、『福島大学教育学部論集』第四六号、福島大学、一九八九年

――『剣道事典』島津書房、一九九四年

――『大日本武徳会研究資料集成　第一巻』本の友社、二〇〇五年

――『大日本武徳会研究資料集成　第二巻』本の友社、二〇〇五年

――『大日本武徳会研究資料集成　第三巻』本の友社、二〇〇五年

――『大日本武徳会研究資料集成　第四巻』本の友社、二〇〇五年

――『大日本武徳会研究資料集成　第五巻』本の友社、二〇〇五年

――『大日本武徳会研究資料集成　第七巻』島津書房、二〇一〇年

中村哲也『学生野球憲章とはなにか　自治から見る日本野球史』青弓社、二〇一〇年

中村徳五郎『川路大警視』日本警察新聞社、一九三二年

中村敏雄編『外来スポーツの理解と普及　スポーツ文化論シリーズ⑤』創文企画、一九九五年

――編『スポーツ技術・ルールの変化と社会II　スポーツ文化論シリーズ⑧』創文企画、一九九七年

――編『日本文化の独自性　スポーツ文化論シリーズ⑨』創文企画、一九九八年

中村三春「モダニズム文芸とスポーツ―「日独対抗競技」の文化史的コンテクスト―」、『山形大学紀要（人文科学）』第一二巻第二号、一九九一年

永山盛輝『新潟県年報』一八八〇年（『文部省第七年報』一八八一年）

成田成壽「外から観た柔道」、野村寛一編『柔道』第二巻第七号、講道館文化会、一九三一年

成田龍一『増補〈歴史〉はいかに語られるか　一九三〇年代「国民の物語」批判』ちくま学芸文庫、二〇一〇年

南郷次郎「武道とスポーツ」、野村寛一編『柔道』第一〇巻第六号、講道館、一九三九年

西川長夫・松宮秀治編『幕末・明治期の国民国家形成と文化変容』新曜社、一九九五年

西久保弘道『武道』福島県教育会、一九一二年
――「武道講話一・七」警察協会編『警察協会雑誌』警察協会、一九一四―一九一五年
――「剣道を以て世界に雄飛せよ（上）」、本西憲勝編『運動と趣味』第三巻第一号、一九一八年
――「剣道を以て世界に雄飛せよ（下）」、本西憲勝編『運動と趣味』第三巻第二号、一九一八年
新田一郎「現代に於ける武道の概念を探る―相撲の立場から―」、『武道学研究』第三九巻第三号、二〇〇七年
――『相撲の歴史』講談社学術文庫、二〇一〇年
二宮久「演武服装に関する建議」、『武徳誌』第一篇第二号、武徳誌発行所、一九〇六年
日本現代史研究会編『日本ファシズム（1）国家と社会』大月書店、一九八一年
日本古武道振興会『日本古武道振興会概要』国立国会図書館憲政資料室松本学文書所蔵五〇四、一九三九年
財団法人日本古武道振興会『第一回女子薙刀道指導者講習会要項』国立国会図書館憲政資料室松本学文書所蔵五〇六、一九四一年
――『第一回女子長刀道指導者講習会要項』国立国会図書館憲政資料室松本学文書所蔵506、一九四一年
――「古武道寄勢要項」国立国会図書館憲政資料室松本学文書五一五、一九四三年
公益財団法人日本体育協会監修『現代スポーツは嘉納治五郎から何を学ぶのか―オリンピック・体育・柔道の新たなビジョン―』ミネルヴァ書房、二〇一四年
根本善春『大島辰次郎君追想録』凸版印刷、一九三九年
能勢修一『明治期学校体育の研究』不昧堂、一九九五年
野間清治『昭和天覧試合』大日本雄弁会講談社、一九三〇年
野村寛一「講道館審判規程の改正」『作興』第三巻第七号、一九二四年
――『柔道年鑑（大正十四年）』講道館文化会、一九二五年
――『講道館師範嘉納治五郎講述　攻防式国民体育』講道館文化会、一九二八年
――『柔道年鑑（昭和十二年）』講道館、一九三六年
橋本元二郎「学生弓道に就て」、平岡勇三編『武徳』第八七号、大日本武徳会本部、一九三九年
長谷川如是閑「流行としての映画とスポーツ」、牧野武夫編『中央公論』新年特輯号、中央公論社、一九三二年
長谷川昇『博徒と自由民権』平凡社ライブラリー、一九九五年
――「明治十七年の自由党―内藤魯一日誌を中心として―」、明治史料研究連絡会編『民権運動の展開　明治史研究叢書第三巻』御茶の水書房
鳩山一郎『スポーツを語る』三省堂、一九三二年
林隆敏「大日本武徳会の性格と特徴について」、体育・スポーツ社会学研究会編『体育・スポーツ社会学研究Ⅰ』道和書院、一九八二年
林芳典編『昭和思想史への証言　改訂新版』毎日新聞社、一九七二年
春山作樹「江戸時代の教育」、『岩波講座日本歴史　第一八巻』岩波書店、一九三五年
坂野潤治・宮地正人・高村直助・安田浩・渡辺治編『日本近現代史3　現代社会への転形』岩波書店、一九九三年
平泉澄「武道振興の範囲・基本及び目標に就て」、岩野謹助編『武道公論』第三巻第一号、大日本清風会、一九四一年

平岡勇三『昭和十二年武道範士教士練士名鑑』大日本武徳会本部雑誌部、一九三七年
平賀仙三郎「柔道有段者会十八年度総会記—段位・等位に関する記事を含む—」野村寛一編『柔道』第一四巻第五号、講道館、一九四三年
平澤公裕代表『教学刷新評議会資料　下巻』芙蓉書房出版、二〇〇六年
深澤甲子男「早慶弓道対抗試合　附=日本学生聯盟の成立」東口眞平編『アサヒ・スポーツ』第八巻第一三号、一九三〇年
深澤生「早慶弓道競技」、東口眞平編『アサヒ・スポーツ』第七巻第一二号朝日新聞社、一九二九年
福沢諭吉（松沢弘陽校注）『文明論之概略』岩波書店、一九九五年
福田明正『島根県剣道概史』今井書店、一九八四年
福田啓子「奈良女子高等師範学校における薙刀教育—薙刀教師および指導内容の変遷に注目して—」、定本朋子編『体育学研究』第五四巻第一号、日本体育学会、二〇〇九年
藤生安太郎『四股をふんで国策へ』大日本清風会創立事務所、一九三八年
——『武教を提げて政府と国民の覚醒を促す』一戦社、一九三八年
——『武道としての相撲と国策』大日本清風会創立事務所、一九三九年
——「武道とは何ぞ」、岩野謹助編『武道公論』第二巻第三号、大日本清風会、一九四〇年
——「武道教師の待遇改善—一校一人制の確立—」、岩野謹助編『武道公論』第二巻第四号、大日本清風会、一九四〇年
——「議員武道連盟の誕生」、齋藤幸蔵編『刀と剣道』第三巻第四号、雄山閣、一九四一年
——「林会長に望む=武徳会の薙刀問題を衝く」、岩野謹助編『武道公論』第三巻第六号、大日本清風会、一九四一年
——「神武日本と女子武道」、岩野謹助編『武道公論』第四巻第三号、大日本清風会、一九四二年
——「武徳会と柔道界の緊急問題」、岩野謹助編『武道公論』、第五巻第一二号、大日本清風会、一九四四年
——『道義』国政審議調査会、一九六五年
藤木久志『刀狩り』岩波書店、二〇〇五年
藤沼庄平『私の一生』「私の一生」刊行会、一九五七年
藤野豊『強制された健康　日本ファシズム下の生命と身体』吉川弘文館、二〇〇〇年
藤村紫朗「山梨県年報」一八八四年、『文部省第十一年報』一八八六年
武道専門学校剣道同窓会編『大日本武徳会武道専門学校史』渓水社、一九八四年
前田勉「山鹿素行『中朝事実』における華夷観念」、『愛知教育大学研究報告』第五九号、愛知教育大学、二〇一〇年
松江地区柔道連盟編『松江地区柔道連盟六十周年記念誌』松江地区柔道連盟、二〇〇八年
松岡大童「着のみ着のまま稽古が出来る柔道修行法（二）」、野村寛一編『柔道』、第一〇巻第九号、講道館、一九三九年
松岡辰三郎「明治神宮鎮座十年祭奉納武道形大会」、野村寛一編『柔道』第一巻第九号、講道館文化会、一九三〇年
松下弘『雲藩武術直信流柔道』島根県立図書館所蔵、一九三七年
松下芳男『明治軍制史論—明治初年より西南戦争まで—上巻』有斐閣、一九五六年

松本学『旬日日誌』国立国会図書館憲政資料室松本学文書六一八、一九〇六年
――「戒むべき欧米心酔の傾向」、『斯民』第一九編第五号、一九二四年
――「日本古武道の真精神—建国祭全国古武道各派型大会に於て—」、『雄弁』第二八巻第三号、大日本雄弁会講談社、一九三七年
――『新日本文化の建設　実業界の人への講話』国立国会図書館憲政資料室松本学文書所蔵五九三、一九三七年
――「建国体操の意義」、酒井巌『建国体操　図解及び伴奏楽譜』日本体育保健協会、一九三七年
――「郷土と文化」国立国会図書館憲政資料室松本学文書二五〇、一九三八年
――『第四回建国体操指導者講習会』国立国会図書館憲政資料室松本学文書三九一、一九四〇年
――「我武」、『武道公論』第三巻第八号、大日本清風会、一九四一年
――『日誌』国立国会図書館憲政資料室松本学文書六四二—六四八、一九三九—一九四五年
松本健一『日本の失敗—「第二の閉国」と「大東亜戦争」—』岩波現代文庫、二〇〇六年。
丸山三造『大日本柔道史』講道館、一九三九年
源了圓『型』創文社、一九八九年
三澤「昭和十年度中央柔道有段者会定期会合」、野村寛一編『柔道』第六巻第九号、一九三五年
水野忠文・渡辺融・木村吉次・木下秀明編『体育史概説—西洋・日本—』杏林書院、一九六一年
宮本常一『忘れられた日本人』岩波書店、一九八四年
村上邦夫「審判法の研究」、『有効の活動』第七巻第一号、一九二一年
村上禿童生「武道の進展」、岩野謹助編『武道公論』第一巻第三号、大日本清風会、一九四〇年
明治神宮編『明治神宮叢書　第十七巻　資料編（一）』国書刊行会、二〇〇六年
本山佐久良「武道時評」、武田寅男編『新武道』第一巻第一号、新武道刊行会、一九四一年
――「武道時評」、武田寅男編『新武道』第一巻第二号、新武道刊行会、一九四一年
森山軍次郎『民衆蜂起と祭り』筑摩書房、一九八一年
文部省『我国の古武道　文部省製作映画』国立国会図書館蔵、一九二六年
文部省官房体育課『自大正十三年度至昭和十四年度体育運動主事会議要録』不二印刷、一九四〇年（木下秀明監修『社会体育スポーツ基本史料集成』第一九巻、大空社、一九九三年所収）
文部省思想局『日本精神論の調査』文部省、一九三五年
安岡正篤『日本精神の研究』玄黄社、一九二四年
――『東洋の心』黎明書房、一九八七年
安岡正篤先生年譜編集委員会『安岡正篤先生年譜』財団法人郷学研修所・安岡正篤記念館、一九九七年
安田浩「総論」、坂野潤治・宮地正人・高村直助・安田浩・渡辺治編『日本近現代史三　現代社会への転形』岩波書店、一九九三年
安原清太郎編『青年』第九巻第七号、日本青年館、一九二四年
安丸良夫・深谷克己『民衆運動　日本近代思想大系二一』岩波書店、一九八九年
柳多元次郎「青年ノ演武ニ關スル意見書」、『武徳会誌』第一号、大

日本武徳会本部、一九一〇年
山口輝臣『明治神宮の出現』吉川弘文館、二〇〇五年
山田浩之『教師の歴史社会学—戦前における中等教員の階層構造—』晃洋書房、二〇〇二年
山本礼子『米国対日占領政策と武道教育—大日本武徳会の興亡—』日本図書センター、二〇〇三年
山室信一『思想課題としてのアジア』岩波書店、二〇〇一年
山室信一・中野目徹校注「執筆者別論説索引」、『明六雑誌（下）』岩波書店、二〇〇九年
山本明「社会生活の変化と大衆文化」、臼井勝美・水沼知一・松尾尊兊・中村政則・岡本宏・中塚明・生松敬三・山本明『岩波講座日本歴史一九　近代六』岩波書店、一九八一年
湯浅晃「自由民権運動と武術についての一考察」、『武道学研究』第三三巻第二号、日本武道学会、二〇〇〇年
——「自由民権期における警察武術についての一考察—民権結社の活動と警察武術—」、『天理大学学報』第六二巻第三号、天理大学、二〇一一年
——「自由民権期における警察武術についての一考察—民権結社の活動と警察武術」、『天理大学学報』第六二巻第三号、天理大学、二〇一一年
由井正臣・大日方純夫校注『官僚制　警察　日本近代思想大系三』岩波書店、一九九〇年
由井正臣・藤原彰・吉田裕校注『軍隊　兵士　日本近代思想大系四』岩波書店、一九八九年
横浜市教育部「寄せ運動」国立国会図書館憲政資料室松本学文書五一五、一九四〇年
吉野耕作『文化ナショナリズムの社会学』名古屋大学出版会、一九九七年
吉野裕『日本の軍隊—兵士たちの近代史—』岩波書店、二〇〇二年
吉本陽亮『近代日本における民衆武道についての一考察—青年団における武道実践の萌芽とその変容—』天理大学大学院体育学研究科提出修士論文、二〇一七年
吉見俊哉「メディア・イベント概念の諸相」、津金澤聰廣編『近代日本のメディア・イベント』同文舘、一九九六年
——「ネーションの儀礼としての運動会」、吉見俊哉編『運動会と日本近代』青弓社、一九九九年
——『メディア文化論』有斐閣、二〇〇四年
歴史学研究会・日本史研究会編『講座日本歴史一〇　近代四』東京大学出版会、一九八五年
早稲田大学社会科学研究所プレ・ファシズム研究部会編『日本のファシズム—形成期の研究—』早稲田大学出版部、一九七〇年
渡辺一郎『幕末関東剣術英名録の研究』渡辺書店、一九六七年
——『史料明治武道史』新人物往来社、一九七一年
——『近代武道史研究資料Ⅰ　武道振興委員会並ビニ審議経過』朝日印刷、一九八〇年
——『近代武道史研究資料Ⅱ　武道綜合団体大日本武徳会の設立とその解散』朝日印刷、一九八一年
——『近代武道史研究資料Ⅲ　昭和十八～十九年　戦時学徒体育訓練実施要項・中等学校体錬科教授要目・武道章検定実施要綱・国民戦技武道基本訓練要項（抄）』朝日印刷、一九八二年
——『近代武道史研究資料Ⅳ　昭和一一年～一七年第二次改正学校体操教授要目（剣道及柔道）・小学校武道指導要目・国民学校体錬科教授要項・同実施細目・薙刀道基本動作』朝日印刷、一九八三年

渡辺融「明治期の中学校におけるスポーツ活動」、『東京大学教養学部体育学紀要』第一二号、一九七八年
ヴィクトリア・デ・グラチィア（豊下楢彦・高橋進・後房雄・森川貞夫訳）『柔らかいファシズム』有斐閣、一九八九年
エリク・ダニング／ケネス・シャド（大西鉄之祐・大沼賢治訳）『ラグビーとイギリス人』ベースボールマガジン社、一九八三年
エリック・ホブズボウム／テレンス・レンジャー編（前川啓治・梶原景昭他訳）『創られた伝統』紀伊国屋書店、一九九二年
ノルベルト・エリアス（赤井慧爾・中村元保・吉田正勝訳）『文明化の過程　上』法政大学出版局、一九七七年
Thomas Lindsay Jigoro Kano（1888）*JIUJUTSUTHE OLD SAMURAI ART OF FIGHTING WITHOUT WEAPONS* TRANSACTIONS OF THE ASIATIC SOCIETY OF JAPAN Vol.16 part2
著者不明「阪谷素君剣術ヲ主張スルノ説ヲ駁ス」、『教育新誌』第七〇号、汎愛社、一八八〇年
――「新潟県年報」、『文部省第八年報』一八八二年・
――「柔術形体操」、『教育時論』二九六号、一八九三年
――「高等柔道教員養成所入所式」、野村寛一編『柔道』第一一巻第五号、講道館、一九四〇年
――「薙刀術研究調査会開催」、平岡勇三編『武徳』第九九号、大日本武徳会本部、一九四〇年
――「武道界四方山座談会」、武田寅男編『新武道』第一巻第一号、新武道刊行会、一九四一年
――「〝国防武道体育を語る〟座談会」、武田寅男編『新武道』第一巻第一号、新武道刊行会、一九四一年
――「武道の新体制を与論に問ふ」、武田武編『新武道』第一巻第四号、新武道刊行会、一九四一年
――「議員武道連盟の結成と活動＝武道党の出現＝」、岩野謹助編『武道公論』第三巻第二号、大日本清風会、一九四一年
――「武徳会問題に議員武道聯盟起つ」、岩野謹助編『武道公論』第三巻第六号、大日本清風会、一九四一年
――「武徳会を去る美田村氏の声明書」、岩野謹助編『武道公論』第三巻第六号、大日本清風会、一九四一年
――「練武課を繞る座談会」、武田武編『新武道』第二巻第一号、国防武道協会、一九四二年
――「鼎談「新武徳会」を語る」、武田武編『新武道』第二巻第五号、国防武道協会、一九四二年
――「これからの武道を語る座談会」、武田武編『新武道』第二巻第六号、国防武道協会、一九四二年
――「武道と新武徳会を語る座談会」、岩野謹助編『武道公論』第四巻第五号、大日本清風会、一九四二年
――「学徒武道の試合綱領について」、武田武編『新武道』第三巻第七号、国防武道協会、一九四三年
――「学徒柔道試合規定の解説」、武田武編『新武道』第三巻第七号、国防武道協会、一九四三年

新聞・雑誌等逐次刊行物（順不同）

新聞
『朝日新聞』朝日新聞社
『大阪朝日新聞』朝日新聞大阪本社
『東京朝日新聞』朝日新聞東京本社
『東京日日新聞』日報社
『東京日日静岡版』

『時事新報』時事新報社
『都新聞』
『読売新聞』読売新聞社
『山陰新聞』
『京都日出新聞』

武道系雑誌
杉本善郎編『武徳誌』大日本武徳会本部（雄松堂、一九八五年（復刻版））
村上晋編『武徳会誌』大日本武徳会本部（雄松堂、一九八五年（復刻版））
平岡勇三編『武徳』大日本武徳会本部
長島孝有編『武徳』大日本武徳会本部
富田常次郎編『国士』造士会
小田勝太郎編『柔道』柔道会本部事務所
――『有効乃活動』柔道会本部
野村寛一編『大勢』講道館文化会
――『柔道』講道館文化会
――『柔道』講道館
岩野謹助編『武道公論』大日本清風会
武田武編『新武道』新武道刊行会（第一巻第七号より国防武道協会）

体育・スポーツ系雑誌
東口眞平編『アサヒ・スポーツ』朝日新聞社
体育学会編『体育と競技』第一書房（第七巻第六号より大日本体育学会編）
本西憲勝編『運動と趣味』臺灣體育奬勵會

その他
大谷仁兵衛編『文部時報』帝国地方行政学会
牧野武夫編『中央公論』中央公論社
山本三生編『改造』改造社
『週刊朝日』六月二六日号朝日新聞社

辞・事典類

浅尾直弘・宇野俊一・田中琢編『新版　日本史辞典』角川書店、一九九六年
伊藤隆・季武嘉也編『近現代日本人物史料辞典』吉川弘文館、二〇〇四年
岸野雄三監修『最新スポーツ大事典』大修館書店、一九八七年
久保義三・米田俊彦・駒込武・児美川孝一郎編『現代教育史事典』東京書籍、二〇〇一年
松村明『大辞林　第三版』三省堂、二〇〇六年
綿谷雪・山田忠史編『増補大改訂　武芸流派大事典』東京コピイ出版部、一九七八年

帝国議会関連資料

西尾勝代表『帝国議会衆議院委員会議録八八昭和篇』東京大学出版会、一九九五年
西尾勝代表『帝国議会衆議院委員会議録一〇四昭和篇』東京大学出版会、一九九六年
西尾勝代表『帝国議会衆議院委員会議録一三八昭和篇』東京大学出版会、一九九八年

西尾勝代表『帝国議会衆議院委員会議録一四七昭和篇』東京大学出版会、一九九九年
西尾勝代表『帝国議会衆議院委員会議録一四九昭和篇』東京大学出版会、一九九九年
なお、帝国議会議事録は国立国会図書館が管理する「帝国議会会議録検索システム（http://teikokugikai-i.ndl.go.jp/）」でも閲覧可能である。

その他、建議案資料については以下を使用した。
「厚生省ノ武道行政ヲ文部省ニ移管統一ニ関スル建議案」、『公文雑纂昭和十九年』第七〇巻、国立公文書館所蔵
「大日本武徳会ノ運営改善ニ関スル建議案」、『公文雑纂昭和十九年』第七〇巻、国立公文書館所蔵
https://www.digital.archives.go.jp/DAS/meta/MetSearch.cgi?DEF_XSL=default&SUM_KIND=detail&META_KIND=NOFRAME&IS_KIND=detail&IS_SCH=META&IS_STYLE=default&IS_TYPE=meta&DB_ID=G9100001EXTERNAL&GRP_ID=G9100001&IS_START=35&IS_TAG_S1=InD&IS_TMP_S7=c_t_search_3&IS_KEY_S7=SRG%20BST%20KNM&IS_TAG_S7=c_t&IS_LGC_S7=AND&LIST_TYPE=default&IS_LIST_ON_OF=off&LIST_VIEW&ON_LYD=on&IS_KEY_S1=%E5%A4%A7%E6%97%A5%E6%9C%AC%E6%AD%A6%E5%BE%B3%E4%BC%9A&IS_NUMBER=1&SUM_NUMBER=100&SUM_START=22&IS_LYD_DIV&_SHOW_EAD_ID=M000000000000307731
（二〇一七年二月二日閲覧）

あとがき

本書は、平成二三（二〇一一）年一月に早稲田大学大学院スポーツ科学研究科に提出し、受理された博士論文『「武道のスポーツ化」言説とその系譜：近代日本の武道概念史』に大幅な加除修正を施したものである。ただし論旨は変わらない。

当初、大学院では現代の古流武術の研究をしようと思っていた。それまで柔道の経験しかなかったので、そもそも古流武術とは何なのか、小さな老人が若い大男を簡単にあしらうイメージがあるが本当なのか、といった単純な興味から古流武術に注目したのである。しかし古流武術の調査を始めてすぐに、近現代の古流武術についての歴史研究が皆無に等しい状況であることに気づいた。そこで、明治期以降の古流武術の歴史を概観できるような論考をまとめようと思ったのが、この研究の発端であった。

調査を始めると、第五部で検討したように〈武道のスポーツ化〉批判と古武道概念の成立は分かち難く結びついていることにも気づいた。そして、大正・昭和戦前期に形成された〈武道のスポーツ化〉問題が現代のわれわれの武道の捉え方を強く拘束しているのではないか、と考えるようになった。そこで、〈武道のスポーツ化〉問題の歴史をひもとき、武道（日本）対スポーツ（西洋）、武道（近代）対古武道（前近代）といった二項対立的な認識枠組みの相対化を博論の目的にした。この作業によって、今後、より柔軟に武道論を発展させることができるのではないかと考えたのだ。そのため博論は、筆者の武道論を形成するための下準備としての意味合いが強い。

本書には博論と違う点が二つある。一点目は、博論の第一一章「大日本清風会の構造と活動」を省いたことである。大日本清風会は昭和一四（一九三九）年に藤生が設立した団体であり、本書でも使用した『武道公論』の発行元でもある。のみならず、大日本清風会は相撲を武道と捉え、相撲道の振興を目的とした団体であり、戦時下の相撲史を解明する上で重要な存在である。大日本清風会の活動自体は興味深かったが、新武徳会の包摂団体には入っておらず、また博論の中でも位置づけがはっきりしない章だったので、本書作成段階で議論の展開をクリアにするため、省くことにした。

二点目は問題設定である。序章でも述べたように、〈術から道へ〉という問題の立て方そのものへ疑問を呈する『日本武道と東洋思想』（平凡社、二〇一四年）が筆者の博論の後に出版されたことで、本書第一部と第二部の位置づけがクリアになった。これによって博論でやり残した作業は無くなったように思われる。

本書が出るまで、博論を読んだ諸先生方からは、「詳しく調べられていて、事典的に使える」だとか、「資料的価値が高い」といった評価を得た。たしかに本書では多くの資料を用いたと思う。それは、インターネットのブログやSNSとは異なり、書物はいったん公刊されれば容易に文言を修正することができないためである。書物には言葉の一つ一つに重い責任がのしかかる。本書でしつこく資料を引用したのは史実を明らかにするためでもあったが、それとともに資料の裏付けがなければ自らの主張に責任と信頼を欠くと考えたためである。本書には資料論文としての利用価値もあるだろうが、できれば本文を通読して、先学・諸賢のご批判をいただければ幸いである。

本書を公刊できたことは一つの節目となった。今後も武道（古流武術を含む）の歴史研究はコンスタントに続けていくが、しばらくは現代日本の古流武術の人類学的研究に力を注ぎたいと考えている。人類学に着目するのは、対象そのものが思考の拠り所となる学問だからである。最近は武道・スポーツを社会背景に位置づけて、批判的に外在的に検討する研究が多いように感じている。もちろんこのような研究は必要であり、本書もそうした研究のスタンスをとっている。しかしそれだけでは、社会から期待され、要請される武道の一面のみが強調されてしまい、武道の実践に内在する思想は見逃されてしまう。筆者は武道が人類の思想に寄与するのは、むしろ内在的な思想の方にあると思う。そして武道の内在的な思想を解明する上で人類学は有効であり、人類学によってこそ古流武術の未だ着手されていない思想を明らかにできるのではないかと考えるのである。

*

本書は多くの先生方に助けられて完成しました。まず、元埼玉大学の大保木輝雄先生に感謝を申し上げます。学生時代に先生と出会わなければ、研究の道を志すこともありませんでした。先生の精力と武道論には、今も圧倒されっぱなしです。

次に本書の元になる博士課程の指導教員として主査をしてくださったスポーツ人類学の寒川恒夫先生に感謝を申し上げます。各々がやりたい研究に十分な力を注げる研究室の自由な雰囲気がなければ、本研究の着想は得られませんでした。今後ともよろしくお願いいたします。修士過程の指導教官であり、博士論文の副査をしていただいた武道論の志々田文明先生にも感謝を申し上げます。修士過程で先生に論文作成の基礎を叩き込まれなければ、研究者にはなれなかったと思います。今も論理的かつ流麗な文章にはほど遠いですが、これからも精進していきたいと思います。また、博士論文の副査を担当していただいたスポーツ倫理学の友添秀則先生にも感謝を申し上げます。友添先生には口頭試問で「あなたのスポーツの定義はなんですか？　それがなくては分析ができないでしょう」という質問をいただきましたが、上手く返答できませんでした。本書作成にあたっては、その点を踏まえて筆者の用語に対する立場を冒頭で述べました。回答になっていれば幸いです。

博論の作成時には指導教員以外の先生にも大変お世話になりました。まず、一橋大学の坂上康博先生に感謝を申し上げます。坂上先生には他大学の院生であるにも関わらず、博論作成段階で的確な助言をたくさんいただきました。また早稲田大学の石井昌幸先生にも感謝を申し上げます。院生時代、石井先生には読書会を開いていただいたり、徹夜で研究の相談に乗っていただいたりしました。先生の叱咤があったからこそ、院生時代に折れずに研究を続けられたと思っております。

また、博論作成途上ではたくさんの友人にお世話になりました。全ての友人の名前を列挙することは出来ませんが、工藤龍太氏、岡部祐介氏、小木曽航平氏、相原健志氏、田邊元氏、岡田悠佑氏には今も研究で大変お世話になっております。今後ともよろしくお願いいたします。

本書では民和スポーツ文庫所蔵史料（現在、日本体育大学所蔵）を利用させていただきました。民和スポーツ文庫を管理運営されていた福島大学の中村民雄先生にはここに記して感謝を申し上げます。

また、筆者の博論が国書刊行会の伊藤嘉孝さんの目にとまらなければ、本書が出版されることはありませんでした。伊藤さんには本書の出版企画から編集まで親身にサポートいただきました。心より御礼申し上げます。

最後に、両親、兄妹、そして妻・晶子に感謝いたします。

平成二九年六月

中嶋哲也

ら行

ま行

や行

な行

は行

た行

さ行

事項索引

あ行

か行

や行

わ行

は行

ま行

た行

な行

か行

さ行

人名索引

あ行

著者略歴
中嶋哲也（なかじま・てつや）
1983年、滋賀県生まれ。埼玉大学卒業。早稲田大学スポーツ科学研究科博士課程修了。博士（スポーツ科学）。現在、茨城大学教育学部准教授。専門は、スポーツ人類学、武道論。主な論文として「対抗文化としての古武道―松本学による古武道提唱と日本古武道振興会の活動を中心に―」（『スポーツ人類学研究』第12号、2010年）、「高専柔道大会の成立過程：競争意識の台頭と試合審判規定の形成過程に着目して」（『体育学研究』第58巻第1号、2013年）、「日中戦争以降における武道の戦技化の起源とその背景：武道振興委員会の審議過程の分析」（『武道学研究』第49巻第2号、2016年）など。

近代《きんだい》日本《にほん》の武道論《ぶどうろん》――〈武道《ぶどう》のスポーツ化《か》〉問題《もんだい》の誕生《たんじょう》

2017年7月14日初版第1刷印刷
2017年7月24日初版第1刷発行

著者　中嶋哲也

発行者　佐藤今朝夫
発行所　株式会社国書刊行会
〒174-0056　東京都板橋区志村1-13-15
TEL. 03-5970-7421　FAX. 03-5970-7427
http://www.kokusho.co.jp

装丁者　山田英春
印刷・製本所　三松堂株式会社

ISBN 978-4-336-06158-4 C0021